Aktuell
Deutschland 2009

Meyers Lexikonverlag
Mannheim · Leipzig · Wien · Zürich

Bibliografische Information der Deutschen Nationalbibliothek
Die Deutsche Nationalbibliothek verzeichnet diese Publikation in der Deutschen Nationalbibliografie; detaillierte bibliografische Daten sind im Internet über http://dnb.ddb.de abrufbar.

Das Wort HARENBERG in Verbindung mit Büchern, Nachschlagewerken oder Führern ist für den Verlag Bibliographisches Institut & F. A. Brockhaus AG als Marke geschützt.

Das Wort MEYERS ist für den Verlag Bibliographisches Institut & F. A. Brockhaus AG als Marke geschützt.

Das Werk einschließlich aller seiner Teile ist urheberrechtlich geschützt.
Jede Verwertung außerhalb der Grenzen des Urheberrechtsgesetzes ist ohne Zustimmung des Verlags unzulässig und strafbar. Das gilt insbesondere für Vervielfältigungen, Übersetzungen, Mikroverfilmungen und die Einspeicherung und Verarbeitung in elektronischen Systemen.
Die genannten Internetangebote wurden von der Redaktion sorgfältig zusammengestellt und geprüft. Für die Inhalte der Internetangebote Dritter, deren Verknüpfung zu anderen Internetangeboten und Änderungen der unter der jeweiligen Internetadresse angebotenen Inhalte übernimmt der Verlag keinerlei Haftung.

Alle Rechte vorbehalten.
Nachdruck, auch auszugsweise, verboten.

© Bibliographisches Institut & F. A. Brockhaus AG, Mannheim 2008   EDCBA

Printed in Germany

ISBN 978-3-411-76170-8

Redaktionelle Leitung Heike Pfersdorff
Redaktion Caroline Gutberlet, Dr. Jürgen Hess

Dieser Band wurde zusammen mit dem Redaktionsbüro LOOP, Xanten, erarbeitet.
Redaktionelle Leitung Michael Venhoff
Redaktion Ellen Astor, Christa Becker, Manfred Brocks, Elke Eßmann
Bild- und Grafikredaktion Manfred Brocks, Birgit Bödeker

Autoren Ellen Astor, Henning Aubel, Wolfgang Baumann, Gisela Baumgart, Christa Becker, Manfred Brocks, Elke Eßmann, Dr. Petra Gallmeister, Lars Günther, Dr. Jürgen Hess, Brigitte Lotz, Frank Patalong, Martina Schnober-Sen, Klaus Stübler, Dr. Bernd Zegowitz

Herstellung Judith Diemer
Layout Horst Bachmann
Umschlagabbildungen
picture-alliance/dpa, Frankfurt am Main: Astronaut Schlegel, Eisbärin Flocke, EM-Finale 2008, Tankstelle, Umweltzonenschild
picture-alliance/Sven Simon, Frankfurt am Main: Deutschlandfahne, Elmar Wepper
Reproduktionsgenehmigungen für Abbildungen künstlerischer Werke von Mitgliedern und Wahrnehmungsberechtigten wurden erteilt durch die Verwertungsgesellschaft BILD-KUNST/Bonn.
Satz Böcking Gestaltung, Bochum
Druck und Bindung GGP Media GmbH, Pößneck

Redaktionsschluss 1.7.2008

Chronik	5	1
Deutschland	43	2
UNESCO-Welterbe	49	3
Bundesländer	65	4
Größte Städte	137	5
Lexikon A–Z	151	6
Biografien	325	7
Verstorbene	339	8
Service	347	9
Register	407	10

Legende für die in Aktuell Deutschland 2009 verwendeten Karten

■ **MÜNCHEN**	über 1 Mio. Ew.	Landhöhen		Leuchtturm
● **Essen**	500 000 – 1 Mio. Ew.	3000 m	M M	Museum/Freilichtmuseum
● **Mannheim**	250 000 – 500 000 Ew.	2000 m		Themenpark
⊙ **Heilbronn**	100 000 – 250 00 Ew.	1000 m		UNESCO-Welterbe
⊙ Lüneburg	50 000 – 100 000 Ew.	500 m		Wallfahrtsort
⊙ Salzwedel	10 000 – 50 000 Ew.	200 m		Zoo/Tierpark
• Schwangau	unter 10 000 Ew.	0 m		Freizeit- und Erlebnisbad
▲ 816 m	Berg			Badestrand
				Höhle
BELGIEN	Staat			Aussichtspunkt
BERLIN	Bundeshauptstadt			Parkanlage
HESSEN	Bundesland			Golfplatz
Magdeburg	Landeshauptstadt			Nationalpark
K a s s e l	Regierungsbezirk			Biosphärenreservat
Kassel	Regierungsbezirks-hauptstadt			Naturpark
Hunsrück	Landschaft, Gebirge			Staatsgrenze
★	Sehenswürdigkeit			Bundeslandgrenze
★ Speyer	sehenswerter Ort			Regierungsbezirksgrenze
	Schloss/Schlossruine			Autobahn/im Bau
	Burg/Burgruine			wichtige Straße
	Denkmal/Mahnmal			touristische Straße
	Flughafen/Flugplatz			Museumsbahn
	archäologische Stätte			Fährverbindung
	Kirche			Tourismusfahrten
	Kloster/Klosterruine			

Abkürzungsverzeichnis

Abk.	Abkürzung	Mio.	Million(en)
Az.	Aktenzeichen	Mrd.	Milliarde(n)
BRD	Bundesrepublik Deutschland	NATO	North Atlantic Treaty Organization
bzw.	beziehungsweise	n. Chr.	nach Christus
ca.	circa	s. o.	siehe oben
DDR	Deutsche Demokratische Republik	sog.	sogenannt(e)
d. h.	das heißt	t	Tonne(n)
EG	Europäische Gemeinschaft	u. a.	unter anderem, und andere
EU	Europäische Union	u. M.	unter Meeresspiegel
gr	Gramm	ü. M.	über Meeresspiegel
ha	Hektar	usw.	und so weiter
Jh.	Jahrhundert	v. a.	vor allem
Jt.	Jahrtausend	v. Chr.	vor Christus
kg	Kilogramm	z. B.	zum Beispiel
km	Kilometer	z. T.	zum Teil
m	Meter		

CHRONIKEN

DEUTSCHLANDCHRONIK

Juli 2007

1. Turnusgemäß geht die Ratspräsidentschaft der EU von Deutschland auf Portugal über.

2. Durch Warnstreiks von Bediensteten kommt es insbesondere im Personennahverkehr zu erheblichen Behinderungen bei der Deutschen Bahn. Die Bahngewerkschaften Transnet und GDBA wollen für 134 000 der etwa 230 000 Bahnmitarbeiter Lohnerhöhungen von 7 % erwirken.

3. Das Bundesverfassungsgericht weist die Klage der Linksfraktion im Bundestag gegen den Tornadoeinsatz der Bundeswehr in Afghanistan zurück. Nach Ansicht des Gerichts sind die Rechte des Bundestags durch den NATO-Einsatz nicht verletzt worden.

4. Mit vier zu vier Richterstimmen weist das Bundesverfassungsgericht eine Klage von neun Bundestagsabgeordneten von Union, SPD und FDP zurück. Danach ist die Offenlegung der Einkünfte der Abgeordneten nicht verfassungswidrig.

5. Der Bundestag beschließt eine Verschärfung der Rechtsvorschriften bei der Dopingbekämpfung. Danach ist es verboten, besonders gefährliche Arzneimittel in größeren Mengen »zu Doping-Zwecken im Sport zu besitzen«.

9. Nach zähen Verhandlungen einigen sich die Deutsche Bahn und die Bahngewerkschaften Transnet und GDBA auf einen neuen Tarifvertrag. Neben einer Einmalzahlung von 600 Euro erhalten 134 000 Bahnmitarbeiter ab kommendem Jahr 4,5 % mehr Lohn. Die Gewerkschaft Deutscher Lokomotivführer (GDL) fordert jedoch nach wie vor einen eigenständigen Tarifvertrag und Gehaltserhöhungen von bis zu 31 %.

Das Bundesverfassungsgericht weist die Klage der damaligen Oppositionsparteien CDU/CSU und FDP gegen den Bundeshaushalt 2004 wegen der Neuverschuldung in Höhe von 40 Mrd. € zurück, fordert jedoch eine Begrenzung der Staatsverschuldung.

11. Mit einem Vorschlag an Bundeskanzlerin Merkel wollen der SPD-Vorsitzende Beck und Vizekanzler Müntefering für Mitarbeiter privater Postdienste noch in diesem Jahr Mindestlöhne durchsetzen. Anlass für den Vorstoß ist das Ende des Briefmonopols in Deutschland zu Beginn des kommenden Jahres.

Die am 6. Februar in Bagdad zusammen mit ihrem Sohn entführte 61 Jahre alte Deutsche Hannelore Krause wird freigelassen. Der 20 Jahre alte Sohn befindet sich aber weiterhin in der Hand der Entführer.

11. Juli Hannelore Krause mit ihrem Sohn Sinan auf einem Video der Entführer im April

12. Die Online-Kontenabfrage bei Kreditinstituten durch Finanzämter, Strafverfolgungsbehörden und Sozialbehörden ist einer Entscheidung des Bundesverfassungsgerichts zufolge grundsätzlich verfassungskonform.

13. Nach dem Brand eines Transformators im schleswig-holsteinischen Kernkraftwerk Krümmel am 28. Juni droht der Kieler Landtag dem Betreiber Vattenfall in einer entsprechenden Resolution mit dem Entzug der Betriebserlaubnis. Vattenfall hatte versucht, Aussagen von Mitarbeitern des Kernkraftwerks vor der Atomaufsicht zu verhindern.

Mit knapp 8 152 Punkten erreicht der Deutsche Aktienindex DAX ein neues Allzeithoch.

16. Bundeskanzlerin Merkel trifft in Toulouse den französischen Präsidenten Nicolas Sarkozy. Sie einigen sich auf eine neue Führungsstruktur für den Luft- und Raumfahrtkonzern EADS. Der Franzose Louis Gallois übernimmt den Vorsitz von EADS, der Deutsche Rüdiger Grube wird Vorsitzender des Verwaltungsrats, und Chef der Tochtergesellschaft Airbus wird der Deutsche Thomas Enders.

18. In der rund 100 km südwestlich von Kabul liegenden afghanischen Provinz Wardak werden zwei Deutsche zusammen mit sechs Afghanen entführt. Die beiden Männer sind als Bauingenieure für ein in Kabul ansässiges Unternehmen tätig.

19. Nach 13-jährigen Verhandlungen einigen sich der Bund, das Land Baden-Württemberg, die Stadt Stuttgart und die Deutsche Bahn auf den Bau des neuen, 2,8 Mrd. € teuren Bahnhofs Stuttgart 21 und den Neubau einer ICE-Bahnstrecke zwischen Wendlingen und Ulm, die 2 Mrd. € kosten soll. Mit dem Bau soll 2010 begonnen werden.

Nach dem Scheitern der Tarifverhandlungen zwischen der Deutschen Bahn und der Gewerkschaft Deutscher Lokomotivführer (GDL) droht die Gewerkschaft für August mit Streiks der Lokomotivführer im gesamten Bundesgebiet. Mit der Urabstimmung beginnt die GDL am 23. Juli.

21. Ein mutmaßlicher Sprecher der radikalislamischen Taliban gibt die Erschießung eines der beiden drei Tage zuvor entführten Deutschen bekannt. Der Krisenstab des Auswärtigen Amtes in Berlin widerspricht dieser Darstellung; der Mann sei an den Strapazen bei der Entführung gestorben.

30. Der Verband der Milchindustrie kündigt Preissteigerungen bei Molkereiprodukten von bis zu 50 % an. Als Gründe werden die hohe Nachfrage aus China und Indien sowie Produktionsrückgänge bei anderen Exportnationen genannt. Verbraucherschutzminister Horst Seehofer (CSU) warnt vor überzogenen Preiserhöhungen.

August 2007

1. In Baden-Württemberg, Mecklenburg-Vorpommern und Niedersachsen treten die Gesetze zum Nichtraucherschutz in Kraft. Danach besteht u. a. in Landesbehörden, Krankenhäusern oder Schulen ein generelles Rauchverbot. In Baden-Württemberg und Niedersachsen – in Mecklenburg-Vorpommern ab 2008 – darf auch in Restaurants, Kneipen und Diskotheken nicht mehr geraucht werden.

2. Der am 21. Juli in afghanischer Geiselhaft verstorbene Deutsche wurde erschossen. Dies geht aus dem Obduktionsbericht des Instituts für Rechtsmedizin in Köln hervor. Trotz seiner deutlichen Schusswunden hatte das Auswärtige Amt in Berlin zuvor stets behauptet, der Mann sei an Erschöpfung gestorben.

August 2007 DEUTSCHLAND**CHRONIK**

6. Die Gewerkschaft Deutscher Lokomotivführer (GDL) kündigt für den 9. August den Beginn von Streiks an. Zunächst soll der Güterverkehr bestreikt werden. Zuvor hatten sich 95,8 % der GDL-Mitglieder in einer Urabstimmung für einen Arbeitskampf ausgesprochen.

Das Landgericht Augsburg spricht den früheren Rechtsanwalt Max Strauß vom Vorwurf der Steuerhinterziehung frei. In erster Instanz hatte dasselbe Gericht 2004 den Sohn des früheren bayerischen Ministerpräsidenten Franz Josef Strauß wegen Steuerhinterziehung in Höhe von rund 2,7 Mio. € zu einer Freiheitsstrafe von drei Jahren und drei Monaten verurteilt. Dieses Urteil war 2005 vom Bundesgerichtshof (BGH) aufgehoben worden.

15. Am Rande der afghanischen Hauptstadt Kabul kommen drei deutsche Polizisten bei der Explosion einer Bombe ums Leben, ein Vierter wird verletzt. Die Polizisten waren auf dem Weg zu einer Schießübung, als die Sprengladung unter ihrem gepanzerten Fahrzeug detonierte.

Vor einem Restaurant in Duisburg werden sechs aus Kalabrien stammende Italiener ermordet. Die deutsche und die italienische Polizei gehen davon aus, dass sie Opfer eines Streits zweier verfeindeter Familienclans der kalabresischen Mafia sind.

17. Die SPD-Führung spricht sich für eine Abkehr von der bisherigen Form der Wehrpflicht und für die Einführung eines Systems der »freiwilligen Wehrpflicht« aus.

18. Die Landesbank Sachsen (Sachsen LB) in Leipzig kommt durch die anhaltende Krise auf dem amerikanischen Hypothekenmarkt in eine existenzbedrohende Liquiditätskrise. Von der Sparkassen-Organisation erhält die Sachsen LB einen kurzfristigen Notkredit in Höhe von 17,3 Mrd. €, um die Fehlspekulationen am amerikanischen Hypothekenmarkt aufzufangen.

19. Auf dem Stadtfest im sächsischen Mügeln greifen rund 50 Deutsche eine Gruppe von acht Indern an. 14 Personen werden bei den Ausschreitungen verletzt. Trotz ausländerfeindlicher Parolen während der Auseinandersetzungen sieht die Polizei keinen Anhaltspunkt für ein fremdenfeindliches Motiv.

22. Bundesumweltminister Sigmar Gabriel (SPD) und Bundeswirtschaftsminister Michael Glos (CSU) einigen sich im Streit über das Energie- und Klimaprogramm. Das Programm enthält 30 Punkte zur Senkung der Emission von Treibhausgasen bis 2020 um 40 % gegenüber dem Stand von 1990.

15. August Bundesinnenminister Wolfgang Schäuble (links) am 18. August bei der Ankunft der Särge der in Kabul getöteten Polizisten

24. Zum Abschluss einer zweitägigen Klausurtagung im Gästehaus der Bundesregierung auf Schloss Meseberg präsentiert das Bundeskabinett als Abschlusspapier ein 50-Punkte-Programm »Aufschwung – Teilhabe – Wohlstand« mit Beschlüssen zur Arbeitsmarktpolitik und zum Umweltschutz.

25. In einem Geflügelzuchtbetrieb in Bayern wird mit der vorsorglichen Keulung von 160 000 Enten begonnen. Zuvor waren in dem Betrieb 400 mit dem auch für den Menschen gefährlichen Vogelgrippevirus H5N1 infizierte Tiere verendet.

26. Die Landesbank Baden-Württemberg (LBBW) übernimmt die angeschlagene Landesbank Sachsen (Sachsen LB). Darauf einigen sich die Landesregierungen von Sachsen und Baden-Württemberg. Die Übernahme soll der Sachsen LB aus der durch Fehlspekulationen ausgelösten existenzbedrohenden Krise helfen.

27. Zum Auftakt eines dreitägigen Chinabesuchs verlangt Bundeskanzlerin Merkel von Peking, sich an die internationalen Spielregeln zu halten. Sie fordert die Einhaltung der Menschenrechte und den Schutz des geistigen Eigentums.

31. Mit einem Aufruf, die internationalen Anstrengungen im Klimaschutz zu verstärken, beendet Bundeskanzlerin Merkel in Kyōto ihre Asienreise. Am Vortag hatte Merkel einen Kompromiss zum Klimaschutz vorgeschlagen. Der Kohlendioxidausstoß solle künftig auf die Bevölkerungszahl bezogen werden. Damit sollten sich auch bevölkerungsreiche Schwellenländer konkreten globalen Klimaschutzzielen unterordnen können.

In Kabul wird ein Konvoi der Bundeswehr erneut zum Ziel eines terroristischen Selbstmordattentats. Bei dem Anschlag werden zwei afghanische Soldaten getötet, zwölf weitere verletzt.

September 2007

1. In öffentlichen Verkehrsmitteln, auf Bahnhöfen und in sämtlichen Einrichtungen des Bundes ist das Rauchen ab heute verboten. Zuwiderhandlungen können mit Geldbußen bis 1 000 Euro geahndet werden.

Verteidigungsminister Franz Josef Jung (CDU) will die Bundeswehrkontingente bei dem von den USA geführten Antiterroreinsatz Enduring Freedom in Afghanistan und am Horn von Afrika um bis zu 400 Soldaten deutlich reduzieren.

4. Bei einem Großeinsatz nehmen Sicherheitskräfte drei islamistische Terroristen fest, die Anschläge mit Autobomben an mehreren Orten, u. a. am Frankfurter Flughafen, geplant hatten. Die drei Festgenommenen – zwei zum Islam konvertierte deutsche Staatsbürger und ein Türke – sind Mitglieder einer deutschen Zelle des internationalen Terrornetzes Dschihad-Union und wurden in Pakistan zu Terroristen ausgebildet. Sie standen schon seit Ende 2006 unter Beobachtung.

Der Arbeitgeberverband Postdienste und die Dienstleistungsgewerkschaft ver.di einigen sich auf einen Mindestlohn von 9 Euro für Beschäftigte bei Briefunternehmen.

13. Zur Eröffnung der Internationalen Automobil-Ausstellung (IAA) in Frankfurt sagt Bundeskanzlerin Merkel der deutschen Automobilindustrie Unterstützung im Streit um die von der EU geforderten Grenzwerte für den Kohlendioxidausstoß zu.

14. Der Ende des Monats aus dem Amt scheidende bayerische Ministerpräsident Edmund Stoiber wird eine Beratertätigkeit bei der EU aufnehmen. Die Europäische Kommission gibt bekannt, dass Stoiber den Vorsitz einer Sachverständigengruppe zum Bürokratieabbau übernehmen soll.

September 2007 **DEUTSCHLAND**CHRONIK

15. Bundesverteidigungsminister Jung will im Falle eines Notstands auch ohne gesetzliche Grundlage den Abschuss eines von Terroristen gekaperten Flugzeugs befehlen. Bundesinnenminister Wolfgang Schäuble (CDU) warnt vor der Gefahr eines Terroranschlags mit nuklearem Material. SPD und Opposition reagieren mit heftiger Kritik und Rücktrittsforderungen auf die Äußerungen der beiden Politiker.

Auf dem Afghanistan-Sonderparteitag von Bündnis 90/Die Grünen in Göttingen beschließen die Delegierten gegen den Willen der Parteiführung, dem zusammengelegten Afghanistan-Mandat für die Internationale Schutztruppe ISAF und die Tornado-Aufklärungsflugzeuge im Bundestag nicht zuzustimmen.

19. Trotz eines Kabinettsbeschlusses zur Ausweitung des Entsendegesetzes auf Beschäftigte in Briefunternehmen, das die Einführung eines tariflichen Mindestlohns im Postdienst ermöglichen soll, kann der Streit um den Mindestlohn in der Regierungskoalition nicht beigelegt werden. Die Union droht mit der Ablehnung eines solchen Gesetzes.

23. Ungeachtet chinesischer Proteste empfängt Bundeskanzlerin Merkel im Kanzleramt das Oberhaupt der tibetischen Buddhisten, den Dalai-Lama, zu einem »privaten Gedankenaustausch«. Der Empfang des Dalai-Lama führt zu einer deutlichen Verschlechterung der deutsch-chinesischen Beziehungen.

26. In einer Rede vor der UN-Vollversammlung in New York bekräftigt Bundeskanzlerin Merkel den Anspruch Deutschlands auf einen ständigen Sitz im UN-Sicherheitsrat. Dafür sei Deutschland bereit, mehr Verantwortung zu übernehmen.

23. September Bundeskanzlerin Angela Merkel empfängt den Dalai-Lama im Bundeskanzleramt; links der hessische Ministerpräsident Roland Koch.

DEUTSCHLANDCHRONIK Oktober 2007

29. Auf dem Parteitag der CSU in München wird der bayerische Wirtschaftsminister Erwin Huber mit 58,2 % der Delegiertenstimmen zum neuen Vorsitzenden gewählt. Bundeslandwirtschaftsminister Seehofer erhält 39,1 % der Stimmen, für die Fürther Landrätin Gabriele Pauli votierte lediglich 2,5 %. Der bayerische Innenminister Günther Beckstein wird mit 96,6 % der Delegiertenstimmen erwartungsgemäß zum Spitzenkandidaten für die Landtagswahl 2008 gewählt.

Oktober 2007

1. Nach Ablauf der Friedenspflicht kündigt die Gewerkschaft Deutscher Lokomotivführer (GDL) an, am 5. Oktober den gesamten Personen- und Güterverkehr der Bahn für drei Stunden zu bestreiken.

2. Der vom Parteivorsitzenden Kurt Beck unterstützte Vorschlag aus der SPD für eine längere Auszahlung des Arbeitslosengeldes I für ältere Arbeitnehmer löst innerhalb der SPD Widerspruch und Streit aus. Bundesarbeitsminister Franz Müntefering weist den Vorschlag zurück und lehnt eine Korrektur der Agenda 2010 ab. Kritik an Beck kommt auch vom Koalitionspartner CDU/CSU.

4. Auf der ersten Station ihrer fünftägigen Afrikareise wirbt Bundeskanzlerin Merkel in einer Rede vor der Afrikanischen Union (AU) in Addis Abeba für eine »Reformpartnerschaft« mit Afrika. Die weiteren Stationen der Reise Merkels sind Südafrika und Liberia.

5. Trotz eines Notfahrplans der Deutschen Bahn wird durch einen Streik der Lokomotivführer der Bahnverkehr am Vormittag stark behindert. Zuvor hatte das Arbeitsgericht

9. Oktober Bayerns Innenminister Günther Beckstein wird vor seiner Wahl zum Ministerpräsidenten im Bayerischen Landtag von Fotografen umringt.

Chemnitz einen Streik im Nahverkehr zwischen acht und elf Uhr zugelassen, ihn für den Güter- und Fernverkehr aber untersagt.

9. Der bayerische Landtag wählt Günther Beckstein (CSU) mit 122 von 178 Stimmen als Nachfolger von Edmund Stoiber zum neuen Ministerpräsidenten.

Der Deutsche Peter Grünberg und der Franzose Albert Fert erhalten den Nobelpreis für Physik. Beide Forscher hatten 1988 unabhängig voneinander den Riesenmagnetowiderstand entdeckt, einen Quanteneffekt, der zur Entwicklung leistungsfähiger Computerspeicher geführt hat.

10. Nach gemeinsamer Vermittlung deutscher und afghanischer Stellen kommt der am 18. Juli in der afghanischen Provinz Wardak entführte deutsche Bauingenieur nach fast drei Monaten in Geiselhaft frei. Der Deutsche und seine vier afghanischen Begleiter werden gegen fünf Gefangene ausgetauscht.

Der deutsche Katalyseforscher Gerhard Ertl vom Berliner Fritz-Haber-Institut erhält für seine Studien von chemischen Verfahren auf festen Oberflächen den Nobelpreis für Chemie.

12. Mit den Stimmen der Koalitionsfraktionen von CDU/CSU und SPD sowie der FDP und rund eines Drittels der Grünen-Fraktion beschließt der Bundestag eine Verlängerung des Afghanistan-Einsatzes der Bundeswehr. Die Linksfraktion stimmt geschlossen dagegen.

13. Unter dem Motto »Einheit Europas – Deutsche und Russische Beiträge« beginnt in Wiesbaden der 7. Petersburger Dialog. Die dreitägige Konferenz soll die Zusammenarbeit zwischen Deutschland und Russland vertiefen helfen. Parallel zu der Konferenz finden an den kommenden zwei Tagen Gespräche zwischen Bundeskanzlerin Merkel und dem russischen Präsidenten Putin statt.

14. In der Frankfurter Paulskirche wird dem israelischen Historiker Saul Friedländer der mit 25 000 Euro dotierte Friedenspreis des Deutschen Buchhandels verliehen.

15. Die Gewerkschaft Deutscher Lokomotivführer (GDL) lehnt ein neues Angebot der Deutschen Bahn als unzureichend ab. Die Bahn hatte versucht, den seit Monaten schwelenden Tarifkonflikt mit der GDL durch ein verbessertes Angebot zu beenden.

16. Im Streit um eine längere Bezugsdauer des Arbeitslosengeldes I setzt sich der SPD-Vorsitzende Beck gegen Arbeitsminister Müntefering durch. Beck wird dem Parteivorstand die Verlängerung des Arbeitslosengeldes für ältere Arbeitnehmer auf 24 Monate vorschlagen.

17. Das Bundeskabinett billigt den von Gesundheitsministerin Ulla Schmidt (SPD) vorgelegten Gesetzentwurf zur Reform der Pflegeversicherung, der einen Anstieg des Beitragssatzes von 1,7 auf 1,95 % des Bruttoeinkommens ab dem 1. 7. 2008 vorsieht.

19. Der Wissenschaftsrat und die Deutsche Forschungsgemeinschaft (DFG) ernennen in der zweiten Runde der Exzellenzinitiative die Universitäten Freiburg, Göttingen, Heidelberg und Konstanz sowie die FU Berlin und die Technische Hochschule Aachen zu Eliteuniversitäten.

23. Der Europäische Gerichtshof setzt das deutsche Volkswagen-Gesetz, das der öffentlichen Hand Sonderrechte an dem Autokonzern zugesteht, außer Vollzug. Das Gesetz aus dem Jahr 1960 verstoße gegen die Freiheit des Kapitalverkehrs.

25. Bei einem Unglück auf der Baustelle eines Braunkohlekraftwerks im nordrhein-westfälischen Grevenbroich-Neurath werden drei Bauarbeiter getötet. Fünf weitere Männer werden z. T. schwer verletzt, als ein über 100 m hohes und 100 t schweres Gerüst aus ungeklärter Ursache umstürzt.

26. Mit 96 % der Delegiertenstimmen wird Kurt Beck auf dem Parteitag der SPD in Hamburg in seinem Amt als Parteivorsitzender bestätigt. Zu seinen Stellvertretern werden Frank-Walter Steinmeier mit 86 %, Peer Steinbrück und Andrea Nahles mit jeweils 75 % der Stimmen gewählt. Mit großer Mehrheit billigt der Parteitag auch die umstrittene Verlängerung des Arbeitslosengeldes I.

28. Zum Abschluss des SPD-Parteitags verabschieden die 525 Delegierten bei nur zwei Gegenstimmen mit dem sog. Hamburger Programm ein neues Grundsatzprogramm, in dem sich die Partei zum »demokratischen Sozialismus« bekennt.

30. Die Arbeitslosigkeit ist im vergangenen Monat im Vergleich zum September um 110 000 auf 3,4 Mio. zurückgegangen und liegt damit auf dem niedrigsten Stand seit 1994.

November 2007

3. Bundeskanzlerin Merkel trifft überraschend zu einem Kurzbesuch in Afghanistan ein. Nach einem Treffen mit Präsident Hamid Karsai besucht Merkel die deutschen Truppen, Polizisten und Entwicklungshelfer in Mazar-e Sharif im Norden des Landes.

5. Union und SPD einigen sich auf Reformen bei der Erbschaftsteuer und beim Unterhaltsrecht. Entscheidungen über Pendlerpauschale, Mindestlohn und Verlängerung des Arbeitslosengeldes I für ältere Arbeitnehmer werden vertagt.

6. Der bisherige Zweite Vorsitzende Berthold Huber wird auf dem Gewerkschaftstag der IG Metall in Leipzig als Nachfolger von Jürgen Peters mit 93 % der Stimmen zum neuen Vorsitzenden gewählt. Neuer Zweiter Vorsitzender mit 87 % wird der nordrhein-westfälische Bezirksleiter Detlef Wetzel.

8. Im Tarifkonflikt mit der Deutschen Bahn bestreikt die GDL zum ersten Mal den Güterverkehr in ganz Deutschland. Das Landesarbeitsgericht Chemnitz hatte zuvor auf Antrag der Gewerkschaft Deutscher Lokomotivführer (GDL) das in erster Instanz verhängte Streikverbot für den Fern- und Güterverkehr aufgehoben. Die Arbeitsniederlegung soll 42 Stunden dauern.

9. Daten über Telefon- und Internetverbindungen müssen künftig von den Telefon- und Internetunternehmen für sechs Monate gespeichert werden. Mit diesem Beschluss setzt der Bundestag eine von den Innenministern der EU beschlossene Richtlinie um. Opposition und Datenschützer kritisieren das Gesetz.

10. Der amerikanische Präsident George W. Bush empfängt Bundeskanzlerin Merkel auf seiner Ranch in Texas. Themen der Gespräche in privatem Kreis sind u. a. das iranische Nuklearprogramm, Kosovo, Afghanistan und die Nahostpolitik.

Die Europäische Kommission erwägt ein Kartellverfahren gegen deutsche Stromkonzerne. Die Strompreise in Deutschland seien höher als in einem Markt mit echtem Wettbewerb zu erwarten.

13. Bundesarbeitsminister und Vizekanzler Franz Müntefering kündigt aus familiären Gründen seinen Rücktritt an. Neuer Vizekanzler wird Bundesaußenminister Steinmeier, sein Nachfolger im Amt des Arbeitsministers soll der frühere Generalsekretär der SPD, Olaf Scholz, werden.

November 2007 DEUTSCHLANDCHRONIK

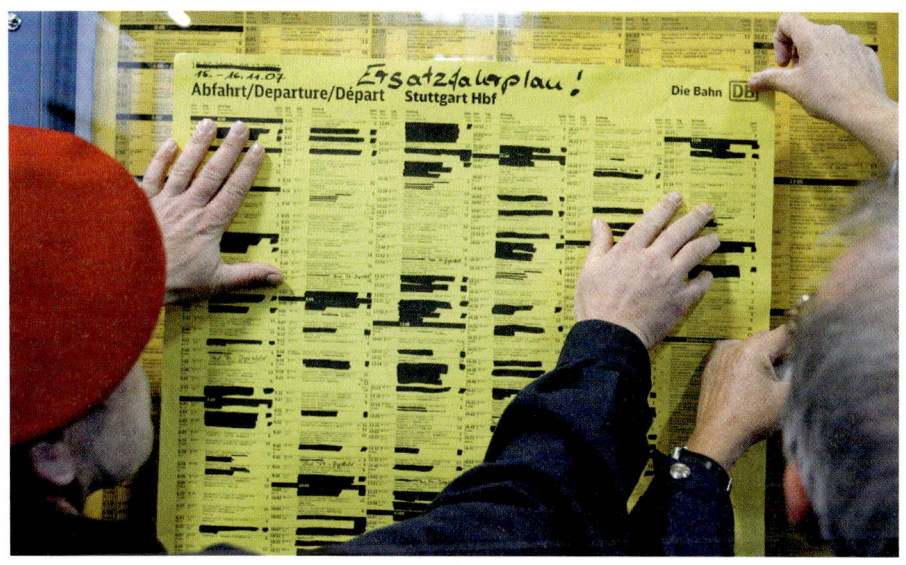

14. November Mitarbeiter der Bahn hängen am 15. November auf einem Bahnsteig des Stuttgarter Hauptbahnhofs einen Ersatzfahrplan mit zahlreichen Streichungen auf.

14. Die Lokomotivführergewerkschaft GDL beginnt den größten Streik in der Geschichte der Deutschen Bahn. Von dem 62 Stunden dauernden Ausstand sind bundesweit Güterverkehr sowie Personenfern- und -nahverkehr betroffen. Insbesondere im Osten Deutschlands kommt es zu massiven Behinderungen im Güterverkehr.

15. Mit 413 gegen 145 Stimmen, davon 42 aus den Reihen der SPD, bei 15 Enthaltungen billigt der Bundestag die Verlängerung des Mandats der Bundeswehr beim Antiterroreinsatz Enduring Freedom in Afghanistan und am Horn von Afrika.

16. Der Bundestag beschließt die Senkung des Beitrags zur Arbeitslosenversicherung von derzeit 4,2 auf 3,3 % sowie die Verlängerung des Arbeitslosengeldes I für Arbeitnehmer ab 58 Jahren auf 24 Monate ab dem 1. Januar 2008. Gegen die Stimmen der Opposition wird außerdem eine Erhöhung der Abgeordnetendiäten um fast 10 % beschlossen.

24. Auf dem Bundesparteitag von Bündnis 90/ Die Grünen in Nürnberg beschließen die Delegierten, das während ihrer Regierungszeit eingeführte Arbeitslosengeld II durch eine bedarfsorientierte Grundsicherung zu ersetzen. Damit setzt sich die Parteiführung gegen einen Antrag für ein bedingungsloses »Grundeinkommen« durch. Weitere Diskussionsthemen des dreitägigen Parteitags sind der Klimaschutz, eine »grüne Marktwirtschaft« und die Bürgerrechte.

26. Der Grünen-Abgeordnete im Stuttgarter Landtag Oswald Metzger verlässt seine Partei. Er habe in der Sozial- und Steuerpolitik keine Gemeinsamkeiten mehr mit der Bundespartei.

Die Deutsche Telekom beendet mit sofortiger Wirkung ihr Engagement im Profiradsport und reagiert damit auf die Dopingskandale innerhalb des Teams T-Mobile.

27. Insbesondere wegen des stark gestiegenen Ölpreises klettert die Inflationsrate in Deutschland im November mit rund 3 % auf den höchsten Stand seit 1994.

28. Der IGLU-Studie zum Leseverständnis von Viertklässlern zufolge haben die deutschen Grundschüler ihre Leistungen im Lesen deutlich verbessert und nehmen in Europa die Spitzenstellung hinter Schweden und den Niederlanden ein.

29. Der Arbeitgeberverband Postdienste und die Gewerkschaft ver.di einigen sich auf einen neuen Tarifvertrag. Die Union will diesen als Grundlage für eine gesetzliche Lohnuntergrenze akzeptieren, womit der Weg für einen allgemeinen Mindestlohn für Briefzusteller frei wäre.

30. Mit 408 gegen 144 Stimmen beschließt der Bundestag nach viertägiger kontroverser Debatte den von Finanzminister Steinbrück vorgelegten Bundeshalt 2008. Mit Gesamtausgaben von 283,2 Mrd. € fällt er um 4 % höher aus als der Nachtragshaushalt 2007.

Dezember 2007

4. Die Deutsche Bahn und die Lokomotivführergewerkschaft GDL einigen sich darauf, in den kommenden zwei Monaten über einen Tarifvertrag für Lokomotivführer unter dem Dach eines allgemeinen Manteltarifvertrags zu verhandeln. Bis Ende Januar will die GDL daher auf weitere Streiks verzichten.

In Germersheim in der Südpfalz werden drei Kinder im Alter von elf, 13 und 14 Jahren in der abendlichen Dunkelheit von einem Nahverkehrszug erfasst, als sie vermutlich die Gleise überqueren wollen. Die drei Schüler sind sofort tot.

5. Die Bundesregierung billigt ein Programm zum Klimaschutz, das bis 2020 die Emissionen von Treibhausgasen um bis zu 36 % vermindern und damit eine deutsche Vorleistung für den Erfolg der Klimakonferenz von Bali sein soll.

In Darry im schleswig-holsteinischen Kreis Plön tötet eine Frau ihre fünf zwischen drei und neun Jahre alten Söhne. Die 31 Jahre alte psychisch kranke Frau hatte die Tat einem Arzt in der psychiatrischen Klinik Neustadt selbst gemeldet.

Im sächsischen Plauen wird im Zusammenhang mit den Ermittlungen gegen eine Frau wegen Kindstötung der Leichnam eines dritten Kindes entdeckt. Das erste tote Kind war am 27. November, das zweite am Vortag gefunden worden. Die 28 Jahre alte Mutter gibt an, die Kinder seien kurz nach ihrer Geburt zwischen 2002 und 2005 gestorben.

7. Die Innenminister der Länder beschließen eine Beobachtung der Scientology-Bewegung in Deutschland »mit dem Ziel eines Verbots«, über das in einem Jahr entschieden werden soll. Scientology sei eine Organisation, die verfassungsfeindliche Ziele verfolge.

Die Gesellschaft für deutsche Sprache (GfdS) wählt »Klimakatastrophe« zum Wort des Jahres 2007. Der Begriff kennzeichne die bedrohliche Entwicklung des Weltklimas.

14. Der Bundestag stimmt der Aufnahme der Postdienstleister ins Arbeitnehmerentsendegesetz zu und schafft damit die Voraussetzungen für die Einführung eines Mindestlohns für Briefzusteller.

Der seit acht Monaten im türkischen Antalya inhaftierte Marco W. aus Uelzen wird überraschend aus der Untersuchungshaft entlassen und kann nach Deutschland zurückkehren. Der Prozess gegen den 17-Jährigen, dem vorgeworfen wird, im April eine 13 Jahre alte Britin sexuell missbraucht zu haben, soll am 1. April 2008 fortgesetzt werden.

Dezember 2007 DEUTSCHLANDCHRONIK

16. In der Provinz Herat im Westen Afghanistans wird ein ehemaliger Mitarbeiter der deutschen Hilfsorganisation Grünhelme entführt. Der 42 Jahre alte Deutsche, der mit einer afghanischen Frau verheiratet ist, wird in Deutschland mit Haftbefehl gesucht.

18. Eineinhalb Jahre nach den gescheiterten Anschlägen auf zwei Regionalzüge werden die beiden »Kofferbomber von Köln« in Beirut zu hohen Gefängnisstrafen verurteilt. Einer der angeklagten Libanesen, der zu dieser Zeit in Deutschland vor Gericht steht, erhält in Abwesenheit eine lebenslange, sein Komplize eine zwölfjährige Haftstrafe.

20. Die gemeinsame Verwaltung von Hartz-IV-Empfängern durch die Bundesagentur für Arbeit und die Kommunen ist verfassungswidrig. Das Bundesverfassungsgericht gibt mit dieser Entscheidung den Verfassungsbeschwerden von elf Gemeinden statt.

Die Lokomotivführergewerkschaft GDL kündigt Streiks im Bahnverkehr ab 7. Januar an. Die Tarifverhandlungen waren am Vortag gescheitert.

21. An zahlreichen Grenzübergängen zu Polen und zur Tschechischen Republik feiern Politiker und Bürger den Beitritt der beiden Länder zu den Schengen-Staaten und damit den Wegfall der Grenzkontrollen. Neben Polen und der Tschechischen Republik sind auch Estland, Lettland, Litauen, Malta, Slowenien, die Slowakische Republik und Ungarn beigetreten.

24. Bundesweit ermittelt die Polizei gegen 12 000 Verdächtige, die eine kinderpornografische Internetseite besucht und Dateien heruntergeladen hatten.

21. Dezember Feiernde polnische Jugendliche am Strandabschnitt der deutsch-polnischen Grenze auf der Insel Usedom

Januar 2008

1. Nach Baden-Württemberg, Mecklenburg-Vorpommern und Niedersachen treten in neun weiteren Bundesländern Gesetze zum Nichtraucherschutz in Kraft. Sie verbieten das Rauchen in öffentlichen Einrichtungen und in Gaststätten.

In Berlin, Hannover und Köln werden sog. Umweltzonen ausgewiesen, die künftig nur noch mit einer Umweltplakette, die Auskunft über die Schadstoffklasse des Autos gibt, befahren werden dürfen.

4. Die Durchsuchungen von Wohnungen militanter Globalisierungsgegner vor dem G-8-Gipfel in Heiligendamm im Juni 2007 durch die Bundesanwaltschaft waren rechtswidrig. Der Bundesgerichtshof kommt zu dem Urteil, dass die Strafverfolgungsorgane des Bundes hierfür nicht zuständig waren.

6. In der Münchener U-Bahn werden zwei Männer von einer Gruppe jugendlicher Asylbewerber angegriffen und zusammengeschlagen. In Frankfurt schlagen sieben Jugendliche mit Migrationshintergrund einen U-Bahnfahrer nieder und verletzen ihn schwer. – Die Vorfälle heizen den Streit um den hessischen Ministerpräsidenten Roland Koch an, der im Vorfeld der Landtagswahlen ein schärferes Vorgehen gegen junge ausländische Straftäter gefordert hatte. Der SPD-Vorsitzende Kurt Beck wirft ihm Rechtspopulismus und Schaumschlägerei vor.

13. Der Tarifkonflikt zwischen der Lokomotivführergewerkschaft GDL und der Deutschen Bahn endet nach fast zehn Monaten. Die Gremien der GDL stimmen einem von Bundesverkehrsminister Tiefensee vermittelten Kompromiss zu, nach dem die Lokomotivführer in zwei Stufen insgesamt 11 % mehr Lohn erhalten sollen. Bis Ende des Monats soll ein unterschriftsreifer Tarifvertrag vorliegen.

15. Der finnische Konzern Nokia wird sein Handywerk in Bochum bis Mitte des Jahres schließen und die Produktion auf andere Standorte in Südosteuropa verlagern. Von der Stilllegung sind die 2 300 Beschäftigten des Werks, rund 1 000 Leiharbeiter und zahlreiche Zulieferfirmen betroffen.

Zum ersten Mal seit 1989 kann die Bundesrepublik einen ausgeglichenen Staatshaushalt vorweisen. Nach Angaben des Statistischen Bundesamts überstiegen bei Bund, Ländern, Gemeinden und Sozialversicherungen 2007 die Einnahmen die Ausgaben um insgesamt 70 Mio. €.

Das Wort »Herdprämie«, das gegen die Familienpolitik der Union gerichtet ist, wird zum Unwort des Jahres 2007 gewählt. Es diffamiere Eltern, insbesondere Frauen, die ihre Kinder zu Hause erziehen, anstatt einen Krippenplatz in Anspruch zu nehmen.

17. Im Auswärtigen Amt empfängt Bundesaußenminister Frank-Walter Steinmeier seinen syrischen Amtskollegen Walid al-Muallim und bietet Syrien eine engere Zusammenarbeit an. Bundeskanzlerin Merkel kritisiert die Gesprächsbereitschaft Steinmeiers als unangebracht, solange Syrien den Libanon nicht diplomatisch anerkennt.

20. Der frühere stellvertretende SPD-Parteivorsitzende und Bundeswirtschaftsminister Wolfgang Clement warnt wegen der Energiepolitik der SPD-Spitzenkandidatin Andrea Ypsilanti vor der Wahl der SPD bei der hessischen Landtagswahl am 27. Januar. Die SPD wirft Clement, der seit Februar 2006 dem Aufsichtsrat der RWE Power AG angehört, Interessenpolitik für den RWE-Konzern vor; der Vorsitzende der SPD-Bundestagsfraktion Struck befürwortet ein Parteiausschlussverfahren.

21. Am deutschen Aktienmarkt kommt es zum stärksten Kurseinbruch seit dem 11. Sep-

Januar 2008 DEUTSCHLANDCHRONIK

27. Januar Die Spitzenkandidaten der hessischen Landtagswahl im ARD-Wahlstudio; von links Roland Koch (CDU), Andrea Ypsilanti (SPD), Jörg-Uwe Hahn (FDP), Tarek Al-Wazir (Grüne) und Willi Ooyen (Die Linke)

tember 2001. Der Deutsche Aktienindex DAX verliert 7,2 % und fällt auf 6 790 Punkte. Auch im übrigen Europa und in Asien geben die Kurse deutlich nach. In den USA sind die Börsen wegen eines Feiertags geschlossen.

23. Nach Ansicht des Bundesfinanzhofs sind Fahrten zur Arbeit keine Privatfahrten, sondern berufsbedingt und damit als Werbungskosten absetzbar. Die Kürzung der Pendlerpauschale sei daher verfassungswidrig. Das Gericht will in dieser Frage das Bundesverfassungsgericht anrufen.

24. Nach deutlichen Kursverlusten von 4,9 % am Vortag erholt sich der Deutsche Aktienindex DAX und schließt mit einem Plus von 5,9 % bei 6 821 Punkten.

25. Der Bundestag beschließt eine Änderung des Gentechnikgesetzes, das erstmals einen Mindestabstand zwischen Feldern mit gentechnisch verändertem und konventionellem bzw. biologischem Anbau vorschreibt.

26. Die Staatsanwaltschaft Bochum prüft die Einleitung von Ermittlungen gegen den Handyhersteller Nokia wegen Subventionsbetrugs. Nach Angaben des nordrhein-westfälischen Wirtschaftsministeriums hatte Nokia in seinem Werk in Bochum weniger Arbeitsplätze geschaffen als vereinbart und damit gegen die Subventionsauflagen verstoßen.

27. Die Landtagswahl in Hessen wird zu einem Debakel für die CDU. Sie verliert zwölf Prozentpunkte und kommt nur noch auf 36,8 % der Stimmen, bleibt aber stärkste Kraft vor der SPD, die 36,7 % (+ 7,6 Prozentpunkte) erhält. Die FDP (+0,1) kann sich von 7,9 auf 9,4 % verbessern, Bündnis 90/Die Grünen kommen auf 7,5 % (– 2,6). Die Linkspartei schafft mit 5,1 % den Sprung in den Landtag.
Bei den Landtagswahlen in Niedersachsen muss die CDU Stimmeneinbußen in Höhe von 5,8 Prozentpunkten hinnehmen, kann mit 42,5 % zusammen mit der FDP, die 8,2 % (+ 0,1) erhält, aber weiterhin die Regierung stellen. Die SPD kommt auf 30,3 % (–3,1), Bündnis 90/Die Grünen auf 8,0 % (+ 0,4). Mit 7,1 % der Stimmen wird die Linkspartei auch im niedersächsischen Landtag vertreten sein.

30. Nach zehn Monate dauernden Tarifauseinandersetzungen einigen sich die Deutsche Bahn AG und die Gewerkschaft Deutscher Lokomotivführer (GDL) auf einen Tarifvertrag. Er soll am 1. März in Kraft treten.

Februar 2008

3. Beim Brand eines von türkischen Familien bewohnten Hauses im rheinland-pfälzischen Ludwighafen kommen neun Personen, unter ihnen fünf Kinder, ums Leben. Das Feuer war kurz nach dem von Ludwigshafen und Mannheim gemeinsam veranstalteten Fastnachtsumzug ausgebrochen, der an dem Haus vorbeiführte. Hinweise auf Brandstiftung oder einen fremdenfeindlichen Anschlag gibt es nicht.

6. Nach der Brandkatastrophe vom 3. Februar stellt die Ludwigshafener Polizei Feuerwehrleute unter Polizeischutz. Nach Vorwürfen in der türkischen Presse, die Feuerwehr sei zu spät am Einsatzort gewesen, wurden von türkischstämmigen Personen Feuerwehrautos bespuckt und einzelne Feuerwehrleute angegriffen.

9. In München beginnt die zweitägige Konferenz über Sicherheitspolitik. Wie bereits beim NATO-Treffen in Vilnius zwei Tage zuvor ist das Hauptthema die Lastenverteilung in Afghanistan. Deutschland schließt eine Verstärkung seines Kontingents von derzeit 3 500 auf 4 000 Soldaten nicht aus.

10. In Köln ruft der türkische Ministerpräsident Recep Tayyip Erdoğan bei einer Rede seine 16 000 Zuhörer türkischer Abkunft dazu auf, ihre Kultur, Religion und Identität zu bewahren. Assimilierung sei ein »Verbrechen gegen die Menschlichkeit«. Politiker von Union und SPD kritisieren die Äußerungen Erdoğans in scharfem Ton. Zu Beginn seines Aufenthalts in Deutschland hatte Erdoğan am 7. Februar den Ort der Brandkatastrophe von Ludwigshafen besucht.

10. Februar Anhänger des türkischen Ministerpräsidenten Erdoğan verfolgen in der Kölnarena seine Rede.

12. Die Dienstleistungsgewerkschaft ver.di und der Deutsche Beamtenbund kündigen Streiks im öffentlichen Dienst ab dem 14. Februar an. Zuvor waren die Tarifverhandlungen für die rund 1,3 Mio. Beschäftigten im Bund und bei den Gemeinden in der dritten Runde ohne Ergebnis abgebrochen worden.

Die Vollversammlung der Bischöfe wählt den 69 Jahre alten Erzbischof von Freiburg, Robert Zollitsch, zum neuen Vorsitzenden der Deutschen Bischofskonferenz. Zollitsch wird Nachfolger von Kardinal Karl Lehmann, der das Amt aus gesundheitlichen Gründen zum 18. Februar aufgibt.

13. Die Fünfprozentklausel in Schleswig-Holsteins Kommunalwahlrecht ist verfassungswidrig. Das Bundesverfassungsgericht sieht darin einen Verstoß gegen die Wahlrechtsgleichheit und die Chancengleichheit der Parteien. Das Urteil sei aber nicht auf andere Länder oder den Bund übertragbar.

14. Die Staatsanwaltschaft Bochum ermittelt gegen den Vorstandsvorsitzenden der Deutschen Post, Klaus Zumwinkel, wegen Steuerhinterziehung in Millionenhöhe. Bei Razzien in seinem Privathaus und in seinem Büro in der Bonner Konzernzentrale wird umfangreiches Material sichergestellt.

Die auf der Liste der Linkspartei in den niedersächsischen Landtag eingezogene Abgeordnete Christel Wegner spricht sich in einem Fernsehinterview für die Wiedereinführung des Staatssicherheitsdienstes aus und rechtfertigt den Bau der Berliner Mauer. Von der Linkspartei wird sie daraufhin zur Rückgabe ihres Mandats aufgefordert.

15. Im Zusammenhang mit den Ermittlungen gegen den Vorstandsvorsitzenden der Deutschen Post Zumwinkel wird bekannt, dass die Finanzbehörden gegen mehr als 1 000 weitere Personen, v. a. Kunden der Liechtensteiner Bank LGT, ermitteln. Sie sollen insgesamt mehrere Milliarden Euro an der Steuer vorbei ins Ausland geschleust haben. Das Bundesfinanzministerium rät den Betroffenen zur Selbstanzeige. Unterdessen hat Zumwinkel auf Druck der Bundesregierung seinen Rücktritt angeboten.

18. Die Linksfraktion im niedersächsischen Landtag schließt die wegen ihrer Aussagen zu Stasi und Berliner Mauer in die Kritik geratene Abgeordnete Christel Wegner aus. Wegner will ihr Landtagsmandat indessen nicht zurückgeben.

20. Deutschland erkennt das Kosovo als unabhängigen Staat an und beschließt die Aufnahme diplomatischer Beziehungen. Serbien beruft daraufhin seinen Botschafter aus Berlin ab. U. a. von den USA, Frankreich und der Türkei war das Kosovo bereits zuvor anerkannt worden.

Das Deutsche Zentralinstitut für Soziale Fragen (DZI) erkennt dem deutschen UNICEF-Komitee das Spendensiegel ab, da UNICEF Deutschland in den Jahren 2004–07 Provisionszahlungen an professionelle Spendenwerber verschwiegen habe.

22. Das Landgericht Braunschweig befindet den früheren Betriebsratsvorsitzenden der Volkswagen AG Klaus Volkert der Untreue und Begünstigung für schuldig und verurteilt ihn zu einer Haftstrafe von zwei Jahren und neun Monaten ohne Bewährung.

24. Bei der Bürgerschaftswahl in Hamburg bleibt die CDU trotz einer Einbuße von 4,6 Prozentpunkten mit 42,6 % der Stimmen stärkste Partei. Die SPD legt 3,6 Prozentpunkte zu und kommt auf 34,1 %, die Grünen (GAL) erreichen 9,6 % (– 2,7). Die Linkspartei schafft mit 6,4 % den Einzug in die Bürgerschaft, die FDP scheitert mit 4,8 % an der Fünfprozenthürde.

25. Präsidium und Vorstand der SPD vollziehen in ihrem Verhältnis zur Linkspartei einen Kurswechsel. Entgegen ihrer Aussage vor der Hessenwahl gibt die SPD-Führung der hessischen Landesvorsitzenden Ypsilanti freie Hand, sich notfalls mit den Stimmen der Linkspartei zur Ministerpräsidentin wählen zu lassen. Den westdeutschen Landesverbänden wird der Umgang mit der Linkspartei grundsätzlich freigestellt.

Nach dem bisher schwersten bergbaubedingten Erdbeben im Saarland zwei Tage zuvor ordnet die Landesregierung einen unbefristeten Abbaustopp für Steinkohle an.

27. Das Bundesverfassungsgericht erklärt die Regelungen zur Onlinedurchsuchung im nordrhein-westfälischen Verfassungsschutzgesetz für unwirksam. Eingriffe in ein von den Karlsruher Richtern formuliertes Grundrecht »auf Gewährleistung der Vertraulichkeit und Integrität informationstechnischer Systeme« seien nur in engen Grenzen möglich. Die Bundesregierung kündigt an, rasch eine Neufassung für einen entsprechenden Gesetzentwurf für das Bundeskriminalamt vorzulegen.

März 2008

3. Der Sportwagenhersteller Porsche wird die Mehrheit bei Volkswagen übernehmen. Der Aufsichtsrat von Porsche erteilt dem Vorstand die Erlaubnis, für etwa 10 Mrd. € den Aktienanteil von derzeit rund 30 auf über 50 % zu erhöhen.

4. Die hessische SPD-Vorsitzende und Spitzenkandidatin Ypsilanti erklärt ihre Bereitschaft, sich auf der Eröffnungssitzung des neuen hessischen Landtags am 5. April mit den Stimmen der Linksfraktion zur Ministerpräsidentin wählen zu lassen.

7. Die hessische SPD-Vorsitzende Ypsilanti zieht ihr Vorhaben zurück, sich mithilfe der Linksfraktion am 5. April zur hessischen Ministerpräsidentin wählen zu lassen, da sie für eine Mehrheit nicht garantieren könne. Am Vortag hatte die Darmstädter SPD-Abgeordnete Dagmar Metzger angekündigt, sie werde Ypsilanti bei einer Tolerierung durch die Linkspartei nicht ihre Stimme geben.

Das Verwaltungsgericht Berlin erklärt die Ausweitung des Mindestlohns in der Postbranche auf die gesamte Briefdienstleistung für rechtswidrig. Während Bundeswirtschaftsminister Glos (CSU) das Urteil begrüßt, legt Bundesarbeitsminister Scholz (SPD) Berufung dagegen ein.

9. Die Deutsche Bahn einigt sich mit den Bahngewerkschaften GDL, Transnet und GDBA auf die gegenseitige Anerkennung der Tarifverträge durch die jeweils anderen Gewerkschaften. Damit ist der für den 10. März angekündigte unbefristete Bahnstreik abgewendet.

12. Das Landgericht Münster verhängt gegen fünf ehemalige Ausbilder der Bundeswehr Bewährungsstrafen von bis zu 22 Monaten. Der frühere Kompaniechef wird zu einer Geldstrafe von 7 500 Euro verurteilt. Bei Übungen hatten die Soldaten 2004 mehr als 160 Rekruten misshandelt.

13. Ungeachtet heftiger Meinungsverschiedenheiten verabschiedet die Deutsche Islamkonferenz (DIK) auf ihrer dritten Plenarsitzung einen Zwischenbericht. Er sieht u. a. die Einführung von deutschsprachigem islamischem Religionsunterricht an öffentlichen Schulen vor.

15. Die RAG Deutsche Steinkohle AG beschließt, den Kohlenbergbau im Saarland 2012 zu beenden. Der Abbau in den von dem schweren Erdbeben am 23. Februar betroffenen Regionen soll ganz eingestellt werden.

März 2008 DEUTSCHLANDCHRONIK

18. Zum Abschluss ihres als historisch apostrophierten dreitägigen Besuchs in Israel spricht Bundeskanzlerin Merkel vor der Knesset in Jerusalem. Am Vortag war es zum ersten Mal zwischen Mitgliedern beider Kabinette zu deutsch-israelischen Regierungskonsultationen gekommen.

19. Das Bundeskabinett beschließt die Einrichtung eines Erinnerungs- und Dokumentationszentrums als »sichtbares Zeichen« zur Dokumentation von Flucht und Vertreibungen nach dem Zweiten Weltkrieg.

27. Die Transrapidstrecke vom Münchner Hauptbahnhof zum Flughafen wird nicht gebaut, da der geplante Bau statt der im September 2007 veranschlagten 1,85 Mrd. € voraussichtlich 3,4 Mrd. € kosten würde. Weder die Bundesregierung und das Land Bayern noch das Industriekonsortium von Siemens und Thyssen-Krupp sowie drei Bauunternehmen sind bereit, die Kostenexplosion zu tragen.

Bei einem Anschlag in der Nähe des afghanischen Bundeswehrstützpunkts Kundus im Norden des Landes werden drei deutsche Soldaten z. T. schwer verletzt.

31. Im Tarifstreit im öffentlichen Dienst erzielen Arbeitgeber und Gewerkschaften eine Einigung. Danach steigen die Löhne und Gehälter der rund 1,3 Mio. Beschäftigten von Bund und Kommunen um durchschnittlich 5,1 %, für das kommende Jahr ist eine weitere Erhöhung um 2,8 % sowie eine Einmalzahlung von 225 € vorgesehen. Im Gegenzug erhöht sich bei den Mitarbeitern der Gemeinden in Westdeutschland die Wochenarbeitszeit von 38,5 auf 39 Stunden.

Sieben Wirtschaftszweige mit insgesamt 1,4 Mio. Beschäftigten beantragen die Aufnahme in das Arbeitnehmerentsendegesetz. Damit ist das Interesse für die Einführung von Mindestlöhnen weitaus geringer, als von SPD und Gewerkschaften erwartet worden war. Diese waren von wesentlich mehr Branchen mit bis zu 4,4 Mio. Beschäftigten ausgegangen.

31. März ver.di-Chef Frank Bsirske (rechts) nach den Tarifverhandlungen im Gespräch mit Frank Stöhr von der dbb Tarifunion (Mitte) und dem ver.di-Tarifexperten Achim Meerkamp (links)

April 2008

3. Die geplante höhere Beimischung von Biokraftstoff in Benzin wird vorerst ausgesetzt. Bundesumweltminister Gabriel (SPD) verzichtet auf die Umsetzung der entsprechenden Verordnung, da mehr als 3 Mio. Autos den neuen Kraftstoff E10 nicht vertragen. Gabriel kündigt an, die dadurch entstehende Lücke bei der Einsparung von Kohlendioxid durch einen höheren Anteil an Ökostrom schließen zu wollen.

Die Bayern LB gesteht Belastungen durch Fehlinvestitionen bei Wertpapieren in Höhe von 4,3 Mrd. € ein. Die Verluste durch die Finanzkrise sind damit mehr als doppelt so hoch wie bisher bekannt.

4. Nach Angaben von Behörden haben aktive Elitepolizisten im Dienst einer privaten Sicherheitsfirma libysche Sicherheitskräfte ausgebildet. Insgesamt sollen 30 aktive und ehemalige Polizisten sowie ein Bundeswehrsoldat seit 2005 beteiligt gewesen sein.

5. In Wiesbaden tritt der neu gewählte hessische Landtag zu seiner ersten Sitzung zusammen. Ministerpräsident Koch und sein Kabinett erklären ihren Rücktritt. Da jedoch kein neuer Ministerpräsident gewählt wird, bleibt die Regierung Koch weiterhin geschäftsführend im Amt.

7. Vor dem Frankfurter Oberlandesgericht beginnt der Prozess gegen die Telekom, in dem die Sammelklage von etwa 16 000 Aktionären verhandelt wird. Sie fordern Schadenersatz, da die Telekom sie bei der Ausgabe der dritten Tranche der T-Aktie 2000 mit falschen Angaben getäuscht habe.

Als Konsequenz aus der Krise um die Mittelstandsbank IKB tritt die Vorstandssprecherin der staatseigenen Kreditanstalt für Wiederaufbau (KfW), Ingrid Matthäus-Maier, von ihrem Amt zurück. Als Hauptaktionär muss die KfW den Großteil der Schulden der IKB in Höhe von 10 Mrd. € tragen.

8. Die Bundesregierung beschließt die Erhöhung der Renten um 1,1 % ab 1. Juli trotz kritischer Stimmen aus Reihen des Kabinetts. Ursprünglich sollten die Renten nur um 0,5 % erhöht werden.

11. Mit einer deutlichen Mehrheit von 346 gegen 228 Abgeordnete bei sechs Enthaltungen beschließt der Bundestag eine Lockerung des Stammzellgesetzes, um die Forschung an embryonalen Stammzellen zu erleichtern. Dafür wird der Stichtag, vor dem die Stammzellen entstanden sein müssen, vom 1. Januar 2002 auf den 1. Mai 2007 verschoben.

14. Der sächsische Ministerpräsident Georg Milbradt kündigt für Ende Mai den Rücktritt von allen seinen Ämtern an. Sein Nachfolger für das Amt des Ministerpräsidenten und des sächsischen CDU-Vorsitzenden soll der bisherige Finanzminister Stanislaw Tillich werden.

7. April Akten mit Klagen enttäuschter Kleinaktionäre gegen die Deutsche Telekom AG werden zu Verhandlungsbeginn in den Saalbau Bornheim in Frankfurt am Main gebracht.

In der SPD wird im Streit um die Teilprivatisierung der Bahn ein Kompromiss erzielt. Die Infrastruktur der Bahn soll vollständig beim Bund verbleiben, Nah-, Fern- und Güterverkehr zu 24,9 % privatisiert werden. Die Union signalisiert ihre Verhandlungsbereitschaft auf der Basis dieses Vorschlags.

15. Bundesinnenminister Schäuble (CDU) und Bundesjustizministerin Brigitte Zypries (SPD) einigen sich nach monatelangem Streit auf eine gesetzliche Regelung zur Onlinedurchsuchung.

16. Das Bundeskabinett beschließt die Eckpunkte des Gendiagnostikgesetzes. Gentests sollen künftig nur mit Zustimmung des Betroffenen möglich sein. Die Regelungen sollen Missbrauch und Diskriminierung verhindern.

17. In Hamburg unterzeichnen CDU und GAL einen Koalitionsvertrag. Damit wird zum ersten Mal in einem Bundesland eine Koalition zwischen CDU und Grünen vereinbart. Die CDU-Vorsitzende und Bundeskanzlerin Merkel will die schwarz-grüne Koalition jedoch nicht als Signal für den Bund sehen.

18. Die Bundesregierung rechnet für das kommende Jahr mit einem deutlich schwächeren Wirtschaftswachstum. Nach 1,7 % in diesem Jahr soll der Zuwachs 2009 nur noch 1,2 % betragen.

19. Die Tarifkommission der Gewerkschaft ver.di kündigt einen flächendeckenden Streik bei der Post an, der spätestens am 2. Mai beginnen soll. Zuvor waren die Tarifverhandlungen für die 130 000 Beschäftigten der Post ergebnislos abgebrochen worden.

21. Mit einer breiten Mehrheit billigen Parteirat und Präsidium der SPD das unter Leitung des Parteivorsitzenden Beck erarbeitete Konzept zur Bahnreform.

22. Mit einem Kurs von über 1,60 US-$, rund 20 % höher als ein Jahr zuvor, erreicht der Euro ein neues Rekordhoch.

24. Mit der überwiegenden Mehrheit der Abgeordneten von Union, SPD, FDP und Bündnis 90/Die Grünen stimmt der Bundestag dem EU-Vertrag von Lissabon zu. Lediglich die Linksfraktion lehnt den Vertrag ab.

Union und SPD einigen sich darauf, dass der deutsche Arbeitsmarkt nicht 2009, sondern erst 2011 für Arbeitnehmer aus den osteuropäischen EU-Staaten geöffnet wird. Nach Ansicht der Union ist damit die Notwendigkeit eines Mindestlohns für die Zeitarbeitsbranche nicht mehr gegeben.

17. April Hamburgs Erster Bürgermeister Ole von Beust (CDU), GAL-Fraktionsvorsitzende Christa Goetsch, CDU-Landesvorsitzender Michael Freytag und GAL-Landesvorsitzende Anja Hajduk (von rechts) präsentieren im Rathaus von Hamburg den Koalitionsvertrag.

26. Südlich von Fulda kollidiert ein ICE bei einer Geschwindigkeit von 200 km/h mit einer Schafherde und entgleist in einem Tunnel. Bei dem Unfall werden 19 der 135 Passagiere verletzt.

28. Der Landesausschuss der Hamburger CDU stimmt dem schwarz-grünen Koalitionsvertrag zu. Am Vortag hatten die Hamburger Grünen auf einer Mitgliederversammlung mit großer Mehrheit für das Regierungsbündnis aus CDU und GAL votiert.

30. Die Deutsche Post und die Dienstleistungsgewerkschaft ver.di einigen sich auf einen neuen Tarifvertrag für die 130 000 Beschäftigten. Der von ver.di angedrohte unbefristete Streik ist damit abgewendet.

Mai 2008

1. Bei schweren 1.-Mai-Krawallen in Hamburg liefern sich links- und rechtsextreme Gewalttäter Straßenschlachten. Die Polizei nimmt 59 Personen fest.

In Aachen wird Bundeskanzlerin Merkel mit dem Internationalen Karlspreis ausgezeichnet. Sie erhält die Auszeichnung, weil sie während ihrer EU-Ratspräsidentschaft die Handlungsfähigkeit Europas gestärkt habe.

3. In der Tiefkühltruhe im Keller eines Hauses in Wenden im Sauerland werden die Leichen von drei neugeborenen Babys entdeckt. Sie sind dort von ihrer heute 44 Jahre alten Mutter offenbar seit rund 20 Jahren versteckt worden.

7. Das Bundesverfassungsgericht entscheidet, dass der Einsatz deutscher Soldaten in AWACS-Flugzeugen der NATO zu Beginn des Irakkriegs 2003 verfassungswidrig war und gibt damit einer Klage der FDP-Bundestagsfraktion statt.

Die Hamburger Bürgerschaft wählt Ole von Beust zum Ersten Bürgermeister. Beust erhält 69 Stimmen und damit eine mehr, als die schwarz-grüne Koalition aus CDU und GAL an Abgeordneten stellt.

8. Der Bundestag beschließt die im März angekündigte außerplanmäßige Rentenerhöhung.

Ab 1. Juli erhalten die rund 20 Mio. Rentner um 1,1 % höhere Altersbezüge.

14. In der brasilianischen Hauptstadt Brasilia beginnt Bundeskanzlerin Merkel eine siebentägige Lateinamerikareise.

15. Im 1. Quartal ist die deutsche Wirtschaft mit 1,5 % gegenüber dem entsprechenden Vorjahreszeitraum unerwartet stark gewachsen. Es ist die höchste Wachstumsrate seit 1996.

17. Ungeachtet der deutlichen Verluste bei der hessischen Landtagswahl im Januar wird Ministerpräsident Koch mit 95,3 % der Stimmen als Parteivorsitzender der hessischen CDU bestätigt.

19. Gegen den Protest der chinesischen Führung empfängt Entwicklungshilfeministerin Wieczorek-Zeul (SPD) in Berlin den Dalai-Lama.

22. Bundespräsident Köhler erklärt, im kommenden Jahr erneut für das Amt des Bundespräsidenten zu kandidieren. Von CDU, CSU und FDP wird die Entscheidung Köhlers begrüßt. Die SPD will mit Gesine Schwan eine eigene Kandidatin aufstellen.

24. In Cottbus beginnt der erste reguläre Bundesparteitag der Partei Die Linke. Schwerpunkte des zweitägigen Parteitags sind das Arbeitsprogramm bis zur Bundestagswahl 2009 und die Wahlen zum 44 Mitglieder zählenden Vorstand. Mit 78,5 und 81,3 % der Delegiertenstimmen werden die Parteivorsitzenden Oskar Lafontaine und Lothar Bisky als Doppelspitze bestätigt.

Wegen der Ausspähung von Mitarbeitern prüft die Staatsanwaltschaft Bonn ein Ermittlungsverfahren gegen die Deutsche Telekom. Um die Weitergabe vertraulicher Informationen aufzuspüren, hat der Konzern offenbar seit über einem Jahr eigene Manager und Aufsichtsräte sowie Journalisten durch das Sammeln von Telefonverbindungsdaten bespitzelt.

25. Bei den Kommunalwahlen in Schleswig-Holstein erleiden CDU und SPD hohe Verluste. Die CDU fällt von 50,8 auf 38,6 % zurück, die SPD erzielt mit 26,6 % (–2,7 Prozentpunkte) das schlechteste Ergebnis ihrer Geschichte. Mit 10,3 % werden Bündnis 90/Die Grünen drittstärkste Kraft. Die FDP kommt auf 9 %, die Linkspartei auf 6,9 %.

26. Präsidium und Parteivorstand der SPD nominieren jeweils einstimmig die Präsidentin der Europa-Universität Viadrina in Frankfurt (Oder), Gesine Schwan, als SPD-Kandidatin für das Amt des Bundespräsidenten. Bei Union und FDP stößt die Nominierung Schwans auf heftige Kritik.

28. Der bisherige sächsische Finanzminister Stanislaw Tillich (CDU) wird als Nachfolger von Georg Milbradt zum neuen Ministerpräsidenten von Sachsen gewählt. Für Tillich stimmen 66 Landtagsabgeordnete, die Regierungskoalition von CDU und SPD verfügt zusammen über 68 Abgeordnete.

Zum Auftakt der Ministerrunde der UN-Biodiversitätskonferenz in Bonn kündigt Bundeskanzlerin Merkel an, die Bundesregierung werde bis zum Jahr 2012 insgesamt 500 Mio. € für Naturschutzprogramme bereitstellen.

Die Inflationsrate ist im Mai auf 3 % gestiegen, nachdem sie im April noch 2,4 % betragen hatte. Ursache für die hohe Teuerungsrate ist v. a. der stark gestiegene Ölpreis.

29. In der Bespitzelungsaffäre bei der Deutschen Telekom eröffnet die Staatsanwaltschaft Bonn ein Ermittlungsverfahren und durchsucht in Bonn die Konzernzentrale. Die Ermittlungen richten sich gegen acht Personen, darunter die ehemaligen Vorstands- und Aufsichtsratsvorsitzenden Kai-Uwe Ricke und Klaus Zumwinkel.

30. Der Bundestag beschließt die Teilprivatisierung der Deutschen Bahn AG. Danach sollen 24,9 % der Verkehrsholding der Bahn verkauft werden, Schienennetz und Bahnhöfe aber vollständig bei der Bahn verbleiben.

26. Mai Gesine Schwan während einer Pressekonferenz nach ihrer Nominierung für die Bundespräsidentenwahl im Mai 2009, links der SPD-Vorsitzende Kurt Beck

31. In München beginnt der zweitägige Parteitag der FDP. Themenschwerpunkt ist das neue Steuerkonzept der FDP, das eine Vereinfachung des Steuersystems und drastische Steuerentlastungen vorsieht.

Juni 2008

2. Der seit einer Woche andauernde, von Blockaden von Molkereien begleitete Lieferboykott der Milchbauern führt zu ersten Engpässen bei der Milchversorgung. Die Landwirte fordern zur Deckung der gestiegenen Futtermittel- und Energiekosten eine Erhöhung des Erzeugerpreises von Milch um etwa 10 Cent auf 43 Cent je Liter. Am 5. Juni geben die wichtigsten Handelskonzerne nach, der Boykott endet.

4. Mit dem diesjährigen Friedenspreis des Deutschen Buchhandels wird der Maler und Bildhauer Anselm Kiefer ausgezeichnet. Der mit 25 000 € dotierte Preis wird am 19. Oktober in der Frankfurter Paulskirche verliehen.

5. Der russische Präsident Dimitrij Medwedjew fordert bei seinem Antrittsbesuch in Deutschland eine sicherheitspolitische Gleichstellung Russlands und warnt vor einer Verschlechterung der Beziehung, sollte sich die NATO nach Osten erweitern. Zuvor hatten Bundeskanzlerin Merkel und Medwedjew eine »Energiepartnerschaft« angekündigt.

Das Landgericht Bremen verurteilt den Ziehvater des im Oktober 2006 tot aufgefundenen zweijährigen Kevin wegen Körperverletzung mit Todesfolge und Misshandlung Schutzbefohlener zu einer Freiheitsstrafe von zehn Jahren. Die Leiche Kevins war im Kühlschrank des Ziehvaters entdeckt worden.

8. Bei den Kommunalwahlen in Sachsen kann sich die CDU mit 39,5 % im Landesdurchschnitt als stärkste Kraft behaupten. Die Linkspartei kommt auf 18,7 %, die SPD auf 11,5 %. Auf die FDP entfallen 8,3 % und auf die NPD 5,1 % der Stimmen.

10. Das Bundesinnenministerium setzt eine Entscheidung der Innenministerkonferenz um und erarbeitet einen bundeseinheitlichen Test für Bewerber um die deutsche Staatsbürgerschaft, der ab 1. September eine Bedingung für die Einbürgerung ist.

12. Für die Medienangebote von ARD und ZDF im Internet beschließen die Ministerpräsidenten der Länder Änderungen im Entwurf für einen neuen Rundfunkstaatsvertrag. Danach werden die Onlineangebote der Sender weitaus stärker eingeschränkt als bisher vorgesehen. Insbesondere soll ihnen ein »presseähnliches Angebot« untersagt werden.

19. Bundeskanzlerin Merkel lehnt eine Verlängerung der staatlich geförderten Altersteilzeit kategorisch ab. Das SPD-Präsidium hatte am 16. Juni beschlossen, die mit 1,3 Mrd. € pro Jahr von der Bundesagentur für Arbeit subventionierte Frühverrentung bis 2015 fortzusetzen.

22. Bei der zweiten Runde der Kommunalwahl in Sachsen wird über 41 Bürgermeister und vier Landräte abgestimmt. Herausragendes Ereignis ist der Sieg von Helma Orosz (CDU), der sächsischen Sozialministerin, in Dresden.

30. Der Europäische Gerichtshof für Menschenrechte weist die Klage des Kindermörders Magnus Gäfgen gegen Deutschland zurück. Deutschland habe weder gegen das Folterverbot der Menschenrechtskommission noch gegen das Recht Gäfgens auf ein faires Verfahren verstoßen. Gäfgen hatte im September 2002 den elfjährigen Jakob von Metzler entführt und ermordet und dessen Versteck erst nach Androhung von Folter preisgegeben.

KULTURCHRONIK

Juli 2007

6. Skythenausstellung Geschichte und Kultur der Skythen, die vom 8. bis 3. Jh. v. Chr. im eurasischen Steppenraum lebten, präsentiert der Martin-Gropius-Bau in Berlin; zu sehen sind u. a. Funde aus Fürstengräbern.

14. Fotoausstellung In Düsseldorf wird eine umfassende Werkschau des in New York und Tokio lebenden Fotografen Hiroshi Sugimoto eröffnet, der mit der Plattenkamera Schwarz-Weiß-Bildserien anfertigt.

20. Nibelungenfestspiele Bei den Wormser Nibelungenfestspielen wird Moritz Rinkes »Die letzten Tage von Burgund« uraufgeführt. Regisseur der modernen Version des Nibelungenstoffes ist Dieter Wedel.

25. Bayreuther Festspiele Die Bayreuther Festspiele werden mit den »Meistersingern von Nürnberg« in einer Inszenierung von Katharina Wagner eröffnet, die damit ihre erste eigenständige Bayreuther Arbeit vorlegt. Die Kritik ist gespalten, das Publikum lehnt die Interpretation mehrheitlich ab.

August 2007

23. Haus der Kulturen der Welt Mit einem Festprogramm wird nach einjährigem Umbau in Berlin das Haus der Kulturen der Welt, die ehemalige Kongresshalle, wiedereröffnet.

25. Kölner Dom Im Kölner Dom wird das von Gerhard Richter für das Südquerhaus entworfene Glasfenster geweiht.

25. August Der Künstler Gerhard Richter vor dem von ihm gestalteten Fenster im Kölner Dom

September 2007

2. Ruhrtriennale Willy Decker inszeniert bei der Ruhrtriennale das weltliche Oratorium »Le vin herbé« von Frank Martin. Im Gegensatz zu Richard Wagner vertonte der Schweizer Komponist den Tristan-und-Isolde-Stoff 1941 für eine kleine kammermusikalische Besetzung.

6. Berliner Staatsoper Hans Werner Henzes Konzertoper »Phaedra« wird an der Berliner Staatsoper Unter den Linden uraufgeführt. In einer Inszenierung von Peter Mussbach spielt das Frankfurter Ensemble Modern unter der Leitung von Michael Boder. Das Stück ist eine Collage griechischer und römischer Mythen, die der Librettist Christian Lehnert neu zusammengefügt hat.

KULTURCHRONIK September 2007

12. Schauspiel Frankfurt Armin Petras, alias Fritz Kater, bringt am Schauspiel Frankfurt sein neuestes Stück »Heaven (zu Tristan)« zur Uraufführung. Bei seinen Betrachtungen der jüngsten deutsch-deutschen Geschichte ist der Autor hier in der Nach-Wende-Zeit angekommen.

14. Museumsneubau In Köln wird der nach dem Entwurf des Schweizer Architekten Peter Zumthor errichtete Neubau des Kölner Diözesanmuseums Kolumba eingeweiht.

15. »Bonjour Russland« Das museum kunst palast in Düsseldorf zeigt unter dem Titel »Bonjour Russland« Meisterwerke der russischen und französischen Moderne. Die Bilder sind Leihgaben aus Museen in Moskau und Sankt Petersburg.

28. Arp-Museum In Remagen-Rolandseck wird das Arp-Museum eröffnet, das sich dem Werk des Malers und Bildhauers Hans Arp widmet.

Ruhrtriennale Bei der Ruhrtriennale wird die erste »Consulting-Oper« uraufgeführt. In Jörn Arneckes »Unter Eis« werden Sprache und Menschenbild der Unternehmensberaterbranche hinterfragt. Das Libretto stammt von Falk

14. September Mit einem Presse- und Medientag wurde Kolumba, der Neubau des Kunstmuseums des Erzbistums Köln, vorgestellt.

Richter, die musikalische Leitung hat Johannes Debus.

29. Deutscher Fernsehpreis Im Kölner Coloneum findet die Gala zur Verleihung des Deutschen Fernsehpreises statt (→ Fernsehen).

30. Mumienausstellung Die Mannheimer Reiss-Engelhorn-Museen widmen sich dem Thema Mumien und zeigen, dass Einbalsamierungspraktiken nicht nur von den Ägyptern, sondern auch in anderen Kulturen Asiens, Amerikas, Ozeaniens und Europas gepflegt wurden.

Münchner Kammerspiele An den Münchner Kammerspielen wird Dea Lohers Monolog »Land ohne Worte« in einer Inszenierung von Andreas Kriegenburg uraufgeführt. Die Autorin stellt in ihrem neuen Stück die Frage, was Kunst in unserer heutigen Welt darstellen, bewirken bzw. verändern kann.

Oktober 2007

7. Schauspiel Hannover Tankred Dorsts Rentnermärchen »Ich bin nur vorübergehend hier« wird am Schauspiel Hannover in der Regie von Julia Hölscher uraufgeführt. In seiner Auseinandersetzung mit dem Alter lässt der Autor die Alten isoliert in einer Art Niemandsland leben.

8. Deutscher Buchpreis Im Rahmen der Frankfurter Buchmesse wird der Deutsche Buchpreis für den besten aktuellen Roman in deutscher Sprache vergeben: Preisträgerin ist Julia Franck für ihren Roman »Die Mittagsfrau«.

10. Deutsches Theater Berlin Am Deutschen Theater in Berlin wird Martin Heckmanns »Ein Teil der Gans« uraufgeführt. Regie bei diesem Stück, das oberflächlich von einem fast perfekten interkulturellen Abendessen handelt, in dem es aber eigentlich um die Angst vor dem Fremden geht, führt Philipp Preuss.

13. Modersohn-Becker-Ausstellung Die Bremer Kunsthalle eröffnet die Ausstellung »Paula Modersohn-Becker und die Kunst in Paris um 1900 – Von Cézanne bis Picasso«. Die Schau ist Teil des vielseitigen Programms zum 100. Todestag der Worpsweder Künstlerin mit Ausstellungen u. a. in Bremen, Hannover, Bonn und Worpswede.

14. Friedenspreis des Deutschen Buchhandels Der israelische Historiker Saul Friedländer wird in der Frankfurter Paulskirche mit dem Friedenspreis des Deutschen Buchhandels ausgezeichnet.

20. Donaueschinger Musiktage Bei den Donaueschinger Musiktagen wird der musikalisch-filmische Laborversuch »Ortswechsel« uraufgeführt, interpretiert vom Ensemble Modern. Der Filmemacher Edgar Reitz und der Komponist Johannes Kalitzke gehen darin der Frage nach, wie sich die beiden Kunstgattungen Musik und Film zueinander verhalten.

27. Georg-Büchner-Preis Dem Frankfurter Schriftsteller Martin Mosebach wird in Darmstadt der mit 40 000 € dotierte Georg-Büchner-Preis übergeben.

November 2007

6. Berliner Schaubühne An der Berliner Schaubühne wird Falk Richters Stück »Im Ausnahmezustand« unter der Regie des Autors uraufgeführt. Richter konkretisiert darin die Ängste unserer westlichen Wohlstandsgesellschaft am Beispiel einer vom sozialen Abstieg bedrohten Familie.

KULTURCHRONIK Dezember 2007

10. Kyōto-Preis Die weltberühmte deutsche Choreografin Pina Bausch wird mit dem Kyōto-Preis in der Kategorie »Kunst und Philosophie« für ihre revolutionäre Arbeit in der Theaterkunst ausgezeichnet.

23. Cranach-Ausstellung Im Städel Museum in Frankfurt am Main eröffnet eine Werkschau über Lucas Cranach den Älteren. Gezeigt werden über 70 Meisterwerke des großen Malers der Reformation.

Dezember 2007

1. Anna-Amalia-Bibliothek Das historische Bibliotheksgebäude der Anna-Amalia-Bibliothek in Weimar wird drei Jahre nach dem verheerenden Brand wieder für den regulären Besucherbetrieb geöffnet.

Museum Gunzenhauser In Chemnitz wird das neue Museum Gunzenhauser eröffnet, das die fast 2 500 Kunstwerke umfassende Sammlung des Münchner Galeristen Alfred Gunzenhauser zeigt, darunter den mit 290 Werken weltgrößten Otto-Dix-Bestand.

4. Immendorff-Ausstellung Im Duisburger Museum Küppersmühle wird eine Ausstellung mit Bildern des Malers und Kunstprofessors Jörg Immendorff eröffnet. Zu sehen sind rund 90 Werke des im Mai verstorbenen Künstlers.

12. Fälschungsskandal Das Hamburger Völkerkundemuseum schließt seine Ausstellung mit chinesischen Terrakotta-Soldaten, nachdem sich herausgestellt hat, dass es sich nicht um Originalfiguren der weltberühmten Terrakotta-Armee des ersten chinesischen Kaisers (259–210 v. Chr.) handelt.

14. Mondrian-Ausstellung Das Kölner Museum Ludwig zeigt 70 Gemälde und Papierarbeiten des niederländischen Künstlers Piet Mondrian aus dem Gemeentemuseum in Den Haag. Die Retrospektive illustriert anschaulich, wie Mondrian zu seinen berühmten Rechtecken kam.

22. Naumburger Dom Drei Kirchenfenster nach den Entwürfen des Leipziger Malers Neo Rauch werden im Naumburger Dom der Öffentlichkeit präsentiert.

Januar 2008

11. Zille-Ausstellung Die Milieustudien des Zeichners, Malers und Fotografen Heinrich Zille stehen im Mittelpunkt der Sonderausstellung im Berliner Stadtmuseum und der Akademie der Künste zum 150. Geburtstag des Künstlers (weitere Stationen: Altenburg, Villingen-Schwenningen).

26. Thalia Theater Dea Lohers »Das letzte Feuer« wird am Hamburger Thalia Theater in der Regie von Andreas Kriegenburg uraufgeführt. In dem Stück geht es um den Unfalltod eines Kindes und die Reaktionen, die dieser in der Familie und der unmittelbaren Nachbarschaft auslöst. Im Mai erhält die Autorin dafür den Mülheimer Dramatikerpreis.

Februar 2008

1. Theater Bremen In Bremen wird Tankred Dorsts »Künstler« in der Regie von Christian Pade uraufgeführt. In seinem neuesten Stück beleuchtet der Autor die Lebenswege von Paula Modersohn-Becker, Otto Modersohn, Rainer Maria Rilke und Fritz Mackensen, die alle eine Zeit lang in der Künstlerkolonie Worpswede lebten.

März 2008 KULTURCHRONIK

8. Rothko-Ausstellung Eine umfassende Werkschau Mark Rothkos zeigt die Hypo-Kunsthalle in München; es ist die erste Retrospektive des Künstlers seit 20 Jahren in Deutschland (weitere Station: Hamburg).

16. Berliner Filmfestspiele Vor 1 600 geladenen Gästen werden im Berlinale-Palast die Bären als Hauptpreise der → Berlinale 2008 vergeben.

22. Impressionistinnen Am Beispiel der Œuvres von Berthe Morisot, Eva Gonzalès, Marie Bracquemond und Mary Cassatt geht die Schirn Kunsthalle in Frankfurt am Main der Frage nach der Bedeutung von Künstlerinnen für die impressionistische Malerei nach.

23. Niedersächsische Landesausstellung Friedrich II. (* 1194, † 1250) und die Kultur der Stauferzeit stehen im Zentrum der niedersächsischen Landesausstellung in Oldenburg.

28. Hamburger Schauspielhaus Jürgen Gosch inszeniert am Hamburger Schauspielhaus die Uraufführung von Roland Schimmelpfennigs »Calypso«. Eine nachmittägliche Bootsfahrt zweier Familien endet in einem wilden Besäufnis.

März 2008

1. Stiftung Preußischer Kulturbesitz Hermann Parzinger übernimmt das Amt des Präsidenten der Stiftung Preußischer Kulturbesitz in Berlin. Er ist der erste Archäologe an der Spitze der Stiftung, zu der u. a. 16 Museen gehören.

8. Februar Ein Besucher in der Rothko-Ausstellung der Münchener Hypo-Kunsthalle vor einem Selbstporträt des Künstlers

KULTURCHRONIK März 2008

13. April Armreliquien des Halberstädter Domschatzes aus dem Jahr 1225

2. Staatstheater Kassel Theresia Walsers »Morgen in Katar« wird am Staatstheater Kassel uraufgeführt. Schirin Khodadadian inszeniert das Stück, in dem Zugreisende wegen eines Unfalls mit Personenschaden festsitzen.

6. Aachener Theater Am Aachener Theater wird die Oper »Nijinskys Tagebuch« von Detlev Glanert uraufgeführt. Das kammermusikalische, handlungslose Stück über den Tänzer Waslaw Nijinsky ist ein auf mehrere Darsteller verteilter innerer Monolog, der gesungen, gesprochen, geflüstert und herausgeschrien wird.

13. Matthias-Grünewald-Ausstellung Das Berliner Kupferstichkabinett präsentiert eine Schau zum zeichnerischen Gesamtwerk Matthias Grünewalds. Die Ausstellung ist Teil einer grundsätzlichen Neubewertung Grünewalds, die im Rahmen von Ausstellungen (auch in Karlsruhe und Colmar) einer größeren Öffentlichkeit präsentiert wird.

14. Leipziger Buchmesse In Leipzig wird der Preis der Leipziger Buchmesse in der Kategorie Belletristik an Clemens Meyer verliehen.

19. Hessische Landesausstellung In Kassel beginnt die Hessische Landesausstellung über den König Jérôme Bonaparte (* 1784, † 1860) und seinen Modellstaat, das Königreich Westphalen.

21. Berliner Schaubühne Mit den Stücken »Der Schnitt« von Mark Ravenhill und »Die Stadt« von Martin Crimp übt Thomas Ostermeier an der Berliner Schaubühne Kapitalismuskritik. In beiden Stücken polemisieren die Autoren gegen die westlichen Gesellschaften, in denen das Vertrauen in die eigene Lebensform geschwunden ist.

29. Theater Essen Jan Neumanns »Schmelzpunkt«, eine Art moderne Gretchentragödie, wird am Theater Essen in der Regie von Henning Bock uraufgeführt.

April 2008

2. Thalia Theater Am Hamburger Thalia Theater wird Anja Hillings Science-Fiction-Stück »Nostalgie 2175« in der Regie von Rafael Sanchez uraufgeführt. Die Autorin zeichnet darin ein düsteres Bild einer unmenschlichen und lebensfeindlichen Zukunft im Jahr 2175.

4. Grimme-Preise In Marl werden die → Adolf-Grimme-Preise 2008 an zwölf herausragende Fernsehproduktionen verliehen.

11. Landestheater Detmold Giselher Klebe bringt am Landestheater Detmold seine 14. Oper »Chlestakows Wiederkehr« nach der komödiantischen Erzählung »Der Revisor« von Nikolai Gogol heraus.

13. Halberstädter Domschatz Nach umfassender Sanierung der Domklausur und der Realisierung eines Anbaus ist der Halberstädter Domschatz wieder zu sehen. In der erweiterten Ausstellung werden 300 der rund 650 Objekte umfassenden Sammlung mit Goldschmiede-, Schnitz- und Textilkunst aus dem Mittelalter gezeigt.

17. Münchener Biennale Zur Eröffnung der 11. Münchener Biennale für neues Musiktheater erklingt die Uraufführung der Oper »Arbeit Nahrung Wohnung« von Enno Poppe nach Daniel Defoes »Robinson Crusoe«. Unter dem Motto »Fremde Nähe« werden in München auch die Opernnovitäten »architektur des regens« von Klaus Lang, »hellhörig« von Carola Bauckholt und »Piero – das Ende der Nacht« von Jens Joneleit vorgestellt.

24. Ernst-von-Siemens-Musikpreis In München wird der internationale Ernst-von-Siemens-Musikpreis an die deutsche Geigenvirtuosin Anne-Sophie Mutter verliehen; er ist mit 200 000 € dotiert.

25. Schwetzinger Festspiele Bei den Schwetzinger Festspielen wird der italienische Barockkomponist Agostino Steffani vom Dirigenten Thomas Hengelbrock mit der Oper »Niobe, Regina di Tebe« (1688) wieder entdeckt. Als eine Art Prolog kommt »Hybris/Niobe«, ein Drama für Stimmen von Adriana Hölszky, erstmals zu Gehör.

25. Wittener Tage für neue Kammermusik Den 40. Wittener Tagen für neue Kammermusik (bis 27. April) drückt die englische Komponistin Rebecca Saunders mit der Uraufführung ihrer Installation »chroma IX« für in mehreren Räumen verteilte Kammermusikgruppen ihren Stempel auf. Neue Werke präsentieren u. a. auch Brian Ferneyhough und Wolfgang Rihm.

26. Grillo-Theater Im Essener Grillo-Theater wird die Kammeroper »Die arabische Nacht« von Christian Jost nach dem gleichnamigen Schauspiel von Roland Schimmelpfennig uraufgeführt.

27. Deutsche Oper Berlin Die Oper »Jeanne d'Arc – Szenen aus dem Leben der Heiligen

27. April Die Sopranistin Mary Mills in der Rolle der Johanna auf der Bühne der Deutschen Oper Berlin

Johanna« von Walter Braunfels (komponiert 1938–42) erlebt an der Deutschen Oper Berlin ihre späte szenische Uraufführung. Kreativer Kopf der Produktion ist der Regisseur Christoph Schlingensief.

29. Bayreuther Festspiele Bei der Sitzung des Stiftungsrats der Bayreuther Festspiele werden die Weichen für die Zukunft der Wagner-Festspiele gestellt: Der 88-jährige, auf Lebenszeit eingesetzte Festspielleiter Wolfgang Wagner erklärt seinen Rücktritt bis Ende August zugunsten seiner beiden Töchter, den Halbschwestern Eva Wagner-Pasquier und Katharina Wagner.

Mai 2008

8. Ruhrfestspiele Cate Blanchett gastiert als Regisseurin bei den Ruhrfestspielen Recklinghausen mit ihrer Inszenierung von David Harrowers »Blackbird«.

Kunstmuseum Diesel Kraftwerk In Cottbus wird das Kunstmuseum Dieselkraftwerk eröffnet. Die in einem Industriebau aus den 1920er-Jahren untergebrachte Sammlung umfasst alle Gattungen der Kunst vom Spätexpressionismus bis zur Gegenwartskunst.

Zug der Erinnerung Der »Zug der Erinnerung«, der an die Deportation jüdischer Kinder während der NS-Zeit erinnert, trifft an seiner Endstation im polnischen Auschwitz (Oświęcim) ein. Der Ausstellungszug war am 9. November 2007 in Frankfurt am Main gestartet und hatte an zahlreichen deutschen Bahnhöfen Station gemacht.

20. Berliner Philharmonie Bei einem durch Schweißarbeiten ausgelösten Brand wird das Dach der Berliner Philharmonie, Hauptwerk des Architekten Hans Scharoun und ein Wahrzeichen der Stadt Berlin, schwer beschädigt. Entgegen ersten Befürchtungen kann der Spielbetrieb schon im Juni 2008 wieder aufgenommen werden.

25. Deutscher Filmpreis Der Deutsche Filmpreis 2008 wird im Rahmen einer Gala im Palais am Funkturm Berlin verliehen.

27. Mahnmal-Einweihung Das zentrale Mahnmal für die im Nationalsozialismus verfolgten Homosexuellen wird in Berlin eingeweiht. Der Entwurf für das Denkmal – eine Betonstele mit integrierter Videoprojektion, die zwei sich küssende Männer zeigt – stammt von dem dänisch-norwegischen Künstlerduo Michael Elmgreen und Ingar Dragset.

Juni 2008

13. Wilhelm Busch In Sulzbach-Rosenberg wird eine bislang unbekannte Bildergeschichte von Wilhelm Busch der Öffentlichkeit vorgestellt. Es handelt sich um zehn Zeichnungen mit dem Titel »Der Kuchenteig«.

17. Georg-Büchner-Preis Mit dem Georg-Büchner-Preis 2008 der Deutschen Akademie für Sprache und Dichtung wird der österreichische Autor Josef Winkler ausgezeichnet.

26. Babylon-Ausstellung Im Pergamonmuseum auf der Berliner Museumsinsel eröffnet die Ausstellung »Babylon. Mythos und Wahrheit« über die Geschichte der frühen Hochkultur an Euphrat und Tigris. Die Schau ist ein Gemeinschaftsprojekt der Staatlichen Museen Preußischer Kulturbesitz mit dem Pariser Louvre und dem Londoner British Museum.

28. Ingeborg-Bachmann-Preis Der in Berlin lebende Autor Tilman Rammstedt erhält in Klagenfurt den 32. Ingeborg-Bachmann-Preis. Er wird für seinen Familienroman »Der Kaiser von China« ausgezeichnet.

September 2007 **SPORT**CHRONIK

SPORTCHRONIK

Juli 2007

18. Radsport/Doping Nach Bekanntwerden der positiven A-Probe des deutschen T-Mobile-Fahrers Patrik Sinkewitz steigen ARD und ZDF aus der Live-Berichterstattung der Tour de France aus.

29. Radsport/Doping Die von Dopingskandalen überschattete Tour de France endet mit einem Sieg des Spaniers Alberto Contador vom Team Discovery Channel. Der Deutsche Patrik Sinkewitz, der Kasache Alexander Winokurow und der Italiener Cristian Moreni wurden wegen Dopings ausgeschlossen.

August 2007

7. Fußball Reinhard Rauball ist neuer Präsident des Verbandes der Deutschen Fußball-Liga (DFL). Die Vertreter der 36 Profiklubs wählen den Juristen und Präsidenten von Borussia Dortmund einstimmig.

12. Kanusport Am letzten Tag der WM in Duisburg gewinnt das deutsche Kanuteam zweimal Gold, einmal Silber und zweimal Bronze. Mit insgesamt neun Goldmedaillen fahren die Kanuten das zweitbeste Ergebnis ihrer Geschichte ein.

18. Radsport Der deutsche Radprofi Jens Voigt ist wie im Vorjahr Gesamtsieger der Deutschlandtour. Im Gesamtklassement distanziert der CSC-Fahrer den Amerikaner Levi Leipheimer (Discovery Channel) und den Spanier David López García (Caisse d'Epargne) um 1:57 bzw. 2:10 Minuten. Als erster Fahrer

19. August Meredith Michaels-Beerbaum auf Shutterfly im MVV-Reitstadion in Mannheim

gewinnt er die erstmals 1911 ausgetragene Rundfahrt zum zweiten Mal.

19. Reiten In Mannheim wird Meredith Michaels-Beerbaum auf Shutterfly Europameisterin im Springreiten, ihr Schwager Ludger Beerbaum gewinnt auf Goldfever Bronze. Es ist der vierte EM-Titel in Folge für die deutschen Reiter, die zwei Tage zuvor in der Mannschaftswertung Silber gewonnen hatten.

25. Hockey-EM Die deutsche Frauennationalmannschaft wird erstmals Europameister. In Manchester behält die Auswahl, die mit Maike Stöckel (fünf Treffer) auch die Torschützenkönigin des Turniers stellt, gegen den sechsfachen Titelträger Niederlande mit 2:0 die Oberhand.

September 2007

9. Turnen In Stuttgart endet für die deutsche Turnerriege mit je einmal Gold, Silber und Bronze die erfolgreichste Weltmeisterschaft seit 1991. Als fünfter Deutscher wird Ausnahmeturner Fabian Hambüchen Weltmeister am

35

SPORTCHRONIK September 2007

Reck; mit Silber im Mehrkampf sowie Bronze mit der Mannschaft ist er Garant für das erfolgreiche Abschneiden seiner Equipe.
Im Medaillenspiegel führt China vor den USA und Deutschland.

13. Formel 1 Nach zehnstündiger Anhörung verurteilt der Formel-1-Verband FIA das britisch-deutsche Team McLaren-Mercedes wegen Spionage gegen Ferrari zu der Rekordstrafe von 100 Mio. US-$. Überdies entzieht die FIA McLaren-Mercedes alle Punkte in der Teamwertung der laufenden Formel-1-Saison.

23. Tennis Trotz einer 2:1-Führung nach dem Doppel gegen Titelverteidiger Russland verpasst das deutsche Daviscup-Team seinen ersten Finaleinzug seit 1993. In Moskau verlieren sowohl Philipp Petzschner als auch Philipp Kohlschreiber ihre abschließenden Einzel in jeweils vier Sätzen.

30. Fußball-WM Die deutschen Fußballfrauen gewinnen zum zweiten Mal in Folge die Weltmeisterschaft. In Schanghai bezwingt die von Silvia Neid trainierte Auswahl Brasilien mit 2:0. Die Tore erzielen Kapitänin Birgit Prinz und Simone Laudehr. Torfrau Nadine Angerer avanciert durch eine Elfmeterparade gegen die Weltfußballerin Marta zur Matchwinnerin.

30. Marathon-Weltrekord Beim Berlin-Marathon stellt Vorjahressieger Haile Gebrselassie aus Äthiopien mit einer Zeit von 2:04:26 Stunden einen neuen Weltrekord auf. Er unterbietet die alte Bestmarke, die der Kenianer Paul Tergat 2003 an gleicher Stelle erzielt hatte, um 29 Sekunden.

30. September Einen Tag nach dem Gewinn der Weltmeisterschaft in China bereiten Tausende den Spielerinnen der deutschen Fußballnationalmannschaft um Kapitänin Birgit Prinz (Foto) in Frankfurt einen begeisterten Empfang.

Oktober 2007

11. **Special Olympics** In Schanghai enden die Olympischen Spiele für Menschen mit geistiger Behinderung. 7 500 Athleten aus 164 Ländern nahmen an dem Sportfest teil. Das deutsche Team gewann 40 Gold-, 49 Silber- und 42 Bronzemedaillen.

13. **Fußball** Die deutsche Fußballnationalmannschaft erreicht gegen Irland in Dublin ein 0:0. Das Unentschieden genügt der Auswahl von Bundestrainer Joachim Löw, um sich vorzeitig für die Europameisterschaft 2008 zu qualifizieren.

Triathlon Beim Ironman auf Hawaii gehen 1 800 Triathleten an den Start. Der deutsche Vorjahressieger Normann Stadler muss wegen einer Magen-Darmerkrankung das Rennen abbrechen. Sieger wird der Australier Chris McCormack.

14. **Motorsport** Nach einem spannenden Finale in Hockenheim wird der Schwede Mattias Ekström (Audi) Sieger der Deutschen Tourenwagen Masters (DTM) vor dem Kanadier Bruno Spengler (AMG-Mercedes).

29. **Fußball** Der Weltfußballverband FIFA schafft die regionale Rotation bei der Austragung von Weltmeisterschaften wieder ab. Damit ist offen, auf welchem Kontinent die WM 2018 ausgetragen werden wird. Am Tag darauf vergibt die FIFA die Frauen-WM 2011 an Deutschland.

November 2007

21. **Fußball** Mit einem 0:0 gegen Wales in Frankfurt am Main beendet die deutsche Fußballnationalmannschaft der Männer ihre EM-Qualifikation. Mit acht Siegen, drei Unentschieden und einer Niederlage liegt die deutsche Auswahl zwei Punkte hinter Gruppensieger Tschechien, qualifiziert sich aber mit großem Vorsprung vor dem von Irland angeführten Verfolgerfeld für die kontinentalen Titelkämpfe.

25. **Tanzen** Der 1. TC Ludwigsburg gewinnt seinen neunten Weltmeistertitel im Formationstanz. In Stuttgart entthronen die Ausrichter den russischen Titelverteidiger Vera Tiumen in einer engen Entscheidung und sichern sich erstmals seit elf Jahren den Titel. Der Braunschweiger TSC verpasst mit Platz vier die Medaillenränge knapp.

Boxen Regina Halmich verteidigt in Karlsruhe mit einem Punktsieg über Hagar Shmoulefeld Finer (Israel) ihren WIBF-Titel. Anschließend beendet sie als ungeschlagene Weltmeisterin (seit 1995) ihre Karriere, in deren Verlauf sie in 56 Kämpfen 54 Siege, eine Niederlage und ein Unentschieden zu verzeichnen hat.

Dezember 2007

2. **Auslosung** In Luzern findet die Auslosung zur Fußballeuropameisterschaft 2008 in Österreich und der Schweiz statt. Die deutsche Elf trifft in Gruppe B auf die Mannschaften aus Polen und Kroatien sowie auf Gastgeber Österreich.

11. **Fußball** Durch einen 3:1-Erfolg über den norwegischen Rekordmeister Rosenborg Trondheim erreicht der FC Schalke 04 als einziges deutsches Team das Achtelfinale der Champions League. Der SV Werder Bremen darf als Gruppendritter zumindest in den laufenden UEFA-Cup einsteigen, Meister VfB Stuttgart scheidet mit nur einem Sieg in sechs Spielen aus.

SPORTCHRONIK Februar 2008

16. Handball Das Team von Bundestrainer Armin Emrich gewinnt bei der Handballweltmeisterschaft der Frauen in Paris durch einen spektakulären Sieg in der Verlängerung gegen Rumänien (36:35) Bronze und sichert sich damit die erste Medaille seit zehn Jahren. Den Titel verteidigt die russische Handballauswahl der Frauen durch einen 29:24-Finalsieg über Europameister Norwegen.

22. Sportler des Jahres Der Turner Fabian Hambüchen und die Biathletin Magdalena Neuner werden jeweils mit deutlichem Vorsprung zum Sportler bzw. zur Sportlerin des Jahres 2007 gewählt. Mannschaft des Jahres wird mit 4 677 Punkten die deutsche Handballnationalmannschaft um Trainer Heiner Brand vor der deutschen Fußballnationalmannschaft der Frauen (4 118).

23. Januar Aljona Savchenko und Robin Szolkowy während ihrer Kür bei der Europameisterschaft in Zagreb

Januar 2008

6. Skispringen Durch einen Sieg beim Abschlussspringen in Bischofshofen sichert sich Janne Ahonen seinen fünften Sieg bei der Vierschanzentournee. Der Finne verweist mit 1 085,8 Punkten den Österreicher Thomas Morgenstern (1 066,0) und den Deutschen Michael Neumayer (994,9) auf die Plätze.

23. Eiskunstlauf Das deutsche Eiskunstlaufduo Aljona Savchenko/Robin Szolkowy verteidigt in Zagreb mit 202,39 Punkten seinen im Vorjahr gewonnenen Europameistertitel mit großem Vorsprung vor den russischen Paaren Muchortowa/Trankow (169,41) und Kawaguchi/Smirnow (167,25).

Handball Bei der Handballeuropameisterschaft im norwegischen Lillehammer unterliegt Weltmeister Deutschland im Spiel um Platz drei Frankreich deutlich mit 26:36. Zuvor war die deutsche Auswahl im Halbfinale mit 25:26 an Dänemark gescheitert, das mit einem 24:20 (13:10)-Sieg über Olympiasieger Kroatien erstmals Handballeuropameister der Männer wird.

Februar 2008

17. Biathlon Mit fünf Gold-, einer Silber- und zwei Bronzemedaillen ist Deutschland die erfolgreichste Nation bei der Biathlon-Weltmeisterschaft im schwedischen Östersund. WM-Titel erringen Andrea Henkel in Sprint und Verfolgung, Magdalena Neuner im Massenstart sowie die Damen- und die Mixedstaffel.

24. Bob Die Weltmeisterschaften in Altenberg enden mit einem Triumph der Gastgeber. Mit Sandra Kiriasis (Zweierbob), André Lange (Zweier- und Viererbob) sowie der Mannschaft aus Zweierbobs und Skeletonfahrern gewinnen die deutschen Athleten alle vier Titel, zudem jeweils zwei Silber- und Bronzemedaillen. Drei weitere Medaillen, darunter eine goldene von Anja Huber, gewinnen die deutschen Skeleton-Fahrer.

März 2008

9. Eisschnelllauf Mit sechs Medaillen beenden die deutschen Eisschnellläufer die Einzelstrecken-Weltmeisterschaften im japanischen Nagano. Gold gewinnen Jenny Wolf über 2×500 m und Anni Friesinger über 1000 m und 1500 m. Bronze erringen Daniela Anschütz-Thoms über 3000 m sowie die Teams der Frauen und Männer.

16. Ski Alpin Die Amerikanerin Lindsay Vonn und ihr Landsmann Bode Miller gewinnen jeweils mit deutlichem Vorsprung den Gesamtweltcup. Maria Riesch aus Garmisch-Partenkirchen wird Dritte der Gesamtwertung und sichert sich die Trophäen in Super-G und Superkombination.

Formel 1 Beim Saisonauftakt in Melbourne siegt Lewis Hamilton auf McLaren-Mercedes. Hinter dem Briten fahren die Deutschen Nick Heidfeld (BMW Sauber) und Nico Rosberg (Williams-Toyota) aufs Podium.

Biathlon Mit 818 Punkten gewinnt die Wallgauerin Magdalena Neuner den Biathlon-Gesamtweltcup vor der Französin Sandrine Bailly (805) und ist mit 21 Jahren die jüngste Biathlon-Königin der Geschichte.

19. Eiskunstlauf Zwei Monate nach dem EM-Erfolg gewinnen Aljona Savchenko und Robin Szolkowy in Göteborg auch den WM-Titel. In der abschließenden Kür verweisen sie das chinesische Paar Xue Shen/Hongbo Zhao auf den Silberrang und holen erstmals seit elf Jahren WM-Gold nach Deutschland.

20. März Paul Biedermann freut sich über seinen Sieg im Finale über 200 m Freistil der Männer.

20. Schwimmen Bei den Schwimm-Europameisterschaften in Eindhoven gewinnt Paul Biedermann Gold über 200 m Freistil. In 1:46,59 Minuten unterbietet er den ältesten deutschen Rekord der Männer, den Michael Groß 1984 bei seinem Olympiasieg aufgestellt hatte, um 85 Hundertstelsekunden.

23. Eishockey Zehn Minuten nach Mitternacht siegen die Kölner Haie im Playoff-Viertelfinalspiel gegen Adler Mannheim durch ein Tor in der sechsten Verlängerung mit 5:4. Mit 168:16 Minuten Spielzeit ist das Duell das zweitlängste Eishockeyspiel aller Zeiten, um 8:14 Minuten übertroffen nur von einem Spiel aus der nordamerikanischen Liga NHL aus dem Jahr 1936.

26. Fußball In Basel gewinnt die deutsche Fußballnationalmannschaft das 800. Länderspiel ihrer Geschichte gegen EM-Gastgeber Schweiz durch Tore von Mario Gomez (2), Miroslav Klose und Lukas Podolski mit 4:0. Ihr allererstes Spiel hatte die deutsche Elf am 5.4. 1908 an gleicher Stelle mit 3:5 verloren.

29. Boxen Arthur Abraham bleibt Mittelgewichts-Weltmeister nach Version des IBF. In Kiel schickt Abraham mit einem linken Haken 28 Sekunden vor Ende der zwölften Runde den amerikanischen Herausforderer Elvin Ayala auf die Bretter und feiert im 26. Profikampf seinen 26. Sieg.

April 2008

5. **Boxen** WBA-Weltmeister Felix Sturm verteidigt seinen Gürtel im Mittelgewicht. In Düsseldorf besiegt er Jamie Pittman (Australien) durch technischen K. o. in der siebten Runde. Halbfliegengewichtlerin Julia Sahin behauptet an gleicher Stelle ihren WIBF-Titel durch einen einstimmigen Punktsieg über Yahaira Martinez (Puerto Rico).

19. **Fußball** Dank zweier Treffer von Luca Toni gewinnt der FC Bayern München durch einen 2:1-Erfolg nach Verlängerung über Borussia Dortmund zum 14. Mal den DFB-Pokal. Die Trophäe bei den Frauen hatte sich zuvor der 1. FFC Frankfurt mit einem 5:1-Sieg über den 1. FC Saarbrücken gesichert.

20. **Eishockey** Die Eisbären Berlin gewinnen durch eine 3:1-Finalserie gegen die Kölner Haie ihre dritte deutsche Meisterschaft. Das vierte Spiel der Play-Off-Serie entscheidet in Köln Nationalspieler Florian Busch nach 7:55 Minuten in der Verlängerung durch seinen Treffer zum 2:1.

Mai 2008

4. **Fußball** Der FC Bayern München sichert sich seinen 21. deutschen Meistertitel. Nach einem torlosen Unentschieden beim VfL Wolfsburg haben die Bayern drei Spieltage vor Schluss der Bundesligasaison 2007/08 einen Vorsprung von zehn Punkten auf die Verfolger.

10. **Turnen** Die deutsche Turner-Equipe der Männer gewinnt bei der Europameisterschaft in Lausanne die Silbermedaille. Bei dem größten Erfolg ihrer Geschichte muss sich die Mannschaft um Ausnahmeturner Fabian Hambüchen nur Titelverteidiger Russland geschlagen geben.

11. **Turnen** Bereits zum dritten Mal nach 2005 und 2007 wird Fabian Hambüchen Europameister an seinem Paradegerät, dem Reck. Nach Mannschafts-Silber und einem dritten Platz am Boden erturnt Hambüchen somit einen kompletten Medaillensatz.

Handball Nach einem 31:27-Erfolg im Hinspiel genügt der HSG Nordhorn eine 29:30-Niederlage beim FC Kopenhagen zum Gewinn des EHF-Pokals. Dagegen verliert der THW Kiel im Champions-League-Finale gegen Ciudad Real in eigener Halle mit 25:31 und kann trotz eines 29:27-Hinspielsieges beim spanischen Meister seinen Titel in der Königsklasse nicht verteidigen. Am Tag zuvor hatten die Rhein-Neckar-Löwen durch ein 28:28 gegen MKB Veszprém (Ungarn) nach einer 32:37-Hinspielniederlage den Gewinn des Europapokals der Pokalsieger verpasst.

14. **Fußball** Mit einem 2:0-Finalerfolg über Glasgow Rangers in Manchester gewinnt Zenit Sankt Petersburg den UEFA-Pokal. Im Viertel- und Halbfinale hatten die Petersburger die beiden letzten deutschen Vertreter, Bayer 04 Leverkusen (4:1 und 0:1) bzw. Bayern München (1:1 und 4:0), aus dem Wettbewerb geworfen.

17. **Fußball** Am letzten Spieltag der Bundesliga sichert sich der SV Werder Bremen hinter Meister Bayern den zweiten Startplatz in der Champions League, der FC Schalke 04 muss in die Qualifikation. Der Hamburger SV und der VfL Wolfsburg spielen im UEFA-Cup, der VfB Stuttgart im UI-Cup. Absteigen müssen die Teams aus Nürnberg, Rostock und Duisburg.

18. Fußball Zum Saisonfinale der 2. Bundesliga macht die TSG Hoffenheim ihren ersten Aufstieg ins Fußball-Oberhaus, gemeinsam mit Borussia Mönchengladbach und dem 1. FC Köln, perfekt.

21. Fußball Mit 6:5 im Elfmeterschießen gewinnt Manchester United das Champions-League-Finale gegen den FC Chelsea mit dem deutschen Nationalmannschaftskapitän Michael Ballack. Nach 90 und 120 Minuten hatte es 1:1 gestanden.

24. Fußball Durch einen 3:2-Heimsieg über den schwedischen Vertreter Umeå IK gewinnt der 1. FFC Frankfurt nach einem 1:1 im Hinspiel bereits zum dritten Mal den seit 2002 ausgespielten UEFA Woman's Cup und kürt sich zur erfolgreichsten Vereinsmannschaft Europas.

Juni 2008

8. Formel 1 Beim Großen Preis von Kanada in Montreal feiert das BMW-Sauber-Team den ersten Formel-1-Sieg seiner Geschichte. Mit seinem ersten Platz übernimmt der Pole Robert Kubica auch die Führung im Gesamtklassement, Nick Heidfeld komplettiert mit Platz 2 den Erfolg des Münchner Rennstalls.

Fußball-EM Zwei Tore von Lukas Podolski bescheren der deutschen Fußball-Nationalmannschaft bei der in Österreich und der Schweiz ausgetragenen Fußball-Europameisterschaft einen 2:0-Erfolg über Polen.

15. Treppenlauf In Taipeh gewinnt Thomas Dold den Treppenlauf auf den höchsten Wolkenkratzer der Welt. In 10:53 min meistert der 23-Jährige, der bereits den Lauf auf das Empire

17. Mai Die Mannschaft des FC Bayern München bedankt sich nach der 2. Halbzeit gegen Hertha BSC Berlin bei ihren Fans. Torwart Oliver Kahn (vorne) beendete mit dem Spiel offiziell seine Karriere als Fußballprofi.

29. Juni Die Spieler der deutschen Fußball-Nationalmannschaft (von links David Odonkor, Marcell Jansen, Kevin Kuranyi, Miroslav Klose und Lukas Podolski) feiern am 30. Juni auf der Fanmeile in Berlin mit den Fans. Am Abend zuvor unterlag Deutschland im Finale der Europameisterschaft den Spaniern 0:1.

State Building in New York gewonnen hatte, die 2 046 Stufen und 91 Stockwerke des »Taipei 101«.

Fußball Mit einem 5:1-Heimsieg über die SG Essen-Schönebeck behauptet der 1. FFC Frankfurt am letzten Bundesligaspieltag einen Punkt Vorsprung vor dem FCR 2001 Duisburg. Die Frankfurterinnen komplettieren mit dem Meistertitel ihr zweites »Triple« nach 2002.

Tennis Der Schweizer Ausnahmespieler Roger Federer gewinnt zum fünften Mal das ATP-Turnier im westfälischen Halle. Bei seinem 59. Sieg auf Rasen in Serie lässt er seinem deutschen Finalgegner Philipp Kohlschreiber mit 6:3 und 6:4 keine Chance.

16. Fußball-EM Durch einen 1:0-Erfolg über Gastgeber Österreich in Wien erreicht die deutsche Elf als Zweite der Gruppe B erstmals seit 1996 wieder ein EM-Viertelfinale. Den entscheidenden Treffer erzielt Kapitän Michael Ballack mit einem Freistoß kurz nach der Pause.

19. Fußball-EM Mit einer deutlichen Leistungssteigerung und dank eines überragenden Bastian Schweinsteiger schlägt Deutschland in Basel die leicht favorisierte portugiesische Auswahl mit 3:2 (2:1) und zieht ins EM-Halbfinale ein. Schweinsteiger erzielt das 1:0 selbst und steuert die Vorlagen zum 2:0 (Miroslav Klose) und 3:1 (Michael Ballack) bei.

25. Fußball-EM Ein 3:2-Sieg über die Türkei sichert der deutschen Elf den Finaleinzug. In einer von deutscher Seite schwachen ersten Halbzeit gleicht Bastian Schweinsteiger (26. Minute) den türkischen Führungstreffer durch Ugur (22.) aus. Einen Kopfballtreffer Miroslav Kloses (79.) egalisiert Semih vier Minuten vor dem Ende, doch Philipp Lahm erzielt in der Schlussminute das Siegtor.

29. Fußball-EM Im Finale der Europameisterschaft unterliegt die deutsche Fußball-Nationalmannschaft der spanischen Elf mit 0:1 und wird Vize-Europameister.

Deutschland
Ein Überblick

Anhaltender Wirtschaftsaufschwung und sinkende Arbeitslosenzahlen – und trotzdem in weiten Teilen der Bevölkerung eine eher trübe Stimmung: Umfragen zufolge wuchs insbesondere bei den Angehörigen der Mittelschicht die Angst vor dem sozialen Abstieg. Steigende Lebensmittel- und Energiepreise bei kaum anziehenden Löhnen und Gehältern verunsicherten die Bevölkerung, was sich u. a. in geringerer Konsumneigung aber auch in wachsendem Vertrauensverlust in die Parteien manifestierte.

Boomende Wirtschaft und solide Finanzen

Robuste Konjunktur Mit einem Anstieg des BIP um 2,5 % im Jahresdurchschnitt 2007 (2006: +2,9 %) erwies sich das Wirtschaftswachstum als stabil. Dieser Trend hielt auch im 1. Quartal 2008 an, in dem das BIP um 1,8 % im Vergleich zum Vorjahreszeitraum zulegte. Basis des Wachstums war einmal mehr der Export, der 2007 mit 196,5 Mrd. € (2006: 164,6 Mrd. €) den fünften Rekordüberschuss in Folge erwirtschaftete. Die Verbraucher legten dagegen Zurückhaltung an den Tag, sodass sich der private Konsum lediglich um 1,4 % erhöhte (2006: 2,3 %). Hohe Energie- und Lebensmittelpreise trieben die Inflationsrate auf 2,3 % (2006: 1,7 %); Ende Mai 2008 erreichte sie sogar die Dreiprozentmarke. Im Frühjahr 2008 erwarteten die führenden Wirtschaftsinstitute auch für das Gesamtjahr eine Steigerung des BIP um mehr als 2 %.

Erfolge auf dem Arbeitsmarkt Nach Jahren der Stagnation geriet der Arbeitsmarkt wieder in Bewegung. Die Arbeitslosenquote verringerte sich 2007 im Vergleich zum Vorjahr um 1,8 Prozentpunkte auf 9,0 % und erreichte Ende Mai 2008 mit 7,8 % den niedrigsten Wert seit 15 Jahren. Angesichts steigender Überschüsse

Bundespräsident
Horst Köhler

Bundestagspräsident
Norbert Lammert

Bundeskanzlerin
Angela Merkel

Bundesaußenminister
Frank-Walter Steinmeier

DEUTSCHLAND

Die Mitglieder der Bundesregierung

Name	Partei	Position, Ressort
Angela Merkel	CDU	Bundeskanzlerin
Frank-Walter Steinmeier	SPD	Außenminister, Vizekanzler
Wolfgang Schäuble	CDU	Bundesminister des Innern
Brigitte Zypries	SPD	Bundesministerin der Justiz
Peer Steinbrück	SPD	Bundesminister der Finanzen
Michael Glos	CSU	Bundesminister für Wirtschaft und Technologie
Olaf Scholz	SPD	Bundesminister für Arbeit und Soziales
Horst Seehofer	CSU	Bundesminister für Ernährung, Landwirtschaft und Verbraucherschutz
Franz Josef Jung	CDU	Bundesminister der Verteidigung
Ursula von der Leyen	CDU	Bundesministerin für Familie, Senioren, Frauen und Jugend
Ulla Schmidt	SPD	Bundesministerin für Gesundheit
Wolfgang Tiefensee	SPD	Bundesminister für Verkehr, Bau- und Stadtentwicklung
Sigmar Gabriel	SPD	Bundesminister für Umwelt, Naturschutz und Reaktorsicherheit
Annette Schavan	CDU	Bundesministerin für Bildung und Forschung
Heidemarie Wieczorek-Zeul	SPD	Bundesministerin für wirtschaftliche Zusammenarbeit und Entwicklung
Thomas de Maizière	CDU	Chef des Bundeskanzleramts

der Bundesagentur für Arbeit beschlossen Union und SPD im November 2007, den Beitrag zur Arbeitslosenversicherung zum 1. Januar 2008 um 0,9 Prozentpunkte auf 3,3 % zu senken und die Zahlung des Arbeitslosengeldes I an Ältere zu verlängern. Im Juni 2008 war eine weitere Absenkung des Arbeitslosenversicherungsbeitrages auf 3 % im Gespräch.

Haushalt auf festem Boden Mit Zunahme der wirtschaftlichen Dynamik wuchs auch das Steueraufkommen. Die Steuerschätzung im Mai 2008 versprach für das laufende Jahr Rekordeinnahmen von 554,4 Mrd. € (2007: 538,2 Mrd. €). Finanzminister Peer Steinbrück (SPD) hielt trotz des Geldsegens an seinem Konsolidierungskurs mit dem Ziel fest, die Neuverschuldung bis 2011 völlig abzubauen; 2007 hatte sie mit 14,3 Mrd. € den niedrigsten Wert seit der Wiedervereinigung erreicht. Insgesamt verbuchte der Staatshaushalt 2007 ein leichtes Plus von 0,4 Mrd. € (2006: – 37 Mrd. €).

Angesichts der guten Kassenlage beschloss das Bundeskabinett im April 2008, die Renten zum 1. Juli 2008 und 2009 außerplanmäßig um 1,1 % statt um 0,46 % zu erhöhen.

Belastungen erwuchsen dem Bundeshaushalt aus der Krise der IKB Deutsche Industriebank, an der die staatseigene Kreditanstalt für Wiederaufbau (KfW) einen Anteil von 43 % hält. Zwischen Juli 2007 und März 2008 stellten Bundesregierung und Finanzwirtschaft der IKB mehr als 8,5 Mrd. € zur Verfügung.

Reformvorhaben – von Pflegeversicherung bis Verbraucherschutz

Sozialreformen Im Oktober 2007 brachte die Große Koalition eine abgespeckte Reform der Pflegeversicherung auf den Weg. Das Kabinett beschloss lediglich, den Beitragssatz zum 1. 7. 2008 um 0,25 Prozentpunkte auf 1,95 % des Bruttoeinkommens bzw. 2,2 % für Kinderlose anzuheben und in einzelnen Bereichen die Leistungen zu verbessern. Gesundheitsministerin Ulla Schmidt (SPD) konnte insbesondere einen Anspruch auf zehn bezahlte Pflegetage für Beschäftigte nicht durchsetzen.

Nach einer heftig geführten öffentlichen Diskussion, in der v. a. konservative Kreise auch für nicht berufstätige Mütter ein Betreuungsgeld gefordert hatten, beschloss das Kabinett im Mai 2008 das von Familienministerin Ursula von der Leyen (CDU) eingebrachte Kinderförderungsgesetz. Danach soll u. a. bis 2013 die Zahl der Betreuungsplätze für Kleinkinder unter drei Jahren verdreifacht werden.

Umwelt- und Verbraucherschutz Die Bundesregierung verstärkte ihre Anstrengungen beim Klimaschutz – der Klimawandel, seine Folgen und Möglichkeiten zur Verlangsamung des Prozesses nahmen in der öffentlichen Diskussion einen wachsenden Raum ein und setzten die Politik unter Druck, in diesem Bereich aktiv zu werden. Doch zu den Plänen von Umweltminister Sigmar Gabriel (SPD), den Ausstoß des Treibhausgases Kohlendioxid (CO_2) bis 2020 um 40 % zu senken, ging die Energiewirtschaft bereits vor dem dritten Energiegipfel am 3. Juli 2007 auf Distanz. Auch innerhalb der Koalition waren die geplanten Maßnahmen umstritten. Im April 2008 musste der Umweltminister eine geplante Verordnung stoppen, die den Anteil des Biokraftstoffs Ethanol im Benzin auf 10 % im Jahr 2009 erhöhen sollte, da über 3,5 Mio. Fahrzeuge in Deutschland – vorwiegend solche ausländischer Herkunft – einen solchen Kraftstoff nicht nutzen können. Das vom Bundestag am 18. Juni 2008 verabschiedete Klimapaket II blieb hinter den Erwartungen zurück.

Regierung und Parteien: Konflikte und Profilsuche

Große Koalition unter Spannung Zur Halbzeit der Legislaturperiode verschärfte sich der Ton zwischen den Koalitionspartnern. Insbesondere die Forderung des SPD-Vorsitzenden Kurt Beck, die Reformen der Agenda 2010 neu zu überdenken und gegebenenfalls in Teilen »weiterzuentwickeln« – was im Sinne von revidieren zu verstehen war –, löste bei der Union Protest aus. Mit dem Rücktritt von Arbeitsminister Franz Müntefering, der im November 2007 seine Ämter in der Regierung aus persönlichen Gründen niederlegte, verlor die in der Ära Schröder durchgesetzte Reformpolitik einen ihrer wichtigsten Garanten in den Reihen der SPD. Das Amt des Arbeitsministers übernahm Olaf Scholz, Außenminister Frank-Walter Steinmeier rückte zum Vizekanzler auf.

Erst nach monatelanger Diskussion einigten sich Union und SPD im Dezember 2007 über einen Mindestlohn für Briefzusteller; die SPD kündigte darüber hinaus an, die Einführung eines Mindestlohns für weitere Branchen zum Thema des Bundestagswahlkampfs zu machen. Die seit Jahren angestrebte Teilprivatisierung der Deutschen Bahn AG konnte im Mai 2008 endgültig auf den Weg gebracht werden, nachdem die SPD von ihrem im Oktober 2007 gefassten Entschluss, dass nur stimmrechtslose Vorzugsaktien ausgegeben werden sollen, abgerückt war.

Weiterer Streit – auch innerhalb der Union – zeichnete sich im Mai 2008 über die Steuer- und Finanzpolitik ab. Während Finanzminister Steinbrück (SPD) und Bundeskanzlerin Angela Merkel (CDU) die finanziellen Spielräume, die sich dank der sprudelnden Steuereinnahmen eröffneten, zur Konsolidierung des Haushalts nutzen wollten, plädierte Wirtschaftsminister Michael Glos (CSU) für eine schnelle Entlastung der Steuerzahler; das von der CSU mit Blick auf die bayerischen Landtagswahlen im Herbst 2008 beschlossene Konzept sieht u. a. die Senkung des Eingangssteuersatzes und die Anhebung des Kindergeldes vor; auch soll die Pendlerpauschale wieder vom ersten Kilometer an gelten. Die SPD forderte dagegen, wieder die Vermögensteuer zu erheben und die Einkommensgrenze, bei der der Spitzensteuersatz von 45 % greift, auf die Hälfte der zurzeit geltenden Beträge zu senken.

Parteien – Personalien und Programme
Mit ihrem im Oktober 2007 verabschiedeten »Hamburger Programm« hält die SPD am Bekenntnis zum »demokratischen Sozialismus« fest. Diese Betonung der linken Tradition wurde als Anspruch interpretiert, der im Juni 2007 neu gegründeten Partei »Die Linke« nicht das Feld links von der linken Mitte zu überlassen. Eine Zusammenarbeit mit der Linkspartei, wie sie nach der Landtagswahl in Hessen am 27. Januar 2008 von Teilen der SPD gefordert worden war, schloss das SPD-Präsidium auf Bundesebene im März kategorisch aus, stellte sie auf Landesebene jedoch frei. Für Irritationen sorgte allerdings, dass die im Mai 2008 präsentierte SPD-Kandidatin für das Amt des Bundespräsidenten, Gesine Schwan, die im Mai 2009 gegen Amtsinhaber Horst Köhler antreten wird, für einen Erfolg auf die Stimmen der Linkspartei angewiesen ist. Dieser Zickzackkurs stieß in der Öffentlichkeit weitgehend auf Unverständnis: Umfragen im Mai 2008 sahen die SPD nur noch bei etwa 20 % der Stimmen.

Die CDU definierte sich in ihrem im Dezember 2007 beschlossenen Grundsatzprogramm als »Volkspartei der Mitte« und setzte neue Akzente in der Familien-, Umwelt- und Ausländerpolitik. Die CSU legte ihrem am 29. September 2007 abgesegneten Grundsatzprogramm das Leitbild einer »solidarischen Leistungsgesellschaft« zugrunde. Mit der Wahl von Erwin Huber zum Parteivorsitzenden und Christine Haderthauer zur Generalsekretärin beendete sie im September auch ihre monatelange Führungskrise. Im Oktober wurde Günther Beckstein zum neuen Ministerpräsidenten gewählt.

Bei den Landtagswahlen in Niedersachsen, Hessen und Hamburg am 27. Januar bzw. 24. Februar 2008 schaffte »Die Linke« auf Anhieb den Sprung in die Landesparlamente. In Hessen sorgte sie für eine Pattsituation, da weder die CDU noch die SPD mit ihren designierten Koalitionspartnern eine Regierungsmehrheit zustande bringen konnte. In Niedersachsen wurde die regierende CDU/FDP-Koalition bestätigt, trotz starker Verluste der CDU. Auch in Hamburg büßte die CDU Stimmen ein und verlor ihre absolute Mehrheit. Mitte April einigte sie sich mit der GAL auf die Bildung der ersten schwarz-grünen Landesregierung.

Innenpolitik – Sicherheit im Fokus

Auf dem Weg zum »gläsernen Bürger«?
Die Initiativen von Innenminister Wolfgang Schäuble (CDU), im Kampf gegen den internationalen Terrorismus die staatlichen Befugnisse zur Überwachung der Bürger erheblich auszuweiten, nährten die Furcht vor einer schleichenden Aushöhlung von Grundrechten, insbesondere vor einer schrittweisen Demontage des Datenschutzes. Mit dem im November 2007 in Kraft getretenen Passgesetz und dem in der Öffentlichkeit besonders umstrittenen, seit 1. Januar 2008 geltenden Gesetz zur Speicherung von Telefon- und Internetdaten erhielten die Überwachungsbehörden neue Instrumente an die Hand. Angesichts der Spitzelaffäre bei der Deutschen Telekom AG rückte die Frage nach der Datensicherheit verstärkt in den Mittelpunkt der Diskussion.

Der heimlichen Onlinedurchsuchung von Computern, die bereits der Bundesgerichtshof im Februar 2007 für rechtswidrig erklärt hatte, setzte das Bundesverfassungsgericht mit dem Urteil vom 27. Februar 2008 enge Grenzen. Die Neuregelung floss in das heftig diskutierte neue BKA-Gesetz ein, dem das Kabinett im Juni zustimmte; es gesteht dem Bundeskriminalamt (BKA) für den Bereich der Terrorabwehr weitreichende Ermittlungs- und Fahndungsbefugnisse zu.

Schwierige Integration Im Mittelpunkt des zweiten Integrationsgipfels am 12. Juli 2007 stand der »Nationale Integrationsplan« – ein Katalog von 400 Selbstverpflichtungen der im Integrationsbereich aktiven gesellschaftlichen Kräfte. Einen Tag zuvor hatte das Kabinett 150 vorgesehene Maßnahmen des Bundes mit einem jährlichen Finanzvolumen von 750 Mio. € beschlossen. Hierzu gehören u. a. die Erweiterung und Differenzierung der Integrationskurse und die berufsbezogene Sprachförderung. Aus Protest gegen das im Juli beschlossene Zuwanderungsgesetz blieben verschiedene türkische Verbände dem Integrationsgipfel fern.

Auf der dritten Sitzung der Islamkonferenz im März 2008, die von Spannungen zwischen muslimischen Organisationen und den Kritikern einer orthodoxen Auffassung geprägt war, wurde u. a. vereinbart, an öffentlichen Schulen islamischen Religionsunterricht in deutscher Sprache anzubieten.

Außenpolitik

Europäische Union Am 24. April 2008 billigte der Bundestag mit 514 Ja-Stimmen zu 58 Nein-Stimmen bei einer Enthaltung den EU-Reformvertrag (»Lissabonner Vertrag«). Bundespräsident Köhler verweigerte jedoch die Unterzeichnung des Vertrages wegen anhängiger Klagen von dem Bundesverfassungsgericht. Gemeinsam mit Frankreich initiierte die Bundesregierung im März die Gründung einer Mittelmeerunion, um die Zusammenarbeit mit den Ländern des südlichen Mittelmeerraums auszubauen.

Vor der Europäischen Kommission in Brüssel waren 2007/08 zahlreiche Verfahren gegen Deutschland anhängig. Im Oktober 2007 leitete sie ein Beihilfeverfahren ein, um den Nahverkehrsvertrag zwischen den Bundesländern Berlin und Brandenburg und der Deutschen Bahn AG daraufhin zu überprüfen, ob die vereinbarten Zahlungen als verbotene staatliche Beihilfe zu bewerten sind. Im Januar 2008 beanstandete die Kommission den seit Jahresanfang geltenden Staatsvertrag zum Glücksspiel, der v. a. private Anbieter einschränke, staatliche Glücksspiele und Lotterien jedoch fördere, und das Antidiskriminierungsgesetz, das u. a. die EU-Vorgaben gegen Diskriminierung am Arbeitsplatz nur unzureichend umsetze. Auch gegen die im Juni 2008 von der Bundesregierung vorgelegte Neufassung des VW-Gesetzes erhob die Kommission Einwände, da es das bereits im Oktober 2007 vom Europäischen Gerichtshof monierte Sondervetorecht des Landes Niedersachsen beibehalte.

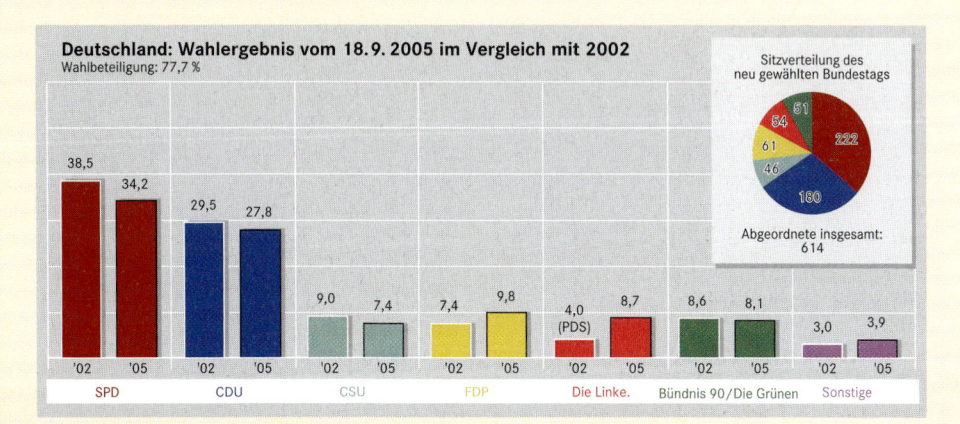

Deutschland: Wahlergebnis vom 18.9.2005 im Vergleich mit 2002
Wahlbeteiligung: 77,7 %

Partei	'02	'05
SPD	38,5	34,2
CDU	29,5	27,8
CSU	9,0	7,4
FDP	7,4	9,8
Die Linke (PDS)	4,0	8,7
Bündnis 90/Die Grünen	8,6	8,1
Sonstige	3,0	3,9

Sitzverteilung des neu gewählten Bundestags: 51, 54, 61, 46, 222, 180
Abgeordnete insgesamt: 614

Klimaverbesserung mit USA Das verbesserte Verhältnis zu den USA wurde u. a. in einer gemeinsamen Haltung zum Atomstreit mit Iran deutlich. Bei einem Treffen im November 2007 bekräftigten Bundeskanzlerin Angela Merkel und der amerikanische Präsident George W. Bush ihre Bereitschaft, den Konflikt diplomatisch lösen zu wollen, schlossen aber auch weitere Wirtschaftssanktionen nicht aus. Die gleiche Linie vertraten beide beim Abschiedsbesuch des amerikanischen Präsidenten in Deutschland im Juni 2008, der von kritischen Stimmen aus den Reihen aller Parteien begleitet war.

Spannungen mit den östlichen Nachbarn Der neue russische Präsident Dmitrij Medwedjew sprach sich bei seinem Antrittsbesuch im Juni 2008 in Berlin erneut gegen eine Erweiterung der NATO nach Osten aus; er schlug stattdessen vor, die Rolle der Organisation für Sicherheit und Zusammenarbeit in Europa (OSZE) zu stärken. Einigkeit herrschte zwischen Medwedjew und Merkel dagegen über die Zusammenarbeit im Energiebereich; so wollen beide u. a. den Bau der Ostseepipeline vorantreiben. Obwohl dieses Vorhaben weiterhin das Verhältnis zu Polen belastet, kündigte sich im November 2007 eine Entspannung an, als Donald Tusk das Amt des polnischen Regierungschefs übernahm.

Chinapolitik Mit dem Empfang des Dalai-Lama, des geistlichen Oberhaupts der Tibeter, im Bundeskanzleramt im September 2007 provozierte Bundeskanzlerin Merkel harsche Reaktionen der chinesischen Führung. Die Kritik der Bundesregierung an der Niederschlagung des Tibetaufstandes im März 2008 durch chinesisches Militär, als deren mögliche Folge ein Boykott der Olympischen Sommerspiele in Peking diskutiert wurde, und ein zweiter Deutschlandbesuch des Dalai-Lama im April verschärften die Krise. Sie wurde erst im Juni mit einem Besuch von Außenminister Steinmeier in China im Rahmen der deutschen Hilfe für die Opfer des verheerenden Erdbebens in der Provinz Sichuan endgültig beigelegt.

Die Spannungen mit China führten auch zu einer Kontroverse in der Großen Koalition über die außenpolitischen Prioritäten; die SPD warf Merkel eine einseitige Betonung der Menschenrechtsfrage vor. Bereits bei ihrem Besuch in Peking im August 2007 hatte die Bundeskanzlerin die Beachtung der Menschenrechte sowie den besseren Schutz des geistigen Eigentums gefordert.

Bundeswehreinsätze verlängert Tödliche Anschläge, bei denen im Sommer 2007 drei Bundeswehrsoldaten und drei deutsche Polizeibeamte starben, sowie Entführungen deutscher Zivilisten nährten in der Öffentlichkeit erneut Zweifel an Deutschlands Engagement in Afghanistan. Auch politisch war der Einsatz der Bundeswehr heftig umstritten. So erhob die Linksfraktion Klage beim Bundesverfassungsgericht gegen die Entsendung von sechs Tornado-Aufklärungsflugzeugen im Rahmen des ISAF-Mandats in den umkämpften Süden Afghanistans, die jedoch im Juli 2007 abgewiesen wurde. Im Oktober verlängerte der Bundestag die Beteiligung der Bundeswehr am ISAF-Mandat und im November an der Antiterroroperation »Enduring Freedom« (OEF). Die Forderung der USA im Februar 2008, deutsche Soldaten auch in Südafghanistan einzusetzen, wies die Bundesregierung zurück. Auch die im Juni entsandte schnelle Eingreiftruppe kommt im Norden zum Einsatz.

Gegen die am 5. Juni 2008 vom Bundestag beschlossene Verlängerung des Bundeswehreinsatzes im Kosovo erhob die Fraktion der Linkspartei Klage vor dem Bundesverfassungsgericht. Als Begründung wurde angeführt, dass sich nach der einseitigen Unabhängigkeitserklärung des Kosovo (17. Februar 2008) die völkerrechtlichen Grundlagen geändert hätten; Deutschland hatte am 20. Februar die frühere serbische Provinz als eigenständigen Staat anerkannt.

UNESCO-WELTERBE

A

Aachen

Dom, UNESCO-Weltkulturerbe seit 1978: Der Dom gilt als bedeutendstes Denkmal karolingischer Baukunst und war das erste deutsche Bauwerk auf der Weltkulturerbeliste. Um 800 geweiht, sind seine Entstehung und sein Aussehen eng mit der Übernahme des westlichen Kaisertitels durch Karl den Großen verwoben. Als Baumeister wird Odo von Metz genannt.

Aachen Kern des Aachener Doms ist die Pfalzkapelle, Krönungskirche der deutschen Könige und Mausoleum Karls des Großen (Blick in Richtung Chor).

Kern des Doms, auch »Aachener Münster« genannt, ist die Pfalzkapelle, ein achteckiger Zentralbau (Oktogon), der mit seinem 16-eckigen Umgang und dem Obergeschoss dem Vorbild byzantinischer Palastkirchen folgt. Karl der Große und Kaiser Otto III., für den Karl das leitende Vorbild war, haben hier ihre Begräbnisstätte. Der sog. Thron Karls des Großen befindet sich im Obergeschoss. Im Osten liegt die 1355–1414 erbaute spätgotische Chorhalle, im Westen die Vorhalle aus karolingischer Zeit (9. Jh.) und der gotische Turm. Zu den kostbaren Ausstattungsstücken zählen der Barbarossaleuchter von 1165, der Karlsschrein (1215) und der Marienschrein (1239). Die Aachener Domschatzkammer enthält einzigartige Exponate aus spätantiker, karolingischer, romanischer und gotischer Zeit.

B

Bamberg

Altstadt, UNESCO-Weltkulturerbe seit 1993: Der 1237 geweihte Bamberger Dom, ein Hauptdenkmal der deutschen spätromanischen und frühgotischen Baukunst, ist eine doppelchörige Anlage mit vier Türmen und westlichem Querschiff. Daneben liegen die Alte Hofhaltung mit Resten der Königspfalz, die Kurien der Domherren und die Neue Residenz, deren östlicher Teil 1695–1703 von Johann Leonhard Dientzenhofer erbaut wurde. Neben dem Dom beherrschen zahlreiche Kirchen das Stadtbild, u. a. das 1015 gegründete, 1121 neu gebaute Kloster Sankt Michael mit um 1700 neu gestalteter Barockfassade, die 1065 gegründete Kirche Sankt Jakob, aus dem 17. Jh. die Kirchen Sankt Stephan und Sankt Gangolf sowie die Karmeliterkirche, die ab 1692 durch

UNESCO-WELTERBE Berlin

Dientzenhofer umgebaut wurde. Zwischen zwei Brücken inmitten des linken Regnitzarms erhebt sich das Alte Rathaus, hervorgegangen aus einem Brückenturm aus dem 14. Jh., barock umgestaltet 1744–56. Neben dem Rathaus sind noch zahlreiche barocke Bürgerhäuser erhalten, u. a. das Böttingerhaus (1715–22).

Berlin

Museumsinsel, UNESCO-Welterbestätte seit 1999: Das bedeutende Ensemble von Museumsbauten in Berlin-Mitte, gelegen auf der Spreeinsel zwischen Spree und Kupfergraben, beherbergt die archäologischen Sammlungen und die Kunst des 19. Jh. Es umfasst fünf Museen: das nach Plänen von Karl Friedrich Schinkel errichtete Alte Museum (1839), das Neue Museum von Friedrich August Stüler (1859), die Alte Nationalgalerie, nach Plänen von Stüler ausgeführt von Johann Heinrich Strack (1876), das Bodemuseum (ehemals Kaiser-Friedrich-Museum, 1904) von Ernst Eberhard von Ihne sowie das 1909–30 nach Entwürfen von Alfred Messel errichtete Pergamonmuseum. Im Zweiten Weltkrieg wurden die Gebäude zu fast 70 % zerstört. Mit der Wiederherstellung der Einheit Berlins nach dem Fall der Mauer und der Zusammenführung der Museumsbestände im Ost- und Westteil der Stadt wurden neben einer Neuordnung der Sammlungen umfangreiche Sanierungs-, Restaurierungs- und Umbaumaßnahmen notwendig. Nach dreijährigen Restaurierungsarbeiten konnte bereits 2001 die Alte Nationalgalerie an die Stiftung Preußischer Kulturbesitz übergeben werden. 2006 folgte das Bodemuseum, das bereits seit Oktober 2004 zugänglich war. Die anderen drei Museen werden etappenweise saniert und modernisiert. Zudem wird ein zentrales Eingangsgebäude am Kupfergraben entstehen.

Im Sommer 2008 wurden sechs Siedlungen in Berlin, die mit ihren lichtdurchfluteten Räumen für eine neue Art des sozialen Wohnungsbaus stehen und zwischen 1913 und 1934 entstanden, als »Siedlungen der Berliner Moderne« in die Welterbeliste aufgenommen.

Berlin Museumsinsel in Berlin (Luftaufnahme von 2003)

Brühl Schloss Augustusburg (1689 zerstört, 1725–70 wiederaufgebaut) diente bis zum Umzug der Regierung nach Berlin dem Bundespräsidenten als Repräsentationssitz.

Berlin und Potsdam
▶ Potsdam

Bremen
Rathaus und Rolandstatue, UNESCO-Welterbestätte seit 2004: Das Rathaus mit seiner prachtvollen Schmuckfassade erhebt sich am Marktplatz. Es wurde ursprünglich 1405–12 im gotischen Stil errichtet und im 17. Jh. im Stil der Weserrenaissance renoviert. Die 9,61 m hohe Rolandsäule steht seit 1404 als Sinnbild der Reichsfreiheit der Stadt auf dem Marktplatz.

Brühl
Schlösser Augustusburg und Falkenlust, UNESCO-Welterbestätte seit 1984: Schloss Augustusburg, eine ehemalige Wasserburg (1288 errichtet, 1689 zerstört), wurde als Sommerresidenz unter Kurfürst Klemens August 1725–28 von Johann Conrad Schlaun begonnen und mit der Neuorientierung zum südlichen Garten von François de Cuvilliés dem Älteren fortgeführt (vollendet 1770). Das Treppenhaus, von Johann Balthasar Neumann (1744–48) im Rokokostil entworfen, ist eines der großartigsten in Europa. Bis zum Umzug der Bundesregierung nach Berlin diente Schloss Augustusburg dem Bundespräsidenten als Repräsentationssitz. Im Park entstand 1729–40 das Jagdschlösschen Falkenlust nach Plänen von François de Cuvilliés dem Älteren.

D

Dessau
Das Bauhaus und seine Stätten in Weimar und Dessau, UNESCO-Welterbestätte seit 1996: Walter Gropius entwarf das Bauhausgebäude für die »Hochschule für Gestaltung« in Dessau (1925/26), heute Sitz der Stiftung Bauhaus Dessau. Von der

UNESCO-WELTERBE Dessau-Wörlitz

Dessau Werkstättenflügel der Bauhaus-Gebäude in Dessau (1714)

nach Entwürfen von Gropius 1925/26 in Dessau errichteten Siedlung Meisterhäuser sind lediglich fünf Gebäude erhalten: u. a. das Feininger-Haus, das Meisterhaus Kandinsky–Klee und das Meisterhaus Muche–Schlemmer.

In Weimar gehören zu den Bauhausstätten das Gebäudeensemble der ehemaligen Kunstschule (heute Hauptgebäude der Bauhaus-Universität) und der ehemaligen Kunstgewerbeschule (Kleiner Van-de-Velde-Bau) sowie das Haus am Horn (1923), das Musterhaus von Georg Muche, als einziges Zeugnis einer geplanten Bauhaus-Mustersiedlung in Weimar.

Dessau-Wörlitz
➤ Wörlitz

Dresden
Elbtal, UNESCO-Welterbestätte seit 2004: Die auf das 18. und 19. Jh. zurückgehende Kulturlandschaft umfasst die Strecke vom Schloss Übigau im Nordwesten bis Schloss Pillnitz und zur Elbinsel im Südosten. Die zahlreichen Bauwerke fügen sich harmonisch in das von Wäldern, Weinbergen und Auenwäldern geprägte Elbtal ein. Mittelpunkt ist Dresden mit seinem einmaligen Stadtensemble, u. a. mit Residenz-

Dresden Blick auf die Elbe mit dem bislang unverbauten Elbbogen am Areal für die geplante Waldschlösschenbrücke (Foto 2006)

schloss, einer Vierflügelanlage des 16. Jh., Hofkirche (1738–54) und der barocken Frauenkirche (1726–43, vorzeitig geweiht 1734), die von 1994 bis 2004 wiederaufgebaut wurde.
2006 wurde das Dresdner Elbtal von der UNESCO auf die Rote Liste des gefährdeten Welterbes gesetzt, da Dresden dem Elbtal mit dem Bau der geplanten Waldschlösschenbrücke seine Einzigartigkeit nehmen würde (→ Dresdner Elbtal, Lexikon).

E

Eisenach

Wartburg, UNESCO-Welterbestätte seit 1999: Die ehemalige Hauptburg der Thüringer Landgrafen auf einem Wartberg genannten, 411 m hohen Felssporn ist ein deutsches Nationaldenkmal und -symbol. Der Sage nach 1067 von Graf Ludwig dem Springer gegründet, wurde sie ab 1155 ausgebaut und befestigt. Von der erhaltenen Kernburg gilt der vermutlich erste Palas als besterhaltener romanischer Profanbau nördlich der Alpen. Bemerkenswert sind auch die hofseitigen Arkaden mit herausragender Bauplastik, die spätromanische Ringmauer (13. Jh.), der Pulverturm (Anfang 14. Jh.) sowie das Fachwerk der Vorburg mit Ritterhaus, Vogtei und Wehrgängen (nach 1478).
Unter den Landgrafen Ludwig III. (1172–90) und Hermann I. (1190–1217) entwickelte sich die Wartburg zu einem Zentrum höfischer Kultur; 1206/07 soll sie Schauplatz des sagenhaften Sängerkrieges (»Wartburgkrieg«) gewesen sein. 1211–27 lebte hier die heilige Elisabeth, Ehefrau Ludwigs IV. 1521/22 war die Burg Zufluchtsort für den geächteten Martin Luther (»Junker Jörg«), der hier das Neue Testament aus dem Griechischen ins Deutsche übersetzte. Am 18. Oktober 1817 fand auf der Burganlage das Wartburgfest statt, eine Demonstration der frühen deutschen Nationalbewegung gegen die Restauration. Unter Großherzog Karl Alexander von Sachsen-Weimar-Eisenach wurde die verfallene Wartburg 1838–90 in romantisierendem Stil wiederaufgebaut; die Fresken malte 1854/55 Moritz von Schwind.

Eisleben

Luthergedenkstätten in Wittenberg und Eisleben, UNESCO-Welterbestätte seit 1996: Beide Städte sind eng mit dem Wirken des Reformators Martin Luther verknüpft. In Eisleben stehen Luthers Geburtshaus und sein Sterbehaus; beide stammen aus dem 15. Jh. und sind heute Museen.

Eisenach Die Wartburg südwestlich von Eisenach war im Mittelalter ein Zentrum höfischer Kultur und in der Reformationszeit Zufluchtsort für Martin Luther.

Die Lutherhalle in Wittenberg (ab 1504) war über 40 Jahre Luthers Wohn- und Wirkstätte, die Lutherstube war Schauplatz seiner »Tischgespräche«. In der Stadtkirche Sankt Marien (13.–16. Jh.) hielt er über 30 Jahre seine Predigten und am Portal der Schlosskirche (erbaut 1498–1507) soll er 1517 seine 95 Thesen angeschlagen haben; in dieser Kirche ist Luther 1546 beigesetzt worden. Ebenfalls dort beigesetzt ist Luthers langjähriger Mitstreiter Philipp

Melanchthon, dessen Wohnhaus von 1536 fast unverändert erhalten blieb und als weitere Gedenkstätte der Reformation ebenfalls zum Weltkulturerbe zählt.

Essen

Industrielle Kulturlandschaft Zeche Zollverein, UNESCO-Welterbestätte seit 2001: Der Industriekomplex der 1986 stillgelegten Zeche Zollverein Schacht XII (1927–32, von Fritz Schupp und Martin Kremmer) wurde seit 1990 zu einem Kulturzentrum umgebaut. 1995–97 erfolgte der Umbau des Kesselhauses durch Norman Foster zum Domizil des Design-Zentrums Nordrhein-Westfalen e. V. mit dem red dot design museum.

Als erstes neues Gebäude auf dem Areal entstand 2006 als minimalistischer Solitär die »Zollverein School of Management and Design« vom japanischen Architekturbüro »Sanaa« (Sejima Kazuyo und Nishizawa Ryue). Das neue Ruhr Museum wird 2009 in der umgebauten Kohlenwäsche eröffnet. Durch das weitläufige Gelände führt der Museumspfad Zollverein.

G

Goslar

Erzbergwerk Rammelsberg und Altstadt von Goslar, UNESCO-Welterbestätte seit 1992: Die reichen Erzlagerstätten (u. a. Blei, Zink, Kupfer u. a. Schwermetalle, auch Silber und Gold) des Erzbergwerks Rammelsberg wurden von 968 bis 1988 abgebaut. Der 1798–1805 angelegte Roederstollen ist als Besucherstollen ausgebaut. Mit seinem Erzreichtum hat der Rammelsberg die Geschichte und Entwicklung der Stadt Goslar geprägt.

Von der ehemaligen mittelalterlichen, um 1500 verstärkten Stadtbefestigung in Goslar sind mehrere Tore und Türme erhalten. Kaiser Heinrich III. ließ zwischen 1040 und 1050 das »Kaiserhaus« (»Kaiserpfalz«; 1867–79 historisierend restauriert) errichten. Es ist durch eine Galerie mit der Doppelkapelle Sankt Ulrich (1. Hälfte 12. Jh.) verbunden. In der Vorhalle des 1819 abgebrochenen Doms (eigentlich Stiftskirche) befindet sich ein Teil der Städtischen Sammlungen. Im Kern romanisch sind die Frankenbergkirche und die Marktkirche. In der Altstadt sind außerdem das spätgotische Rathaus (um 1450 auf Vorgängerbau des 12. Jh.), der Marktbrunnen (13. Jh.) sowie Gildehäuser und Bürgerhäuser mit beschnitztem Fachwerk sehenswert.

H

Hildesheim

Dom und Sankt Michael, UNESCO-Welterbestätte seit 1985: Der im Zweiten Weltkrieg fast völlig zerstörte Dom Sankt Mariä wurde in der unter Bischof Hezilo errichteten Form (1054–79) wiederaufgebaut und besitzt u. a. mit den Bronzetüren des Bischofs Bernward, der Bernwardssäule und einem Bronzeaufbecken erstrangige Kunstwerke. Das Hildesheimer Wahrzeichen, der tausendjährige Rosenstock, wächst an der Apsis des Doms.

Die ottonische Kirche Sankt Michael wurde nach dem Muster des Bernwardsbaus (1010–33) ebenfalls nach 1945 wiedererrichtet, die gemalte hölzerne Mittelschiffdecke gilt als ein Hauptwerk mittelalterlicher Monumentalmalerei. Die Stuckreliefs an den Querschiffarmen, die »Engelsemporen«, entstanden um 1230, die Bernwardsgruft in der Krypta wurde 1015 geweiht.

K

Köln

Dom, UNESCO-Welterbestätte seit 1996: Der an der Stelle einer karolingisch-ottonischen Bischofskirche erbaute gotische Dom ist das

Wahrzeichen Kölns. 1248 begonnen (Chor 1322 vollendet), wurde das Bauwerk erst 1842–80 endgültig fertiggestellt. Vorbilder für die fünfschiffige Basilika mit Umgangschor und Kapellenkranz waren nordfranzösische Kathedralen, v. a. Amiens. Nicht minder beeindruckend als das Äußere ist die Innenausstattung, so das Gerokreuz (um 970) als erstes Großkreuz, der Dreikönigsschrein (1181–1230) aus der Werkstatt des Nikolaus von Verdun, das größte mittelalterliche Chorgestühl (um 1320) Deutschlands und der Altar der Stadtpatrone (um 1440), ein gemaltes Triptychon vom Kölner Meister Stephan Lochner. 2007 wurde ein neues Kirchenfenster des deutschen Künstlers Gerhard Richter geweiht. Der Dom birgt eine der reichsten Schatzkammern Europas.

L

Limes
Obergermanisch-Rätischer Limes, UNESCO-Welterbestätte seit 2005: Die bedeutendste Limesanlage im heutigen Deutschland, im endgültigen Verlauf rund 550 km lang und mit etwa 900 Wachtürmen und mehr als 60 Kastellen versehen, umschloss die Gebiete östlich des Rheins (Obergermanischer Limes) und nördlich der Donau (Rätischer Limes), die ab Kaiser Claudius (41–54) sowie nachfolgend unter den Flaviern (69–96) und Kaiser Hadrian (117–138) von Rom in Besitz genommen worden waren.

Der streckenweise heute noch gut erkennbare Verlauf des Obergermanisch-Rätischen Limes (längstes Bodendenkmal Europas) mit den Kastellen wurde 1892–1938 von der Reichslimeskommission, später von der Römisch-Germanischen Kommission, den Landesämtern für Denkmalpflege und dem Saalburgmuseum eingehend erforscht. Mit dem Hadrianswall in Großbritannien bildet er die grenzüberschreitende Welterbestätte »Grenzen des Römischen Reiches«.

Lorsch
Benediktinerabtei und Kloster Altenmünster, UNESCO-Welterbestätte seit 1991: Die Abtei, das Kloster Lorsch, wurde 764 gegründet und gehörte im frühen Mittelalter zu den bedeutendsten Klöstern des Abendlandes. Nach der Zerstörung 1621 blieben als Zeugnisse karolingischer Baukunst nur Teile der ehemaligen Ringmauer, Reste der Zehntscheune, ein Teil der Vorkirche (um 1150) sowie die karolingische Torhalle (wohl vor 875) mit Resten karolingischer und gotischer Wandmalerei erhalten. Auch von Altenmünster, einem 767 nach Lorsch verlegten Kloster, sind nur noch Überreste vorhanden.

Lübeck
Altstadt, UNESCO-Welterbestätte seit 1987: Trotz schwerer Zerstörung im Jahr 1942 bietet Lübeck immer noch das Bild der mittelalterlichen Handelsgroßstadt mit ihren sieben beherrschenden Kirchtürmen und verfügt über einem großen Bestand an originaler Bausubstanz. Zu den wichtigsten Bauwerken der Altstadt zählt der Dom, 1173 als romanische Doppelturmbasilika begonnen, 1247 geweiht und 1266–1341 zur gotischen Backsteinhalle mit polygonalem Umgangschor umgebaut.

Die Marienkirche (um 1200–20 errichtet, um 1250–1351 umgebaut) gilt als ein wichtiges Beispiel norddeutscher Backsteingotik. Das gotische Rathaus (13.–15. Jh.) aus schwarz glasierten Ziegeln mit Giebeln, Türmchen und hohen Schildwänden ist eines der größten des Mittelalters. Das ehemalige Dominikanerkloster (Burgkloster), 1227 gegründet, wurde 1893–96 neugotisch ummantelt. Das Heiligengeisthospital (2. Hälfte 13. Jh.) ist eines der ältesten erhaltenen Hospitäler.

Als bedeutendstes deutsches Stadttor gilt das Holstentor (1477/78 vollendet). Daneben befinden sich die Salzspeicher (16.–18. Jh.), nahebei die Petrikirche, eine asymmetrische fünfschiffige Halle (14.–16. Jh.). Charakteristisch für Lübeck sind die Stiftungshöfe in der Glockengießerstra-

UNESCO-WELTERBE Maulbronn

Lübeck Das Holstentor

ße und die vielen, aus Raumnot entstandenen »Wohngänge«, beiderseits mit »Budenreihen«. Die schönsten Bürgerhäuser stehen in der Königstraße, der Großen Petersgrube, der Großen Altefähre und der Mengstraße, u. a. das Schabbelhaus (1558) und das Buddenbrookhaus (1758).

M

Maulbronn

Kloster und Klosterstadt, UNESCO-Welterbestätte seit 1993: Die ehemalige Zisterzienserabtei Maulbronn, 1147 gegründet, ist die am vollständigsten erhaltene mittelalterliche Klosteranlage im deutschen Sprachraum und vereint in ihrem Gebäudeensemble romanische und gotische Stilelemente. So erhielt die schmucklose spätromanische Klosterkirche (1178 geweiht) um 1210/15 eine frühgotische Säulenvorhalle, 1424 ein bemaltes Netzgewölbe und ein spätgotisches Chorgestühl. Bedeutende Gebäudeteile aus dem frühen 13. Jh. sind der Südflügel des Kreuzgangs und das Herrenrefektorium mit Kreuzrippengewölbe. Das Brunnenhaus, ein Glanzstück der Maulbronner Klosterbaukunst, stammt aus der Wendezeit zur Spätgotik um 1350. 1504 fiel das Kloster Maulbronn an Württemberg, das zwischen 1534 und 1537 die Reformation einführte und 1556 das Kloster in eine (noch bestehende) evangelische Klosterschule umwandelte.

Messel

Fossilienlagerstätte Grube Messel, UNESCO-Welterbestätte seit 1995: Die Grube Messel bei

Darmstadt ist mit bislang rund 10 000 Funden weltweit eine der ergiebigsten Fossilienlagerstätten. Die in einem 20 m mächtigen Ölschiefervorkommen liegenden Fossilien geben Aufschluss über die frühe Evolution der Säugetiere im Tertiär vor etwa 49 Mio. Jahren, als nach dem Aussterben der Dinosaurier tief greifende Veränderungen die Tier- und Pflanzenwelt bestimmten. Messel dokumentiert eine reiche, sehr gut erhaltene subtropische bis tropische Pflanzen- und Tierwelt: unter den Pflanzen u. a. Palmen, Lorbeer-, Walnuss-, Maulbeergewächse, Myrten, Seerosen und Weinreben; unter den Tieren u. a. Urpferde (der Gattung Propalaeotherium), Nagetiere, Raubtiere, Reptilien, Fische, Vögel und Insekten.

Muskau, Bad Muskau

Muskauer Park, UNESCO-Weltkulturerbe seit 2004: Der rund 700 ha große Muskauer Park liegt heute zu zwei Dritteln in Polen und ist ein gemeinsames polnisch-deutsches Kulturerbe. Er wurde von Hermann Fürst von Pückler-Muskau 1815–45 im englischen Stil angelegt und war einst Vorbild zahlreicher Landschaftsparks. 1945 durch die neue deutsch-polnische Grenze in zwei Teile getrennt, wurde erst nach 1989 ein Vertrag zur grenzübergreifenden Zusammenarbeit geschlossen. 1992 wurde der Park von kommunalem in Landeseigentum übernommen und 1993 in die grenzübergreifend wirkende Stiftung »Fürst Pückler-Park Bad Muskau« überführt. Im Park befinden sich das aus dem 14. Jh. stammende, 1965–68 wieder errichtete Alte Schloss – heute Stadt- und Parkmuseum – und das Neue Schloss im Renaissancestil (16. Jh.; 1863–66 umgebaut), das nach seiner Zerstörung 1945 seit 1996 umfangreich saniert wird; ferner stehen hier die Orangerie (1844) und ein Tropenhaus. 2003 konnte die im Zweiten Weltkrieg zerstörte Doppelbrücke zwischen deutschem und polnischem Gebiet wieder eingeweiht werden.

Messel Blick auf die Fossilienlagerstätte Grube Messel

UNESCO-WELTERBE Oberes Mittelrheintal

O

Oberes Mittelrheintal

Kulturlandschaft Oberes Mittelrheintal, UNESCO-Welterbestätte seit 2002: Der etwa 65 km lange Abschnitt zwischen Bingen, Rüdesheim und Koblenz ist das Durchbruchstal des Rheins durch das Rheinische Schiefergebirge. Seit über zwei Jahrtausenden fungiert das Mittelrheintal als Brücke zwischen Einflüssen aus dem mediterranen Südeuropa und dem Norden des Kontinents. Bis heute spiegelt das Tal mit seiner Nutzung, z. B. dem Weinbau auf steilen Hangterrassen, und seinen zahlreichen historischen Baudenkmälern diese Rolle wider. Viele Dichter und Maler haben sich von der Schönheit der Landschaft inspirieren lassen.

P

Potsdam

Schlösser und Parks von Potsdam und Berlin, UNESCO-Welterbestätte seit 1990: Das auch »preußisches Versailles« genannte Schloss Sanssouci in Potsdam ist ein Hauptwerk des deutschen Rokoko. Es wurde von König Friedrich II., dem Großen, teils nach eigenen Entwürfen durch Georg Wenzeslaus von Knobelsdorff erbaut (1745–47). Das auf einer Weinbergterrasse errichtete eingeschossige Orangerieschloss, zu dem eine Freitreppe führt, besteht aus einer zentralen Rotunde, dem Marmorsaal und aus zwei Seitenflügeln mit je fünf Zimmern.

Der 290 ha große Park wurde ebenfalls nach Entwürfen von Knobelsdorff angelegt und im 19. Jh. durch Peter Joseph Lenné im Stil des englischen Landschaftsgartens verändert. Weitere Gebäude kamen hinzu, u. a. das klassizistische Schloss Charlottenhof (1826–28) mit Park sowie die Römischen Bäder (1829–36) von Karl Friedrich Schinkel und Ludwig Persius.

Zum Schutzbereich der Welterbestätte gehören auch der Park mit dem Schloss Babelsberg (1834/35), das von Karl Friedrich Schinkel als Sommerresidenz für den späteren deutschen Kaiser Wilhelm I. begonnen und 1844–49 in englischer Neugotik vollendet wurde, sowie der Neue Garten mit dem Heiligen See und den Gebäuden Marmorpalais und Schloss Cäcilienhof. Schloss Glienicke, im Bezirk Steglitz-Zehlendorf an der Grenze zu Potsdam gelegen, war das Sommerschloss des Prinzen Carl von Preußen. Karl Friedrich Schinkel baute bis 1827 das Herrenhaus zu einem klassizistischen Palais um. Schloss Sacrow (1773) liegt gegenüber von Glienicke und dem Neuen Garten und schließt den Kranz der Gartenanlagen um den Potsdamer Jungfernsee. Auf der Pfaueninsel ließ Friedrich Wilhelm II. 1794–96 ein weißes Schloss in Form einer Burgruine erbauen; seine beiden Türme sind durch eine Brücke verbunden.

1992 und 1999 wurde das Welterbegebiet um 14 Denkmalbereiche erweitert, darunter die Sacrower Heilandskirche, Schloss und Park Lindstedt, die Russische Kolonie Alexandrowka, der Pfingstberg mit dem Belvedere und die Sternwarte am Babelsberger Park.

Q

Quedlinburg

Altstadt, UNESCO-Welterbestätte seit 1994: Die Stadt wird überragt vom steil abfallenden Schlossberg mit dem Schloss (16.–18. Jh., heute Museum) und der Kirche des ehemaligen Frauenstifts Sankt Servatius, einer romanischen Basilika (1129 geweiht) mit hervorragender Bauornamentik (am gotischen Chor reiches Portal, um 1320). In der Krypta finden sich romanische Gewölbefresken, die Gräber von König Heinrich I. und seiner Gemahlin Mathilde der Heiligen sowie drei Grabplatten von Äbtissinnen (Stuck; wohl frühes 12. Jh.). In der Schatzkam-

Quedlinburg Blick auf das Schloss (16.–18. Jh.) und die Stiftskirche Sankt Servatius (1129 geweiht)

mer ist der seit 1993 wieder vereinte Domschatz ausgestellt.

In der z. T. noch ummauerten Altstadt stehen drei gotische Hallenkirchen (Ägidien-, Benediktus- und Nikolauskirche), das Rathaus (im Kern spätgotisch, 1615 und 1898–1901 umgebaut) mit einem Roland (1427) an der Südwestecke, das Haus »Hölle 11« (vor 1240), eines der ältesten Fachwerkhäuser Deutschlands, sowie zahlreiche Fachwerkhäuser aus dem 16. und 17. Jh.

R

Regensburg

Altstadt von Regensburg mit Stadtamhof, UNESCO-Welterbestätte seit 2006: Die Altstadt Regensburgs liegt auf dem Südufer der Donau und ist mit dem Stadtteil Stadtamhof auf der gegenüberliegenden Seite durch die 1146 vollendete Steinerne Brücke mit ihren 16 Bögen verbunden. Die Altstadt hat ihr vorwiegend mittelalterliches Gepräge bewahrt. Der gegen 1250 begonnene Dom Sankt Peter ist eine kreuzförmige Basilika mit polygonal schließendem Hauptchor und zwei Nebenchören, das Langhaus stammt aus der 1. Hälfte des 14. Jh., ab 1835 erfolgte eine puristische Restaurierung. Die Stiftskirche des Benediktinerklosters Sankt Emmeram (8.–12. Jh.), von den Brüdern Asam barockisiert (1731–33), birgt u. a. die Grabmäler der letzten ostfränkischen Karolinger und bayrischen Herzöge des 10. Jh. Das ehemalige Benediktinerinnenstift Niedermünster (12. Jh.) wurde im 17./18. Jh. erneuert. Ferner sind die romanische »Schottenkirche« (12. Jh.), die Dompfarrkirche Sankt Ulrich (1225–um 1240), die

UNESCO-WELTERBE Reichenau

Regensburg Blick über die Donau auf die Steinerne Brücke (1146 vollendet) und das Brückentor (14. Jh.), dahinter die Türme des Doms Sankt Peter

frühgotischen Kirchen der Dominikaner und der Minoriten (13. und 13./14. Jh.) sehenswert. Die wichtigsten weltlichen Bauten sind die Reste des Herzogshofs (z. T. 12./13. Jh.), das Alte Rathaus (13.–18. Jh.) mit dem Reichssaal, das neue Rathaus (im 17. Jh. umgebaut) und zahlreiche Patrizierhäuser (12.–14. Jh.) mit Geschlechtertürmen.

Reichenau

Klosterinsel, UNESCO-Welterbestätte seit 2000: Das Benediktinerkloster Reichenau, vom heiligen Pirmin 724 auf der von Karl Martell geschenkten Bodenseeinsel gegründet, erlebte seine Blütezeit im 9. und 10. Jh.; es war ein Zentrum ottonischer Kultur und Wissenschaft (Reichenauer Malerschule). 1535 wurde es dem Bistum Konstanz einverleibt, 1757 aufgehoben und 1803 säkularisiert. Erhalten sind drei Kirchen: Das doppelchörige Münster Sankt Maria und Sankt Markus des ehemaligen Benediktinerklosters in Mittelzell, eine romanische Pfeilerbasilika mit zwei Querschiffen, die im Wesentlichen im 9., Ende des 10. (Langhaus) und im 11. Jh. errichtet wurde.

Die ehemalige Stiftskirche Sankt Peter und Paul in Niederzell ist eine doppeltürmige romanische Säulenbasilika des 11./12. Jh.; unter dem bei der Barockisierung (1756/57) aufgetragenen Putz konnte in der Apsis ein romanischer Freskenzyklus aus dem 12. Jh. freigelegt werden. Die ehemalige Stiftskirche Sankt Georg in Oberzell, eine flach gedeckte karolingische Säulenbasilika mit Krypta und Vierungsturm (9./10. Jh.) sowie Westhalle (11. Jh.), besitzt den größten erhaltenen Zyklus ottonischer Monumentalmalerei, der wahrscheinlich um 990 angefertigt wurde.

S

Speyer

Dom, UNESCO-Welterbestätte seit 1981: Mit der Errichtung des am Hochufer des Rheins gelegenen Doms wurde 1030 unter Kaiser Konrad II. begonnen. 1061 geweiht, wurde das heute größte romanische Bauwerk in Deutschland von 1082 bis 1106 unter Kaiser Heinrich IV. umgebaut und eingewölbt. Für die sechstürmige, dreischiffige, ungewöhnlich hohe und lange Basilika ist die Gliederung der Mittelschiffwände durch Blendarkaden charakteristisch. Die Apsis hat eine Zwerggalerie. Die 1041 geweihte Krypta ist die Grablege der Salier. An der Nordseite befindet sich die 1106 vollendete Afrakapelle, an der Südseite die Doppelkapelle Sankt Emmeram – eine um 1080 gebaute Taufkapelle mit prächtigen Kompositkapitellen – und Sankt Katharinen. Der Westbau wurde 1854–58 von Heinrich Hübsch rekonstruiert.

Steingaden

Wieskirche, UNESCO-Welterbestätte seit 1983: Die Wallfahrtskirche Wies wurde 1745–54 von Dominikus Zimmermann erbaut. Sein Bruder Johann Baptist Zimmermann schuf die Deckengemälde. Die Kirche liegt auf einer Anhöhe in der Gemeinde Steingaden, im Landkreis Weilheim-Schongau, Bayern. Sie gilt durch die beeindruckende Licht- und Raumwirkung sowie die Farbenpracht in ihrem Inneren als eines der bedeutenden Bauwerke nicht nur des bayerischen, sondern des europäischen Rokoko. Das Priesterhaus diente den Steingadener Äbten als Sommersitz; der Stuck im Prälatensaal stammt von Dominikus Zimmermann.

Stralsund

Historische Altstädte in Stralsund und Wismar, UNESCO-Welterbestätte seit 2002: Gemeinsam repräsentieren die Altstädte von Stralsund und Wismar das kulturelle Erbe der Hanse. Im Stadtbild von Stralsund überwiegt die Backsteingotik, etwa die Nikolaikirche (13./14. Jh.), die Marienkirche (14./15. Jh.), die Jakobikirche (Ende 14. Jh.), das spätgotische Katharinenkloster (im Wesentlichen 15. Jh.) und das Rathaus (im Kern 13. Jh.) mit spätgotischer Fassade. Zahlreiche stattliche Bürgerhäuser aus dem 15.–19. Jh. sowie Teile der mittelalterlichen Stadtmauer mit Knieper- und Kütertor (beide 15. Jh.) sind erhalten.

In Wismar ist von den ehemaligen fünf Stadttoren das spätgotische Wassertor (um 1450) am Alten Hafen erhalten. Von der gotischen Marienkirche (13./14. Jh.) blieb nach Kriegszerstörung und Sprengung der Kirchenschiffruine (1960) nur der Turm zurück. Im Wiederaufbau befindet sich seit 1990 die 1945 stark beschädigte Georgenkirche (13.–15. Jh.). Wichtige Bauwerke sind auch die Nikolaikirche (um 1380–1487) mit reicher barocker und mittelalterlicher Ausstattung, Heilig-Geist-Spital (14. Jh.), Fürstenhof im italienischen Renaissancestil (1552–54) und das ehemalige schwedische Zeughaus (1700) sowie am Markt das klassizistische Rathaus (1817–19), das spätgotische Backsteingebäude »Alter Schwede« (um 1380) mit Schmuckgiebel, das Brunnenhaus »Wasserkunst« (1580–1602) und zahlreiche historische Bürgerhäuser.

T

Trier

Römische Baudenkmäler, Dom und Liebfrauenkirche, UNESCO-Welterbestätte seit 1986: 16 v. Chr. von Kaiser Augustus als Augusta Treverorum gegründet, war Trier bis zum Ende des 4. Jh. ein bedeutendes römisches Handelszentrum und überdies ab dem Ende des 3. Jh. Kaiserresidenz. Eines der besterhaltenen römischen Bauwerke nördlich der Alpen ist die Porta Nigra, die gegen Ende des 2. Jh. erbaut und im 11./12. Jh. zur Doppelkirche umgebaut wurde. Aus römischer Zeit stammen auch das Amphitheater (um 100), Barbara- (2. Jh.) und Kaiserthermen (4. Jh.) sowie Reste des Kaiserpalasts mit der Aula Palatina (um 305).
Der Dom Sankt Peter ist der älteste Kirchenbau Deutschlands. Er wurde im 4. Jh. über dem Palast

UNESCO-WELTERBE Völklingen

Trier Das gegen Ende des 2. Jh. n. Chr. erbaute nördliche römische Stadttor, die Porta Nigra

der Kaiserin errichtet, im 11.–13. Jh. im romanischen Stil erweitert und im 18. Jh. zur dreischiffigen Basilika umgebaut. Er beherbergt in seinem Domschatz bedeutende ottonische Kunstwerke. Die Liebfrauenkirche wurde um 1235 begonnen und vor 1265 vollendet. Sie steht an der Stelle einer gleichzeitig mit Sankt Peter errichteten frühchristlichen Kirche und ist einer der wenigen gotischen Zentralbauten.

V

Völklingen
Völklinger Eisenhütte, UNESCO-Welterbestätte seit 1994: 1873 gegründet, entwickelte sich die Völklinger Eisenhütte im Rahmen des Röchling'schen Eisen- und Stahlwerks zum Großunternehmen mit 20 000 Beschäftigten. Die Eisenhütte wurde 1987 stillgelegt. Sie ist heute ein Ziel an der Europäischen Route der Industriekultur mit dem Industriemuseum Ferrodrom® sowie spektakulären Ausstellungen und Lichtinstallationen.

W

Weimar
Das klassische Weimar, UNESCO-Welterbestätte seit 1998: Zur Zeit der Klassik wurde Weimar zu einem Brennpunkt europäischer Geistesströmungen (sog. Weimarer Klassik). 1772 kam der Dichter Christoph Martin Wieland, 1775 Johann Wolfgang Goethe, ein Jahr später Johann Gottfried Herder und 1799 Friedrich Schiller in die Residenzstadt. Goethes Tod 1832 bedeutete den Endpunkt der Weimarer Klassik.
Zum Welterbe zählen u. a. das ehemalige Stadtschloss (ab 1789 nach einem Brand wiederhergestellt) mit englischem Landschaftspark (ab 1778), das Goethehaus (1709), das Schillerhaus

Wörlitz UNESCO-WELTERBE

(1777), das Wittumspalais (1767), der Park an der Ilm mit Goethes Gartenhaus, die Fürstengruft (1824–27) mit den Sarkophagen von Schiller und Goethe sowie der herzoglichen Familie sowie das Grüne Schloss (1562–69) mit der Herzogin Anna Amalia Bibliothek, die nach einem Brand 2004 restauriert wurde. Bei Weimar gelegen sind die Schlösser Tiefurt (Umbau 1776, Innenräume um 1800, Museum), Belvedere (1724–26, erweitert und umgebaut bis 1732, Rokokomuseum) und Ettersburg (1706–12, später verändert bis 1842).

Weimar
➤ Dessau

Wismar
➤ Stralsund

Wittenberg
➤ Eisleben

Wörlitz

Kulturlandschaft Gartenreich, UNESCO-Welterbestätte seit 2000: Die Wörlitzer Anlagen mit dem klassizistischen Schloss Wörlitz, 1769–73 von Friedrich Wilhelm von Erdmannsdorff im Landhausstil erbaut, und dem Gotischen Haus, 1773–1813 nach Plänen von Erdmannsdorff ausgeführt von Georg Christoph Hesekiel, bilden den künstlerischen Höhepunkt des Gartenreiches. Der zweitgrößte Landschaftspark im Gartenreich ist das Schloss- und Parkensemble Georgium, das ab 1780 von Erdmannsdorff errichtet wurde. Weitere Anlagen sind das Rokokoensemble Schloss und Park Mosigkau (Schloss 1754–56 von Christian Friedrich Damm), Schloss und Park Luisium (klassizistisches Schloss, 1774–78 von Erdmannsdorff), der Landschaftsgarten Großköhnau (Weinberghaus, 1819/29 von Carlo Ignazio Pozzi) sowie die barocke Schloss- und Parkanlage Oranienbaum (Schloss 1693–98).

Völklingen Die stillgelegte Hochofengruppe des Industriemuseums »Völklinger Hütte«

Wörlitz Landschaftspark Wörlitz mit dem Schloss (1769-73 von Friedrich Wilhelm von Erdmannsdorff) im Hintergrund

Würzburg

Fürstbischöfliche Residenz, UNESCO-Welterbestätte seit 1981: Die Würzburger Residenz, 1720–44 gebaut und bis 1770 ausgestattet, gehört zu den bedeutendsten Schlössern Europas. Sie entstand durch das Zusammenwirken zahlreicher hervorragender europäischer Künstler der Barockzeit, so des Baumeisters Johann Balthasar Neumann, der als fürstbischöflicher Hofbaumeister die Bauleitung innehatte und die Hofkirche (1732–43) und das Treppenhaus (1735–53) entwarf, des Pariser Bauintendanten Robert de Cotte, des Bamberger Baudirektors Maximilian von Welsch und des Wiener Hofbaumeisters Johann Lucas von Hildebrandt; die Deckengemälde des Treppenhauses und die Wandgemälde des Kaisersaals (1751–53) schuf der Venezianer Giovanni Battista Tiepolo. Der fürstbischöfliche Hofbildhauer Johann Wolfgang van der Auvera entwarf das Spiegelkabinett, ein bedeutendes Raumkunstwerk des Rokoko. Der Hofgarten wurde im ausgehenden 18. Jh. von dem Gartenkünstler Johann Prokop Mayer angelegt. Nach schweren Beschädigungen im Zweiten Weltkrieg wurde die Würzburger Residenz seit 1945 Restaurierungsmaßnahmen unterzogen.

Mit der Wiedereröffnung des rekonstruierten Spiegelkabinetts wurde der Wiederaufbau 1987 abgeschlossen. Insgesamt können über 40 Schlossräume besichtigt werden, die mit Möbeln, Wirkteppichen, Gemälden und anderen Kunstschätzen des 18. Jh. reich ausgestattet sind.

BUNDESLÄNDER

BUNDESLÄNDER Baden-Württemberg

Baden-Württemberg

Ministerpräsident
Günther H. Oettinger (CDU)

Justiz, stellv. Ministerpräsident
Ulrich Goll (FDP)

Bundesrat, Europäische Angelegenheiten
Wolfgang Reinhart (CDU)

Inneres
Heribert Rech (CDU)

Kultus, Jugend, Sport
Helmut Rau (CDU)

Wissenschaft, Forschung, Kunst
Peter Frankenberg (CDU)

Finanzen
Willi Stächele (CDU)

Wirtschaft
Ernst Pfister (FDP)

Arbeit, Soziales
Monika Stolz (CDU)

Umwelt
Tanja Gönner (CDU)

Ernährung, Ländlicher Raum
Peter Hauk (CDU)

Ministerpräsident Günther Oettinger

Mit einem Plus von 2,8 % fiel das Wirtschaftswachstum im Jahresdurchschnitt 2007 erheblich geringer aus als im Vorjahr (2006: + 4,4 %). Die Arbeitslosenquote sank 2007 auf 4,9 % (2006: 6,3 %) und lag Ende April 2008 bei 4,2 %.

Schuldenfreier Haushalt Mit dem am 18. Dezember 2007 beschlossenen Nachtragshaushalt 2007/08 legte die Landesregierung unter Ministerpräsident Günther Oettinger (CDU) erstmals seit 35 Jahren wieder ein Budget ohne neue Schulden vor. Bei einem Volumen von rund 34,5 Mrd. € (2007) bzw. rund 34,0 Mrd. € (2008) flossen knapp 1,4 Mrd. € in finanzielle Vorsorgemaßnahmen.

Finanzierung von Stuttgart 21 gesichert Die Bundesregierung und das Land Baden-Württemberg einigten sich am 19. Juli 2007 über die Finanzierung des 4,8 Mrd. € teuren Umbaus des Stuttgarter Hauptbahnhofs sowie der ICE-Neubaustrecke Stuttgart–Ulm. Um den Bahnknoten Stuttgart neu zu ordnen und besser in das europäische Hochgeschwindigkeitsnetz einzubinden, soll der bisherige Kopfbahnhof für 2,8 Mrd. € in eine unterirdische Durchgangsstation umgewandelt werden. An der Finanzierung will sich der Bund mit 500 Mio. € beteiligen, die Bahn mit 1,1 Mrd. € und das Land mit 700 Mio. €; die restlichen 500 Mio. € sollen u. a. aus EU-Zuschüssen kommen. Für den Bau der neuen ICE-Strecke zahlt das Land 950 Mio. €, die Deutsche Bahn AG übernimmt einen Anteil von 15 bis 20 %.

Kabinettsumbildung Am 1. Juni 2008 löste Willi Stächele (CDU), Minister für europäische Angelegenheiten, Gerhard Stratthaus (CDU) als Finanzminister ab. Gleichzeitig wurde ein gemeinsames Ministerium für Bundesrats-

Baden-Württemberg: Ministerpräsidenten

Name (Partei)	Amtszeit
Reinhold Maier (FDP/DVP)	1952–53
Gebhard Müller (CDU)	1953–58
Kurt Georg Kiesinger (CDU)	1958–66
Hans Filbinger (CDU)	1966–78
Lothar Späth (CDU)	1978–91
Erwin Teufel (CDU)	1991–2005
Günther Oettinger (CDU)	seit 2005

Baden-Württemberg BUNDESLÄNDER

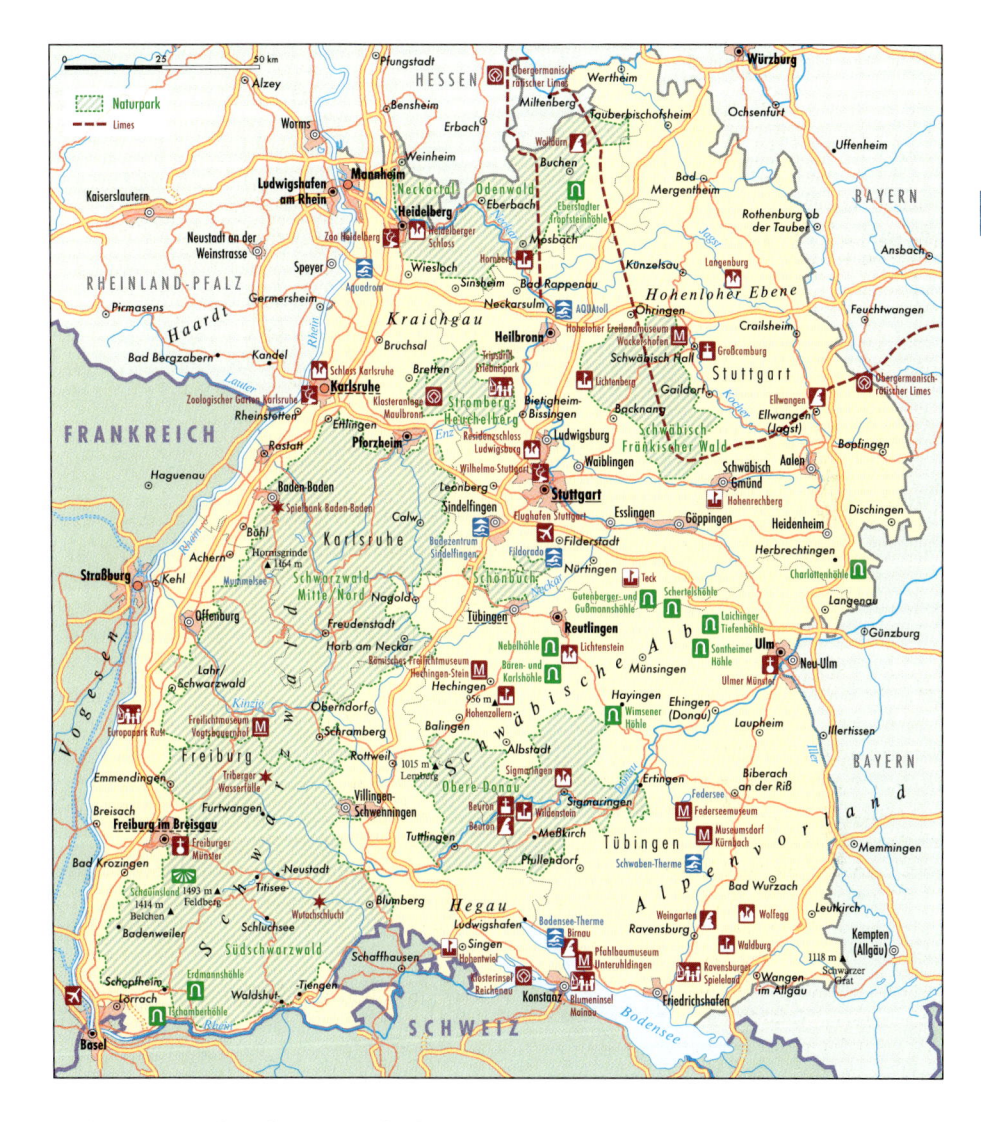

und Europaangelegenheiten geschaffen, an dessen Spitze Wolfgang Reinhart (CDU) steht. Stratthaus übernahm die Leitung der baden-württembergischen Führungsakademie in Karlsruhe, an der Beamte geschult werden.

Wechsel an der SPD-Fraktionsspitze Anfang Oktober 2007 kündigte die Landesvorsitzende Ute Vogt an, im Januar 2008 den Fraktionsvorsitz abzugeben; parteiinterne Kritiker hatten sie u. a. für das schlechte Abschneiden der SPD bei den letzten Landtagswahlen verantwortlich gemacht und ihr Führungsschwäche vorgeworfen. Auf dem Landesparteitag am 21. September 2007 war Vogt mit 77,4 % der

BUNDESLÄNDER Baden-Württemberg

Delegiertenstimmen erneut als Vorsitzende der Landes-SPD bestätigt worden.
Mit 20 von 38 Stimmen setzte sich Claus Schmiedel bei der Wahl des Fraktionsvorsitzenden am 10. Januar 2008 gegen den stellvertretenden Fraktionsvorsitzenden Nils Schmid durch, der 18 Stimmen erhielt.

Einstieg bei Landesbanken Die im Zuge der Bankenkrise angeschlagene sächsische Landesbank wurde im August 2007 von der Landesbank Baden-Württemberg übernommen. Der Grundlagenvereinbarung zufolge übertragen der Freistaat Sachsen und die Sachsen-Finanzgruppe ihre Anteile an der Sachsen LB der Landesbank Baden-Württemberg (LBBW) und werden dafür im Gegenzug an dieser beteiligt. Als Soforthilfe überwies die LBBW 250 Mio. €, im März 2008 weitere 391 Mio. €. Die Übernahme war am 1. April abgeschlossen (→ Sachsen).

Im Mai 2008 unterzeichneten Ministerpräsident Oettinger und sein rheinland-pfälzischer Amtskollege Kurt Beck (SPD) einen Staatsvertrag über die vollständige Eingliederung der Landesbank Rheinland-Pfalz (LRP) in die LBBW (→ Rheinland-Pfalz).

Französischzwang aufgehoben Im Juli 2007 setzte der baden-württembergische Verwaltungsgerichtshof Mannheim eine Verordnung des Kultusministeriums aus, der zufolge die Gymnasien an der frankreichnahen Rheinschiene Französisch als erste Pflichtfremdsprache hätten anbieten müssen; in den übrigen Landesteilen ist Englisch erste Fremdsprache. Damit schloss sich das Gericht den Klägern an, die u. a. eine Benachteiligung bei Schulwechsel geltend gemacht hatten.

Bewährungsstrafe verhängt Das Stuttgarter Landgericht verurteilte die ehemalige Justizministerin Corinna Werwigk-Hertneck (FDP) im September 2007 wegen des Verrats von Dienstgeheimnissen zu einem Jahr Haft

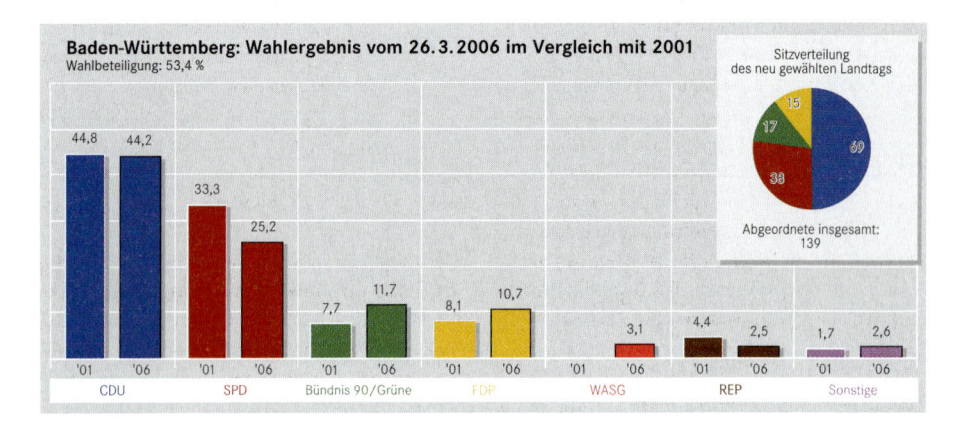

Baden-Württemberg: Städte über 100 000 Einwohner

Stadt	Einwohner (in 1 000)
Stuttgart	591,6
Mannheim	327,5
Karlsruhe	278,0
Freiburg	218,0
Heidelberg	144,7
Heilbronn	121,4
Ulm	120,7
Pforzheim	119,2
Reutlingen	109,8

Quelle: städtische Statistikämter

Baden-Württemberg: Wahlergebnis vom 26. 3. 2006 im Vergleich mit 2001
Wahlbeteiligung: 53,4 %

Partei	'01	'06
CDU	44,8	44,2
SPD	33,3	25,2
Bündnis 90/Grüne	7,7	11,7
FDP	8,1	10,7
WASG	–	3,1
REP	4,4	2,5
Sonstige	1,7	2,6

Sitzverteilung des neu gewählten Landtags: CDU 69, SPD 38, Grüne 17, FDP 15. Abgeordnete insgesamt: 139

68

Baden-Württemberg: Nationale Naturlandschaften

Kategorie	Park
Naturpark	Neckartal-Odenwald
Naturpark	Obere Donau
Naturpark	Schönbuch
Naturpark	Schwäbisch-Fränkischer Wald
Naturpark	Schwarzwald Mitte/Nord
Naturpark	Stromberg-Heuchelberg
Naturpark	Südschwarzwald

Quelle: EUROPARC Deutschland, Verband Deutscher Naturparke

Baden-Württemberg: Bevölkerung

Gesamtbevölkerung (in 1000, Ende 2006)	10 739
männlich	5 274
weiblich	5 465
unter 6-Jährige (in 1000, Ende 2005)	603,0
6- bis 14-Jährige (in 1000, Ende 2005)	1 054,1
über 64-Jährige (in 1000, Ende 2005)	1 953,9
Lebendgeborene (in 1000, 2006)	92
Gestorbene (in 1000, 2006)	93
Saldo (– = mehr Gestorbene als Geborene)	–1
Zuzüge aus dem Ausland (in 1000, 2006)	122
Fortzüge ins Ausland (in 1000, 2006)	124
Eheschließungen (in 1000, 2006)	49
Ehescheidungen (in 1000, 2006)	23
Lebenserwartung (bei der Geburt): Männer	78,0
Frauen	83,0
Ausländeranteil (%, Ende 2006)	11,8

Quelle: Statistisches Bundesamt

auf Bewährung. Das Gericht sah es als erwiesen an, dass Werwigk-Hertneck 2004 den damaligen Wirtschaftsminister Walter Döring von den laufenden Ermittlungen gegen ihn detailliert unterrichtet hatte.

Vertrag mit Landeskirchen Im Juli 2007 schlossen die Landesregierung und die beiden evangelischen Landeskirchen von Baden und Württemberg einen Staatskirchenvertrag, der die gegenseitigen Beziehungen für die Zukunft rechtsverbindlich regelt. Dazu zählen beispielsweise die finanziellen Leistungen des Landes als Entschädigung für Enteignungen während der Reformationszeit und Säkularisation; ab 2010 erhält die württembergische Landeskirche 37,7 Mio. € und die Landeskirche Baden 13,8 Mio. € pro Jahr. Außerdem wurde vereinbart, alle Professorenstellen an den beiden evangelisch-theologischen Fakultäten in Tübingen und Heidelberg zu erhalten. Geregelt wurden daneben auch der Sonn- und Feiertagsschutz sowie die Befreiung der Kirchen von staatlichen Gebühren. Der Landeskirche Württemberg gehören rund 2,3 Mio., der badischen Landeskirche rund 1,3 Mio. Protestanten an.

Land haftet nicht Am 15. Oktober 2007 wies das Oberlandesgericht (OLG) Karlsruhe eine Amtshaftungsklage gegen das Land Baden-Württemberg ab, die über 100 Gläubiger der ehemaligen Firma Flowtex angestrengt hatten. Dem Gericht zufolge war es nicht nachweisbar, dass Finanzbeamte den 2000 bekannt gewordenen Betrug bei Flowtex mit nicht existierenden Bohrsystemen bereits in den Jahren 1996 und 1997 durchschaut hätten.

Damit bestätigte das OLG ein Urteil des Landgerichts Karlsruhe vom Juli 2005, das den Geschädigten ebenfalls den geforderten Schadenersatz in Höhe von über 1,1 Mrd. € verweigert hatte.

Im Juli 2007 hatte das Landgericht Mannheim den für Flowtex zuständigen Finanzbeamten wegen Vorteilsannahme zu einer Bewährungsstrafe von vier Monaten verurteilt, ihn aber vom Vorwurf der Bestechlichkeit freigesprochen.

BUNDESLÄNDER Baden-Württemberg

Baden-Württemberg: Umwelt

Anteil der Siedlungs- und Verkehrsfläche[1] (%, 2006 (1992))	13,8	(12,3)
Anteil der Landwirtschaftsfläche (%, 2004 (1992))	46,3	(48,1)
Anteil der Waldfläche (%, 2004 (1992))	38,1	(37,6)
Wasserverbrauch je Einwohner und Tag (Liter, 2004)	123	
Aufkommen an Haushaltsabfällen (kg je Einwohner, 2006)	426	
Anteil der Umweltschutzinvestitionen an den Gesamtinvestitionen von Betrieben (%, 2005)	2,1	
Waldschäden (% der deutlich geschädigten Probebäume, 2006)	45	
Nationalparke[2] (km², 2007)	–	
Biosphärenreservate[2] (km², 2006)	–	
Naturschutzgebiete[2] (km², 2005)	822	
Naturparke[2] (km², 2007)	10 607	

1) Gebäude- und Freifläche, Erholungsfläche, Verkehrsfläche
2) Schutzgebiete unterschiedlicher Zielsetzung
Quelle: Statistisches Bundesamt

Baden-Württemberg: Wirtschaft

landwirtschaftliche Betriebe (2005)	60 617
davon mit ökologischem Landbau	2 988
Arbeitskräfte insgesamt (in 1 000, 2005)	208,3
Betriebe des verarbeitenden Gewerbes[1] (2006)	8 523
Beschäftigte (in 1 000, 2006)	1 197
Umsatz (Mrd. €, 2006)	284,0
davon Auslandsumsatz (%)	48,1
Dienstleistungsunternehmen[2] (2005)	111 445
Beschäftigte (in 1 000, 2005)	825
Umsatz (Mrd. €, 2006)	90,3
Gewerbeanmeldungen (Neuerrichtungen 2006)	88 438
Gewerbeabmeldungen (Aufgaben 2006)	69 269
eröffnete Insolvenzverfahren (2006)	13 002
Tourismus: Übernachtungen[3] (Mio., 2007)	42,4
darunter Auslandsgäste (%)	17,5

1) mit mehr als 20 Beschäftigten; 2) mit mehr als 17 500 € Umsatz; 3) Campingplätze und Häuser mit mehr als neun Gästebetten
Quelle: Statistisches Bundesamt

Baden-Württemberg: Bildungswesen

Bildungsabschluss der Erwachsenen (%, 2005):	
Sekundarbereich I oder weniger	19
Sekundarbereich II	55
Tertiärbereich	26
jährliche Bildungsausgaben pro Schüler (€, 2004):	
Primarbereich	4 200
Sekundarbereich	6 700
Tertiärbereich (ohne Ausgaben für Forschung und Entwicklung)	8 000
Schüler an allgemeinbildenden Schulen (in 1 000, 2006/07)	1 306
Auszubildende (in 1 000, 2006)	202
Studierende (in 1 000, Wintersemester 2006/07)	245
Teilnehmer an beruflicher Weiterbildung (Erwerbspersonen in 1 000, 2005)	1 027

Quelle: Statistisches Bundesamt

Bayern

Ministerpräsident
Günther Beckstein (CSU)

Arbeit, Sozialordnung, Familie, Frauen, stellv. Ministerpräsidentin
Christa Stewens (CSU)

Leiter der Staatskanzlei
Eberhard Sinner (CSU)

Bundes- und Europaangelegenheiten
Markus Söder (CSU)

Inneres
Joachim Herrmann (CSU)

Justiz
Beate Merk (CSU)

Unterricht, Kultus
Siegfried Schneider (CSU)

Wissenschaft, Forschung, Kunst
Thomas Goppel (CSU)

Finanzen
Erwin Huber (CSU)

Wirtschaft, Infrastruktur, Verkehr, Technologie
Emilia Müller (CSU)

Umwelt, Gesundheit, Verbraucherschutz
Otmar Bernhard (CSU)

Landwirtschaft, Forsten
Josef Miller (CSU)

Ministerpräsident
Günther Beckstein

Das Wirtschaftswachstum legte im Jahresdurchschnitt 2007 mit einem Plus von 2,8 % des BIP weiter zu, schwächte sich jedoch im Vergleich zum Vorjahr ab (2006: +3,3 %). Die Arbeitslosenquote lag im Jahresdurchschnitt 2007 bei 5,3 % (2006: 6,8 %) und sank Ende April 2008 auf 4,4 %.

Nachtragshaushalt Am 16. April 2008 verabschiedete der Bayerische Landtag den Nachtragshaushalt 2008. Neben den Ausgaben für Bildung und Kinderbetreuung wurden insbesondere die Investitionen angehoben, und zwar um 800 Mio. € auf 5,1 Mrd. €; damit stieg die Investitionsquote des Freistaats auf 13,4 %. Ferner wurden 200 Mio. € für die Schuldentilgung eingestellt, sodass sich der Schuldenstand im Doppelhaushalt 2007/08 um rund 500 Mio. € verringerte.

Neue Landesregierung Mit 122 von 178 Stimmen wählte der Bayerische Landtag am 9. Oktober 2007 den bisherigen Innenminister Günther Beckstein an die Spitze der Landesregierung; damit versagten ihm zwei der 124 CSU-Abgeordneten ihre Zustimmung. Beckstein folgte Edmund Stoiber nach, der nach einer monatelangen Debatte um seine Führungsqualifikation sein Amt als Ministerpräsident zum 30. September niedergelegt hatte.

Bayern: Ministerpräsidenten

Name (Partei)	Amtszeit
Fritz Schäffer (BVP/CSU)	1945
Wilhelm Hoegner (SPD)	1945–46
Hans Ehard (CSU)	1946–54
Wilhelm Hoegner (SPD)	1954–57
Hanns Seidel (CSU)	1957–60
Hans Ehard (CSU)	1960–62
Alfons Goppel (CSU)	1962–78
Franz Josef Strauß (CSU)	1978–88
Max Streibl (CSU)	1988–93
Edmund Stoiber (CSU)	1993–2007
Günther Beckstein (CSU)	seit 2007

BUNDESLÄNDER Bayern

Neu in das am 16. Oktober vereidigte Kabinett berufen wurden der bisherige Fraktionschef im Landtag Joachim Herrmann als Innenminister, der ehemalige CSU-Generalsekretär Markus Söder als Europaminister und Otmar Bernhard, der den nach den neuerlichen Fleischskandalen heftig in die Kritik geratenen Umwelt- und Verbraucherschutzminister Werner Schnappauf ersetzte. Schnappauf wechselte am 1. November als Geschäftsführer zum Bundesverband der Deutschen Industrie (BDI).

Der neue Parteivorsitzende der CSU (→ CSU, Lexikon) und bisherige Wirtschaftsminister Erwin Huber übernahm das Finanzressort; seine Nachfolgerin im Wirtschaftsministerium wurde die bisherige Europaministerin Emilia Müller.

Kommunalwahl Die Kommunalwahlen am 3. März 2008 brachten der CSU herbe Verluste. Bei der Wahl der Stadträte verlor sie 5,5 Prozentpunkte und rutschte auf 40,0 % der Stimmen ab – das schlechteste Ergebnis seit 1966. Die

SPD musste 2,5 Prozentpunkte abgeben und kam auf 22,6 % der Stimmen; sie stellt jedoch weiterhin die Oberbürgermeister in München und Nürnberg. Zulegen konnten Bündnis 90/Die Grünen auf 8,2 % (+ 2,5) und die FDP auf 3,8 % (+ 1,8). Die Linke kam landesweit auf 0,7 %.

CSU im Stimmungstief Nicht nur das schlechte Abschneiden bei der Kommunalwahl ließ Ministerpräsident Beckstein und den Parteivorsitzenden Huber angesichts der im September 2008 anstehenden Landtagswahl unter Druck geraten. Auch die Krise der BayernLB (→ BayernLB, Lexikon) setzte der CSU zu. So wurde Finanzminister Huber vorgeworfen, bereits im August 2007 über die drohenden Verluste der landeseigenen Bank informiert gewesen zu sein, die erst im April 2008 eine Schadenshöhe von 4,3 Mrd. € öffentlich eingestand.

Für Querelen sorgte auch das am 1. Januar 2008 in Kraft getretene Rauchverbot, das die Landesregierung im März nach heftigen Protesten abschwächte; danach darf bis Ende 2008 in Bier-, Wein- und Festzelten weiterhin geraucht werden.

Wahlkampf eröffnet Mit einer Kampagne, die – unter dem Motto »Stolz auf Bayern« – »ein emotionales Band zwischen der Leistungsbilanz der Partei und dem bayerischen Lebensgefühl« knüpfen will, startete die CSU im Mai 2008 ihren Wahlkampf. Die Partei setzt dabei v. a. auf bildungspolitische Maßnahmen; u. a. kündigte sie die Schaffung von über 2 200 zusätzlichen Lehrerstellen im Schuljahr 2008/09, die Einrichtung von neuen Ganztagsschulen und die Verkleinerung der Klassenstärke an.

Mit der Abstimmung des Bezirks Oberbayern Anfang Mai 2008, bei der er 71 von 72 gültige Stimmen erhielt, steht der Vorsitzende der SPD-Landtagsfraktion, Franz Maget, als Spitzenkandidat für die Landtagswahl fest.

Transrapid gescheitert Mit der Unterzeichnung einer Realisierungsvereinbarung zwischen der Deutschen Bahn AG und dem Transrapid-Konsortium am 25. September 2007 schien der Bau der Schwebebahnstrecke vom Münchner Hauptbahnhof zum Flughafen entschieden worden zu sein. Am 27. März 2008 wurde das Projekt jedoch überraschend aufgegeben, da die Kosten nach aktualisierten Schätzungen die ursprünglich prognostizierten 1,85 Mrd. € weit übersteigen würden (→ Verkehr, Lexikon).

Bayern: Nationale Naturlandschaften

Kategorie*	Park
Biosphärenreservat	Bayerischer Wald
Biosphärenreservat	Berchtesgaden
Biosphärenreservat	Rhön
Nationalpark	Bayerischer Wald
Nationalpark	Berchtesgaden
Naturpark	Altmühltal
Naturpark	Augsburg-Westliche Wälder
Naturpark	Bayerische Rhön
Naturpark	Bayerischer Wald
Naturpark	Fichtelgebirge
Naturpark	Frankenhöhe
Naturpark	Frankenwald
Naturpark	Fränkische Schweiz - Veldensteiner Forst
Naturpark	Haßberge
Naturpark	Hirschwald
Naturpark	Nagelfluhkette
Naturpark	Nördlicher Oberpfälzer Wald
Naturpark	Oberer Bayerischer Wald
Naturpark	Oberpfälzer Wald
Naturpark	Spessart
Naturpark	Steigerwald
Naturpark	Steinwald
Naturpark	Bergstraße-Odenwald

*) Flächen der unterschiedlichen Kategorien überschneiden sich teilweise
Quelle: EUROPARC Deutschland, Verband Deutscher Naturparke

BUNDESLÄNDER Bayern

Bayern: Städte über 100 000 Einwohner

Stadt	Einwohner (in 1 000)
München	1 351,4
Nürnberg	503,0
Augsburg	264,3
Würzburg	131,3
Regensburg	130,7
Ingolstadt	123,2
Fürth	114,3
Erlangen	104,6

Quelle: städtische Statistikämter

Bayern: Bevölkerung

Gesamtbevölkerung (in 1 000, Ende 2006)	12 493
männlich	6 119
weiblich	6 374
unter 6-Jährige (in 1 000, Ende 2005)	689,3
6- bis 14-Jährige (in 1 000, Ende 2005)	1 197,4
über 64-Jährige (in 1 000, Ende 2005)	2 299,0
Lebendgeborene (in 1 000, 2006)	105
Gestorbene (in 1 000, 2006)	119
Saldo (− = mehr Gestorbene als Geborene)	−14
Zuzüge aus dem Ausland (in 1 000, 2006)	126
Fortzüge ins Ausland (in 1 000, 2006)	126
Eheschließungen (in 1 000, 2006)	57
Ehescheidungen (in 1 000, 2006)	27
Lebenserwartung (bei der Geburt): Männer	77,2
Frauen	82,4
Ausländeranteil (%, Ende 2006)	9,4

Quelle: Statistisches Bundesamt

Fleischskandal Ende August 2007 wurde in Bayern einer der größten Fleischskandale in der Geschichte der Bundesrepublik Deutschland aufgedeckt. Nach Angaben der Staatsanwaltschaft Memmingen hatte die Wertinger Firma Wertfleisch seit Mitte 2006 bis zu 160 t ungenießbarer Fleischabfälle (sog. K3-Ware) als lebensmitteltauglich umetikettiert und an Dönerhersteller, insbesondere im Berliner Raum, geliefert.

Vogelgrippe Bei der bislang größten Massentötung von Zuchttieren in Deutschland wurden seit August 2007 in Bayern über 400 000 Enten getötet. Betroffen waren Betriebe in Mittelfranken, Niederbayern und in der Oberpfalz, in denen das Vogelgrippevirus festgestellt worden war. Umwelt- und Tierschutzverbände kritisierten die Massenkeulungen als überzogen und forderten u. a. ein Ende der Massentierhaltung.

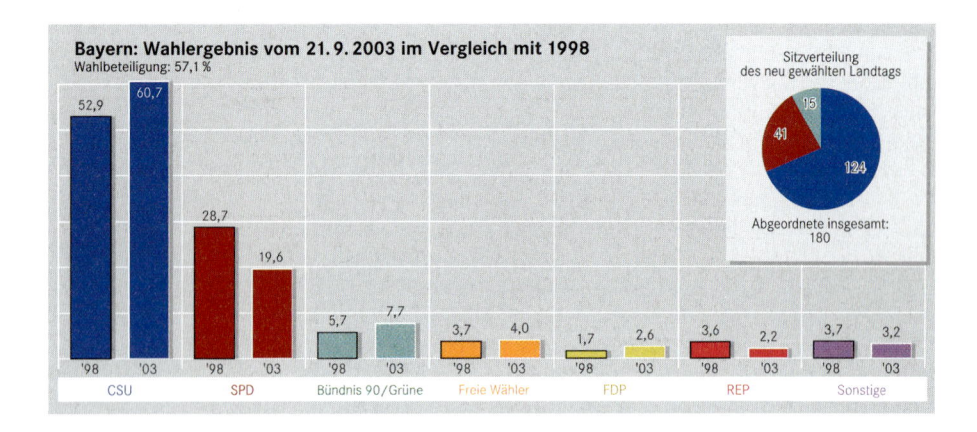

Bayern: Wahlergebnis vom 21. 9. 2003 im Vergleich mit 1998
Wahlbeteiligung: 57,1 %

	'98	'03
CSU	52,9	60,7
SPD	28,7	19,6
Bündnis 90/Grüne	5,7	7,7
Freie Wähler	3,7	4,0
FDP	1,7	2,6
REP	3,6	2,2
Sonstige	3,7	3,2

Sitzverteilung des neu gewählten Landtags: CSU 124, SPD 41, Bündnis 90/Grüne 15
Abgeordnete insgesamt: 180

Bayern BUNDESLÄNDER

Bayern: Umwelt

Anteil der Siedlungs- und Verkehrsfläche[1] (%, 2006 (1992))	11,0	(9,3)
Anteil der Landwirtschaftsfläche (%, 2004 (1992))	50,1	(52,3)
Anteil der Waldfläche (%, 2004 (1992))	34,9	(34,5)
Wasserverbrauch je Einwohner und Tag (Liter, 2004)	135	
Aufkommen an Haushaltsabfällen (kg je Einwohner, 2006)	459	
Anteil der Umweltschutzinvestitionen an den Gesamtinvestitionen von Betrieben (%, 2005)	2,5	
Waldschäden (% der deutlich geschädigten Probebäume, 2006)	34	
Nationalparke[2] (km^2, 2007)	451	
Biosphärenreservate[2] (km^2, 2006)	1329	
Naturschutzgebiete[2] (km^2, 2005)	1567	
Naturparke[2] (km^2, 2007)	21464	

1) Gebäude- und Freifläche, Erholungsfläche, Verkehrsfläche
2) Schutzgebiete unterschiedlicher Zielsetzung
Quelle: Statistisches Bundesamt

Bayern: Wirtschaft

landwirtschaftliche Betriebe (2005)	129 747
davon mit ökologischem Landbau	4 171
Arbeitskräfte insgesamt (in 1 000, 2005)	332,3
Betriebe des verarbeitenden Gewerbes[1] (2006)	7 488
Beschäftigte (in 1 000, 2006)	1 155
Umsatz (Mrd. €, 2006)	312,3
davon Auslandsumsatz (%)	46,9
Dienstleistungsunternehmen[2] (2005)	111 110
Beschäftigte (in 1 000, 2005)	767
Umsatz (Mrd. €, 2006)	96,2
Gewerbeanmeldungen (Neuerrichtungen 2006)	119 725
Gewerbeabmeldungen (Aufgaben 2006)	86 173
eröffnete Insolvenzverfahren (2006)	15 896
Tourismus: Übernachtungen[3] (Mio., 2007)	76,3
darunter Auslandsgäste (%)	16,8

1) mit mehr als 20 Beschäftigten; 2) mit mehr als 17 500 € Umsatz; 3) Campingplätze und Häuser mit mehr als neun Gästebetten
Quelle: Statistisches Bundesamt

Bayern: Bildungswesen

Bildungsabschluss der Erwachsenen (%, 2005): Sekundarbereich I oder weniger	17
Sekundarbereich II	59
Tertiärbereich	24
jährliche Bildungsausgaben pro Schüler (€, 2004): Primarbereich	4 500
Sekundarbereich	7 100
Tertiärbereich (ohne Ausgaben für Forschung und Entwicklung)	7 500
Schüler an allgemeinbildenden Schulen (in 1 000, 2006/07)	1 465
Auszubildende (in 1 000, 2006)	258
Studierende (in 1 000, Wintersemester 2006/07)	258
Teilnehmer an beruflicher Weiterbildung (Erwerbspersonen in 1 000, 2005)	1 060

Quelle: Statistisches Bundesamt

BUNDESLÄNDER Berlin

Berlin

Regierender Bürgermeister
Klaus Wowereit (SPD)

Stadtentwicklung, Bürgermeisterin
Ingeborg Junge-Reyer (SPD)

Wirtschaft, Technologie, Frauen, Bürgermeister
Harald Wolf (Die Linke)

Bildung, Wissenschaft, Forschung
E. Jürgen Zöllner (SPD)

Finanzen
Thilo Sarrazin (SPD)

Gesundheit, Umwelt, Verbraucherschutz
Katrin Lompscher (Die Linke)

Inneres, Sport
Ehrhart Körting (SPD)

Integration, Arbeit, Soziales
Heidi Knake-Werner (Die Linke)

Justiz
Gisela von der Aue (SPD)

Regierender Bürgermeister Klaus Wowereit

Humboldt-Forum Am Neubau des im Juli 2007 von der Bundesregierung abgesegneten Humboldt-Forums auf dem Gelände des ehemaligen Berliner Stadtschlosses beteiligt sich der Senat mit 32 Mio. €, außerdem stellt er das Baugrundstück zur Verfügung.

Landesbank verkauft Am 12. Juli 2007 stimmte das Berliner Abgeordnetenhaus dem

Mit einem Plus von 2,0 % des BIP im Jahresdurchschnitt 2007 zeigte sich die Wirtschaft weiter auf Wachstumskurs (2006: + 1,2 %). Die weiterhin hohe Arbeitslosenquote sank im Jahresdurchschnitt 2007 leicht auf 15,5 % (2006: 17,5 %) und lag Ende April 2008 nochmals um einen Prozentpunkt tiefer bei 14,5 %.

Schuldenabbau beginnt Angesichts steigender Steuereinnahmen – rund 10 % mehr als 2006 – beschloss der Senat unter dem Regierenden Bürgermeister Klaus Wowereit (SPD) im August 2007, ab 2008 mit der Tilgung der Schulden zu beginnen. Der im Dezember verabschiedete Doppelhaushalt 2008/09 weist für 2008 einen Finanzierungsüberschuss von 474 Mio. € aus, der 2009 65 Mio. € betragen und in den Folgejahren auf 274 Mio. € bzw. 641 Mio. € ansteigen soll. Das Jahr 2006 schloss noch mit einem Defizit von rund 1,8 Mrd. € ab. Finanzsenator Thilo Sarrazin (SPD) will bis Ende 2011 etwa 1,5 Mrd. € der 60 Mrd. € Staatsschulden abtragen.

Berlin: Regierende Bürgermeister

Name (Partei)	Amtszeit
Ernst Reuter (SPD)	1951–53[1]
Walter Schreiber (CDU)	1953–55
Otto Suhr (SPD)	1955–57
Willy Brandt (SPD)	1957–66
Heinrich Albertz (SPD)	1966–67
Klaus Schütz (SPD)	1967–77
Dietrich Stobbe (SPD)	1977–81
Hans-Jochen Vogel (SPD)	1981
Richard von Weizsäcker (CDU)	1981–84
Eberhard Diepgen (CDU)	1984–89
Walter Momper (SPD)	1989–91[2]
Eberhard Diepgen (CDU)	1991–2001
Klaus Wowereit (SPD)	seit 2001

1) seit 1947/48 Oberbürgermeister
2) 3.10.1990 bis 24.1.1991 zusammen mit Tino Schwierzina (SPD, Ost-Berlin)

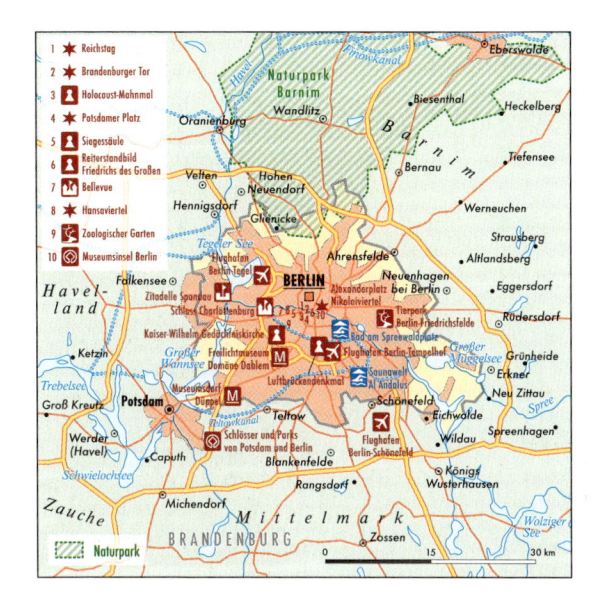

Verkauf der Landesbank Berlin Holding (LBBH) an den Deutschen Sparkassen- und Giroverband (DSGV) zu. Der Kaufpreis lag bei 4,622 Mrd. €; hinzu kamen 723 Mio. € für eine stille Einlage des Landes Berlin. Damit kam das Land einer Auflage der Europäischen Union nach, sich bis Ende 2007 von der Landesbank Berlin zu trennen, weil es die ehemalige Bankgesellschaft Berlin Anfang des Jahrzehnts mit Beihilfen in Milliardenhöhe unterstützt hatte.

Weiter Querelen um Großflughafen Im Oktober 2007 wurde nach einem Beschluss des Aufsichtsrats der Flughafen Berlin-Schönefeld GmbH (FBS) die Ausschreibung für das zentrale Fluggastterminal des Flughafens Berlin Brandenburg International (BBI) erneut abgebrochen. Die vier Bieter lagen um rund 70 % über der Kostenschätzung von 620 Mio. €. Dennoch erwartet der Regierende Bürgermeister Wowereit, dass der Kostenrahmen nicht überschritten wird und das Terminal wie geplant im Oktober 2011 eröffnet werden kann; die Opposition rechnet dagegen mit einer Verzögerung um ein bis drei Jahre.

Das Bundesverfassungsgericht bestätigte im März 2008, dass der umstrittene Bau mit dem Grundgesetz vereinbar ist. Es verwarf damit die Verfassungsbeschwerden von Anwohnern gegen den Planfeststellungsbeschluss des Landes Brandenburg und gegen Entscheidungen des Bundesverwaltungsgerichts Leipzig, das im März 2006 den Bau des Großflughafens unter Auflagen zu Lärmschutz und Nachtflugverbot für rechtens befunden hatte.

Volksentscheid zu Tempelhof Dem im April 2008 abgehaltenen Volksentscheid gegen den Beschluss des Senats, den Innenstadtflughafen Tempelhof im Herbst zu schließen, war kein Erfolg beschieden. Bei dem ersten Volksentscheid in der Geschichte des Landes stimmten 60,1 % der Teilnehmer für eine Offenhaltung des Flughafens, was 21,7 % aller Wahlberechtigten entspricht. Damit wurden die erforderlichen 25 % Ja-Stimmen jedoch deutlich verfehlt. Für den Erhalt hatten sich u. a. CDU und FDP eingesetzt.

Jüdische Gemeinde Im Januar 2008 wurde Lala Süsskind zur Vorsitzenden der Jüdischen

BUNDESLÄNDER Berlin

Berlin: Nationale Naturlandschaften

Kategorie	Park
Naturpark	Barnim

Quelle: EUROPARC Deutschland, Verband Deutscher Naturparke

Berlin: Bevölkerung

Gesamtbevölkerung (in 1 000, Ende 2006)	3 404
männlich	1 666
weiblich	1 738
unter 6-Jährige (in 1 000, Ende 2005)	168,0
6- bis 14-Jährige (in 1 000, Ende 2005)	236,6
über 64-Jährige (in 1 000, Ende 2005)	585,3
Lebendgeborene (in 1 000, 2006)	30
Gestorbene (in 1 000, 2006)	32
Saldo (– = mehr Gestorbene als Geborene)	–2
Zuzüge aus dem Ausland (in 1 000, 2006)	42
Fortzüge ins Ausland (in 1 000, 2006)	31
Eheschließungen (in 1 000, 2006)	12
Ehescheidungen (in 1 000, 2006)	8
Lebenserwartung (bei der Geburt): Männer	76,3
Frauen	81,6
Ausländeranteil (%, Ende 2006)	13,9

Quelle: Statistisches Bundesamt

Gemeinde in Berlin gewählt. Damit steht erstmals eine Frau an der Spitze der mit 12 000 Mitgliedern größten jüdischen Gemeinde in Deutschland.

Nach dreijähriger Bauzeit wurde im August 2007 die größte Synagoge Deutschlands am Prenzlauer Berg wieder eingeweiht. Das 1904 errichtete jüdische Gebetshaus, das 1 200 Menschen Platz bietet, war 1938 in der Reichspogromnacht von den nationalsozialistischen Horden geschändet, aber nicht in Brand gesetzt worden, weil man die benachbarten Häuser nicht hatte gefährden wollen.

Gewalt an Schulen Einer im März 2008 von Bildungssenator Jürgen Zöllner (SPD) vorgestellten Statistik zufolge wurden im Schuljahr 2006/07 1 735 Gewalttaten an den 938 allgemeinbildenden und beruflichen Schulen gemeldet. Damit stieg die Zahl zwar um 10 % an, lag aber weit unter den 33 bzw. 76 % der beiden Schuljahre zuvor. Zöllner bestätigte, dass die Konzepte zur Gewaltprävention auch im Schuljahr 2007/08 fortgeführt würden, beispielsweise die beiden Programme für Grundschulen »Faustlos« und »Buddy«. Ferner soll die Anzahl der Kooperationsvereinbarungen mit der Polizei von derzeit 131 weiter erhöht werden.

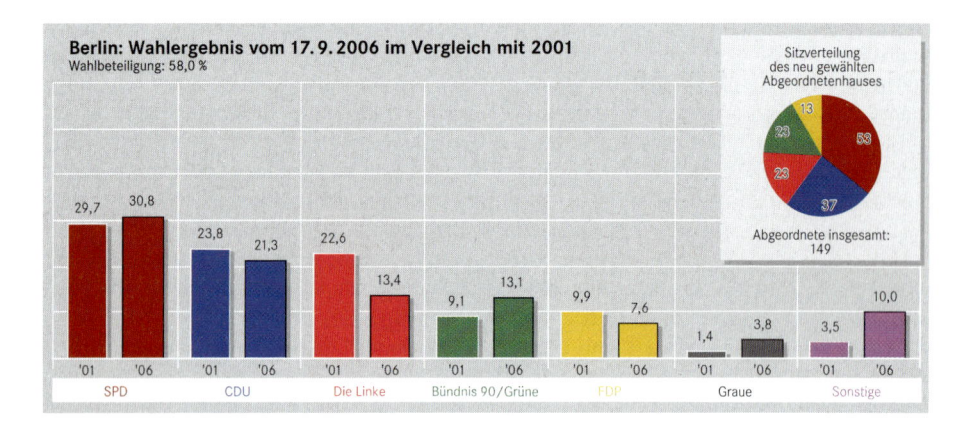

Berlin: Wahlergebnis vom 17. 9. 2006 im Vergleich mit 2001
Wahlbeteiligung: 58,0 %

Partei	'01	'06
SPD	29,7	30,2
CDU	23,8	21,3
Die Linke	22,6	13,4
Bündnis 90/Grüne	9,1	13,1
FDP	9,9	7,6
Graue	1,4	3,8
Sonstige	3,5	10,0

Sitzverteilung des neu gewählten Abgeordnetenhauses: 13, 23, 53, 23, 37
Abgeordnete insgesamt: 149

Berlin BUNDESLÄNDER

Berlin: Umwelt

Anteil der Siedlungs- und Verkehrsfläche[1] (%, 2006 (1992))	69,7	(68,0)
Anteil der Landwirtschaftsfläche (%, 2004 (1992))	4,9	(6,7)
Anteil der Waldfläche (%, 2004 (1992))	18,0	(17,5)
Wasserverbrauch je Einwohner und Tag (Liter, 2004)	124	
Aufkommen an Haushaltsabfällen (kg je Einwohner, 2006)	435	
Anteil der Umweltschutzinvestitionen an den Gesamtinvestitionen von Betrieben (%, 2005)	1,3	
Waldschäden (% der deutlich geschädigten Probebäume, 2006)	34	
Nationalparke[2] (km², 2007)	–	
Biosphärenreservate[2] (km², 2006)	–	
Naturschutzgebiete[2] (km², 2005)	20	
Naturparke[2] (km², 2007)	40	

1) Gebäude- und Freifläche, Erholungsfläche, Verkehrsfläche
2) Schutzgebiete unterschiedlicher Zielsetzung
Quelle: Statistisches Bundesamt

Berlin: Wirtschaft

Betriebe des verarbeitenden Gewerbes[1] (2006)	806
Beschäftigte (in 1000, 2006)	98
Umsatz (Mrd. €, 2006)	31,0
davon Auslandsumsatz (%)	31,1
Dienstleistungsunternehmen[2] (2005)	30 647
Beschäftigte (in 1000, 2005)	286
Umsatz (Mrd. €, 2006)	31,1
Gewerbeanmeldungen (Neuerrichtungen 2006)	40 860
Gewerbeabmeldungen (Aufgaben 2006)	27 890
eröffnete Insolvenzverfahren (2006)	7 507
Tourismus: Übernachtungen[3] (Mio., 2007)	17,3
darunter Auslandsgäste (%)	38,3

1) mit mehr als 20 Beschäftigten; 2) mit mehr als 17 500 € Umsatz; 3) Campingplätze und Häuser mit mehr als neun Gästebetten
Quelle: Statistisches Bundesamt

Berlin: Bildungswesen

Bildungsabschluss der Erwachsenen (%, 2005): Sekundarbereich I oder weniger	17
Sekundarbereich II	48
Tertiärbereich	35
jährliche Bildungsausgaben pro Schüler (€, 2004): Primarbereich	4 900
Sekundarbereich	7 500
Tertiärbereich (ohne Ausgaben für Forschung und Entwicklung)	6 700
Schüler an allgemeinbildenden Schulen (in 1000, 2006/07)	340
Auszubildende (in 1000, 2006)	55
Studierende (in 1000, Wintersemester 2006/07)	131
Teilnehmer an beruflicher Weiterbildung (Erwerbspersonen in 1000, 2005)	306

Quelle: Statistisches Bundesamt

Brandenburg

Ministerpräsident
Matthias Platzeck (SPD)

Inneres
Jörg Schönbohm CDU)

Justiz
Beate Blechinger (CDU)

Finanzen
Rainer Speer (SPD)

Wirtschaft, stellv. Ministerpräsident
Ulrich Junghanns (CDU)

Arbeit, Soziales, Gesundheit, Familie
Dagmar Ziegler (SPD)

Ländliche Entwicklung, Umwelt, Verbraucherschutz
Dietmar Woidke (SPD)

Bildung, Jugend, Sport
Holger Rupprecht (SPD)

Wissenschaft, Forschung, Kultur
Johanna Wanka (CDU)

Infrastruktur, Raumordnung
Reinhold Dellmann (parteilos)

Ministerpräsident
Matthias Platzeck

Brandenburg: Ministerpräsidenten

Name (Partei)	Amtszeit
Manfred Stolpe (SPD)	1990–2002
Matthias Platzeck (SPD)	seit 2002

Im Jahresdurchschnitt 2007 legte das Wirtschaftswachstum mit einem Plus des BIP von 2,0 % leicht zu (2006: + 1,3 %). Die Arbeitslosenquote sank im Jahresdurchschnitt 2007 auf 14,9 % (2006: 17,0 %) und lag Ende April 2008 bei 13,9 %.

Finanzen Der im Dezember 2007 verabschiedete Doppelhaushalt 2008/09 hat ein Volumen von rund 10,2 Mrd. € (2008) bzw. rund 10,1 Mrd. € (2009). Dank der gestiegenen Steuereinnahmen wird die Steuerdeckungsquote erstmals seit Gründung des Landes auf über 50 % ansteigen (Prognose für 2008: 53,3 %; 2009: 55,3 %). Die Neuverschuldung wurde auf 208 Mio. € (2008) bzw. 107 Mio. € (2009) begrenzt. Ende 2006 war das Land noch mit 18,0 Mrd. € verschuldet.

Der Steuerschätzung vom Mai 2008 zufolge kann Brandenburg 2008 mit rund 54 Mio. € höheren Steuereinnahmen rechnen als im Haushalt angenommen. Im Jahr 2009 betragen die geschätzten Mehreinnahmen rund 80 Mio. €. Den Brandenburger Kommunen stehen davon für 2008 knapp 11 Mio. € und für 2009 knapp 16 Mio. € zu.

Mehr Ausbildungsplätze Im April 2008 billigte das Kabinett das zwischen Bund und Ländern ausgehandelte Ausbildungsplatzprogramm Ost 2008. Mit der finanziellen Unterstützung des Bundes können so für das im September beginnende Ausbildungsjahr in Brandenburg bis zu 1 385 zusätzliche Lehrstellen geschaffen werden. Die Landesregierung erweiterte das Programm auf bis zu 2 500 Plätze. Die zusätzlichen Stellen sollen insbesondere als betriebsnahe Plätze in vier Ausbildungsvereinen der Kammern sowie als Plätze im sog. Kooperativen Modell entstehen. Bei den betriebsnahen Plätzen wird der Ausbildungsvertrag mit einem Ausbildungsverein der Kammer abgeschlossen, die Ausbildung erfolgt in Betrieben. Das Kooperative Modell zielt auf Jugendliche im Schülerstatus, deren Ausbildung in Kooperation zwischen Oberstufenzentren

Brandenburg BUNDESLÄNDER

und kammereigenen oder von den Kammern ausgewählten Bildungsträgern erfolgt. Beide Ausbildungsgänge werden mit einer ordentlichen Kammerprüfung abgeschlossen.

Bildungspolitik Im März 2008 kündigte Bildungsminister Holger Rupprecht (SPD) die Ausweitung der Ganztagsangebote an den öffentlichen Schulen an. Mit dem Schuljahr 2008/09 steigt die Zahl der Grundschulen mit Ganztagsangebot auf 170; das sind 38 % der 450 Grundschulen in öffentlicher Trägerschaft. Ferner werden 119 der 214 weiterführenden Schulen Ganztagsangebote unterbreiten, was einem Anteil von mehr als 55 % entspricht.

Bombodrom weiter auf Eis Im Juli 2007 gab das Verwaltungsgericht Potsdam drei Musterklagen gegen den Ausbau des Truppenübungsplatzes in der Kyritz-Ruppiner Heide zum größten deutschen Luft-Boden-Schießplatz statt; auf dem rund 14 000 ha großen Gelände will die Bundeswehr Übungsbomben abwerfen und Tiefflüge durchführen. Dem Gericht zufolge sind die Auswirkungen des Lärms durch die geplanten Tiefflüge nicht ausreichend berücksichtigt worden.

Strafmaß bestätigt In einem zweiten Prozess, bei dem es um die Höhe des Strafmaßes

Brandenburg: Städte über 100 000 Einwohner	
Stadt	**Einwohner (in 1 000)**
Potsdam	147,7
Cottbus	101,0

Quelle: städtische Statistikämter

BUNDESLÄNDER Brandenburg

Brandenburg: Nationale Naturlandschaften

Kategorie*	Park
Biosphärenreservat	Flusslandschaft Elbe – Brandenburg
Biosphärenreservat	Schorfheide-Chorin
Biosphärenreservat	Spreewald
Nationalpark	Unteres Odertal
Naturpark	Barnim
Naturpark	Dahme-Heideseen
Naturpark	Hoher Fläming
Naturpark	Märkische Schweiz
Naturpark	Niederlausitzer Heidelandschaft
Naturpark	Niederlausitzer Landrücken
Naturpark	Nuthe-Nieplitz
Naturpark	Schlaubetal
Naturpark	Stechlin-Ruppiner Land
Naturpark	Uckermärkische Seen
Naturpark	Westhavelland

*) Flächen der unterschiedlichen Kategorien überschneiden sich teilweise
Quelle: EUROPARC Deutschland, Verband Deutscher Naturparke

Brandenburg: Bevölkerung

Gesamtbevölkerung (in 1 000, Ende 2006)	2 548
männlich	1 262
weiblich	1 286
unter 6-Jährige (in 1 000, Ende 2005)	113,0
6- bis 14-Jährige (in 1 000, Ende 2005)	159,2
über 64-Jährige (in 1 000, Ende 2005)	506,3
Lebendgeborene (in 1 000, 2006)	18
Gestorbene (in 1 000, 2006)	26
Saldo (– = mehr Gestorbene als Geborene)	–8
Zuzüge aus dem Ausland (in 1 000, 2006)	10
Fortzüge ins Ausland (in 1 000, 2006)	10
Eheschließungen (in 1 000, 2006)	11
Ehescheidungen (in 1 000, 2006)	6
Lebenserwartung (bei der Geburt): Männer	75,4
Frauen	81,5
Ausländeranteil (%, Ende 2006)	2,6

Quelle: Statistisches Bundesamt

ging, bestätigte das Landgericht Frankfurt an der Oder im April 2008 die Verurteilung einer 13-fachen Mutter zu 15 Jahren Haft. Das Gericht hatte keine Anhaltspunkte für eine verminderte Schuldfähigkeit gesehen. Die 40-jährige Frau aus Brieskow-Finkenheerd hatte zwischen 1992 und 1998 neun Kinder nach der Geburt unversorgt gelassen, sodass sie starben.

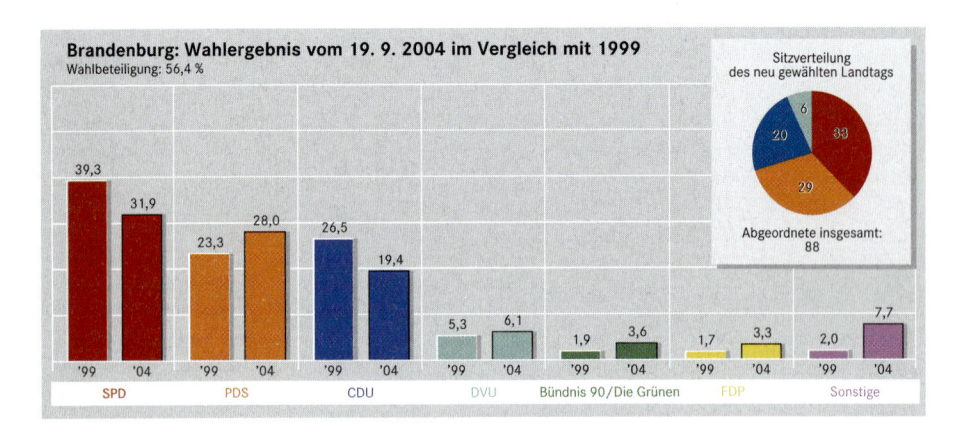

Brandenburg: Wahlergebnis vom 19. 9. 2004 im Vergleich mit 1999
Wahlbeteiligung: 56,4 %

Partei	'99	'04
SPD	39,3	31,9
PDS	23,3	28,0
CDU	26,5	19,4
DVU	5,3	6,1
Bündnis 90/Die Grünen	1,9	3,6
FDP	1,7	3,3
Sonstige	2,0	7,7

Sitzverteilung des neu gewählten Landtags: 6, 20, 33, 29
Abgeordnete insgesamt: 88

Brandenburg BUNDESLÄNDER

Brandenburg: Umwelt

Anteil der Siedlungs- und Verkehrsfläche[1] (%, 2006 (1992))	8,8	(7,4)
Anteil der Landwirtschaftsfläche (%, 2004 (1992))	49,6	(50,2)
Anteil der Waldfläche (%, 2004 (1992))	35,1	(34,7)
Wasserverbrauch je Einwohner und Tag (Liter, 2004)	100	
Aufkommen an Haushaltsabfällen (kg je Einwohner, 2006)	387	
Anteil der Umweltschutzinvestitionen an den Gesamtinvestitionen von Betrieben (%, 2005)	3,4	
Waldschäden (% der deutlich geschädigten Probebäume, 2006)	18	
Nationalparke[2] (km², 2007)	104	
Biosphärenreservate[2] (km², 2006)	2 333	
Naturschutzgebiete[2] (km², 2005)	2 023	
Naturparke[2] (km², 2007)	7 116	

1) Gebäude- und Freifläche, Erholungsfläche, Verkehrsfläche
2) Schutzgebiete unterschiedlicher Zielsetzung
Quelle: Statistisches Bundesamt

Brandenburg: Wirtschaft

landwirtschaftliche Betriebe (2005)	6 668
davon mit ökologischem Landbau	581
Arbeitskräfte insgesamt (in 1 000, 2005)	39,7
Betriebe des verarbeitenden Gewerbes[1] (2006)	1 068
Beschäftigte (in 1 000, 2006)	85
Umsatz (Mrd. €, 2006)	20,7
davon Auslandsumsatz (%)	23,6
Dienstleistungsunternehmen[2] (2005)	14 467
Beschäftigte (in 1 000, 2005)	99
Umsatz (Mrd. €, 2006)	8,7
Gewerbeanmeldungen (Neuerrichtungen 2006)	20 781
Gewerbeabmeldungen (Aufgaben 2006)	16 834
eröffnete Insolvenzverfahren (2006)	5 456
Tourismus: Übernachtungen[3] (Mio., 2007)	9,9
darunter Auslandsgäste (%)	7,1

1) mit mehr als 20 Beschäftigten; 2) mit mehr als 17 500 € Umsatz; 3) Campingplätze und Häuser mit mehr als neun Gästebetten
Quelle: Statistisches Bundesamt

Brandenburg: Bildungswesen

Bildungsabschluss der Erwachsenen (%, 2005):	
Sekundarbereich I oder weniger	7
Sekundarbereich II	61
Tertiärbereich	32
jährliche Bildungsausgaben pro Schüler (€, 2004):	
Primarbereich	4 400
Sekundarbereich	6 700
Tertiärbereich (ohne Ausgaben für Forschung und Entwicklung)	6 900
Schüler an allgemeinbildenden Schulen (in 1 000, 2006/07)	234
Auszubildende (in 1 000, 2006)	51
Studierende (in 1 000, Wintersemester 2006/07)	42
Teilnehmer an beruflicher Weiterbildung (Erwerbspersonen in 1 000, 2005)	255

Quelle: Statistisches Bundesamt

BUNDESLÄNDER Bremen

Bremen

Erster Bürgermeister
Jens Böhrnsen (SPD)

Finanzen, Zweite Bürgermeisterin
Karoline Linnert (Bündnis 90/Die Grünen)

Inneres, Sport
Ulrich Mäurer (SPD)

Arbeit, Frauen, Gesundheit, Jugend, Soziales
Ingelore Rosenkötter (SPD)

Bildung, Wissenschaft
Renate Jürgens-Pieper (SPD)

Umwelt, Bau, Verkehr, Europa
Reinhard Loske (Bündnis 90/Die Grünen)

Wirtschaft, Häfen, Verkehr, Justiz
Ralf Nagel (SPD)

Erster Bürgermeister Jens Böhrnsen

Im Jahresdurchschnitt 2007 legte das Wirtschaftswachstum mit einem Plus des BIP von 2,6 % leicht zu (2006: +2,0 %). Die Arbeitslosenquote sank im Jahresdurchschnitt 2007 auf 12,7 % (2006: 14,9 %) und bewegte sich Ende April 2008 bei 11,8 %.

Harter Sparkurs Bürgermeister Jens Böhrnsen (SPD) kündigte bei der Verabschiedung des Doppelhaushalts 2008/09 im September 2007 angesichts von 13,5 Mrd. € Schulden und einer Zinslast von 600 Mio. € pro Jahr harte Einschnitte u. a. im öffentlichen Dienst an. So ist in den kommenden zwei Jahren die Streichung von 500 Stellen vorgesehen, v. a. in der Senatsverwaltung. Ferner sollen die Gehälter später als in anderen Bundesländern erhöht werden. Insgesamt sieht der Doppelhaushalt 2008/09 eine Senkung der Primärausgaben von 1,3 % (2008) bzw. 0,2 % (2009) vor.

Wahlanfechtung Nach einem Beschluss des Bremer Staatsgerichtshofs vom April 2008 müssen die Stimmzettel von zwei Wahlbezirken in Bremerhaven nachgezählt werden. Damit gab das Gericht einer Klage der rechten Wählervereinigung Bürger in Wut (BIW) statt, die das Ergebnis der Bürgerschaftswahl vom 13. Mai 2007 angefochten hatte, der bei einem Anteil von 4,998 % nur eine Stimme für den Einzug in die Bürgerschaft gefehlt hatte.

Neuer Innensenator Im Mai 2008 wählte die Bremer Bürgerschaft den bisherigen Staatssekretär im Justizressort, Ulrich Mäurer (SPD), zum Innensenator. Er löste Willi Lemke (SPD)

Bremen BUNDESLÄNDER

Bremen: Erste Bürgermeister

Name (Partei)	Amtszeit
Wilhelm Kaisen (SPD)	1945–65
Willy Dehnkamp (SPD)	1965–67
Hans Koschnik (SPD)	1967–85
Klaus Wedemeier (SPD)	1985–95
Henning Scherf (SPD)	1995–2005
Jens Böhrnsen (SPD)	seit 2005

Bremen: Bevölkerung

Gesamtbevölkerung (in 1000, Ende 2006)	664
männlich	322
weiblich	342
unter 6-Jährige (in 1000, Ende 2005)	32,8
6- bis 14-Jährige (in 1000, Ende 2005)	53,9
über 64-Jährige (in 1000, Ende 2005)	135,5
Lebendgeborene (in 1000, 2006)	6
Gestorbene (in 1000, 2006)	7
Saldo (– = mehr Gestorbene als Geborene)	–2
Zuzüge aus dem Ausland (in 1000, 2006)	7
Fortzüge ins Ausland (in 1000, 2006)	6
Eheschließungen (in 1000, 2006)	3
Ehescheidungen (in 1000, 2006)	2
Lebenserwartung (bei der Geburt): Männer	75,6
Frauen	81,5
Ausländeranteil (%, Ende 2006)	12,7

Quelle: Statistisches Bundesamt

ab, der künftig als Sonderbeauftragter der Vereinten Nationen für Sport tätig sein wird.

Umweltmaßnahmen Am 9. April 2008 führte Bremen auf den Autobahnen ein generelles Tempolimit von 120 km/h ein. Damit ist es das erste Bundesland, in dem eine überall gültige Begrenzung der Höchstgeschwindigkeit auf Autobahnen gilt.

Ende April verständigte sich die rot-grüne Koalition auf einen Kompromiss bei der Umsetzung der Feinstaubverordnung. Anders als von Umweltsenator Reinhard Loske (Bündnis 90/Die Grünen) angestrebt, wird die Umweltzone nicht 2008, sondern erst im Januar 2009 eingeführt (→ Umweltzonen, Lexikon).

Börse aufgelöst Die 1682 gegründete Bremer Börse wurde Ende Juli 2007 aufgelöst und in die Stiftung »Bremer Wertpapierbörse« überführt. Die traditionsreiche Börse hatte bereits Mitte 2003 ihr operatives Geschäft eingestellt. 2005 wurden sie und ihr Handelsmodell an die Schweizer Börse verkauft.

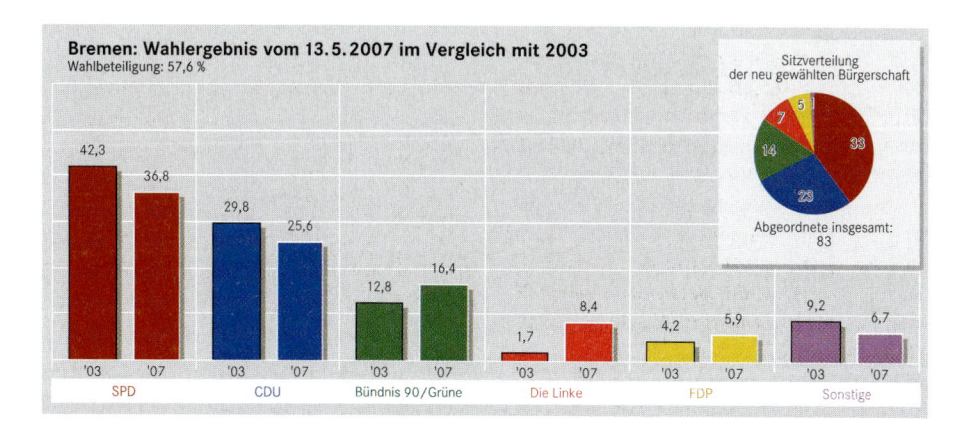

Bremen: Wahlergebnis vom 13.5.2007 im Vergleich mit 2003
Wahlbeteiligung: 57,6 %

	'03	'07
SPD	42,3	36,8
CDU	29,8	25,6
Bündnis 90/Grüne	12,8	16,4
Die Linke	1,7	8,4
FDP	4,2	5,9
Sonstige	9,2	6,7

Sitzverteilung der neu gewählten Bürgerschaft: 33, 23, 14, 7, 5, 1
Abgeordnete insgesamt: 83

BUNDESLÄNDER Bremen

Bremen: Umwelt

Anteil der Siedlungs- und Verkehrsfläche[1] (%, 2006 (1992))	56,7	(53,5)
Anteil der Landwirtschaftsfläche (%, 2004 (1992))	28,6	(31,3)
Anteil der Waldfläche (%, 2004 (1992))	1,9	(1,9)
Wasserverbrauch je Einwohner und Tag (Liter, 2004)	136	
Aufkommen an Haushaltsabfällen (kg je Einwohner, 2006)	466	
Anteil der Umweltschutzinvestitionen an den Gesamtinvestitionen von Betrieben (%, 2005)	0,7	
Waldschäden (% der deutlich geschädigten Probebäume, 2006)	9	
Nationalparke[2] (km², 2007)	–	
Biosphärenreservate[2] (km², 2006)	–	
Naturschutzgebiete[2] (km², 2005)	19	
Naturparke[2] (km², 2007)	–	

1) Gebäude- und Freifläche, Erholungsfläche, Verkehrsfläche
2) Schutzgebiete unterschiedlicher Zielsetzung
Quelle: Statistisches Bundesamt

Bremen: Wirtschaft

Betriebe des verarbeitenden Gewerbes[1] (2006)	339
Beschäftigte (in 1 000, 2006)	56
Umsatz (Mrd. €, 2006)	18,0
davon Auslandsumsatz (%)	50,7
Dienstleistungsunternehmen[2] (2005)	6 574
Beschäftigte (in 1 000, 2005)	81
Umsatz (Mrd. €, 2006)	10,9
Gewerbeanmeldungen (Neuerrichtungen 2006)	5 831
Gewerbeabmeldungen (Aufgaben 2006)	4 848
eröffnete Insolvenzverfahren (2006)	2 539
Tourismus: Übernachtungen[3] (Mio., 2007)	1,5
darunter Auslandsgäste (%)	24,2

1) mit mehr als 20 Beschäftigten; 2) mit mehr als 17 500 € Umsatz; 3) Campingplätze und Häuser mit mehr als neun Gästebetten
Quelle: Statistisches Bundesamt

Bremen: Bildungswesen

Bildungsabschluss der Erwachsenen (%, 2005): Sekundarbereich I oder weniger	26
Sekundarbereich II	53
Tertiärbereich	20
jährliche Bildungsausgaben pro Schüler (€, 2004): Primarbereich	4 700
Sekundarbereich	7 200
Tertiärbereich (ohne Ausgaben für Forschung und Entwicklung)	7 100
Schüler an allgemeinbildenden Schulen (in 1 000, 2006/07)	72
Auszubildende (in 1 000, 2006)	16
Studierende (in 1 000, Wintersemester 2006/07)	30
Teilnehmer an beruflicher Weiterbildung (Erwerbspersonen in 1 000, 2005)	39

Quelle: Statistisches Bundesamt

Hamburg

Erster Bürgermeister
Ole von Beust (CDU)

Inneres
Christoph Ahlhaus (CDU)

Wirtschaft, Arbeit
Axel Gedaschko (CDU)

Finanzen
Michael Freytag (CDU)

Wissenschaft, Forschung
Herlind Gundelach (CDU)

Justiz
Till Steffen (GAL)

Soziales, Familie, Gesundheit, Verbraucherschutz
Dietrich Wersich (CDU)

Kultur
Karin von Welck (parteilos)

Schule, Berufs- und Weiterbildung, Zweite Bürgermeisterin
Christa Goetsch (GAL)

Stadtentwicklung, Umwelt
Anja Hajduk (GAL)

Erster Bürgermeister Ole von Beust

Die Wirtschaft des Stadtstaates wuchs im Jahresdurchschnitt 2007 um 2,8 % und verfehlte damit nur knapp den Wert des Vorjahres von 2,9 %. Dennoch sank die Arbeitslosenquote im Jahresdurchschnitt 2007 auf 9,2 % (2006: 14,9 %) und lag Ende April 2008 bei 8,4 %.

Bürgerschaftswahl Aus der Wahl zur Bürgerschaft am 24. Februar 2008 ging die CDU mit ihrem Spitzenkandidaten, dem Ersten Bürgermeister Ole von Beust, erneut als stärkste Kraft hervor, verlor jedoch ihre absolute Mehrheit. Sie erreichte 42,6 % der Stimmen und büßte damit 4,6 Prozentpunkte ein. Dennoch lag sie deutlich vor der SPD, die unter ihrem Spitzenkandidaten Michael Naumann zwar um 3,6 Prozentpunkte zulegen konnte, aber insgesamt nur auf 34,1 % der Stimmen kam. Drittstärkste Partei wurde die GAL, für die 9,6 % der Wähler votierten (−2,7). Die Linke schaffte mit 6,4 % auf Anhieb den Sprung in die Bürgerschaft, die FDP scheiterte dagegen mit einem Stimmenanteil von 4,8 % (+2,0) knapp. Damit entfielen auf die CDU 56 und auf die SPD 45 Mandate, die Grünen sind mit 12 und Die Linke ist mit acht Abgeordneten im Landesparlament vertreten.

Erste schwarz-grüne Landesregierung Nach mehrwöchigen Koalitionsverhandlungen einigten sich CDU und GAL Mitte April 2008 auf eine gemeinsame Regierung. Hauptstreitpunkte waren die geplante Elbvertiefung, der die GAL schließlich zustimmte, und der Bau des Kohlekraftwerks Moorburg, über den keine endgültige Entscheidung getroffen wurde. In dem neuen Senat stellt die CDU fünf und die GAL drei Senatoren, eine Senatorin ist parteilos. Am 7. Mai 2008 wählte die Bürgerschaft erneut Ole von Beust zum Ersten Bürgermeister; auf ihn entfielen 69 Stimmen und damit eine Stimme mehr, als die Koalitionspartner Abgeordnete haben.

Führungswechsel Im September 2007 übernahm Michael Freytag als Nachfolger von Dirk Fischer den Vorsitz der Landes-CDU; für ihn votierten 93,2 % der Delegierten des Landesausschusses. Das Amt des Vorsitzenden der CDU-Fraktion in der Hamburger Bürgerschaft bekleidet seit März 2008 Frank Schira als Nachfolger von Bernd Reinert. Auf der Landesmitgliederversammlung der GAL am 22. Juni votierten die Delegierten für Katharina Fegebank

BUNDESLÄNDER Hamburg

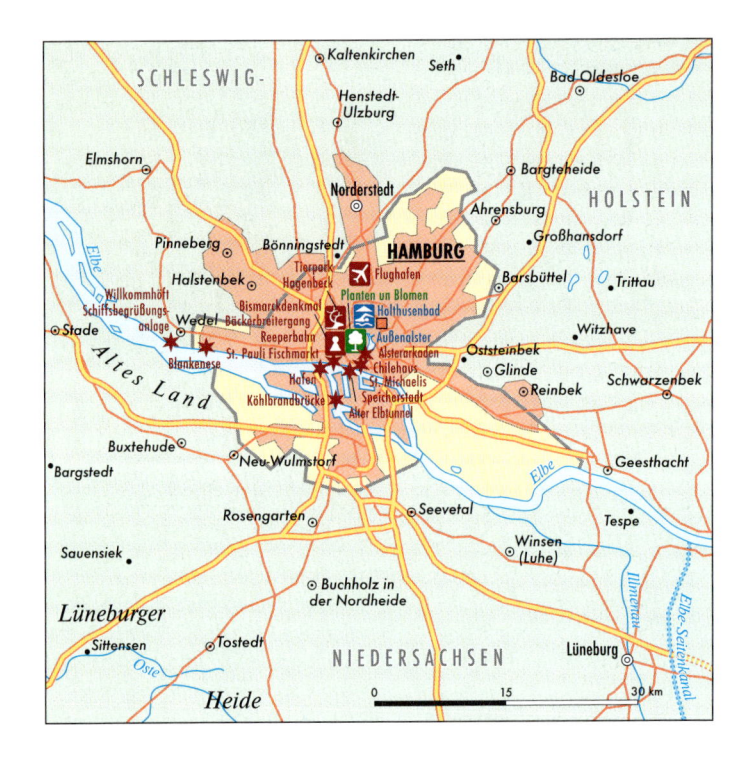

als neue Vorsitzende und Anjes Tjarks als Stellvertreter. Die bisherigen Vorsitzenden Anja Hajduk und Jens Kerstan hatten zuvor als Senatorin bzw. als Fraktionsvorsitzender neue Funktionen übernommen.

Streitpunkt direkte Demokratie Ein am 14. Oktober 2007 abgehaltener Volksentscheid zu einer stärkeren Verbindlichkeit von Volksentscheiden für Senat und Bürgerschaft scheiterte, denn das erforderliche Quorum von 50 % der Wahlberechtigten wurde nicht erreicht. Anlass für die Initiative war eine Entscheidung der Bürgerschaft gewesen, mit der sie sich über zwei Volksentscheide zum Verkauf des Landesbetriebs Krankenhäuser und zum neuen Wahlgesetz hinweggesetzt hatte.

Hafenbahn Am 15. Januar 2008 beschloss der Senat den weiteren Ausbau der Hafenbahn. Bis 2015 will die Hansestadt insgesamt 500 Mio. € in die Modernisierung und Erweiterung der Bahn sowie in die Optimierung betrieblicher Prozesse investieren; davon sind 62 Mio. € bereits im Haushalt 2007/08 veranschlagt. Der Ausbau soll die Kapazität des zurzeit 330 km langen Schienennetzes verdreifachen. Täglich werden rund 200 Güterzüge

Hamburg: Nationale Naturlandschaften

Kategorie*	Park
Biosphärenreservat	Hamburgisches Wattenmeer
Nationalpark	Hamburgisches Wattenmeer

*) Flächen der unterschiedlichen Kategorien überschneiden sich teilweise
Quelle: EUROPARC Deutschland, Verband Deutscher Naturparke

Hamburg BUNDESLÄNDER

Hamburg: Erste Bürgermeister

Name (Partei)	Amtszeit
Max Brauer (SPD)	1946–53
Kurt Sieveking (CDU)	1953–57
Max Brauer (SPD)	1957–60
Paul Nevermann (SPD)	1960–65
Herbert Weichmann (SPD)	1965–71
Peter Schulz (SPD)	1971–74
Hans-Ulrich Klose (SPD)	1974–81
Klaus von Dohnanyi (SPD)	1981–88
Henning Voscherau (SPD)	1988–97
Ortwin Runde (SPD)	1997–2001
Ole von Beust (CDU)	seit 2001

Hamburg: Bevölkerung

Gesamtbevölkerung (in 1000, Ende 2006)	1754
männlich	856
weiblich	898
unter 6-Jährige (in 1000, Ende 2005)	91,1
6- bis 14-Jährige (in 1000, Ende 2005)	134,6
über 64-Jährige (in 1000, Ende 2005)	318,6
Lebendgeborene (in 1000, 2006)	16
Gestorbene (in 1000, 2006)	17
Saldo (– = mehr Gestorbene als Geborene)	–1
Zuzüge aus dem Ausland (in 1000, 2006)	24
Fortzüge ins Ausland (in 1000, 2006)	28
Eheschließungen (in 1000, 2006)	7
Ehescheidungen (in 1000, 2006)	5
Lebenserwartung (bei der Geburt): Männer	76,7
Frauen	81,8
Ausländeranteil (%, Ende 2006)	14,2

Quelle: Statistisches Bundesamt

abgefertigt, die im 1. Halbjahr 2007 881 000 Standardcontainer beförderten. Ziel der Erweiterung ist es, einen möglichst hohen Anteil des transportierten Gütervolumens auf die Schiene zu verlegen.

Umwelt Mit der Ausweisung des Naturschutzgebietes Hummelsbütteler Moore im Januar 2008 erhöhte sich die Zahl der Naturschutzgebiete in der Hansestadt auf 29. Insgesamt stehen nun 8,1% der Stadtfläche unter Schutz. Der Senat lehnte es im März dagegen ab, die Aufnahme des Hamburgischen Wattenmeers in die UNESCO-Weltnaturerbeliste zu beantragen. Hauptgrund waren befürchtete Einschränkungen bei der geplanten Fahrrinnenvertiefung der Elbe (→ Wattenmeer, Lexikon).

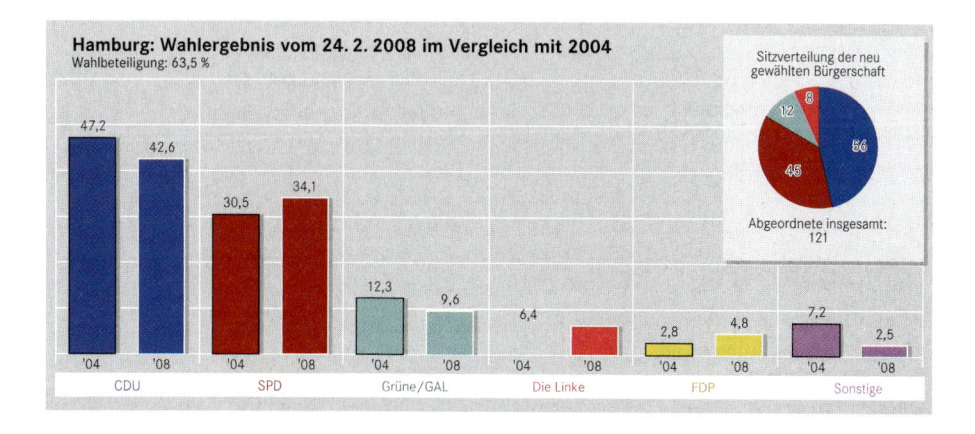

Hamburg: Wahlergebnis vom 24. 2. 2008 im Vergleich mit 2004
Wahlbeteiligung: 63,5 %

Partei	'04	'08
CDU	47,2	42,6
SPD	30,5	34,1
Grüne/GAL	12,3	9,6
Die Linke	–	6,4
FDP	2,8	4,8
Sonstige	7,2	2,5

Sitzverteilung der neu gewählten Bürgerschaft: CDU 56, SPD 45, Grüne/GAL 12, Die Linke 8
Abgeordnete insgesamt: 121

89

BUNDESLÄNDER Hamburg

Hamburg: Umwelt

Anteil der Siedlungs- und Verkehrsfläche[1] (%, 2006 (1992))	59,4	(55,8)
Anteil der Landwirtschaftsfläche (%, 2004 (1992))	25,4	(29,1)
Anteil der Waldfläche (%, 2004 (1992))	5,8	(4,5)
Wasserverbrauch je Einwohner und Tag (Liter, 2004)	142	
Aufkommen an Haushaltsabfällen (kg je Einwohner, 2006)	466	
Anteil der Umweltschutzinvestitionen an den Gesamtinvestitionen von Betrieben (%, 2005)	4,3	
Waldschäden (% der deutlich geschädigten Probebäume, 2006)	keine Angaben	
Nationalparke[2] (km², 2007)	138	
Biosphärenreservate[2] (km², 2006)	117	
Naturschutzgebiete[2] (km², 2005)	60	
Naturparke[2] (km², 2007)	–	

1) Gebäude- und Freifläche, Erholungsfläche, Verkehrsfläche
2) Schutzgebiete unterschiedlicher Zielsetzung
Quelle: Statistisches Bundesamt

Hamburg: Wirtschaft

Betriebe des verarbeitenden Gewerbes[1] (2006)	518
Beschäftigte (in 1000, 2006)	95
Umsatz (Mrd. €, 2006)	72,5
davon Auslandsumsatz (%)	21,8
Dienstleistungsunternehmen[2] (2005)	23 487
Beschäftigte (in 1000, 2005)	240
Umsatz (Mrd. €, 2006)	46,0
Gewerbeanmeldungen (Neuerrichtungen 2006)	19 097
Gewerbeabmeldungen (Aufgaben 2006)	12 420
eröffnete Insolvenzverfahren (2006)	3 741
Tourismus: Übernachtungen[3] (Mio., 2007)	7,4
darunter Auslandsgäste (%)	20,8

1) mit mehr als 20 Beschäftigten; 2) mit mehr als 17 500 € Umsatz; 3) Campingplätze und Häuser mit mehr als neun Gästebetten
Quelle: Statistisches Bundesamt

Hamburg: Bildungswesen

Bildungsabschluss der Erwachsenen (%, 2005): Sekundarbereich I oder weniger	20
Sekundarbereich II	56
Tertiärbereich	25
jährliche Bildungsausgaben pro Schüler (€, 2004): Primarbereich	5 800
Sekundarbereich	8 100
Tertiärbereich (ohne Ausgaben für Forschung und Entwicklung)	8 000
Schüler an allgemeinbildenden Schulen (in 1000, 2006/07)	182
Auszubildende (in 1000, 2006)	33
Studierende (in 1000, Wintersemester 2006/07)	71
Teilnehmer an beruflicher Weiterbildung (Erwerbspersonen in 1000, 2005)	141

Quelle: Statistisches Bundesamt

Hessen

Ministerpräsident	Roland Koch (CDU)
Justiz, Kultus	Jürgen Banzer (CDU)
Soziales, Wissenschaft, Kunst	Silke Lautenschläger (CDU)
Finanzen	Karlheinz Weimar (CDU)
Bundes- und Europaangelegenheiten	Volker Hoff (CDU)
Inneres, Sport, stellv. Ministerpräsident	Volker Bouffier (CDU)
Umwelt, ländlicher Raum, Verbraucherschutz	Wilhelm Dietzel (CDU)
Wirtschaft, Verkehr, Landesentwicklung	Alois Rhiel (CDU)
Chef der Staatskanzlei	Stefan Grüttner (CDU)

Ministerpräsident Roland Koch

Die Konjunktur in Hessen schwächte sich im Jahresdurchschnitt 2007 leicht ab; das BIP erhöhte sich um 2,3 % und lag damit unter dem Wert des Vorjahres von 2,8 %. Die Arbeitslosenquote sank im Jahresdurchschnitt 2007 auf 7,6 % (2006: 9,2 %) und fiel bis Ende April 2008 auf 6,8 %.

Sinkende Neuverschuldung Der Haushaltsplan 2008, der am 13. Dezember 2007 vom Landesparlament verabschiedet wurde, sieht bei Einnahmen von rund 20,5 Mrd. € Ausgaben von rund 21 Mrd. € vor. Die höchsten Steigerungsraten entfielen auf die Investitionen, die gegenüber dem Vorjahresetat um 13,1 % angehoben wurden, und die Zinsausgaben mit einem Plus von 7,8 %. Die Nettoneuverschuldung wurde von ursprünglich 681,5 Mio. € auf 547,7 Mio. € gesenkt. Finanzminister Karlheinz Weimar (CDU) zufolge soll spätestens 2011 ein ausgeglichener Haushalt ohne neue Schulden vorgelegt werden.

Debakel für CDU Nach einem harten Wahlkampf, in dem insbesondere die Forderung von Ministerpräsident Roland Koch (CDU) nach einer Verschärfung des Jugendstrafrechts eine heftige Kontroverse ausgelöst hatte, musste die CDU bei der Landtagswahl am 27. Januar 2008 herbe Verluste hinnehmen. Sie büßte 12 Prozentpunkte ein und erreichte nur noch 36,8 % der Stimmen (42 Mandate). Die SPD konnte einen Stimmengewinn von 7,6 Prozentpunkten verzeichnen und wurde mit einem Anteil von 36,7 % zweitstärkste Kraft, entsendet jedoch ebenso viele Abgeordnete in den Landtag wie die CDU. Während die FDP auf 9,4 % zulegen konnte (+ 1,5; elf Sitze), fielen Bündnis 90/Die Grünen auf 7,5 % (– 2,6; neun Sitze) zurück. Die erstmals angetretene Linke schaffte mit 5,1 % den Sprung in das Landes-

Hessen: Ministerpräsidenten

Name (Partei)	Amtszeit
Karl Geller (parteilos)	1945–47
Christian Stock (SPD)	1947–51
Georg August Zinn (SPD)	1951–69
Albert Osswald (SPD)	1969–76
Holger Börner (SPD)	1976–87
Walter Wallmann (CDU)	1987–91
Hans Eichel (SPD)	1991–99
Roland Koch (CDU)	seit 1999

BUNDESLÄNDER Hessen

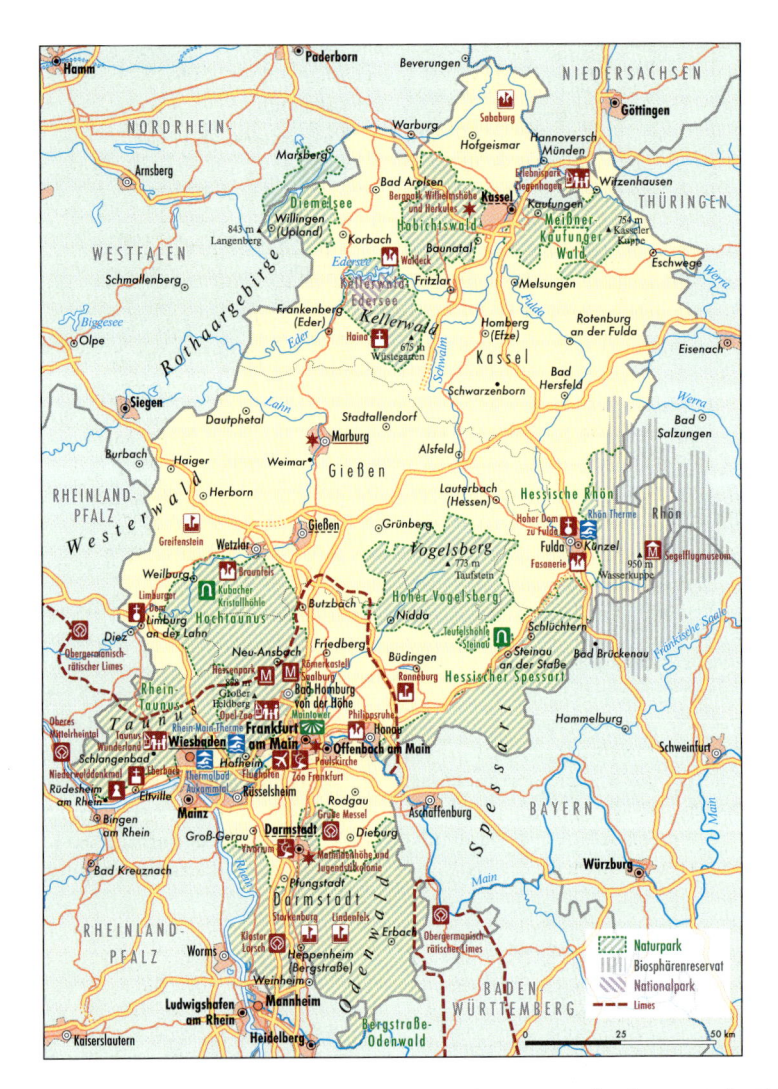

parlament, eroberte sechs Mandate und machte damit sowohl die Hoffnung der CDU auf eine schwarz-gelbe als auch die der SPD auf eine rot-grüne Koalition zunichte.

SPD in der Zwickmühle Angesichts der hohen Verluste der CDU hielt die Spitzenkandidatin der SPD, Andrea Ypsilanti, an ihrem Anspruch auf die Regierungsbildung fest. Der Versuch, eine Ampelkoalition mit der FDP und Bündnis 90/Die Grünen zu bilden, scheiterte jedoch an der Ablehnung der Liberalen, und eine Große Koalition hatte der Landesvorstand der SPD bereits im Januar kategorisch abgelehnt. Anders als vor der Wahl versprochen, bekundete Ypsilanti im Februar ihre Absicht, sich mit den Stimmen der Linkspartei zur Mi-

Hessen: Städte über 100 000 Einwohner

Stadt	Einwohner (in 1 000)
Frankfurt am Main	667,5
Wiesbaden	275,5
Kassel	192,1
Darmstadt	141,1
Offenbach	117,6

Quelle: städtische Statistikämter

Hessen: Nationale Naturlandschaften

Kategorie*	Park
Biosphärenreservat	Rhön
Nationalpark	Kellerwald-Edersee
Naturpark	Bergstraße-Odenwald
Naturpark	Habichtswald
Naturpark	Hessische Rhön
Naturpark	Hessischer Spessart
Naturpark	Hochtaunus
Naturpark	Hoher Vogelsberg
Naturpark	Kellerwald-Edersee
Naturpark	Lahn-Dill-Bergland
Naturpark	Meißner-Kaufunger Wald
Naturpark	Rhein-Taunus
Naturpark	Diemelsee

*) Flächen der unterschiedlichen Kategorien überschneiden sich teilweise
Quelle: EUROPARC Deutschland, Verband Deutscher Naturparke

nisterpräsidentin wählen zu lassen; damit führte sie die Landes-SPD in eine Zerreißprobe und setzte auch in der Bundespartei eine heftige Debatte um eine mögliche rot-rote Zusammenarbeit in Gang (→ SPD, Lexikon). Aufgrund hartnäckiger Widerstände in den eigenen Reihen gab sie Mitte März ihren Plan angesichts einer unsicheren Mehrheit jedoch auf und trat am 5. April 2008 nicht zur Wahl des Ministerpräsidenten an.

Geschäftsführende Landesregierung Nach dem Scheitern der Regierungsbildung blieb die bisherige Landesregierung unter Ministerpräsident Koch geschäftsführend im Amt. Noch vor der konstituierenden Sitzung des Landtags am 5. April 2008 hatte Koch im März die Zuständigkeiten im Kabinett neu geordnet. Nach dem Rückzug von Kultusministerin Karin Wolff übernahm Justizminister Jürgen Banzer auch das Kultusministerium, und Sozialministerin Silke Lautenschläger ist nach dem Ausscheiden von Udo Corts zusätzlich für das Wissenschaftsministerium zuständig.

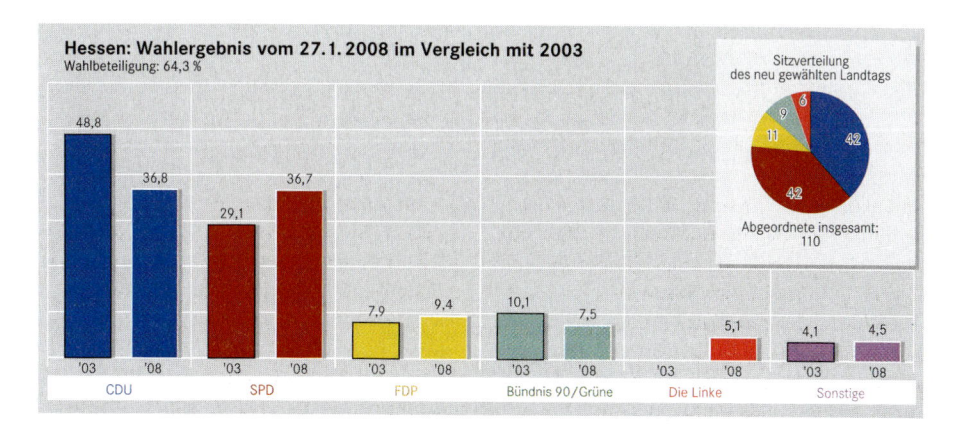

Hessen: Wahlergebnis vom 27.1.2008 im Vergleich mit 2003
Wahlbeteiligung: 64,3 %

Partei	'03	'08
CDU	48,8	36,8
SPD	29,1	36,7
FDP	7,9	9,4
Bündnis 90/Grüne	10,1	7,5
Die Linke	—	5,1
Sonstige	4,1	4,5

Sitzverteilung des neu gewählten Landtags: CDU 42, SPD 42, FDP 11, Bündnis 90/Grüne 9, Die Linke 6
Abgeordnete insgesamt: 110

BUNDESLÄNDER Hessen

Hessen: Landtagswahlen seit 1974 (Stimmenanteile in %)

Jahr	CDU	SPD	FDP	Grüne	Linke
2008	36,8	36,7	9,4	7,4	5,1
2003	48,8	29,1	7,9	10,1	–
1999	43,4	39,4	5,1	7,2	–
1995	39,2	38,0	7,4	11,2	–
1991	40,2	40,8	7,4	8,8	–
1987	42,1	40,2	7,8	9,4	–
1983	39,4	46,2	7,6	5,9	–
1982	45,6	42,8	3,1	8,0	–
1978	46,0	44,3	6,6	2,0	–
1974	47,3	43,2	7,4	–	–

Quelle: Hessisches Statistisches Landesamt

Hessen: Bevölkerung

Gesamtbevölkerung (in 1 000, Ende 2006)	6 075
männlich	2 973
weiblich	3 102
unter 6-Jährige (in 1 000, Ende 2005)	332,5
6- bis 14-Jährige (in 1 000, Ende 2005)	555,8
über 64-Jährige (in 1 000, Ende 2005)	1 146,6
Lebendgeborene (in 1 000, 2006)	51
Gestorbene (in 1 000, 2006)	58
Saldo (– = mehr Gestorbene als Geborene)	–6
Zuzüge aus dem Ausland (in 1 000, 2006)	101
Fortzüge ins Ausland (in 1 000, 2006)	94
Eheschließungen (in 1 000, 2006)	28
Ehescheidungen (in 1 000, 2006)	15
Lebenserwartung (bei der Geburt): Männer	77,2
Frauen	82,2
Ausländeranteil (%, Ende 2006)	11,3

Quelle: Statistisches Bundesamt

Rückzieher bei G8-Reform Im Mai 2008 legte Kultusminister Banzer Pläne vor, um die in der Öffentlichkeit heftig kritisierte Verkürzung der Gymnasialzeit auf acht Jahre zu entschärfen. So sollen die Gymnasien künftig selbst entscheiden, ob sie in neun oder in acht Jahren zum Abitur führen wollen. Bereits im Februar hatte die damalige Kultusministerin Wolff angekündigt, im zweiten Schulhalbjahr 2008 den Nachmittagsunterricht für die drei unteren Klassen deutlich einzuschränken, um die Arbeitsbelastung der Schüler zu senken.

Studiengebühren abgeschafft In einer Eilentscheidung meldete das Verwaltungsgericht Gießen am 1. November 2007 erhebliche Zweifel an der Verfassungskonformität des 2006 vom Landtag verabschiedeten Gesetzes zur Einführung von Studiengebühren an. Der im Prozess gegen die Universität Gießen obsiegende Student musste vorläufig nicht die 500 € bezahlen, die seit Beginn des Wintersemesters 2007/08 allen Studierenden an Hessens Hoch- und Fachhochschulen abverlangt wurde. Am 11. Juni 2008 erklärte der hessische Staatsgerichtshof die Gebühren für grundsätzlich verfassungskonform.

Im Juni 2008 sah sich die Landesregierung gezwungen, die Studiengebühren wieder abzuschaffen: Mit den Stimmen von SPD, Bündnis 90/Die Grünen sowie der Linken verabschiedete das Parlament einen entsprechenden Gesetzentwurf; CDU und FDP votierten gegen die Änderung, die zum Wintersemester 2007/08 in Kraft tritt. Wegen eines Formfehlers verweigerte Ministerpräsident Koch allerdings seine Unterschrift, sodass das Gesetz erst beim zweiten Anlauf am 17. Juni das Parlament fehlerfrei passieren konnte.

Regelung ausgesetzt Im März 2008 setzte die Landesregierung eine Regelung zur automatischen Erfassung von Autokennzeichen aus. Sie reagierte damit auf ein Urteil des Bundesverfassungsgerichts, das diese Praxis als unverhältnismäßig und als Verletzung des Grundrechts auf informationelle Selbstbestimmung gerügt hatte.

Hessen: Umwelt

Anteil der Siedlungs- und Verkehrsfläche[1] (%, 2006 (1992))	15,3	(14,2)
Anteil der Landwirtschaftsfläche (%, 2004 (1992))	42,6	(43,8)
Anteil der Waldfläche (%, 2004 (1992))	40,0	(39,8)
Wasserverbrauch je Einwohner und Tag (Liter, 2004)	127	
Aufkommen an Haushaltsabfällen (kg je Einwohner, 2006)	474	
Anteil der Umweltschutzinvestitionen an den Gesamtinvestitionen von Betrieben (%, 2005)	2,3	
Waldschäden (% der deutlich geschädigten Probebäume, 2006)	32	
Nationalparke[2] (km², 2007)	57	
Biosphärenreservate[2] (km², 2006)	636	
Naturschutzgebiete[2] (km², 2005)	385	
Naturparke[2] (km², 2007)	6 602	

1) Gebäude- und Freifläche, Erholungsfläche, Verkehrsfläche
2) Schutzgebiete unterschiedlicher Zielsetzung
Quelle: Statistisches Bundesamt

Hessen: Wirtschaft

landwirtschaftliche Betriebe (2005)	23 648
davon mit ökologischem Landbau	1 340
Arbeitskräfte insgesamt (in 1 000, 2005)	68,5
Betriebe des verarbeitenden Gewerbes[1] (2006)	3 018
Beschäftigte (in 1 000, 2006)	404
Umsatz (Mrd. €, 2006)	95,4
davon Auslandsumsatz (%)	45,0
Dienstleistungsunternehmen[2] (2005)	53 228
Beschäftigte (in 1 000, 2005)	676
Umsatz (Mrd. €, 2006)	93,7
Gewerbeanmeldungen (Neuerrichtungen 2006)	63 394
Gewerbeabmeldungen (Aufgaben 2006)	49 333
eröffnete Insolvenzverfahren (2006)	9 183
Tourismus: Übernachtungen[3] (Mio., 2007)	26,9
darunter Auslandsgäste (%)	20,0

1) mit mehr als 20 Beschäftigten; 2) mit mehr als 17 500 € Umsatz; 3) Campingplätze und Häuser mit mehr als neun Gästebetten
Quelle: Statistisches Bundesamt

Hessen: Bildungswesen

Bildungsabschluss der Erwachsenen (%, 2005): Sekundarbereich I oder weniger	18
Sekundarbereich II	56
Tertiärbereich	25
jährliche Bildungsausgaben pro Schüler (€, 2004): Primarbereich	4 200
Sekundarbereich	6 600
Tertiärbereich (ohne Ausgaben für Forschung und Entwicklung)	5 800
Schüler an allgemeinbildenden Schulen (in 1 000, 2006/07)	699
Auszubildende (in 1 000, 2006)	106
Studierende (in 1 000, Wintersemester 2006/07)	164
Teilnehmer an beruflicher Weiterbildung (Erwerbspersonen in 1 000, 2005)	574

Quelle: Statistisches Bundesamt

BUNDESLÄNDER Mecklenburg-Vorpommern

Mecklenburg-Vorpommern

Ministerpräsident
Harald Ringstorff (SPD)

Wirtschaft, Arbeit, Tourismus, stellv. Ministerpräsident
Jürgen Seidel (CDU)

Inneres
Lorenz Caffier (CDU)

Justiz
Uta-Maria Kuder (CDU)

Finanzen
Sigrid Keler (SPD)

Landwirtschaft, Umwelt, Verbraucherschutz
Till Backhaus (SPD)

Bildung, Wissenschaft, Kultur
Henry Tesch (CDU)

Verkehr, Bau, Landesentwicklung
Otto Ebnet (SPD)

Soziales, Gesundheit
Erwin Sellering (SPD)

Ministerpräsident
Harald Ringstorff

Der Wirtschaftsaufschwung gewann 2007 weiter an Fahrt: Im Jahresdurchschnitt stieg das BIP um 2,6 % (2006: +1,5 %). Von der positiven Entwicklung profitierte auch der Arbeitsmarkt. Die Arbeitslosenquote sank im Jahresdurchschnitt 2007 auf 16,5 % (2006: 19,0 %) und fiel bis Ende April 2008 auf 15,0 %. Dennoch rangierte das Land mit diesen Daten auf dem letzten Platz unter den Bundesländern.

Stabile Finanzen Mit dem im Dezember 2007 beschlossenen Doppelhaushalt 2008/09 setzte die Große Koalition unter Ministerpräsident Harald Ringstorff (SPD) ihren Konsolidierungskurs fort. So sollen die gestiegenen Einnahmen u. a. zum Abbau der Schulden eingesetzt werden; für 2008 sind Rückzahlungen von 100 Mio. €, für 2009 von 150 Mio. € geplant. Die um Tilgungen und Rücklagen bereinigten Gesamtausgaben betragen rund 6,9 Mrd. € im Jahr 2008 und sollen 2009 auf ca. 6,8 Mrd. € sinken. Die Investitionsausgaben bleiben mit rund 1,1 Mrd. € pro Jahr auf einem anhaltend hohen Niveau. Damit sind die Investitionen je Einwohner mehr als doppelt so hoch wie in den westlichen Flächenländern.

Kreisreform gescheitert Das Landesverfassungsgericht in Greifswald erklärte im Juli 2007 die geplante Kreisgebietsreform für verfassungswidrig. Seiner Ansicht nach waren die kommunale Selbstverwaltung nicht ausreichend berücksichtigt und andere Möglichkeiten nicht geprüft worden. Ministerpräsident Ringstorff kündigte im August einen neuen Vorstoß an, der noch in der aktuellen Legislaturperiode beschlossen werden soll.

Bildungspolitik Im Juni 2008 legte Bildungsminister Henry Tesch (CDU) einen Entwurf für die Neufassung des Schulgesetzes vor, das ab 2009 gelten soll. Wichtigstes Ziel ist es, die Selbstständigkeit der Schulen zu erhöhen und so die staatlichen Schulangebote und die Schulstandorte in der Fläche zu erhalten. Der Entwurf sieht u. a. vor, die Rolle des Schul-

Mecklenburg-Vorpommern: Ministerpräsidenten

Name (Partei)	Amtszeit
Alfred Gomolka (CDU)	1990–92
Berndt Seite (CDU)	1992–98
Harald Ringstorff (SPD)	seit 1998

Mecklenburg-Vorpommern BUNDESLÄNDER

leiters und den Erziehungsauftrag der Schulen zu stärken, die Schüler besser individuell zu fördern sowie gesetzliche Regelungen für die Unterrichtung von hochbegabten Schülern in überregionalen Förderklassen festzulegen.

Oberbürgermeister abgewählt In einem Bürgerentscheid wurde der Oberbürgermeister von Schwerin, Norbert Claussen (CDU), am 27. April 2008 abgewählt. Bei einer Wahlbeteiligung von 44 % stimmten 82,7 % der Wähler gegen Claussen, der im Zusammenhang mit dem Hungertod der fünfjährigen Lea-Sophie im November 2007 in die Kritik geraten war. Untersuchungen hatten erhebliche Defizite in der Arbeit des Jugendamts offenbart.

Spendenaffäre Im April 2008 musste der Greifswalder Bundestagsabgeordnete und stellvertretende Vorsitzende der Landes-CDU, Ulrich Adam, einräumen, von dem ehemaligen Chef der Siemens-Arbeitnehmerorganisation AUB, Wilhelm Schelsky, Sachspenden für die Wahlkämpfe 1998, 2002 und 2005 erhalten zu haben, die er nicht pflichtgemäß ausgewiesen habe. Er kündigte an, bis zur endgültigen Klärung der Vorgänge seine Parteifunktionen ruhen zu lassen.

Umstrittene Atommülllagerung Im Mai 2008 genehmigte Innenminister Lorenz Caffier (CDU) die Einlagerung von atomarem Abfall aus ganz Deutschland im Zwischenlager in

Mecklenburg-Vorpommern: Städte über 100 000 Einwohner

Stadt	Einwohner (in 1 000)
Rostock	199,8

Quelle: städtisches Statistikamt

97

BUNDESLÄNDER Mecklenburg-Vorpommern

Mecklenburg-Vorpommern: Bevölkerung	
Gesamtbevölkerung (in 1000, Ende 2006)	1694
männlich	840
weiblich	854
unter 6-Jährige (in 1000, Ende 2005)	76,6
6- bis 14-Jährige (in 1000, Ende 2005)	101,9
über 64-Jährige (in 1000, Ende 2005)	336,0
Lebendgeborene (in 1000, 2006)	13
Gestorbene (in 1000, 2006)	17
Saldo (– = mehr Gestorbene als Geborene)	–5
Zuzüge aus dem Ausland (in 1000, 2006)	6
Fortzüge ins Ausland (in 1000, 2006)	6
Eheschließungen (in 1000, 2006)	9
Ehescheidungen (in 1000, 2006)	3
Lebenserwartung (bei der Geburt): Männer	74,5
Frauen	81,4
Ausländeranteil (%, Ende 2006)	2,3

Quelle: Statistisches Bundesamt

Mecklenburg-Vorpommern: Nationale Naturlandschaften	
Kategorie*	Park
Biosphärenreservat	Mecklenburgisches Elbetal
Biosphärenreservat	Schaalsee
Biosphärenreservat	Südost-Rügen
Nationalpark	Jasmund
Nationalpark	Müritz
Nationalpark	Vorpommersche Boddenlandschaft
Naturpark	Am Stettiner Haff
Naturpark	Feldberger Seenlandschaft
Naturpark	Insel Usedom
Naturpark	Mecklenburgische Schweiz und Kummerower See
Naturpark	Mecklenburgisches Elbetal
Naturpark	Nossentiner/Schwinzer Heide
Naturpark	Sternberger Seenland

*) Flächen der unterschiedlichen Kategorien überschneiden sich teilweise
Quelle: EUROPARC Deutschland, Verband Deutscher Naturparke

Lubmin. Künftig darf dort schwach und mittelradioaktiv belasteter fremder Atomabfall für zehn statt bisher zwei Jahre gelagert werden. Bislang durften die Energiewerke Nord (EWN) in Lubmin nur Restmaterial aus den abgebauten Kraftwerken Lubmin und Rheinsberg einlagern und dekontaminieren. Kritiker fürchten, dass Lubmin damit zu einem großen Atommülllager ausgeweitet werden könnte.

Mecklenburg-Vorpommern: Wahlergebnis vom 17. 9. 2006 im Vergleich mit 2002
Wahlbeteiligung: 59,1 %

	'02	'06
SPD	40,6	30,2
CDU	31,4	28,8
PDS / Linkspartei	16,4	16,8
FDP	4,7	9,6
NPD	0,8	7,3
Bündnis 90/Grüne	2,6	3,4
Sonstige	3,5	3,9

Sitzverteilung des neu gewählten Landtags: 6, 7, 13, 23, 22
Abgeordnete insgesamt: 71

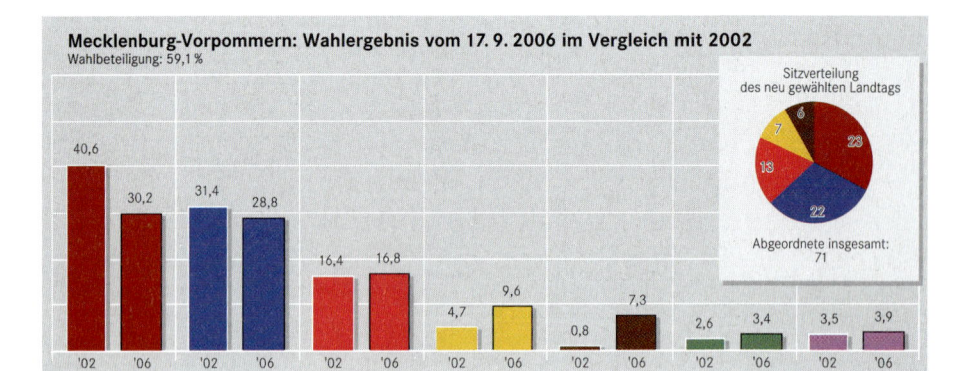

Mecklenburg-Vorpommern BUNDESLÄNDER

Mecklenburg-Vorpommern: Umwelt

Anteil der Siedlungs- und Verkehrsfläche[1] (%, 2006 (1992))	7,5	(5,8)
Anteil der Landwirtschaftsfläche (%, 2004 (1992))	63,9	(64,8)
Anteil der Waldfläche (%, 2004 (1992))	21,4	(21,2)
Wasserverbrauch je Einwohner und Tag (Liter, 2004)	102	
Aufkommen an Haushaltsabfällen (kg je Einwohner, 2006)	422	
Anteil der Umweltschutzinvestitionen an den Gesamtinvestitionen von Betrieben (%, 2005)	1,8	
Waldschäden (% der deutlich geschädigten Probebäume, 2006)	16	
Nationalparke[2] (km², 2007)	1 157	
Biosphärenreservate[2] (km², 2006)	941	
Naturschutzgebiete[2] (km², 2005)	693	
Naturparke[2] (km², 2007)	3 562	

1) Gebäude- und Freifläche, Erholungsfläche, Verkehrsfläche
2) Schutzgebiete unterschiedlicher Zielsetzung
Quelle: Statistisches Bundesamt

Mecklenburg-Vorpommern: Wirtschaft

landwirtschaftliche Betriebe (2005)	5 151
davon mit ökologischem Landbau	611
Arbeitskräfte insgesamt (in 1 000, 2005)	28,7
Betriebe des verarbeitenden Gewerbes[1] (2006)	716
Beschäftigte (in 1 000, 2006)	52
Umsatz (Mrd. €, 2006)	10,8
davon Auslandsumsatz (%)	24,4
Dienstleistungsunternehmen[2] (2005)	9 259
Beschäftigte (in 1 000, 2005)	72
Umsatz (Mrd. €, 2006)	5,3
Gewerbeanmeldungen (Neuerrichtungen 2006)	13 444
Gewerbeabmeldungen (Aufgaben 2006)	11 388
eröffnete Insolvenzverfahren (2006)	3 946
Tourismus: Übernachtungen[3] (Mio., 2007)	26,3
darunter Auslandsgäste (%)	2,9

1) mit mehr als 20 Beschäftigten; 2) mit mehr als 17 500 € Umsatz; 3) Campingplätze und Häuser mit mehr als neun Gästebetten
Quelle: Statistisches Bundesamt

Mecklenburg-Vorpommern: Bildungswesen

Bildungsabschluss der Erwachsenen (%, 2005): Sekundarbereich I oder weniger	9
Sekundarbereich II	64
Tertiärbereich	27
jährliche Bildungsausgaben pro Schüler (€, 2004): Primarbereich	5 100
Sekundarbereich	6 700
Tertiärbereich (ohne Ausgaben für Forschung und Entwicklung)	8 100
Schüler an allgemeinbildenden Schulen (in 1 000, 2006/07)	145
Auszubildende (in 1 000, 2006)	43
Studierende (in 1 000, Wintersemester 2006/07)	35
Teilnehmer an beruflicher Weiterbildung (Erwerbspersonen in 1 000, 2005)	172

Quelle: Statistisches Bundesamt

BUNDESLÄNDER Niedersachsen

Niedersachsen

Ministerpräsident
Christian Wulff (CDU)

Inneres, Sport, Integration
Uwe Schünemann (CDU)

Finanzen
Hartmut Möllring (CDU)

Soziales, Frauen, Familie, Gesundheit
Mechthild Ross-Luttmann (CDU)

Justiz
Bernd Busemann (CDU)

Wissenschaft und Kultur
Lutz Stratmann (CDU)

Kultus
Elisabeth Heister-Neumann (CDU)

Wirtschaft, Arbeit, Verkehr, stellv. Ministerpräsident
Walter Hirche (FDP)

Ernährung, Landwirtschaft, Verbraucherschutz, Landesentwicklung
Hans-Heinrich Ehlen (CDU)

Umwelt, Klimaschutz
Hans-Heinrich Sander (FDP)

Ministerpräsident
Christian Wulff

Im Jahresdurchschnitt 2007 schwächte sich das Wirtschaftswachstum mit einem Anstieg des BIP um 2,0 % leicht ab (2006: + 2,4 %). Dennoch sank die Arbeitslosenquote – dem bundesweiten Trend folgend – im Jahresdurchschnitt 2007 auf 8,9 % (2006: 10,5 %). Ende April 2008 bewegte sie sich bei 7,9 %.

Finanzen Das Volumen des Etats 2008, der am 14. Dezember 2007 vom Landtag beschlossen wurde, beträgt rund 23,9 Mrd. €. Mit einer weiteren Senkung der Nettokreditaufnahme um 400 Mio. € auf 550 Mio. € gelang es der Landesregierung unter Ministerpräsident Christian Wulff (CDU), die Neuverschuldung innerhalb von fünf Jahren um über 80 % zu reduzieren. Die dank steigender Steuereinnahmen zusätzlich vorhandenen Mittel sollen u. a. in die Bereiche Luft- und Raumfahrt, Straßen- und Radwegebau, Schule, Tourismusförderung sowie Sportstättensanierung fließen.

Verluste für Volksparteien Bei der Landtagswahl am 27. Januar 2008 musste die CDU unter ihrem Spitzenkandidaten Wulff zwar Verluste von 5,8 Prozentpunkten hinnehmen, blieb mit 42,5 % der Stimmen jedoch stärkste Kraft; die Zahl ihrer Sitze reduzierte sich von 91 auf 68. Auch die SPD mit ihrem Spitzenkandidaten Wolfgang Jüttner gab 3,1 Prozentpunkte ab; sie kam auf 30,3 % der Stimmen und 48 Mandate (– 15). FDP und Bündnis 90/Die Grünen steigerten sich auf 8,2 % (+ 0,1) bzw. 8,0 % (+ 0,4) und entsenden 13 bzw. 12 Abgeordnete in den Landtag. Mit 7,1 % (11 Sitze) schaffte Die Linke auf Anhieb den Einzug in das Landesparlament.

Niedersachsen: Ministerpräsidenten

Name (Partei)	Amtszeit
Hinrich Wilhelm Kopf (SPD)	1946–55
Heinrich Hellwege (DP)	1955–59
Hinrich Wilhelm Kopf (SPD)	1959–61
Georg Diederichs (SPD)	1961–70
Alfred Kubel (SPD)	1970–76
Ernst Albrecht (SPD)	1976–90
Gerhard Schröder (SPD)	1990–98
Gerhard Glogowski (SPD)	1998–99
Sigmar Gabriel (SPD)	1999–2003
Christian Wulff (CDU)	seit 2003

Niedersachsen BUNDESLÄNDER

Niedersachsen: Städte über 100 000 Einwohner

Stadt	Einwohner (in 1 000)
Hannover	509,6
Braunschweig	240,5
Osnabrück	162,9
Oldenburg	159,4
Göttingen	129,7
Wolfsburg	120,0
Salzgitter	106,1
Hildesheim	103,2

Quelle: städtische Statistikämter

Koalition bestätigt Nach zügigen Verhandlungen vereinbarten CDU und FDP die Fortführung ihrer Zusammenarbeit. Der Koalitionsvertrag, den beide Parteien am 25. Februar 2008 unterzeichneten, schreibt u. a. vor, die Landesbeteiligungen abzubauen; so sollen beispielsweise die Anteile an der Norddeutschen Landesbank und am Flughafen Hannover überprüft werden.

Wechsel an CDU-Spitze Im April 2008 kündigte Ministerpräsident Wulff an, den Vorsitz der Landes-CDU abzugeben. Zu seinem Nachfolger wählten die Delegierten des Landesparteitags am 14. Juni Fraktionschef David McAllister; er erhielt 98,9 % der Stimmen.

101

BUNDESLÄNDER Niedersachsen

Niedersachsen: Bevölkerung

Gesamtbevölkerung (in 1000, Ende 2006)	7983
männlich	3915
weiblich	4068
unter 6-Jährige (in 1000, Ende 2005)	443,1
6- bis 14-Jährige (in 1000, Ende 2005)	793,9
über 64-Jährige (in 1000, Ende 2005)	1555,6
Lebendgeborene (in 1000, 2006)	65
Gestorbene (in 1000, 2006)	82
Saldo (− = mehr Gestorbene als Geborene)	−17
Zuzüge aus dem Ausland (in 1000, 2006)	120
Fortzüge ins Ausland (in 1000, 2006)	57
Eheschließungen (in 1000, 2006)	39
Ehescheidungen (in 1000, 2006)	19
Lebenserwartung (bei der Geburt): Männer	76,5
Frauen	82,0
Ausländeranteil (%, Ende 2006)	6,6

Quelle: Statistisches Bundesamt

Niedersachsen: Nationale Naturlandschaften

Kategorie*	Park
Biosphärenreservat	Niedersächsische Elbtalaue
Biosphärenreservat	Niedersächsisches Wattenmeer
Nationalpark	Harz
Nationalpark	Niedersächsisches Wattenmeer
Naturpark	Elbufer-Drawehn
Naturpark	Elm-Lappwald
Naturpark	internationaler Naturpark Bourtanger Moor – Bargerveen
Naturpark	Lüneburger Heide
Naturpark	Münden
Naturpark	Solling-Vogler
Naturpark	Steinhuder Meer
Naturpark	Südheide
Naturpark	Weserbergland
Naturpark	Wildeshauser Geest
Naturpark	Dümmer
Naturpark	Harz
Naturpark	TERRA.vita

*) Flächen der unterschiedlichen Kategorien überschneiden sich teilweise
Quelle: EUROPARC Deutschland, Verband Deutscher Naturparke

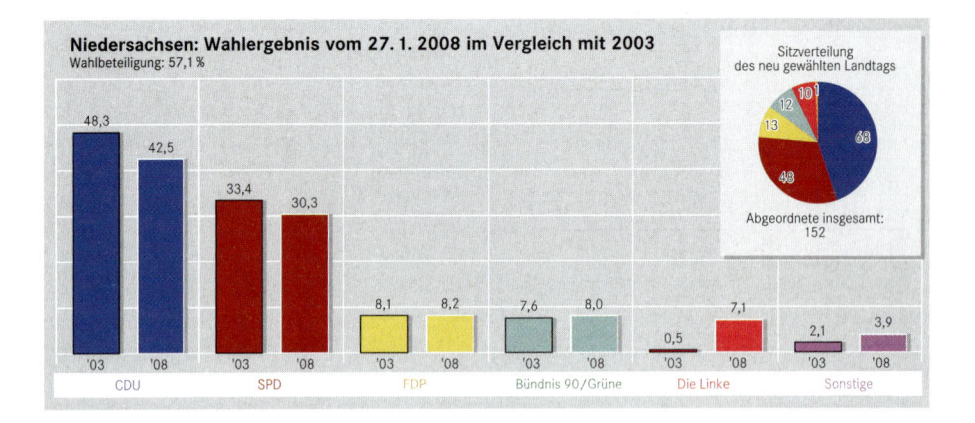

VW-Gesetz außer Vollzug Im Oktober 2007 hob der Europäische Gerichtshof (EuGH) das sog. VW-Gesetz auf; damit verlor Niedersachsen seinen Einfluss bei dem Autokonzern (→ Volkswagen AG, Lexikon).

Niedersachsen: Wahlergebnis vom 27.1.2008 im Vergleich mit 2003
Wahlbeteiligung: 57,1 %

	'03	'08
CDU	48,3	42,5
SPD	33,4	30,3
FDP	8,1	8,2
Bündnis 90/Grüne	7,6	8,0
Die Linke	0,5	7,1
Sonstige	2,1	3,9

Sitzverteilung des neu gewählten Landtags: 68, 48, 13, 12, 10, 1
Abgeordnete insgesamt: 152

Niedersachsen BUNDESLÄNDER

Niedersachsen: Umwelt

Anteil der Siedlungs- und Verkehrsfläche[1] (%, 2006 (1992))	13,3	(11,7)
Anteil der Landwirtschaftsfläche (%, 2004 (1992))	60,9	(62,7)
Anteil der Waldfläche (%, 2004 (1992))	21,2	(20,8)
Wasserverbrauch je Einwohner und Tag (Liter, 2004)	130	
Aufkommen an Haushaltsabfällen (kg je Einwohner, 2006)	498	
Anteil der Umweltschutzinvestitionen an den Gesamtinvestitionen von Betrieben (%, 2005)	2,4	
Waldschäden (% der deutlich geschädigten Probebäume, 2006)	13	
Nationalparke[2] (km², 2007)	2 934	
Biosphärenreservate[2] (km², 2006)	2 968	
Naturschutzgebiete[2] (km², 2005)	1 518	
Naturparke[2] (km², 2007)	9 308	

1) Gebäude- und Freifläche, Erholungsfläche, Verkehrsfläche
2) Schutzgebiete unterschiedlicher Zielsetzung
Quelle: Statistisches Bundesamt

Niedersachsen: Wirtschaft

landwirtschaftliche Betriebe (2005)	53 146
davon mit ökologischem Landbau	1 083
Arbeitskräfte insgesamt (in 1 000, 2005)	176
Betriebe des verarbeitenden Gewerbes[1] (2006)	3 820
Beschäftigte (in 1 000, 2006)	511
Umsatz (Mrd. €, 2006)	169,9
davon Auslandsumsatz (%)	41,1
Dienstleistungsunternehmen[2] (2005)	49 092
Beschäftigte (in 1 000, 2005)	437
Umsatz (Mrd. €, 2006)	44,5
Gewerbeanmeldungen (Neuerrichtungen 2006)	63 874
Gewerbeabmeldungen (Aufgaben 2006)	47 644
eröffnete Insolvenzverfahren (2006)	18 091
Tourismus: Übernachtungen[3] (Mio., 2007)	35,9
darunter Auslandsgäste (%)	7,6

1) mit mehr als 20 Beschäftigten; 2) mit mehr als 17 500 € Umsatz; 3) Campingplätze und Häuser mit mehr als neun Gästebetten
Quelle: Statistisches Bundesamt

Niedersachsen: Bildungswesen

Bildungsabschluss der Erwachsenen (%, 2005): Sekundarbereich I oder weniger	18
Sekundarbereich II	62
Tertiärbereich	20
jährliche Bildungsausgaben pro Schüler (€, 2004): Primarbereich	4 400
Sekundarbereich	6 600
Tertiärbereich (ohne Ausgaben für Forschung und Entwicklung)	8 900
Schüler an allgemeinbildenden Schulen (in 1 000, 2006/07)	983
Auszubildende (in 1 000, 2006)	148
Studierende (in 1 000, Wintersemester 2006/07)	147
Teilnehmer an beruflicher Weiterbildung (Erwerbspersonen in 1 000, 2005)	563

Quelle: Statistisches Bundesamt

BUNDESLÄNDER Nordrhein-Westfalen

Nordrhein-Westfalen

Ministerpräsident
Jürgen Rüttgers (CDU)

Innovation, Wissenschaft, Forschung, Technologie, stellv. Ministerpräsident
Andreas Pinkwart (FDP)

Finanzen
Helmut Linssen (CDU)

Wirtschaft, Mittelstand, Energie
Christa Thoben (CDU)

Inneres
Ingo Wolf (FDP)

Arbeit, Gesundheit, Soziales
Karl-Josef Laumann (CDU)

Schule, Weiterbildung
Barbara Sommer (CDU)

Bauen, Verkehr
Oliver Wittke (CDU)

Justiz
Roswitha Müller-Piepenkötter (CDU)

Umwelt und Naturschutz, Landwirtschaft, Verbraucherschutz
Eckhard Uhlenberg (CDU)

Generationen, Familie, Frauen, Integration
Armin Laschet (CDU)

Bundesangelegenheiten, Europa, Medien
Andreas Krautscheid (CDU)

Ministerpräsident Jürgen Rüttgers

Das Wirtschaftswachstum hielt an: Das BIP legte im Jahresdurchschnitt 2007 – genau wie im Vorjahr – um 2,6 % zu. Die Arbeitslosenquote sank im Jahresdurchschnitt 2007 auf 9,5 % (2006: 11,4 %) und lag Ende April 2008 bei 8,7 %.

Angespannte Finanzlage Die gute konjunkturelle Situation bescherte Nordrhein-Westfalen eine deutliche Steigerung der Steuereinnahmen in Höhe von rund 1,2 Mrd. € auf insgesamt 41,14 Mrd. €. Dennoch blieb die finanzielle Lage aufgrund erheblicher Mehrausgaben – u. a. für die Unternehmensteuerreform sowie Zins- und Personalaufwendungen – im Haushaltsjahr 2008 weiterhin angespannt, zumal die zusätzlichen Gelder überwiegend zur Senkung der Nettoneuverschuldung eingesetzt wurden. Der am 20. Dezember 2007 verabschiedete Etat 2008 weist noch eine Neuverschuldung von rund 1,77 Mrd. € auf; dies sind über 500 Mio. € weniger als 2007. Mit der Krise der WestLB, an der das Land Nordrhein-West-

Schuldenstand der öffentlichen Haushalte (Länder und Gemeinden Ende 2007)

Bundesland	Mio. €	zum Vorjahr (%)	€ je Einw.
Nordrhein-Westfalen	14 356	8,7	797
Niedersachsen	4 165	−7,4	522
Rheinland-Pfalz	3 631	16,3	897
Hessen	3 613	−6,7	595
Saarland	1 240	7,1	1 193
Sachsen-Anhalt	974	1,7	401
Brandenburg	766	−35,4	301
Mecklenburg-Vorpommern	627	31,4	371
Berlin	507	100	149
Schleswig-Holstein	496	−5	175
Bayern	235	−2,6	19
Bremen	210	92,2	316
Thüringen	172	−43,1	75
Sachsen	112	−20,7	26
Baden-Württemberg	101	−52,7	9
Hamburg	33	−43,1	19

Quelle: Statistisches Bundesamt

Nordrhein-Westfalen BUNDESLÄNDER

falen direkt und indirekt zu 48,5 % beteiligt ist, kamen auf die öffentliche Hand weitere Belastungen zu: Am 27. März 2008 beschloss die schwarz-gelbe Regierungskoalition unter Ministerpräsident Jürgen Rüttgers (CDU), Risiken der Bank von bis zu 5 Mrd. € in Form einer Garantie abzusichern (→ WestLB-Prozess, Lexikon).

Eklat um Nokia Die im Januar 2008 angekündigte Schließung des Nokia-Werkes in Bochum rief die Politik nicht nur angesichts des Verlusts von 2 300 Arbeitsplätzen auf den Plan. Wirtschaftsministerin Christa Thoben (CDU) warf dem finnischen Handyhersteller vor, die für die öffentliche Förderung notwendige Beschäftigtenzahl in den zurückliegenden Jahren nicht eingehalten zu haben, und forderte vom Land geleistete Subventionen und Zinsen in Höhe von rund 60 Mio. € zurück. Eine endgültige Einigung stand Mitte des Jahres noch aus; mit einer Teilrückzahlung wurde gerechnet.

Ministerwechsel Im Oktober 2007 löste Andreas Krautscheid (CDU) Michael Breuer (CDU) im Amt des Ministers für Bundesangelegenheiten, Europa und Medien ab; Breuer

BUNDESLÄNDER Nordrhein-Westfalen

Nordrhein-Westfalen: Ministerpräsidenten

Name (Partei)	Amtszeit
Rudolf Amelunxen (parteilos)	1946–47
Carl Arnold (CDU)	1947–56
Fritz Steinhoff (SPD)	1956–58
Franz Meyers (CDU)	1958–66
Heinz Kühn (SPD)	1966–78
Johannes Rau (SPD)	1978–98
Wolfgang Clement (SPD)	1998–2002
Peer Steinbrück (SPD)	2002–2005
Jürgen Rüttgers (CDU)	seit 2005

Nordrhein-Westfalen: Bevölkerung

Gesamtbevölkerung (in 1 000, Ende 2006)	18 029
männlich	8 787
weiblich	9 241
unter 6-Jährige (in 1 000, Ende 2005)	981,6
6- bis 14-Jährige (in 1 000, Ende 2005)	1 737,8
über 64-Jährige (in 1 000, Ende 2005)	3 481,2
Lebendgeborene (in 1 000, 2006)	150
Gestorbene (in 1 000, 2006)	184
Saldo (– = mehr Gestorbene als Geborene)	–34
Zuzüge aus dem Ausland (in 1 000, 2006)	135
Fortzüge ins Ausland (in 1 000, 2006)	128
Eheschließungen (in 1 000, 2006)	82
Ehescheidungen (in 1 000, 2006)	46
Lebenserwartung (bei der Geburt): Männer	76,2
Frauen	81,5
Ausländeranteil (%, Ende 2006)	10,6

Quelle: Statistisches Bundesamt

wechselte als Präsident zum Rheinischen Sparkassen- und Giroverband.

Offensive für Ganztagsschulen Mitte April 2008 kündigten Ministerpräsident Rüttgers und Bildungsministerin Barbara Sommer (CDU) an, den Ganztagsbetrieb an Gymnasien und Realschulen zu erweitern. So sollen ab dem Schuljahr 2009/10 pro Jahr in jedem der 54 Kreise und kreisfreien Städte je eine Realschule und ein Gymnasium zu gebundenen Ganztagsschulen ausgebaut werden. Ferner können Gymnasien und Realschulen ohne Ganztagsbetrieb ab 1. Februar 2009 Unterstützung für den Aufbau einer sog. Übermittagbetreuung erhalten, entweder in Form von finanzieller Förderung oder einer Anrechnung von Lehrerstunden. Zusätzlich soll der Ausbau von Aufenthaltsräumen und Mensen aus Landesmitteln gefördert werden.

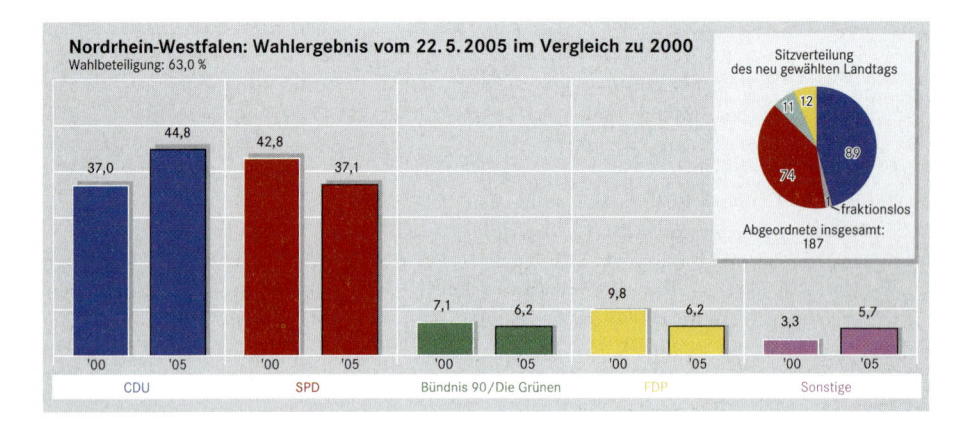

Nordrhein-Westfalen: Wahlergebnis vom 22.5.2005 im Vergleich zu 2000
Wahlbeteiligung: 63,0 %

Partei	'00	'05
CDU	37,0	44,8
SPD	42,8	37,1
Bündnis 90/Die Grünen	7,1	6,2
FDP	9,8	6,2
Sonstige	3,3	5,7

Sitzverteilung des neu gewählten Landtags: CDU 89, SPD 74, Grüne 12, FDP 11, fraktionslos 1
Abgeordnete insgesamt: 187

Nordrhein-Westfalen: Nationale Naturlandschaften

Kategorie*	Park
Nationalpark	Eifel
Naturpark	Arnsberger Wald
Naturpark	Bergisches Land
Naturpark	Diemelsee
Naturpark	Dümmer
Naturpark	Ebbegebirge
Naturpark	Hohe Mark
Naturpark	Homert
Naturpark	Rheinland
Naturpark	Rothaargebirge
Naturpark	Schwalm-Nette
Naturpark	Siebengebirge
Naturpark	TERRA.vita
Naturpark	Teutoburger Wald Eggegebirge
Naturpark	Deutsch-Belgischer Naturpark Hohes Venn-Eifel

*) Flächen der unterschiedlichen Kategorien überschneiden sich teilweise
Quelle: EUROPARC Deutschland, Verband Deutscher Naturparke

Nordrhein-Westfalen: Städte über 100 000 Einwohner

Stadt	Einwohner (in 1 000)
Köln	999,2
Düsseldorf	585,1
Dortmund	583,9
Essen	580,6
Duisburg	495,7
Bochum	373,8
Wuppertal	356,0
Bielefeld	327,4
Bonn	315,0
Münster	273,1
Gelsenkirchen	267,2
Mönchengladbach	265,1
Aachen	250,7
Krefeld	240,5
Oberhausen	216,9
Hagen	195,9
Hamm	179,9
Mülheim	170,4
Herne	163,6
Leverkusen	162,1
Solingen	161,4
Neuss	154,1
Paderborn	144,3
Recklinghausen	122,6
Bottrop	119,9
Remscheid	117,3
Bergisch-Gladbach	110,4
Moers	109,5
Siegen	103,8
Witten	100,4

Quelle: städtische Statistikämter

Kopftuchverbot bestätigt Im August 2007 scheiterte eine Hauptschullehrerin vor dem Verwaltungsgericht Düsseldorf mit ihrer Klage gegen das Kopftuchverbot an nordrhein-westfälischen Schulen. Nach Ansicht der Richter könne das Kopftuch – ebenso wie die Ordenstracht von Nonnen – im Unterricht die staatliche Neutralität beeinträchtigen oder den Schulfrieden stören.

Wirbel um Moschee Hohe Wellen schlug der geplante Bau einer repräsentativen Moschee im Kölner Stadtteil Ehrenfeld. Die Moschee nach dem Entwurf des renommierten Kirchenarchitekten Paul Böhm soll durch eine 34,5 m hohe Kuppel und zwei 55 m hohe Minarette eine markante Gestalt erhalten. Insbesondere die Minarette stießen auf Vorbehalte in der Bevölkerung und im Stadtrat. Im Januar 2008 stellte der Bauträger – die türkisch-islamische Organisation Ditib – veränderte Baupläne vor, denen zufolge die Minarette zwar ihre Höhe behalten, jedoch optisch umgestaltet werden sollen.

BUNDESLÄNDER Nordrhein-Westfalen

Nordrhein-Westfalen: Umwelt

Anteil der Siedlungs- und Verkehrsfläche[1] (%, 2006 (1992))	21,9	(19,6)
Anteil der Landwirtschaftsfläche (%, 2004 (1992))	50,2	(52,6)
Anteil der Waldfläche (%, 2004 (1992))	24,9	(24,7)
Wasserverbrauch je Einwohner und Tag (Liter, 2004)	139	
Aufkommen an Haushaltsabfällen (kg je Einwohner, 2006)	470	
Anteil der Umweltschutzinvestitionen an den Gesamtinvestitionen von Betrieben (%, 2005)	3,3	
Waldschäden (% der deutlich geschädigten Probebäume, 2006)	27	
Nationalparke[2] (km², 2007)	107	
Biosphärenreservate[2] (km², 2006)	–	
Naturschutzgebiete[2] (km², 2005)	2 302	
Naturparke[2] (km², 2007)	10 026	

1) Gebäude- und Freifläche, Erholungsfläche, Verkehrsfläche
2) Schutzgebiete unterschiedlicher Zielsetzung
Quelle: Statistisches Bundesamt

Nordrhein-Westfalen: Wirtschaft

landwirtschaftliche Betriebe (2005)	51 161
davon mit ökologischem Landbau	1 091
Arbeitskräfte insgesamt (in 1 000, 2005)	156,9
Betriebe des verarbeitenden Gewerbes[1] (2006)	10 210
Beschäftigte (in 1 000, 2006)	1 254
Umsatz (Mrd. €, 2006)	329,7
davon Auslandsumsatz (%)	40,7
Dienstleistungsunternehmen[2] (2005)	160 928
Beschäftigte (in 1 000, 2005)	1 693
Umsatz (Mrd. €, 2006)	207,3
Gewerbeanmeldungen (Neuerrichtungen 2006)	158 235
Gewerbeabmeldungen (Aufgaben 2006)	128 036
eröffnete Insolvenzverfahren (2006)	24 950
Tourismus: Übernachtungen[3] (Mio., 2007)	40,4
darunter Auslandsgäste (%)	19,2

1) mit mehr als 20 Beschäftigten; 2) mit mehr als 17 500 € Umsatz; 3) Campingplätze und Häuser mit mehr als neun Gästebetten
Quelle: Statistisches Bundesamt

Nordrhein-Westfalen: Bildungswesen

Bildungsabschluss der Erwachsenen (%, 2005): Sekundarbereich I oder weniger	21
Sekundarbereich II	58
Tertiärbereich	20
jährliche Bildungsausgaben pro Schüler (€, 2004): Primarbereich	4 100
Sekundarbereich	6 400
Tertiärbereich (ohne Ausgaben für Forschung und Entwicklung)	6 400
Schüler an allgemeinbildenden Schulen (in 1 000, 2006/07)	2 284
Auszubildende (in 1 000, 2006)	318
Studierende (in 1 000, Wintersemester 2006/07)	476
Teilnehmer an beruflicher Weiterbildung (Erwerbspersonen in 1 000, 2005)	1 292

Quelle: Statistisches Bundesamt

Rheinland-Pfalz

Ministerpräsident
Kurt Beck (SPD)

Wirtschaft, Verkehr, Landwirtschaft, Weinbau
Hendrik Hering (SPD)

Inneres, Sport, stellv. Ministerpräsident
Karl Peter Bruch (SPD)

Finanzen
Ingolf Deubel (SPD)

Justiz
Heinz Georg Bamberger (SPD)

Arbeit, Soziales, Gesundheit, Familie, Frauen
Malu Dreyer (SPD)

Bildung, Wissenschaft, Jugend, Kultur
Doris Ahnen (SPD)

Umwelt, Forsten, Verbraucherschutz
Margit Conrad (SPD)

Ministerpräsident Kurt Beck

Das Wirtschaftswachstum legte im Jahresdurchschnitt 2007 mit einem Anstieg des BIP um 2,6 % im Verleich zum Vorjahr (2006: 2,4 %) leicht zu. Die Arbeitslosenquote sank im Jahresdurchschnitt 2007 auf 6,5 % (2006: 8,0 %). Ende April 2008 bewegte sie sich bei 5,8 %.

Finanzen Der Steuerschätzung vom Mai 2008 zufolge kann Rheinland-Pfalz im laufenden Jahr mit rund 9,5 Mrd. € an Steuereinnahmen rechnen. Damit würde die im Haushalt für 2008 veranschlagte Summe von rund 8,9 Mrd. € um 600 Mio. € übertroffen werden. In den Folgejahren könnte der Zufluss jedoch geringer ausfallen als bislang angenommen: Die erwarteten Steuereinnahmen von rund 9,8 Mrd. € für 2009 und rund 10 Mrd. € für 2010 liegen um 130 Mio. € unter den bisherigen internen Prognosen.

Fusion der Landesbank Am 2. Mai 2008 unterzeichneten Ministerpräsident Kurt Beck (SPD) und der baden-württembergische Regierungschef Günther Oettinger (CDU) den Staatsvertrag zur Vereinigung der Landesbank Baden-Württemberg (LBBW) und der Landesbank Rheinland-Pfalz (LRP). Damit wird die LRP – bisher eine rechtlich selbstständige Tochter – vollständig in die LBBW integriert. Gleichzeitig werden der LBBW die Aufgaben einer Staats- und Kommunalbank sowie Sparkassenzentralbank für Rheinland-Pfalz übertragen. Die Einigung sieht vor, dass die LBBW einen weiteren Hauptsitz in Mainz gründet, in den weite Teile der LRP überführt werden.

Rheinland-Pfalz: Ministerpräsidenten

Name (Partei)	Amtszeit
Wilhelm Boden (CDU)	1946–47
Peter Altmeier (CDU)	1947–69
Helmut Kohl (CDU)	1969–76
Bernhard Vogel (CDU)	1976–88
Carl-Ludwig Wagner (CDU)	1988–91
Rudolf Scharping (SPD)	1991–96
Kurt Beck (SPD)	seit 1996

Rheinland-Pfalz: Städte über 100 000 Einwohner

Stadt	Einwohner (in 1 000)
Mainz	197,5
Ludwigshafen	168,2
Koblenz	106,7
Trier	102,4

Quelle: städtische Statistikämter

BUNDESLÄNDER Rheinland-Pfalz

Sperrklausel fällt Im Mai 2008 entschied der Landtag mit den Stimmen von SPD und FDP, die Sperrklausel von 3,03 % bei Kommunalwahlen abzuschaffen. Damit könnten auch kleinere Gruppierungen bereits bei den nächsten Kommunalwahlen 2009 in Gemeinderäte und Kreistage einziehen.

Hauptschule abgeschafft Im Oktober 2007 gab Bildungsministerin Doris Ahnen (SPD) bekannt, dass bis zum Schuljahr 2013/14

Rheinland-Pfalz: Nationale Naturlandschaften

Kategorie*	Park
Biosphärenreservat	Pfälzerwald
Naturpark	Deutsch-Belgischer Naturpark Hohes Venn-Eifel
Naturpark	Nassau
Naturpark	Pfälzerwald
Naturpark	Rhein-Westerwald e.V.
Naturpark	Soonwald-Nahe
Naturpark	Südeifel e.V.
Naturpark	Saar-Hunsrück

*) Flächen der unterschiedlichen Kategorien überschneiden sich teilweise
Quelle: EUROPARC Deutschland, Verband Deutscher Naturparke

Rheinland-Pfalz: Bevölkerung

Gesamtbevölkerung (in 1000, Ende 2006)	4053
männlich	1988
weiblich	2065
unter 6-Jährige (in 1000, Ende 2005)	213,2
6- bis 14-Jährige (in 1000, Ende 2005)	389,5
über 64-Jährige (in 1000, Ende 2005)	798,6
Lebendgeborene (in 1000, 2006)	32
Gestorbene (in 1000, 2006)	42
Saldo (– = mehr Gestorbene als Geborene)	–10
Zuzüge aus dem Ausland (in 1000, 2006)	30
Fortzüge ins Ausland (in 1000, 2006)	28
Eheschließungen (in 1000, 2006)	20
Ehescheidungen (in 1000, 2006)	10
Lebenserwartung (bei der Geburt): Männer	76,5
Frauen	81,6
Ausländeranteil (%, Ende 2006)	7,7

Quelle: Statistisches Bundesamt

die Hauptschulen des Landes in einer neuen Schulform aufgehen sollen: Ab 2008/09 soll es neben Gymnasium und integrierter Gesamtschule nur noch die neue Realschule Plus geben; sie bietet neben der mittleren Reife und der Fachhochschulreife auch den Hauptschulabschluss an. Mit der Aufgabe des dreigliedrigen Schulsystems versucht die Landesregierung, u. a. auf die schwindende Akzeptanz der Hauptschule bei Eltern und Schülern zu reagieren.

Verheerender Brand Am 3. Februar 2008 kamen in Ludwigshafen bei einem Brand in einem von türkischen Familien bewohnten Haus neun Menschen ums Leben (→ Ludwigshafen, Lexikon).

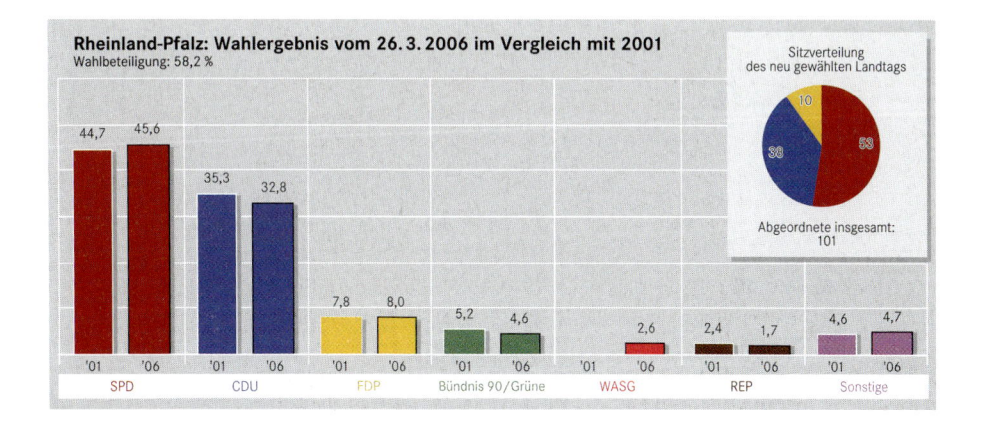

Rheinland-Pfalz: Wahlergebnis vom 26.3.2006 im Vergleich mit 2001
Wahlbeteiligung: 58,2 %

	'01	'06
SPD	44,7	45,6
CDU	35,3	32,8
FDP	7,8	8,0
Bündnis 90/Grüne	5,2	4,6
WASG	2,6	—
REP	2,4	1,8
Sonstige	4,6	4,7

Sitzverteilung des neu gewählten Landtags: 10, 38, 53
Abgeordnete insgesamt: 101

BUNDESLÄNDER Rheinland-Pfalz

Rheinland-Pfalz: Umwelt

Anteil der Siedlungs- und Verkehrsfläch[1] (%, 2006 (1992))	14,1	(12,6)
Anteil der Landwirtschaftsfläche (%, 2004 (1992))	42,6	(43,8)
Anteil der Waldfläche (%, 2004 (1992))	41,5	(40,5)
Wasserverbrauch je Einwohner und Tag (Liter, 2004)	122	
Aufkommen an Haushaltsabfällen (kg je Einwohner, 2006)	501	
Anteil der Umweltschutzinvestitionen an den Gesamtinvestitionen von Betrieben (%, 2005)	4,2	
Waldschäden (% der deutlich geschädigten Probebäume, 2006)	36	
Nationalparke[2] (km², 2007)	–	
Biosphärenreservate[2] (km², 2006)	1 780	
Naturschutzgebiete[2] (km², 2005)	372	
Naturparke[2] (km², 2007)	4 991	

1) Gebäude- und Freifläche, Erholungsfläche, Verkehrsfläche
2) Schutzgebiete unterschiedlicher Zielsetzung
Quelle: Statistisches Bundesamt

Rheinland-Pfalz: Wirtschaft

landwirtschaftliche Betriebe (2005)	27 347
davon mit ökologischem Landbau	500
Arbeitskräfte insgesamt (in 1 000, 2005)	108,3
Betriebe des verarbeitenden Gewerbes[1] (2006)	2 040
Beschäftigte (in 1 000, 2006)	270
Umsatz (Mrd. €, 2006)	73,9
davon Auslandsumsatz (%)	47,4
Dienstleistungsunternehmen[2] (2005)	28 869
Beschäftigte (in 1 000, 2005)	205
Umsatz (Mrd. €, 2006)	17,3
Gewerbeanmeldungen (Neuerrichtungen 2006)	37 297
Gewerbeabmeldungen (Aufgaben 2006)	28 481
eröffnete Insolvenzverfahren (2006)	6 489
Tourismus: Übernachtungen[3] (Mio., 2007)	19,9
darunter Auslandsgäste (%)	24,2

1) mit mehr als 20 Beschäftigten; 2) mit mehr als 17 500 € Umsatz; 3) Campingplätze und Häuser mit mehr als neun Gästebetten
Quelle: Statistisches Bundesamt

Rheinland-Pfalz: Bildungswesen

Bildungsabschluss der Erwachsenen (%, 2005): Sekundarbereich I oder weniger	20
Sekundarbereich II	59
Tertiärbereich	21
jährliche Bildungsausgaben pro Schüler (€, 2004): Primarbereich	4 400
Sekundarbereich	6 500
Tertiärbereich (ohne Ausgaben für Forschung und Entwicklung)	5 800
Schüler an allgemeinbildenden Schulen (in 1 000, 2006/07)	483
Auszubildende (in 1 000, 2006)	77
Studierende (in 1 000, Wintersemester 2006/07)	103
Teilnehmer an beruflicher Weiterbildung (Erwerbspersonen in 1 000, 2005)	306

Quelle: Statistisches Bundesamt

Saarland BUNDESLÄNDER

Saarland

Ministerpräsident
Peter Müller (CDU)

Bundes- und Europaangelegenheiten, Chef der Staatskanzlei
Karl Rauber (CDU)

Finanzen
Peter Jacoby (CDU)

Inneres, Sport
Klaus Meiser (CDU)

Wirtschaft, Wissenschaft
Joachim Rippel (CDU)

Justiz, Arbeit, Gesundheit, Soziales
Gerhard Vigener (CDU)

Bildung, Familie, Frauen, Kultur
Annegret Kramp-Karrenbauer (CDU)

Umwelt
Stefan Mörsdorf (parteilos)

Ministerpräsident Peter Müller

Saarland: Ministerpräsidenten

Name (Partei)	Amtszeit
Johannes Hoffmann (CVP)	1947–55
Heinrich Welsch (parteilos)	1955
Hubert Ney (CDU)	1956–57
Egon Reinert (CDU)	1957–59
Franz-Josef Röder (CDU)	1959–79
Werner Zeyer (CDU)	1979–85
Oskar Lafontaine (SPD)	1985–98
Reinhard Klimmt (SPD)	1998–99
Peter Müller (CDU)	seit 1999

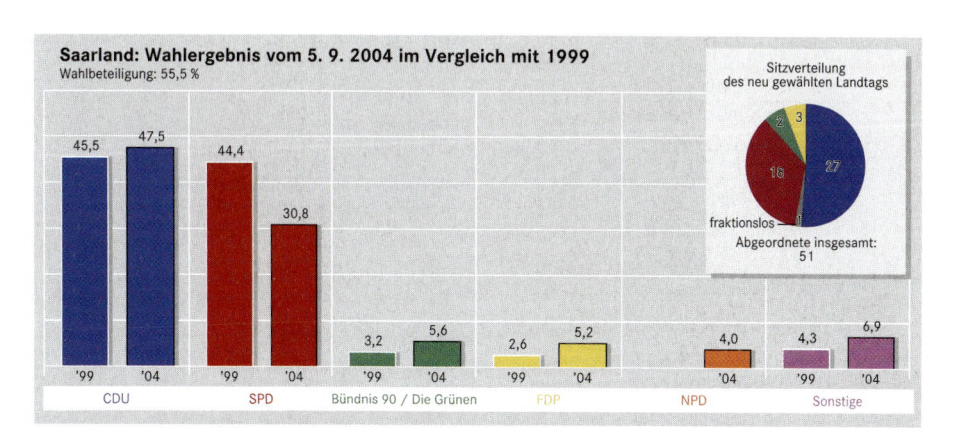

Die Wirtschaft befand sich im Jahresdurchschnitt 2007 mit einem Anstieg des BIP um 2,3 % (2006: 2,0 %) weiter auf Wachstumskurs. Die Arbeitslosenquote sank im Jahresdurchschnitt 2007 auf 8,4 % (2006: 9,9 %) und lag Ende April 2008 bei 7,6 %.

Finanzen Nach der im Mai 2008 vorgelegten Steuerschätzung kann Finanzminister Peter Jacoby (CDU), wie im Haushalt 2008 ver-

Saarland: Wahlergebnis vom 5. 9. 2004 im Vergleich mit 1999
Wahlbeteiligung: 55,5 %

Partei	'99	'04
CDU	45,5	47,5
SPD	44,4	30,8
Bündnis 90 / Die Grünen	3,2	5,6
FDP	2,6	5,2
NPD	—	4,0
Sonstige	4,3	6,9

Sitzverteilung des neu gewählten Landtags: 2, 3, 18, 27, fraktionslos
Abgeordnete insgesamt: 51

BUNDESLÄNDER Saarland

anschlagt, mit Steuereinnahmen in Höhe von 2,521 Mrd. € rechnen. Für 2009 werden Einnahmen in Höhe von 2,587 Mrd. € erwartet; das sind 20 Mio. € mehr, als im aktuellen Finanzplan vorgesehen.

Kabinettsumbildung Die Neubesetzung des CDU-Fraktionsvorsitzes nach dem Tod von Peter Hans nutzte Ministerpräsident Peter Müller (CDU) im August 2007 zu einer umfassenden Kabinettsumbildung und einer Neuordnung der Ressorts. Neuer Fraktionschef wurde der bisherige Kultusminister Jürgen Schreier.

Grubenbeben Am 23. Februar 2008 erschütterte ein Grubenbeben der Stärke 4,0 die Region um Saarwellingen im Landkreis Saarlouis. Das bisher stärkste durch den Bergbau verursachte Beben an der Saar richtete z. T. schwere Schäden an (→ Grubenbeben, Lexikon).

Saarland: Bevölkerung	
Gesamtbevölkerung (in 1000, Ende 2006)	1043
männlich	507
weiblich	536
unter 6-Jährige (in 1000, Ende 2005)	47,8
6- bis 14-Jährige (in 1000, Ende 2005)	92,4
über 64-Jährige (in 1000, Ende 2005)	221,3
Lebendgeborene (in 1000, 2006)	7
Gestorbene (in 1000, 2006)	12
Saldo (– = mehr Gestorbene als Geborene)	–5
Zuzüge aus dem Ausland (in 1000, 2006)	7
Fortzüge ins Ausland (in 1000, 2006)	8
Eheschließungen (in 1000, 2006)	5
Ehescheidungen (in 1000, 2006)	2
Lebenserwartung (bei der Geburt): Männer	75,4
Frauen	80,8
Ausländeranteil (%, Ende 2006)	8,3
Quelle: Statistisches Bundesamt	

Saarland: Nationale Naturlandschaften	
Kategorie*	Park
Biosphärenreservat	Bliesgau
Naturpark	Saar-Hunsrück

*) Flächen der unterschiedlichen Kategorien überschneiden sich teilweise
Quelle: EUROPARC Deutschland, Verband Deutscher Naturparke

Saarland: Umwelt

Anteil der Siedlungs- und Verkehrsfläche[1] (%, 2006 (1992))	20,3	(18,9)
Anteil der Landwirtschaftsfläche (%, 2004 (1992))	44,2	(45,5)
Anteil der Waldfläche (%, 2004 (1992))	33,4	(33,4)
Wasserverbrauch je Einwohner und Tag (Liter, 2004)	118	
Aufkommen an Haushaltsabfällen (kg je Einwohner, 2006)	504	
Anteil der Umweltschutzinvestitionen an den Gesamtinvestitionen von Betrieben (%, 2005)	2,9	
Waldschäden (% der deutlich geschädigten Probebäume, 2006)	48	
Nationalparke[2] (km^2, 2007)	–	
Biosphärenreservate[2] (km^2, 2006)	–	
Naturschutzgebiete[2] (km^2, 2005)	94	
Naturparke[2] (km^2, 2007)	1 297	

1) Gebäude- und Freifläche, Erholungsfläche, Verkehrsfläche
2) Schutzgebiete unterschiedlicher Zielsetzung
Quelle: Statistisches Bundesamt

Saarland: Wirtschaft

landwirtschaftliche Betriebe (2005)	1 659
davon mit ökologischem Landbau	76
Arbeitskräfte insgesamt (in 1 000, 2005)	4,5
Betriebe des verarbeitenden Gewerbes[1] (2006)	482
Beschäftigte (in 1 000, 2006)	96
Umsatz (Mrd. €, 2006)	23,7
davon Auslandsumsatz (%)	47,1
Dienstleistungsunternehmen[2] (2005)	7 511
Beschäftigte (in 1 000, 2005)	63
Umsatz (Mrd. €, 2006)	4,7
Gewerbeanmeldungen (Neuerrichtungen 2006)	7 906
Gewerbeabmeldungen (Aufgaben 2006)	6 581
eröffnete Insolvenzverfahren (2006)	2 231
Tourismus: Übernachtungen[3] (Mio., 2007)	2,3
darunter Auslandsgäste (%)	13,1

1) mit mehr als 20 Beschäftigten; 2) mit mehr als 17 500 € Umsatz; 3) Campingplätze und Häuser mit mehr als neun Gästebetten
Quelle: Statistisches Bundesamt

Saarland: Bildungswesen

Bildungsabschluss der Erwachsenen (%, 2005): Sekundarbereich I oder weniger	24
Sekundarbereich II	58
Tertiärbereich	18
jährliche Bildungsausgaben pro Schüler (€, 2004): Primarbereich	4 300
Sekundarbereich	6 400
Tertiärbereich (ohne Ausgaben für Forschung und Entwicklung)	8 400
Schüler an allgemeinbildenden Schulen (in 1 000, 2006/07)	112
Auszubildende (in 1 000, 2006)	22
Studierende (in 1 000, Wintersemester 2006/07)	20
Teilnehmer an beruflicher Weiterbildung (Erwerbspersonen in 1 000, 2005)	71

Quelle: Statistisches Bundesamt

Saarland: Städte über 100 000 Einwohner

Stadt	Einwohner (in 1 000)
Saarbrücken	179,9

Quelle: städtisches Statistikamt

BUNDESLÄNDER Sachsen

Sachsen

Ministerpräsident
Stanislaw Tillich (CDU)

Wirtschaft, Arbeit
Thomas Jurk (SPD)

Chef der Staatskanzlei
Johannes Beermann (CDU)

Inneres
Albrecht Buttolo (CDU)

Finanzen
Georg Unland (parteilos)

Justiz
Geert Mackenroth (CDU)

Kultus
Roland Wöller

Wissenschaft, Kunst
Eva-Maria Stange (SPD)

Soziales
Helma Orosz (CDU)

Umwelt, Landwirtschaft
Frank Kupfer (CDU)

Ministerpräsident
Stanislaw Tillich

Mit einem Anstieg des BIP um 2,4 % war das Wirtschaftswachstum im Jahresdurchschnitt 2007 ähnlich stark wie im Vorjahr (2006: 2,8 %). Die Arbeitslosenquote sank im Jahresdurchschnitt 2007 auf 14,7 % (2006: 17,0 %) und lag Ende April 2008 bei 13,6 %.

Zusammenbruch der Sachsen LB Die Landesbank musste im August 2007 eine Finanzgarantie der Sparkassengruppe von 17,3 Mrd. € in Anspruch nehmen, weil ihre Tochtergesellschaft Ormond Quay (Irland) aufgrund der Krise am amerikanischen Immobilienmarkt ihr Engagement in zweitrangigen Hypotheken nicht mehr refinanzieren konnte (→ Bankenkrise, Lexikon). Damit geriet die Sachsen LB in Schieflage. In einer kurzfristigen Rettungsaktion wurde eine Übernahme durch die Landesbank Baden-Württemberg (LBBW) zum 26. August 2007 vereinbart. Nach der Übernahme gründete die LBBW-Gruppe 2008 die Sachsen Bank, die einen Teil des Geschäfts der Sachsen LB weiterführt.

Regierungskrise Angesichts der Kritik am Krisenmanagement der Landesregierung auch aus den eigenen Reihen sah sich Ministerpräsident Georg Milbradt (CDU) gezwungen, personelle Veränderungen vorzunehmen. Neuer Chef der Staatskanzlei wurde im November 2007 Michael Sagurna, der Hermann Winkler ablöste. Der bisherige Landwirtschaftsminister Stanislaw Tillich (CDU), den Roland Wöller ersetzte, übernahm das Finanzministerium, nachdem Amtsinhaber Horst Metz im September zurückgetreten war.

Diese Maßnahmen konnten jedoch nicht verhindern, dass der Ministerpräsident selbst zu-

Sachsen: Ministerpräsidenten

Name (Partei)	Amtszeit
Kurt Biedenkopf (CDU)	1990–2002
Georg Milbradt (CDU)	2002–2008
Stanislaw Tillich (CDU)	seit 2008

Sachsen: Städte über 100 000 Einwohner

Stadt	Einwohner (in 1 000)
Leipzig	510,3
Dresden	508,4
Chemnitz	242,5

Quelle: städtische Statistikämter

Sachsen BUNDESLÄNDER

nehmend in die Kritik geriet. Insbesondere das Eingeständnis, private Kreditgeschäfte mit der Sachsen LB getätigt zu haben, ließen den koalitionsinternen Druck auf Milbradt anwachsen. Am 14. April 2008 kündigte der Ministerpräsident an, sowohl sein Amt als Regierungschef als auch den Vorsitz der Landes-CDU vorzeitig aufzugeben. Noch auf dem CDU-Landesparteitag am 17. September 2007 war Milbradt mit 73,8 % der Delegiertenstimmen als Parteivorsitzender bestätigt worden.

Zum neuen Regierungschef wählte der Landtag am 28. Mai 2008 mit 66 von 68 möglichen Stimmen, über die die CDU-SPD-Koalition verfügt, den bisherigen Finanzminister Stanislaw Tillich; vier Tage zuvor hatte er mit 97,7 % der Stimmen auch den Parteivorsitz übernommen. Neu ins Kabinett berufen wurden Johannes Beermann (CDU) als Chef der Staatskanzlei, Georg Unland (parteilos) als Finanzminister und Frank Kupfer (CDU); er löste Roland Wöller ab, der von Steffen Flath das Kultusministerium übernahm.

Hochschulreform Im Januar 2008 stimmte das Kabinett dem Entwurf eines neuen Hochschulgesetzes zu, das die Eigenverantwortung der Hochschulen stärken und ihnen größere Gestaltungsspielräume eröffnen soll. Den Hochschulen wird u. a. die Verantwortung für die Mittelverwendung übertragen. Ferner wurde festgelegt, dass Sachsen auch künftig keine Studiengebühren verlangen wird.

Verfassungsschutzaffäre Die Korruptionsaffäre um Politiker und Justizbeamte, denen der sächsische Verfassungsschutz angeblich Verbindungen zur organisierten Kriminalität

BUNDESLÄNDER Sachsen

Sachsen: Nationale Naturlandschaften

Kategorie*	Park
Biosphärenreservat	Oberlausitzer Heide- und Teichlandschaft
Nationalpark	Sächsische Schweiz
Naturpark	Erzgebirge/Vogtland
Naturpark	Zittauer Gebirge
Naturpark	Dübener Heide

*) Flächen der unterschiedlichen Kategorien überschneiden sich teilweise
Quelle: EUROPARC Deutschland, Verband Deutscher Naturparke

Sachsen: Bevölkerung

Gesamtbevölkerung (in 1000, Ende 2006)	4250
männlich	2074
weiblich	2176
unter 6-Jährige (in 1000, Ende 2005)	193,9
6- bis 14-Jährige (in 1000, Ende 2005)	242,4
über 64-Jährige (in 1000, Ende 2005)	953,2
Lebendgeborene (in 1000, 2006)	33
Gestorbene (in 1000, 2006)	48
Saldo (– = mehr Gestorbene als Geborene)	–16
Zuzüge aus dem Ausland (in 1000, 2006)	19
Fortzüge ins Ausland (in 1000, 2006)	19
Eheschließungen (in 1000, 2006)	17
Ehescheidungen (in 1000, 2006)	8
Lebenserwartung (bei der Geburt): Männer	76,1
Frauen	82,4
Ausländeranteil (%, Ende 2006)	2,8

Quelle: Statistisches Bundesamt

nachgewiesen hatte, entpuppte sich als Fiktion. Der im Oktober 2007 vorgelegte Abschlussbericht unabhängiger Experten, die Innenminister Albrecht Buttolo (CDU) mit der Untersuchung der Vorgänge beauftragt hatte, deckte im Gegenteil erhebliche Mängel im Referat Organisierte Kriminalität des Verfassungsschutzes auf.

Kommunalwahlen Die CDU ging als klarer Sieger aus den Kommunalwahlen am 8. und am 29. Juni 2008 hervor. Landesweit erreichte sie 39,5 % der Stimmen (–3,2). Es folgten Die Linke (18,7 %; –3), Freie Wähler (12,1 %; +2), SPD (11,5 %; –2,1), FDP (8,3 %; +1,1) und NPD (5,1 %; +4,2).

Immunität aufgehoben Im Mai 2008 hob der Landtag die Immunität des NPD-Abgeordneten Jürgen Gansel auf. Ihm wird vorgeworfen, in einem Hetzartikel im Internet den Rechtsstaat verunglimpft zu haben.

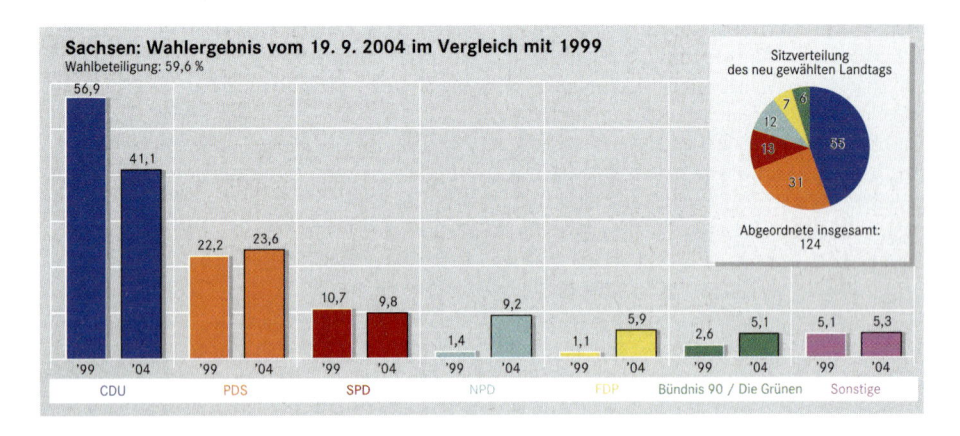

Sachsen: Wahlergebnis vom 19. 9. 2004 im Vergleich mit 1999
Wahlbeteiligung: 59,6 %

	'99	'04
CDU	56,9	41,1
PDS	22,2	23,6
SPD	10,7	9,8
NPD	1,4	9,2
FDP	1,1	5,9
Bündnis 90 / Die Grünen	2,6	5,1
Sonstige	5,1	5,3

Sitzverteilung des neu gewählten Landtags: CDU 55, PDS 31, SPD 13, NPD 12, FDP 7, Grüne 6
Abgeordnete insgesamt: 124

Sachsen BUNDESLÄNDER

Sachsen: Umwelt

Anteil der Siedlungs- und Verkehrsfläche[1] (%, 2006 (1992))	11,8	(9,9)
Anteil der Landwirtschaftsfläche (%, 2004 (1992))	55,7	(57,0)
Anteil der Waldfläche (%, 2004 (1992))	26,8	(26,4)
Wasserverbrauch je Einwohner und Tag (Liter, 2004)	88	
Aufkommen an Haushaltsabfällen (kg je Einwohner, 2006)	340	
Anteil der Umweltschutzinvestitionen an den Gesamtinvestitionen von Betrieben (%, 2005)	1,3	
Waldschäden (% der deutlich geschädigten Probebäume, 2006)	14	
Nationalparke[2] (km², 2007)	93	
Biosphärenreservate[2] (km², 2006)	301	
Naturschutzgebiete[2] (km², 2005)	494	
Naturparke[2] (km², 2007)	1883	

1) Gebäude- und Freifläche, Erholungsfläche, Verkehrsfläche
2) Schutzgebiete unterschiedlicher Zielsetzung
Quelle: Statistisches Bundesamt

Sachsen: Wirtschaft

landwirtschaftliche Betriebe (2005)	7 820
davon mit ökologischem Landbau	266
Arbeitskräfte insgesamt (in 1 000, 2005)	41,9
Betriebe des verarbeitenden Gewerbes[1] (2006)	2 896
Beschäftigte (in 1 000, 2006)	234
Umsatz (Mrd. €, 2006)	51,0
davon Auslandsumsatz (%)	34,1
Dienstleistungsunternehmen[2] (2005)	28 120
Beschäftigte (in 1 000, 2005)	233
Umsatz (Mrd. €, 2006)	14,8
Gewerbeanmeldungen (Neuerrichtungen 2006)	37 853
Gewerbeabmeldungen (Aufgaben 2006)	29 433
eröffnete Insolvenzverfahren (2006)	7 906
Tourismus: Übernachtungen[3] (Mio., 2007)	16,1
darunter Auslandsgäste (%)	8,4

1) mit mehr als 20 Beschäftigten; 2) mit mehr als 17 500 € Umsatz; 3) Campingplätze und Häuser mit mehr als neun Gästebetten
Quelle: Statistisches Bundesamt

Sachsen: Bildungswesen

Bildungsabschluss der Erwachsenen (%, 2005): Sekundarbereich I oder weniger	5
Sekundarbereich II	62
Tertiärbereich	33
jährliche Bildungsausgaben pro Schüler (€, 2004): Primarbereich	5 300
Sekundarbereich	7 000
Tertiärbereich (ohne Ausgaben für Forschung und Entwicklung)	7 100
Schüler an allgemeinbildenden Schulen (in 1 000, 2006/07)	324
Auszubildende (in 1 000, 2006)	87
Studierende (in 1 000, Wintersemester 2006/07)	106
Teilnehmer an beruflicher Weiterbildung (Erwerbspersonen in 1 000, 2005)	384

Quelle: Statistisches Bundesamt

BUNDESLÄNDER Sachsen-Anhalt

Sachsen-Anhalt

Ministerpräsident
Wolfgang Böhmer (CDU)

Inneres
Holger Hövelmann (SPD)

Justiz
Angela Kolb (SPD)

Finanzen
Jens Bullerjahn (SPD)

Gesundheit, Soziales
Gerlinde Kuppe (SPD)

Kultus
Jan-Hendrik Olbertz (parteilos)

Wirtschaft, Arbeit
Reiner Haseloff (CDU)

Landwirtschaft, Umwelt
Petra Wernicke (CDU)

Landesentwicklung, Verkehr
Karl-Heinz Daehre (CDU)

Ministerpräsident Wolfgang Böhmer

Die Erholung der Wirtschaft setzte sich 2007 fort: Im Jahresdurchschnitt stieg das BIP um 2,1 % (2006: 1,8 %). Auch die Lage auf dem Arbeitsmarkt verbesserte sich: Im Jahresdurchschnitt ging die Quote 2007 auf 16,0 % (2006: 18,3 %) zurück. Ende April 2008 lag sie bei 14,9 %.

Finanzen Mit dem Doppelhaushalt 2008/09, der am 14. Dezember 2007 vom Landtag beschlossen wurde, legte Finanzminister Jens Bullerjahn (SPD) erstmals in der Geschichte des Landes einen Etat ohne Neuverschuldung vor. 2009 soll der Schuldenstand von derzeit 19,8 Mrd. € um rund 25 Mio. € abgebaut werden. Die Gesamtausgaben des Landes belaufen sich 2008 auf rund 10,5 Mrd. €; für 2009 sind 9,97 Mrd. € geplant, wobei das öffentliche Investitionsvolumen zur Wirtschaftsförderung weiterhin hoch bleiben soll. Um einen möglichen konjunkturbedingten Rückgang der Steuereinnahmen abzufedern, ist eine Rücklage in Höhe von 25 Mio. € vorgesehen.

Kreis- und Gemeindereform Mit dem Inkrafttreten der Kreisreform zum 1. Juli 2007 verringerte sich die Anzahl der Kreise in Sachsen-Anhalt von 21 auf nunmehr elf; ferner gibt es drei kreisfreie Städte: Magdeburg, Halle und Dessau. Zuvor waren Klagen einzelner Landkreise und Gemeinden vom Landesverfassungsgericht in Dessau abgewiesen worden.

Im Oktober 2007 brachte die Landesregierung unter Ministerpräsident Wolfgang Böhmer (CDU) ein Gesetz zur monatelang umstrittenen Gemeindereform im Landtag ein. Im Februar 2008 trat das Gesetz in Kraft, das es Kommunen gestattet, bis Mitte 2009 freiwillig durch Zusam-

Sachsen-Anhalt: Ministerpräsidenten

Name (Partei)	Amtszeit
Gerd Gies (CDU)	1990–91
Werner Münch (CDU)	1991–93
Christoph Bergner (CDU)	1993–94
Reinhard Höppner (SPD)	1994–2002
Wolfgang Böhmer (CDU)	seit 2002

Sachsen-Anhalt: Städte über 100 000 Einwohner

Stadt	Einwohner (in 1 000)
Halle/Saale	232,3
Magdeburg	229,6

Quelle: städtische Statistikämter

Sachsen-Anhalt **BUNDESLÄNDER**

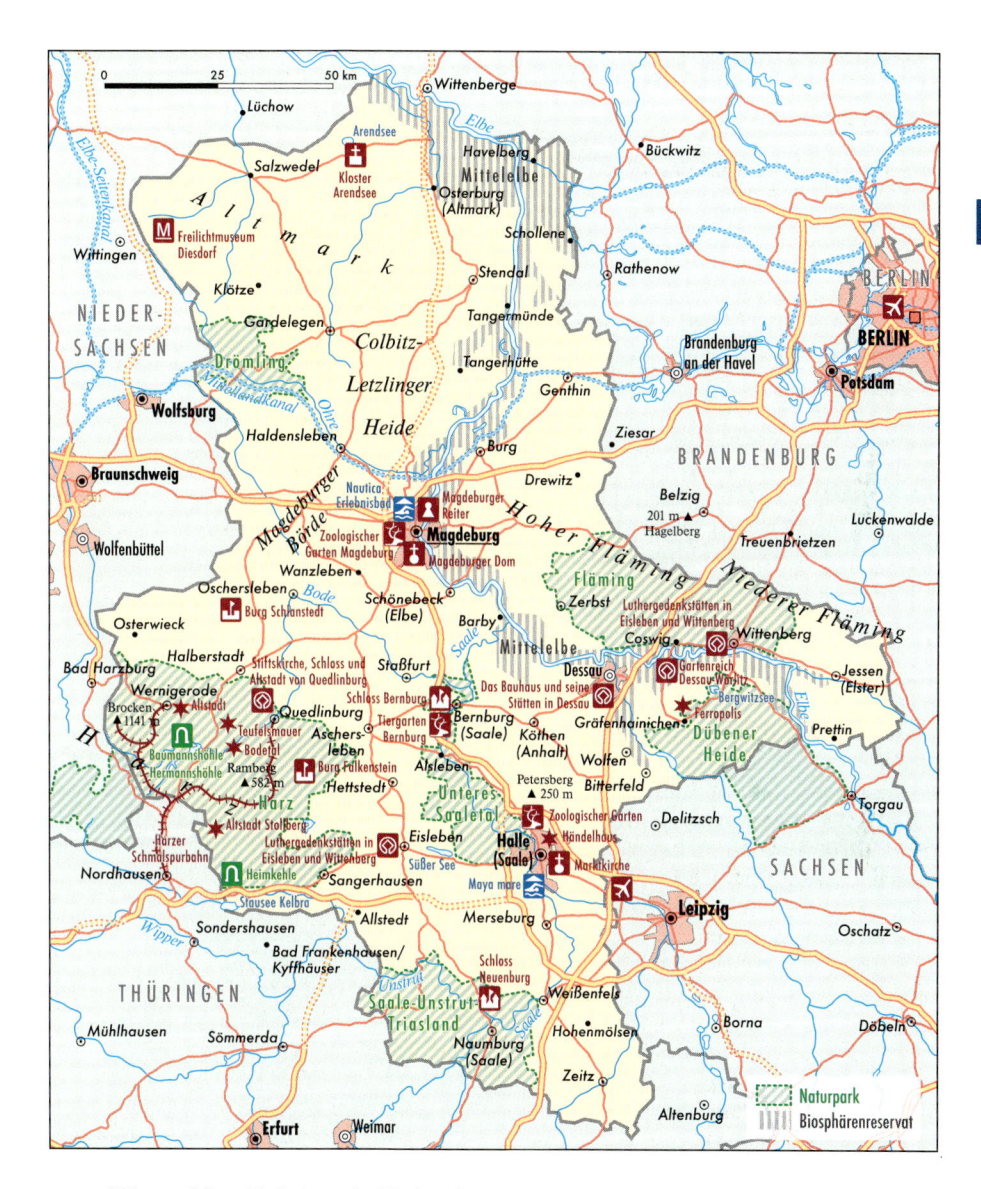

menschlüsse größere Einheits- oder Verbandsgemeinden zu bilden. Kleinere Gemeinden befürchten, ihre Unabhängigkeit zu verlieren. Die Reform soll durch eine Volksinitiative und Verfassungsbeschwerde abgewendet werden.

Müllskandal Im März 2008 schreckten Berichte über illegale Müllentsorgung in Sachsen-Anhalt die Öffentlichkeit auf. Dabei soll kleingeschredderter Haus- und Gewerbemüll, der eigentlich hätte verbrannt werden müssen, aus

121

BUNDESLÄNDER Sachsen-Anhalt

Sachsen-Anhalt: Nationale Naturlandschaften

Kategorie*	Park
Biosphärenreservat	Karstlandschaft Südharz
Biosphärenreservat	Mittelelbe
Nationalpark	Harz
Naturpark	Drömling
Naturpark	Dübener Heide
Naturpark	Fläming e.V.
Naturpark	Harz
Naturpark	Saale-Unstrut-Triasland

*) Flächen der unterschiedlichen Kategorien überschneiden sich teilweise
Quelle: EUROPARC Deutschland, Verband Deutscher Naturparke

Sachsen-Anhalt: Bevölkerung

Gesamtbevölkerung (in 1000, Ende 2006)	2442
männlich	1193
weiblich	1248
unter 6-Jährige (in 1000, Ende 2005)	104,4
6- bis 14-Jährige (in 1000, Ende 2005)	143,2
über 64-Jährige (in 1000, Ende 2005)	534,4
Lebendgeborene (in 1000, 2006)	17
Gestorbene (in 1000, 2006)	29
Saldo (– = mehr Gestorbene als Geborene)	–12
Zuzüge aus dem Ausland (in 1000, 2006)	10
Fortzüge ins Ausland (in 1000, 2006)	12
Eheschließungen (in 1000, 2006)	10
Ehescheidungen (in 1000, 2006)	5
Lebenserwartung (bei der Geburt): Männer	74,6
Frauen	81,1
Ausländeranteil (%, Ende 2006)	1,9

Quelle: Statistisches Bundesamt

den alten Bundesländern in eine Tongrube bei Vehlitz in der Nähe von Magdeburg verbracht worden sein. Der Vorfall offenbarte Probleme zwischen dem für die Müllentsorgung zuständigen Umweltministerium und dem Wirtschaftsministerium, das für die Bergaufsicht zuständig ist. Umweltministerin 3Petra Wernicke (CDU) zufolge bestand bereits seit Oktober 2007 der Verdacht der illegalen Müllentsorgung. Erst nach einer weiteren Überprüfung verfügte das dem Wirtschaftsministerium unterstehende Landesbergamt im März 2008 die Schließung der Grube (→ Müllaffäre, Lexikon).

Rechtsextreme Gewalt Im Juni 2007 attackierten acht Rechtsextreme in Halberstadt eine Theatergruppe und verletzten fünf der Schauspieler des Ensembles (→ Halberstadt-Prozess, Lexikon).

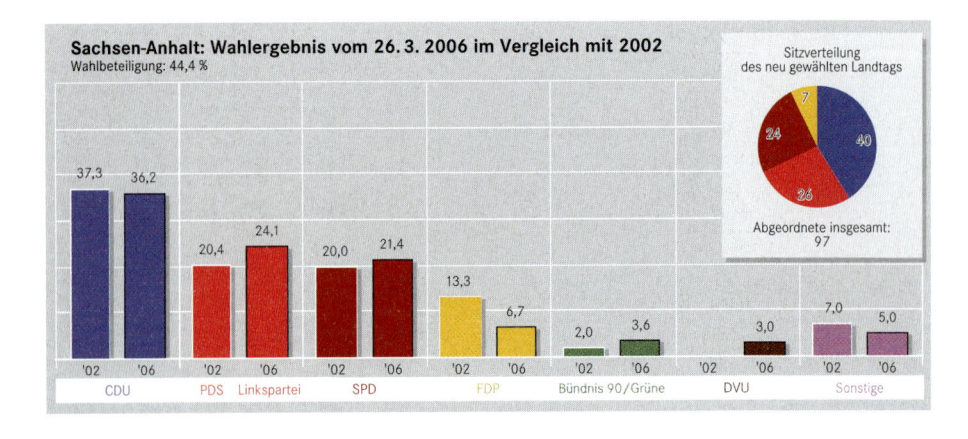

Sachsen-Anhalt: Wahlergebnis vom 26.3.2006 im Vergleich mit 2002
Wahlbeteiligung: 44,4 %

	'02	'06
CDU	37,3	36,2
PDS Linkspartei	20,4	24,1
SPD	20,0	21,4
FDP	13,3	6,7
Bündnis 90/Grüne	2,0	3,6
DVU	3,0	—
Sonstige	7,0	5,0

Sitzverteilung des neu gewählten Landtags: 7, 24, 40, 26
Abgeordnete insgesamt: 97

Sachsen-Anhalt: Umwelt

Anteil der Siedlungs- und Verkehrsfläche[1] (%, 2006 (1992))	10,9	(8,0)
Anteil der Landwirtschaftsfläche (%, 2004 (1992))	62,7	(63,6)
Anteil der Waldfläche (%, 2004 (1992))	23,9	(21,2)
Wasserverbrauch je Einwohner und Tag (Liter, 2004)	92	
Aufkommen an Haushaltsabfällen (kg je Einwohner, 2006)	438	
Anteil der Umweltschutzinvestitionen an den Gesamtinvestitionen von Betrieben (%, 2005)	3,9	
Waldschäden (% der deutlich geschädigten Probebäume, 2006)	19	
Nationalparke[2] (km², 2007)	89	
Biosphärenreservate[2] (km², 2006)	1 892	
Naturschutzgebiete[2] (km², 2005)	615	
Naturparke[2] (km², 2007)	4 282	

1) Gebäude- und Freifläche, Erholungsfläche, Verkehrsfläche
2) Schutzgebiete unterschiedlicher Zielsetzung
Quelle: Statistisches Bundesamt

Sachsen-Anhalt: Wirtschaft

landwirtschaftliche Betriebe (2005)	4 887
davon mit ökologischem Landbau	254
Arbeitskräfte insgesamt (in 1 000, 2005)	27,7
Betriebe des verarbeitenden Gewerbes[1] (2006)	1 373
Beschäftigte (in 1 000, 2006)	113
Umsatz (Mrd. €, 2006)	34,4
davon Auslandsumsatz (%)	25,6
Dienstleistungsunternehmen[2] (2005)	10 643
Beschäftigte (in 1 000, 2005)	100
Umsatz (Mrd. €, 2006)	6,0
Gewerbeanmeldungen (Neuerrichtungen 2006)	17 475
Gewerbeabmeldungen (Aufgaben 2006)	15 182
eröffnete Insolvenzverfahren (2006)	5 623
Tourismus: Übernachtungen[3] (Mio., 2007)	6,5
darunter Auslandsgäste (%)	6,4

1) mit mehr als 20 Beschäftigten; 2) mit mehr als 17 500 € Umsatz; 3) Campingplätze und Häuser mit mehr als neun Gästebetten
Quelle: Statistisches Bundesamt

Sachsen-Anhalt: Bildungswesen

Bildungsabschluss der Erwachsenen (%, 2005): Sekundarbereich I oder weniger	11
Sekundarbereich II	64
Tertiärbereich	26
jährliche Bildungsausgaben pro Schüler (€, 2004): Primarbereich	5 900
Sekundarbereich	7 300
Tertiärbereich (ohne Ausgaben für Forschung und Entwicklung)	7 300
Schüler an allgemeinbildenden Schulen (in 1 000, 2006/07)	202
Auszubildende (in 1 000, 2006)	54
Studierende (in 1 000, Wintersemester 2006/07)	51
Teilnehmer an beruflicher Weiterbildung (Erwerbspersonen in 1 000, 2005)	204

Quelle: Statistisches Bundesamt

BUNDESLÄNDER Schleswig-Holstein

Schleswig-Holstein

Ministerpräsident
Peter Harry Carstensen (CDU)

Finanzen
Rainer Wiegard (CDU)

Justiz, Arbeit, Europa
Uwe Döring (SPD)

Inneres
Lothar Hay (SPD)

Wissenschaft, Wirtschaft, Verkehr
Dietrich Austermann (CDU)

Landwirtschaft, Umwelt, ländliche Räume
Christian von Boetticher (CDU)

Bildung, Frauen
Ute Erdsiek-Rave (SPD)

Soziales, Gesundheit, Familie, Jugend, Senioren
Gitta Trauernicht (SPD)

Ministerpräsident Peter Harry Carstensen

Der Aufschwung, der 2006 mit einem Anstieg des BIP um 2,5 % eingesetzt hatte, verlor 2007 an Fahrt: Mit einem Plus von 1,4 % im Jahresdurchschnitt verzeichnete Schleswig-Holstein den geringsten BIP-Zuwachs aller Bundesländer. Dennoch ging die Arbeitslosenquote im Jahresdurchschnitt 2007 auf 8,4 % zurück (2006: 10,0 %). Ende April 2008 lag sie bei 7,8 %.

Finanzen Nach der im Mai 2008 veröffentlichten Steuerschätzung werden die öffentlichen Haushalte 2008–12 voraussichtlich insgesamt rund 400 Mio. € mehr einnehmen; hinzu kommen 150 Mio. € aus dem Kommunalen Finanzausgleich. Damit liegen die Steuermehreinnahmen um rund 430 Mio. € unter dem Ergebnis der letzten Steuerschätzung von 2007.

Koalition unter Druck Im Streit um den verabredeten Sparkurs der CDU/SPD-Landesregierung unter Ministerpräsident Peter Harry Carstensen (CDU) kündigte Innenminister Ralf Stegner (SPD) im September 2007 seinen Rücktritt zum 15. Januar 2008 an; gleichzeitig signalisierte er, als Spitzenkandidat gegen Carstensen bei der Landtagswahl 2010 antreten zu wollen. Neuer Innenminister wurde der Vorsit-

Schleswig-Holstein: Ministerpräsidenten

Name (Partei)	Amtszeit
Theodor Steltzer (CDU)	1946–47
Hermann Lüdemann (SPD)	1947–49
Bruno Diekmann (SPD)	1949–50
Walter Bartram (CDU)	1950–51
Friedrich-Wilhelm Lübke (CDU)	1951–54
Kai-Uwe von Hassel (CDU)	1954–63
Helmut Lemke (CDU)	1963–71
Gerhard Stoltenberg (CDU)	1971–82
Uwe Barschel (CDU)	1982–88[*]
Björn Engholm (SPD)	1988–96
Heide Simonis (SPD)	1996–2005
Peter Harry Carstensen (CDU)	seit 2005

[*] ab 1.10.1987 (Rücktritt Barschels) Henning Schwarz geschäftsführend

Schleswig-Holstein: Städte über 100 000 Einwohner

Stadt	Einwohner (in 1 000)
Kiel	233,7
Lübeck	213,9

Quelle: städtische Statistikämter

Schleswig-Holstein BUNDESLÄNDER

zende der SPD-Landtagsfraktion, Lothar Hay, dessen Funktion Stegner im Gegenzug übernahm.

Debakel für Koalitionsparteien Bei der Kommunalwahl am 25. Mai 2008 mussten CDU und SPD massive Verluste hinnehmen. Die CDU stürzte regelrecht ab und fiel auf 38,6 % der Stimmen zurück – ein Minus von 12,2 Prozentpunkten im Vergleich zur letzten Wahl 2003. Insbesondere in den Städten büßten die Christdemokraten Stimmen ein. Die schleswig-holsteinische SPD fuhr mit 26,6 % (–2,7) das schlechteste Ergebnis ihrer Geschichte ein. Drittstärkste Kraft wurden Bündnis 90/Die Grünen, die auf 10,3 % (+1,9) zulegten, vor der FDP, die sich um 3,3 Prozentpunkte auf 9,0 % steigerte. Unerwartet groß waren die Stimmengewinne der Linken, für die 6,9 % der Wähler votierten. Der Südschleswigsche Wählerverband (SSW) kam auf 3,0 % (+0,5).

Vor der Kommunalwahl hatte der Landtag aufgrund einer Entscheidung des Bundesverfassungsgerichts vom 13. Februar 2008, das die Fünf-Prozent-Sperrklausel für verfassungswidrig erklärt hatte, die bisherige gesetzliche Regelung geändert.

Schulreform Zum Schuljahr 2007/08 wurde die Gemeinschaftsschule eingeführt, die an die Stelle der bestehenden Gesamtschule trat. Alle Schüler werden vom mindestens fünften bis

125

BUNDESLÄNDER Schleswig-Holstein

Schleswig-Holstein: Nationale Naturlandschaften

Kategorie*	Park
Biosphärenreservat	Schleswig-Holsteinisches Wattenmeer und Halligen
Nationalpark	Schleswig-Holsteinisches Wattenmeer
Naturpark	Aukrug
Naturpark	Holsteinische Schweiz
Naturpark	Hüttener Berge
Naturpark	Lauenburgische Seen
Naturpark	Westensee

*) Flächen der unterschiedlichen Kategorien überschneiden sich teilweise
Quelle: EUROPARC Deutschland, Verband Deutscher Naturparke

Schleswig-Holstein: Bevölkerung

Gesamtbevölkerung (in 1 000, Ende 2006)	2 834
männlich	1 387
weiblich	1 447
unter 6-Jährige (in 1 000, Ende 2005)	153,6
6- bis 14-Jährige (in 1 000, Ende 2005)	274,6
über 64-Jährige (in 1 000, Ende 2005)	560,2
Lebendgeborene (in 1 000, 2006)	23
Gestorbene (in 1 000, 2006)	30
Saldo (– = mehr Gestorbene als Geborene)	–7
Zuzüge aus dem Ausland (in 1 000, 2006)	15
Fortzüge ins Ausland (in 1 000, 2006)	14
Eheschließungen (in 1 000, 2006)	16
Ehescheidungen (in 1 000, 2006)	8
Lebenserwartung (bei der Geburt): Männer	76,6
Frauen	81,7
Ausländeranteil (%, Ende 2006)	5,3

Quelle: Statistisches Bundesamt

zum zehnten Schuljahr gemeinsam unterrichtet. Ab Klasse sieben sind je nach Schulkonzept leistungsbezogene Lerngruppen möglich. Wer nach Klasse neun einen guten Hauptschulabschluss macht, kann in die zehnte Klasse aufsteigen, um den Realschulabschluss zu erreichen. Danach steht ihm bei guter Leistung der Besuch der gymnasialen Oberstufe offen. Neben der Gemeinschaftsschule gibt es ab 2010/11 noch die sog. Regionalschule (Zusammenschluss von Haupt- und Realschule) sowie das Gymnasium.

Pannenserie Nach Störfällen in den Kernkraftwerken Krümmel und Brunsbüttel Mitte 2007 wurden beide Kraftwerke abgeschaltet. Die Landesregierung warf dem Betreiberkonzern Vattenfall Fehlverhalten vor.

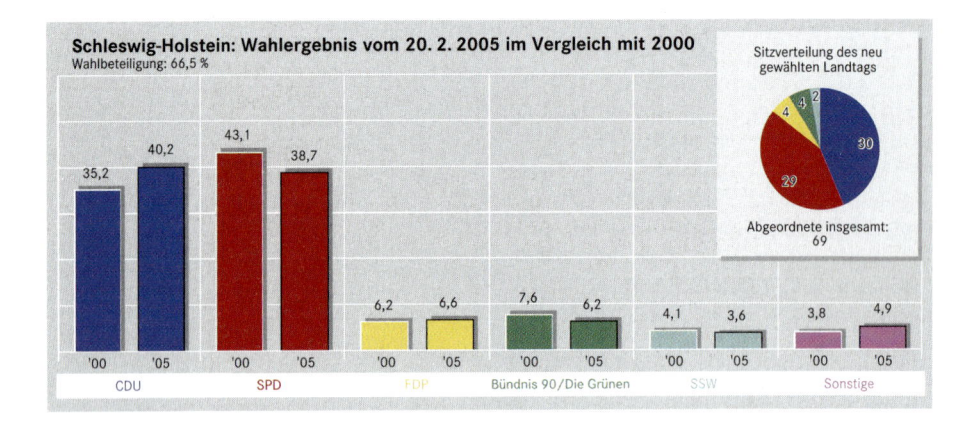

Schleswig-Holstein: Wahlergebnis vom 20. 2. 2005 im Vergleich mit 2000
Wahlbeteiligung: 66,5 %

	'00	'05
CDU	35,2	40,2
SPD	43,1	38,7
FDP	6,2	6,6
Bündnis 90/Die Grünen	7,6	6,2
SSW	4,1	3,6
Sonstige	3,8	4,9

Sitzverteilung des neu gewählten Landtags: CDU 30, SPD 29, FDP 4, Grüne 4, SSW 2
Abgeordnete insgesamt: 69

Schleswig-Holstein: Umwelt

Anteil der Siedlungs- und Verkehrsfläche[1] (%, 2006 (1992))	12,2	(10,5)
Anteil der Landwirtschaftsfläche (%, 2004 (1992))	71,0	(73,5)
Anteil der Waldfläche (%, 2004 (1992))	10,0	(9,2)
Wasserverbrauch je Einwohner und Tag (Liter, 2004)	143	
Aufkommen an Haushaltsabfällen (kg je Einwohner, 2006)	481	
Anteil der Umweltschutzinvestitionen an den Gesamtinvestitionen von Betrieben (%, 2005)	4,7	
Waldschäden (% der deutlich geschädigten Probebäume, 2006)	35	
Nationalparke[2] (km^2, 2007)	4 415	
Biosphärenreservate[2] (km^2, 2006)	4 436	
Naturschutzgebiete[2] (km^2, 2005)	449	
Naturparke[2] (km^2, 2007)	1 960	

1) Gebäude- und Freifläche, Erholungsfläche, Verkehrsfläche
2) Schutzgebiete unterschiedlicher Zielsetzung
Quelle: Statistisches Bundesamt

Schleswig-Holstein: Wirtschaft

landwirtschaftliche Betriebe (2005)	18 244
davon mit ökologischem Landbau	380
Arbeitskräfte insgesamt (in 1 000, 2005)	52,1
Betriebe des verarbeitenden Gewerbes[1] (2006)	1 308
Beschäftigte (in 1 000, 2006)	125
Umsatz (Mrd. €, 2006)	34,2
davon Auslandsumsatz (%)	40,7
Dienstleistungsunternehmen[2] (2005)	20 911
Beschäftigte (in 1 000, 2005)	153
Umsatz (Mrd. €, 2006)	17,0
Gewerbeanmeldungen (Neuerrichtungen 2006)	26 287
Gewerbeabmeldungen (Aufgaben 2006)	19 975
eröffnete Insolvenzverfahren (2006)	6 663
Tourismus: Übernachtungen[3] (Mio., 2007)	23,6
darunter Auslandsgäste (%)	5,4

1) mit mehr als 20 Beschäftigten; 2) mit mehr als 17 500 € Umsatz; 3) Campingplätze und Häuser mit mehr als neun Gästebetten
Quelle: Statistisches Bundesamt

Schleswig-Holstein: Bildungswesen

Bildungsabschluss der Erwachsenen (%, 2005): Sekundarbereich I oder weniger	16
Sekundarbereich II	63
Tertiärbereich	21
jährliche Bildungsausgaben pro Schüler (€, 2004): Primarbereich	4 100
Sekundarbereich	6 700
Tertiärbereich (ohne Ausgaben für Forschung und Entwicklung)	6 900
Schüler an allgemeinbildenden Schulen (in 1 000, 2006/07)	340
Auszubildende (in 1 000, 2006)	52
Studierende (in 1 000, Wintersemester 2006/07)	47
Teilnehmer an beruflicher Weiterbildung (Erwerbspersonen in 1 000, 2005)	262

Quelle: Statistisches Bundesamt

BUNDESLÄNDER Thüringen

Thüringen

Ministerpräsident
Dieter Althaus (CDU)

Finanzen, stellv. Ministerpräsidentin
Birgit Diezel (CDU)

Inneres
Manfred Scherer (CDU)

Landwirtschaft, Naturschutz, Umwelt
Volker Sklenar (CDU)

Kultus
Bernward Müller (CDU)

Bau, Landesentwicklung, Medien
Gerold Wucherpfennig (CDU)

Justiz
Marion Walsmann (CDU)

Soziales, Familie, Gesundheit
Christine Lieberknecht (CDU)

Wirtschaft, Technologie, Arbeit
Jürgen Reinholz (CDU)

Bundes- und Europaangelegenheiten, Chef der Staatskanzlei
Klaus Zeh (CDU)

Ministerpräsident
Dieter Althaus

Das Wirtschaftswachstum schwächte sich im Jahresdurchschnitt 2007 mit einem Anstieg des BIP um 2,0 % leicht ab (2006: 2,7 %). Die Zahl der Arbeitslosen ging dennoch zurück, sodass die Arbeitslosenquote im Jahresdurchschnitt 2007 auf 13,2 % (2006: 15,6 %) sank. Ende April 2008 lag sie bei 12,0 %.

Haushalt Der Doppelhaushalt für 2008/09, der am 20. Dezember 2007 verabschiedet wurde, kommt erstmals ohne Neuverschuldung aus. Das Haushaltsvolumen liegt 2008 bei rund 9,14 Mrd. € und 2009 bei rund 9,25 Mrd. €. Der Anstieg um 127 Mio. € (2008) bzw. 113 Mio. € (2009) ist u. a. auf die Auswirkungen des Tarifabschlusses im öffentlichen Dienst zurückzuführen. Der Steuerschätzung vom Mai 2008 zufolge kann Thüringen für das laufende Jahr Mehreinnahmen von rund 27 Mio. € erwarten. Auch für 2009 werden voraussichtlich rund 21 Mio. € mehr zur Verfügung stehen als im Doppelhaushalt veranschlagt.

Neues Finanzsystem Im Juli 2007 beschloss das Kabinett ein neues System zur Bemessung des kommunalen Finanzausgleichs. Nach einem Urteil des Landesverfassungsgerichts orientieren sich künftig die Zuweisungen an die Gemeinden nicht mehr an der Finanzlage des Landes, sondern am Bedarf der Kommunen. Darüber hinaus wurden die zweckgebundenen Zuweisungen reduziert. Der Finanzrahmen beläuft sich für 2008 auf rund 2,7 Mrd. € und für 2009 auf etwa 2,8 Mrd. €.

Kabinettsumbildung Im April 2008 kündigte Ministerpräsident Dieter Althaus (CDU) eine umfangreiche Kabinettsumbildung an. Anlass war der Rücktritt von Innenminister Karl Heinz Gasser Anfang April, der damit die Konsequenzen aus dem absehbaren Scheitern der Polizeireform zog. Im Zuge der von Gasser vorangetriebenen Reform sollten rund 430 Stellen bei der Polizei abgebaut und die Zahl der Polizeidirektionen von sieben auf vier vermindert werden. Obwohl der Landtag das ent-

Thüringen: Ministerpräsidenten

Name (Partei)	Amtszeit
Josef Duchač (CDU)	1990–92
Bernhard Vogel (CDU)	1992–2003
Dieter Althaus (CDU)	seit 2003

Thüringen BUNDESLÄNDER

sprechende Gesetz bereits verabschiedet hatte, schien die Zustimmung des Kabinetts unsicher. Am 8. Mai wurde Manfred Scherer als neuer Innenminister vereidigt.

Zum gleichen Zeitpunkt übernahmen Marion Walsmann das Justizministerium, Gerold Wucherpfennig das Ministerium für Bau, Landesentwicklung und Medien und die CDU-Fraktionsvorsitzende Christine Lieberknecht das Sozialministerium; sie folgte Klaus Zeh, der in die Staatskanzlei wechselte. Neuer Kultusminister wurde Bernward Müller, nachdem der ursprünglich vorgesehene Kandidat Peter Krause auf die Amtsübernahme verzichtet hatte. Seine Berufung hatte massive Kritik durch die Oppositionsparteien ausgelöst, weil Krause Ende der 1990er-Jahre Beiträge in rechtslastigen Zeitschriften veröffentlicht hatte.

Sperrklausel gekippt Nach einem Urteil des Thüringer Verfassungsgerichts vom April 2008 ist die Fünf-Prozent-Klausel bei Gemeinderats- und Kreistagswahlen verfassungswidrig. Sie verstoße gegen den Grundsatz der Gleichheit der Wahl, dem zufolge jede abgegebene, gültige Stimme den gleichen Zähl- und Erfolgswert haben müsse.

Thüringen: Städte über 100 000 Einwohner

Stadt	Einwohner (in 1 000)
Erfurt	199,2
Gera	102,0
Jena	101,4

Quelle: städtische Statistikämter

BUNDESLÄNDER Thüringen

Thüringen: Nationale Naturlandschaften

Kategorie*	Park
Biosphärenreservat	Rhön
Biosphärenreservat	Vessertal-Thüringer Wald
Nationalpark	Hainich
Naturpark	Eichsfeld-Hainich-Werratal
Naturpark	Kyffhäuser
Naturpark	Thüringer Schiefergebirge/Obere Saale
Naturpark	Thüringer Wald

*) Flächen der unterschiedlichen Kategorien überschneiden sich teilweise
Quelle: EUROPARC Deutschland, Verband Deutscher Naturparke

Thüringen: Wirtschaft

landwirtschaftliche Betriebe (2005)	5 124
davon mit ökologischem Landbau	187
Arbeitskräfte insgesamt (in 1 000, 2005)	27,2
Betriebe des verarbeitenden Gewerbes[1] (2006)	1 834
Beschäftigte (in 1 000, 2006)	147
Umsatz (Mrd. €, 2006)	27,0
davon Auslandsumsatz (%)	29,6
Dienstleistungsunternehmen[2] (2005)	13 804
Beschäftigte (in 1 000, 2005)	102
Umsatz (Mrd. €, 2006)	6,4
Gewerbeanmeldungen (Neuerrichtungen 2006)	17 659
Gewerbeabmeldungen (Aufgaben 2006)	13 952
eröffnete Insolvenzverfahren (2006)	4 318
Tourismus: Übernachtungen[3] (Mio., 2007)	9,1
darunter Auslandsgäste (%)	5,8

1) mit mehr als 20 Beschäftigten; 2) mit mehr 17 500 € Umsatz; 3) Campingplätze und Häuser mit mehr als neun Gästebetten
Quelle: Statistisches Bundesamt

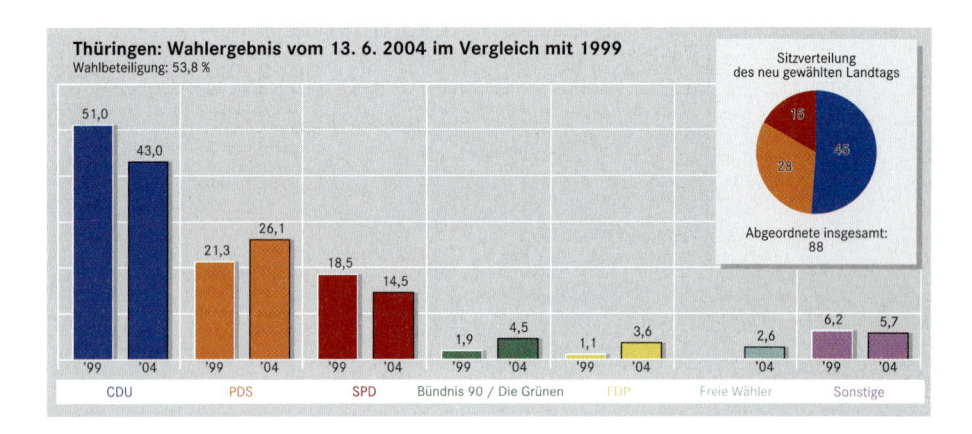

SPD-Spitzenkandidat gewählt In einer Urwahl bestimmten am 24. Februar 2008 die Parteimitglieder den SPD-Landes- und Fraktionsvorsitzenden Christoph Matschie zum Spitzenkandidaten für die Landtagswahl 2009. Er setzte sich mit 71,57 % gegen seinen Herausforderer Richard Dewes durch, für den 26,98 % votierten. Während Dewes für eine bedingungslose Offenheit gegenüber der Linkspartei eintrat, will Matschie nur dann ein Bündnis mit der Linken eingehen, wenn die SPD stärkste Kraft wird und den Ministerpräsidenten stellt.

Thüringen: Wahlergebnis vom 13. 6. 2004 im Vergleich mit 1999
Wahlbeteiligung: 53,8 %

	'99	'04
CDU	51,0	43,0
PDS	21,3	26,1
SPD	18,5	14,5
Bündnis 90 / Die Grünen	1,9	4,5
FDP	1,1	3,6
Freie Wähler	–	2,6
Sonstige	6,2	5,7

Sitzverteilung des neu gewählten Landtags: 15 / 45 / 28
Abgeordnete insgesamt: 88

Thüringen: Umwelt

Anteil der Siedlungs- und Verkehrsfläche[1] (%, 2006 (1992))	9,0	(7,9)
Anteil der Landwirtschaftsfläche (%, 2004 (1992))	54,0	(54,5)
Anteil der Waldfläche (%, 2004 (1992))	31,9	(31,8)
Wasserverbrauch je Einwohner und Tag (Liter, 2004)	90	
Aufkommen an Haushaltsabfällen (kg je Einwohner, 2006)	411	
Anteil der Umweltschutzinvestitionen an den Gesamtinvestitionen von Betrieben (%, 2005)	1,9	
Waldschäden (% der deutlich geschädigten Probebäume, 2006)	35	
Nationalparke[2] (km², 2007)	76	
Biosphärenreservate[2] (km², 2006)	657	
Naturschutzgebiete[2] (km², 2005)	420	
Naturparke[2] (km², 2007)	2 082	

1) Gebäude- und Freifläche, Erholungsfläche, Verkehrsfläche
2) Schutzgebiete unterschiedlicher Zielsetzung
Quelle: Statistisches Bundesamt

Thüringen: Bevölkerung

Gesamtbevölkerung (in 1 000, Ende 2006)	2 311
männlich	1 139
weiblich	1 172
unter 6-Jährige (in 1 000, Ende 2005)	102,2
6- bis 14-Jährige (in 1 000, Ende 2005)	136,4
über 64-Jährige (in 1 000, Ende 2005)	484,3
Lebendgeborene (in 1 000, 2006)	16
Gestorbene (in 1 000, 2006)	26
Saldo (– = mehr Gestorbene als Geborene)	–9
Zuzüge aus dem Ausland (in 1 000, 2006)	7
Fortzüge ins Ausland (in 1 000, 2006)	7
Eheschließungen (in 1 000, 2006)	9
Ehescheidungen (in 1 000, 2006)	5
Lebenserwartung (bei der Geburt): Männer	75,4
Frauen	81,6
Ausländeranteil (%, Ende 2006)	2,0

Quelle: Statistisches Bundesamt

Thüringen: Bildungswesen

Bildungsabschluss der Erwachsenen (%, 2005): Sekundarbereich I oder weniger	7
Sekundarbereich II	62
Tertiärbereich	30
jährliche Bildungsausgaben pro Schüler (€, 2004): Primarbereich	5 900
Sekundarbereich	7 700
Tertiärbereich (ohne Ausgaben für Forschung und Entwicklung)	7 700
Schüler an allgemeinbildenden Schulen (in 1 000, 2006/07)	184
Auszubildende (in 1 000, 2006)	49
Studierende (in 1 000, Wintersemester 2006/07)	50
Teilnehmer an beruflicher Weiterbildung (Erwerbspersonen in 1 000, 2005)	207

Quelle: Statistisches Bundesamt

BUNDESLÄNDER Tabellen

Bundesländer: Grunddaten

	Hauptstadt	Fläche (km²)	Einwohner Ende 2006 (1 000)	Einwohner je km²
Deutschland	Berlin	357 114	82 315	231
Baden-Württemberg	Stuttgart	35 751	10 739	300
Bayern	München	70 552	12 493	177
Berlin	–	891	3 404	3 820
Brandenburg	Potsdam	29 480	2 548	86
Bremen	–	404	664	1 642
Hamburg	–	755	1 754	2 323
Hessen	Wiesbaden	21 115	6 075	288
Mecklenburg-Vorpommern	Schwerin	23 182	1 694	73
Niedersachsen	Hannover	47 641	7 983	168
Nordrhein-Westfalen	Düsseldorf	34 086	18 029	529
Rheinland-Pfalz	Mainz	19 853	4 053	204
Saarland	Saarbrücken	2 568	1 043	406
Sachsen	Dresden	18 417	4 250	231
Sachsen-Anhalt	Magdeburg	20 446	2 442	119
Schleswig-Holstein	Kiel	15 800	2 834	179
Thüringen	Erfurt	16 172	2 311	143

Quelle: Statistisches Bundesamt

Tabellen BUNDESLÄNDER

höchste Erhebung	Erwerbstätige (in 1 000; 2007)	Bruttomonatsverdienst (€; 2006) Arbeiter	Angestellte
Zugspitze (2 962 m)	39 737	2 582	3 510
Feldberg (1 493 m)	5 518	2 760	3 719
Zugspitze (2 962 m)	6 536	2 568	3 670
Großer Müggelberg (115 m)	1 607	2 572	3 427
Kutschenberg (201 m)	1 034	2 097	2 687
Friedehorstpark (32,5 m)	389	2 841	3 620
Hasselbrack (116 m)	1 086	2 953	3 858
Wasserkuppe (950 m)	3 099	2 642	3 800
Helpter Berge (179 m)	725	2 013	2 460
Wurmberg (971 m)	3 607	2 627	3 305
Langenberg (843 m)	8 583	2 677	3 508
Erbeskopf (816 m)	1 821	2 666	3 454
Dollberg (695 m)	512	2 831	3 239
Fichtelberg (1 214 m)	1 944	1 953	2 649
Brocken (1 141 m)	1 004	2 046	2 671
Bungsberg (168 m)	1 255	2 533	3 283
Großer Beerberg (982 m)	1 016	1 911	2 561

BUNDESLÄNDER Tabellen

Bundesländer: Grunddaten

	Haushaltsgröße (Personendurchschnitt 2006)	Wohneigentümerquote (Anteil 2002)	durchschnittlicher Kaufwert für Bauland (€/m²; 2006)	Pkw je 1 000 Einwohner (Anfang 2006)
Deutschland	2,08	42,6	81,93	559
Baden-Württemberg	2,18	49,3	137,10	585
Bayern	2,13	48,9	152,85	604
Berlin	1,76	12,7	413,69	362
Brandenburg	2,06	39,8	43,41	565
Bremen	1,84	35,1	98,83	443
Hamburg	1,83	21,9	343,10	487
Hessen	2,11	44,7	112,88	592
Mecklenburg-Vorpommern	2,01	35,9	26,66	528
Niedersachsen	2,09	51,0	48,82	566
Nordrhein-Westfalen	2,12	39,0	103,50	544
Rheinland-Pfalz	2,15	55,7	67,25	598
Saarland	2,07	56,9	51,08	611
Sachsen	1,93	31,0	24,58	538
Sachsen-Anhalt	2,03	39,6	22,31	532
Schleswig-Holstein	2,09	49,4	76,98	568
Thüringen	2,03	41,8	20,46	549

Tabellen BUNDESLÄNDER

Kinder in Kitas (Ganztagsquote der 3 bis 6-Jährigen, 2006)	Krankenhausbetten je 100 000 Einw. (2006)	Brutto-inlandsprodukt (Mrd. €, 2007)	Bruttoinlandsprodukt je Erwerbstätigen (€, 2007)	private Konsumausgaben je Einwohner (€; 2006)
22,0	620	2 423,8	60 996	16 481
6,8	563	353,0	63 964	17 774
16,8	610	434,0	66 404	17 365
50,3	584	83,6	52 002	14 047
43,8	603	52,6	50 815	13 594
18,4	847	26,5	68 188	19 621
24,7	684	89,0	81 966	21 786
22,1	577	216,7	69 924	16 936
46,1	601	34,3	47 360	13 106
7,9	534	206,6	57 279	16 147
19,0	693	529,4	61 682	17 411
18,1	633	104,4	57 351	15 955
14,8	698	29,9	58 411	16 317
59,5	631	92,4	47 530	13 676
50,6	685	51,0	50 767	13 149
10,0	549	72,3	57 566	15 816
84,0	695	48,1	47 361	13 290

BUNDESLÄNDER Tabellen

Bundesländer: Grunddaten

	Bruttowertschöpfung (Anteil in %, 2006)			Ausgaben für Forschung und Entwicklung (% des BIP, 2005)	Schulden der öffentlichen Haushalte (€ je Einw., Ende 2006)
	Landwirtschaft	Industrie	Dienstleistung		
Deutschland	1,0	30,0	69,0	2,49	6 925
Baden-Württemberg	0,8	39,0	60,2	4,20	4 479
Bayern	1,1	31,2	67,7	2,92	3 070
Berlin	0,1	18,3	81,6	3,84	17 354
Brandenburg	2,1	25,6	72,3	1,19	7 357
Bremen	0,3	27,6	72,1	2,63	20 149
Hamburg	0,2	18,3	81,5	1,30	12 367
Hessen	0,5	25,1	74,4	2,54	6 224
Mecklenburg-Vorpommern	2,7	19,6	77,7	1,42	7 383
Niedersachsen	1,9	31,2	66,9	2,43	7 053
Nordrhein-Westfalen	0,6	29,5	69,9	1,78	7 583
Rheinland-Pfalz	1,6	32,3	66,1	1,71	7 443
Saarland	0,2	34,9	64,9	1,06	9 262
Sachsen	1,0	29,8	69,2	2,34	3 778
Sachsen-Anhalt	1,7	29,8	68,5	1,14	9 154
Schleswig-Holstein	1,5	22,3	76,2	1,13	8 568
Thüringen	1,5	32,1	66,4	1,81	7 978

GRÖSSTE STÄDTE

Deutschland: Die größten Städte im Überblick

	Stadt	Einwohner		Stadt	Einwohner		Stadt	Einwohner
1	Berlin	3 353 858	18	Mannheim	327 489	35	Oberhausen	216 910
2	Hamburg[1]	1 754 182	19	Bielefeld	327 401	36	Lübeck	213 865
3	München	1 351 445	20	Bonn	315 025	37	Rostock[3]	199 766
4	Köln	999 177	21	Karlsruhe	278 047	38	Erfurt	199 242
5	Frankfurt/Main	667 468	22	Wiesbaden	275 482	39	Mainz	197 464
6	Stuttgart	591 568	23	Münster[2]	273 058	40	Hagen	195 853
7	Düsseldorf	585 054	24	Gelsenkirchen	267 167	41	Kassel	192 121
8	Dortmund	583 945	25	Mönchengladbach	265 106	42	Saarbrücken	179 891
9	Essen	580 597	26	Augsburg	264 265	43	Hamm	179 853
10	Bremen	547 934	27	Aachen	250 667	44	Mülheim/Ruhr	170 412
11	Leipzig[2]	510 341	28	Chemnitz	242 498	45	Ludwigshafen	168 217
12	Hannover	509 636	29	Krefeld	240 548	46	Herne	163 592
13	Dresden	508 351	30	Braunschweig	240 513	47	Osnabrück[2]	162 923
14	Nürnberg	503 002	31	Kiel	233 701	48	Leverkusen	162 130
15	Duisburg	495 668	32	Halle (Saale)	232 267	49	Solingen	161 416
16	Bochum	373 808	33	Magdeburg	229 631	50	Oldenburg[4]	159 353
17	Wuppertal	356 015	34	Freiburg/Breisgau[3]	217 953		Karte Ballungsräume	Seite 150

Stand: 31.12. 2007; 1) Stand 31.12. 2006, 2) Stand 30.11. 2007, 3) Stand 30.9. 2007, 4) Stand 30.6. 2007

Aachen

Nordrhein-Westfalen, bis 174 m über NN
www.aachen.de

☎ 02 41	✉ 52...	🚗 AC
ℹ Atrium Elisenbrunnen, 52062 Aachen		☎ 180 29 61
🚄 Maastricht-Aachen (vom Hbf: 35 km, 40 min)		
👥 250 667 (27*)	↔ –1 845 (–0,7 %)	
⬜ 160,83 km² (30*)	🏢 1 559 (33*)	
🏛 3	✝ 1	⚰ 6
🎓 1/Stud.: 30 103	Hochschulen: 2/6 181	

Soziales/Wirtschaft
Altersstruktur: 0–17 J.: 14,9 %, 18–60 J.: 62,7 %, über 60 J.: 22,4 %
Ausländer: 35 475 (14,2 %), davon aus der Türkei: 7 352 (20,7 %)
Arbeitslose: 13 092 (11,1 %, 2006: 12,6 %) offene Stellen: 1969
Haushaltsvolumen: 724,5 Mio. €[1]   Schuldenstand: 409,7 Mio. €
Politik   SPD/B.90/Grüne (seit 2004); 29 von 58 Sitzen

Parteien:	CDU	SPD	B.90/Gr.	FDP	Linke
2004 (%/Sitze):[2]	37,3/22	32,0/19	17,6/10	5,2/3	2,4/1
1999 (%/Sitze):	49,5/29	32,3/19	10,9/6	4,4/2	2,2/1

Oberbürgermeister: Jürgen Linden (SPD, seit 2004; *1947)

1) seit 2008 Summe ordentlicher Aufwendungen nach NKF; 2) sonstige: 3 Sitze

Augsburg

Bayern, 446–561 m über NN
www.augsburg.de

☎ 08 21	✉ 86...	🚗 A
ℹ Schießgrabenstr. 14, 86150 Augsburg		☎ 502 07-0
🚄 Augsburg (vom Hbf: 30 min)		
👥 264 265 (26*)	↔ +788 (+0,3 %)	
⬜ 146,87 km² (33*)	🏢 1799 (26*)	
🏛 1	✝ –	⚰ 10
🎓 1/Stud.: 14 763	Hochschulen: 1/3 996	

Soziales/Wirtschaft
Altersstruktur: 0–17 J.: 15,7 %, 18–60 J.: 58,7 %, über 60 J.: 25,6 %
Ausländer: 43 054 (16,1 %), davon aus der Türkei: 13 898 (32,3 %)
Arbeitslose: 11 110 (9,0 %, 2006: 10,4 %) offene Stellen: 3 060
Haushaltsvolumen: 619,7 Mio. €   Schuldenstand: 261,6 Mio. €
Politik CSU/Pro Augsburg/FDP/Freie Wähler (seit 2008); 33 von 60 Sitzen

Parteien:	CSU	SPD	B.90/Gr.	Linke	sonstige
2008 (%/Sitze):	40,1/25	30,1/19	10,3/6	3,5/2	13,8/8
2002 (%/Sitze):	43,5/25	36,4/23	8,7/5	–/–	11,4/7

Oberbürgermeister: Kurt Gribl (CSU, seit Mai 2008; *1964)

Die Rangzahlen hinter den Hauptdaten sind in Klammern mit * markiert. Alle Angaben wurden bei den städtischen Statistikämtern ermittelt. Die Daten zum Arbeitsmarkt beziehen sich jeweils auf den 31.12. 2007/2006; falls nicht anders vermerkt, gibt das Haushaltsvolumen die Ausgaben des Verwaltungshaushalts (Haushaltsplan) 2008 wider.

GRÖSSTE STÄDTE Berlin

Berlin

Berlin, 29,5–115 m über NN
www.berlin.de

☎ 0 30	✉ 10–14...	🚗 B
ℹ️ Am Karlsbad 11, 10785 Berlin		☎ 25 00 25
✈ Schönefeld, Tegel, Tempelhof (vom Hbf: 30 min)		
👥 3 353 858 (1*)	↔ +5 053 (+0,15 %)	
▭ 891,64 km² (1*)	📈 3 761 (2*)	
🏛 52	▼ 3	🛏 150
🎓 4/Stud.: 98 677	Hochschulen: 12/28 959	

Soziales/Wirtschaft
Altersstruktur: 0–17 J.: 14,6 %, 18–60 J.: 61,4 %, über 60 J.: 24,0 %
Ausländer: 470 004 (14,0 %), davon aus der Türkei: 113 779 (24,2 %)
Arbeitslose: 238 344 (14,2 %, 2006: 16,0 %)   offene Stellen: 31 060
Haushaltsvolumen: 20,7 Mrd. €   Schuldenstand: 57,7 Mrd. €
Politik   SPD/Die Linke (seit 2001); 76 von 149 Sitzen

Parteien:	SPD	CDU	Linke	B.90/Gr.	FDP
2006 (%/Sitze):	35,6/53	21,3/37	13,4/23	13,1/23	7,6/13
2001 (%/Sitze):	29,7/44	23,8/35	22,6/33	9,1/14	9,9/15

Regierender Bürgermeister: Klaus Wowereit (SPD, seit 2001; *1953)

Bielefeld

Nordrhein-Westfalen, bis 113 m über NN
www.bielefeld.de

☎ 05 21	✉ 33...	🚗 BI
ℹ️ Niederwall 23, 33602 Bielefeld		☎ 51 69 99
✈ Paderborn (45 km), Hannover (110 km)		
👥 327 401 (19*)	↔ –685 (–0,2 %)	
▭ 258 km² (11*)	📈 1 269 (40*)	
🏛 5	▼ 1	🛏 14
🎓 1/Stud.: 18 128	Hochschulen: 3/6 213	

Soziales/Wirtschaft
Altersstruktur: 0–17 J.: 17,4 %, 18–60 J.: 57,3 %, über 60 J.: 25,3 %
Ausländer: 37 607 (11,5 %), davon aus der Türkei: 13 913 (39,9 %)
Arbeitslose: 14 947 (10,1 %, 2006: 13,0 %)   offene Stellen: 4 012
Haushaltsvolumen: 1,046 Mrd. €   Schuldenstand: 50,8 Mio. €
Politik   60 Sitze; wechselnde Mehrheiten

Parteien:	CDU	SPD	B.90/Gr.	BfB	FDP
2004 (%/Sitze):[1]	36,8/22	21,3/37	15,4/9	13,1/23	7,6/13
1999 (%/Sitze):	29,7/44	23,8/35	22,6/33	9,1/14	9,9/15

Oberbürgermeister: Eberhard David (CDU, seit 1999; *1942)

1) sonstige: 4 Sitze

Bochum

Nordrhein-Westfalen, 95 m über NN
www.bochum.de

☎ 02 34	✉ 44...	🚗 BO
ℹ️ Huestr. 9, 44787 Bochum		☎ 96 302-0
✈ Dortmund, Düsseldorf (S 1/S 2, 20 bzw. 40 min)		
👥 373 808 (16*)	↔ –1 755 (–0,5 %)	
▭ 145,4 km² (34*)	📈 2 571 (10*)	
🏛 7	▼ –	🛏 6
🎓 1/Stud.: 33 686	Hochschulen: 4/8 200	

Soziales/Wirtschaft
Altersstruktur: 0–17 J.: 15,1 %, 18–60 J.: 57,6 %, über 60 J.: 27,3 %
Ausländer: 33 142 (8,9 %), davon aus der Türkei: 10 418 (31,4 %)
Arbeitslose: 18 989 (11,3 %, 2006: 12,1 %)   offene Stellen: 2 439
Haushaltsvolumen: 1,774 Mrd. €   Schuldenstand: 880 Mio. €
Politik   SPD/B.90/Grüne (seit 2004); 40 von 76 Sitzen

Parteien:	SPD	CDU	B.90/Gr.	UWG	FDP	sonst.
2004 (%/Sitze):	40,9/31	32,3/25	12,0/9	4,2/3	4,2/3	6,3/5
1999 (%/Sitze):	41,3/27	40,5/27	10,6/7	4,5/3	2,8/2	0,3/–

Oberbürgermeisterin: Ottilie Scholz (SPD, seit 2004; *1948)

Bonn

Nordrhein-Westfalen, bis 42,6 m über NN
www.bonn.de

☎ 02 28	✉ 53...	🚗 BN
ℹ️ Windeckstr. 1, 53111 Bonn		☎ 77 50 00
✈ Köln/Bonn (vom Hbf: Bus 670, 30 min)		
👥 315 025 (20*)	↔ +1 120 (+0,4 %)	
▭ 141,22 km² (36*)	📈 2 231 (16*)	
🏛 12	▼ 1	🛏 29
🎓 1/Stud.: 27 754	Hochschulen: –/–	

Soziales/Wirtschaft
Altersstruktur: 0–17 J.: 16,7 %, 18–60 J.: 61,0 %, über 60 J.: 22,3 %
Ausländer: 41 949 (13,3 %), davon aus der Türkei: 6 360 (15,2 %)
Arbeitslose: 11 299 (7,5 %, 2006: 8,4 %)   offene Stellen: 1 851
Haushaltsvolumen: 943,1 Mio. €[1]   Schuldenstand: 953,5 Mio. €
Politik   66 Sitze; wechselnde Mehrheiten

Parteien:	CDU	SPD	B.90/Gr.	FDP	sonstige
2004 (%/Sitze):	38,0/25	29,6/19	16,2/11	8,5/6	7,7/5
1999 (%/Sitze):	48,5/32	27,6/17	10,3/7	9,1/6	4,5/4

Oberbürgermeisterin: Bärbel Dieckmann (SPD, seit 1994; *1949)

1) seit 2008 Summe ordentlicher Aufwendungen nach NKF

☎ Vorwahl bzw. Durchwahl der Infoadresse   ✉ Postleitzahlbereich(e)   🚗 Kfz-Kennzeichen   ℹ️ Infoadresse
✈ Nächster Flughafen (Verkehrsverbindung vom Hauptbahnhof: Linie und Entfernung in Minuten)   👥 Einwohner

Dortmund GRÖSSTE STÄDTE

Braunschweig

Niedersachsen, 62–111 m über NN
www.braunschweig.de

☎ 0531 ✉ 38... 🚗 BS
ℹ Vor der Burg 1, 38100 Braunschweig ☎ 470 20 40
🚆 BS-Waggum (vom Hbf: Bus 413 und 419, 26 min)
👥 240 513 (30*) ↔ +342 (+0,2%)
▭ 192 km² (23*) ⤢ 1252 (41*)
🏛 2 🎭 1 🏺 9
🎓 1/Stud.: 12 310 Hochschulen: 2/2 328

Soziales/Wirtschaft
Altersstruktur: 0–17 J.: 14,8%, 18–60 J.: 58,5%, über 60 J.: 26,7%
Ausländer: 18 509 (7,7%), davon aus der Türkei: 5 656 (30,6%)
Arbeitslose: 11 698 (9,4%, 2006: 11,0%) offene Stellen: 2 369
Haushaltsvolumen: 582,9 Mio. €[1] Schuldenstand: 164,9 Mio. €
Politik   CDU/FDP (seit 2001); 27 (inkl. OB) von 53 Sitzen
Parteien: **CDU SPD B. 90/Gr. FDP sonstige**
2006 (%/Sitze): 44,5/23[2] 29,2/15 9,8/5 5,1/3 11,4/6
2001 (%/Sitze): 41,1/23 36,9/21 9,9/5 7,6/4 4,5/1
Oberbürgermeister: Gert Hoffmann (CDU, seit 2001; *1946)

1) ab 2008 Doppischer Haushalt, hier ordentl. Aufwendungen Ergebnishaushalt; 2) +OB

Bremen

Bremen, 10 m über NN
www.bremen.de

☎ 0421 ✉ 28... 🚗 HB
ℹ Findorffstr. 105, 28215 Bremen ☎ 0 1805/10 10 30
🚆 Bremen (vom Hbf: S 6, 20 min)
👥 547 934 (10*) ↔ +1082 (+1,2%)
▭ 325,46 km² (5*) ⤢ 1684 (31*)
🏛 7 🎭 1 🏺 14
🎓 2/Stud.: 19 289 Hochschulen: 3/11 008

Soziales/Wirtschaft
Altersstruktur: 0–17 J.: 15,4%, 18–60 J.: 58,2%, über 60 J.: 26,3%
Ausländer: 70 425 (12,9%), davon aus der Türkei: 23 455 (33,3%)
Arbeitslose: 28 277 (11,6%, 2006: 15,0%) offene Stellen: 8 343
Haushaltsvol. (Stadt)[1]: 1,924 Mrd. € Schuldenstand: k. A.
Politik   SPD/B. 90/Grüne (seit 2007); 39 von 68 Sitzen
Parteien: **SPD CDU B. 90/Gr. Linke FDP**
2007 (%/Sitze): 36,7/27 25,7/19 16,5/12 8,4/6 4,0/4
2003 (%/Sitze):[2] 43,3/34 29,3/23 13,6/10 –/– 3,9/–
Bürgermeister: Jens Böhrnsen (SPD, seit 2005; *1949)

1) „Bereinigte Gesamtausgaben"; 2) 67 Sitze

Chemnitz

Sachsen, 267–526 m über NN
www.chemnitz.de

☎ 0371 ✉ 09... 🚗 C
ℹ Markt 1, 09111 Chemnitz ☎ 69 06 80
🚆 Dresden-Klotzsche (80 km), Leipzig-Halle (90 km)
👥 242 498 (28*) ↔ –1263 (–0,5%)
▭ 220,9 km² (15*) ⤢ 1098 (45*)
🏛 3 🎭 1 🏺 15
🎓 1/Stud.: 10 682 Hochschulen: –/–

Soziales/Wirtschaft
Altersstruktur: 0–17 J.: 11,8%, 18–60 J.: 55,8%, über 60 J.: 32,4%
Ausländer: 6 902 (2,8%), davon aus der Ukraine: 1 151 (16,6%)
Arbeitslose: 17 499 (15,7%, 2006: 16,8%) offene Stellen: 1 324
Haushaltsvolumen: 517,6 Mio. € Schuldenstand: 308,6 Mio. €
Politik   54 Sitze; wechselnde Mehrheiten
Parteien: **Linke CDU SPD REP FDP sonst.**
2004 (%/Sitze): 26,9/15 24,5/14 18,0/10 10,3/5 7,2/4 13,0/6
1999 (%/Sitze): 26,1/16 32,6/21 29,3/18 2,0/1 3,1/2 6,9/2
Oberbürgermeisterin: Barbara Ludwig (SPD, seit 2006; *1962)

Dortmund

Nordrhein-Westfalen, 60–254 m über NN
www.dortmund.de

☎ 0231 ✉ 44... 🚗 DO
ℹ Königswall 18a, 44137 Dortmund ☎ 189 99-222
🚆 Dortmund-Wickede (vom Hbf: U 47, ca. 45 min)
👥 583 945 (8*) ↔ –1100 (–0,2%)
▭ 280,4 km² (9*) ⤢ 2083 (20*)
🏛 9 🎭 2 🏺 11
🎓 1/Stud.: 21 827 Hochschulen: 1/8 097

Soziales/Wirtschaft
Altersstruktur: 0–17 J.: 16,5%, 18–60 J.: 57,8%, über 60 J.: 25,7%
Ausländer: 74 480 (12,8%), davon aus der Türkei: 26 035 (35,0%)
Arbeitslose: 39 300 (13,7%, 2006: 15,3%) offene Stellen: 7 308
Haushaltsvolumen: 1,616 Mrd. €[1] Schuldenstand: 915,5 Mio. €
Politik   SPD (seit 1952); 36 von 88 Sitzen; wechselnde Mehrheiten
Parteien: **SPD CDU B. 90/Gr. FDP sonstige**
2004 (%/Sitze): 41,3/36 32,7/29 11,5/10 3,8/3 10,6/10
1999 (%/Sitze): 41,0/34 41,7/34 9,9/8 1,8/1 5,6/5
Oberbürgermeister: Gerhard Langemeyer (SPD, seit 1999; *1944)

1) seit 2008 Summe ordentlicher Aufwendungen nach NKF

↔ Veränderung der Einwohnerzahl zum Vorjahr ▭ Fläche ⤢ Einwohnerdichte pro km² 🏛 Theater
🎭 Opernhäuser 🏺 Museen 🎓 Universitäten/Gesamthochschulen (ohne Fachhochschulen) mit Studentenzahlen

139

GRÖSSTE STÄDTE Dresden

Dresden

Sachsen, 113 m über NN
www.dresden.de

☎ 0351 ✉ 01... 🚗 DD
ℹ️ Schinkelwache, Theaterplatz, 01067 D. ☎ 49192-100
✈ Dresden-Klotzsche (vom Hbf: S 2, 23 min)
👥 508 351 (13*) ↔ +3 556 (+0,7%)
⬜ 328,31 km² (4*) 📊 1 548 (35*)
🏛 28 ⛪ 1 🏨 44
🎓 1/Stud.: 33 050 Hochschulen: 6/7 091

Soziales/Wirtschaft
Altersstruktur: 0–17 J.: 13,2%, 18–60 J.: 59,8%, über 60 J.: 27,0%
Ausländer: 19 989 (4,0%), davon aus Vietnam: 1 947 (9,7%)
Arbeitslose: 29 502 (12,7%, 2006: 13,2%) offene Stellen: 2 750
Haushaltsvolumen: 2,453 Mrd. € Schuldenstand: 18,3 Mio. €

Politik 70 Sitze; wechselnde Mehrheiten

Parteien:	CDU	Linke	B.90/Gr	SPD	FDP
2004 (%/Sitze):[1]	28,2/21	23,8/17[2]	12,1/9	11,5/7	7,3/6
1999 (%/Sitze):	42,8/33	24,2/18	5,8/4	13,2/9	4,0/2

Oberbürgermeister: Ingolf Roßberg (FDP, seit 2001; *1961)

1) sonstige: 13,1% u. 10 Sitze; 2) davon Linksfraktion.Linke 10 Sitze

Duisburg

Nordrhein-Westfalen, 15–81 m über NN
www.duisburg.de

☎ 0203 ✉ 47... 🚗 DU
ℹ️ Königstr. 86, 47051 Duisburg ☎ 28544-0
✈ Düsseldorf (vom Hbf: S 1, 17 min)
👥 495 668 (15*) ↔ −2 798 (−0,6%)
⬜ 232,8 km² (13*) 📊 2 129 (18*)
🏛 2 ⛪ 1 🏨 3
🎓 1/Stud.: 12 164 Hochschulen: 1/1 107

Soziales/Wirtschaft
Altersstruktur: 0–17 J.: 17,3%, 18–60 J.: 56,3%, über 60 J.: 26,4%
Ausländer: 74 959 (15,1%), davon aus der Türkei: 41 079 (54,8%)
Arbeitslose: 32 038 (13,2%, 2006: 14,9%) offene Stellen: 3 129
Haushaltsvolumen: 1,270 Mrd. €[1] Schuldenstand: 537 Mio. €

Politik CDU/B. 90/Grüne (seit 2004); 34 von 72 Sitzen

Parteien:	SPD	CDU	B.90/Gr.	Linke	FDP
2004 (%/Sitze):[2]	38,0/28	36,0/28	9,9/7	5,3/4	4,4/2
1999 (%/Sitze):	45,3/34	41,5/31	6,0/4	4,2/3	2,6/2

Oberbürgermeister: Adolf Sauerland (CDU, seit 2004; *1955)

1) seit 2008 Summe ordentlicher Aufwendungen nach NKF; 2) sonstige: 3 Sitze

Düsseldorf

Nordrhein-Westfalen, 38 m über NN
www.duesseldorf.de

☎ 0211 ✉ 40... 🚗 D
ℹ️ Immermannstr. 65b, 40210 Düsseldorf ☎ 17 202-844
✈ Düsseldorf (vom Hbf: S 1, 7 min)
👥 585 054 (7*) ↔ +3 196 (+0,5%)
⬜ 217,01 km² (16*) 📊 2 796 (8*)
🏛 11 ⛪ 1 🏨 15
🎓 1/Stud.: 15 522 Hochschulen: 1/6 783

Soziales/Wirtschaft
Altersstruktur: 0–17 J.: 15,0%, 18–60 J.: 60,2%, über 60 J.: 24,8%
Ausländer: 100 572 (17,2%), davon aus der Türkei: 13 778 (13,7%)
Arbeitslose: 29 269 (9,7%, 2006: 10,9%) offene Stellen: 7 717
Haushaltsvolumen: 2,8 Mrd. € Schuldenstand: schuldenfrei

Politik CDU/FDP (seit 1999); 42 von 82 Sitzen

Parteien:	CDU	SPD	B.90/Gr.	FDP	Linke	REP
2004 (%/Sitze):[1]	44,5/37	30,3/25	12,3/10	6,2/5	2,9/2	1,7/1
1999 (%/Sitze):	49,4/40	35,2/29	7,1/6	4,3/4	2,3/2	1,5/1

Oberbürgermeister: Joachim Erwin (CDU, seit 1999; *1949)

1) sonstige: 2 Sitze

Erfurt

Thüringen, 158–430 m über NN
www.erfurt.de

☎ 0361 ✉ 99... 🚗 EF
ℹ️ Benediktsplatz 1, 99084 Erfurt ☎ 6640-0
✈ E.-Bindersleben (vom Hbf: Straßenbahn 4, 21 min)
👥 199 242 (38*) ↔ +128 (+0,1%)
⬜ 269,12 km² (10*) 📊 740 (50*)
🏛 4 ⛪ 1 🏨 9
🎓 1/Stud.: 4 538 Hochschulen: 1/4 398

Soziales/Wirtschaft
Altersstruktur: 0–17 J.: 13,3%, 18–60 J.: 60,6%, über 60 J.: 26,1%
Ausländer: 6 043 (3,0%), davon aus Vietnam: 921 (15,2%)
Arbeitslose: 14 289 (13,6%, 2006: 14,7%) offene Stellen: 2 127
Haushaltsvolumen: 504 Mio. € Schuldenstand: 200 Mio. €

Politik CDU (seit 1990); 20 von 50 Sitzen[1]; wechs. Mehrheiten

Parteien:	CDU	Linke	SPD	B.90/Gr.	sonstige
2004 (%/Sitze):	39,3/20	32,4/17	16,2/8[1]	8,7/5	3,5/–
1999 (%/Sitze):	46,2/25	24,3/13	22,3/12	4,1/–	3,1/–

Oberbürgermeister: Andreas Bausewein (SPD, seit 2006; *1973)

1) +OB

☎ Vorwahl bzw. Durchwahl der Infoadresse ✉ Postleitzahlbereich(e) 🚗 Kfz-Kennzeichen ℹ️ Infoadresse
✈ Nächster Flughafen (Verkehrsverbindung vom Hauptbahnhof: Linie und Entfernung in Minuten) 👥 Einwohner

Gelsenkirchen GRÖSSTE STÄDTE

Essen

Nordrhein-Westfalen, bis 116 m über NN
www.essen.de

☎ 0201 ✉ 45... 🚗 E
ℹ Am Hauptbahnhof 2, 45127 Essen ☎ 19433
🚆 Düsseldorf, Dortmund (vom Hbf: S 1/S 6, 25 bzw. 60 min)
👥 580 597 (9*) ↔ −1419 (−0,2%)
▫ 210,31 km² (18*) 📊 2761 (6*)
🏛 4 🎭 1 🏛 4
🎓 1/Stud.: 31391 Hochschulen: 1/1235

Soziales/Wirtschaft
Altersstruktur: 0−17 J.: 15,9%, 18−60 J.: 56,6%, über 60 J.: 27,5%
Ausländer: 59279 (10,2%), davon aus der Türkei: 16421 (27,7%)
Arbeitslose: 36076 (12,7%, 2006: 13,8%)   offene Stellen: 6509
Haushaltsvolumen: 1,890 Mrd. €   Schuldenstand: 1,572 Mrd. €
Politik   CDU/B. 90/Grüne (seit 1999); 41 von 82 Sitzen
Parteien: CDU   SPD   B.90/Gr.   FDP   Linke   sonst.
2004 (%/Sitze): 39,4/32 34,2/28 10,7/9 4,0/3 3,1/2 8,6/8
1999 (%/Sitze): 49,4/40 35,0/29 8,1/7   2,9/2 2,5/2 2,2/2
Oberbürgermeister: Wolfgang Reiniger (CDU, seit 1999; *1944)

Frankfurt/Main

Hessen, 88−212 m über NN
www.frankfurt.de

☎ 069 u. 06109 ✉ 60/63/65... 🚗 F
ℹ Römerberg 27, 60311 Frankfurt ☎ 212-38800
🚆 Rhein-Main-Flughafen (vom Hbf: S 8/S 9, 10 min)
👥 667468 (5*) ↔ +5467 (+0,8%)
▫ 248,30 km² (12*) 📊 2788 (9*)
🏛 33 🎭 1 🏛 38
🎓 1/Stud.: 29866 Hochschulen: 4/9474

Soziales/Wirtschaft
Altersstruktur: 0−17 J.: 15,7%, 18−60 J.: 62,1%, über 60 J.: 22,2%
Ausländer: 164201 (24,6%), davon aus der Türkei: 31066 (18,9%)
Arbeitslose: 30027 (10,1%, 2006: 11,3%)   offene Stellen: 19454
Haushaltsvolumen: 2,985 Mrd. €[1]   Schuldenstand: 1,256 Mrd. €[2]
Politik   CDU/B. 90/Gr. (seit 2006); 48 von 93 Sitzen
Parteien: CDU   SPD   B.90/Gr.   FDP   Linke[3]   sonst.
2006 (%/Sitze): 36,0/34 24,0/22 15,3/14 6,5/6 6,6/6 11,2/11
2001 (%/Sitze): 38,5/36 30,5/28 14,1/13 4,6/4 2,3/2 9,9/10
Oberbürgermeisterin: Petra Roth (CDU, seit 1995; *1944)

1) seit 2007 Doppischer Haushalt; 2) ohne kommunale Eigenbetriebe; 3) Die Linke.WASG

Freiburg/Breisgau

Baden-Württemberg, 196−1284 m über NN
www.freiburg.de

☎ 0761 ✉ 79... 🚗 FR
ℹ Rathausplatz 2-4, 79098 Freiburg/Br. ☎ 3881-880
🚆 Basel-Mulhouse-Freiburg/Br. (vom Hbf: 55 min)
👥 217953 (34*) ↔ +1590 (+0,7%)
▫ 153,06 km² (32*) 📊 1421 (37*)
🏛 6 🎭 − 🏛 5
🎓 1/Stud.: 20714 Hochschulen: 4/6999

Soziales/Wirtschaft
Altersstruktur: 0−17 J.: 15,3%, 18−60 J.: 64,5%, über 60 J.: 20,2%
Ausländer: 26347 (12,0%), davon aus Italien: 2898 (11,0%)
Arbeitslose: 7504 (8,3%, 2006: 8,2%)   offene Stellen: 1360
Haushaltsvolumen: 540 Mio. €   Schuldenstand: 321 Mio. €
Politik   48 Sitze; wechselnde Mehrheiten
Parteien: CDU   B.90/Gr.   SPD   FWV   FDP
2004 (%/Sitze):[1] 26,1/13 25,8/13 17,1/8 8,2/4 5,0/2
1999 (%/Sitze):[2] 31,1/16 19,7/10 20,8/11 8,6/4 5,1/2
Oberbürgermeister: Dieter Salomon (B. 90/Gr., seit 2002; *1960)

1) sonstige: 8 Sitze; 2) sonstige: 5 Sitze

Gelsenkirchen

Nordrhein-Westfalen, 28−96 m über NN
www.gelsenkirchen.de

☎ 0209 ✉ 45... 🚗 GE
ℹ Bahnhofsvorplatz 1, 45879 Gelsenkirchen ☎ 95197-0
🚆 Dortmund, Düsseldorf (vom Hbf: 50 min)
👥 267167 (24*) ↔ −1897 (−0,7%)
▫ 104,8 km² (42*) 📊 2548 (11*)
🏛 4 🎭 1 🏛 1
🎓 −/Stud.: − Hochschulen: 2/10525

Soziales/Wirtschaft
Altersstruktur: 0−17 J.: 17,4%, 18−60 J.: 56,4%, über 60 J.: 26,2%
Ausländer: 35568 (13,3%), davon aus der Türkei: 19597 (55,1%)
Arbeitslose: 19928 (15,4%, 2006: 17,7%)   offene Stellen: 2763
Haushaltsvolumen: 770,8 Mio. €   Schuldenstand: 334,1 Mio. €[1]
Politik   SPD (seit 2004); 28 von 66 Sitzen; wechselnde Mehrheiten
Parteien: SPD   CDU   B.90/Gr.   FDP   REP
2004 (%/Sitze):[2] 41,9/28 35,4/23 6,8/4 3,3/2 4,0/3
1999 (%/Sitze):[3] 41,6/27 41,9/28 6,0/4 2,2/1 3,1/2
Oberbürgermeister: Frank Baranowski (SPD, seit 2004; *1962)

1) ohne kommunale Eigenbetriebe; 2) sonstige: 6 Sitze; 3) sonstige: 4 Sitze

↔ Veränderung der Einwohnerzahl zum Vorjahr ▫ Fläche 📊 Einwohnerdichte pro km² 🏛 Theater
🎭 Opernhäuser 🏛 Museen 🎓 Universitäten/Gesamthochschulen (ohne Fachhochschulen) mit Studentenzahlen

GRÖSSTE STÄDTE Hagen

Hagen

Nordrhein-Westfalen, 86–438 m über NN
www.hagen.de

- ☎ 0 23 31
- ✉ 58...
- 🚗 HA
- ℹ️ Rathausstr. 13, 58095 Hagen ☎ 207 58-94
- ✈ Dortmund, Düsseldorf (vom Hbf: 30 bzw. 60 min)
- 👥 195 853 (40*) ↔ −2 250 (−1,1 %)
- ▫ 160,3 km² (31*) 🏠 1 221 (42*)
- 🏛 1 ⛪ − ⛪ 6
- 🎓 1 (Fernuni)/Stud.: 48 278 Hochschulen: 2/1 918

Soziales/Wirtschaft
Altersstruktur: 0–17 J.: 17,5 %, 18–60 J.: 55,0 %, über 60 J.: 27,5 %
Ausländer: 26 830 (13,7 %), davon aus der Türkei: 9 434 (35,2 %)
Arbeitslose: 10 476 (10,7 %, 2006: 12,8 %)   offene Stellen: 1 729
Haushaltsvolumen: 865,8 Mio. €   Schuldenstand: 187,6 Mio. €

Politik   58 Sitze; wechselnde Mehrheiten
Parteien: CDU   SPD   B. 90/Gr.   FDP   BFH   sonst.
2004 (%/Sitze): 37,3/22   36,2/21   7,3/4   5,3/3   4,4/3   9,5/5
1999 (%/Sitze): 45,5/27   39,8/23   5,9/3   4,6/3   −/−   3,2/2
Oberbürgermeister: Peter Demnitz (SPD, seit 2004; *1950)

Halle

Sachsen-Anhalt, 71–136 m über NN
www.halle.de

- ☎ 03 45
- ✉ 06...
- 🚗 HAL
- ℹ️ Marktplatz 13, 06108 Halle ☎ 122 99 84
- ✈ Leipzig-Halle (vom Hbf: IC, RE, 17 min)
- 👥 232 267 (32*) ↔ −1 607 (−0,7 %)
- ▫ 135,02 km² (38*) 🏠 1 720 (29*)
- 🏛 3 ⛪ 1 ⛪ 10
- 🎓 1/Stud.: 17 521 Hochschulen: 2/1 105

Soziales/Wirtschaft
Altersstruktur: 0–17 J.: 12,8 %, 18–60 J.: 58,7 %, über 60 J.: 28,5 %
Ausländer: 9 114 (3,9 %), davon aus Vietnam: 901 (9,9 %)
Arbeitslose: 17 582 (16,8 %, 2006: 16,5 %)   offene Stellen: 2 067
Haushaltsvolumen: 781 Mio. €   Schuldenstand: 278,7 Mio. €[1]

Politik   56 Sitze; wechselnde Mehrheiten
Parteien: Linke   CDU   SPD   B. 90/Gr.   FDP   sonst.
2004 (%/Sitze): 25,0/14   24,3/14   17,9/10   5,9/3   5,7/3   21,2/12
1999 (%/Sitze): 24,4/14   29,0/16   22,6/13   3,0/2   4,4/2   16,6/9
Oberbürgermeisterin: Dagmar Szabados (SPD, seit 2007; *1947)

1) ohne kommunale Eigenbetriebe

Hamburg

Hamburg, 5,9 m über NN
www.hamburg.de

- ☎ 0 40
- ✉ 20–22...
- 🚗 HH
- ℹ️ Steinstr. 7, 20095 Hamburg ☎ 300 51-300
- ✈ HH-Fuhlsbüttel (vom Hbf: Bus, 30 min)
- 👥 1 754 182 (2*) ↔ +10 555 (±0 %)
- ▫ 755,25 km² (2*) 🏠 2 322 (14*)
- 🏛 38 ⛪ 1 ⛪ 47
- 🎓 5/Stud.: 57 600 Hochschulen: 10/12 300

Soziales/Wirtschaft
Altersstruktur: 0–17 J.: 15,9 %, 18–60 J.: 61,1 %, über 60 J.: 23,1 %
Ausländer: 257 060 (14,7 %), davon aus der Türkei: 58 154 (22,6 %)
Arbeitslose: 74 103 (9,5 %, 2006: 11,3 %)   offene Stellen: 23 605
Haushaltsvolumen: k. A.   Schuldenstand: k. A.

Politik   CDU/GAL (seit 2008); 68 von 121 Sitzen
Parteien: CDU   SPD   GAL   Linke   sonstige
2008 (%/Sitze): 42,6/56   34,1/45   9,6/12   6,4/8   7,3/−
2004 (%/Sitze): 47,2/63   30,5/41   12,3/17   −/−   10,0/−
Erster Bürgermeister: Ole von Beust (CDU, seit 2001; *1955)

Hamm

Nordrhein-Westfalen, 38–101 m über NN
www.hamm.de

- ☎ 0 23 81
- ✉ 59...
- 🚗 HAM
- ℹ️ Willy-Brandt-Platz 3, 59065 Hamm ☎ 23 400/19 433/28 525
- ✈ Münster, Dortmund (vom Hbf: ca. 30 und 45 min)
- 👥 179 853 (43*) ↔ −482 (−0,3 %)
- ▫ 226,26 km² (14*) 🏠 795 (49*)
- 🏛 1 ⛪ − ⛪ 2
- 🎓 −/Stud.: − Hochschulen: −/−

Soziales/Wirtschaft
Altersstruktur: 0–17 J.: 18,8 %, 18–60 J.: 56,3 %, über 60 J.: 24,9 %
Ausländer: 19 158 (10,7 %), davon aus der Türkei: 10 619 (55,4 %)
Arbeitslose: 9 095 (11,5 %, 2006: 12,6 %)   offene Stellen: 484
Haushaltsvolumen: 546 Mio. €   Schuldenstand: 264,6 Mio. €

Politik   CDU (seit 1999); 28 von 58 Sitzen
Parteien: CDU   SPD   B. 90/Gr.   FDP   FWG
2004 (%/Sitze):[1] 47,3/28   34,5/20   7,5/4   3,0/2   2,4/1
1999 (%/Sitze): 49,6/29   35,8/21   5,4/3   2,4/1   6,8/4
Oberbürgermeister: Thomas Hunsteger-Petermann (CDU, seit 1999; *1953)

1) sonstige: 3 Sitze

☎ Vorwahl bzw. Durchwahl der Infoadresse ✉ Postleitzahlbereich(e) 🚗 Kfz-Kennzeichen ℹ️ Infoadresse
✈ Nächster Flughafen (Verkehrsverbindung vom Hauptbahnhof: Linie und Entfernung in Minuten) 👥 Einwohner

142

Kassel GRÖSSTE STÄDTE

Hannover
Niedersachsen, 55 m über NN
www.hannover.de

- ☎ 05 11
- ✉ 30...
- 🚗 H
- ℹ Ernst-August-Platz 8, 30159 Hannover ☎ 12 345-111
- ✈ Hannover-Langenhagen (vom Hbf: S 5, 17 min)
- 👥 509 636 (12*)   ↔ +1 655 (+0,3 %)
- ⬜ 204,14 km² (20*)   ▨ 2 497 (12*)
- 🏛 35   ▼ 1   🎭 20
- 🎓 1/Stud.: 21 575   Hochschulen: 5/12 830

Soziales/Wirtschaft
Altersstruktur: 0–17 J.: 15,1 %, 18–60 J.: 60,1 %, über 60 J.: 24,8 %
Ausländer: 74 243 (14,6 %), davon aus der Türkei: 18 862 (25,4 %)
Arbeitslose: 30 226 (12,5 %, 2006: 14,0 %)   offene Stellen: 3 603
Haushaltsvolumen: 1,594 Mrd. €[1]   Schuldenstand: 697,9 Mio. €
Politik   SPD/B. 90/Grüne (seit 1996); 36 (inkl. OB) von 65 Sitzen
Parteien: SPD   CDU   B. 90/Gr.   FDP   Linksb. sonst.
2006 (%/Sitze): 41,1/26[2] 30,8/20 13,6/9   6,6/4   4,6/3   3,3/2
2001 (%/Sitze): 42,8/27 33,3/22 11,5/7   5,8/4   2,6/1   4,0/3
Oberbürgermeister: Stephan Weil (SPD, seit 2006; *1958)

1) Ausgaben Verwaltungshaushalt; 2) +OB

Herne
Nordrhein-Westfalen, 61–130 m über NN
www.herne.de

- ☎ 0 23 23
- ✉ 44...
- 🚗 HER
- ℹ Kirchhofstr. 5, 44623 Herne   ☎ 9 190 50
- ✈ Düsseldorf (vom Hbf: RE, 45 min)
- 👥 163 592 (46*)   ↔ −1 495 (−0,9 %)
- ⬜ 51,4 km² (50*)   ▨ 3 182 (3*)
- 🏛 2   ▼ –   🎭 3
- 🎓 –/Stud.: –   Hochschulen: –/–

Soziales/Wirtschaft
Altersstruktur: 0–17 J.: 16,9 %, 18–60 J.: 56,1 %, über 60 J.: 27,0 %
Ausländer: 19 577 (12,0 %), davon aus der Türkei: 11 505 (58,8 %)
Arbeitslose: 9 833 (13,8 %, 2006: 15,6 %)   offene Stellen: 777
Haushaltsvolumen: 507,2 Mio. €   Schuldenstand: 199,5 Mio. €
Politik   SPD (seit 1948); 30 (+OB) von 67 Sitzen
Parteien: SPD   CDU   B. 90/Gr.   REP   Linke
2004 (%/Sitze):[1] 43,9/30[2] 31,8/21   9,1/5   4,5/3   3,0/2
1999 (%/Sitze):   44,8/26 39,7/23   6,9/4   3,4/2   3,4/2
Oberbürgermeister: Horst Schiereck (SPD, seit 2004; *1948)

1) sonstige: 7 Sitze; 2) +OB

Karlsruhe
Baden-Württemberg, 115 m über NN
www.karlsruhe.de

- ☎ 07 21
- ✉ 76...
- 🚗 KA
- ℹ Bahnhofplatz 6, 76137 Karlsruhe   ☎ 37 20-58 38
- ✈ Karlsruhe/Baden-Baden (vom Hbf: S 4/Bus 205, 60 min)
- 👥 278 047 (21*)   ↔ +2 418 (+0,9 %)
- ⬜ 173,46 km² (26*)   ▨ 1 603 (32*)
- 🏛 3   ▼ 1   🎭 22
- 🎓 1/Stud.: 18 353   Hochschulen: 6/12 054

Soziales/Wirtschaft
Altersstruktur: 0–17 J.: 15,4 %, 18–60 J.: 60,0 %, über 60 J.: 24,6 %
Ausländer: 40 276 (14,5 %), davon aus der Türkei: 6 222 (15,4 %)
Arbeitslose: 9 453 (6,5 %, 2006: 7,7 %)   offene Stellen: 2 743
Haushaltsvolumen: 861,2 Mio. €[1]   Schuldenstand: 185,1 Mio. €
Politik   48 Sitze; wechselnde Mehrheiten
Parteien: CDU   SPD   B. 90/Gr.   FDP[2]   sonstige
2004 (%/Sitze): 37,2/19 23,8/12 16,6/8   9,6/4   12,7/5
1999 (%/Sitze): 45,8/22 25,0/12 10,4/5   10,4/5   8,3/4
Oberbürgermeister: Heinz Fenrich (CDU, seit 1998; *1945)

1) seit 2008 ordentl. Aufwendungen Ergebnishaushalt; 2) FDP/Aufbruch für Karlsruhe

Kassel
Hessen, 163 m über NN
www.stadt-kassel.de

- ☎ 05 61
- ✉ 34...
- 🚗 KS
- ℹ Obere Königsstr. 8, 34117 Kassel   ☎ 70 77 07
- ✈ Kassel-Calden (vom Hbf: Bus 46, 42 min)
- 👥 192 121 (41*)   ↔ +469 (+0,2 %)
- ⬜ 106,78 km² (41*)   ▨ 1 799 (27*)
- 🏛 4   ▼ 1   🎭 13
- 🎓 1/Stud.: 16 378   Hochschulen: –/–

Soziales/Wirtschaft
Altersstruktur: 0–17 J.: 15,9 %, 18–60 J.: 58,6 %, über 60 J.: 25,5 %
Ausländer: 25 280 (13,6 %), davon aus der Türkei: 8 880 (35,1 %)
Arbeitslose: 11 821 (12,5 %, 2006: 14,6 %)   offene Stellen: 3 733
Haushaltsvolumen: 612,4 Mio. €[1]   Schuldenstand: 354,2 Mio. €[2]
Politik   71 Sitze; wechselnde Mehrheiten
Parteien: SPD   CDU   B. 90/Gr.   FDP   sonstige
2006 (%/Sitze): 39,8/28 29,1/21 15,4/11   5,5/4   10,3/7[3]
2001 (%/Sitze): 36,0/26 35,4/25 16,8/12   5,1/4   6,6/4
Oberbürgermeister: Bertram Hilgen (SPD, seit 2005; *1954)

1) seit 2006 Doppischer Haushalt; 2) ohne kommunale Eigenbetriebe; 3) davon 6,8 % u. 5 Sitze: Kasseler Linke

↔ Veränderung der Einwohnerzahl zum Vorjahr ⬜ Fläche ▨ Einwohnerdichte pro km² 🏛 Theater
▼ Opernhäuser Museen 🎓 Universitäten/Gesamthochschulen (ohne Fachhochschulen) mit Studentenzahlen

143

GRÖSSTE STÄDTE Kiel

Kiel
Schleswig-Holstein, bis 74,2 m über NN
www.kiel.de

☎ 04 31   ✉ 24...   🚗 KI
ℹ️ Andreas-Gayk-Str. 31 B, 24103 Kiel   ☎ 67 910-0
✈️ Kiel-Holtenau (vom Hbf: Bus 501/502, 25 min)
👥 233 701 (31*)   ↔ +1 312 (+0,6 %)
⬜ 118,39 km² (40*)   📊 1974 (23*)
🏛 6   🏨 1   🏫 5
🎓 1/Stud.: 22 048   Hochschulen: 2/5 686

Soziales/Wirtschaft
Altersstruktur: 0–17 J.: 15,0 %, 18–60 J.: 61,5 %, über 60 J.: 23,5 %
Ausländer: 20 104 (8,6 %), davon aus der Türkei: 6 218 (30,9 %)
Arbeitslose: 14 195 (11,5 %, 2006: 12,7 %)   offene Stellen: 1 327
Haushaltsvolumen: 590 Mio. €   Schuldenstand: 354 Mio. €

Politik   56 Sitze[1]
Parteien: SPD   CDU   B. 90/Gr.   Linke   FDP   sonst.
2008 (%/Sitze): 31,3/19   28,6/16   16,6/9   11,1/6   8,1/4   3,4/2
2003 (%/Sitze):[2] 32,7/18 44,6/22   14,2/7   –/–   3,7/2   0,8/–
Oberbürgermeisterin: Angelika Volquartz (CDU, seit 2003; *1946)

1) Koalition stand bei Redaktionsschluss noch nicht fest; 2) 49 Sitze

Köln
Nordrhein-Westfalen, bis 116,3 m über NN
www.stadt-koeln.de

☎ 02 21   ✉ 50–51...   🚗 K
ℹ️ Unter Fettenhennen 19, 50667 Köln   ☎ 221-30 400
✈️ Köln-Bonn (vom Hbf: S 13, 20 min)
👥 999 177 (4*)   ↔ +1 176 (+0,1 %)
⬜ 405,16 km² (3*)   📊 2 466 (13*)
🏛 4   🏨 1   🏫 8
🎓 1/Stud.: 43 382   Hochschulen: 6/27 411

Soziales/Wirtschaft
Altersstruktur: 0–17 J.: 15,8 %, 18–60 J: 61,1 %, über 60 J.: 23,1 %
Ausländer: 176 548 (17,7 %), davon aus der Türkei: 63 603 (36,0 %)
Arbeitslose: 55 984 (12,2 %, 2006: 13,3 %)   offene Stellen: 27 658
Haushaltsvolumen: 2,854 Mrd. €   Schuldenstand: 2,435 Mrd. €

Politik   90 Sitze; seit 1999 wechselnde Mehrheiten
Parteien: CDU   SPD   B. 90/Gr.   FDP   Linke   REP
2004 (%/Sitze):[1] 32,3/29   31,1/28   16,7/15   7,8/7   3,0/3   0,9/1
1999 (%/Sitze):   45,7/43   30,9/29   16,0/15   4,3/4   2,1/2   1,2/1
Oberbürgermeister: Fritz Schramma (CDU, seit 2000; *1947)

1) sonstige: 7 Sitze

Krefeld
Nordrhein-Westfalen, bis 39 m über NN
www.krefeld.de

☎ 0 21 51   ✉ 47...   🚗 KR
ℹ️ Schwanenmarkt, 47798 Krefeld   ☎ 86 15 01
✈️ Düsseldorf (vom Hbf: RE u. S 7, ca. 40 min)
👥 240 548 (29*)   ↔ –79 (–0,1 %)
⬜ 137,76 km² (37*)   📊 1746 (28*)
🏛 4   🏨 –   🏫 6
🎓 –/Stud.: –   Hochschulen: 1/4 469

Soziales/Wirtschaft
Altersstruktur: 0–17 J.: 16,8 %, 18–60 J.: 57,1 %, über 60 J.: 26,1 %
Ausländer: 33 756 (14,0 %), davon aus der Türkei: 9 463 (28,0 %)
Arbeitslose: 12 319 (10,9 %, 2006: 12,2 %)   offene Stellen: 1 370
Haushaltsvolumen: 946,4 Mio. €   Schuldenstand: 218 Mio. €

Politik   CDU (seit 1994); 26 von 62 Sitzen; wechselnde Mehrheiten
Parteien: CDU   SPD   B. 90/Gr.   FDP
2004 (%/Sitze):[1] 42,5/26   28,6/18   12,7/8   9,1/6
1999 (%/Sitze):   55,9/33   28,6/17   7,0/4   3,9/2
Oberbürgermeister: Gregor Kathstede (CDU, seit 2004; *1963)

1) sonstige: 4 Sitze

Leipzig
Sachsen, 118 m über NN
www.leipzig.de

☎ 03 41   ✉ 040–043...   🚗 L
ℹ️ Richard-Wagner-Str. 1, 04109 Leipzig   ☎ 7104-260
✈️ Leipzig-Halle (vom Hbf: IC, RE, 15 min)
👥 510 341 (11*)   ↔ +3 969 (+1,0 %)
⬜ 297,35 km² (8*)   📊 1716 (30*)
🏛 15   🏨 1   🏫 27
🎓 2/Stud.: 27 264   Hochschulen: 5/9 205

Soziales/Wirtschaft
Altersstruktur: 0–17 J.: 12,5 %, 18–60 J.: 59,7 %, über 60 J.: 27,9 %
Ausländer: 32 739 (6,4 %), davon aus der Ukraine: 2 343 (7,2 %)
Arbeitslose: 39 089 (17,4 %, 2006: 18,9 %)   offene Stellen: 4 287
Haushaltsvolumen: 1,474 Mrd. €   Schuldenstand: 899 Mio. €

Politik   CDU, SPD, DSU (seit 2004); 39 von 70 Sitzen
Parteien: SPD   CDU   Linke   B. 90/Gr.   FDP   sonstige
2004 (%/Sitze): 26,9/19   25,5/19   26,1/19   10,0/7   4,5/3   7,0/3
1999 (%/Sitze): 26,2/19   32,0/23   25,7/19   7,5/5   2,6/1   6,0/3
Oberbürgermeister: Burkhard Jung (SPD, seit 2006; *1958)

☎ Vorwahl bzw. Durchwahl der Infoadresse   ✉ Postleitzahlbereich(e)   🚗 Kfz-Kennzeichen   ℹ️ Infoadresse
✈️ Nächster Flughafen (Verkehrsverbindung vom Hauptbahnhof: Linie und Entfernung in Minuten)   👥 Einwohner

Magdeburg GRÖSSTE STÄDTE

Leverkusen

Nordrhein-Westfalen, 35–199 m über NN
www.leverkusen.de

- ☎ 0214
- ✉ 51...
- 🚗 LEV
- ℹ Friedrich-Ebert-Platz 1, 52371 L.   ☎ 406-1526
- ✈ Köln-Bonn, Düsseldorf (vom Hbf: S-Bahn, 30–40 min)
- 👥 162130 (48*)   ↔ +25 (+0,02%)
- ⬜ 78,85 km² (47*)   👤 2056 (21*)
- 🏛 –   🎭 –   🎨 1
- 🎓 1/Stud.: 2290   Hochschulen: –/–

Soziales/Wirtschaft
Altersstruktur: 0–17 J.: 17,1%, 18–60 J.: 56,0%, über 60 J.: 26,8%
Ausländer: 18 878 (11,6%), davon aus der Türkei: 4163 (22,1%)
Arbeitslose: 7901 (10,6%, 2006: 12,1%)   offene Stellen: 1217
Haushaltsvolumen: 419,7 Mio. €   Schuldenstand: 151 Mio. €

Politik   66 (+OB) Sitze; wechselnde Mehrheiten
Parteien: CDU   SPD   B.90/Gr.   FDP   sonstige
2004 (%/Sitze):   36,8/24   26,7/18[1]   9,4/6   5,5/4   21,6/14
1999 (%/Sitze):   46,3/27   30,0/17   6,7/4   3,6/2   13,4/8
Oberbürgermeister: Ernst Küchler (SPD, seit 2004; *1944)

1) +OB

Lübeck

Schleswig-Holstein, bis 11 m über NN
www.luebeck.de

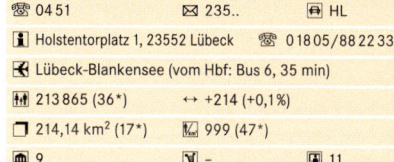

- ☎ 0451
- ✉ 235..
- 🚗 HL
- ℹ Holstentorplatz 1, 23552 Lübeck   ☎ 01805/882233
- ✈ Lübeck-Blankensee (vom Hbf: Bus 6, 35 min)
- 👥 213865 (36*)   ↔ +214 (+0,1%)
- ⬜ 214,14 km² (17*)   👤 999 (47*)
- 🏛 9   🎭 –   🎨 11
- 🎓 1/Stud.: 2424   Hochschulen: 3/4445

Soziales/Wirtschaft
Altersstruktur: 0–17 J.: 15,8%, 18–60 J.: 56,0%, über 60 J.: 28,2%
Ausländer: 16 490 (7,7%), davon aus der Türkei: 5395 (32,7%)
Arbeitslose: 13104 (14,1%, 2006: 14,7%)   offene Stellen: 2148
Haushaltsvolumen: 733,3 Mio. €   Schuldenstand: 468 Mio. €

Politik   58 Sitze[1]
Parteien: SPD   CDU   Linke   B.90/Gr.   BfL[3]   FDP
2008 (%/Sitze):[2] 28,7/18   25,5/15   11,7/7   11,6/6   11,3/6   8,4/5
2003 (%/Sitze):[4] 32,4/17   42,9/27   –/–   9,2/4   –/–   5,2/2
Bürgermeister: Bernd Saxe (SPD, seit 2000; *1954)

1) vorläufige Ergebnisse, Koalition stand bei Redaktionsschluss noch nicht fest; 2) sonstige: 1 Sitz; 3) Bürger für Lübeck; 4) 50 Sitze

Ludwigshafen

Rheinland-Pfalz, 90 m über NN
www.ludwigshafen.de

- ☎ 0621
- ✉ 67...
- 🚗 LU
- ℹ Berliner Platz 1, 67059 Ludwigshafen   ☎ 512035
- ✈ Rhein-Main-F. Frankfurt/Main (vom Hbf: 55 min)
- 👥 168217 (45*)   ↔ +311 (+0,2%)
- ⬜ 77,68 km² (48*)   👤 2165 (17*)
- 🏛 1   🎭 –   🎨 5
- 🎓 –/Stud.: –   Hochschulen: 2/3524

Soziales/Wirtschaft
Altersstruktur: 0–17 J.: 17,1%, 18–60 J.: 58,8%, über 60 J.: 24,1%
Ausländer: 33 088 (19,7%), davon aus der Türkei: 10139 (30,6%)
Arbeitslose: 7559 (9,2%, 2006: 11,4%)   offene Stellen: 1126
Haushaltsvolumen: 495 Mio. €   Schuldenstand: 335 Mio. €

Politik   CDU/SPD (seit 2004); 46 von 60 Sitzen
Parteien: CDU   SPD   REP   B.90/Gr.   sonstige
2004 (%/Sitze):   42,9/26   32,6/20   8,8/5   6,0/4   9,6/5
1999 (%/Sitze):   42,9/26   41,2/24   5,3/3   4,3/3   4,0/4
Oberbürgermeisterin: Eva Lohse (CDU, seit 2002; *1956)

Magdeburg

Sachsen-Anhalt, 41–124 m über NN
www.magdeburg.de

- ☎ 0391
- ✉ 39...
- 🚗 MD
- ℹ Ernst-Reuter-Allee 12, 39104 Magdeburg   ☎ 19433
- ✈ Leipzig (vom Hbf: IC, 80 min)
- 👥 229631 (33*)   ↔ −60 (−0,03%)
- ⬜ 200,96 km² (22*)   👤 1143 (43*)
- 🏛 2   🎭 –   🎨 5
- 🎓 1/Stud.: 12 954   Hochschulen: 1/6414

Soziales/Wirtschaft
Altersstruktur: 0–17 J.: 12,0%, 18–60 J.: 59,0%, über 60 J.: 29,0%
Ausländer: 8004 (3,5%), davon aus der Ukraine: 947 (11,8%)
Arbeitslose: 16 481 (13,7%, 2006: 15,3%)   offene Stellen: 2422
Haushaltsvolumen: 611,2 Mio. €   Schuldenstand: 209,8 Mio. €

Politik   56 Sitze; wechselnde Mehrheiten
Parteien: Linke   CDU   SPD   B.90/Gr.   FDP
2004 (%/Sitze):[1] 29,8/17[2]   25,0/14[2]   23,0/13   6,9/4   7,0/4
1999 (%/Sitze):   23,9/13   30,9/17   30,3/17   4,4/3   2,7/2
Oberbürgermeister: Lutz Trümper (SPD, seit 2001; *1955)

1) sonstige: 4 Sitze; 2) seit 2004 Linke 16 u. CDU 15 Sitze

↔ Veränderung der Einwohnerzahl zum Vorjahr ⬜ Fläche 👤 Einwohnerdichte pro km² 🏛 Theater
🎭 Opernhäuser 🎨 Museen 🎓 Universitäten/Gesamthochschulen (ohne Fachhochschulen) mit Studentenzahlen

145

GRÖSSTE STÄDTE Mainz

Mainz

Rheinland-Pfalz, 90 m über NN
www.mainz.de

☎ 06131	✉ 55...	🚗 MZ
ℹ️ Brückenturm am Rathaus, 55116 Mainz ☎ 286 21-0		
✈ Rhein-Main-F. Frankfurt/Main (vom Hbf: S 8, 20 min)		
👥 197 464 (39*)	↔ +1 724 (+0,9%)	
⬜ 97,75 km² (44*)	🚙 2 020 (22*)	
🏛 5	📺 -	☎ 7
🎓 1/Stud.: 34 985	Hochschulen: 1/4 310	

Soziales/Wirtschaft
Altersstruktur: 0–17 J.: 14,9%, 18–60 J.: 62,6%, über 60 J.: 22,5%
Ausländer: 31 473 (15,9%), davon aus der Türkei: 6 571 (20,9%)
Arbeitslose: 6 216 (6,2%, 2006: 7,5%)   offene Stellen: 1 811
Haushaltsvolumen: 767 Mio. €   Schuldenstand: 475,7 Mio. €

Politik   60 Sitze; wechselnde Mehrheiten

Parteien:	CDU	SPD	B.90/Gr.	FDP	REP
2004 (%/Sitze):[1]	38,0/23	28,8/17	14,3/9	7,5/5	7,3/4
1999 (%/Sitze):	43,3/26	36,7/22	10,0/6	6,7/4	3,3/2

Oberbürgermeister: Jens Beutel (SPD, seit 1997; *1946)

1) sonstige: 2 Sitze

Mannheim

Baden-Württemberg, 95–110 m über NN
www.mannheim.de

☎ 0621	✉ 68...	🚗 MA
ℹ️ Willy-Brandt-Platz 3, 68161 Mannheim ☎ 10 10 11		
✈ Mannheim-Neuostheim (vom Hbf: Linie 6, 20 min)		
👥 327 489 (18*)	↔ +2 056 (+0,6%)	
⬜ 144,97 km² (35*)	🚙 2 259 (15*)	
🏛 2	📺 1	☎ 3
🎓 1/Stud.: 11 400	Hochschulen: 5/9 200	

Soziales/Wirtschaft
Altersstruktur: 0–17 J.: 15,1%, 18–60 J.: 61,6%, über 60 J.: 23,3%
Ausländer: 64 098 (19,6%), davon aus der Türkei: 19 403 (30,3%)
Arbeitslose: 11 406 (7,5%, 2006: 9,1%)   offene Stellen: 2 943
Haushaltsvolumen: 778,8 Mio. €   Schuldenstand: 498,5 Mio. €

Politik   CDU (seit 1999); 19 von 48 Sitzen; wechselnde Mehrheiten

Parteien:	CDU	SPD	B.90/Gr.	ML	FDP
2004 (%/Sitze):[1]	37,4/19	32,0/16	11,7/5	9,1/4	4,2/2
1999 (%/Sitze):[2]	47,9/23	35,4/17	6,3/3	5,7/3	2,5/1

Oberbürgermeister: Peter Kurz (SPD, seit 2007; *1962)

1) sonstige: 2 Sitze; 2) sonstige: 1 Sitz

Mönchengladbach

Nordrhein-Westfalen, 35–133 m über NN
www.moenchengladbach.de

☎ 0 2161 u. 0 2166	✉ 41...	🚗 MG
ℹ️ Bismarckstr. 23, 41061 M.	☎ 22 001	
✈ Mönchengladbach (vom Hbf: Bus 10, 16 min)		
👥 265 106 (25*)	↔ -967 (-0,4%)	
⬜ 170,43 km² (27*)	🚙 1 556 (34*)	
🏛 -	📺 1	☎ 2
🎓 -/Stud.: -	Hochschulen: 1/5 569	

Soziales/Wirtschaft
Altersstruktur: 0–17 J.: 17,5%, 18–60 J.: 57,1%, über 60 J.: 25,4%
Ausländer: 27 322 (10,3%), davon aus der Türkei: 7 980 (29,2%)
Arbeitslose: 15 748 (11,9%, 2006: 14,4%)   offene Stellen: 1 276
Haushaltsvolumen: 1,197 Mrd. €   Schuldenstand: 417,8 Mio. €

Politik   CDU/FDP (seit 2004); 40 von 76 Sitze

Parteien:	CDU	SPD	B.90/Gr.	FDP	FWG
2004 (%/Sitze):[1]	43,1/33	26,8/20	9,4/7	8,4/7	6,8/5
1999 (%/Sitze):	48,8/33	28,4/20	7,7/5	5,9/4	8,9/6

Oberbürgermeister: Norbert Bude (SPD, seit 2004; *1959)

1) sonstige: 4 Sitze

Mülheim/Ruhr

Nordrhein-Westfalen, 41,8 m über NN
www.muelheim-ruhr.de

☎ 0208	✉ 45...	🚗 MH
ℹ️ Schlossstr. 11, 45468 Mülheim	☎ 960 960	
✈ Essen/Mülheim (Halt Stadtmitte: Linie 104, 15 min)		
👥 170 412 (44*)	↔ -748 (-0,4%)	
⬜ 91,29 km² (45*)	🚙 1 867 (24*)	
🏛 3	📺 -	☎ 8
🎓 -/Stud.: -	Hochschulen: -/-	

Soziales/Wirtschaft
Altersstruktur: 0–17 J.: 15,8%, 18–60 J.: 55,0%, über 60 J.: 29,2%
Ausländer: 17 224 (10,1%), davon aus der Türkei: 5 411 (31,4%)
Arbeitslose: 7 323 (8,9%, 2006: 12,0%)   offene Stellen: 586
Haushaltsvolumen: 512,6 Mio. €[1]   Schuldenstand: 54,1 Mio. €

Politik   SPD/CDU (seit 2005); 37 von 52 Sitzen

Parteien:	SPD	CDU	MBI	B.90/Gr	FDP
2004 (%/Sitze):[2]	37,7/20[3]	33,3/17	10,3/5	9,0/5	6,2/3
1999 (%/Sitze):	42,3/22	39,3/20	5,5/-	6,0/3	6,8/4

Oberbürgermeisterin: Dagmar Mühlenfeld (SPD, seit 2003; *1951)

1) seit 2007 Doppischer Haushalt, Aufwendungen Ergebnisplan; 2) sonstige: 2 Sitze; 3) seit 2008 1 Mitgl. fraktionslos

☎ Vorwahl bzw. Durchwahl der Infoadresse   ✉ Postleitzahlbereich(e)   🚗 Kfz-Kennzeichen   ℹ️ Infoadresse
✈ Nächster Flughafen (Verkehrsverbindung vom Hauptbahnhof: Linie und Entfernung in Minuten)   👥 Einwohner

Oberhausen GRÖSSTE STÄDTE

München

Bayern, 519 m über NN
www.muenchen.de

- ☎ 0 89
- ✉ 8....
- 🚗 M
- ℹ Sendlinger Str. 1, 80331 München ☎ 2333 0288
- ✈ München (vom Hbf: S 1/S 8, 40 min)
- 👥 1 351 445 (3*) ↔ +25 239 (+1,9 %)
- ⬜ 310,43 km² (6*) 👤 4 353 (1*)
- 🏛 56 🎭 1 🖼 43
- 🎓 3/Stud.: 69 293 Hochschulen: 7/18 114

Soziales/Wirtschaft
Altersstruktur: 0–17 J.: 14,2 %, 18–60 J.: 62,4 %, über 60 J.: 23,4 %
Ausländer: 311 321 (23,0 %), davon aus der Türkei: 42 762 (13,7 %)
Arbeitslose: 39 839 (6,4 %, 2006: 7,6 %)   offene Stellen: 9 923
Haushaltsvolumen: 3,841 Mrd. €   Schuldenstand: 4,493 Mrd. €

Politik   SPD/B. 90/Grüne (seit 1990); 44 von 80 Sitzen

Parteien:	SPD	CSU	B. 90/Gr.	FDP	sonstige
2008 (%/Sitze):	39,8/33	27,7/23	13,0/11	6,8/5	12,7/8
2002 (%/Sitze):	41,9/35	36,1/30	9,6/8	3,6/3	7,0/3

Oberbürgermeister: Christian Ude (SPD, seit 1993; *1947)

Münster

Nordrhein-Westfalen, 61,3 m über NN
www.muenster.de

- ☎ 02 51
- ✉ 48...
- 🚗 MS
- ℹ Klemensstr. 10, 48127 Münster ☎ 492-2710
- ✈ Münster/Osnabrück (vom Hbf: Bus, 30 min)
- 👥 273 058 (23*) ↔ +788 (+0,3 %)
- ⬜ 303,32 km² (7*) 👤 900 (48*)
- 🏛 5 🎭 1 🖼 20
- 🎓 1/Stud.: 38 170 Hochschulen: 7/8 450

Soziales/Wirtschaft
Altersstruktur: 0–17 J.: 16,3 %, 18–60 J.: 61,3 %, über 60 J.: 22,4 %
Ausländer: 20 997 (7,7 %), davon aus Serbien: 2 004 (9,4 %)
Arbeitslose: 8 918 (6,9 %, 2006: 8,3 %)   offene Stellen: 1 712
Haushaltsvolumen: 791 Mio. €[1]   Schuldenstand: 722 Mio. €

Politik   CDU/FDP (seit 2004); 37 von 74 Sitzen

Parteien:	CDU	SPD	B. 90/Gr.	FDP	sonstige
2004 (%/Sitze):	42,7/31	25,3/19	19,4/14	7,9/6	4,7/4
1999 (%/Sitze):	54,0/36	26,2/17	11,2/8	5,0/3	3,5/2

Oberbürgermeister: Berthold Tillmann (CDU, seit 1999; *1950)

1) seit 2008 Summe ordentlicher Aufwendungen nach NKF

Nürnberg

Bayern, 284–407 m über NN
www.nuernberg.de

- ☎ 09 11
- ✉ 90...
- 🚗 N
- ℹ Königstr. 93, 90443 Nürnberg ☎ 23 36-132
- ✈ Nürnberg (vom Hbf: U-Bahn U 2, 12 min)
- 👥 503 002 (14*) ↔ +2 107 (+0,4 %)
- ⬜ 186,4 km² (24*) 👤 2 799 (7*)
- 🏛 22 🎭 1 🖼 38
- 🎓 1/Stud.: 6 463 Hochschulen: 4/9 569

Soziales/Wirtschaft
Altersstruktur: 0–17 J.: 14,9 %, 18–60 J.: 59,1 %, über 60 J.: 26,0 %
Ausländer: 86 392 (17,2 %), davon aus der Türkei: 20 221 (22,9 %)
Arbeitslose: 22 207 (8,6 %, 2006: 10,5 %)   offene Stellen: 6 533
Haushaltsvolumen: 1,183 Mrd. €   Schuldenstand: 946,8 Mio. €

Politik   SPD (seit 2008); 32 von 70 Sitzen; wechselnde Mehrheiten

Parteien:	SPD	CSU	B. 90/Gr.	Linke Liste	sonstige
2008 (%/Sitze):	43,2/32	32,0/23	7,6/5	4,8/3	13,3/7
2002 (%/Sitze):	39,5/29	43,6/32	5,8/4	1,2/–	9,9/5

Oberbürgermeister: Ulrich Maly (SPD, seit 2002; *1960)

Oberhausen

Nordrhein-Westfalen, 24–77 m über NN
www.oberhausen.de

- ☎ 02 08
- ✉ 46...
- 🚗 OB
- ℹ Willy-Brandt-Platz 2, 46045 Oberhausen ☎ 824 57-0
- ✈ Düsseldorf (vom Hbf: RE, 18 min)
- 👥 216 910 (35*) ↔ −1 279 (−0,5 %)
- ⬜ 77,03 km² (49*) 👤 2 815 (5*)
- 🏛 1 🎭 – 🖼 3
- 🎓 –/Stud.: – Hochschulen: –/–

Soziales/Wirtschaft
Altersstruktur: 0–17 J.: 17,2 %, 18–60 J.: 57,0 %, über 60 J.: 25,8 %
Ausländer: 24 854 (11,5 %), davon aus der Türkei: 9 619 (38,7 %)
Arbeitslose: 13 626 (12,7 %, 2006: 16,6 %)   offene Stellen: 1 968
Haushaltsvolumen: 630,2 Mio. €[1]   Schuldenstand: 391,4 Mio. €

Politik   SPD (seit 1956); 29 von 58 Sitzen

Parteien:	SPD	CDU	B. 90/Gr.	Linke	FDP
2004 (%/Sitze):	50,0/29	32,8/19	6,9/4	6,9/4	3,4/2
1999 (%/Sitze):	50,0/29	37,9/22	5,2/3	3,4/2	3,4/2

Oberbürgermeister: Klaus Wehling (SPD, seit 2004; *1947)

1) ab 2008 Aufwendungen Ergebnisplan

↔ Veränderung der Einwohnerzahl zum Vorjahr ⬜ Fläche 👤 Einwohnerdichte pro km² 🏛 Theater
🎭 Opernhäuser 🖼 Museen 🎓 Universitäten/Gesamthochschulen (ohne Fachhochschulen) mit Studentenzahlen

GRÖSSTE STÄDTE Oldenburg

Oldenburg
Niedersachsen, 5–20 m über NN
www.oldenburg.de

☎ 0441 ✉ 26... 🚗 OL
ℹ Kleine Kirchenstr. 10, 26122 Oldenburg ☎ 36 16 13 66
✈ Bremen (vom Hbf: Regional- und Straßenbahn, 70 min)
👥 159 353 (50*) ↔ +753 (+0,5%)
▭ 102,97 km² (43*) 🛏 1548 (36*)
🏛 5 🎭 - 🎬 5
🎓 1/Stud.: 11 196 Hochschulen: 1/2 067

Soziales/Wirtschaft
Altersstruktur: 0–17 J.: 16,4%, 18–60 J.: 60,4%, über 60 J.: 23,2%
Ausländer: 9 610 (6,2%), davon aus der Türkei: 1987 (20,7%)
Arbeitslose: 8110 (11,2%, 2006: 12,5%)   offene Stellen: 1609
Haushaltsvolumen: 409,6 Mio. €   Schuldenstand: 120,5 Mio. €

Politik   51 Sitze (inkl. OB); wechselnde Mehrheiten

Parteien:	SPD	CDU	B. 90/Gr.	FDP	Linke	BFO[1]
2006 (%/Sitze):	32,7/16	26,0/13	21,2/11	6,3/3	7,2/4	5,4/3
2001 (%/Sitze):	40,1/21	30,5/15	13,6/7	8,2/4	–/–	2,8/1

Oberbürgermeister: Gerd Schwandner (parteilos, seit 2006; *1951)

1) Bürger für Oldenburg

Osnabrück
Niedersachsen, 54–188 m über NN
www.osnabrueck.de

☎ 0541 ✉ 49... 🚗 OS
ℹ Bierstr. 22-23, 49074 Osnabrück ☎ 323-22 02
✈ Münster/Osnabrück (vom Hbf: Bus X150, 40 min)
👥 162 923 (47*) ↔ –93 (–0,1%)
▭ 119,81 km² (39*) 🛏 1360 (38*)
🏛 3 🎭 - 🎬 4
🎓 1/Stud.: 9344 Hochschulen: 1/6826

Soziales/Wirtschaft
Altersstruktur: 0–17 J.: 15,6%, 18–60 J.: 59,2%, über 60 J.: 25,2%
Ausländer: 14 478 (8,9%), davon aus der Türkei: 3102 (21,4%)
Arbeitslose: 6 621 (9,2%, 2006: 10,9%)   offene Stellen: 1395
Haushaltsvolumen: 469,5 Mio. €   Schuldenstand: k. A.

Politik   51 Sitze (inkl. OB); wechselnde Mehrheiten

Parteien:	CDU	SPD	B. 90/Gr.	FDP	sonstige
2006 (%/Sitze):	38,4/19	34,7/18	12,1/6	10,0/5	4,8/2
2001 (%/Sitze):	43,0/23	31,7/17	10,3/5	10,9/5	4,2/–

Oberbürgermeister: Boris Pistorius (SPD, seit 2006; *1960)

Rostock
Mecklenburg-Vorpommern, 13 m über NN
www.rostock.de

☎ 0381 ✉ 18... 🚗 HRO
ℹ Neuer Markt 3, 18055 Rostock ☎ 381 22 22
✈ Rostock-Laage (vom Hbf: Bus 127, 35 min)
👥 199 766 (37*) ↔ +747 (+0,4%)
▭ 181,42 km² (25*) 🛏 1101 (44*)
🏛 1 🎭 - 🎬 4
🎓 1/Stud.: 13 528 Hochschulen: 2/902

Soziales/Wirtschaft
Altersstruktur: 0–17 J.: 12,0%, 18–60 J.: 60,8%, über 60 J.: 27,2%
Ausländer: 7 399 (3,7%), davon aus Russland: 966 (13,1%)
Arbeitslose: 15 054 (16,2%, 2006: 17,8%)   offene Stellen: 1347
Haushaltsvolumen: 564,1 Mio. €   Schuldenstand: 209 Mio. €

Politik   53 Sitze; wechselnde Mehrheiten

Parteien:	CDU	Linke	SPD	B. 90/Gr.	FDP	sonstige
2004 (%/Sitze):	24,2/13	24,0/13	21,4/11	10,6/6	4,9/3	15,1/7
1999 (%/Sitze):	28,0/16	31,9/18	27,6/16	5,9/3	2,5/–	4,1/–

Oberbürgermeister: Roland Methling (parteilos, seit 2005; *1954)

Saarbrücken
Saarland, 230,1 m über NN
www.saarbruecken.de

☎ 0681 ✉ 66... 🚗 SB
ℹ Rathaus St. Johann, 66111 Saarb. ☎ 01805/72 27 27
✈ Saarbrücken-Ensheim (vom Hbf: Bus R10, 28 min)
👥 179 891 (42*) ↔ –624 (–0,4%)
▭ 167,07 km² (29*) 🛏 1077 (46*)
🏛 1 🎭 - 🎬 5
🎓 1/Stud.: 14 864 Hochschulen: 6/4 928

Soziales/Wirtschaft
Altersstruktur: 0–17 J.: 14,9%, 18–60 J.: 59,4%, über 60 J.: 25,7%
Ausländer: 23 878 (13,3%), davon aus Italien: 4 023 (16,9%)
Arbeitslose: 12 828 (15,2%, 2006: 15,3%)   offene Stellen: 2 495
Haushaltsvolumen: 908 Mio. €   Schuldenstand: 447 Mio. €

Politik   CDU/FDP (seit 2004); 32 von 63 Sitzen

Parteien:	CDU	SPD	B. 90/Gr.	FDP	NPD
2004 (%/Sitze):	37,9/28	33,5/24	9,4/7[1]	5,8/4	4,2/–
1999 (%/Sitze):	42,5/29	39,9/29	8,6/5	4,8/–	–/–

Oberbürgermeisterin: Charlotte Britz (SPD, seit 2004; *1958)

1) seit November 2005 1 Mitgl. fraktionslos

☎ Vorwahl bzw. Durchwahl der Infoadresse ✉ Postleitzahlbereich(e) 🚗 Kfz-Kennzeichen ℹ Infoadresse
✈ Nächster Flughafen (Verkehrsverbindung vom Hauptbahnhof: Linie und Entfernung in Minuten) 👥 Einwohner

Wuppertal — GRÖSSTE STÄDTE

Solingen
Nordrhein-Westfalen, 53–276 m über NN
www.solingen.de

- ☎ 02 12
- ✉ 42...
- 🚗 SG
- ℹ Clemensgalerien, Mummstr. 10, 42651 S. ☎ 290-36 01
- 🚆 Düsseldorf (vom Hbf: S 7, 21 min)
- 👥 161 416 (49*)   ↔ −658 (−0,4 %)
- ⬜ 89,49 km² (46*)   1804 (25*)
- 🏛 1   🎭 -   🖼 6
- Uni −/Stud.: −   Hochschulen: −/−

Soziales/Wirtschaft

Altersstruktur: 0–17 J.: 17,9 %, 18–60 J.: 55,4 %, über 60 J.: 26,7 %

Ausländer: 21 328 (13,2 %), davon aus der Türkei: 7 226 (33,9 %)

Arbeitslose: 6 959 (9,4 %, 2006: 8,9 %)   offene Stellen: 852

Haushaltsvolumen: 476,8 Mio. €   Schuldenstand: 513,6 Mio. €

Politik   CDU (seit 1999); 23 (+OB) von 69 Sitzen; wechs. Mehrheiten

Parteien:	CDU	SPD	B. 90/Gr.	FDP
2004 (%/Sitze):[1]	43,5/23[2]	27,5/19	8,7/6	8,7/6[3]
1999 (%/Sitze):[4]	50,6/29	29,6/17	5,9/4	6,6/4

Oberbürgermeister: Franz Haug (CDU, seit 1999; *1942)

1) sonstige: 14 Sitze; 2) +OB; 3) 2008: FDP: 8, sonstige: 12 Sitze; 4) sonstige: 15 Sitze

Stuttgart
Baden-Württemberg, 207–549 m über NN
www.stuttgart.de

- ☎ 0711
- ✉ 70...
- 🚗 S
- ℹ Königstr. 1a, 70173 Stuttgart   ☎ 22 28-0
- 🚆 Stuttgart (vom Hbf: S 2/S 3, 27 min)
- 👥 591 568 (6*)   ↔ +18 (±0 %)
- ⬜ 207,35 km² (19*)   2 853 (4*)
- 🏛 30   🎭 1   🖼 32
- Uni 2/Stud.: 25 741   Hochschulen: 7/10 041

Soziales/Wirtschaft

Altersstruktur: 0–17 J.: 15,1 %, 18–60 J.: 61,1 %, über 60 J.: 23,8 %

Ausländer: 127 191 (21,5 %), davon aus der Türkei: 21 821 (17,2 %)

Arbeitslose: 16 240 (5,8 %, 2006: 8,1 %)   offene Stellen: 4 388

Haushaltsvolumen: 2,203 Mrd. €   Schuldenstand: 670 Mio. €

Politik   CDU (seit 1971); 21 von 60 Sitzen; wechselnde Mehrheiten

Parteien:	CDU	SPD	B. 90/Gr.	FW	FDP	REP
2004 (%/Sitze):[1]	32,9/21	22,8/14	18,7/11	9,7/6	6,5/4	3,9/2
1999 (%/Sitze):	38,2/25	23,4/15	13,0/8	6,4/4	6,2/4	4,9/3

Oberbürgermeister: Wolfgang Schuster (CDU, seit 1997; *1949)

1) sonstige: 2 Sitze

Wiesbaden
Hessen, 83–608 m über NN
www.wiesbaden.de

- ☎ 0611
- ✉ 65...
- 🚗 WI
- ℹ Marktstr. 6, 65183 Wiesbaden   ☎ 17 29-780
- 🚆 Frankfurt (vom Hbf: S 8, 39 min; S 9, 32 min)
- 👥 275 482 (22*)   ↔ +518 (+0,2 %)
- ⬜ 203,9 km² (21*)   1 351 (39*)
- 🏛 5   🎭 1   🖼 5
- Uni −/Stud.: −   Hochschulen: 3/5 669

Soziales/Wirtschaft

Altersstruktur: 0–17 J.: 16,6 %, 18–60 J.: 58,5 %, über 60 J.: 24,9 %

Ausländer: 49 111 (17,8 %), davon aus der Türkei: 11 316 (23,0 %)

Arbeitslose: 11 026 (7,9 %, 2006: 8,6 %)   offene Stellen: 1 463

Haushaltsvolumen: 1,045 Mrd. €[1]   Schuldenstand: 351,3 Mio. €

Politik   CDU, FDP, B. 90/Grüne (seit 2006); 46 von 81 Sitzen

Parteien:	CDU	SPD	B. 90/Gr.	FDP	REP	sonstige
2006 (%/Sitze):	36,2/29	30,2/25	12,1/10	9,0/7	5,0/4	7,0/6
2001 (%/Sitze):	36,5/30	34,7/28	10,2/8	12,0/10	4,9/4	1,7/1

Oberbürgermeister: Helmut Müller (CDU, seit 2007; *1952)

1) Ausgaben im Verwaltungs- u. Vermögenshaushalt ab 2006 einschl. Ausgaben für Hartz IV bzw. SGB II

Wuppertal
Nordrhein-Westfalen, 100–350 m über NN
www.wuppertal.de

- ☎ 02 02
- ✉ 42...
- 🚗 W
- ℹ am Döppersberg (Elberfeld), Wuppertal   ☎ 1 94 33
- 🚆 Düsseldorf (vom Hbf: RE, 50 min)
- 👥 356 015 (17*)   ↔ −2 028 (−0,6 %)
- ⬜ 168,41 km² (28*)   2 114 (19*)
- 🏛 2   🎭 1   🖼 16
- Uni 1/Stud.: 13 370   Hochschulen: 2/330

Soziales/Wirtschaft

Altersstruktur: 0–17 J.: 16,9 %, 18–60 J.: 56,7 %, über 60 J.: 26,5 %

Ausländer: 48 444 (13,6 %), davon aus der Türkei: 12 875 (26,6 %)

Arbeitslose: 20 578 (12,6 %, 2006: 14,7 %)   offene Stellen: 4 955

Haushaltsvolumen: 1,058 Mrd. €   Schuldenstand: 494,5 Mio. €

Politik   CDU (seit 1999); 28 von 74 Sitzen; wechselnde Mehrheiten

Parteien:	CDU	SPD	B. 90/Gr.	FDP	Linke
2004 (%/Sitze):[1]	37,8/28	28,3/21	12,3/9	6,5/5	3,6/3
1999 (%/Sitze):	46,4/31	37,8/26	6,8/3	4,6/3	3,0/2

Oberbürgermeister: Peter Jung (CDU, seit 2004; *1955)

1) sonstige: 8 Sitze

↔ Veränderung der Einwohnerzahl zum Vorjahr   ⬜ Fläche   Einwohnerdichte pro km²   🏛 Theater
🎭 Opernhäuser   🖼 Museen   Uni Universitäten/Gesamthochschulen (ohne Fachhochschulen) mit Studentenzahlen

149

GRÖSSTE STÄDTE — Ballungsgebiete in Deutschland

Die Ballungsgebiete in Deutschland; die Verdichtungsräume sind die eigentlichen dicht besiedelten Bereiche; die Raum- und Regionalplanung bezieht unter der Bezeichnung Ordnungsraum den angrenzenden (z.B. ländlichen) Raum mit ein, der mit dem Verdichtungsraum funktional verflochten ist

LEXIKON VON A–Z

A

Aachener Karlspreis 2008

Der Internationale Karlspreis zu Aachen wurde 2008 Angela Merkel für ihre Verdienste um die europäische Einigung zuerkannt. Zur Begründung hieß es, Merkel habe in ihrer Funktion als EU-Ratsvorsitzende im 1. Halbjahr 2007 und als deutsche Bundeskanzlerin mit ihrer »ebenso tatkräftigen wie umsichtigen und integrierenden Politik« entscheidend dazu beigetragen, die Schockstarre in der Europäischen Union zu lösen, wichtige politische Fragen zu entscheiden und den Dialog zwischen Bevölkerung und europäischer Politik wieder in Gang zu bringen. Die Verleihung erfolgte am 1. Mai 2008 im Aachener Rathaus im Rahmen eines Festakts.

Der von der Stadt Aachen 1949 gestiftete Karlspreis wird seit 1950 jährlich für Verdienste um die Förderung der europäischen Einigung vergeben. Er besteht aus einem Geldpreis (seit 2002) in Höhe von 5 000 € und einer Medaille mit dem Bild Karls des Großen.

Aachener Karlspreis: die deutschen Preisträger sowie Preisträger seit 2000

Jahr	Preisträger
1954	Konrad Adenauer
1961	Walter Hallstein
1977	Walter Scheel
1984	Karl Carstens
1997	Roman Herzog
2000	William Jefferson (Bill) Clinton
2001	György Konrád
2002	Der Euro
2003	Valéry Giscard d'Estaing
2004	Patrick Cox
2005	Carlo Azeglio Ciampi
2006	Jean-Claude Juncker
2007	Javier Solana Madariaga
2008	Angela Merkel

Abgeltungsteuer

Am 1.1. 2009 soll mit der Einführung der Abgeltungsteuer eine Neuregelung der Kapitalertragsteuer wirksam werden. Die Abgeltungsteuer beträgt einheitlich 25 % (zuzüglich 5,5 % Solidaritätszuschlag und gegebenenfalls Kirchensteuer) auf alle Kapitalerträge, unabhängig vom individuellen Einkommensteuersatz. Nach Ansicht der schwarz-roten Bundesregierung wird sich eine Verbringung von Geld ins EU-Ausland dann nicht mehr lohnen, da andere EU-Staaten ähnliche Besteuerungsverfahren praktizieren. Die Einführung der Steuer wurde vom Bundestag im Mai 2007 beschlossen, der Bundesrat stimmte im Juli zu.

Auswirkung Die Abgeltungsteuer wird von den Banken direkt an das Finanzamt abgeführt. Kapitaleinkünfte wie z. B. Zinsen, Dividenden, Erträge aus Investmentanlagen, Gewinne aus dem Verkauf von Wertpapieren müssen dann nicht mehr in der Einkommensteuererklärung angegeben werden. Die einjährige Spekulationsfrist wird abgeschafft, sodass künftig alle Veräußerungsgewinne aus Wertpapiergeschäften steuerpflichtig sind.

In der Praxis bedeutet die Abgeltungsteuer ein Steuerprivileg für reiche Kapitalbesitzer: Ihre Kapitaleinkünfte unterliegen zukünftig nicht mehr der normalen Einkommensteuer, deren Spitzensteuersatz bis maximal 42 % reicht, sondern nur noch der Abgeltungsteuer von 25 %. Steuerpflichtige mit einem Einkommensteuersatz unter 25 % können jedoch eine Steuererstattung beantragen, wenn sie ihre Kapitaleinkünfte freiwillig offenlegen.

Adolf-Grimme-Preise 2008

> **Adolf-Grimme-Preis 2008**
>
> **Fiktion**
> Eine andere Liga (ZDF/ARTE)
> Eine Stadt wird erpresst (ZDF/ARTE)
> Guten Morgen, Herr Grothe (ARD/WDR)
> KDD – Kriminaldauerdienst (ZDF)
> An die Grenze (ZDF/ARTE)
>
> **Unterhaltung**
> Dr. Psycho (ProSieben)
> Fröhliche Weihnachten (Sat.1)
>
> **Information und Kultur**
> Unser täglich Brot (ZDF/3sat/ORF)
> Das kurze Leben des José Antonio Gutierrez (ZDF/ARTE)
> monks – the transatlantic feedback (ZDF/3sat/HR)
> Zwischen Wahnsinn und Kunst (SWR/ZDFdokukanal)
> Luise – eine deutsche Muslima (NDR/WDR/ARTE)
>
> **Besondere Ehrung des Deutschen Volkshochschul-Verbandes**
> Iris Berben
>
> **Sonderpreis Kultur des Landes NRW**
> Tomte Tummetott und der Fuchs (ZDF)
>
> **Publikumspreis der Marler Gruppe**
> Zwischen Wahnsinn und Kunst (SWR/ZDF-dokukanal)
>
> **Mercedes-Benz Förderstipendium**
> Der Letzte macht das Licht aus (ZDF)

Adolf-Grimme-Preise 2008

Der prestigeträchtigste deutsche Fernsehpreis wurde 2008 zum 44. Mal verliehen. Ausgezeichnet wurden zwölf Produktionen, von denen nur zwei von Privatsendern kamen. Die Sonderauszeichnung des Deutschen Volkshochschul-Verbandes ging an Iris Berben für ihr schauspielerisches Lebenswerk und ihr politisches und gesellschaftliches Engagement.

Zwei ungewöhnliche Serien Der von Kritikern hochgelobten ZDF-Serie »Kriminaldauerdienst KDD« mag der Grimme-Preis das Fortbestehen gesichert haben: Die mehrfach ausgezeichnete Serie hatte in ihrer ersten Staffel relativ wenige Zuschauer gefunden. Sowohl die Kritik als auch die Grimme-Juroren werteten die Serie jedoch als einen innovativen Beitrag zum deutschen Krimi-Genre. Im Gegensatz zu den meisten deutschen TV-Formaten ist sie eine Eigenentwicklung und keine Adaption eines fremdsprachigen Vorbilds.

Das galt auch für »Dr. Psycho«, eine Produktion von ProSieben. Die Serie überzeugte durch ihre schräge Hauptfigur, verkörpert von Christian Ulmen. Der wird als Polizeipsychologe Max Munzl in eine neue Abteilung versetzt, wo er mehr mit der Analyse der Kollegen beschäftigt ist, als mit dem Lösen von Fällen.

Neuer Trend Die genannten Serien markieren eine Wende im deutschen Fernsehen: Mit mehreren Jahren Verspätung ist der internationale Trend hin zu humorigen wie schnellen, mehrere Erzählstränge folgenden Serienformaten in Deutschland angekommen.

Aids
➤ Gesundheit

Airbus
➤ EADS

ALG-II-Betreuung

In einem Urteil vom 20. Dezember 2007 erklärte das Bundesverfassungsgericht die Arbeitsgemeinschaften (ARGE), in denen Kommunen und Arbeitsagenturen Empfänger von Arbeitslosengeld II (ALG II) gemeinsam in Jobcentern betreuen, für grundgesetzwidrig, weil sie dem Verfassungsgrundsatz der »eigenverantwortlichen Aufgabenwahrnehmung« widersprächen. Eine solche Form der Mischverwaltung sei von der Komptenzordnung des Grundgesetzes nicht vorgesehen. Gegen diese Regelung des Sozialgesetzbuchs (SGB) II hatten elf Städte und Kreise geklagt. Bis 2010 muss der Gesetzgeber die ALG-II-Betreuung neu ordnen.

Der weitaus größte Teil der durchschnittlich 5,33 Mio. Empfänger von Leistungen gemäß →Hartz IV (2007) wurde in 353 ARGE mit rund 55 000 Beschäftigten betreut. In 21 Landkreisen wurden die Aufgaben von Arbeitsagenturen (v. a. Auszahlung von ALG II, Arbeitsvermittlung) und Kommunen (Zahlung von Wohn- und Heizkostenzuschüssen) organisatorisch getrennt wahrgenommen, 69 Kommunen nutzten die vom Gesetzgeber eingeräumte Möglichkeit, dies in Eigenverantwortung abzuwickeln (»Optionskommunen«).

Im Februar 2008 legte das Bundesarbeitsministerium einen Vorschlag zur Einrichtung von »kooperativen Jobcentern« vor, in denen Kommunen und Arbeitsagenturen auf freiwilliger Basis mit eindeutiger Aufgabentrennung zusammenarbeiten. Der Deutsche Städtetag stimmte diesem Modell im Wesentlichen zu. Die Länder, insbesondere Schleswig-Holstein und Nordrhein-Westfalen, favorisierten das Modell der Optionskommunen.

Altersarmut
►Armut

Altersteilzeit
Die seit 1996 bestehende Möglichkeit für Arbeitnehmer ab 55 Jahre, ihre regelmäßige Arbeitszeit bis zur Altersrente um die Hälfte bei mindestens 70 % ihres Nettogehalts zu reduzieren, ist bis 2009 befristet. Der Arbeitnehmer kann während der Altersteilzeit täglich, wöchentlich, monatlich weniger arbeiten oder er kann nach einer bestimmten Zeitspanne, in der er Vollzeit gearbeitet hat, ganz aus dem Job ausscheiden und Rente beanspruchen (sog. Blockmodell). Auch im Blockmodell hat der Arbeitnehmer Anspruch auf eine gleichbleibende Vergütung.
Regelung Der Arbeitnehmer, der Altersteilzeit nimmt, erhält nach der seit 30. 6. 2004 gültigen Regelung die Hälfte seines Arbeitsentgelts vom Arbeitgeber, die Bundesagentur für Arbeit (BA) ersetzt diesem einen Aufstockungsbetrag in Höhe von 20 % (zuzüglich dem fälligen Beitrag zur gesetzlichen Rentenversicherung), sofern die frei werdende Stelle für mindestens vier Jahre von einem Arbeitslosen oder einem ausgelernten Auszubildenden besetzt bzw. ein Lehrling neu eingestellt wird. In Tarifverträgen können höhere Erstattungen vereinbart werden, in der Metall- und Elektroindustrie z. B. zahlt der Arbeitgeber zusätzlich 12 %.
Ausmaß und Diskussion Im Jahr 2007 wies die BA insgesamt 104 350 Förderfälle aus, für die rund 1,379 Mio. € ausgegeben wurden; das Geld wird als sog. versicherungsfremde Leistung steuerfinanziert aus der Arbeitslosenversicherung gezahlt. Gewerkschaften und SPD setzten sich Mitte 2008 für eine Fortsetzung der Altersteilzeit ein, die SPD will die Förderung bis 2015 befristen; Neuanträge sollen ab dem 57. Lebensjahr möglich sein. CDU/CSU lehnten eine Verlängerung der Altersteilzeit ab.

Arbeitsmarkt
Die Zahl der Erwerbstätigen stieg nach Angaben des Statistischen Bundesamtes im Jahresdurchschnitt 2007 bedingt durch die gute Konjunktur um 677 000 (1,7 %) gegenüber 2006. Gleichzeitig sank die Zahl der Erwerbslosen um 1,6 Prozentpunkte. Diese positive Entwicklung auf dem Arbeitsmarkt setzte sich im 1. Quartal 2008 fort.
Erwerbstätigkeit Mit 39,76 Mio. Personen, die ihren Arbeitsort in Deutschland haben, erreichte die Erwerbstätigkeit 2007 den höchsten Stand seit Einführung der gesamtdeutschen Erhebung 1991. Die saison- und kalenderbereinigten Monatswerte zeigen über das ganze Jahr 2007 und weiter im 1. Quartal 2008 einen leichten kontinuierlichen Anstieg um bis zu 0,2 %.
Wirtschaftsbereiche Die langfristige Entwicklung der Gesamtwirtschaft hin zur Dienstleistung zeigt sich auch an den Erwerbstätigenzahlen. Die Anteile der Erwerbstätigen in den schrumpfenden Wirtschaftssektoren Land- und Forstwirtschaft, Fischerei (primärer Sektor) und produzierendes Gewerbe (sekundärer Sektor)

A Arbeitsmarkt

sanken 2007 gegenüber dem Vorjahr um jeweils 0,1 Prozentpunkte auf 2,1 % (1991 noch 3,9 %) bzw. 25,4 % (1991 noch 36,6 %). Der tertiäre Sektor (Dienstleistungen, übrige Bereiche) gewann 0,1 Punkte an Erwerbstätigen hinzu und hatte 2007 einen Anteil von 72,4 % (1991: 59,5 %).

Offene Stellen Im Durchschnitt waren 2007 bei den Arbeitsagenturen etwa 621 000 offene Stellen gemeldet (2006: 564 000; 2005: 413 000); knapp 193 000 davon waren Teilzeitarbeitsstellen (2006: 183 000; 2005: 130 000). Seit Oktober 2007 ist der Bestand an gemeldeten Stellen im Vergleich zum jeweiligen Vorjahresmonat rückläufig. Im Mai 2008 lag er bei rund 579 000 (9,9 % weniger als im Mai 2007), davon 176 000 Teilzeitarbeitsstellen. Auf Ostdeutschland entfielen gut 117 000 gemeldete Stellen; hier war der Anteil an Teilzeitarbeitstellen mit rund 54 700 (46,6 %) wesentlich höher als in Westdeutschland (26,4 %). Bei den im Mai 2008 gemeldeten Stellen machen Arbeitsplätze für Hilfsarbeiter mit fast 83 000 den größten Anteil aus, gefolgt von sozialpflegerischen Berufen (36 000) und Bürofach- und -hilfskräften (28 000). Daneben werden insbesondere Warenkaufleute (26 000) und Dienstleistungskaufleute (26 000), Elektriker (23 000), Gartenbauer (21 000) und Gästebetreuer (19 000) gesucht.

Arbeitslosigkeit 3,78 Mio. Menschen waren 2007 im Jahresdurchschnitt arbeitslos gemeldet, rund 711 000 weniger als 2006. Die Arbeitslosenquote für ganz Deutschland – bezogen auf alle

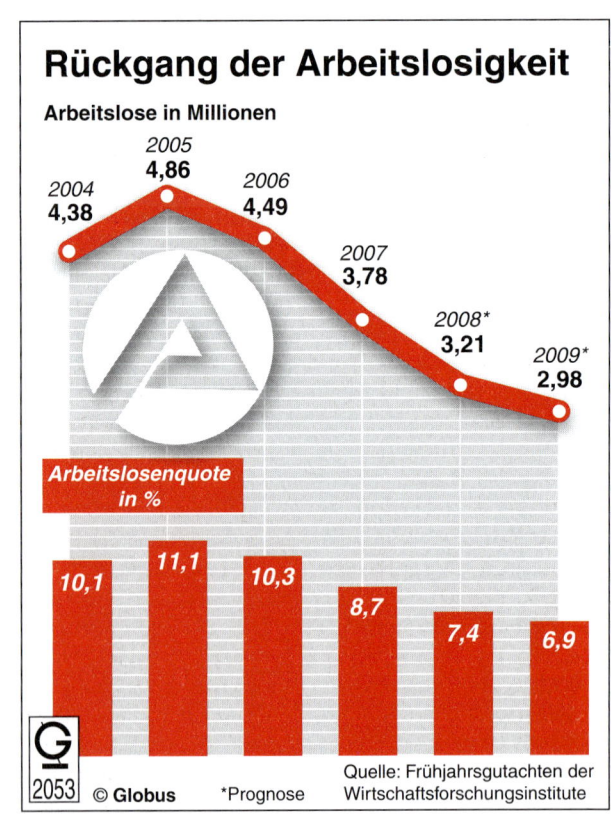

Rückgang der Arbeitslosigkeit

Arbeitslose in Millionen

- 2004: 4,38
- 2005: 4,86
- 2006: 4,49
- 2007: 3,78
- 2008*: 3,21
- 2009*: 2,98

Arbeitslosenquote in %

- 10,1
- 11,1
- 10,3
- 8,7
- 7,4
- 6,9

© Globus 2053 *Prognose Quelle: Frühjahrsgutachten der Wirtschaftsforschungsinstitute

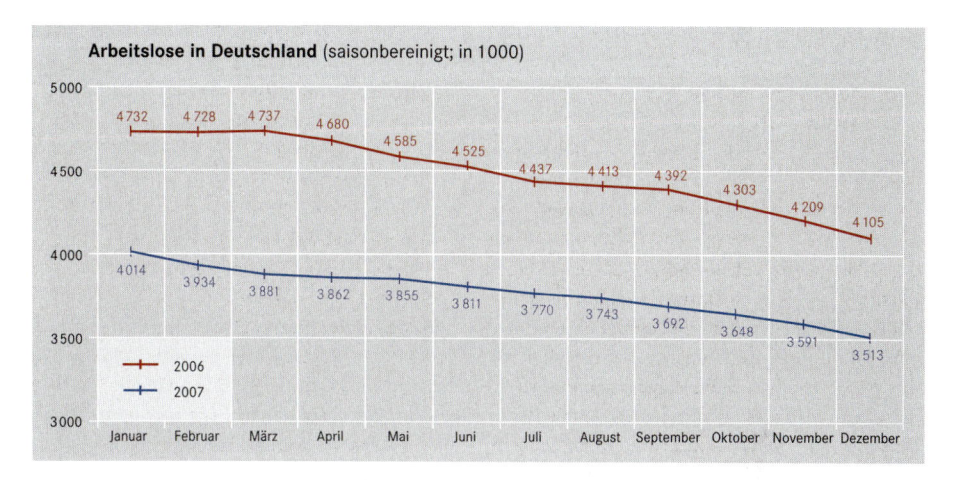

Armut

Arbeitslose in Deutschland (saisonbereinigt; in 1 000)

Monat	2006	2007
Januar	4 732	4 014
Februar	4 728	3 934
März	4 737	3 881
April	4 680	3 862
Mai	4 585	3 855
Juni	4 525	3 811
Juli	4 437	3 770
August	4 413	3 743
September	4 392	3 692
Oktober	4 303	3 648
November	4 209	3 591
Dezember	4 105	3 513

zivilen Erwerbspersonen – sank damit um 1,6 Prozentpunkte auf 9,0 %. Die regionalen Unterschiede blieben dabei groß: In Ostdeutschland lag die Quote immer noch bei 15,1 % (–2,2), in Westdeutschland bei 7,5 % (–1,6).

Im 1. Quartal 2008 nahm die Arbeitslosigkeit weiter ab. Die Gesamtzahl sank seit Dezember 2007 saisonbereinigt im Monatsdurchschnitt um 56 000. Im Mai 2008 waren noch 3,8 Mio. Menschen erwerbslos, rund 529 000 weniger als im Vorjahresmonat. Nach Berufen machten Warenkaufleute mit 314 000 Arbeitslosen die größte Gruppe aus; es folgten Bürofach- und Bürohilfskräfte (274 000), Reinigungsberufe (211 000), Lager- und Transportarbeiter (166 000) und Hilfsarbeiter (161 000).

Arp-Museum

Am 28. September 2007 wurde in Remagen-Rolandseck das Arp-Museum eröffnet, das aus zwei Häusern besteht: dem sanierten Bahnhof Rolandseck und einem von dem amerikanischen Stararchitekten Richard Meier geplanten Neubau. Auf der rund 2 200 m² großen Ausstellungsfläche werden neben Werken des Künstlerehepaares Hans Arp (* 1887, † 1966) und Sophie Taeuber-Arp (* 1889, † 1943) auch Werke von weiteren Gegenwartskünstlern präsentiert.

Umstrittene Werke Überschattet war die Museumseröffnung von der bis in die 1990er-Jahre zurückreichenden Diskussion um den Wert bzw. die Echtheit der Arp-Werke, die das Land Rheinland-Pfalz dem privaten Arp-Verein für 10 Mio. € abgekauft hatte. Angeblich wurde ein Teil der Skulpturen erst nach dem Tod des Künstlers Hans Arp gegossen.

Armut

Für ein großes Medienecho sorgte im Frühjahr 2008 eine Studie, wonach die →Mittelschicht in Deutschland rapide schrumpft und immer mehr Deutsche gefährdet sind, von der Mittelschicht in die Armut abrutschen. Etwa 13 % der deutschen Bevölkerung sind arm, weitere 13 % werden nur durch Sozialtransfers wie Kindergeld, Wohngeld und Arbeitslosengeld II vor Armut bewahrt.

Von Armut am meisten bedroht sind Langzeitarbeitslose und Alleinerziehende sowie deren Kinder. Diese Einschätzung lieferte der 3. Armuts- und Reichtumsbericht, der am 19. Mai 2008 von Bundesarbeitsminister Olaf Scholz (SPD) vorgelegt wurde. Der Bericht stützt sich auf die Definition der EU, wonach als arm gilt, wer als Alleinlebender weniger als 60 % des mittleren Einkommens zur Verfügung hat, also netto

A Ärztemangel

Armut: Anteil der Haushalte, deren Monatseinkommen unter dem Durchschnitt liegt (Haushaltseinkommen gemessen am Durchschnittseinkommen)

Jahr	unter 50% West	unter 50% Ost	50-75% West	50-75% Ost	75-100% West	75-100% Ost
2000	8,7	6,3	22,5	19,0	29,0	30,8
2004	10,7	7,6	24,2	24,7	25,8	23,3
2006	10,9	10,1	25,3	22,4	24,4	22,1

Quelle: Deutsches Institut für Wirtschaftsforschung

781 € pro Monat. Zu den Reichen gehören demnach alle, die als Alleinlebende monatlich netto mehr als 3 418 € oder als Familie mit zwei Kindern mehr als 7 178 € verdienen.

Kinderarmut Stuft der 3. Armuts- und Reichtumsbericht nur jeden achten Minderjährigen als armutsgefährdet ein, geht eine am 26. Mai 2008 vom Familienministerium präsentierte Armutsstudie von jedem sechsten Minderjährigen aus. Betroffen sind v. a. die Kinder Alleinerziehender, hier gelten 40 % als arm. Leben Kinder in einem Paarhaushalt mit einem berufstätigen Elternteil, beträgt das Armutsrisiko etwa 12 %, arbeiten beide, sind noch 4 % von Armut bedroht. Jeder dritte Minderjährige mit Migrationshintergrund ist armutsgefährdet; daneben sind auch Mehrkindfamilien finanziell stärker bedroht. Kinderarmut äußert sich nicht nur in fehlenden materiellen Mitteln, sondern auch, wie die Studie nahelegt, in Entwicklungsdefiziten, einer Unterversorgung mit der Folge gesundheitlicher Probleme sowie in sozialen Benachteiligungen.

Altersarmut Die wirtschaftliche Lage der Senioren hat sich laut Armutsbericht etwas entspannt. So sind in Deutschland im Vergleich Rentnerhaushalte die am wenigsten von Armut betroffenen Haushalte. 2,3 % der Senioren ab 65 Jahre beziehen eine Grundsicherung, weil Rente und andere Einkünfte zur Sicherung des Lebensunterhalts nicht ausreichen. Armutsgefährdet sind in der Gruppe der Älteren v. a. jene, die in ihrer Biografie längere Phasen einer selbstständigen Tätigkeit mit geringem Einkommen und Arbeitslosigkeit aufweisen.

Konzepte Der Armuts- und Reichtumsbericht hebt hervor, dass die Zahl derjenigen Personen, die trotz Erwerbstätigkeit von Armut bedroht sind, weiter ansteigt. Die SPD bekräftigte daher ihre Forderung zur Einführung von → Mindestlöhnen und stellte eine stärkere Besteuerung der Vermögenden etwa durch Anpassungen bei der sog. Reichensteuer, der Erbschaftsteuer und der seit 1997 nicht mehr erhobenen Vermögensteuer in Aussicht. Die Union dagegen forderte Steuersenkungen für Geringverdiener und Mittelschicht als wirksames Instrument zur Armutsbekämpfung und bekräftigte zugleich ihren Vorschlag für eine gestaffelte Kindergelderhöhung für kinderreiche Familien (→ Familienpolitik).

Ärztemangel

2007/08 warnten mehrere Ärzteverbände vor einem zu erwartenden gravierenden Ärztemangel in Deutschland.

Ärztemangel: Entwicklung des Durchschnittsalters der Ärzte

Jahr	Vertragsärzte	Krankenhausärzte
1993	46,6	38,1
1995	47,6	38,7
1997	48,5	39,2
1999	49,0	39,7
2001	49,8	40,2
2003	50,5	40,6
2005	50,9	40,9
2007	51,4	41,0

Quelle: Bundesärztekammer Köln

Ausländische Arbeitnehmer

Gründe Bis 2012 gehen laut Kassenärztlicher Bundesvereinigung und Bundesärztekammer 41 000 Ärzte in den Ruhestand, für die Nachfolger nicht in Sicht seien. Besonders betroffen seien Hausärzte, aber auch in einigen Facharztbereichen könnte es zu Engpässen kommen. Viele junge Mediziner wanderten zudem wegen der ihrer Ansicht nach schlechten Arbeitsbedingungen und zu niedrigen Honorare ins Ausland ab. 2007 arbeiteten 16 000 deutsche Ärzte im Ausland, rund 4 000 mehr als 2004. Auch das Bundesgesundheitsministerium ging 2008 davon aus, dass es in ländlichen Gegenden kurz- bis mittelfristig zu Ärztemangel kommen könne.

Gegenmaßnahmen Der Bund wies auf verschiedene Reaktionsmöglichkeiten hin. So könnten Ärzte und Kassen auf Landesebene Investitionshilfen für Praxisübernahmen vereinbaren. Auch sei es möglich, Medizinern, die in unterversorgten Gebieten arbeiten, mehr zu zahlen. Sachsen plant, mit Prämien bis zu 600 € monatlich Medizinstudenten zu fördern, wenn sie nach dem Studium vier Jahre als Allgemeinmediziner in unterversorgten Regionen arbeiten. Ab 2009 erhalten Ärzte festgelegte Eurobeträge für ihre Leistungen (bis dahin Punktwerte).

Augsburger Puppenkiste

Die Augsburger Puppenkiste feierte im Februar 2008 ihr 60-jähriges Bestehen. Das 1948 von Walter Oehmichen (* 1901, † 1977) in Augsburg gegründete Marionettentheater machte Figuren wie Bill Bo, das Urmel, die Katze mit Hut oder den kleinen König Kalle Wirsch bekannt.
Am 26. 2. 1948 fand mit »Der gestiefelte Kater« die erste Aufführung des Puppentheaters statt. Zwei Jahre später begannen mit einer Reisebühne Gastspiele in anderen Städten. Das Fernsehen verhalf der Puppenkiste ab Mitte der 1950er-Jahre zum Durchbruch. Mit dem Hessischen Rundfunk produzierte die Puppenkiste in den folgenden Jahrzehnten mehr als 30 Serien, darunter »Jim Knopf und Lukas der Lokomotivführer« (1961) oder »Urmel aus dem Eis« (1961), »Schlupp vom grünen Stern« (1986) und »Der Prinz von Pumpelonien« (1990).
1997 schaffte die Augsburger Puppenkiste mit »Die Story von Monty Spinnerratz« des amerikanischen Kinderbuchautors Tor Seidler erfolgreich den Sprung auf die Kinoleinwand. Seit 2005 geht Schlaubär Ralphi für den bayerischen Bildungskanal BR-alpha auf Erkundungstour.

Ausbildungsbonus

Als Teil der → Qualifizierungsinitiative beschloss das Bundeskabinett am 18. Januar 2008 die Einführung eines Ausbildungsbonus. Damit soll ein Anreiz für Betriebe geschaffen werden, zusätzliche betriebliche Ausbildungsplätze für »Altbewerber« zu schaffen, also für Jugendliche, die im ersten Anlauf keinen Ausbildungsplatz bekommen haben und höchstens über einen Realschulabschluss verfügen.

Regelung Die einmalige Zahlung für die Betriebe beträgt je nach Höhe der Ausbildungsvergütung zwischen 4 000 und 6 000 €. Die Regelung gilt ab dem Ausbildungsjahr 2008/09 und ist bis 31. 12. 2010 befristet. Insgesamt sollen rund 100 000 Altbewerber eine Chance auf einen Ausbildungsplatz bekommen. Die Kosten wurden auf rund 450 Mio. € beziffert.

Kritik Bei Wirtschaftsverbänden und Gewerkschaften stieß der Bonus weitgehend auf Ablehnung. Befürchtet wurde, dass Unternehmen das Instrument missbrauchten und ungeförderte Lehrstellen durch geförderte ersetzten. Auch könne eine Prämie die mangelnde Ausbildungsreife vieler Schulabgänger nicht ausgleichen; wichtiger seien ausbildungsbegleitende Hilfen für Lernschwache.

Ausländische Arbeitnehmer

Ende September 2007 waren in Deutschland nach Angaben der Bundesagentur für Arbeit 1,87 Mio. Ausländer sozialversicherungspflichtig beschäftigt; das waren 6,8 % aller Beschäftigten. Zwischen dem 3. Quartal 2003 und 2007

A Ausländische Arbeitnehmer

Ausländische Arbeitnehmer: sozialversicherungspflichtig Beschäftigte nach Herkunft (Mitte 2007)

Nationalität/Kontinent	Deutschland	Ostdeutschland (inkl. Berlin)
Beschäftigte insgesamt	26 854 566	5 117 339
Türkei	478 027	23 473
Ex-Jugoslawien	223 610	8 445
Italien	176 494	3 863
Griechenland	89 181	2 719
Polen	83 699	8 256
Frankreich	68 219	2 486
Österreich	56 387	2 467
Russland	41 840	4 698
Portugal	41 484	1 213
Spanien	33 760	1 142
Niederlande	29 892	1 294
Großbritannien	27 901	2 050
Europa insgesamt	1 539 193	78 370
Asien insgesamt	171 972	18 026
Afrika insgesamt	76 838	5 357
Amerika insgesamt	46 508	4 475
Ausländer insgesamt	**1 837 763**	**106 650**

Quelle: Bundesagentur für Arbeit

bewegte sich der Anteil stetig zwischen 6,5 und 6,8 %. In Westdeutschland liegt die Quote mit etwa 7,9 % deutlich höher als in Ostdeutschland mit ungefähr 2 % (ohne Berlin).
Starker Zuwachs durch Aufschwung Die positive konjunkturelle Entwicklung trieb die Beschäftigtenzahlen seit dem 2. Quartal 2006 hoch. Allerdings war der Zuwachs bei den Ausländern stärker als bei den Deutschen: So betrug er im 3. Quartal 2007 mit gut 64 000 ausländischen Arbeitnehmern 3,5 % (Deutsche: 494 000 oder 2,0 %). Dennoch blieb die Arbeitslosenquote (bezogen auf sozialversicherungspflichtig Beschäftigte) bei Ausländern mit 18,6 % (April 2008) weiter deutlich über der Gesamtquote von 9,1 %.
Nach strukturellen Merkmalen wie Altersgruppen, Geschlecht und Berufsausbildung gibt es zwischen ausländischen und deutschen Arbeitnehmern teils deutliche Unterschiede. Der Frauenanteil liegt bei Deutschen mit 45,6 % wesentlich höher als bei Ausländern (36,9 %). Während 70,9 % der deutschen Arbeitnehmer eine abgeschlossene Berufsausbildung haben, sind es bei den Ausländern nur 38,2 %. Auch die Anteile bei den Altersgruppen differieren: 62,9 % der deutschen Arbeitnehmer gehören zur Gruppe der 25- bis unter 50-Jährigen, aber 70,2 % der Ausländer; entsprechend sind die Anteile der Jüngeren (15 bis unter 25 Jahre) und Älteren (50 bis unter 65 Jahre) größer (13,1 % bzw. 23,6 %) als bei den Ausländern (11,5 % bzw. 18,1 %).
Nationalitäten Die größte Gruppe unter den ausländischen Arbeitnehmern sind Türken (25,8 %), vor sozialversicherungspflichtig Beschäftigten aus Ex-Jugoslawien (14,1 %), Italien (9,7 %) und Griechenland (5,1 %).
Bereiche Besonders groß bleibt der Anteil an ausländischen Arbeitnehmern im Gastgewerbe; dort lag er im September 2007 bei 20,7 %. Stark zugenommen hat der Ausländeranteil in den

Autobranche A

Wirtschaftszweigen Vermietung und Unternehmensdienstleister (um 11,1 % auf überdurchschnittliche 8,9 %) sowie Land- und Forstwirtschaft, Fischerei (um 8,1 % auf 10,1 %). Deutlich unterrepräsentiert bleiben ausländische Arbeitnehmer in den Bereichen öffentliche Verwaltung, Erziehung, Unterricht (3,0 %), Gesundheits- und Sozialwesen (4,2 %) und besonders im Kredit- und Versicherungsgewerbe (2,4 %).

Außenhandel

Der Außenhandel war 2007 wie in den Vorjahren Motor des Aufschwungs (→ Wirtschaftsentwicklung). Trotz der Turbulenzen auf den internationalen Finanzmärkten (→ Bankenkrise) und der Höherbewertung des →Euro erhöhte sich der deutsche Export gegenüber 2006 um 8,3 %; der Import legte um 5,7 % zu.

Handelspartner Mit einem Anteil von 64,8 % war die EU-27 die wichtigste Ausfuhrregion, 42 % der Exporte gingen in die Länder der Eurozone. Wichtigster Handelspartner seit zwei Jahrzehnten ist Frankreich.

Exportweltmeister auf Zeit Exportiert wurden Waren im Wert von 969,0 Mrd. €, sodass Deutschland seinen Platz als exportstärkstes Land verteidigte; der Importwert betrug 772,5 Mrd. €. Nach Einschätzung der Bundesagentur für Außenwirtschaft (bfai) vom Dezember 2007 wird Deutschland im Jahr 2008 von der VR China als »Exportweltmeister« abgelöst, allerdings werde die Abhängigkeit der Volkswirtschaft von Auslandsgeschäften weiter zunehmen. 2007 steuerte die Ausfuhr von Waren und Dienstleistungen 47 % zum Bruttoinlandsprodukt bei. Besonders vom Export abhängig ist das verarbeitende Gewerbe, darunter die → Autobranche, der Maschinenbau und die Chemieindustrie.

Konjunkturmotor Nach einer im September 2007 veröffentlichten Untersuchung des Statistischen Bundesamts nahm die Zahl der exportabhängigen Arbeitsplätze in Deutschland zwischen 1995 und 2005 von 5,7 Mio. auf 8,9 Mio. zu. Produktionsverlagerungen ins Ausland seien nicht verantwortlich für Arbeitsplatzverluste im Inland gewesen, sondern die schwache Binnenkonjunktur und die stärkere Nachfrage nach ausländischen Produkten.

Ausstellungen
➤ Kunst- und Museumsausstellungen

Auswanderung
➤ Migration

Autobranche

In der umsatzstärksten Branche der deutschen Wirtschaft stieg die Produktion nach Angaben des Verbandes der Automobilindustrie 2007 um 5,8 % auf rund 5,7 Mio. Pkw.

Gute Bilanz Ursache für die Absatzsteigerung war die anhaltend lebhafte Auslandsnachfrage; exportiert wurden 4,3 Mio. Pkw, 10,6 % mehr als im Vorjahr. Die Binnennachfrage litt unter der Anhebung von Mehrwert- und Versicherungssteuer sowie den hohen Kraftstoffpreisen, sodass der Absatz insgesamt um 9,2 % zurückging. Die Zahl der Beschäftigten in der Autoindustrie sank auch infolge der Absatzschwäche bei Pkw im Inland um rund 1 % auf knapp 0,8 Mio. Die industriellen Erzeugerpreise erhöhten sich nur moderat um 1 %.

Außenhandel: wichtigste deutsche Handelspartner 2007

Importe aus	Mrd. €	Exporte nach	Mrd. €
Frankreich	64,91	Frankreich	93,86
Niederlande	64,33	USA	73,36
China	54,65	Großbritannien	71,00
USA	45,63	Italien	65,15
Italien	44,35	Niederlande	62,37
Großbritannien	43,41	Österreich	52,76
Belgien	38,82	Belgien	51,41
Österreich	32,75	Spanien	48,16
Schweiz	29,79	Schweiz	36,36
Russland	28,77	Polen	36,08

Quelle: Statistisches Bundesamt

B Babyfreundliches Krankenhaus

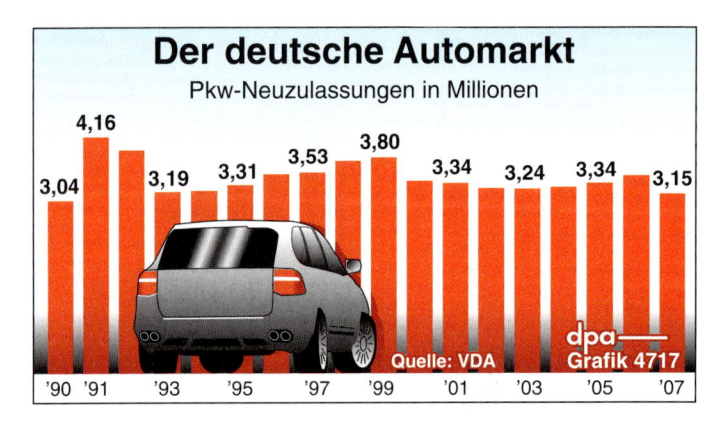

Der deutsche Automarkt
Pkw-Neuzulassungen in Millionen

'90	'91	'93	'95	'97	'99	'01	'03	'05	'07
3,04	4,16	3,19	3,31	3,53	3,80	3,34	3,24	3,34	3,15

Quelle: VDA — dpa Grafik 4717

Die starke Nachfrage nach Nutzfahrzeugen hielt an; den größten Zuwachs gab es im Exportgeschäft mit Schwellenländern. Im Inland kauften die Unternehmer auch deshalb mehr Lkw, um sich die degressive Abschreibung zu sichern, die 2008 gesenkt wird; mit 334 000 wurden 9,8 % mehr Nutzfahrzeuge zugelassen als 2006. Der Kfz-Bestand (Pkw und Lkw) erhöhte sich 2007 um 0,5 % auf 44,02 Mio. Fahrzeuge.

Autokosten Gemessen am Index des Verbands der Automobilindustrie e. V. (VDA) erhöhten sich die Autokosten mit 3,2 % gegenüber dem Vorjahr stärker als die allgemeinen Lebenshaltungskosten; größter Preistreiber waren die Kraftstoffe. Die Tankstellenpreise übertrafen noch das bisherige Spitzenjahr 2006: Der Jahresdurchschnittspreis für einen Liter Super betrug 1,34 €, für Diesel 1,17 €; darin waren 65,6 % bzw. 56,6 % Steuern und Abgaben enthalten. Der Trend setzte sich 2008 fort (→ Benzinpreise).

Biokraftstoffe Im April 2008 erklärte das Bundesumweltministerium, dass darauf verzichtet wird, den Anteil von → Biosprit im Ottokraftstoff ab 2009 von 5 % auf 10 % zu erhöhen. Anlass waren Erhebungen v. a. des ADAC, dass rund 3 Mio. meist ältere Fahrzeuge, deutlich mehr als von der Autoindustrie angenommen, aus technischen Gründen nicht mit dem sog. E-10-Kraftstoff betankt werden könnten und daher auf teureres Superplus (E 5) ausweichen müssten.

Seit 1. Januar 2007 muss nach dem Biokraftstoffquotengesetz konventionellen Kraftstoffen ein Anteil Biokraftstoff beigemischt werden. Diesel soll ab 2009 7 % Biodiesel enthalten.
www.vda.de (Verband der Automobilindustrie)
www.kfzgewerbe.de; www.adac.de
www.mwv.de (Mineralölwirtschaftsverband)

B

Babyfreundliches Krankenhaus

Als weltweit erste Kinderklinik wurde das Sankt-Joseph-Krankenhaus in Berlin am 21. Mai 2008 mit der Plakette der WHO/UNICEF-Initiative als »Babyfreundliches Krankenhaus« ausgezeichnet. Der Klinik wurde damit bescheinigt, dass sie sich in besonderem Maße für die Bindung zwischen Eltern und Neugeborenen sowie für die Förderung des Stillens einsetzt. Außerdem bietet sie spezielle Leistungen bei der Betreuung von Frühgeborenen und kranken Neugeborenen und deren Eltern. Auch die Geburtsklinik des Krankenhauses erhielt die Auszeichnung »babyfreundlich«.

Das Sankt-Joseph-Krankenhaus gehört zu den 33 Krankenhäusern in Deutschland, die bisher das internationale Prädikat bekommen haben. Anlässlich der Preisverleihung hob die Berliner

Senatsverwaltung für Gesundheit, Umwelt und Verbraucherschutz die Bedeutung der frühen Bindung zwischen Eltern und Kindern hervor, die einer späteren Vernachlässigung von Kindern vorzubeugen helfe.

Bad-Reichenhall-Prozess

Am 28. Januar 2008 begann vor dem Landgericht Traunstein der Prozess gegen vier Bauingenieure und Architekten. Ihnen wurde vorgeworfen, für den Einsturz der Eishalle von Bad Reichenhall verantwortlich zu sein, bei dem am 2. 1. 2006 15 Menschen getötet und weitere verletzt worden waren.

Prozessverlauf Im Vordergrund standen zunächst technische Fragen. Insbesondere der Zustand der Dachkonstruktion der Anfang der 1970er-Jahre errichteten Halle und ihre Wartung und Pflege wurden diskutiert; zudem sei bei der Decke ein nicht wasserbeständiger Holzleim verwendet worden. Einem Bauingenieur wurde vorgeworfen, 2003 bei der Überprüfung der Statik Mängel übersehen zu haben. Im Juni belasteten Zeugenaussagen die Verantwortlichen am Unglückstag schwer: Weil wegen der dicken Schneedecke auf dem Dach eine Einsturzgefahr erkannt wurde, sei eine knappe halbe Stunde vor dem Unglück ein für später vorgesehenes Eishockeytraining abgesagt, die Eisfläche aber nicht sofort geräumt worden. Auch dass größere Mengen Tropfwassers auftraten – Hinweis auf Schäden in der Dachkonstruktion –, war nach Zeugenaussagen seit längerem bekannt. Das Urteil im Prozess wird frühestens für Ende Juli 2008 erwartet.

Bankenkrise

Ab Mitte 2007 gerieten weltweit Banken, die sich direkt oder indirekt am amerikanischen Hypothekenmarkt engagiert hatten, in akute Schwie-

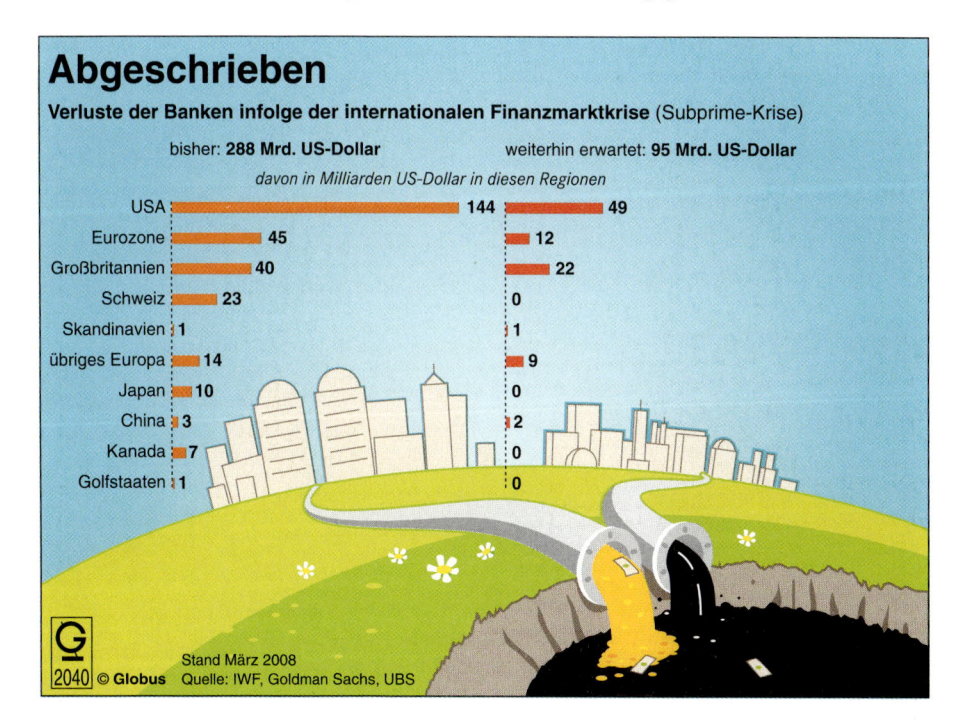

Abgeschrieben
Verluste der Banken infolge der internationalen Finanzmarktkrise (Subprime-Krise)

bisher: **288 Mrd. US-Dollar** weiterhin erwartet: **95 Mrd. US-Dollar**

davon in Milliarden US-Dollar in diesen Regionen

Region	bisher	weiterhin erwartet
USA	144	49
Eurozone	45	12
Großbritannien	40	22
Schweiz	23	0
Skandinavien	1	1
übriges Europa	14	9
Japan	10	0
China	3	2
Kanada	7	0
Golfstaaten	1	0

Stand März 2008
© Globus   Quelle: IWF, Goldman Sachs, UBS

B Bankenkrise

rigkeiten. In Deutschland betraf dies v. a. die öffentlichen Landesbanken Sachsen LB (→ Sachsen, Bundesländer), WestLB und → BayernLB sowie die private börsenotierte IKB Deutsche Industriebank AG; größter Aktionär der IKB-Bank ist die öffentliche KfW-Bank. Die Hypothekenkrise wirkte sich auch auf andere Kreditmärkte aus und führte u. a. zu Liquiditätsengpässen im Bankensystem. Im April 2008 rechnete der Internationale Währungsfonds (IWF) mit globalen Verlusten von bis zu 945 Mrd. US-$. Deutsche Banken belastete die Finanzkrise weniger als ausländische Kreditinstitute. Bundesfinanzministerium und Deutsche Bundesbank bezifferten den Bedarf an Abschreibungen und Wertberichtigungen in den Bilanzen deutscher Banken auf ca. 30 Mrd. US-$.

Ursachen Auslöser der Bankenkrise war das Ende des Booms am Immobilienmarkt in den USA. Er war bis 2006 dadurch angeheizt worden, dass vor dem Hintergrund niedriger Zinsen und reichlich vorhandener Liquidität Hypotheken zu günstigen Konditionen an Bauherren mit geringer Bonität vergeben wurden (»Subprime-Hypotheken«). Erleichtert wurde dies den amerikanischen Banken u. a. dadurch, dass sie ihre

---

Bankenkrise

Zweckgesellschaften

Zweckgesellschaften, auch Special Purpose Vehicle (SPV) oder Conduits genannt, werden meist von Banken gegründet, um bestimmte Finanzierungsgeschäfte aus den Bankbilanzen auszugliedern. Im Zuge der Turbulenzen an den Finanzmärkten gerieten Gesellschaften ins Blickfeld, die überwiegend lang laufende forderungsunterlegte Wertpapiere kauften und diese durch die Ausgabe kurzfristiger Commercial Papers finanzierten. Da die Conduits meist mit geringem Eigenkapital ausgestattet sind und deshalb nicht kreditwürdig wären, gibt die Eigentümerbank Liquiditätszusagen in Höhe der ausstehenden Papiere. Als die forderungsunterlegten Wertpapiere an Wert verloren und deshalb die Refinanzierung nicht mehr gelang, mussten die Eigentümerbanken in erheblichem Maße Liquidität bereitstellen.

Bankenkrise: Kreditinstitute

Institute	2007	Änderung zu 2006
Kreditbanken	373	13
Großbanken	5	0
Regional-, Wertpapierhandelsbanken und sonstige Kreditbanken	222	5
Zweigstellen ausländischer Banken und Wertpapierhandelsbanken	146	8
öffentlich-rechtlicher Bereich	458	−11
Landesbanken	12	0
Sparkassen	446	−11
genossenschaftlicher Bereich	1 236	−24
genossenschaftliche Zentralbanken	2	0
Kreditgenossenschaften	1 203	−24
Sonstige dem BVR* angeschlossene Kreditinstitute	31	−1
Sonstige	210	−2
darunter: Wohnungsunternehmen mit Spareinrichtung	45	0
Kapitalanlagegesellschaften	78	3
Summe	2 277	−24

*) BVR = Bundesverband der Deutschen Volksbanken und Raiffeisenbanken
Quelle: Deutsche Bundesbank

Forderungen aus den Hypotheken an Spezialgesellschaften verkaufen konnten, die diese wiederum – um das Risiko zu streuen – bündelten und als forderungsunterlegte Wertpapiere auf den Markt brachten. Da die Ratingagenturen die Bonität dieser Wertpapiere meist hoch einstuften, waren sie bei institutionellen Anlegern sehr begehrt.

2007 häuften sich Zahlungsausfälle bei amerikanischen Hypothekenschuldnern geringer Bonität. Einerseits waren in den USA die Zinsen gestiegen, und dies traf mehr und mehr Schuldner, bei denen die Zinsbindung endete; andererseits sanken in einigen Regionen die Immobilienpreise und damit der Wert der Kreditbesicherung. Daher stuften die Ratingagenturen mit Subprime-Wohnungsbaukrediten unterlegte Wertpapiere Mitte 2007 herab. In der Folge kam der Handel mit den betroffenen Wertpapieren zum Erliegen, es bildete sich kein Preis mehr, und der Wert der Papiere sank drastisch. Dies betraf zunächst einige Hedgefonds. Sie wurden durch hohe Kredite gerettet oder geschlossen. Aber auch Banken mussten beträchtliche Werte abschreiben.

Deutsche Banken Die hauptsächlich betroffenen deutschen Banken hatten sich über Zweckgesellschaften, sog. Conduits, in forderungshinterlegten Wertpapieren engagiert. Da diese Gesellschaften – ähnlich wie Hedgefonds – lang laufende Wertpapiere hielten, diese aber kurzfristig finanzierten, waren sie besonders anfällig für Wertverluste. Bei stark sinkenden Vermögenswerten konnten sie daher ihre Anlagen kaum noch refinanzieren. Deshalb hätten die Conduit-Eigentümer in erheblichem Umfang Kapital nachschießen müssen, was die finanziellen Möglichkeiten einiger Banken jedoch überstieg. Sowohl für die betroffenen Landesbanken als auch die IKB wurden bis Anfang 2008 »Rettungspakete« inklusive Bürgschaften und Garantieerklärungen zur Absicherung des Verlustrisikos geschnürt, welche die öffentlichen Anteilseigner – KfW, Bund, die Länder Sachsen, Nordrhein-Westfalen und Bayern sowie die Sparkassenverbände – stark belasteten. Bei der schon 2007 ertragsschwachen WestLB, die ebenso wie die IKB zum Verkauf stand, sollen 1500 der 6000 Arbeitsplätzen abgebaut werden. Die Risikoabschirmung bei der IKB kostete die KfW-Bank rund 6,8 Mrd. €.

Bank geschlossen Im April 2008 musste mit der Weserbank in Bremerhaven erstmals seit dem Ausbruch der internationalen Finanzkrise eine deutsche Bank Insolvenz anmelden. Die Bundesanstalt für Finanzdienstleistungsaufsicht verfügte die Schließung des Instituts, das mit knapp 25 Mio. € verschuldet ist. Die Einlagen der 2800 Bankkunden sind jedoch im Rahmen des Einlagensicherungs- und Anlegerentschädigungsgesetzes geschützt.

Bayerisches Bier

Der Streit zwischen den bayerischen Bierbrauern und einer niederländischen Brauerei um die Bezeichnung »Bayerisches Bier« wird vor dem Gerichtshof der Europäischen Gemeinschaften (EuGH) in Luxemburg ausgetragen. Am 14. Februar 2008 entschied der I. Zivilsenat des Bundesgerichtshofs (BGH), den EuGH über den Um-

Bayerisches Bier: Brauereien

Bundesland	Braustätten (2006)
Baden-Württemberg	180
Bayern	618
Berlin/Brandenburg	38
Hessen	67
Mecklenburg-Vorpommern	21
Niedersachsen/Bremen	52
Nordrhein-Westfalen	112
Rheinland-Pfalz/Saarland	56
Sachsen	57
Sachsen-Anhalt	21
Schleswig-Holstein/Hamburg	18
Thüringen	44
Deutschland	**1284**

Quelle: Statistisches Bundesamt

BayernLB

fang des Schutzes entscheiden zu lassen, der durch die europäische Verordnung zu geschützten geografischen Angaben entsteht.
Unterschiedliche Rechtspositionen Der Bayerische Brauerbund e. V., Dachverband der bayerischen Brauwirtschaft, hatte gegen den Braukonzern geklagt, der eine international registrierte Marke unter dem Namen »Bavaria Holland Beer« vertreibt. Dieser argumentierte, das seit 1719 gebraute Bier genieße seit 1995 internationalen Markenschutz, während die Bezeichnung »Bayerisches Bier« erst 2001 in das EU-Register als geschützte geografische Angabe eingetragen worden sei.

BayernLB

Die BayernLB gehörte 2007/08 zu den am stärksten von der → Bankenkrise betroffenen deutschen Kreditinstituten. Von Mitte 2007 bis zum 1. Quartal 2008 wies die zweitgrößte deutsche Landesbank im Mai 2008 Wertberichtigungen von 4,3 Mrd. € für risikobehaftete, von der BayernLB gehaltene Wertpapiere aus. Sie beruhen auf Hypothekendarlehen für amerikanische Immobilien, deren Preisverfall 2007 die Finanzmarktkrise ausgelöst hatte. Die Abschreibungen minderten den Gewinn der BayernLB, die je zur Hälfte dem Freistaat Bayern und den bayerischen Sparkassen gehört, im Geschäftsjahr 2007 auf 175 Mio. €. Risikobehaftete Wertpapiere mit einem Volumen von 24 Mrd. € wurden – wie auch bei WestLB und Sachsen LB (→ Sachsen, Bundesländer) – in eine Zweckgesellschaft ausgelagert. Das entlastete die eigene Bilanz um permanente Berichtigungen nach dem aktuellen Marktwert der Papiere.
Hohe Bürgschaften Zur Abschirmung des Ausfallrisikos war eine Bürgschaft über 6 Mrd. € notwendig, die sich der Freistaat Bayern und die Sparkassen mit jeweils 2,4 Mrd. € und die Landesbank selbst mit 1,2 Mrd. € teilen. Zur Finanzierung des Landesanteils an der Bürgschaft schlug der bayerische Finanzminister Erwin Huber (CSU) im April 2008 verschiedene Modelle vor, u. a. die mögliche Beteiligung privater Finanzinvestoren. Die Informationspolitik der Staatsregierung zur Krise bei der BayernLB und mögliche Versäumnisse der Aufsichtsgremien waren Gegenstand eines am 3. April 2008 eingerichteten Untersuchungsausschusses des bayerischen Landtags.

Benzinpreise:
Verbraucherpreisindex (2005 = 100)

Jahr/Monat	Normalbenzin	Superbenzin	Diesel
2000	82,6	83,0	75,3
2001	83,4	83,6	77,0
2002	85,5	85,5	78,5
2003	89,3	89,4	83,0
2004	93,0	93,1	88,1
2005	100,0	100,0	100,0
2006	105,7	105,6	105,0
2007	110,3	109,7	109,6
Januar 2008	114,3	112,6	118,4
Februar 2008	113,9	112,2	118,5
März 2008	118,2	116,3	125,5

Quelle: Statistisches Bundesamt

Benzinpreise

Vor dem Hintergrund steigender Rohstoffpreise auf den internationalen Märkten erreichten die Benzinpreise bis Mitte 2008 neue Rekordhöhen. Im Mai stieg der Rohölpreis für ein Barrel (159 Liter) erstmals auf 120 US-$ und näherte sich Anfang Juni bereits bedrohlich der Marke von 140 US-$. In Deutschland kletterte der Preis für Super- oder Normalbenzin daraufhin zum ersten Mal über die 150-Cent-Marke pro Liter. Auch der Dieselpreis erreichte mit bis zu 150 Cent eine neue Rekordhöhe.
Normalbenzin Autofahrer werden zukünftig an den Tankstellen kein Normalbenzin mehr bekommen. Marktführer Aral kündigte im Januar 2008 als Erster der großen Anbieter an, Normalbenzin vom Markt zu nehmen, wenn der Absatz weiter deutlich zurückgehe. Bereits Mitte Au-

gust 2007 hatten die Mineralölkonzerne die Preise von Normalbenzin auf das Niveau von Superbenzin angehoben. Die Preisangleichung wurde mit den angeglichenen Einkaufspreisen für die Mineralölprodukte am europäischen Ölmarkt in Rotterdam begründet. Von Automobilclubs kam die Kritik, die Abschaffung sei von langer Hand geplant und erhöhe die Gewinnmargen der Mineralölkonzerne.

Berlinale 2008

Das Konzept von Festivalleiter Dieter Kosslick, Weltstars des Kinos zur Filmpräsentation in die deutsche Hauptstadt zu holen, war im Vorfeld stark kritisiert worden, am Ende aber gab es eine Erfolgsbilanz: Besucherplus, viel Glamour, aber auch ein kontrovers besetztes Programm und – im Messeteil European Film Market – zufriedene Rechtehändler.

Sieger Mit »Tropa de Elite« von José Padilha wurde ein harter Film Festivalsieger. Der dokumentarisch aufgemachte Film über eine wenig zimperliche Polizeitruppe in Brasiliens kriminellen Gettos gewann den Goldenen Bären, eine Entscheidung, die viel Applaus fand. Auch die große Auszeichnung, der Silberne Bär, ging an einen ernsten Film: »Standard Operating Procedure« von Errol Morris dokumentiert aufwendig die Entstehungsgeschichte von zwölf Fotos aus dem Gefängnis Abu Ghraib, die 2004 als Beweis amerikanischer Folter im Irak um die Welt gingen. Die Berlinale bediente so auf den roten Teppichen mit einem ungewöhnlich großen Staraufgebot die Interessen des Boulevards, im Wettbewerb die des Feuilletons.

Weniger positiv fiel die Bilanz der Berlinale für den Deutschen Film aus. Doris Dörries »Kirschblüten – Hanami« waren im Vorfeld Chancen in mehreren Kategorien eingeräumt worden, am Ende ging er wie alle deutschen Festivalbeiträge leer aus. Ehrenauszeichnungen als Würdigung ihrer Personen gab es für Otto Sander und Karlheinz Böhm.

Ernst-Lubitsch-Preis Nicht im Wettbewerb, aber durch den Club der Berliner Filmjournalisten wurde im Rahmen der Berlinale Til Schweigers Komödie »Keinohrhasen« mit dem Ernst-Lubitsch-Preis für die beste komödiantische Leistung im deutschen Film ausgezeichnet. Schweigers Film ist mit 6 Mio. Zuschauern in den ersten sechs Monaten seit der Uraufführung im Dezember 2007 einer der zehn kommerziell erfolgreichsten deutschen Filme. Schweiger verursachte wenige Wochen zuvor einen Eklat, als er aus der Deutschen Filmakademie austrat, weil sein Film für den Deutschen Filmpreis 2008 nicht berücksichtigt worden war.

Die Internationalen Filmfestspiele Berlin fanden ab 1951 jährlich in Berlin (West) statt, seit 1990 sind sie die Filmfestspiele von ganz Berlin. Die

Berlinale: Preise der Internationalen Jury 2008

Preis/Kategorie	Preisträger
Goldener Bär für den besten Film	»Tropa de Elite« von José Padilha
Silberne Bären:	
Großer Preis der Jury	»Standard Operating Procedure« von Errol Morris
beste Regie	Paul Thomas Anderson für »There Will Be Blood«
beste Darstellerin	Sally Hawkins in »Happy-Go-Lucky« von Mike Leigh
bester Darsteller	Reza Najie in »Avaze Gonjeshk-ha« von Majid Majidi
herausragende künstlerische Leistung (Musik)	Jonny Greenwood für »There Will Be Blood«
bestes Drehbuch	Wang Xiaoshuai für »Zuo You«
Alfred-Bauer-Preis	»Lake Tahoe« von Fernando Eimbcke

B Berufsausbildung

wichtigsten Preise, der »Goldene Bär« und der »Silberne Bär«, werden seit 1956 von einer internationalen Jury vergeben.

Berufsausbildung

Die Situation auf dem Ausbildungsstellenmarkt hat sich 2007 (Berichtszeitraum Oktober 2006 bis September 2007) nach Erhebungen des Bundesinstituts für Berufsbildung (Bonn) verbessert. Infolge der guten Konjunktur und vermehrter Bereitstellung außerbetrieblicher Lehrstellen seitens der Bundesagentur für Arbeit und der Länder stieg die Zahl der angebotenen Lehrstellen gegenüber 2006 um 8,9 % auf gut 644 000 und überschritt damit seit 2001 zum ersten Mal die Sechshunderttausender-Marke.

Berufsausbildung: Auszubildende im Handwerk

Jahr*	Auszubildende	Änderung (%)
2001	564 000	−5,2
2002	527 000	−6,5
2003	502 000	−4,8
2004	489 000	−2,6
2005	477 000	−2,4
2006	476 000	−0,2
2007	483 000	+1,4

*) bis 31. Dezember
Quelle: Zentralverband des Deutschen Handwerks

Aufschwung bei Industrie und Handel Fast 626 000 neue Ausbildungsverträge konnten insgesamt abgeschlossen werden, 8,6 % mehr als im Vorjahr. Über die Hälfte der besetzten Lehrstellen entfielen auf Industrie und Handel (gut 367 000 oder 58,7 %), gefolgt vom Handwerk (28,7 %) und den freien Berufen (7,1 %). Als einziger Bereich konnte der öffentliche Dienst weniger Ausbildungsverträge als im Vorjahr vorweisen (13 400 oder 2,1 %; 2006: 2,4 %).

Angebot genügt noch nicht Trotz der insgesamt positiven Entwicklung blieben noch 99 500 Bewerber ohne Lehrstelle. 70 400 fanden eine Alternative wie eine berufsvorbereitende Maßnahme, sodass Ende September 2007 noch 29 100 Bewerber unversorgt waren. Dem standen 18 000 bei den Arbeitsagenturen gemeldete noch offene Ausbildungsplätze gegenüber.

Betreuungsgeld
▶ Kinderbetreuung

Betz-Prozess

Nach 112 Verhandlungstagen endete am 17. März 2008 vor dem Landgericht Stuttgart der Wirtschaftsprozess um illegale Machenschaften der internationalen Großspedition Willi Betz aus Reutlingen. Der Hauptangeklagte, Juniorchef Thomas Betz, wurde zu fünf Jahren Haft und einer Geldstrafe in Höhe von 2,16 Mio. € verurteilt, die beiden mitangeklagten Angestellten erhielten Haftstrafen von einem bzw. zwei Jahren auf Bewährung sowie Geldstrafen von 25 000 € bzw. 15 000 €. Das Unternehmen selbst muss Strafzahlungen in Höhe von 6,24 Mio. € und einen Gewinnausgleich von 8,5 Mio. € leisten.
Der wegen Hinterziehung von Sozialversicherungsbeiträgen, Verstoß gegen das Ausländerrecht, Bestechung von Amtsträgern und Urkundenfälschung verurteilte Betz soll 1999–2002 u. a. im großen Stil osteuropäische Lkw-Fahrer ohne Sozialversicherung beschäftigt sowie Visa und Genehmigungen zum grenzüberschreitenden Gütertransport erschlichen haben.

Bevölkerung

Nach Angaben des Statistischen Bundesamtes (Wiesbaden) lebten Ende 2006 rund 82,31 Mio. Menschen in Deutschland; bis Ende 2007 wurde mit einem Rückgang auf 82,21 Mio. gerechnet.

Bevölkerungsentwicklung Der 2003 eingetretene Trend eines Bevölkerungsschwunds setzte sich damit fort. Die Zahl der Geburten ist seit 1998 rückläufig. 2006 lag sie bei rund 672 700; das entsprach 8,2 Geburten je 1 000 Einwohner. Diese Quote lag 1998 noch bei 9,6. Obwohl auch die Zahl der Verstorbenen 2006 mit rund 821 600 gegenüber dem Vorjahr (rund 830 200) rückläu-

Bevölkerung B

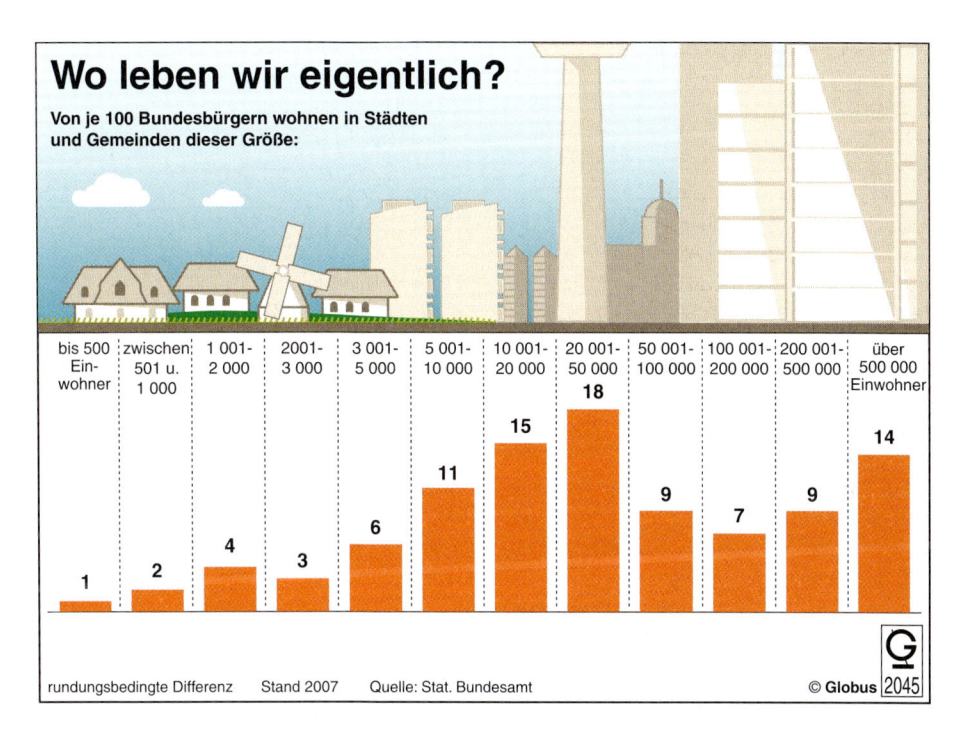

Wo leben wir eigentlich?
Von je 100 Bundesbürgern wohnen in Städten und Gemeinden dieser Größe:

bis 500 Einwohner	zwischen 501 u. 1 000	1 001- 2 000	2001- 3 000	3 001- 5 000	5 001- 10 000	10 001- 20 000	20 001- 50 000	50 001- 100 000	100 001- 200 000	200 001- 500 000	über 500 000 Einwohner
1	2	4	3	6	11	15	18	9	7	9	14

rundungsbedingte Differenz · Stand 2007 · Quelle: Stat. Bundesamt · © Globus 2045

fig war, blieb sie deutlich über der Geburtenzahl. Der Sterbeüberschuss betrug 148 900. Dieser Trend ist in Deutschland bereits langfristig ausgebildet: Das letzte Jahr mit einem Geburtenüberschuss in der Bundesrepublik war 1971; seitdem gibt es kein natürliches Bevölkerungswachstum mehr.

Altersstruktur Die Stärke der Altersgruppen veränderte sich 2006 weiter zugunsten der Älteren. Es gab Ende 2006 rund 4,25 Mio. unter Sechsjährige (5,2 % der Gesamtbevölkerung, 2005: 4,35 Mio.), 7,2 Mio. Sechs- bis 14-Jährige (8,7 %, 2005: 7,3 Mio.) und 9,61 Mio. 15- bis 24-Jährige (11,7 %, 2005: 9,69 Mio.). Die Gruppe der 45- bis 64-Jährigen umfasste 21,64 Mio. Menschen (26,3 %, 2005: 21,49 Mio.) und die der über 64-Jährigen 16,3 Mio. (19,8 %, 2005: 15,87 Mio.).

Ausländische Bevölkerung Nach den Daten der Bevölkerungsfortschreibung des Statistischen Bundesamtes lebten Ende 2006 rund 7,26 Mio. Ausländer in Deutschland, das entsprach einem Anteil von 8,8 % an der Gesamtbevölkerung. Die höchsten Anteile wiesen die Stadtstaaten auf, angeführt von Hamburg mit 14,2 %, gefolgt von Berlin mit 13,9 %. Bei den Flächenstaaten hatten Baden-Württemberg (11,8 %) und Hessen (11,3 %) die höchsten Anteile, während die ostdeutschen Bundesländer durchweg Ausländeranteile von unter 3 % aufwiesen. Den niedrigsten Prozentsatz verzeichnete Sachsen-Anhalt mit 1,9 %.

2006 wurden 124 566 Menschen deutsche Staatsbürger, 6,2 % mehr als 2005. Die größten Gruppen stellten Bürger der Türkei mit rund 33 300 und des ehemaligen Jugoslawien mit rund 17 400. Die seit 2002 rückläufige Zahl der Asylbewerber erreichte 2006 mit 21 000 einen neuen Tiefstand (2005: 28 900).

Haushalte In Deutschland gab es 2006 rund 39,8 Mio. Privathaushalte, 13 % mehr als noch

B Bienensterben

Bevölkerung Veränderung in der altersmäßigen Zusammensetzung der Bevölkerung

1991, dem ersten Jahr nach der Wiedervereinigung. Zugleich hat die durchschnittliche Haushaltsgröße abgenommen: Lebten 1991 statistisch noch 2,27 Personen in einem Haushalt, waren es 2006 nur noch 2,08 Personen. Der Anteil der Einpersonenhaushalte lag 2006 bei 38,8 % (1991: 33,6 %); in nur noch 14,0 % der Haushalte lebten vier oder mehr Personen. Besonders hoch war der Anteil der Einpersonenhaushalte in den Stadtstaaten. Berlin nahm mit 52,7 % den Spitzenplatz ein.

Familienstand Die Zahl der Eheschließungen war nach Angaben des Statistischen Bundesamtes 2006 mit rund 373 700 auf einen Tiefpunkt gesunken. Die Quote der Eheschließungen betrug 4,5 auf 1 000 Einwohner. In den 1990er-Jahren lag sie durchweg noch über dem Wert von 5; seit 2001 schwankte sie zwischen 4,6 und 4,8. Allerdings sank auch die Zahl der Ehescheidungen, sie erreichte mit 190 900 eine Quote von 2,3 je 1 000 Einwohner und damit den niedrigsten Wert seit 1999.

In Deutschland gab es 2006 rund 8,8 Mio. Familien (Eltern-Kind-Gemeinschaften); 73,9 % davon bestanden aus Ehepaaren mit einem oder mehreren Kindern, Alleinerziehende waren mit 18,5 % vertreten. Nicht eheliche oder gleichgeschlechtliche Lebensgemeinschaften (eingetragene Lebenspartnerschaft) hatten einen Anteil von 7,6 %; der Anteil dieser Familienformen jenseits der traditionellen Eltern-Kind-Gemeinschaften lag in den neuen Bundesländern mit Berlin (Gesamtanteil 42,3 %) durchweg höher als in den alten Bundesländern (22,4 %).
www.destatis.de

Bienensterben

Anfang Mai 2008 verendeten in Baden-Württemberg zwei Drittel der Honigbienen nach der Maisaussaat im Rheintal. Untersuchungen des Julius Kühn-Instituts ergaben eine Vergiftung der Bienen mit dem Nervengift Clothianidin, das als Wirkstoff in dem von Bayer CropScience produzierten Pflanzenschutzmittel Poncho Pro enthalten ist. Partikel des Mittels gelangten bei der Aussaat von behandeltem Maissamen mittels pneumatischer Sämaschinen auch auf benachbarte Rapsfelder und Obstwiesen, von wo die Bienen das Gift aufnahmen. Das Bundesamt für Verbraucherschutz und Lebensmittelsicherheit (BVL) stoppte im Juni Anwendung und Verkauf aller Saatgutbehandlungsmittel, die den Wirkstoff enthalten. Das Bienensterben schadet massiv der Landwirtschaft, da etwa 80 % aller Nutzpflanzen von Bienen bestäubt werden.
www.bvl.bund.de; www.bmelv.de

Bierkonsum

2007 war der Bierkonsum in Deutschland weiterhin rückläufig. Die deutschen Brauereien und

Bierlager setzten insgesamt 103,9 Mio. Hektoliter Bier (ohne alkoholfreies Bier und Malzbier) ab, 2,7 % weniger als im Vorjahr. Allerdings war 2006 aufgrund eines Sommers mit hohen Temperaturen und der Fußballweltmeisterschaft die Biernachfrage besonders hoch gewesen.

Absatz Mit einem Anteil von 24 % stand Nordrhein-Westfalen 2007 beim Bierverbrauch an der Spitze der Bundesländer, gefolgt von Bayern mit 22 %. Etwa 85 % des gesamten Angebots an Bier wurden im Inland abgesetzt, der Rest exportiert.

Geänderter Geschmack Biermischgetränke mit Cola, Limonade, Fruchtsäften und anderen alkoholfreien Zusätzen erreichten einen Anteil am gesamten Bierabsatz von 4 %. Die Nachfrage nach diesen Getränkesorten stieg gegenüber 2006 um 18 %. Ohne Berücksichtigung der Biermischgetränke lag das Absatzminus bei unvermischtem Bier 2007 sogar bei 3,4 %.

Brauereien Die Zahl der Brauereien kletterte 2007 von 1 284 (2006) auf 1 302. Fast die Hälfte davon war in Bayern angesiedelt.

Bildungspolitik

Um die berufliche Aus- und Weiterbildung umfassend zu fördern, beschloss die Bundesregierung im Januar 2008 die → Qualifizierungsinitiative, die u. a. einen → Ausbildungsbonus für Betriebe vorsieht, die schwer vermittelbare Jugendliche ausbilden. Auch die → Hochschulbildung soll angesichts des → Fachkräftemangels gefördert werden. Der Stärkung des Wissenschaftsstandortes Deutschland dient die Einrichtung von → Eliteuniversitäten.

Bildungsberichte Sechs Jahre nach dem Pisa-Schock haben deutsche Schüler bei der jüngsten Bildungsstudie der OECD einen Rang oberhalb des Durchschnitts erreicht. In der im Dezember 2007 veröffentlichten → PISA-Studie 2006 belegt die Bundesrepublik Platz acht unter den 30 untersuchten Staaten. Doch trotz zahlreicher Reformanstrengungen zeichnet der im Juni 2008 veröffentlichte Bildungsbericht von Bund und Ländern erneut ein kritisches Bild über den Zustand von Schulen und Hochschulen in Deutschland. Der Bericht beklagt weiter zu geringe Studentenzahlen – v. a. in Studiengängen wie Maschinenbau, Chemie, Informatik, Mathematik und Physik –, um den Fachkräftebedarf der Wirtschaft zu sichern. Anlass zur Sorge geben die 76 000 Schüler, die 2006 die Schule ohne Abschluss verließen, sowie die vielen Hauptschüler, die nach der Schule teils erst mit jahrelanger Verzögerung einen Ausbildungsplatz finden. Auch ging der Anteil der Bildungsausgaben am Bruttoinlandsprodukt von 6,9 % im Jahr 2005 auf 6,2 % in 2006 zurück.

Kritik an mangelnder Chancengleichheit übte der jährlich erscheinende Bericht »Bildung auf einen Blick« der OECD, der am 18. September 2007 in Berlin vorgestellt wurde. Die Leistungsunterschiede zwischen Schülerinnen und Schülern mit und ohne Migrationshintergrund seien in Deutschland sehr groß. Insbesondere das schwache Abschneiden der Schüler der zweiten Zuwanderergeneration signalisiere Handlungsbedarf.

Bundesweite Bildungsstandards Die Kultusministerkonferenz entschied sich im Oktober 2007 gegen das von Bildungsministerin Annette Schavan (CDU) geforderte bundesweite → Zentralabitur. Stattdessen sollen bundesweit einheitliche Bildungsstandards für die allgemeine Hochschulreife entwickelt werden, und zwar zunächst für die Fächer Deutsch, Mathematik und die erste Fremdsprache. In einer zweiten Stufe werden auch die naturwissenschaftlichen Fächer Biologie, Chemie und Physik erfasst. Die einheitlichen Anforderungen sollen vom Institut für Qualitätsentwicklung im Bildungswesen (IQB), einer wissenschaftlichen Einrichtung der Bundesländer, bis 2010 erarbeitet werden.

Bereits seit 2004 bzw. 2005 gelten bundesweite Bildungsstandards für den Primarbereich in der vierten Klasse, für den Hauptschulabschluss nach der Jahrgangsstufe neun und für den mittleren Schulabschluss nach der Jahrgangsstufe zehn.

B Bildungspolitik

Schulsystem In Rheinland-Pfalz wird, wie im Oktober 2007 beschlossen, bis zum Schuljahr 2013/14 schrittweise die Hauptschule als eigenständige Schulform abgeschafft (→ Rheinland-Pfalz, Bundesländer). Dem Verband Bildung und Erziehung (VBE) Rheinland-Pfalz geht diese Umstrukturierung nicht weit genug. Er fordert, für alle Schüler den mittleren Bildungsabschluss einzuführen.

Schleswig-Holstein wagte zumindest teilweise diesen Schritt und führte mit Beginn des Schuljahrs 2007/08 die ersten Gemeinschaftsschulen ein, an denen nach skandinavischem Vorbild die Schüler bis zur zehnten Klasse weitgehend gemeinsam unterrichtet werden (→ Schleswig-Holstein, Bundesländer).

»Turboabitur« Die Verkürzung der Schulzeit bis zum Abitur von 13 auf zwölf Jahre hat in vielen Bundesländern zu erheblichen Klagen über eine Überlastung der Schüler geführt. Die Kultusminister der Länder beschlossen daher am 6. März 2008 leichte Änderungen für das »Turboabitur« nach zwölf Schuljahren. So sollen den Schulen mehr Freiräume für besondere Projekte einge-

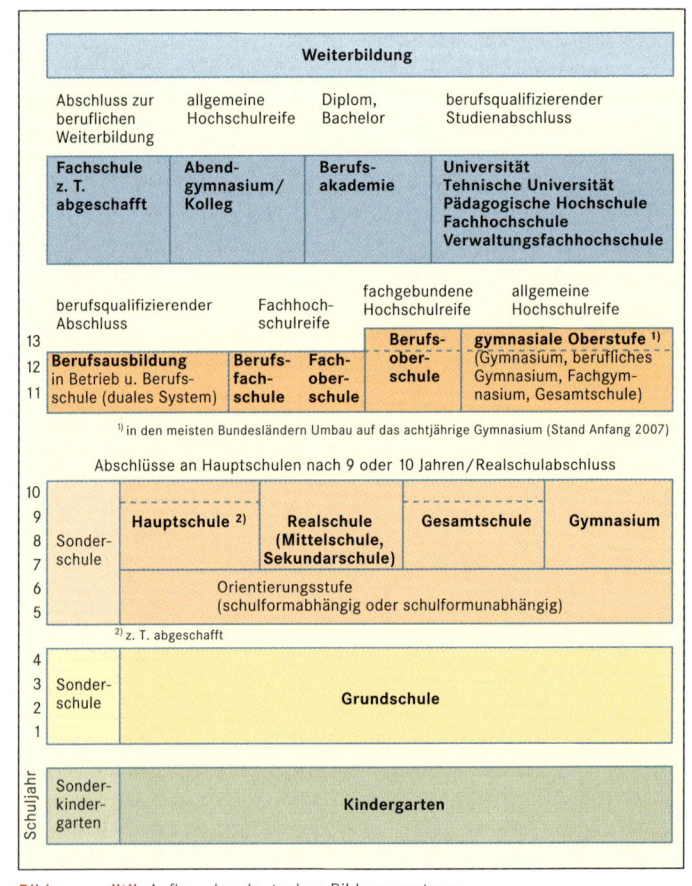

Schuljahr						
					Weiterbildung	
		Abschluss zur beruflichen Weiterbildung	allgemeine Hochschulreife	Diplom, Bachelor	berufsqualifizierender Studienabschluss	
		Fachschule z. T. abgeschafft	Abendgymnasium/ Kolleg	Berufsakademie	Universität, Tehnische Universität, Pädagogische Hochschule, Fachhochschule, Verwaltungsfachhochschule	
		berufsqualifizierender Abschluss	Fachhochschulreife	fachgebundene Hochschulreife	allgemeine Hochschulreife	
13					gymnasiale Oberstufe [1]	
12		Berufsausbildung in Betrieb u. Berufsschule (duales System)	Berufsfachschule	Fachoberschule	Berufsoberschule	(Gymnasium, berufliches Gymnasium, Fachgymnasium, Gesamtschule)
11						
		[1] in den meisten Bundesländern Umbau auf das achtjährige Gymnasium (Stand Anfang 2007)				
		Abschlüsse an Hauptschulen nach 9 oder 10 Jahren / Realschulabschluss				
10						
9	Sonderschule	Hauptschule [2]	Realschule (Mittelschule, Sekundarschule)	Gesamtschule	Gymnasium	
8						
7						
6		Orientierungsstufe (schulformabhängig oder schulformunabhängig)				
5						
		[2] z. T. abgeschafft				
4						
3	Sonderschule	Grundschule				
2						
1						
	Sonderkindergarten	Kindergarten				

Bildungspolitik Aufbau des deutschen Bildungssystems

räumt werden. Am Unterrichtsvolumen von 265 Wochenstunden von Klasse 5 bis zum Abitur soll sich nichts ändern. Fünf davon können aber künftig als »Wahlunterricht für besondere pädagogische Ansätze« ausgewiesen werden, z. B. für Übungen, Vertiefungsstunden und Projekte.

Biosprit

Bundesumweltminister Sigmar Gabriel (SPD) zog im April 2008 die umstrittene Biosprit-Verordnung zurück, nachdem bekannt geworden war, dass zu viele Autos die für 2009 geplante Erhöhung des Bioethanol-Anteils von derzeit 5 % auf 10 % (E 10) nicht vertragen. Rund 3,5 Mio. Besitzer v. a. ausländischer Autos hätten dann das teurere Superplus tanken müssen. Als die Erhöhung des Bioethanol-Anteils im November 2007 beschlossen wurde, war das Umweltministerium von bundesweit insgesamt 375 000 Fahrzeugen mit einer Unverträglichkeit ausgegangen. Allerdings hatte man die Fahrzeuge ausländischer Hersteller außer Acht gelassen.

Klimaschutzziele Durch das Aus für die höhere Beimischung geriet ein Eckpfeiler der von der Großen Koalition im Vorjahr beschlossenen Klimaschutzstrategie ins Wanken (→ Umweltpolitik). Auch mithilfe des Biosprits sollte erreicht werden, dass bei Neuwagen der Kohlendioxidausstoß bis 2012 auf durchschnittlich 120 g/km

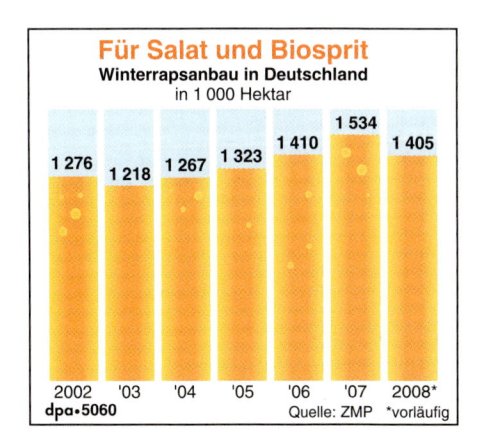

Biosprit

Biokraftstoffe
Biokraftstoffe werden aus Biomasse u. a. durch Vergärung gewonnen. Zu den wichtigsten Biokraftstoffen gehören Bioalkohol, der durch Vergärung des Zuckers aus Pflanzen wie Zuckerrübe, Mais und Zuckerrohr erzeugt wird, und der aus verschiedenen Pflanzenölen (Raps-, Sonnenblumen-, Soja- oder Palmöl) durch Zusatz von Methanol gewonnene Biodiesel. Biodiesel wird v. a. als Beimischung zu herkömmlichem Dieselkraftstoff genutzt. Bioalkohol ist im Gemisch mit Normalbenzin für Ottomotoren verwendbar. In speziellen Verbrennungsmotoren können Pflanzenöle auch direkt eingesetzt werden. Aus Biogas erzeugtes Methan, das in Erdgasfahrzeugen eingesetzt werden kann, zählt ebenfalls zu den Biokraftstoffen. Die Herstellung von sog. BtL-Kraftstoffen (Biomass to Liquid), die aus fester Biomasse wie Holz oder Stroh hergestellt werden können, befindet sich noch in der Testphase.

---

sinkt. Die Autobauer müssen nun mit technischen Mitteln ihren Klimaschutzbeitrag leisten.
Konfliktthema Vor dem Hintergrund der globalen Nahrungsmittelkrise wurde der Ausbau von Biosprit in Deutschland zunehmend kritisch betrachtet. Umweltschutzverbände halten Biokraftstoffe für bedenklich, da der Anbau von Energiepflanzen die weltweit notwendige Nahrungsmittelproduktion verdrängt und auch ökologisch bedenklich ist, wenn z. B. Regenwälder abgeholzt werden, um Platz für Soja- und Palmölplantagen zu schaffen.

Blu-Ray-Disc

Im März 2008 setzte sich die Blu-Ray-Disc, die nun von allen großen Filmfirmen unterstützt wird, als Nachfolgestandard für die DVD durch. Nach Einstellung des Konkurrenzformats HD-DVD stiegen die Verkaufszahlen für Blu-Ray-Player an, bewegen sich aber weiter auf niedrigem Niveau. Es ist unsicher, ob der Blu-Ray-Markt je die Größe des DVD-Marktes erreichen wird. Der Branchenverband Bitkom

---

Für Salat und Biosprit
Winterrapsanbau in Deutschland
in 1 000 Hektar

2002	'03	'04	'05	'06	'07	2008*
1 276	1 218	1 267	1 323	1 410	1 534	1 405

dpa•5060   Quelle: ZMP   *vorläufig

Börse

rechnete für 2008 mit einem Gesamtumsatz mit Blu-Ray-Geräten in Höhe von 87 Mio €. Selbst diese Zahl entspräche schon einer Steigerung um 600 % gegenüber 2007.

Die Blu-Ray-Disc ist ein optischer Datenträger, bei dem die Informationen mithilfe eines blauen Lasers ausgelesen werden. Sie ermöglicht mit 54 GByte mehr als zehnmal so viel Kapazität wie DVD (4,7 GByte) und wird v. a. benötigt, um digitalisierte Filme in hochauflösenden HD-Formaten zu speichern.

Börse

Obwohl ein Übergreifen der Finanzkrise auf die Wirtschaft nicht erkennbar war – der Maschinenbau beispielsweise meldete im Juni 2008 ein Rekord-Auftragsvolumen –, verzeichneten die deutschen Aktienmärkte Verluste im zweistelligen Prozentbereich. Der hohe Ölpreis erwies sich für viele Branchen als Wachstumshemmnis, und die Verunsicherung der Anleger führte zu Umschichtungen von Aktien auf Tagesgeldkonten.

Abschneiden der Indizes Der DAX, Mitte 2007 auf 8 007,32 Punkten, verlor bis Mitte Juni 2008 rund 17 % und fiel auf 6 650,26 Punkte. Die Verluste bei den mittelgroßen Werten lagen mit gut 14 % etwas niedriger (MDAX 2007: 11 023,94, 2008: 9 454,38), während die im SDAX erfassten kleineren Unternehmen mit 4 593,65 Punkten (2007: 6 479,32) sogar rund 19 % ihres Wertes verloren. Der Kursverlust der im TecDAX vereinten Technologiewerte belief sich auf knapp unter 14 % (2007: 932,47; 2008: 804,66).

Obwohl sich am deutschen Immobilienmarkt aufgrund strengerer Auflagen der Kreditvergabe keine Spekulationsblase gebildet hatte, war auch er von der Krise am amerikanischen Immobilienmarkt betroffen; der Immo Index der zehn wichtigsten Immobilienunternehmen im deutschsprachigen Raum verlor binnen eines Jahres fast 45 % seines Wertes.

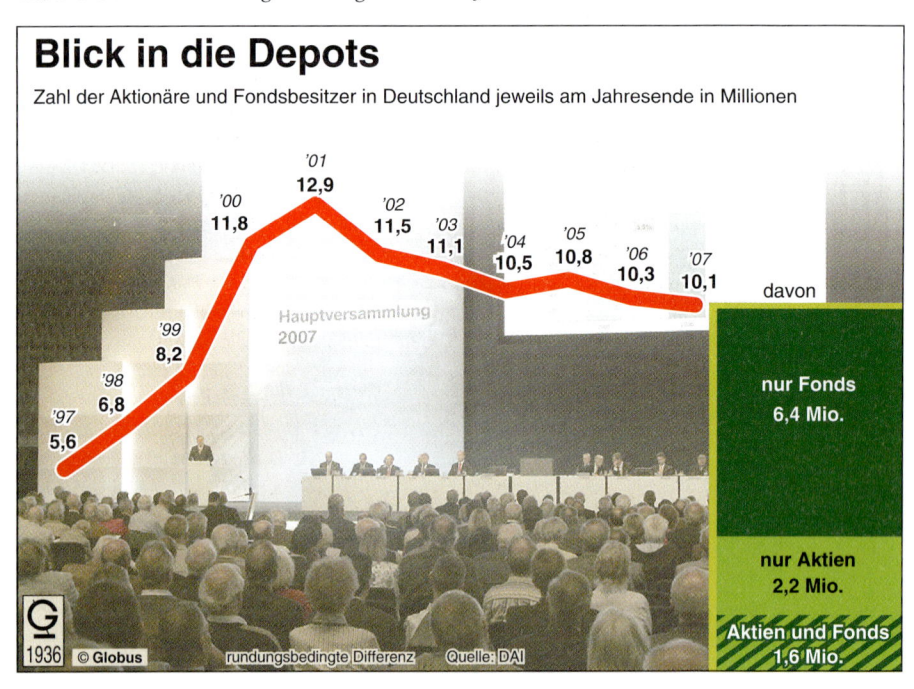

Blick in die Depots

Zahl der Aktionäre und Fondsbesitzer in Deutschland jeweils am Jahresende in Millionen

'97 5,6
'98 6,8
'99 8,2
'00 11,8
'01 12,9
'02 11,5
'03 11,1
'04 10,5
'05 10,8
'06 10,3
'07 10,1

davon
nur Fonds 6,4 Mio.
nur Aktien 2,2 Mio.
Aktien und Fonds 1,6 Mio.

© Globus 1936 — rundungsbedingte Differenz — Quelle: DAI

Bundesarbeitsgericht

Börsengänge Im Dezember 2007 meldete die Deutsche Börse für das abgelaufene Jahr mit 230 neu gelisteten Unternehmen ein Rekordergebnis. Das gesamte Emissionsvolumen entsprach mit 7,8 Mrd. € dem Wert des Vorjahres, die nach Emissionsvolumen größten Börsengänge waren Tognum (2,0 Mrd. €), Hamburger Hafen und Logistik (1,2 Mrd. €) und Gerresheimer (912 Mio. €). Die Marktkapitalisierung der neu gelisteten Unternehmen bei ihrer Erstnotiz lag mit insgesamt 33,0 Mrd. € leicht über dem Vorjahreswert (32,4 Mrd.). Während der Open Market mit 150 Börsengängen (2006: 102) einen deutlichen Zuwachs verzeichnete, ging die Anzahl der Börsengänge am regulierten Markt allerdings zurück. Erstmals verzeichnete die Deutsche Börse auch acht Erstnotierungen aus Russland/GUS sowie sieben aus China.

Mit dem Börsengang der alstria office REIT-AG startete die Deutsche Börse im November 2007 ein REITs-Handelssegment, dem seit Dezember mit der Fair Value REIT-AG ein zweites deutsches Unternehmen angehört.

Strittig war weiterhin der größte geplante Börsengang des Jahres 2008: Nachdem der Bundestag im Mai einem Verkauf von Anteilen der → Deutschen Bahn AG für den Herbst 2008 zugestimmt hatte, meldete im Juni die EU-Monopolkommission Bedenken an. Ein weiterer großer Börsengang wurde verschoben: Die → Evonik Industries AG verzichtete aufgrund der Finanzkrise vorerst.

www.deutsche-boerse.de

BUGA 2007

Die Bundesgartenschau (BUGA) 2007 in Ronneburg und Gera schloss am 14. Oktober 2007 ihre Pforten; sie war am 27. April eröffnet worden. Die alle zwei Jahre ausgerichtete gärtnerische Leistungsschau hatte sich erstmals in Thüringen präsentiert.

Zwei Standorte Eine Neuerung in der Tradition der Gartenschauen war auch, dass die BUGA 2007 gleichzeitig an zwei Standorten stattfand: im neu gestalteten innerstädtischen Hofwiesenpark und den angrenzenden Arealen der ehemaligen Residenzstadt Gera sowie im renaturierten Uranerzbergbaugebiet nahe der Kleinstadt Ronneburg. Dort, wo die sowjetisch-deutsche Wismut AG ab 1950 das größte Uranerzvorkommen des ehemaligen Ostblocks erschlossen hatte, wurde in Verbindung mit einem gewaltigen Sanierungsprojekt im Umweltschutz mit der »Neuen Landschaft Ronneburg« ein Naturraum komplett neu gestaltet.

Zu den Hauptattraktionen der BUGA in Ronneburg gehörten die »Drachenschwanzbrücke« – mit 240 m die derzeit längste Holzspannbrücke Europas –, die über das Gessental führte, und der auf einem Hochplateau angelegte »Ronneburger Balkon« mit Panoramablick über das Ausstellungsgelände.

Die Hofwiesen in Gera wurden zu einem Stadtpark umgestaltet. Der Küchengarten aus dem 17. Jh. erhielt wieder seine ursprüngliche barocke Gestaltung.

Zahlen Auf einer Gesamtfläche von 90 ha hatten insgesamt 700 Aussteller rund 1 500 Bäume, 100 000 Stauden und etwa 250 000 Blumenzwiebeln gepflanzt. Die Gesamtkosten in Höhe von 146 Mio. € trugen der Freistaat Thüringen, die Städte Gera und Ronneburg sowie der Landkreis Greiz. Die Bundesgartenschau wurde von knapp 1,5 Mio. Gästen besucht.

BUGA 2009 Die nächste BUGA wird im Jahr 2009 in Schwerin, der Hauptstadt von Mecklenburg-Vorpommern, ausgerichtet.

Bundesarbeitsgericht

Das Bundesarbeitsgericht (BAG) mit Sitz in Erfurt steht an der Spitze der Arbeitsgerichtsbarkeit. Die Verwaltung des BAG und die Dienstaufsicht führen der Bundesminister für Wirtschaft und Arbeit im Einvernehmen mit dem Bundesminister der Justiz.

Pfusch am Arbeitsplatz Wer schlechte Arbeit abliefert, dem kann grundsätzlich gekündigt werden. Das entschied das BAG am 17. Januar

Bundesarbeitsgericht

Bundesarbeitsgericht Aufbau der Arbeitsgerichtsbarkeit

2008 (2 AZR 536/06). Die Klägerin ist als Packerin in einem Versandhaus beschäftigt. Ihre Fehlerquote in den Jahren 2003 und 2004 war dreimal so hoch wie der Durchschnitt; nach zwei Abmahnungen kündigte das Versandhaus der Packerin aus Verhaltensgründen. Die Kündigungsschutzklage hatte in den Vorinstanzen Erfolg. Auf Revision des Versandhauses hin hielten die Erfurter Richter eine Kündigung in diesem Fall grundsätzlich für möglich: Wenn ein Arbeitnehmer über einen längeren Zeitraum die durchschnittliche Fehlerquote deutlich überschreitet, kann dies eine Grundlage für eine verhaltensbedingte Kündigung sein. Das BAG verwies die Sache aber zurück an das Landesarbeitsgericht, um den Sachverhalt restlos zu klären. Selbst kann das BAG dies nicht, es entscheidet nur über Rechtsfragen und vernimmt keine Zeugen.

Schriftform bei Kündigung Das BAG hatte die Frage zu klären, wann eine Unterschrift eine Unterschrift ist (6 AZR 519/07). Eine Kündigung ist laut Urteil vom 24. Januar 2008 nur dann rechtsgültig, wenn sie eigenhändig unterzeichnet ist – Abkürzungen, Diktatzeichen oder Paraphen reichen nicht aus. Der Arbeitgeber hatte in diesem Fall Glück. Nach ausführlichen grafologischen Studien erkannte das BAG in dem maßgeblichen Schriftzug eine Unterschrift.

Outsourcing Entschließt sich ein Unternehmen, einen Geschäftsbereich im Wege des sog. Outsourcing auszulagern, sind entsprechende betriebsbedingte Kündigungen grundsätzlich zulässig. Das BAG wies am 13. März 2008 die Klage eines »Moskito-Anschlägers« zurück (2 AZR 1037/06) – »Moskitos« sind großformatige Klapprahmen, in die Werbeplakate eingespannt werden. 2004 entschloss sich das Unternehmen aus wirtschaftlichen Erwägungen, die »Moskitos« nicht mehr von eigenen Angestellten ändern zu lassen. Die Arbeitskräfte sollten vielmehr künftig als selbstständige Unternehmer tätig werden.

Der Kläger wandte sich gegen das Outsourcing und die damit verbundene betriebsbedingte Kündigung. Er blieb damit in allen Instanzen erfolglos. Das BAG erkannte in der Umstrukturierung eine sog. freie Unternehmerentscheidung, die von den Gerichten nicht auf ihre organisatorische oder betriebswirtschaftliche Zweckmäßigkeit überprüft wird. Es komme aus Rechtssicht allein darauf an, ob die betriebsbedingte Kündigung willkürlich oder sonst missbräuchlich erfolgt ist. Das verneinte das BAG.

Bundesgerichtshof

Der Bundesgerichtshof (BGH) mit Sitz in Karlsruhe ist der oberste Gerichtshof des Bundes im Bereich der ordentlichen (Zivil- und Straf-)Gerichtsbarkeit; der 5. Strafsenat hat seinen Sitz in Leipzig. Das Gericht entscheidet durch Senate, die mit fünf Mitgliedern einschließlich des Vorsitzenden besetzt sind. Die Mitglieder des BGH werden durch den Bundesminister der Justiz gemeinsam mit einem Richterwahlausschuss berufen und vom Bundespräsidenten ernannt; sie müssen das 35. Lebensjahr vollendet haben.

Rauchen in Mietwohnungen Wer als Mieter exzessiv raucht, kann unter Umständen dem Vermieter Schadensersatz schulden. Das entschied der BGH am 5. März 2008 (Aktenzeichen VIII ZR 37/07). Im konkreten Fall waren Decken, Wände und Türen durch den Zigarettenqualm stark vergilbt. Der Zigarettengeruch hatte sich in die Tapeten regelrecht »eingefressen«. Dies stelle einen vertragswidrigen Gebrauch der Mietwohnung dar, befanden die Bundesrichter. Aber der Mieter hatte Glück: In seinem Fall hätte man die Schäden durch – normalerweise ihm obliegende – Schönheitsreparaturen beseitigen können. Dann entfällt die Schadensersatzpflicht, so der BGH. Das gilt selbst dann, wenn die Renovierungsklausel im Mietvertrag nichtig ist, also der Mieter letztlich überhaupt nicht renovieren muss – wie im entschiedenen Fall.

Schönheitsreparaturen Der BGH ergänzte seine Rechtsprechung zu Schönheitsreparaturen am 5. März 2008 um einen weiteren Aspekt (VIII ZR 95/07): Sog. Quotenabgeltungsklauseln sind nichtig, wenn sie für den Mieter nicht hinreichend verständlich sind. Mit solchen Abgeltungsklauseln sollte der Mieter beim Auszug verpflichtet werden, dem Vermieter für »angelaufene Renovierungsintervalle« eine Geldentschädigung zu zahlen oder eine »fachgerechte Renovierung« vorzunehmen.
Aus dem konkreten Mietvertrag ließ sich nicht entnehmen, wie das »Renovierungsintervall« zu bestimmen ist. So sollte der Mieter die gewöhnlichen, also unabhängig vom Auszug fälligen Schönheitsreparaturen »in der Regel« und nach unterschiedlichen Zeiträumen vornehmen – abhängig vom jeweiligen Wohnungsbereich (Küche drei Jahre, Schlafzimmer fünf Jahre). Eine Quotenabgeltung war damit nach Ansicht des BGH unzulässig. Dem Vermieter half auch nicht, dass der BGH in früheren Entscheidungen solche Quotenabgeltungsklauseln unbeanstandet gelassen hatte: Einen solchen Vertrauensschutz erkennt das Gericht »in der Regel« – und so auch hier – nicht an.

Gaspreis bei Sondertarifen Gaskunden mit Spezialverträgen können aufatmen: Der BGH kassierte am 29. April 2008 Preiserhöhungen (KZR 2/07). Das beklagte Energieunternehmen nutzte eine Vertragsklausel, nach der es den Gaspreis bei geänderten Beschaffungskosten »anpassen« darf, zu vier Preiserhöhungen im Zeitraum 1.6.2005 bis 1.4.2006. Das erachtete der BGH für unzulässig. Es gehe nicht an, diese Klausel allein zum Nachteil des Endkunden anzuwenden, also eventuelle Preissenkungen nicht weiterzugeben – was aber nach der Formulierung möglich sei und praktiziert wurde.

Bundesfinanzhof

Der Bundesfinanzhof (BFH) mit Sitz in München ist in das oberste Bundesgericht für die Finanzgerichtsbarkeit. Der BFH entscheidet über Revisionen gegen Urteile der Finanzgerichte und über die Beschwerde gegen andere Entscheidungen der Finanzgerichte und ihrer Senatsvorsitzenden.

Dienstwagenvermietung Wer als Arbeitnehmer seinem Arbeitgeber den eigenen Pkw als Geschäftsauto vermietet, kann bei den Anschaf-

B Bundesforschungsinstitut für Kulturpflanzen

fungskosten den Vorsteuerabzug geltend machen. Das entschied der BFH am 11. Oktober 2007 (V R 77/05).
Die pfiffige Konstruktion hat sich ein angestellter Steuerberater ausgedacht. Er schloss mit seinem Arbeitgeber einen Mietvertrag über das gerade von ihm privat angeschaffte Auto. Gleichzeitig wurde der Arbeitsvertrag des Steuerfachmanns um eine Klausel ergänzt: Er erhält als Dienstfahrzeug sein Auto zur Verfügung gestellt, das er auch für private Zwecke nutzen darf. Allerdings haben betriebliche Fahrten – auch die von Kollegen – immer Vorrang. Somit sei darin keine unzulässige Steuergestaltung zu sehen, befand der BFH.

Vereinsmitgliedsbeiträge Der BFH hat am 11. Oktober 2007 klargestellt, dass die Jahresbeiträge in Sportvereinen der Mehrwertsteuer unterliegen (V R 69/06). Im konkreten Fall hatte ein Golfclub geklagt, dem das Finanzamt den Vorsteuerabzug nicht gewährt hatte. Der eingetragene Verein hatte sich auf den Standpunkt gestellt, dass die von ihm erhobenen Mitgliedsbeiträge ein Entgelt seien – Entgelt dafür, dass die Clubmitglieder einen Golfplatz zur Verfügung gestellt bekommen. Somit müsse der Verein auch berechtigt sein, bei den Kosten für Errichtung und Unterhalt der Golfanlage den Vorsteuerabzug geltend zu machen. Der BFH folgte dieser Argumentation. Zwar sehe das EU-Steuerrecht für diesen Fall eine Mehrwertsteuerfreiheit vor. Allerdings gelte dies nicht, wenn sich – wie hier – der Steuerpflichtige auf das anders lautende nationale Recht berufe, um die Vorsteuer geltend machen zu können.

Pendlerpauschale Der BFH hält die Neuregelung der Pendlerpauschale laut Beschluss vom 10. Januar 2008 für verfassungswidrig (VI R 17/07). Selbst entscheiden kann das höchste deutsche Finanzgericht die Sache nicht: Dafür zuständig ist nach Artikel 100 des Grundgesetzes das Bundesverfassungsgericht (BVerfG). Der BFH legte deshalb den Rechtsstreit dem BVerfG vor und setzte die bei ihm anhängigen Verfahren aus.

Bundesfinanzhof: Entwicklung der Verfahren

Jahr	Eingänge	erledigt	unerledigte Verfahren
1952	1538	1261	1162
1975	2516	2529	3872
1985	2364	2196	5190
1990	3984	3955	4472
1995	3574	3574	3465
2000	3403	3325	2873
2001	3423	3225	3071
2002	3512	3425	3158
2003	3669	3596	3231
2004	3461	3663	3028
2005	3403	3652	2779
2006	3386	3468	2697
2007	3301	3514	2484

Quelle: Bundesfinanzhof

Seit dem 1.1.2007 kann ein Arbeitnehmer die Wegekosten steuerlich nur geltend machen, wenn er mehr als 21 km zum Arbeitsplatz zurücklegen muss. Nach Auffassung des BFH verstößt diese Neuregelung in mehrfacher Hinsicht gegen das Grundgesetz. So müsse v. a. aus verfassungsrechtlichen Gründen dem Einkommensteuerzahler ein Existenzminimum verbleiben – und dazu gehörten auch die Aufwendungen für den Arbeitsweg. Die Entscheidung des BVerfG wird noch für 2008 erwartet.

Bundesforschungsinstitut für Kulturpflanzen
➤ Julius Kühn-Institut

Bundesnachrichtendienst
Der Bundesnachrichtendienst (BND) soll bis 2009 eine völlig neue Organisationsstruktur erhalten, um sich effektiver seinen Aufgaben als Dienstleistungsbehörde für die Bundesregierung widmen zu können; zugleich soll er einer stärkeren Kontrolle durch die politischen Entscheidungsträger unterworfen werden. Der für

die Geheimdienste zuständige Chef des Bundeskanzleramts, Thomas de Maizière (CDU), informierte im Oktober 2007 Parlament und Öffentlichkeit über die Pläne.

Drei Säulen Im Zentrum steht der Neuaufbau nach einem »Drei-Säulen-Modell«, dem zufolge jeweils ein Vizepräsident für die drei großen Arbeitsfelder »Produktion«, »Produktionsunterstützung« und »Service« verantwortlich sein soll. Die Rolle des BND-Präsidenten wird gestärkt. Anlass für die Reform gaben zahlreiche Affären und ungeklärte Auslandsaktivitäten des BND in den letzten Jahren, nicht zuletzt als Folge einer Abkopplung diverser Abteilungen von der Leitung der 6000 Personen starken Behörde und der politischen Kontrolle. Die Oppositionsparteien verlangten mehr Kontrollrechte für das Parlament.

Bundespolizei

Am 1. März 2008 trat in Deutschland das Gesetz zur Neuorganisation der Bundespolizei in Kraft, das eine grundlegende Umstrukturierung der Behörde gesetzlich verankerte. Unter der Leitung von Matthias Seeger nahm die gesamtdeutsche Bundesoberbehörde am 3. März in Potsdam ihre Arbeit auf.

Zentralisierung Mit der Reform wurden die bisherigen 19 Bundespolizeiämter regional zu neun Bundespolizeidirektionen zusammengefasst. Träger der operativen Polizeiarbeit sind 77 (zuvor 128) Bundespolizei-Inspektionen. Für die Koordinierung der bereitschaftspolizeilichen Kräfte ist eine neue zentrale Direktion in Fuldatal zuständig. Das Bundesinnenministerium begründete die Umstrukturierung mit dem veränderten Aufgabengebiet der Bundespolizei, die 2005 aus dem Bundesgrenzschutz hervorgegangen war. Statt der Sicherung der Grenzen stünden heute Aufgaben im Binnenbereich wie die Hilfeleistung im Katastrophenfall, die Terrorabwehr an Flughäfen und Bahnhöfen, aber auch Großeinsätze bei Fußballspielen im Vordergrund, die eine effizientere Steuerung nötig machten.

Bundespolizei: Organisation

Oberbehörde	Zuständigkeit
Bundespolizeipräsidium in Potsdam	Dienst- und Fachaufsicht
nachgeordnete Behörden	
Bundespolizeidirektion Bad Bramstedt	Schleswig-Holstein, Mecklenburg-Vorpommern, auf See
Bundespolizeidirektion Berlin	Berlin, Brandenburg
Bundespolizeidirektion Flughafen Frankfurt/Main	Rhein-Main-Flughafen
Bundespolizeidirektion Hannover	Niedersachsen, Bremen, Hamburg
Bundespolizeidirektion Koblenz	Hessen, Rheinland-Pfalz, Saarland
Bundespolizeidirektion München	Bayern
Bundespolizeidirektion Pirna	Sachsen, Sachsen-Anhalt, Thüringen
Bundespolizeidirektion Sankt Augustin	Nordrhein-Westfalen
Bundespolizeidirektion Stuttgart	Baden-Württemberg
Direktion Bundesbereitschaftspolizei in Fuldatal	verantwortlich für zehn Bundespolizeiabteilungen, die bundesweit verfügbare Polizeikräfte sowie Führungs- und Einsatzmittel stellen
Bundespolizeiakademie in Lübeck	zentrale Aus- und Fortbildungsstätte

Bundessozialgericht

Bundessozialgericht
Das Bundessozialgericht (BSG), auf der Grundlage des Sozialgerichtsgesetzes vom 3. 9. 1953 (gültig in der Fassung vom 23. 9. 1975) errichtet, ist das oberste Gericht für die Sozialgerichtsbarkeit; Sitz ist Kassel.

Struktur und Aufgaben Das BSG entscheidet über Revisionen bei öffentlich-rechtlichen Streitigkeiten in Sozialversicherungs- und Kriegsopfersachen, in Angelegenheiten der Arbeitsförderung einschließlich der übrigen Aufgaben der Bundesagentur für Arbeit sowie in sonstigen durch Gesetz zugewiesenen Angelegenheiten. Außerdem entscheidet es bestimmte Streitigkeiten nicht verfassungsrechtlicher Art zwischen dem Bund und den Ländern sowie der Länder untereinander.

Die allgemeine Dienstaufsicht über die Verwaltung des Bundessozialgerichts führt das Bundesministerium für Gesundheit und Soziale Sicherung. Die Senate des Bundessozialgerichts sind mit je einem Vorsitzenden Richter, zwei weiteren Berufsrichtern und zwei ehrenamtlichen Richtern besetzt. Der Wahrung der Einheitlichkeit der Rechtsprechung des Bundessozialgerichts dient sein Großer Senat.

»Lorenzos Öl« Gesetzlich Krankenversicherte haben keinen Anspruch auf »Lorenzos Öl«. Das BSG wies am 28. Februar 2008 die Klage eines an Adrenomyeloneuropathie (ADL) leidenden Mannes ab (B 1 KR 16/07 R). Der 1963 geborene Kläger leidet seit seinem 17. Lebensjahr an dieser angeborenen Stoffwechselerkrankung. Die beklagte Ersatzkasse hatte die Kosten für »Lorenzos Öl« zunächst für eineinhalb Jahre übernommen, verweigerte aber weitere Zahlungen. Auf seine Klage hin verurteilte das Landessozialgericht Hessen die Krankenkasse zur weiteren Kostenübernahme. Dagegen wandte sich die Kasse erfolgreich an das BSG.

Die höchsten Sozialrichter entschieden, dass »Lorenzos Öl« weder ein Heil- noch ein Hilfsmittel sei, sondern allenfalls ein nicht zugelassenes Fertigarznei- oder gar ein Lebensmittel. In jedem Fall bestehe aber keine Leistungspflicht der gesetzlichen Krankenversicherung. Die anders lautenden Arzneimittelrichtlinien, die das Bundesgesundheitsministerium 2005 erlassen hatte, erachtete das BSG für rechtswidrig.

Keine Unfallrente für Raser Wer auf dem Weg zur Arbeit vorsätzlich einen Unfall verursacht, kann seine Ansprüche aus der gesetzlichen Unfallversicherung verlieren. Das BSG wies die Klage auf Gewährung einer Verletztenrente am 18. März 2008 ab (B 2 U 1/07 R). Der Kläger war auf dem Weg zu seiner Praktikumsstelle bei einem riskanten Überholmanöver mit einem entgegenkommenden Auto zusammengestoßen. Beide Fahrer trugen erhebliche Verletzungen davon. Im anschließenden Strafverfahren wurde er wegen vorsätzlicher Straßenverkehrsgefährdung zu einer Geldstrafe verurteilt. Seinen Anspruch auf Leistungen aus der gesetzlichen Unfallversicherung lehnte die beklagte Berufsgenossenschaft ab. Zu Recht, wie das BSG befand: Wer sich auf dem Weg zur Arbeit vorsätzlich selbst gefährde und schließlich verletze, habe seinen Unfallversicherungsanspruch verwirkt.

Bundessozialgericht

Lorenzos Öl
Lorenzos Öl ist eine spezielle Ölmischung zum Einnehmen, die gegen die seltene Stoffwechselkrankheit Adrenomyeloneuropathie (ADL) helfen soll. Sie kann das Auftreten der von ADL hervorgerufenen schweren Nervenschädigungen möglicherweise verzögern oder aufhalten. Obwohl es etlichen von der Krankheit betroffenen Patienten hilft, wurde Lorenzos Öl bisher nicht klinisch zur Wirkung bei ADL getestet und ist daher nicht als Arzneimittel zugelassen. Das Öl ist nach Lorenzo Odone benannt, der mit sechs Jahren an ADL erkrankte und nach der Diagnose der Ärzte nur noch zwei Jahre zu leben gehabt hätte. Seine Eltern kreierten die Mischung als alternative Medizin für ihren Sohn, der Ende Mai 2008 30-jährig starb. Die Geschichte wurde 1992 mit Susan Sarandon und Nick Nolte verfilmt.

Medikamentenzuzahlung Bezieher des Arbeitslosengeldes II (»Hartz IV«) sind nicht von der Zuzahlungspflicht in der Krankenversicherung befreit. Das hat das BSG am 22. April 2008 entschieden (B 1 KR 10/07 R). Im konkreten Fall ging es um Zuzahlungen in Höhe von 41,40 € jährlich bei einem chronisch Kranken. Das sei kein Eingriff in das verfassungsrechtlich garantierte »physische Existenzminimum«, meinten die Bundessozialrichter.

Bundesverfassungsgericht

Das Bundesverfassungsgericht (BVerfG) mit Sitz in Karlsruhe ist das oberste Organ der Verfassungsgerichtsbarkeit, geschaffen durch das Bundesverfassungsgerichtsgesetz vom 12. 3. 1951, gültig in der Fassung vom 11. 8. 1993.

Struktur und Aufgaben Das BVerfG ist Verfassungsorgan und ein allen übrigen Verfassungsorganen (insbesondere dem Bundestag und der Bundesregierung) gegenüber selbstständiger und unabhängiger Gerichtshof. Seine Entscheidungen binden die Verfassungsorgane des Bundes und der Länder sowie alle Gerichte und Behörden, in bestimmten Fällen haben sie Gesetzeskraft.

Das Gericht besteht aus zwei Senaten mit je acht Richtern, die die Fähigkeit zum Richteramt besitzen, das 40. Lebensjahr vollendet haben und zum Deutschen Bundestag wählbar sein müssen. Sie dürfen keine andere berufliche Tätigkeit als die eines Rechtslehrers an einer deutschen Hochschule ausüben und können weder dem Bundestag, dem Bundesrat, der Bundesregierung noch den entsprechenden Organen eines Landes angehören. Drei Richter jedes Senats müssen von einem obersten Bundesgericht stammen.

Die Richter des Bundesverfassungsgerichts werden je zur Hälfte vom Bundestag (in mittelbarer Wahl durch ein zwölfköpfiges Wahlmännergre-

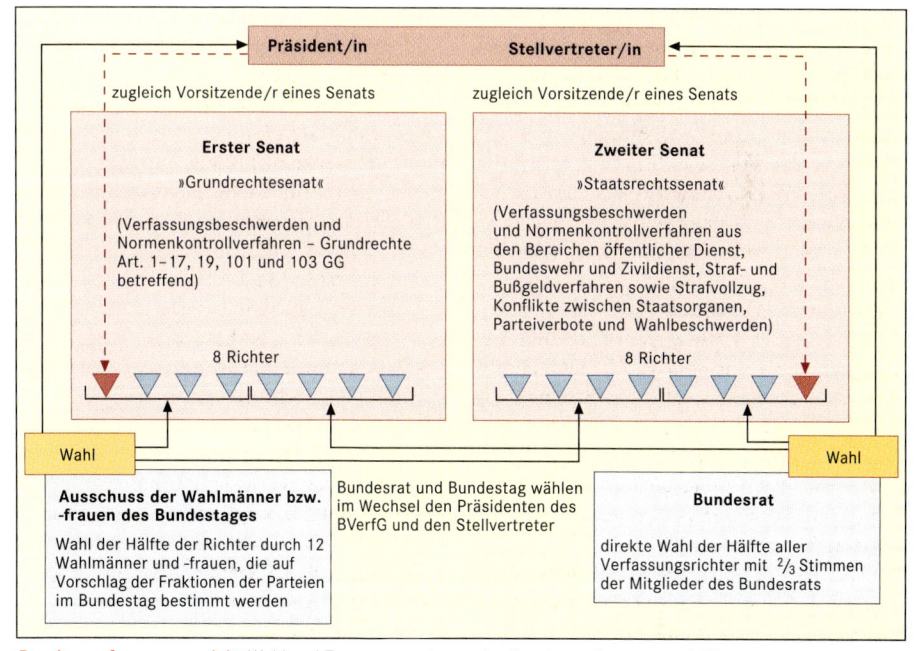

Präsident/in — **Stellvertreter/in**
zugleich Vorsitzende/r eines Senats — zugleich Vorsitzende/r eines Senats

Erster Senat
»Grundrechtesenat«
(Verfassungsbeschwerden und Normenkontrollverfahren – Grundrechte Art. 1–17, 19, 101 und 103 GG betreffend)
8 Richter

Zweiter Senat
»Staatsrechtssenat«
(Verfassungsbeschwerden und Normenkontrollverfahren aus den Bereichen öffentlicher Dienst, Bundeswehr und Zivildienst, Straf- und Bußgeldverfahren sowie Strafvollzug, Konflikte zwischen Staatsorganen, Parteiverbote und Wahlbeschwerden)
8 Richter

Wahl — **Wahl**

Ausschuss der Wahlmänner bzw. -frauen des Bundestages
Wahl der Hälfte der Richter durch 12 Wahlmänner und -frauen, die auf Vorschlag der Fraktionen der Parteien im Bundestag bestimmt werden

Bundesrat und Bundestag wählen im Wechsel den Präsidenten des BVerfG und den Stellvertreter

Bundesrat
direkte Wahl der Hälfte aller Verfassungsrichter mit $2/3$ Stimmen der Mitglieder des Bundesrats

Bundesverfassungsgericht Wahl und Zusammensetzung des Bundesverfassungsgerichts

Bundesverfassungsgericht

mium) und vom Bundesrat gewählt sowie vom Bundespräsidenten ernannt und vereidigt; zu ihrer Wahl ist die Zweidrittelmehrheit erforderlich. Ihre Amtszeit dauert einheitlich zwölf Jahre, längstens bis zur Erreichung der Altersgrenze (68 Jahre); eine Wiederwahl ist ausgeschlossen. Den Vorsitz in den beiden Senaten führen der Präsident und der Vizepräsident des Bundesverfassungsgerichts.

Die Verteilung der Zuständigkeit zwischen Erstem und Zweitem Senat ist im Bundesverfassungsgerichtsgesetz geregelt. Will ein Senat in einer Rechtsfrage von der Rechtsprechung des anderen Senats abweichen, entscheidet das Plenum der Richter.

Sonderausgabenabzug Neue Hausaufgaben gab das BVerfG dem Bundestag als Gesetzgeber auf. In seinem Beschluss vom 13. Februar 2008 (2 BvL 1/06) entschied das Gericht, dass die geltende Regelung im Einkommensteuerrecht über die Geltendmachung von Kosten zur privaten Kranken- und Pflegeversicherung gegen das Grundgesetz verstößt. Bei der Abzugsfähigkeit dieser Kosten müsse das steuerfreie Existenzminimum beachtet werden. Für eine Neuregelung hat der Gesetzgeber Zeit bis zum 31.12. 2009. Die Entscheidung gilt nicht nur für Privatversicherte. Das BVerfG stellte klar, dass bei der Neufassung auch für die gesetzlich Versicherten eine verfassungsmäßige Regelung getroffen werden muss.

Caroline-Urteil Das monegassische Fürstenhaus hat zum wiederholten Mal das BVerfG beschäftigt. Das Gericht musste sich mit der Frage auseinandersetzen, in welchem Umfang die Presse Fotos aus dem Privatleben Prominenter veröffentlichen darf (1 BvR 1602/07). Im konkreten Fall ging es um mehrere Aufnahmen der Prinzessin Caroline von Monaco, die sie in Alltagssituationen zeigten. Die Verfassungsrichter entschieden am 26. Februar 2008, dass eine Veröffentlichung solcher Bilder zulässig ist, wenn sie »über die Befriedigung bloßer Neugier an privaten Angelegenheiten« hinausgeht, also einen »Beitrag zur öffentlichen Meinungsbildung zu Fragen von allgemeinem Interesse« leisten. Wann das der Fall ist, muss aber im Streitfall von den Gerichten entschieden werden.

»Viagra« auf Rezept Wer gesetzlich krankenversichert ist, hat keinen Anspruch auf das Potenzpräparat »Viagra« oder ähnliche Präparate. Der Beschwerdeführer leidet seit Jahren an Erektionsstörungen infolge einer Diabeteserkrankung. Seine Krankenkasse weigerte sich 1999, die Kosten für das gerade auf den Markt gekommene Mittel zu übernehmen. Dagegen wandte er sich – teilweise erfolgreich – an das Bundessozialgericht. Allerdings sorgte eine Gesetzesänderung dafür, dass in der gesetzlichen Krankenversicherung ab 1.1. 2004 keine Kosten mehr für Potenzpräparate wie »Viagra« erstattet werden. Damit wollte sich der Kläger nicht abfinden und zog nach Karlsruhe vor das BVerfG – ohne Erfolg: Die Verfassungsrichter erklärten am 28. Februar 2008, seine Beschwerde nicht zur Entscheidung anzunehmen (1 BvR 1778/05). Es sei von Verfassungs wegen nicht zu beanstanden, dass die gesetzliche Krankenversicherung Potenzmittel aus ihrem Leistungskatalog genommen hat.

Kennzeichen-Scanning Das automatische Erfassen von Kfz-Kennzeichen verstößt gegen den Datenschutz. Mit seinem Urteil vom 11. März 2008 (1 BvR 2074/05) stoppte das BVerfG entsprechende Pläne von Hessen und Schleswig-Holstein. Die Landespolizei sollte künftig befugt sein, automatische Videokameras aufzustellen, um die Kennzeichen aller Fahrzeuge zu erfassen und mit Fahndungsdateien abzugleichen. Die Verfassungsrichter sahen in diesem Vorhaben einen unzulässigen Eingriff in das Grundrecht auf informationelle Selbstbestimmung – hinter diesem Begriff verbirgt sich der Datenschutz im Juristendeutsch. Das geplante Kennzeichen-Scanning geht auf Überlegungen des damaligen BKA-Präsidenten Horst Herold zurück, der schon in den 1970er-Jahren diese Maßnahme zur effektiven Verbrechensbekämpfung forderte.

Bundesverwaltungsgericht

Bundesverfassungsgericht

Informationelle Selbstbestimmung
Am 13.12. 1983 verkündete das BVerfG im »Volkszählungsurteil« (1 BvR 209/83) bis heute bestehende Grundsätze im Datenschutz. Das Urteil betraf die eigentlich für den 27. 4. 1983 geplante Volkszählung, die das Gericht kurz vor Beginn durch eine einstweilige Anordnung gestoppt hatte. Im Urteil wurden nahezu alle Eckpunkte der Durchführungs- und Nutzungsbestimmungen für verfassungswidrig erklärt. Dazu gehörte insbesondere der geplante Melderegisterabgleich, mit dem einerseits die in der Volkszählung erhobenen Daten mit dem Melderegister abgeglichen werden und andererseits Bundeskriminalamt und Bundesverfassungsschutz darauf Zugriff bekommen sollten. Die Verfassungsrichter sahen darin einen massiven Verstoß gegen das »Grundrecht auf informationelle Selbstbestimmung«, das sie in diesem Urteil zum ersten Mal aus dem Grundgesetz ableiteten. Die Verfassung schütze – als besondere Ausprägung des Persönlichkeits- und Menschenwürdeschutzes – im Zeitalter »der modernen Datenverarbeitung« den einzelnen Bürger »gegen unbegrenzte Erhebung, Speicherung, Verwendung und Weitergabe seiner persönlichen Daten«. Einschränkungen dieses neu formulierten Rechts auf »informationelle Selbstbestimmung« seien überhaupt nur im »überwiegenden Allgemeininteresse zulässig« – der Gesetzgeber habe bei statistischen Erhebungen »organisatorische und verfahrensrechtliche Vorkehrungen zu treffen, welche der Gefahr einer Verletzung des Persönlichkeitsrechts entgegenwirken«. Zudem müssten die »zur Identifizierung dienenden Merkmale« – Namen, Anschriften, Kennnummern und Zählerlisten-Nummern – »zum frühestmöglichen Zeitpunkt« gelöscht und bis dahin »von den übrigen Angaben getrennt unter Verschluss« gehalten werden.

Handy am Steuer Mobiltelefonieren im Straßenverkehr bleibt verboten. Das BVerfG nahm am 18. April 2008 die hiergegen gerichtete Verfassungsbeschwerde einer Rechtsanwältin nicht zur Entscheidung an (2 BvR 525/08). An dem in der Straßenverkehrsordnung verankerten Handyverbot bestünden keine verfassungsrechtlichen Zweifel. Die Anwältin war mehrmals kurz hintereinander mit dem Handy am Steuer erwischt worden und wollte das verhängte Bußgeld von 240 € nicht akzeptieren.
Weitere Urteile → ALG-II-Betreuung, → Esra-Urteil, → Inzest, → Onlinedurchsuchung, → Rundfunkgebühren, → Unterhaltsrecht

Bundesverwaltungsgericht

Das Bundesverwaltungsgericht (BVerwG) mit Sitz in Leipzig (bis September 2002 Berlin) ist der oberste Gerichtshof des Bundes für die allgemeine Verwaltungsgerichtsbarkeit und wurde 1952 errichtet. Es entscheidet hauptsächlich über Revisionen gegen Urteile der Oberverwaltungsgerichte (Verwaltungsgerichtshöfe), selten auch über solche von Verwaltungsgerichten (Revision); es ist außerdem Beschwerdeinstanz. In einigen Streitsachen, z. B. öffentlich-rechtlichen Streitigkeiten nicht verfassungsrechtlicher Art zwischen Bund und Ländern und zwischen den Ländern, entscheidet das BVerwG im ersten und letzten Rechtszug.
Elektronikschuh Die adidas AG hat deutsche Abfallrechtsgeschichte geschrieben – mit einem Laufschuh. Das Sportartikelunternehmen klagte durch alle Instanzen wegen seines Hightech-Modells »intelligence 1.1«: Es wollte festgestellt wissen, dass es sich bei dem speziellen Schuhwerk nicht um rücknahmepflichtigen Elektroschrott handelt. Diese Einschätzung bestätigte das BVerwG am 21. Februar 2008. Die Leipziger Richter erkannten in dem Schuh ein Bekleidungsstück, kein Elektrogerät. Schließlich könne man mit dem Schuh immer noch laufen, wenn die Elektronik versagt. Der Laufschuh ist mit Mikrochips und Minielektromotor ausgestattet, die die Dämpfung ständig anpassen.
Terrorabwehr bei Atomanlagen Nachbarn von Atomanlagen haben Anspruch darauf, dass die Anlagen ausreichend gegen terroristische Anschläge geschützt sind. Das BVerwG gab damit am 10. April 2008 einem Anwohner des Atom-

181

B Bundeswehr

Bundeswehr Die Einbindung der Bundeswehr in das politische System Deutschlands und in die NATO

kraftwerks Brunsbüttel Recht (7 C 39.07). Er hatte gegen die atomrechtliche Genehmigung eines atomaren Zwischenlagers auf dem Kraftwerksgelände geklagt und zunächst vor dem Oberverwaltungsgericht Lüneburg verloren. Die atomrechtlichen Vorschriften gäben dem Nachbarn keinen Schutzanspruch gegen terroristische Gefahren. Die Leipziger Richter sahen das anders: Die Genehmigungsbehörde muss prüfen, ob die erforderlichen Schutzmaßnahmen zugunsten der Anwohner getroffen wurden oder die Anschlagsgefahr dem sog. »Restrisiko« unterfällt. Das war im konkreten Fall nicht geschehen. Das BVerwG verwies die Sache daher an das OVG Lüneburg.

Alkoholisiert Fahrrad fahren Wer erheblich betrunken Fahrrad fährt, riskiert seine Fahrerlaubnis. Das hat das BVerwG am 21. Mai 2008 entschieden (3 C 32.07). Der Kläger geriet im Februar 2005 in eine Verkehrskontrolle. Dabei stellte die Polizei bei dem Radfahrer einen Blutalkoholwert von mindestens 2,09 Promille fest.

Daraufhin entzog ihm die Straßenverkehrsbehörde die Pkw-Fahrerlaubnis. Sie stützte sich dabei auf zwei medizinisch-psychologische Gutachten (»Idiotentest«), die bei mehr als 1,6 Promille fällig werden, egal ob der Betroffene versucht hat, ein Auto oder ein Fahrrad zu fahren. Die Expertisen kamen zu dem Schluss, dass der Kläger stark gefährdet sei, sich betrunken ins Auto zu setzen und andere in Mitleidenschaft zu ziehen. Das sahen die Leipziger Richter genauso: Das Trinkverhalten bei Fahrradfahrten ist eine ausreichende Grundlage für die Entziehung der Pkw-Fahrerlaubnis.

Bundeswehr

Ausmaß und Grenzen des militärischen Engagements der Bundeswehr im Ausland und Konzepte von CDU/CSU und Bundesinnenminister Wolfgang Schäuble zum Einsatz der Bundeswehr im Innern gegen den Terrorismus waren Teil der politische Debatte über die deutsche → Sicherheitspolitik. In ihrem im Mai 2008 vorgelegten Papier zur »Sicherheitsstrategie für Deutschland« ging die Unionsfraktion im Bundestag von einem weiteren und längeren Einsatz der Bundeswehr als Teil kurzfristig einzusetzender multinationaler Verbände in Krisenregionen aus. Die Mitentscheidungsrechte des Bundestags bei militärischen Auslandseinsätzen wurden durch ein Urteil im Mai 2008 gestärkt. Im Prozess wegen → Rekrutenmisshandlungen 2004 in einer Coesfelder Kaserne erhielten im März 2008 fünf Ausbilder Bewährungsstrafen.

Auslandseinsätze Mitte 2008 waren im Rahmen internationaler Kontingente rund 7300 deutsche Soldaten in Afghanistan und Usbekistan, Bosnien-Herzegowina, Kosovo, Libanon und am Horn von Afrika, in Georgien, Sudan und Äthiopien/Eritrea als UN-Militärbeobachter im Einsatz.

Das Doppelengagement in Afghanistan – International Security Assistance Force (ISAF) unter NATO-Regie und Antiterroroperation Enduring Freedom (OEF) unter Führung der USA – mit insgesamt 3500 Soldaten war die umfangreichste und riskanteste Mission. Im Oktober 2007 hatte der Bundestag das Bundeswehrmandat in Afghanistan verlängert. Dabei wurde die Obergrenze für den OEF-Einsatz von 1800 auf 1400 Soldaten herabgesetzt; hierzu zählt auch die Überwachung der Seegewässer am Horn von Afrika durch Schiffe der Bundesmarine. Einheiten des Kommandos Spezialkräfte (KSK) wurden bisher hauptsächlich unter dem ISAF-Mandat eingesetzt.

Den Militäreinsatz der Bundeswehr im Kosovo verlängerte der Bundestag im Mai 2008; Deutschland stellte mit rund 2800 Soldaten das größte Kontingent der NATO-geführten Kosovo Force (KFOR). Im Januar 2008 wurde der Bericht einer Arbeitsgruppe unter Leitung von Generalleutnant a. D. Norbert van Heyst bekannt, der im Auftrag des Bundesverteidigungsministeriums zwischen Februar und Juli 2007 Strukturen und Abläufe bei den »Auslandseinsätzen der Bundeswehr im Frieden« untersuchte. Darin werden v. a. übertriebene Bürokratie und unzweckmäßige Einmischung höherer Führungsebenen in operative Entscheidungen kritisiert.

Wehrpflicht Die geänderte Bedrohungslage, neue Anforderungen an die Streitkräfte und zunehmende »Wehrungerechtigkeit« hielten die Diskussion über die Zukunft der allgemeinen Wehrpflicht in Gang. Von etwa 430 000 jungen Männern eines Jahrgangs leisten derzeit nur rund 62 000 den neunmonatigen Grundwehrdienst ab, ebenso viele den zivilen Ersatzdienst. Auf der anderen Seite geht aufgrund gesunkener Geburtenzahlen, besonders ab 1990 in Ostdeutschland, die Zahl der Wehrpflichtigen, aber auch der Bewerber für den Dienst als Zeit- und Berufssoldat zurück.

Die CDU/CSU will an der bisherigen Form der Wehrpflicht festhalten. Parallel dazu plante die Bundesregierung Mitte 2008 eine Erhöhung von Zulagen und Prämien, um den Dienst v. a. in anspruchsvollen Bereichen, etwa als Pilot, attraktiver zu machen. Der SPD-Vorsitzende Kurt Beck brachte im August 2007 den Vorschlag einer »freiwilligen Wehrpflicht« in die Debatte ein. Danach soll die Wehrpflicht zwar grundsätzlich gemäß Artikel 12a Grundgesetz beibehalten werden, eingezogen werden sollen möglichst nur noch Freiwillige; ihre Entscheidung für den Dienst in der Bundeswehr soll durch ein Bonussystem gefördert werden.

Bündnis 90/Die Grünen
Im Deutschen Bundestag stellten Bündnis 90/Die Grünen Mitte 2008 mit 51 Abgeordneten

die kleinste der fünf Fraktionen; Fraktionsvorsitzende waren Fritz Kuhn und Renate Künast. Die Partei war in elf Länderparlamenten mit Abgeordneten vertreten; während sie mit Ausnahme von Rheinland-Pfalz in allen alten Bundesländern Parlamentarier stellte, war die Partei in den neuen Bundesländern nur im sächsischen Landtag vertreten.

Wahlen Bei den Landtagswahlen in Niedersachsen am 27. Januar 2008 verbesserte sich die Partei leicht von 7,6 % (2003) auf 8,0 %. In Hessen musste sie am gleichen Tag Verluste von 2,6 Prozentpunkten hinnehmen und kam nur noch auf 7,5 % der Stimmen; die Bildung einer rot-grünen Minderheitsregierung unter Duldung der Linken scheiterte vorerst an SPD-internen Widerständen (→ Hessen, Bundesländer). Bei der Wahl zur Hamburger Bürgerschaft am 24. Februar 2008 verzeichnete Bündnis 90/Die Grünen Einbußen von 2,7 Prozentpunkten und kam nur noch auf 9,6 % der Stimmen; die Partei zog dennoch als Koalitionspartner der CDU in die Regierung der Hansestadt ein – damit war das erste schwarz-grüne Bündnis auf Landesebene etabliert. Neben Bremen, wo die Partei gemeinsam mit der SPD regiert, ist dies aktuell die zweite Regierungsbeteiligung von Bündnis 90/Die Grünen auf Landesebene.

Richtungsstreit Eine klare Abstimmungsniederlage erlitt die Parteiführung auf einem Sonderparteitag am 15. September 2007 in Göttingen; entgegen dem Vorstandsantrag, den Bundestagsabgeordneten die Abstimmung über den ISAF- und Tornado-Aufklärungseinsatz der Bundeswehr in Afghanistan freizustellen, forderte eine Mehrheit die Fraktion zu einer Ablehnung des Mandats auf.

Umstritten war auch die soziale Ausrichtung der Partei. Zwar scheiterte bei der Bundesdelegiertenkonferenz im November 2007 ein Antrag der Basis auf ein bedingungsloses Grundeinkommen, jedoch wurde eine deutliche Erhöhung der Bezüge erwachsener Langzeitarbeitsloser auf 420 €, bei Kindern auf bis zu 350 € gefordert. Im Rahmen dieser Entscheidung erklärte der Haushaltsexperte Oswald Metzger seinen Parteiaustritt und wechselte im Frühjahr 2008 zur CDU.

Personalie Im März 2008 kündigte Reinhard Bütikofer, gemeinsam mit Claudia Roth Vorsitzender von Bündnis 90/Die Grünen, an, beim Parteitag im November 2008 nicht mehr für das Vorsitzendenamt kandidieren zu wollen; er wolle sich um einen Listenplatz für das Europäische Parlament bewerben.

Buran

Das Technikmuseum Speyer erwarb 2008 die ausrangierte sowjetische Raumfähre »Buran« (»Schneesturm«) für seine Dauerausstellung. Die 36 m lange und knapp 24 m breite »Buran« soll ab Herbst 2008 in der eigens dafür gebauten, 22 m hohen Raumfahrt-Ausstellungshalle den Museumsbesuchern gezeigt werden.

Bei der Raumfähre handelt es sich um den Prototyp eines sowjetischen »Buran«-Shuttles. Mit der Testversion, die mit eigenen Triebwerken ausgerüstet ist, wurden zwischen 1984 und 1988 insgesamt 25 Flüge in der Erdatmosphäre durchgeführt, um die Flugeigenschaften unterhalb der Schwelle zum Weltraum zu erproben. Nach der Einstellung des »Buran«-Programms 1989 war die Raumfähre verkauft und zunächst als Ausstellungsstück bei der Olympiade in Sydney, danach in Bahrain ausgestellt worden. Von dort trat sie Anfang März 2008 auf einem Hochseeschiff die Reise nach Rotterdam an. Beobachtet von zahlreichen Schaulustigen, wurde sie anschließend von einem Pontonschiff auf dem Rhein von Rotterdam nach Speyer transportiert.

Bußgeldkatalog

Am 1.1.2009 tritt ein neuer Bußgeldkatalog in Kraft, der für viele Verkehrsordnungswidrigkeiten die Strafen deutlich erhöht. Die Obergrenzen wurden verdoppelt, sodass eine Geldbuße von bis zu 3 000 € möglich ist. Kritiker wie der FDP-Verkehrsexperte Patrick Döring sahen darin

Bußgeldkatalog: beabsichtigte Änderungen (Auswahl; Stand 1.4.2008)

Verstoß	bisher (€)	Entwurf (€)
Tempoüberschreitung um km/h	innerhalb/außerhalb von Ortschaften	
21–25	50/40	80/70
26–30	60/50	100/80
31–40	100/75	160/120
41–50	125/100	200/160
51–60	175/150	280/240
61–70	300/275	480/440
über 70	425/375	680/600
Überfahren einer roten Ampel	50	90
mit Gefährdung	125	200
mit Sachbeschädigung	125	240
bei länger als 1 Sekunde rot	125	200
mit Gefährdung	200	320
mit Sachbeschädigung	200	360
Überschreiten des zulässigen Gesamtgewichts um mehr als 20 %	50	95
mehr als 25 %	75	140
mehr als 30 %	125	235
Umfahren von Bahnschranken	450	700
Drogen- und Alkoholverstöße		
1. Verstoß	250	500
2. Verstoß	500	1 000
3. Verstoß	750	1 500
Teilnahme an illegalen Kfz-Rennen	150	400
Nichteinhalten des Mindestabstands zum vorausfahrenden Fahrzeug	bei mehr als 80/130 km/h	
weniger als 5/10 des halben Tachowerts	40/60	75/100
weniger als 4/10	60/100	100/180
weniger als 3/10	100/150	160/240
weniger als 2/10	150/200	240/320
weniger als 1/10	200/250	320/400

eine »reine Abkassiererei«. Bundesverkehrsminister Wolfgang Tiefensee (SPD) dagegen hielt die Erhöhung für erforderlich, um die Zahl der Verkehrstoten zu verringern. Ohne Abschreckung gelinge dies nicht. V. a. die Fahrten unter Alkohol- oder Drogeneinfluss müssten drastisch sanktioniert werden.

Ordnungswidrigkeiten Der Bußgeldkatalog wird vom Bundesverkehrsministerium erlassen und gilt für sämtliche Ordnungswidrigkeiten im Straßenverkehr. Ordnungswidrigkeiten sind Gesetzesverstöße, die nicht als strafwürdig im Sinne des Strafgesetzbuchs betrachtet werden. Es gibt nur »Geldstrafen«, die juristisch korrekt

Geldbuße oder Verwarnungsgeld heißen, oder Fahrverbote, die die Autofahrer am meisten fürchten. Das »Knöllchen« (»Strafzettel«) wegen Falschparkens ist z. B. ein Verwarnungsgeld. Zu beachten ist, dass der Bußgeldkatalog von den Behörden und Gerichten nicht akribisch angewendet werden muss: Er geht von regelmäßigen Verstößen aus, bei Sonderfällen kann von ihm nach oben und unten abgewichen werden.

C

Caroline-Urteil
➤ Bundesverfassungsgericht

CDU

Die Christlich Demokratische Union (CDU) stellte Mitte 2008 177 Mitglieder des Deutschen Bundestages. Diese bildeten mit den 46 Abgeordneten der Landesgruppe der CSU eine Fraktionsgemeinschaft, die von Volker Kauder geführt wurde. Die CDU stellte fünf Bundesminister und mit ihrer Parteivorsitzenden Angela Merkel die Bundeskanzlerin der Großen Koalition.

Bundesländer Den Ministerpräsidenten bzw. Ersten Bürgermeister stellte die CDU im Saarland, in Thüringen (Alleinregierungen), Baden-Württemberg, Niedersachsen, Nordrhein-Westfalen (Koalitionen mit der FDP), Sachsen, Sachsen-Anhalt, Schleswig-Holstein (mit der SPD) sowie, mit der ersten schwarz-grünen Koalition auf Landesebene, in Hamburg. In Hessen nahm Roland Koch das Amt des Ministerpräsidenten ab dem 5. April 2008 kommissarisch wahr. In Brandenburg und Mecklenburg-Vorpommern war die CDU als Juniorpartner der SPD an der Regierung beteiligt.

Landtagswahlen Trotz Verlusten von 5,8 Prozentpunkten konnte die CDU nach den Landtagswahlen in Niedersachsen am 27. Januar 2008 ihre Koalition mit der FDP unter Ministerpräsident Christian Wulff fortsetzen. Am gleichen Tag verlor Hessens Ministerpräsident Roland Koch seine bestehende absolute Mehrheit und konnte mit 36,8 % (2003: 48,8 %) auch die Koalition mit dem Wunschpartner FDP nicht verwirklichen. Bei der Bürgerschaftswahl in Hamburg am 24. Februar verlor die Partei 4,6 Prozentpunkte und ihre absolute Mehrheit, blieb aber mit 42,6 % stärkste Partei und bildete unter Ole von Beust mit der GAL die erste schwarz-grüne Koalition auf Landesebene.

Grundsatzprogramm Am 3. Dezember 2007 beschloss ein CDU-Sonderparteitag in Hannover nahezu einstimmig das Grundsatzprogramm der Partei mit dem Titel »Freiheit und Sicherheit. Grundsätze für Deutschland«. Es löst das Programm »Freiheit in Verantwortung« von 1994 ab. Die CDU versteht sich als »Volkspartei der Mitte« und dem »christlichen Bild vom Menschen« verpflichtet. In der Familienpolitik fordert sie u. a. einen Ausbau des Ehegattensplittings zum Familiensplitting, beitragsfreie Kindergärten und einen Rechtsanspruch auf einen Krippenplatz. Zur Sicherung der Staatsfinanzen wird ein grundsätzliches Neuverschuldungsverbot im Grundgesetz und den Länderverfassungen, in der Klimapolitik eine Reduzierung des CO_2-Ausstoßes bis 2020 um 30 % sowie eine Erhöhung des Anteils an regenerativen Energien auf 20 % gefordert.

Drohender Mehrheitsverlust Durch den Tod des Stuttgarter Bundestagsabgeordneten Johann-Henrich Krummacher, für den wegen seines Überhangmandates kein Abgeordneter nachrückte, am 25. Februar 2008 schmolz der Vorsprung der CDU/CSU-Bundestagsfraktion gegenüber der SPD (222) auf ein einziges Mandat zusammen.

Cebit 2008

Nach einigen Jahren der Krise verbuchte die Leitung der Messe Hannover die Cebit (4.–9. März

2008) wieder als einen Erfolg. Schwerpunktthema war die sog. → Green IT, also umweltverträglichere Technik; Partnerland war Frankreich. Die Messe wurde von Bundeskanzlerin Angela Merkel und dem französischen Staatspräsidenten Nicolas Sarkozy eröffnet. Zwar kamen mit 5 845 Ausstellern erneut weniger als im Vorjahr (–214), zugleich aber stiegen zum zweiten Mal nach 2006 die Besucherzahlen wieder (2008: 495 000, gegenüber 2007 ein Plus von 15 000). Die Messeleitung sah sich in ihrem Konzept bestätigt, die Cebit mit weniger Ausstellungsfläche und um einen Tag verkürzter Laufzeit kompakter gestaltet zu haben.

Ein Trend der Cebit seit ein paar Jahren ist die Rückbesinnung auf ihren Grundcharakter als Business-Messe; 2008 kamen 80 % Fachbesucher. Als Novitätenmesse für Konsumenten verliert sie dagegen weiter an Attraktivität. Diese Rolle nimmt inzwischen v. a. die Consumer Electronics Show CES in Las Vegas ein, die im Januar stattfindet. Immer mehr große IT- und Unterhaltungselektronikfirmen setzen auf eigene Hausmessen. 2008 stand die Cebit zudem in Konkurrenz zur Ifa in Berlin und zur Photokina in Köln.

Aus Konsumentensicht dokumentierte die Cebit 2008 v. a. die fortlaufende Verbesserung bestehender technischer Konzepte. Bewegung kam insbesondere in den Markt der Flachbildfernseher, deren Preisniveau deutlich sank. Stellvertretend für eine wirklich neue Geräteklasse avancierte der EeePC von Asus zum heimlichen Star der Cebit 2008: Er steht für einen Trend hin zu ultramobilen Kleinst-Laptops mit vermindertem Leistungsumfang, die besonders preiswert angeboten werden, aber dennoch alles bieten, was der Kundenkreis einem solchen Gerät abverlangt. Auf der Cebit wurden mehrere solche Modelle angekündigt, die bis Jahresmitte für Preise schon ab 199 € im Handel zu finden waren.

Cinema for Peace

Zum siebten Mal seit 2002 fand im Rahmen der Internationalen Filmfestspiele in Berlin die Benefizgala Cinema for Peace statt. Die gleichnamige Organisation honoriert kritische Künstler, für die internationale Verständigung wertvolle Filme und sammelt Spenden. 2008 kamen in Berlin rund 300 000 € zusammen. Als wertvollster Film wurde »Persepolis« ausgezeichnet, den Preis nahmen Catherine Deneuve und Jasmin Tabatabai entgegen. Den diesjährigen Ehrenpreis bekam Sir Ben Kingsley.

Auf der Galaveranstaltung gaben sich zahlreiche Stars ein Stelldichein. Besondere Aufmerksamkeit erntete der ehemalige Außenminister Joschka Fischer mit einer gut gemeinten Gesangsperformance von »With a little Help of my Friends«. Für einen Eklat sorgte dagegen die Einladung von Seit al-Islam al-Gaddafi. Der Sohn des libyschen Revolutionsführers wurde vor und während der Gala ausgepfiffen.
www.cinemaforpeace.com

Cinema for Peace Award 2008

Kategorie	Preisträger
wertvollster Film	»Persepolis« von Vincent Paronnaud und Marjane Satrapi
Regisseur, Produzent, Drehbuchautor	Diablo Cody, Jason Reitman, John Malkovich, Mason Novick, Russel Smith und Lianne Halfon für »Juno«
Menschenrechtsfilmpreis	Malalai Joya und »Enemies of Happiness«
Ehrenpreis	Ben Kingsley
wertvollste Dokumentation	Ralf Schmerberg und Dropping Knowledge für »Trouble«
wertvollster Kurzfilm	»The Spirit« von Joseph Fiennes

CSU

Die Christlich-Soziale Union (CSU) stellte Mitte 2008 im Bayerischen Landtag mit 124 von 180 Abgeordneten die größte Fraktion und mit Günther Beckstein den Ministerpräsidenten des von ihr mit absoluter Mehrheit regierten Freistaats. Im Bundestag war die CSU mit 46 Abgeordneten vertreten, die als Landesgruppe zusammen mit der CDU eine Fraktionsgemeinschaft bildeten. Mit Wirtschaftsminister Michael Glos sowie Landwirtschafts- und Verbraucherschutzminister Horst Seehofer stellte die Partei zwei Mitglieder des Bundeskabinetts.

Stoibers Rückzug Nachdem der langjährige Vorsitzende und Ministerpräsident Edmund Stoiber bereits im Januar 2007 für Ende September des Jahres seinen Rücktritt angekündigt hatte, wählte der Parteitag am 29. September 2007 in einer Kampfabstimmung mit 58,2 % der Stimmen den bayerischen Wirtschaftsminister Erwin Huber zum neuen Parteivorsitzenden. Seehofer erhielt 39,1 % der Stimmen und blieb stellvertretender Vorsitzender, Parteirebellin Gabriele Pauli landete mit 2,5 % Zustimmung weit abgeschlagen an dritter Stelle. Zum neuen Regierungschef wählte der Bayerische Landtag am 9. Oktober 2007 den bisherigen Innenminister Günther Beckstein.

Neue Generalsekretärin wurde am 22. Oktober 2007 in Nachfolge von Markus Söder, der in die Landesregierung wechselte, die Ingolstädter Landtagsabgeordnete Christine Haderthauer.

Neues Parteiprogramm Am 28. September 2007 verabschiedete der CSU-Parteitag das neue Grundsatzprogramm »Chancen für alle! In Freiheit und Verantwortung gemeinsam Zukunft gestalten«. Mit dem Leitbild der »Solidarischen Leistungsgesellschaft« tritt die Partei für einen starken Staat und eine aktive Bürgergesellschaft ein. Neben dem Leitbild »Ehe und Familie« erkennt das Programm erstmals auch andere Lebensgemeinschaftsformen an.

Sinkende Umfragewerte Einige Monate vor der bayerischen Landtagswahl (28. September 2008) sahen Umfragen die Partei im Frühjahr 2008 nur noch bei Anteilen von 44 bis 51 % der Stimmen (2003: 60,7 %). Damit drohte der CSU ein Verlust der seit 1962 behaupteten absoluten Mehrheit im Bayerischen Landtag. Neben dem schwierigen Übergang vom langjährigen Vorsitzenden Stoiber auf die neue Führungsriege hatte die Partei auch durch die Krise der BayernLB und das Transrapid-»Aus« mit Gegenwind zu kämpfen.

➤ Bayern, Bundesländer

D

Denkmal für die im Nationalsozialismus verfolgten Homosexuellen

In Berlin, am südlichen Rand des Tiergartens, wurde am 27. Mai 2008 das Denkmal für die im Nationalsozialismus verfolgten Homosexuellen eingeweiht. Es besteht aus einem 3,60 m hohen und 1,90 m breiten Steinquader, der von seiner Form her auf das gegenüberliegende Holocaust-Stelenfeld von Peter Eisenman Bezug nimmt. In den Kubus ist ein Fenster eingelassen, durch das ein Videofilm mit zwei sich küssenden Männern zu sehen ist. Mit dem von dem norwegisch-dänischen Künstlerduo Ingar Dragset und Michael Elmgreen entworfenen Denkmal soll der verfolgten und ermordeten homosexuellen Opfer der Nationalsozialisten gedacht, die Erinnerung an das Unrecht wachgehalten und ein beständiges Zeichen gegen Intoleranz, Feindseligkeit und Ausgrenzung gegenüber Schwulen und Lesben gesetzt werden.

Die rot-grüne Bundesregierung hatte 2003 gegen die Stimmen der Union die Errichtung eines derartigen Mahnmals beschlossen und das Land Berlin beauftragt, in Abstimmung mit der Initiative »Der homosexuellen NS-Opfer gedenken« und dem Lesben- und Schwulenverband (LSVD) einen künstlerischen Wettbewerb auszuschreiben. Der siegreiche Entwurf von Dragset und Elmgreen war zunächst von Feministinnen scharf kritisiert worden, weil er das Schicksal weiblicher Homosexueller nicht berücksichtige. Andere Stimmen hielten dagegen, dass Lesben im Nationalsozialismus zwar nicht anerkannt, aber im Gegensatz zu Schwulen auch nicht strafrechtlich verfolgt worden seien. Nach längeren Diskussionen entschied die Bundesregierung, dass der durch das Fenster im Denkmal zu betrachtende Film alle zwei Jahre ausgetauscht werden soll, sodass auch Bilder von Frauen gezeigt werden könnten.

Deutsche Bahn AG

In der Tarifrunde 2007 zwischen der Deutschen Bahn AG (DB AG) und der Gewerkschaft Deutscher Lokomotivführer (GDL) kam es zu schweren Konflikten zwischen den Tarifpartnern. Die Verhandlungen wurden ausgesetzt, von Juli bis November 2007 kam es zu Arbeitsniederlegungen, die DB AG versuchte, Streiks gerichtlich verbieten zu lassen bzw. ihre Ausweitung zu verhindern.

Arbeitskampf Im Juli 2007 hatte sich die DB AG mit der Tarifgemeinschaft der Bahngewerkschaften Transnet und GBDA auf einen Abschluss geeinigt. Er sah bei einer Laufzeit von 19 Monaten zum 1. Januar 2008 eine Lohnerhöhung um 4,5 % vor. Die GDL stimmte dem Tarifver-

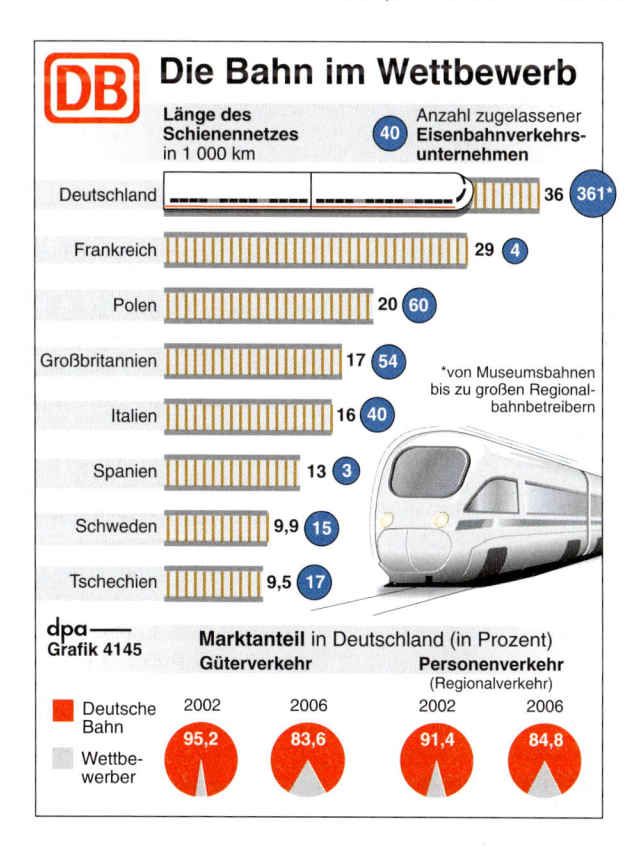

Die Bahn im Wettbewerb

Land	Länge des Schienennetzes in 1 000 km	Anzahl zugelassener Eisenbahnverkehrsunternehmen
Deutschland	36	361*
Frankreich	29	4
Polen	20	60
Großbritannien	17	54
Italien	16	40
Spanien	13	3
Schweden	9,9	15
Tschechien	9,5	17

*von Museumsbahnen bis zu großen Regionalbahnbetreibern

dpa Grafik 4145

Marktanteil in Deutschland (in Prozent)

Güterverkehr: Deutsche Bahn 2002: 95,2 — 2006: 83,6
Personenverkehr (Regionalverkehr): Deutsche Bahn 2002: 91,4 — 2006: 84,8

trag nicht zu und forderte eine deutlich stärkere Lohnerhöhung und einen eigenen Tarifvertrag für die Lokführer. Ihren Forderungen verlieh die Gewerkschaft in den folgenden Monaten durch zahlreiche Streiks Nachdruck.
Am 30. November 2007 einigten sich Transnet und GBDA auf Eckpunkte einer neuen Entgeltstruktur mit Lohnerhöhungen von rund 10 % für die 134 000 Tarifbeschäftigten bis 2010, in die sich auch ein funktionsspezifischer Tarifvertrag einfügen ließe. Nach Spitzengesprächen im Dezember 2007 zwischen Bahnchef Hartmut Mehdorn und dem GDL-Vorsitzenden (bis Mai 2008) Manfred Schell, an denen auch Bundesverkehrsminister Wolfgang Tiefensee (SPD) teilnahm, kam es am 12. Januar 2008 zur Einigung: Die Lokführer erhalten eine Einmalzahlung von 800 € sowie eine Entgelterhöhung von 8 % ab 1. März 2008 sowie weitere 11 % vom 1.9. 2008 bis 1.2. 2009; bei gleichem Lohn wird die Arbeitszeit anschließend auf 40 Stunden verringert. Im März 2008 verpflichteten sich die GDL einerseits sowie Transnet und GDBA andererseits, Tarifverträge der jeweils anderen Seite anzuerkennen, und wendeten damit einen neuen Streik der Lokführer ab. Anlass war die Ablehnung einer von der DB AG geforderten Einigung auf einen gemeinsamen Grundlagentarifvertrag durch die GDL.

Teilprivatisierung Der im November 2006 in der Großen Koalition vereinbarte Konsens über die Teilprivatisierung der DB AG sah vor, die Eisenbahninfrastruktur wie Gleise, Bahnhöfe und Stellwerke im Eigentum des Bundes zu belassen. Gleichzeitig sollte die DB AG nach dem bis 2009 geplanten Börsengang als integrierter Konzern erhalten bleiben und das Schienennetz weiter betreiben. Einen entsprechenden Gesetzentwurf verabschiedete die Bundesregierung im Juli 2007.
Im Oktober allerdings beschloss die SPD, nur stimmrechtslose Vorzugsaktien auszugeben. Damit hätten private Investoren auch nach einem Börsengang praktisch keinen Einfluss auf die Entscheidungen des Unternehmens gehabt. Darüber hinaus sind stimmrechtslose Vorzugsaktien am Kapitalmarkt wenig beliebt, sodass der gesamte Börsengang in Gefahr geriet. Daraufhin stellte Bundesfinanzminister Peer Steinbrück (SPD) ein neues Modell vor, bei dem nur der Transport- und Logistikbereich der DB AG an die Börse gebracht werden soll, die Infrastruktur – Schienennetz und Bahnhöfe – bliebe unter dem Dach einer gemeinsamen Konzernmutter in der Hand des Bundes. Nach der Einigung der Koalition auf dieses Konzept in Form des »Holding-Modells« im April 2008 machte ein Bundestagsbeschluss im Mai den Weg für die Teilprivatisierung frei: Danach sollen 24,9 % an der zu bildenden Verkehrsholding DB Mobility Logistics verkauft werden.

Deutscher Buchpreis
➤ Literatur

Deutscher Fußball-Bund
Bei einer Razzia durch das Bundeskartellamt wurden am 26. Februar 2008 die Geschäftsräume des Deutschen Fußball-Bundes (DFB) und der Deutschen Fußball Liga GmbH (DFL) in Frankfurt am Main untersucht und zahlreiche Akten beschlagnahmt. Im April leitete das Kartellamt wegen des Verdachts wettbewerbsbeschränkender Absprachen ein Ordnungswidrigkeitsverfahren gegen beide Spitzenverbände des deutschen Fußballs ein. Es drohen Bußgelder in Millionenhöhe. Laut Medienberichten gerieten auch die Austragung mehrerer Länderspiele der Männernationalmannschaft in der zweiten Jahreshälfte 2008 sowie die Ausrichtung der Fußball-WM der Frauen 2011 in Gefahr.

Unterschiedliche Rechtsauffassungen Das Kartellamt sieht DFB und DFL als voneinander unabhängige Wirtschaftsunternehmen an und wertet daher Absprachen bei der Sponsorensuche als unrechtmäßig. Der DFB betrachtet die 2001 gegründete DFL, die das operative Geschäft der 1. und 2. Bundesliga organisiert und

u. a. für den Lizenzvertrieb zuständig ist, als Teil des Verbandes und ein koordiniertes Auftreten somit als zulässig.

Deutscher Ethikrat

Dialogforum und Expertengremium, das die Bundesregierung und den Deutschen Bundestag bei bioethischen Grundsatzfragen beraten soll: Nachdem sich die CDU/CSU-SPD-Koalitionsfraktionen und das Bundesministerium für Bildung und Forschung (BMBF) im März 2007 auf eine Neuregelung verständigt hatten, übernahm der Deutsche Ethikrat am 1. Juli 2007 seine Aufgaben; er löste den 2001 von dem damaligen Bundeskanzler Gerhard Schröder (SPD) eingesetzten Nationalen Ethikrat ab.

Anders als das Vorgängergremium arbeitet der Deutsche Ethikrat auf gesetzlicher Grundlage. Seine 26 Mitglieder, die keinen Abgeordnetenstatus haben dürfen, werden je zur Hälfte von Bundesregierung und Bundestag vorgeschlagen und vom Bundestagspräsidenten in ihr Amt berufen. Die Experten, die unterschiedlichen Fachrichtungen angehören, sollen Stellungnahmen und Empfehlungen zu Themen wie Reproduktionsmedizin, Patientenverfügung und Sterbehilfe abgeben. Ihre Arbeit wird durch eine Geschäftsstelle unterstützt, die beim Bundestag angesiedelt ist. Die jährlich anfallenden Kosten in Höhe von etwa 2 Mio. € für Rat und Geschäftsstelle trägt der Bund.

Deutscher Fernsehpreis 2007

Die Deutschen Fernsehpreise wurden am 29. September 2007 zum neunten Mal vergeben. Die Jury ehrte Preisträger in 21 Kategorien und vergab zwei Förderpreise. Dabei führte die ARD mit insgesamt zehn Preisen vor ZDF (5), ProSieben (4), Sat.1 (2) und RTL (2) sowie VOX (1).

Sieger Einen klaren Sieger bei den fiktionalen Produktionen gab es in diesem Jahr nicht. In der Königskategorie Bester Fernsehfilm ging der Preis an das TV-Drama »Rose«, eine Gemeinschaftsproduktion von ARD, ARTE, dem Bayerischen Rundfunk und dem SWR. Die Geschichte über das Leben einer alleinerziehenden Mutter, gespielt von Corinna Harfouch, setzte sich dabei gegen das vielfach favorisierte ARD-Weltkriegsdrama »Die Flucht« mit Maria Furtwängler durch. Jedoch lag das aufwendig inszenierte, zweiteilige Drama über einen Flüchtlingstreck aus Ostpreußen mit drei Auszeichnungen bei den Mehrfachnennungen vorn (Schauspielerin Nebenrolle, Musik und Ausstattung).

Deutscher Ethikrat

Vorsitzender:
Prof. Dr. jur. Edzard Schmidt-Jortzig

Stellvertreter:
Prof. Dr. theol. Eberhard Schockenhoff
PD Dr. Christiane Woopen

Dr. theol. Hermann Barth
Prof. Dr. med. Axel W. Bauer
Prof. Dr. phil. Alfons Bora
Wolf-Michael Catenhusen
Prof. Dr. rer. nat. Stefanie Dimmeler
Prof. Dr. med. Frank Emmrich
Prof. Dr. phil. Volker Gerhardt
Hildegund Holzheid
Landesbischof Dr. theol. Christoph Kähler
Prof. Dr. rer. nat. Regine Kollek
Weihbischof Dr. theol. Dr. rer. pol. Anton Losinger
Prof. Dr. phil. Weyma Lübbe
Prof. Dr. med. Dr. phil. Eckhard Nagel
Dr. phil. Peter Radtke
Prof. em. Dr. med. Jens Reich
Ulrike Riedel
Dr. jur. Jürgen Schmude
Prof. Dr. med. Bettina Schöne-Seifert
Prof. em. Dr. jur. Dres. h. c. Spiros Simitis
Prof. Dr. jur. Jochen Taupitz
Erwin Teufel
Kristiane Weber-Hassemer
Dr. phil. Michael Wunder

Deutscher Filmpreis 2008

Programmtrends Die Jury machte auch 2007 von der Möglichkeit Gebrauch, Preise in zwei frei gesetzten Kategorien für starke Programmtrends zu vergeben. In der Kategorie »Coaching TV« wurde »Die Super Nanny« (RTL) ausgezeichnet. Zum ersten Mal ging eine Auszeichnung an eine VOX-Produktion: für die beste Kochshow »Das perfekte Dinner«.

Auszeichnung Der Deutsche Fernsehpreis wird seit 1999 von den öffentlich-rechtlichen Fernsehsendern ARD und ZDF sowie den Privatsendern RTL und Sat.1 jährlich in bis zu 27 Kategorien verliehen. Ausgezeichnet werden Fernsehproduktionen deutschen Ursprungs bzw. solche, die unter wesentlicher kreativer und wirtschaftlicher Mitwirkung deutscher Auftraggeber hergestellt wurden.

Deutscher Filmpreis 2008

Der Deutsche Filmpreis wurde 2008 zum 58. Mal verliehen. Die Preisvergabe erfolgte am 25. April 2008 im Rahmen einer feierlichen Preisverleihungsgala im Palais am Funkturm in Berlin.

Vier Preise für Akin Der schon vielfach ausgezeichnete Regisseur Fatih Akin erhielt den Deutschen Filmpreis in Gold für sein Werk »Auf der anderen Seite«, ein zwischen Deutschland und der Türkei angesiedeltes Beziehungsdrama. Die Jury bedachte ihn zudem in den Kategorien beste Regie, bestes Drehbuch und bester Schnitt mit dem ersten Preis.

Deutscher Fernsehpreis 2007 (Auswahl)

Fernsehfilm: »Rose« (ARD/BR/SWR/ARTE)
Serie: »KDD – Kriminaldauerdienst« (ZDF)
Sitcom: »Stromberg« (ProSieben)
Comedy: Urban Priol und Georg Schramm für »Neues aus der Anstalt« (ZDF)
Dokumentation: »Im Schatten der Blutrache« (ARD/SWR/WDR/ARTE)
Reportage: »Menschen hautnah: Der Gotteskrieger und seine Frau« (ARD/WDR)
Informationssendung: »RTL Aktuell« (RTL) mit Peter Kloeppel und Ulrike von der Groeben
Unterhaltungssendung: »Schlag den Raab« vom 9. Juni 2007 (ProSieben)
Sportsendung: »Blut und Spiele« (ARD/WDR)
Regie: Lars Kraume für »Guten Morgen, Herr Grothe« (ARD/WDR)
Buch: Ralf Husmann für »Dr. Psycho« (ProSieben) und »Stromberg« (ProSieben)
Schauspieler: Matthias Koeberlin für »Tornado – Der Zorn des Himmels« (ProSieben)
Schauspielerin: Maria Furtwängler für »Tatort: Pauline« (ARD/NDR) und »Tatort: Das namenlose Mädchen« (ARD/NDR/ORF)
Freie Kategorien: »Das perfekte Dinner« (VOX) und »Die Super Nanny« (RTL)

Deutscher Filmpreis 2008 (Auswahl)

Preiskategorie	Preisträger
Spielfilm, Lola in Gold	»Auf der anderen Seite« (Regie: Fatih Akin)
Spielfilm, Lola in Silber	»Kirschblüten – Hanami« (Regie: Doris Dörrie)
Spielfilm, Lola in Bronze	»Die Welle« (Regie: Dennis Gansel)
Dokumentarfilm	»Prinzessinnenbad« (Regie: Bettina Blümner)
Kinder- und Jugendfilm	»Leroy« (Regie: Armin Völckers)
Regie	Fatih Akin (»Auf der anderen Seite«)
Drehbuch	Fatih Akin (»Auf der anderen Seite«)
Darstellerin Hauptrolle	Nina Hoss (»Yella«)
Darsteller Hauptrolle	Elmar Wepper (»Kirschblüten – Hanami«)
Darstellerin Nebenrolle	Christine Schorn (»Frei nach Plan«)
Darsteller Nebenrolle	Frederick Lau (»Die Welle«)

Beste Darsteller Die »Lola« für die beste Hauptdarstellerin ging an Nina Hoss, die in Christian Petzolds Film »Yella« die Rolle einer jungen Frau spielt, die sich nach einer gescheiterten Ehe in die kalte Welt des Risikokapitals vorwagt. Dafür hatte sie bereits bei der Berlinale 2007 einen Silbernen Bären erhalten.
In der Kategorie beste männliche Hauptrolle wurde Elmar Wepper für den Film »Kirschblüten – Hanami« von Doris Dörrie geehrt. Die Rolle des trauernden Witwers hatte Wepper bereits den Bayerischen Filmpreis eingebracht.

Deutsches Zentrum für Luft- und Raumfahrt

Am 13. Mai 2008 nahm das Deutsche Zentrum für Luft- und Raumfahrt (DLR) Europas schnellsten Hochleistungsrechner für Flugsimulationen in Betrieb. Der Rechner ist das Kernstück des Braunschweiger Simulationszentrums CASE (Abk. für Center for Computer Applications in AeroSpace Science and Engineering). An dem Forschungsvorhaben sind DLR, Airbus und das Bundesland Niedersachsen beteiligt.

Flugsimulationen In den kommenden Jahren sollen mithilfe des Hochleistungsrechners Prozesse, Methoden und numerische Verfahren so weit entwickelt werden, dass sie eine hochgenaue Simulation eines Flugzeugs im gesamten Flugbereich ermöglichen. Mithilfe solcher Flugsimulationen können technologische, ökologische und ökonomische Risiken des Luftverkehrs, z. B. im Bereich der Lärm- und der Schadstoffemissionen, bereits im Entwurfsstadium der Flugzeuge bewertet und berücksichtigt werden.

Deutsche Telekom AG

Im Geschäftsjahr 2007 musste sich die Deutsche Telekom AG, größtes europäisches Telekommunikationsunternehmen, in einem harten

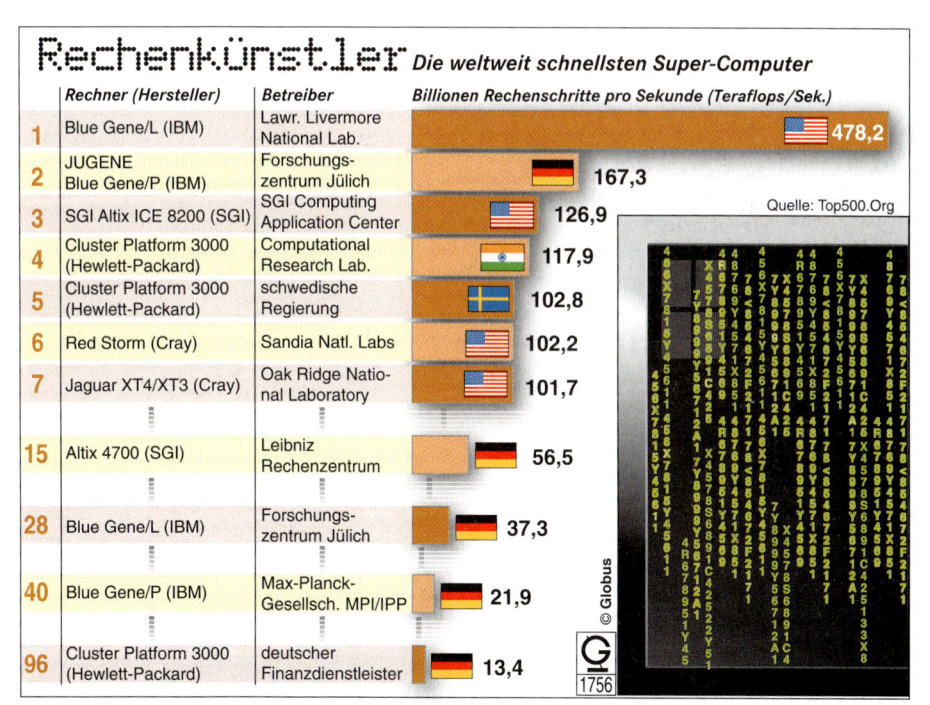

Rechenkünstler
Die weltweit schnellsten Super-Computer

	Rechner (Hersteller)	Betreiber	Billionen Rechenschritte pro Sekunde (Teraflops/Sek.)
1	Blue Gene/L (IBM)	Lawr. Livermore National Lab.	478,2
2	JUGENE Blue Gene/P (IBM)	Forschungszentrum Jülich	167,3
3	SGI Altix ICE 8200 (SGI)	SGI Computing Application Center	126,9
4	Cluster Platform 3000 (Hewlett-Packard)	Computational Research Lab.	117,9
5	Cluster Platform 3000 (Hewlett-Packard)	schwedische Regierung	102,8
6	Red Storm (Cray)	Sandia Natl. Labs	102,2
7	Jaguar XT4/XT3 (Cray)	Oak Ridge National Laboratory	101,7
15	Altix 4700 (SGI)	Leibniz Rechenzentrum	56,5
28	Blue Gene/L (IBM)	Forschungszentrum Jülich	37,3
40	Blue Gene/P (IBM)	Max-Planck-Gesellsch. MPI/IPP	21,9
96	Cluster Platform 3000 (Hewlett-Packard)	deutscher Finanzdienstleister	13,4

Quelle: Top500.Org

Deutsche Telekom AG

Die Beteiligungen des Bundes

	1991	1995	1999	2003	2007
Unmittelbare Bundesbeteiligungen*	214	144	131	116	110
darunter mit Mindestanteil von 25 % und 50 000 Euro Grundkapital	136	73	66	36	33

Die größten Bundesbeteiligungen
unmittelbar u. mittelbar gehaltene Anteile des Bundes am Grundkapital in Prozent sowie Anteilswert in Mio. Euro

Deutsche Telekom — Anteilswert d. Bundes** 3 163 Mio. Euro
- Bund 14,8 %
- KfW 16,9
- Streubesitz 68,3

KfW Bankengruppe — 3 000
- Bund 80,0
- Bundesländer 20,0

DB BAHN — 2 150
- Bund 100

Deutsche Post — 294
- KfW 30,5
- Streubesitz 69,5

DFS Deutsche Flugsicherung — 153
- Bund 100

IKB Deutsche Industriebank — 68
- KfW 37,8
- Stiftung Industrieforschung 11,7
- Sal.-Oppenheim 5,0
- Streubesitz 45,5

© Globus 1827 *einschl. Sondervermögen **unmittelbar u. mittelbar über KfW Quelle: BMF, Unternehmensangaben

---

Wettbewerbsumfeld angesichts sinkender Erlöse und Marktanteile im Festnetzgeschäft behaupten (→ Telekommunikation). Rund 158 000 Beschäftigte erwirtschafteten einen Umsatz von 62,52 Mrd. €. Von etwa 37 Mrd. € Gesamtumsatz aus Festnetzdiensten entfielen rund 62 % auf die Telekom. Bis Ende 2008 soll nach Plänen des Vorstandsvorsitzenden René Obermann die Zahl der Beschäftigten um 32 000 sinken. Mit der Zweitmarke Congstar versuchte das Unternehmen seit Juli 2007, v. a. junge und preisbewusste Kunden anzusprechen. Im April 2008 wurden Pauschaltarife für Fernsehen via Internet-Protocol (IP-TV) und im Mobilfunk (»Doppelflatrates«) gesenkt.

T-Service Zum 1. Juli 2007 bündelte das Unternehmen die Callcenter, den Technischen Kundendienst und Einheiten der Technischen Infrastruktur in drei rechtlich selbstständigen Servicegesellschaften. Die im Juni nach längeren Streiks erzielte Einigung mit der Gewerkschaft ver.di für die rund 50 000 Angestellten sah eine von 34 auf 38 Stunden verlängerte Arbeitszeit ohne Lohnausgleich vor und bezog den Samstag als Regelarbeitstag ein; das Gehalt der Servicemitarbeiter wurde um 6,5 % gesenkt. Außerdem wurden niedrigere Einstiegsgehälter bei Neueinstellungen vereinbart. Auf der anderen Seite verzichtet die Telekom bis Ende 2012 auf betriebsbedingte Kündigungen.

Telekom-Prozess Vor Gericht sah sich die Telekom ab April 2008 mit Vorwürfen konfrontiert, vor dem dritten Börsengang (Juni 2000) im Emissionsprospekt ihren Immobilienbesitz falsch bewertet zu haben und damit die Anleger getäuscht zu haben. Das Oberlandesgericht bescheinigte dem Unternehmen jedoch, mit der Bewertung zu Durchschnittspreisen im Rahmen der geltenden Vorschriften gehandelt zu haben; etwaige Bilanzfehler seien »nicht wesentlich« gewesen. Weiterer Streitpunkt war der Kauf der amerikanischen Gesellschaft Voicestream Mitte 2000 für umgerechnet 40 Mrd. €. Da das Unternehmen die Entscheidung vor dem Börsengang getroffen habe, hätte nach Ansicht der Kläger der Kauf im Emissionsprospekt erwähnt werden müssen. Geklagt hatten 16 000 Aktionäre, sie forderten von der Telekom Schadensersatz von 80 Mio. € als Ausgleich für den Kurssturz der T-Aktie.

Bespitzelungsaffäre Im Mai 2008 bestätigte die Telekom Medienberichte über die »missbräuchliche Nutzung von Verbindungsdaten« 2005 und 2006. Um die Weitergabe vertraulicher Informationen aus dem Vorstand zu klären, seien u. a. Datum, Uhrzeit und Name des Gesprächsteilnehmers gespeichert und von drei Berliner Sicherheitsunternehmen ausgewertet worden. Ein erster Fall ist der Unternehmensführung nach eigenen Angaben im Sommer 2007 bekannt geworden und hatte zu internen Ermittlungen geführt.

Am 14. Mai 2008 wurde nach weiteren Erkenntnissen Anzeige bei der Staatsanwaltschaft erstattet, die Ende des Monats Geschäftsräume der Telekom vom Bundeskriminalamt durchsuchen ließ. Gegen den früheren Vorstandsvorsitzenden Kai-Uwe Ricke (2002–06) und den damaligen Aufsichtsratschef Klaus Zumwinkel wurden u. a. wegen Verstoßes gegen das Bundesdatenschutzgesetz und Verletzung des Post- und Fernmeldegeheimnisses Ermittlungen aufgenommen.

Deutsch-israelische Konsultationen

Am 17. März 2008 kamen die israelische und die deutsche Regierung in Jerusalem erstmals zu gemeinsamen Konsultationen zusammen, die den Auftakt für einen künftig jährlich stattfindenden Meinungsaustausch bilden sollten. Im Mittelpunkt des dreitägigen Besuchs, der anlässlich des 60. Jahrestags der Gründung des jüdischen Staates von der Bundesregierung initiiert worden war, stand eine Rede von Bundeskanzlerin Angela Merkel vor dem israelischen Parlament, der Knesset.

Beide Länder verständigten sich auf konkrete Maßnahmen der bilateralen Zusammenarbeit: So soll z. B. ein Deutsch-israelisches Zukunftsforum innovative Projekte aus den Bereichen Kultur, Wirtschaft, Wissenschaft und Medien fördern. Die in Israel entstehenden Zentren für Deutschlandstudien sollen den Austausch der jungen akademischen Elite unterstützen, und die erstmals 2008 stattfindenden Deutschen Kulturwochen in Israel sollen den Kulturaustausch zwischen beiden Staaten hervorheben.

Diäten

Zum 1. Januar 2008 wurden erstmals nach fünf Jahren die Diäten für Bundestagsabgeordnete um 4,7 % auf monatlich 7 339 € angehoben. Über die monatlich ausgezahlte Abgeordnetenentschädigung gemäß Artikel 48 Absatz 3 des Grundgesetzes entscheidet der Bundestag auf der Grundlage eines Berichts und einer Empfehlung des Bundestagspräsidenten. Nach dem Abgeordnetengesetz dienen als Richtschnur das Gehalt eines obersten Bundesrichters bzw. kommunalen Wahlbeamten (B 6).

Mit dem Hinweis auf die Tarifsteigerungen im → öffentlichen Dienst verabredete die Große Koalition im Mai 2008 eine weitere Erhöhung der Diäten in Stufen auf 8 159 € bis 2010. Außerdem sollte das Gehalt der Kabinettsmitglieder und Staatssekretäre rückwirkend zum 1. Januar 2008 um 3,1 % und 2009 weiter um 2,8 % steigen. Die Erhöhung von Diäten und Ministergehältern wurde von der Opposition und Teilen der SPD scharf kritisiert, sodass Koalitionsparteien und Bundesregierung noch im selben Monat darauf verzichteten.

Neben den Diäten, die versteuert werden müssen, erhalten die Bundestagsabgeordneten als Ausgleich für die durch das Mandat entstande-

D Die Fälscher

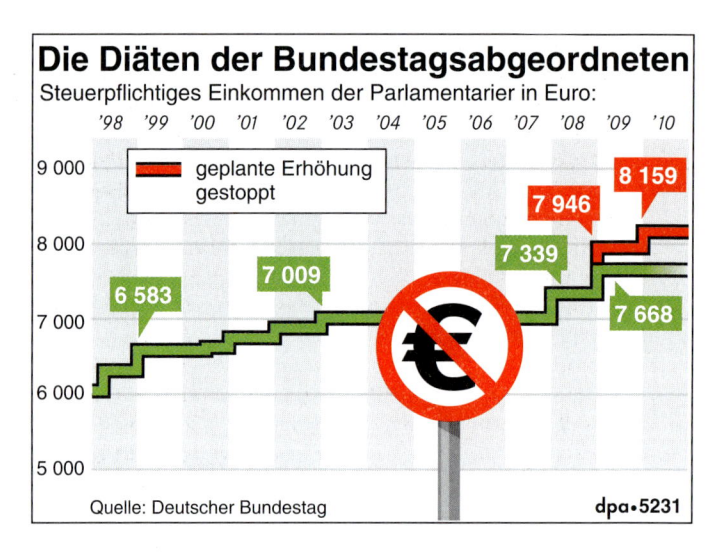

Die Diäten der Bundestagsabgeordneten
Steuerpflichtiges Einkommen der Parlamentarier in Euro:
'98 '99 '00 '01 '02 '03 '04 '05 '06 '07 '08 '09 '10

geplante Erhöhung gestoppt

6 583
7 009
7 339
7 946
8 159
7 668

Quelle: Deutscher Bundestag   dpa•5231

nen Aufwendungen steuerfrei eine monatliche Kostenpauschale; seit 1. Januar 2007 beträgt sie 3 720 €. Ihre Höhe wird jährlich angepasst, wobei die Steigerung der Lebenshaltungskosten als Faktor dient. Die Altersentschädigung ab dem 67. Lebensjahr, auf die Abgeordnete Anspruch haben, die mindestens zwei Legislaturperioden ein Bundestagsmandat hatten, ist 2008 um 2,5 % gestiegen.

Die Fälscher
➤ Film

Die Grauen
Die Seniorenpartei Die Grauen votierte am 1. März 2008 auf einem Sonderparteitag für ihre Auflösung, die von der Parteibasis am 17. März in einer Urabstimmung bestätigt wurde. Mit diesem Beschluss entledigte sich die 1989 von der damaligen Bundestagsabgeordneten Trude Unruh gegründete Partei einer Schuldenlast in Millionenhöhe.
Spendenskandal Hintergrund war ein im Herbst 2007 bekannt gewordener Spendenskandal. Die Partei soll sich mit fingierten Spendenquittungen Geld aus der staatlichen Parteienfinanzierung erschlichen haben. Im Januar 2008 erhob die Bundestagsverwaltung Forderungen in Höhe von 8,5 Mio. € – 2 Mio. € zu Unrecht gezahlte Wahlkampferstattung und 6,5 Mio. € Strafzahlungen. Gegen mehrere Parteimitglieder laufen seit 2007 Ermittlungen wegen Betrugs.
Noch im März 2008 gründeten sich verschiedene Nachfolgeparteien, darunter die »Allianz Graue Panther« und »Die Grauen – Generationenpartei«.

Die Linke
Die Partei Die Linke stellte Mitte 2008 53 Abgeordnete im Deutschen Bundestag; Vorsitzende der zweitgrößten Oppositionsfraktion waren Gregor Gysi und Oskar Lafontaine. Den Parteivorsitz haben seit der Fusion von Linkspartei und WASG im Juni 2007 gleichberechtigt Lothar Bisky und Lafontaine inne.
Bundesländer Die Partei, die im Mai 2007 in Bremen erstmals in einem westlichen Bundesland die Fünfprozentmarke übersprungen hatte, zog mit den Landtagswahlen am 27. Januar 2008 in Niedersachsen (7,1 %) und Hessen (5,1 %) sowie nach der Hamburger Bürgerschaftswahl am 24. Februar (6,4 %) in drei westdeutsche Par-

lamente ein. Damit etablierte sie sich als gesamtdeutsche Kraft. In zehn Länderparlamenten saß sie in Fraktionsstärke und stellte durch Parteiübertritte von Bündnis 90/Die Grünen jeweils einen Abgeordneten in Nordrhein-Westfalen und im Saarland. In Berlin war sie als Juniorpartner der SPD an der Regierung beteiligt.

Eklat um DKP-Abgeordnete Nach heftig umstrittenen Äußerungen über die DDR – u. a. hatte sie den Bau der Mauer gerechtfertigt – wurde Christel Wegner am 18. Februar 2008 aus der Fraktion der Linkspartei im niedersächsischen Landtag ausgeschlossen. Wegner hatte, obwohl Mitglied der DKP, über einen Listenplatz der Linken bei der Landtagswahl ein Mandat erobert. Als Konsequenz beschlossen die Delegierten des Landesparteitags der Linkspartei im April 2008, künftig keine Kandidaturen von Mitgliedern anderer Parteien auf ihren Wahllisten mehr zuzulassen.

Auswirkungen Die öffentliche Resonanz und die Wahlerfolge der neuen Partei hatten große Auswirkungen auf die anderen Parteien. Wegen gesunkener Aussichten auf das Zustandekommen von Koalitionen aus zwei Parteien in dem für die Zukunft zu erwartenden Fünfparteiensystem war allgemein das Bemühen zu beobachten, altes Lagerdenken zu überwinden. Insbesondere wurde über die Bündnisfähigkeit zwischen Union und Bündnis 90/Die Grünen – erstmals ab 2008 erprobt in Hamburg – sowie zwischen SPD und FDP spekuliert. In der SPD und bei Bündnis 90/Die Grünen wurde eine Kurskorrektur nach links gefordert und insbesondere Kritik an Teilen der Hartz-Reformen geübt. Auch die Frage über eine mögliche Zusammenarbeit mit der Linkspartei auch im Westen wurde in beiden Parteien aufgeworfen und führte insbesondere bei der SPD zu erheblichen Verwerfungen zwischen den Parteiflügeln.

documenta 12

Vom 16. Juni bis 23. September 2007 fand in Kassel zum zwölften Mal die international wichtigste Ausstellung zeitgenössischer Kunst statt. Künstlerischer Leiter der documenta 12 war Roger M. Buergel, dem seine Lebenspartnerin Ruth Noack als Kuratorin zur Seite stand.

Konzept Das Grundgerüst der Ausstellung bildeten die Leitmotive, drei Fragen an die Kunst und das Publikum: »Ist die Moderne unsere Antike?«, »Was ist das bloße Leben?« und »Was tun?«. Mit dem Anspruch, produktive Kunsterfahrung anzustoßen, inszenierten die Kuratoren rund 530 Werke von 109 Künstlern an fünf verschiedenen Ausstellungsorten: Museum Fridericianum, documenta-Halle, Neue Galerie, Kulturzentrum Schlachthof und Schloss Wilhelmshöhe. Jedes dieser Gebäude stand dabei für ein Jahrhundert, für eine Vorstellung von Öffentlichkeit und eine Idee von Kunstbetrachtung. Besucher sollten dabei die Vieldeutigkeit der Kunst erfahren und angeregt werden, die Verbindungen zwischen den Arbeiten verschiedener Kulturkreise zu suchen und zu entdecken.

Künstler Diesem Konzept entsprach die Auswahl der – zumeist unbekannten – Künstler: Nahezu 50 % stammten aus Afrika, Asien, Südamerika und Osteuropa, darunter fast so viele Frauen wie Männer. Obwohl die documenta 12 v. a. Kunst jenseits der marktgesteuerten Interessen zeigte, wurden einige Künstler besonders gefeiert. Dazu gehörten der Chinese Ai Weiwei (* 1957), der 1 001 Chinesen nach Kassel reisen ließ, die Amerikanerin Trisha Brown (* 1936) mit ihren Tanzperformances »Floor of the Forest« und »Accumulation«, die Brasilianerin Iole De Freitas (* 1945), die eine segelartige Installation »Ohne Titel« am und im Fridericianum zeigte, der schwarzafrikanische Künstler Romuald Hazoumé (* 1962, Benin) mit seiner Installation »Dream« – einem Flüchtlingsboot aus löchrigen Benzinkanistern – sowie der bereits im Vorfeld angekündigte spanische Meisterkoch Ferran Adrià (* 1966), der vor Ort jedoch gar nicht anwesend war.

Trotz der z. T. scharfen Kritik der Medien am Konzept der documenta 12 entwickelte sich die

D Dresdner Elbtal

Kunstschau zu einem Publikumsmagneten und schloss mit 754 000 Kunstinteressierten nach 100 Tagen mit einem Besucherrekord.

Dresdner Elbtal

Der Bau der Waldschlösschenbrücke im Dresdner Elbtal blieb weiterhin umstritten. Das Oberverwaltungsgericht in Bautzen hob am 14. November 2007 den von Naturschutzverbänden erwirkten Baustopp rechtskräftig auf, verfügte aber Auflagen zum Schutz der Fledermausart Kleine Hufeisennase. Dennoch könnte das Projekt 2008 zu Fall kommen. Der Beschluss des Stadtrates, am 8. Juni einen Bürgerentscheid abzuhalten, wurde vom Oberbürgermeister, der die Durchführung eines solchen Entscheids für unzulässig hielt, verhindert. Bei dem Entscheid sollte es v. a. um den sog. Schleich-Tunnel gehen, einen Elbtunnel, der von den Brückengegnern als Alternativprojekt favorisiert wird. Seit dem 19. Juni verhandelt das Verwaltungsgericht Dresden erneut über Klagen von Naturschützern.

> **Dresdner Elbtal**
>
> **Kleine Hufeisennase**
> Die Kleine Hufeisennase (Rhinolophus hipposideros) ist eine Fledermaus aus der Familie der Hufeisennasen. Die nur etwa 4 cm großen Tiere sind vom Aussterben bedroht. Das Elbtal ist ein wichtiges Refugium der Fledermausart. Naturschutzverbände versuchten daher mit dem Hinweis auf die Lebensraumbeschneidung für die Kleine Hufeisennase den Bau der Waldschlösschenbrücke zu verhindern. Das Sächsische Oberverwaltungsgericht (OVG) in Bautzen bestritt allerdings am 14. November 2007, dass von dem Brückenbauwerk selbst eine Gefahr für die Kleine Hufeisennase ausgehe. Um mögliche Gefährdungen zu vermeiden, legten die Richter jedoch eine Geschwindigkeitsbegrenzung für Autos in den Sommernächten fest.

Für den Fall, dass die Brücke errichtet wird, hat die UNESCO Dresden mit der Streichung von der Weltkulturerbeliste gedroht. Bereits 2006 war Dresden auf die Rote Liste des gefährdeten

Die Waldschlößchenbrücke in Dresden

- Gesamtlänge: 635 m
- Elbquerung: 145 m
- Höhe: 7 m
- Breite: 24,4 m bis 28,6 m, 2 Fahrspuren, Geh- u. Radweg pro Richtung
- Kosten: 156,7 Mio. Euro (insg.)

dpa Grafik 4529

Drogenmissbrauch: erstauffällige Konsumenten harter Drogen*

Jahr	Gesamtzahl	Heroin (%)	Kokain (%)	Amphetamin (%)	Ecstasy (%)
2000	22 584	35,0	23,6	27,8	24,3
2001	22 551	34,9	21,6	27,6	27,0
2002	20 230	31,5	24,4	33,0	23,4
2003	17 937	30,3	24,2	36,7	18,7
2004	21 100	25,2	22,8	43,8	18,5
2005	19 900	23,3	22,6	46,9	15,8
2006	19 319	23,2	21,9	50,9	12,0

*) Anteile über 100 % wegen Mehrfachkonsums
Quelle: Bundeskriminalamt

Welterbes gesetzt worden. Die UNESCO argumentiert, dass der einzigartige Blick über das Elbtal auf die Stadt durch die geplante Brücke entwertet würde.

Drogenmissbrauch

Alkohol Laut Drogenbericht der Bundesregierung tranken 2007 in Deutschland 9,5 Mio. Menschen riskante Mengen der legalen Droge Alkohol, 1,3 Mio. waren abhängig. Als Folge starben 42 000 Menschen, der volkswirtschaftliche Schaden betrug 20 Mrd. €. Etwa 10 000 Babys kamen mit Schäden zur Welt, die durch Alkoholmissbrauch der Mutter während der Schwangerschaft bedingt waren. Kinder und Jugendliche griffen häufiger zur Flasche, Zwölf- bis 17-Jährige konsumierten im Schnitt 50 g reinen Alkohol pro Woche (2005: 34 g). 26 % der Minderjährigen hatten sich laut Umfragen im jeweiligen Vormonat mindestens einmal hemmungslos betrunken (2005: 20 %). Die Zahl der Kinder und Jugendlichen von zehn bis 20 Jahren, die mit Alkoholvergiftung ins Krankenhaus eingeliefert wurden, verdoppelte sich gegenüber 2000 auf 19 500.

Rauchen Etwa ein Drittel der Deutschen rauchte 2007, wobei der Anteil der jugendlichen Raucher gegenüber 2003 von 28 % auf 18 % sank. Jährlich sterben 140 000 Menschen infolge des Rauchens, 3 300 durch Passivrauchen. Der Tabakkonsum kostet die Volkswirtschaft 18,8 Mrd. €.

Cannabis Der Konsum der am häufigsten gebrauchten »weichen« Droge Cannabis blieb 2007 mit 380 000 Konsumenten und weiteren 220 000 Abhängigen in etwa stabil. Minderjährige konsumierten Cannabis seltener als zuvor.

»Harte« Drogen Bei Heroin und Kokain ging der Suchtbericht von sinkendem Konsum 2007 aus. Etwa 200 000 Menschen nahmen »harte« Drogen. Allerdings stieg die Zahl der Opfer erstmals seit 2001 wieder, um 7,6 % gegenüber 2006 auf 1 394. Die Ursachen dafür waren unklar.
www.wie-suechtig-bin-ich.de; www.drogen-online.de; www.drugcom.de

E

EADS

Die außerordentliche Hauptversammlung des Luft- und Raumfahrtkonzerns EADS (Abk. für European Aeronautic, Defense and Space Company) stimmte am 22. Oktober 2007 einer neuen, einfacheren Management- und Führungsstruktur zu. In Zukunft wird EADS von einem Chairman des Board of Directors und einem Chief Executive Officer (CEO) geführt. Als Chairman übernahm der Deutsche Rüdiger Grube die Verantwortung für die strategische Entwicklung des Unternehmens und für die Beziehung

eBay

zu den Hauptaktionären. Als alleiniger CEO ist der Franzose Louis Gallois für die Führung des Managementteams verantwortlich. Thomas Enders, der zuvor mit Gallois an der Spitze von EADS gestanden hatte, übernahm die Position des CEO bei Airbus, der größten EADS-Tochtergesellschaft.

Der international tätige Konzern mit starker deutscher Beteiligung ist an zahlreichen Standorten in Deutschland vertreten (u. a. Flugzeugbau in Hamburg, Dresden; Raumfahrt in Bremen; Rüstung in Friedrichshafen/Immenstaad; Deutschlandzentrale in Ottobrunn).

Verdacht auf Insidergeschäfte Im Oktober 2007 wurde bekannt, dass die französische Börsenaufsicht bei EADS wegen Insiderhandels ermittelte. 21 Topmanager und Großaktionäre hätten zwischen November 2005 und März 2006 Aktien verkauft, obwohl die Öffentlichkeit über Verzögerungen bei der Produktion des weltgrößten Passagierflugzeugs A 380 erst am 13. 6. 2006 informiert worden sei. In Deutschland ermittelte die Staatsanwaltschaft München.

Boeing contra Airbus Ende Februar 2008 erhielt Airbus als Partner des amerikanischen Rüstungskonzerns Northrop Grumman den Zuschlag für eine Großbestellung: Die amerikanische Luftwaffe orderte 179 Tankflugzeuge im Wert von 35–40 Mrd. US-$. Airbus etablierte sich damit überraschend als Konkurrent zum Erzrivalen Boeing im amerikanischen Rüstungsmarkt. Boeing, weltweit der größte Konkurrent von Airbus, legte im Juni 2008 erfolgreich Einspruch ein. Wahrscheinlich wird der Auftrag neu ausgeschrieben.

eBay

Der große Boom der nach wie vor fast konkurrenzlosen Online-Auktionsplattform eBay hält weiter an. Deutschland gehört zu den Hauptmärkten. Für Ärger bei den Kunden und Kleinverkäufern sorgten die zunehmende Dominanz professioneller Händler sowie wachsende Probleme mit dem sog. Bewertungssystem. eBay hielt 2007/08 mit Maßnahmen dagegen, um seine Attraktivität nicht weiter zu gefährden.

Neues Bewertungssystem eBay vermakelt Kontakte zwischen Käufern und Verkäufern und verdient dabei v. a. an Verkaufsprovisionen. Bedingung des Handelsabschlusses ist Vertrauen: Das soll mithilfe eines Systems geschaffen werden, bei dem sich Käufer und Verkäufer gegenseitig bewerten. Ärger gab es hier auf beiden Seiten wegen schlechter Bewertungen durch frustrierte Handelspartner sowie betrügerischen Missbrauch des Bewertungssystems durch Händler. Seit Mai 2007 kann man Händler nun abgestuft bewerten, seit Juni 2008 können Händler ihre kritischen Kunden nicht mehr mit »Rachebewertungen« abstrafen. Abgegebene Bewertungen können nun kommentiert sowie Diffamierungen auf Antrag gestrichen werden. eBay hofft, das Bewertungssystem damit wieder als Entscheidungsfaktor etablieren zu können. Neue Kunden soll eine neue Preisstruktur locken, bei der seit Februar 2008 teilweise auf Einstellgebühren verzichtet wird.

Jugendschutz Ein Urteil des BGH (Az. I ZR 18/04) vom 12. Juli 2007 sorgte für mehr Jugendschutz auf der Versteigerungsplattform: eBay muss jugendgefährdende Angebote sperren, wenn es Kenntnis davon erhält. Außerdem muss das Unternehmen verhindern, dass die betreffenden Artikel erneut verkauft werden, und die Anbieter solcher Waren überprüfen.

Eichstätt

Am 30. Januar 2008 wurde der Theologe und Unternehmensberater Ulrich Hemel vom Hochschulrat der Katholischen Universität Eichstätt-Ingolstadt (KU) mit 12:4 Stimmen zum Präsidenten der KU gewählt. Die für den April geplante Amtseinführung des 51-Jährigen wurde jedoch wegen Bedenken innerhalb der Kirche zunächst abgesagt. Am 8. Mai wurde Hemel vom Eichstätter Bischof Gregor Maria Hanke mit der Begründung abgelehnt, es habe sich kein Vertrauensverhältnis entwickelt.

Spekulationen über die Gründe der Ablehnung nannten u. a. kirchenkritische Äußerungen Hemels in der Vergangenheit sowie das Bestreben der Kirche, der einzigen katholischen Universität im deutschsprachigen Raum wieder ein schärferes kirchliches Profil zu verschaffen. Die 1980 gegründete KU wird zu drei Vierteln vom Freistaat Bayern, zu einem Viertel von den bayerischen Bischöfen getragen.

Einbürgerungstest

Im Juni 2008 stellte das Bundesinnenministerium einen bundeseinheitlichen Einbürgerungstest vor, der ab 1. September 2008 zur Anwendung kommen soll. Die meisten Bundesländer kündigten an, ihre ländereigenen Qualifikationsverfahren für eine Einbürgerung zugunsten des einheitlichen Tests abzuschaffen. Baden-Württemberg gab jedoch bekannt, an dem 2006 eingeführten sog. Gesprächsleitfaden festhalten zu wollen, der insbesondere von muslimischen Organisationen als Gesinnungstest kritisiert worden war.

Testverfahren Aus einem Pool von insgesamt 310 Fragen, die den Bereichen »Menschen und Gesellschaft«, »Politik und Demokratie« sowie »Geschichte und Verantwortung« zuzuordnen sind, werden für den jeweiligen Test 33 Fragen per Zufallsgenerator ermittelt. Jede Frage bietet vier verschiedene Antwortmöglichkeiten. Die Hälfte der Fragen muss korrekt beantwortet werden. Ansonsten kann der Test gegen eine Gebühr von jeweils 25 € beliebig oft wiederholt werden. Wer in Deutschland die Hauptschule abgeschlossen hat und darüber hinaus bestimmte Voraussetzungen wie einen mindestens achtjährigen Aufenthalt erfüllt, soll von dem Test befreit werden. Alle Testfragen sollen zuvor zum Üben im Internet bereitstehen.

Kritik SPD und Oppositionsparteien lehnten den Einbürgerungstest als neue Hürde für Ausländer ab und werteten ihn als kontraproduktiv für eine wirtschaftlich dringend benötigte Zuwanderung. Die Fragen seien zum einen zu kompliziert, zum anderen durch bloßes Auswendiglernen zu bewältigen, sodass die Antworten im Endeffekt nichts über das Deutschlandverständnis der Befragten aussagten. Kritisiert wurde auch, dass der Test per Verordnung ohne vorherige Prüfung im Bundestag eingeführt werden soll. Die Union verteidigte ihr Vorhaben als Möglichkeit, die »staatsbürgerlichen Voraussetzungen« eines Einbürgerungswilligen zu prüfen.

Einbürgerungstest: Fragebeispiele

1. Wie viele Bundesländer hat die Bundesrepublik Deutschland?	a) 14; b) 15; c) 16; d) 17
2. Die parlamentarische Opposition im Bundestag ...	a) ... kontrolliert die Regierung; b) ... entscheidet, wer Bundesminister wird; c) ... bestimmt, wer im Bundesrat sitzt; d) ...schlägt die Regierungschefs der Länder vor
3. Wann wurde die Bundesrepublik Deutschland gegründet?	a) 1939; b) 1945; c) 1949; d) 1951
4. Ab welchem Alter ist man in Deutschland volljährig?	a) 16; b) 18; c) 19; d) 21
5. Was wollte Willy Brandt mit seinem Kniefall 1970 im ehemaligen jüdischen Getto in Warschau ausdrücken?	a) Er hat sich den ehemaligen Alliierten unterworfen.; b) Er bat Polen und die polnischen Juden um Vergebung.; c) Er zeigte seine Demut vor dem Warschauer Pakt.; d) Er sprach ein Gebet am Grab des unbekannten Soldaten.

Die korrekten Antworten: 1c, 2a, 3c, 4b, 5b

E Einheitsdenkmal

Einheitsdenkmal

Zum 20. Jahrestag der Maueröffnung im Jahr 2009 soll in Berlin ein Einheits- und Freiheitsdenkmal eingeweiht werden. Dafür sprachen sich am 9. November 2007, zwei Jahre vor diesem Gedenktag, die Abgeordneten von Union, SPD und FDP im Deutschen Bundestag aus. Die Bundesregierung wurde gleichzeitig aufgefordert, ein Konzept zu entwickeln und zusammen mit dem Berliner Senat einen geeigneten Standort zu finden.

Das Denkmal solle an die friedliche Revolution in der DDR im Herbst 1989 und an die Wiedergewinnung der staatlichen Einheit Deutschlands erinnern, heißt es in dem vom Bundestag angenommenen Antrag. Als geeigneter Standort war u. a. das Gelände des ehemaligen Berliner Schlosses im Gespräch. Nach dem Willen der Stiftung »Aufarbeitung zur SED-Diktatur« soll sich die Gestaltung an dem Anfang November präsentierten Siegerentwurf für ein »Denkmal für Einheit und Freiheit« orientieren. Er stammt von der 25-jährigen Bernadette Boebel von der Hochschule für Gestaltung in Karlsruhe.

Eliteuniversitäten

Im Rahmen der 2005 von Bund und Ländern beschlossenen und zunächst bis 2011 befristeten Exzellenzinitiative zur Förderung der Spitzenforschung an deutschen Universitäten konnten sich Hochschulen in einem Wettbewerb um die Anerkennung als Eliteuniversitäten bewerben.

Zweite und letzte Auswahlrunde Am 19. Oktober 2007 gab der international besetzte Bewilligungsausschuss die Ergebnisse der zweiten und vorerst letzten Auswahlrunde bekannt. Sechs weitere Hochschulen konnten mit ihren eingereichten Konzepten überzeugen und dürfen in den nächsten Jahren mit zusätzlichen Förder-

---

Eliteuniversitäten

Exzellenzinitiative

Die Exzellenzinitiative ist ein im Juni 2005 verabschiedetes Programm zur Förderung den Spitzenforschung an deutschen Hochschulen. Es gibt drei Förderschwerpunkte: 1) der Aufbau von ca. 40 Graduiertenschulen für den wissenschaftlichen Nachwuchs mit einer Fördersumme von jeweils durchschnittlich 1 Mio. € pro Jahr; 2) die Einrichtung von ca. 30 Spitzenforschungszentren in verschiedenen Disziplinen (sog. Exzellenzcluster), in denen Hochschulen ihr eigenes Know-how bündeln und dabei mit außeruniversitären Forschungseinrichtungen zusammenarbeiten, mit einer Fördersumme je Cluster von durchschnittlich 6,5 Mio. € pro Jahr; 3) die Entwicklung von Zukunftskonzepten zum Ausbau der universitären Spitzenforschung an bis zu zehn Hochschulen mit einer Fördersumme von insgesamt 210 Mio. € pro Jahr.

Eliteuniversitäten: Hochschulen der Exzellenzinitiative

Hochschule	Auswahldatum
Ludwig-Maximilians-Universität München	1. Runde (13. 10. 2006)
Technische Universität München	1. Runde
Universität Karlsruhe (Technische Hochschule)	1. Runde
Albert-Ludwigs-Universität Freiburg im Breisgau	2. Runde (19. 10. 2007)
Freie Universität Berlin	2. Runde
Georg-August-Universität Göttingen	2. Runde
Ruprecht-Karls-Universität Heidelberg	2. Runde
Universität Konstanz	2. Runde
Rheinisch-Westfälische Technische Hochschule Aachen	2. Runde

mitteln in Höhe von jeweils rund 100 Mio. € rechnen: die Technische Hochschule Aachen, die Freie Universität Berlin sowie die Universitäten Freiburg, Göttingen, Heidelberg und Konstanz. Damit scheiterten in der Endausscheidung um den Elitestatus die Humboldt-Universität Berlin und die Universität Bochum. Ausgewählt wurden zudem 21 Graduiertenschulen zur Förderung des wissenschaftlichen Nachwuchses und 20 regionale Forschungsverbunde, sog. Exzellenzcluster. Das Programm ist mit insgesamt 1,9 Mrd. € ausgestattet, die zu 75 % vom Bund und zu 25 % von den Ländern getragen werden.

Erste Runde In der ersten Ausschreibungsrunde 2006 hatten sich die Ludwig-Maximilians-Universität München, die Technische Universität München und die Universität Karlsruhe qualifiziert.

Emma

Ende Mai 2008 erklärte Lisa Ortgies ihren Rücktritt als Chefredakteurin der feministischen Frauenzeitschrift »Emma« zum 30. Juni. Die Journalistin, zuvor Moderatorin des Fernsehmagazins »Frau TV« (Westdeutscher Rundfunk), hatte die Führungsposition nach zweimonatiger Einarbeitungszeit erst am 1. Mai von »Emma«-Gründerin Alice Schwarzer übernommen. Schwarzer blieb aber Verlegerin und Herausgeberin von »Emma«, die sie Anfang 1977 ins Leben gerufen hatte. Die Nachfolgefrage blieb zunächst offen. Schwarzer übernahm die Chefredaktion vorübergehend wieder selbst.

Die Karriere der bekanntesten deutschen Frauenrechtlerin Schwarzer, die am 4. Mai 2008 mit dem renommierten Ludwig-Börne-Preis ausgezeichnet wurde, ist mit »Emma« untrennbar verbunden. Jahrzehntelang kämpfte sie mit dem Magazin für die Gleichberechtigung der Frau und griff dabei auch Tabuthemen wie Abtreibung, Prostitution, Pornografie, Diätwahn oder die Unterdrückung muslimischer Frauen auf. Die Auflage der »Emma« liegt bei rund 48 000 Exemplaren.

Energieausweis

Im Oktober 2007 trat die neue Energieeinsparverordnung (EnEV) in Kraft, mit der ab Juli 2008 schrittweise ein einheitlicher Energieausweis für alle Gebäude bei Vermietung und Verkauf eingeführt wird. Der Energieausweis informiert über die in einem Haus anfallenden Heiz- und Warmwasserkosten und enthält individuelle Modernisierungsempfehlungen.

Der Eigentümer kann zwischen Bedarfs- und Verbrauchausweis wählen: Bei Ersterem ermittelt ein Fachmann den Energiebedarf und dokumentiert den Zustand des Hauses in Hinblick auf den Energieverbrauch. Die zweite Variante basiert auf dem Energieverbrauch der letzten drei Jahre, der allerdings stark vom Nutzerverhalten abhängt und somit weniger aussagekräftig ist. Experten empfehlen daher den ersten Typ.

Energiepolitik

Das im Dezember 2007 von der Bundesregierung beschlossene Integrierte Energie- und Klimaprogramm gilt als bislang umfangreichster deutscher Maßnahmenkatalog zum Klimaschutz, insbesondere zur Reduzierung des CO_2-Ausstoßes, der hauptsächlich für den Klimawandel verantwortlich gemacht wird (→ Umweltpolitik). Das Gesetzesvorhaben besteht aus insgesamt 14 Gesetzen und Verordnungen und wurde im Juni 2008 um ein weiteres kleineres Maßnahmenpaket ergänzt. Hauptsächlich vor dem Hintergrund der gestiegenen Preise für fossile Brennstoffe – so hat sich der Preis für Erdöl in den letzten fünf Jahren verfünffacht – wurde über Teile des Pakets im Frühjahr 2008 heftig diskutiert.

Eckpunkte des Energieprogramms Zu den im Dezember verabschiedeten Maßnahmen gehören u. a. die Verdoppelung des Anteils der Kraft-Wärme-Kopplungsanlagen an der Stromproduktion auf etwa 25 %, schärfere Auflagen für das Energiesparen bei Neubauten oder bei der Sanierung von Altbauten, die Festlegung von strengeren Standards für den Stickoxidausstoß

E Energiepolitik

Energiepolitik Atomkraftwerke in Deutschland

204

neuer Kraftwerke und die Erhöhung des Angebots erneuerbarer Energien im Strombereich von derzeit 13 % auf 25 – 30 % im Jahr 2020 sowie im Wärmebereich auf 14 %.
Klimapakete Das Biogas-Einspeisegesetz für Kraftstoffe wurde Anfang Mai 2008 von Umweltminister Sigmar Gabriel (SPD) zurückgenommen. Am 6. Juni verabschiedete die Bundesregierung das Erneuerbare-Energien-Gesetz (EEG, sog. Klimapaket I) für den Strombereich, die Gesetze zur Förderung der Kraft-Wärme-Kopplung und zur Nutzung erneuerbarer Energien bei Neubauten ab 2008 sowie eine Liberalisierung des Strom- und Gasmesswesens. Das am 18. Juni verabschiedete Klimapaket II schrieb den Ausbau des Stromnetzes fest, damit Ökostrom besser und einfacher eingespeist werden kann. Die Lkw-Maut wurde von durchschnittlich 13,5 auf 16,2 Cent pro Kilometer angehoben, schadstoffarme Lkw werden zukünftig aber weniger als bisher bezahlen. Bei Neubauten müssen künftig immer die schärfsten Standards bei Energiesparmaßnahmen erfüllt werden. Das Vorhaben einer Umstellung der Kfz-Steuer fand in der Regierungskoalition jedoch keine Mehrheit. Frühestens 2010, also nach der nächsten Bundestagswahl, soll die Steuer in Abhängigkeit vom Hubraum und Schadstoffausstoß bemessen werden.

1990
Gesamtverbrauch 14 912 Petajoule

1,3 % 15,5 % 21,4 % 15,5 % 11,2 % 35,1 %

2005
Gesamtverbrauch 14 238 Petajoule

4,7 % 12,9 % 11,2 % 22,7 % 12,5 % 36,0 %

- Wind, Wasser, sonstige
- Steinkohle
- Braunkohle
- Naturgas
- Kernenergie
- Mineralöl

Kraftwerke Angesichts der steigenden Strompreise wurde die Diskussion um den im Koalitionsvertrag zwischen CDU/CSU und SPD vereinbarten Atomausstieg bis 2020 neu belebt. So setzten sich Bundeskanzlerin Angela Merkel (CDU) und Wirtschaftsminister Michael Glos (CSU) Mitte Mai 2008 für eine Verlängerung der Laufzeit des Atomkraftwerks Neckarwestheim 1 bei Heilbronn um rund acht Jahre ein. Umweltminister Gabriel wollte an der geplanten Abschaltung des Atommeilers 2009 festhalten. EU-Umweltsekretär Stavros Dimas warnte Anfang Mai vor dem Bau neuer Kohlekraftwerke in Deutschland. Die großen Energiekonzerne planen in den kommenden Jahren die Fertigstellung von 26 neuen Kohlekraftwerken.

Entlassungen

Trotz einer insgesamt positiven Entwicklung auf dem → Arbeitsmarkt mit einer wachsenden Erwerbstätigkeit und rückläufiger Arbeitslosigkeit stand bei deutschen Großunternehmen und

Energiepolitik: Entwicklung des Rohölpreises (US-$ je Barrel, OPEC Reference Basket)

Jahr	US-Dollar
2003	28,10
2004	36,05
2005	50,64
2006	61,08
2007	69,08
2008	100,21
Januar	88,35
Februar	90,64
März	99,03
April	105,16
Mai	119,03

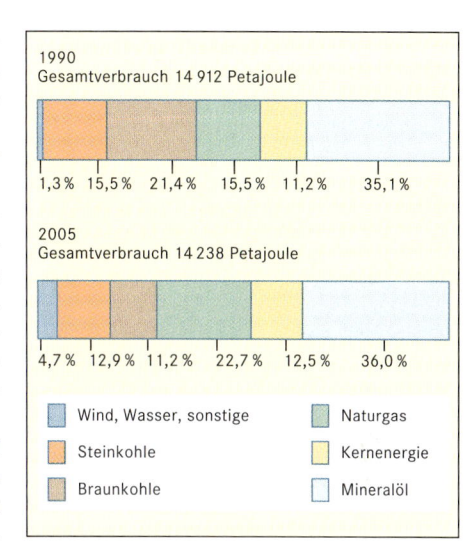

Quelle: OPEC

E.ON AG

Banken 2007/08 ein Abbau von Arbeitsplätzen auf der Agenda. Einige deutsche Banken waren durch die amerikanische Hypothekenkrise in Schwierigkeiten geraten; von der → Bankenkrise waren insbesondere die Landesbanken Sachsen LB (→ Sachsen, Bundesländer), → BayernLB und WestLB (→ WestLB-Prozess) betroffen. Ein schwieriges Wettbewerbsumfeld führte ebenfalls zum Stellenabbau, in der Telekommunikation z. B. beim größten deutschen Unternehmen der Branche, der → Deutschen Telekom AG. Mit der Ankündigung, sein Werk in Bochum zu schließen, machte im Januar 2008 das Mobilfunkunternehmen → Nokia negative Schlagzeilen.

Unter Druck standen infolge der schlechten Absatzlage im Inland und höherer Rohstoffpreise auch Teile der → Autobranche, des wichtigsten deutschen Industriezweigs. Als Maßnahme zur »erfolgreichen Zukunftssicherung« stellte BMW im März 2008 den Abbau von 8 100 Arbeitsplätzen dar, davon 7 500 in Deutschland. Mit hohen Rohstoffkosten begründete auch der Waschmittelkonzern Henkel im Februar 2008 die Einsparung von weltweit rund 3 000 Arbeitsplätzen; im Geschäftsjahr 2007 war der Jahresüberschuss des Unternehmens um 8 % auf 941 Mio. € gestiegen.

Einen Stellenabbau kündigte auch die → Siemens AG an. Das Unternehmen war durch einen Korruptionsskandal belastet, konnte jedoch 2007 auf das erfolgreichste Geschäftsjahr seiner Geschichte zurückblicken; in einigen Sparten wurden Anfang 2008 die Renditeziele auf zweistellige Prozentsätze erhöht. Sinkende Erträge drohten trotz guter Konjunktur (→ Wirtschaftsentwicklung) einigen exportorientierten Branchen aufgrund der deutlichen Aufwertung des → Euro.

E.ON AG

Das Energieversorgungsunternehmen (EVU) E.ON kündigte Ende Februar 2008 an, sein Stromübertragungsnetz freiwillig verkaufen zu wollen. E.ON deckt mit seinem 10 000 km langen Hochspannungsnetz rund 140 000 km² ab –

E.ON: Stromnetzlängen in Deutschland	
Spannung	1 000 km
Höchstspannung (220 kV, 380 kV)	36,0
Hochspannung (110 kV)	74,7
Mittelspannung (6 bis 60 kV)	494,0
Niederspannung (230 V, 400 V)	1 070,0
insgesamt	**1 674,7**

Quelle: Verband der Netzbetreiber

das entspricht über einem Drittel der Fläche von Deutschland. Das EVU will mit dem Verkauf eine drohende Kartellstrafe der EU-Kommission abwenden. Die Behörde wirft den großen EVU in Deutschland Preisabsprachen vor.

Als idealen Käufer für das 1,5 Mrd. € teure Netz benannte E.ON im Mai einen Netzbetreiber, der bisher nicht im Energieversorgungsbereich tätig ist. Als konkrete Option war die Versicherungsgruppe Allianz AG im Gespräch. Neben E.ON erwägt auch das EVU Vattenfall einen Verkauf seines Stromnetzes, RWE und EnBW wollen bislang an ihrem Hochspannungsnetz festhalten. Ab 1. 1. 2009 gelten für die EVU Obergrenzen bei den Netzerlösen, die von der Bundesnetzagentur kontrolliert werden.

ePass

Seit November 2007 wird der elektronisch lesbare Reisepass (ePass) der zweiten Generation ausgegeben. Bei ihm sind nun auch die Abdrücke beider Zeigefinger des Dokumenteninhabers digital gespeichert.

Einführung Der elektronisch lesbare Reisepass, der mit integriertem Chip zur digitalen Speicherung biometrischer Merkmale ausgestattet ist, wurde im November 2005 auf der Grundlage einer Verordnung der EU eingeführt. In den Dokumenten, die während der zweijährigen Anfangsphase ausgegeben wurden, speichert der Chip lediglich die biometrischen Daten der Gesichtsform und die digitalisierte Version des Passbildes. Die alten Pässe bleiben bis zu ihrem Auslaufdatum gültig.

Erbrecht

Die Bundesregierung will das Erbrecht modernisieren. Die Erbrechtsvorschriften im Bürgerlichen Gesetzbuch (BGB) stammen in wesentlichen Teilen aus dem frühen 20. Jahrhundert. »Neue gesellschaftliche Entwicklungen« und »geänderte gesellschaftliche Wertvorstellungen« zwängen zur Reform, so Bundesjustizministerin Brigitte Zypries (SPD). Im April 2008 wurde ein entsprechender Gesetzentwurf in den Bundestag eingebracht.

Pflichtteilrecht auf dem Prüfstand Kernpunkt des Gesetzesvorhabens ist ein geändertes Pflichtteilrecht. Der Erblasser soll künftig einfacher den Pflichtteil entziehen können, unabhängig davon, ob es sich um seine Abkömmlinge, Eltern, Ehegatten oder Lebenspartner handelt. Ebenso sollen die Verjährungsfristen für erb- und familienrechtliche Ansprüche – bislang grundsätzlich 30 Jahre – auf die ansonsten übliche Dreijahresfrist umgestellt werden.

Erbschaftsteuer

➤ Steuerpolitik

Esra-Urteil

Der Roman »Esra« von Maxim Biller darf nicht veröffentlicht werden. Im Oktober 2007 wies das Bundesverfassungsgericht eine Verfassungsbeschwerde von Billers Verlag Kiepenheuer & Witsch zurück. Dieser hatte das Verfahren angestrengt, nachdem das Münchner Landgericht, das Münchner Oberlandesgericht (OLG) und der BGH in mehreren Verfahren bereits für die beiden Klägerinnen entschieden hatten und auch die vom Verlag angebotenen Änderungen der Ursprungsfassung verboten worden waren. Die Exfreundin des Autors und deren Mutter hatten gegen den Roman »Esra« geklagt, weil sie sich in Romanfiguren wiedererkannten und in ihren Persönlichkeitsrechten verletzt sahen.

Stärkung des Persönlichkeitsrechts Mit seiner Entscheidung bestätigte das Bundesverfassungsgericht die vorhergehenden Urteile im Wesentlichen und führte zudem aus, mit welchen Methoden künftig das Anteilsverhältnis von künstlerischer Autonomie und zulässigem Realismus in einem literarischen Kunstwerk festzustellen sei. Kritische Stimmen sahen in dem aufsehenerregenden Urteil, das Persönlichkeitsrechte und Kunstfreiheit gegeneinander abzuwägen versucht, einen Angriff auf die Kunstfreiheit.

Kein Verbotsanspruch der Mutter In der Frage, ob die Kunstfreiheit auch gegenüber der Schilderung der Mutter zurückstehen muss, verwies das Verfassungsgericht den Fall an den BGH zurück. Die Karlsruher Richter verneinten am 10. Juni 2008 einen eigenen Verbotsanspruch der Mutter. Eine negative Zeichnung der Persönlichkeit reiche für die Ableitung eines Verbotsanspruchs nicht aus.

Euro

Der Außenwert des Euro erhöhte sich bis Mitte 2008 weiter: Ende April wurde mit einem Wechselkurs von 1,60 € für 1 US-$ ein vorläufiger Höhepunkt erreicht. Seit 2004 legte der Euro gegenüber der amerikanischen Währung um etwa ein Viertel zu.

Euro: Kursentwicklung		
Jahres-/ Monatsdurchschnitt	US-Dollar	Yen
1999	1,0658	121,32
2000	0,9236	99,47
2001	0,8956	108,68
2002	0,9456	118,06
2003	1,1312	130,97
2004	1,2439	134,44
2005	1,2441	136,85
2006	1,2556	146,02
2007	1,3705	161,25
Januar 2008	1,4718	158,68
Februar 2008	1,4748	157,97
März 2008	1,5527	156,59
April 2008	1,5751	161,56
Mai 2008	1,5557	162,31
Quelle: Deutsche Bundesbank		

E Evangelische Kirchen

> **Euro**
>
> **Konvergenzkriterien**
> Die Teilnahme an der Europäischen Währungsunion (EWU) ist von der Erfüllung der im Maastrichter Vertrag definierten Konvergenzkriterien abhängig:
> - Preisniveaustabilität: Die durchschnittliche Inflationsrate darf im Jahr vor der Eintrittsprüfung maximal 1,5 Prozentpunkte über derjenigen der höchstens drei preisstabilsten Länder liegen.
> - Die Teilnahme am Wechselkursmechanismus des Europäischen Währungssystems (EWS) unter Einhaltung der normalen Bandbreite muss mindestens zwei Jahre betragen; insbesondere darf die Landeswährung in diesem Zeitraum nicht auf Initiative des Beitrittskandidaten abgewertet worden sein.
> - Der langfristige Nominalzins darf im Verlauf eines Jahres vor dem Konvergenztest höchstens zwei Prozentpunkte über denjenigen der höchstens drei Länder mit den niedrigsten Inflationsraten liegen.
> - Das jährliche Haushaltsdefizit darf 3 % des Bruttoinlandsprodukts (BIP) nicht überschreiten, es sei denn, die Quote ist erheblich und laufend zurückgegangen und liegt in der Nähe des Referenzwertes.
> - Der öffentliche Schuldenstand bezogen auf das BIP darf 60 % nicht übersteigen, es sei denn, die Quote ist hinreichend rückläufig und nähert sich dem Referenzwert.

Beitritt Mit der Einführung des Euro in Malta und Zypern zum 1. Januar 2008 erhöhte sich die Zahl der Länder im Europäischen Wirtschafts- und Währungsraum von 13 auf 15. Allerdings beschränkte sich die Einführung der Gemeinschaftswährung in Zypern auf den griechischen Südteil der Insel. Im Mai 2008 empfahl die Europäische Kommission zum 1.1.2009 die Aufnahme der Slowakei in die Eurozone. Das Land erfüllte die Voraussetzungen (»Konvergenzkriterien«).

Geldpolitik Das robuste Wirtschaftswachstum im Euroraum – in Deutschland 2007 um 2,5 % (→ Wirtschaftsentwicklung) – sowie die weiter bestehenden Inflationsrisiken veranlassten die Europäische Zentralbank (EZB), ihren straffen geldpolitischen Kurs zunächst fortzusetzen. Der Mindestbietungssatz für die Hauptfinanzierungsgeschäfte wurde am 6.6.2007 um 25 Basispunkte auf 4,0 % angehoben. Nachdem die amerikanische Immobilienkrise auch den Euro-Geldmarkt und das europäische Bankensystem erfasst hatte (→ Bankenkrise), stellte die EZB kurzfristig ausreichend Liquidität zur Verfügung, um v. a. das Interbankengeschäft über niedrigere Geldmarktzinsen zu beleben. Anders als die Notenbank der USA (Fed) und die Bank von England senkte sie mit Hinweis auf nach wie vor bestehende Inflationsrisiken die Leitzinsen bis Mai 2008 nicht. EZB-Präsident Claude Trichet sah die Wirtschaft des Euroraums weiterhin auf Wachstumskurs, allerdings schwächer als im Vorjahr, und keine Anzeichen für eine »Kreditklemme« auf den Finanzmärkten.

Inflation Für die Inflationsrate von mehr als 3 % im Euroraum seit November 2007 machte der EZB-Präsident v. a. die gestiegenen Energie- und Nahrungsmittelpreise verantwortlich. Ihr mittelfristiges Ziel, eine Jahresinflationsrate von 2 %, behielt die EZB bei. Die führenden deutschen Wirtschaftsforschungsinstitute rechneten in ihrem Frühjahrsgutachten 2008 in Deutschland mit einer durchschnittlichen Inflationsrate von 2,6 % (2007: 2,3 %). Zuletzt war die Geldentwertung Anfang der 1990er-Jahre so hoch gewesen (→ Verbraucherpreise).

Evangelische Kirchen

Die 6. Tagung der 10. Synode der Evangelischen Kirche in Deutschland (EKD) vom 4. bis 7. November 2007 stand unter dem Schwerpunkt »evangelisch Kirche sein«, was bedeute, »unter sich ändernden Bedingungen beim Auftrag Jesu Christi zu bleiben«. In ihrer Abschlusskundgebung forderte die Synode u. a. eine humane Flüchtlings- und Migrationspolitik in Europa; eine Gewinnung von Stammzelllinien durch Zerstörung von Embryonen lehnte sie ab, bezeichnete aber die von der Bundesregierung

Evangelische Kirchen E

Evangelische Kirchen Gliederung der evangelischen Kirchen

geplante einmalige Verschiebung des Stichtags unter Umständen als zulässig.
Fusionen Im Februar 2008 wurde die 2007 beschlossene Zusammenlegung der Kirchenprovinz Sachsen und der Thüringer Landeskirche besiegelt. Die zum 1.1.2009 entstehende Vereinigte Evangelische Kirche in Mitteldeutschland (EKM) zählt rund 930 000 Gläubige.

E Evonik Industries AG

Im April 2008 einigten sich die Kirchenleitungen der Evangelisch-Lutherischen Landeskirche Mecklenburgs, der Pommerschen Evangelischen Kirche und der Nordelbischen Evangelisch-Lutherischen Kirche auf Lübeck als Sitz der Kirchenleitung der geplanten Nordkirche. Die Entscheidung der Landessynoden über den Fusionsvertrag der Nordkirche, die mit rund 2,4 Mio. Gläubigen eine der größten deutschen Landeskirchen sein wird, war für den Herbst 2008 angesetzt; bis 2011 soll eine gemeinsame Kirchenverfassung ausgearbeitet werden.

Im Februar 2008 verkündeten die drei evangelischen Entwicklungsorganisationen »Brot für die Welt«, Evangelischer Entwicklungsdienst (EED) und Diakonie Katastrophenhilfe ihre Fusion bis 2013. Gemeinsamer Sitz der bislang in Stuttgart bzw. Bonn beheimateten Organisationen soll Berlin sein.

Personalien Als Nachfolger von Hermann Beste trat Andreas von Maltzahn am 1. August 2007 sein Amt als Bischof der Evangelisch-Lutherischen Landeskirche Mecklenburgs an. Neuer Präsident des Kirchenamtes der Evangelisch-Lutherischen Landeskirche Hannovers, mit über 3 Mio. Gläubigen die größte Landeskirche in Deutschland, wurde Burkhard Guntau, der zum 1. Mai 2008 die Nachfolge Eckhart von Vietinghoffs antrat.

Lutherweg Als Beitrag zum Luther-Jubiläum 2017 wurde am 28. März 2008 in Sachsen-Anhalt der 410 km lange Lutherweg für Pilger, Wanderer und Radfahrer eröffnet. Der 34 Stationen umfassende Rundkurs, der u. a. Wittenberg und Luthers Geburts- und Sterbestadt Eisleben verbindet, steht unter der Schirmherrschaft des EKD-Ratsvorsitzenden Wolfgang Huber.

Evonik Industries AG

Die Essener RAG Beteiligungs-AG wurde am 12. September 2007 in Evonik Industries AG umbenannt. Das Unternehmen vereint den »weißen Bereich« der RAG mit den Geschäftsfeldern Chemie, Energie und Immobilien. Die früheren Tochterunternehmen Degussa, Steag und RAG Immobilien treten damit einheitlich unter demselben Firmennamen auf. Der deutsche Steinkohlenbergbau firmiert – getrennt von Evonik – weiterhin unter RAG. Die Evonik Industries AG ist in mehr als 100 Ländern aktiv und erwirtschaftete 2007 mit mehr als 43 000 Mitarbeitern einen Umsatz von 14,4 Mrd. €.

Börsengang verschoben Die Umbenennung sollte auch den Börsengang erleichtern, der ursprünglich bereits für das 1. Halbjahr 2008 geplant war. Das Unternehmen verschob den Termin allerdings offiziell Anfang Juni: Bis 2013 soll der Börsengang nun erfolgen. Kurz zuvor, am 3. Juni 2008, hatte das Management der Firma bekannt gegeben, dass 25,1 % der Evonik-Anteile vom britischen Finanzinvestor CVC Capital übernommen werden. Die Kartellbehörden müssen dem Verkauf noch zustimmen.

F

Fachkräftemangel

Am 1. November 2007 erließ die Bundesregierung eine Verordnung, die die Arbeitsaufnahme u. a. für Ingenieure der Sparten Elektronik sowie Fahrzeug- und Maschinenbau aus den 2004–07 der EU beigetretenen Staaten in deutschen Betrieben erleichtert. Auch mit der am 9. Januar 2008 beschlossenen → Qualifizierungsinitiative will die Bundesregierung dem Fachkräftemangel entgegenwirken. Hintergrund waren mehrere Studien, die einen akuten Mangel an ausgebildeten Fachkräften v. a. in Ingenieur- und Technikberufen in Deutschland konstatierten und eine Verschärfung der Situation prognostizierten.

Ingenieure Nach Berechnungen des Vereins Deutscher Ingenieure (VDI) konnten 2007 rund 70 000 Ingenieurstellen nicht besetzt werden, 45 % mehr als noch 2006. Im März 2008 wurden nach Angaben des VDI bereits etwa 95 000 Inge-

Familienpolitik

Familienatlas: Ergebnisse des Vergleichs der 40 größten Städte in vier Kategorien

Rang	Vereinbarkeit von Familie und Beruf	Wohnsituation und Wohnumfeld	Bildung und Ausbildung	Freizeitangebote für Kinder/Jugendliche
1	Rostock	Bielefeld	Chemnitz	Freiburg im Breisgau
2	Leipzig, Magdeburg	Kassel	Halle, Kiel	Münster
3	–	Braunschweig	–	Stuttgart
4	Dresden	Leipzig	Dresden	Bochum, Rostock
5	Erfurt, Berlin	Erfurt	Erfurt, Magdeburg	–
…				
36	Dortmund, Krefeld	Düsseldorf	Essen	Köln, Wuppertal
37	–	München, Köln	Gelsenkirchen	–
38	Oberhausen	–	Bochum, Mönchengladbach	Dortmund
39	Gelsenkirchen	Frankfurt am Main	–	Oberhausen
40	Duisburg	Berlin	Wuppertal	Duisburg

nieure gesucht. Betroffen waren v. a. forschungs- und innovationsintensive Branchen. Nach Berechnungen des Instituts zur Zukunft der Arbeit (IZA) werden bis zum Jahr 2020 ca. 240 000 Ingenieure fehlen, sofern keine Maßnahmen ergriffen werden.

Familienatlas

Am 4. Oktober 2007 stellte Familienministerin Ursula von der Leyen (CDU) den vom Forschungsinstitut Prognos (Basel) erstellten Familienatlas 2007 der Öffentlichkeit vor. Darin werden anhand verschiedener Kriterien in einem bundesweiten Vergleich die Lebensbedingungen für Familien in allen 439 Kreisen und kreisfreien Städten bewertet. Untersucht wurden die Kategorien Vereinbarkeit von Familie und Beruf, Wohnsituation, Bildung sowie Freizeitangebote für Kinder und Jugendliche.
In Bezug auf die Familienfreundlichkeit schnitten die Kommunen in Ostdeutschland überdurchschnittlich gut ab. Die Städte und Kreise mit den schlechtesten Benotungen liegen in Westdeutschland. So erhielt das brandenburgische Potsdam die besten Noten, das Schlusslicht bildete Unna in Nordrhein-Westfalen. Die Studie zeigte aber auch, dass kein zwingender Zusammenhang zwischen Geburtenrate und familienfreundlicher Infrastruktur besteht, denn die meisten Kinder werden im westlichen Niedersachsen geboren, wo das Angebot an Kinderbetreuung spärlich ist.

Familienpolitik

Auch 2007/08 war die Familienpolitik in Deutschland insbesondere von zwei Zielen geprägt: der Reduzierung des Armutsrisikos durch Kinder und der weiteren Steigerung der Geburtenrate, die 2007 bei 1,45 Kindern pro Frau lag und damit gegenüber dem Vorjahr um 10 % zugenommen hatte. Nach den Reformprojekten Elterngeld und Ausbau der → Kinderbetreuung mit dem Ziel, die Betreuungsplätze bis 2013 zu verdreifachen, stand 2008 eine Erhöhung bzw. Neustrukturierung des Kindergelds auf der familienpolitischen Agenda.

Kindergeld Sowohl Union als auch SPD sprachen sich Anfang Juni 2008 für eine Erhöhung des Kindergeldes ab 2009 aus, das seit 2002 monatlich 154 € für jedes der ersten drei Kinder und 179 € für jedes weitere Kind beträgt. Der Umfang der Anhebung und die Finanzierung waren noch

FDP

unklar – am 12. Juni wurde im Koalitionsausschuss eine Erhöhung um etwa 10 € beschlossen. Umstritten blieb die Forderung der Union, das Kindergeld stärker zu staffeln, also für das dritte und vierte Kind einen deutlich höheren Betrag zu gewähren, um auf diese Weise Mehrkindfamilien finanziell zu fördern.

Die SPD kritisierte die heutige Familienförderung als Begünstigung von wohlhabenden Familien. Insbesondere der steuerliche Freibetrag für Kinder, den Eltern mit einem Einkommen von mindestens 62 800 € (bei einem Kind) geltend machen können, sei sozial ungerecht. Spitzenverdiener erhielten so pro Kind eine Entlastung von bis zu 230 € monatlich, während Kleinverdiener mit dem regulären Kindergeldbetrag von 154 € vorlieb nehmen müssten. Die SPD forderte daher eine Umgestaltung der Freibeträge.

Elterngeld Familienministerin Ursula von der Leyen (CDU) setzte sich 2008 für eine Ausweitung der Väterkompetenz beim Elterngeld ein, indem die Leistung nur dann voll gezahlt werden sollte, wenn die Väter mehr als zwei Monate zu Hause blieben. Das seit dem 1. Januar 2007 geltende einkommensabhängige Elterngeld wird für maximal 14 Monate gewährt, wenn auch der zweite Elternteil (in der Regel der Vater) mindestens zwei Monate lang eine berufliche Auszeit nimmt. Seit Einführung des Elterngeldes stieg der Anteil der Väter, die diese Leistung beantragten, kontinuierlich an. Im 4. Quartal 2007 wurde nach Angaben des Statistischen Bundesamtes bereits jeder achte Antrag auf Elterngeld von Männern gestellt. Bei dem zuvor geltenden Erziehungsgeld hatte der Anteil der Väter bei etwa 3,3 % gelegen. Allerdings beantragten 60 % der Väter das Elterngeld 2007 für nur zwei Monate lang, sodass nach wie vor die Mütter den Großteil der Betreuung übernahmen.

Mehrgenerationenhäuser Im Rahmen eines 2006 vom Familienministerium initiierten Aktionsprogramms wurden Anfang 2008 insgesamt 500 Einrichtungen ausgewählt, die als sog. Mehrgenerationenhäuser eine spezielle Förderung vom Bund erhalten. Die bundesweit verteilten Häuser verstehen sich als nachbarschaftliche Zentren, die familiennahe und generationenübergreifende Dienstleistungen (u. a. Vermittlung von Haushaltshilfen, Wäscheservice, Kinderbetreuung) anbieten. Dabei sollen staatliche Leistungen mit privater Initiative kombiniert werden. Jede der Einrichtungen wird über einen Zeitraum von fünf Jahren mit einem jährlichen Betrag von 40 000 € bezuschusst.

FDP

Die Freie Demokratische Partei (FDP) stellte Mitte 2008 mit 61 Abgeordneten die größte der drei Oppositionsfraktionen im Deutschen Bundestag. Fraktionsvorsitzender und damit Oppositionsführer war Parteichef Guido Westerwelle.

Länderparlamente Die FDP war mit Abgeordneten in zwölf Länderparlamenten vertreten und in Baden-Württemberg, Niedersachsen und Nordrhein-Westfalen als Koalitionspartner der CDU an Landesregierungen beteiligt. Bei den Landtagswahlen in Niedersachsen am 27. Januar 2008 legte die Partei geringfügig auf 8,2 % zu (2003: 8,1 %) und setzte die Koalition mit der CDU unter Ministerpräsident Christian Wulff (CDU) fort. In Hessen verbesserte sich die Partei am gleichen Tag um 1,5 Prozentpunkte auf 9,4 %. Zu einer Regierungsbeteiligung reichte dies jedoch nicht, da wegen großer Stimmenverluste der CDU keine schwarz-gelbe Koalition zustande kam und die FDP eine »Ampelkoalition« mit SPD und Bündnis 90/Die Grünen ablehnte. Bei der Hamburger Bürgerschaftswahl am 24. Februar verbesserte sich die Partei um 2,0 Prozentpunkte, scheiterte jedoch mit 4,8 % erneut an der Fünfprozenthürde.

Erweiterung der Koalitionsoptionen In Reaktion auf den Einzug der Linken auch in westdeutsche Landtage und die dadurch sich abzeichnenden Fünfparteienparlamente, die Koalitionen aus zwei Parteien für die Zukunft seltener erwarten lassen, sowie in Reaktion auf die Annäherung der CDU an die GAL in Hamburg verkündete das Präsidium der FDP einen Strategiewechsel. Zukünftig will sich die Partei nicht mehr auf die CDU als alleinigen Koalitionspartner festlegen, sondern sich auch für Koalitionen mit der SPD und Bündnis 90/Die Grünen öffnen.

Fehmarnbeltbrücke

Der geplante Brückenbau über den 19 km breiten Fehmarnbelt zwischen der deutschen Insel Fehmarn und der dänischen Insel Lolland stieß auf wachsenden Widerstand. Besonders Naturschützer kritisierten das Vorhaben. So legte der Naturschutzbund Deutschland (NABU) im Februar 2008 ein Gutachten vor, wonach nur eine geringe verkehrliche Auslastung zu erwarten sei, sodass es keinen Bedarf für die Brücke gebe. Statt der erwarteten 8 000 Kraftfahrzeuge und 100 Züge pro Tag werde die Brücke selbst Jahre nach der Eröffnung nur von 5 000 Kraftfahrzeugen und 40 Zügen täglich genutzt werden. Durch die Brücke werde zudem der notwendige Wasseraustausch zwischen Nord- und Ostsee massiv beeinträchtigt, der Vogelzug gestört und die Fischerei existenziell gefährdet.

Widerstand kam auch von Fehmarn. Die Einwohner befürchteten Einbußen im Tourismus und gravierende ökologische Nachteile.

Einigung Nach jahrelangen Verhandlungen hatten sich Deutschland und Dänemark am 29. 6. 2007 auf den Bau der Fehmarnbeltbrücke geeinigt. Die Kosten in Höhe von etwa 5,6 Mrd. € soll größtenteils Dänemark übernehmen. Die Refinanzierung erfolgt anschließend über Mautgebühren. Die Brücke soll im Jahr 2018 dem Verkehr übergeben werden und die Fahrzeit nach Skandinavien von 45 Minuten (mit der Fähre) auf eine Viertelstunde verkürzen. Vor der für 2009 geplanten Unterzeichnung eines Staatsvertrags müssen die Parlamente der Vertragsstaaten entscheiden.

Feinstaubverordnung

▶ Umweltzonen

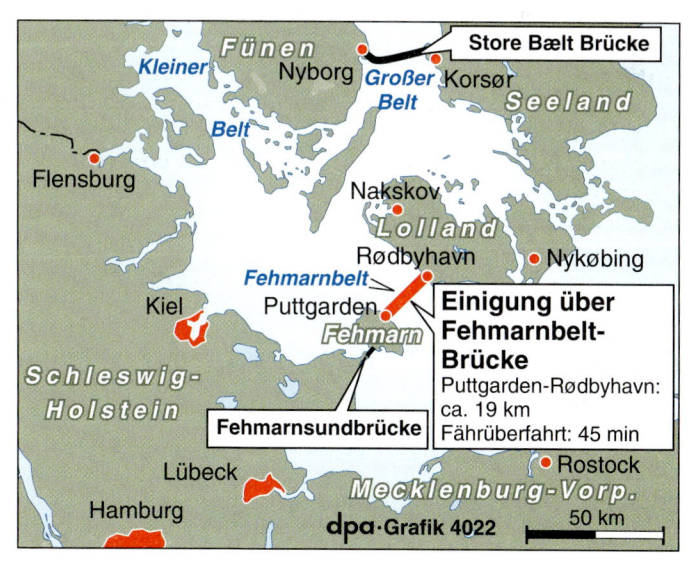

Fernsehen

Schwarz sehen und heimlich lauschen

Land	Jährliche Rundfunkgebühr in Euro	Von je 1 000 gebührenpflichtigen Privathaushalten zahlen keine Gebühr
Dänemark	288,48	62
Schweiz	285,00	41
Norwegen*	254,76	115
Finnland*	215,40	89
Schweden*	211,56	110
Deutschland	204,36	80
Großbritannien*	199,20	47
Österreich	182,16	30
Irland*	158,04	151
Italien	99,60	230
Israel*	72,00	210
Tschechien	72,00	60

*erhebt keine Radiogebühr
Quelle: BFA Broadcasting Fee Association Stand Ende 2006 © Globus 1768

Fernsehen

Marktbewegungen Viele Sender erlebten 2007 und 2008 extreme Auf- und Abbewegungen. Besonders negativ betroffen war die Gruppe ProSiebenSat.1 Media AG, die sich durch die Übernahme der SBS-Sendergruppe aus Luxemburg im Sommer 2007 mit 3,3 Mrd. € belastete. Wenige Wochen später begann die Sendergruppe mit Entlassungen und strich zudem Produktionen, um Kosten einzusparen. Als dann im Dezember 2007 die Axel Springer AG ankündigte, ihre Anteile in Höhe von je 12 % der Stamm- und Vorzugsaktien abtreten zu wollen und sich so aus der Sendergruppe zurückzuziehen, war die Schieflage perfekt: Im Frühsommer 2008 betrug das Minus 3 Mrd. €, personelle Veränderungen auf der Führungsebene waren die Folge. Als im April die Zahlen des 1. Quartals 2008 einen Erlösrückgang von 4,9 % auswiesen, brachen die Aktienkurse zeitweilig um bis zu 27 % ein. Nach Stabilisierung der Lage hatte die Aktie binnen eines Dreivierteljahres zwei Drittel ihres Wertes eingebüßt.

Zuvor hatte die Sendergruppe versucht, ihre Marken (ProSieben, Sat.1, kabel eins, N24 und 9Live) klarer zu positionieren. Die Erfolge waren gemischt: Sat.1 kam in der Jahresbilanz 2007 auf 9,6 % Marktanteil und damit auf den vierten Platz unter den frei zugänglichen Sendern. ProSieben lag mit 6,5 % deutlich dahinter. Umschichtungen im Programm, mit denen die Kernmarke gestärkt werden sollte, ließen die Marktanteile von Sat.1 kollabieren. Zeitweilig wurde der Verkauf des Senders angedacht. Erst im Frühjahr erholte sich Sat.1 und kam mit Marktanteilen über 11 % fast an das Niveau des ZDF heran.

Auch die öffentlich-rechtlichen Sender gehörten zu den Verlierern des TV-Jahres. Zusammen kamen ARD und ZDF bei fallender Tendenz auf nur noch knapp 25 % Marktanteil. Insbesonde-

re jüngere Zuschauer mieden die beiden Sender, der Durchschnittszuschauer von ARD und ZDF ist mittlerweile 60 Jahre und älter. In der werberelevanten jungen Zielgruppe (14–49 Jahre) verbuchten die Sender Reichweiten um 6 % – vergleichbar mit den Marktanteilen von Sendern wie RTL II oder kabel eins.
Zu den Gewinnern gehörte die RTL Group (RTL, RTL II, Super RTL, VOX und ntv). Der Hauptsender zog im Frühjahr 2008 mit der ARD gleich und hat bei den Privatsendern mit rund 12,5 % die Spitzenposition inne. Einen regelrechten Boom erlebte auch VOX (ca. 6 %), v. a. durch die erfolgreichen Kochshows, die bis zu 20 % Marktanteil erreichten. VOX löste damit einen Kochshow-Boom auf vielen Sendern aus.
Prognosen für die zweite Jahreshälfte 2008 sehen v. a. Sender im Vorteil, die die großen Sportereignisse Fußballeuropameisterschaft und Olympische Sommerspiele übertragen. Sie werden die Jahresbilanzen der Marktanteile 2008 maßgeblich beeinflussen, sind aber faktisch Saisonereignisse und damit wenig aussagekräftig.

Programmtrends 2007/08 Wie in den Vorjahren profitierten v. a. die Sender von erhöhten Zuschauerzahlen, die über attraktive Sereninhalte verfügen. Dazu zählen die »CSI«-Formate des amerikanischen Produzenten Jerry Bruckheimer, die Arztserien »Dr. House« und »Grey's Anatomy« sowie das Frauenformat »Desperate Housewives«. Die amerikanischen Serien sind mit einem Aufwand produziert, der hier allenfalls bei Kinoproduktionen üblich ist: Die Kosten einer »CSI«-Folge werden auf 6–10 Mio. US-$ geschätzt. Versuche deutscher Sender, das Erfolgsrezept solcher Serien zu kopieren, scheiterten. So stellte Sat.1 seine Serie »R.I.S.« – eine Lizenzadaption eines italienischen Formats, das wiederum »CSI« kopiert – nach nur einer Staffel wieder ein.
Ähnlich unglücklich verlief der Versuch der ARD, mit Bruce Darnell (»Germanys Next Top-Model«) eine für Jugendliche attraktive Show zu kreieren. Sie wurde nach einem Monat abgesetzt. Stark umstritten war auch die Erweiterung der »Harald Schmidt Show« zum Format »Schmidt & Pocher« mit dem Ex-ProSieben-Comedian Oliver Pocher. Mit dem Konzept gelang jedoch die Ansprache junger Zielgruppen. Glücklicher agierte das ZDF, das mit »Kriminaldauerdienst KDD« ein eigenes Format wagt. Die Serie wurde mehrfach ausgezeichnet (→ Adolf-Grimme-Preis 2008). Sie wagt es, dem Trend amerikanischer Serien hin zu narrativ anspruchsvollen Formaten zu folgen.
Von der Kritik eher verhalten aufgenommen wurde die TV-Großproduktion »Krieg und Frieden«, an der neben anderen europäischen Sendern das ZDF beteiligt war. Beim Publikum konnte sie mit einem Marktanteil von 16,2 % punkten, an den Erfolg der Historiendramen 2006 (»Dresden«, »Sturmflut«) aber letztlich nicht anschließen.

Film

Die Situation der Filmbranche in Deutschland verschlechterte sich 2007 gegenüber dem Vorjahr. Insbesondere ging der Marktanteil deutscher Filme von 25,8 % auf 18,9 % drastisch zurück. Während die Branche insgesamt ein Besucherminus von 8 % und einen Umsatzrückgang von 6 % verzeichnete, gingen Zuschauerzahlen und Umsatz bei deutschen Filmproduktionen um 29 % zurück. Einen vergleichbaren Einbruch bei den internationalen Produktionen gab es nicht, hier fielen die Besucherzahlen zwar um 1 %, die Umsätze stiegen allerdings um 1 %. Das Gesamtminus der Kinobranche im Geschäftsjahr 2007 ließ sich somit v. a. auf die Schwäche des deutschen Marktsegments zurückführen.

Bilanz 2007 Die deutsche Filmförderungsanstalt beurteilte die Entwicklung dennoch nicht pessimistisch: Der Marktanteil deutscher Produktionen schwanke generell stark, sei aber auf lange Sicht betrachtet deutlich gewachsen. Im Durchschnitt der letzten zehn Jahre lag der deutsche Film bei einem Marktanteil von 16,9 %.

Film

Generell wurden deutsche Produktionen von den Kinobesuchern als qualitativ hochwertig und unterhaltsam bewertet. Anders als im Vorjahr fehlten 2007 jedoch große Produktionen für ein breites Publikum. Nur vier Filme (»Die wilden Kerle 4«, »Lissi und der wilde Kaiser«, »Keinohrhasen«, »Die wilden Hühner und die Liebe«) konnten mehr als 1 Mio. Zuschauer in die Kinos locken.

Wenig Preiswürdiges Auch bei den Filmfestivals war der deutsche Film 2007/08 wenig erfolgreich. Herausragende Ausnahme war Fatih Akin, der für seinen bereits vielfach ausgezeichneten Film »Auf der anderen Seite« auch den → Deutschen Filmpreis 2008 erhielt. Bei der → Berlinale 2008 gingen deutsche Produktionen hingegen leer aus.

Jedoch schaffte es eine deutschsprachige Produktion bis nach Hollywood: Der österreichische Regisseur Stefan Ruzowitzky wurde für sein KZ-Drama »Die Fälscher« mit dem Oscar für den besten nicht englischsprachigen Film ausgezeichnet. Der Film wurde je zur Hälfte mit Mitteln aus Österreich und Deutschland produziert und lief bei der Berlinale 2007 als deutscher Beitrag im Wettbewerb.

Tendenzen Das Filmjahr 2008 versprach wieder größeren Erfolg. Bereits in den ersten vier Monaten konnten sich in den Monatshitlisten jeweils vier bis sieben deutsche Produktionen oder Koproduktionen in den Top 20 platzieren, die Hitliste wurde jeweils von einer deutschen Produktion angeführt. Für das Kinojahr 2008/09 hoffte die Branche auf eine Fortsetzung dieses starken Beginns. Jährlich entstehen in Deutschland rund 150 Filme, 2008/09 sind zahlreiche Großproduktionen geplant.

Literaturverfilmungen Ein Schwerpunkt sind große Literaturverfilmungen. Dazu gehören die Fontane-Verfilmung »Effi Briest« von Hermine Hundgeburth und die Thomas-Mann-Adaption »Buddenbrooks« von Heinrich Breloer. Letztere ist mit einem Etat von 15 Mio. €, von denen 2,15 Mio. € von der Filmstiftung NRW beigesteuert wurden, eine für deutsche Verhältnisse äußerst üppig ausgestattete Produktion. Stars wie Armin Müller-Stahl, Iris Berben und August Diehl sollen der Literaturverfilmung den nötigen Glanz verleihen. Nennenswert sind auch die Großproduktionen »Anonyma« von Max Färberböck und »Nordwand« von Philipp Stölzl. Für einiges Aufsehen sorgte im Frühjahr bereits »Freischwimmer« des zweifachen Grimme-Preisträgers Andreas Kleinert. Der ungewöhnlich abgründige Thriller brilliert mit einer Eigenschaft, die gemeinhin selten mit dem deutschen Film verbunden wird: mit schwarzem Humor. Zu Jahresbeginn konnte »Die Welle« von Den-

Film: Filmhits 2007

Rang	Filmtitel	Land	Start	Besucher
1	Harry Potter und der Orden des Phönix	USA/GB	12.7.2007	7 076 615
2	Pirates of the Caribbean – Am Ende der Welt	USA	24.5.2007	6 048 259
3	Ratatouille	USA	3.10.2007	5 911 416
4	Die Simpsons – Der Film	USA	26.7.2007	4 592 790
5	Shrek der Dritte	USA	21.6.2007	3 923 908
6	Mr. Bean macht Ferien	GB	29.3.2007	3 412 945
7	Spider-Man III	USA	1.5.2007	3 170 560
8	Stirb langsam 4.0	USA	27.6.2007	2 628 206
9	Die wilden Kerle 4	D	1.2.2007	2 454 325
10	Nachts im Museum	USA	28.12.2006	2 330 862

Quelle: Filmförderanstalt Berlin

nis Gansel bereits einen großen kommerziellen Erfolg verbuchen.

»Deutscher Herbst« im Kino Größte Hoffnungen knüpft die Branche an den für Herbst 2008 angekündigten Film »Der Baader-Meinhof-Komplex«, der die Geschichte der Rote-Armee-Fraktion (RAF) von 1967 bis zum »Deutschen Herbst« 1977 zum Gegenstand hat. Die Handlung basiert auf dem gleichnamigen Buch des ehemaligen SPIEGEL-Chefredakteurs Stefan Aust; der Film wird von Bernd Eichinger produziert, die Regie hat Uli Edel. Auch dieser Film wurde mit rund 1,4 Mio. € aus öffentlichen Töpfen gefördert. Die Ankündigung der Produktion korrelierte 2007 mit einem Aufleben der Debatte um die RAF und um offene Fragen um die Ermordung des Generalbundesanwalts Siegfried Buback im Jahr 1977.

Jugendfilm Bei den Jugendfilmen stachen v. a. zwei Produktionen heraus. Im Mai 2008 kam der Animationsfilm »Urmel – Voll in Fahrt« in die Kinos, der mit einer ausgereiften Animationstechnik internationalen Standards genügt. Die Kritik war gespalten: Aus der einst rührenden Kindergeschichte von Max Kruse ist eine wilde visuelle Achterbahnfahrt geworden. Weitere Hoffnungen ruhten v. a. auf »Krabat«, einem Film nach dem Buch von Otfried Preußler, der im Herbst 2008 in die deutschen Kinos kommen soll.

Filmförderung Die Filmproduktion in Deutschland bleibt ein stark subventioniertes Geschäft, wobei sogar ein steigendes Maß an Zuschüssen verzeichnet wird. Bund und Länder fördern die Produktion über mindestens 22 Institutionen. Nach Angaben der Filmförderungsanstalt wurden 2007 von diesen Instituten 308,52 Mio. € ausgeschüttet. Dazu kamen Mittel privater Stiftungen und diverse dotierte Filmpreise. Allein beim Deutschen Filmpreis wurden fast 2,9 Mio. € vergeben.

FLAIR
➤ Forschung

Forschung

Aminosäuren im All Erstmalig wurde im Zentrum der Milchstraße eine Eiweißverbindung gefunden, die den Grundbausteinen lebender Organismen, den Aminosäuren, ähnelt. Die organische Verbindung Aminoacetonitril wurde in einer kosmischen Gaswolke im Sternbild Schütze identifiziert. Radioastronomen vom Bonner Max-Planck-Institut hatten die Wolke im März 2008 mit einem Empfänger in der spanischen Sierra Nevada sowie mithilfe von Radioteleskopen in Frankreich und Australien untersucht.

Astronomie Oliver Krause und Mitarbeiter am MPI für Astronomie in Heidelberg bewiesen Anfang 2008, dass das von John Flammsteed 1680 beschriebene und Ende 2007 wieder registrierte »Sternenlicht« von der Explosion eines Sterns herrührte; der Rote Überriese war zehn- bis 20-mal so schwer wie unsere Sonne und rund 11 000 Lichtjahre von uns entfernt. Das vom detonierten Stern abgegebene Licht wurde an einer Gas-Staub-Wolken reflektiert und kehrte als Lichtecho zurück. Man rechnet mit erneuten derartigen Lichtechos an weiteren Explosionswolken – und somit weiteren Beobachtungen der 300 Jahre alten Explosion.

Krebsforschung Tumorzellen sollen abgetötet werden, indem man die für ihr Überleben notwendigen Gene mittels sog. kleiner interferierender RNA-Moleküle (small interfering) ausschaltet. Derartige in den Organismus injizierte siRNA-Moleküle wandern zielsicher zu ihrem Wirkungsort, den Körperzellen, auf die sie programmiert sind. Damit die siRNA nur in entarteten und nicht auch in gesunden Zellen essenzielle Gene deaktivieren kann, wurden die Moleküle nach dem Schlüssel-Schloss-Prinzip spezifiziert.
Die Forschergruppe von Tobias Pöhlmann am Plazenta-Labor der Jenaer Universitätsfrauenklinik hatte das Verfahren entwickelt und patentieren lassen. Sie erhielt im Januar 2008 vom Bundesministerium für Wirtschaft ein Gründerstipendium in Höhe von 100 000 € zuerkannt,

Forschung

um das therapeutische Verfahren zur Marktreife zu entwickeln.

Leuchtdioden Für das Projekt »Licht aus Kristallen« erhielten die Entwicklerteams aus Jena und Regensburg im Dezember 2007 den 11. Deutschen Zukunftspreis 2007 für Technik und Innovation. Sie entwickelten neuartige Leuchtdioden (LED) mit gleichmäßiger Ausleuchtung der Fläche und bis dato unerreicht hoher Lichtausbeute. Diese Eigenschaften sind notwendig für den breiten Alltagseinsatz von Leuchtdioden. Die Forscher entwickelten Dünnschicht-LED mit einer zweistufigen Optik: Zwei Schichten enthalten Hunderte bis Tausende miniaturisierter, nebeneinander angeordneter Linsen. Jeder Linsenbrennpunkt aus der oberen, die Lichtstrahlen bündelnden Schicht liegt exakt in der Fläche der jeweils zugeordneten Linse der zweiten Schicht. Die Photonen (Lichtteilchen) werden von der Leuchtdiode ausschließlich nach vorn emittiert, und alle Strahlen sind optimal durchmischt.

Medizintechnik Eine Röntgenquelle von der Größe einer Ein-Euro-Münze wurde im Frühjahr 2008 zum Patent angemeldet. Dirk Meyer von der Technischen Universität Dresden setzte den künstlich hergestellten Lithiumniobat-Kristall als Röntgenquelle ein. Der Kristall wird durch wiederholtes Erhitzen und Abkühlen angeregt, Röntgenstrahlen zu emittieren. Das mobil einsetzbare Minigerät liefert zwar nur 0,1 bis 1 % des Strahlungsflusses herkömmlicher Röntgengeräte, dies genügt aber für viele potenzielle Anwendungen: Umweltanalytik, medizinische Analysen von Körperflüssigkeiten oder Materialprüfung.

Paläogenetik Leipziger Paläoanthropologen teilten in der Oktoberausgabe 2007 der »Current Biology« mit, dass in Spanien gefundene 43 000 Jahre alte Neandertalerknochen das Sprachgen FoxP2 enthielten. FoxP2 ist das einzige bisher bekannte Gen, das mit der Sprach- und Sprechfähigkeit ursächlich zusammenhängt. Der Neandertaler habe also sprechen können, da er auch über die entsprechende Anatomie verfügte. Sicher ist, dass dieses Gen sich bereits herausgebildet haben muss, bevor Neandertaler und unsere Vorfahren sich separat entwickelten.

Polarforschung Die Neumayer-Station des Alfred-Wegener-Instituts für Polar- und Meeresforschung in Bremerhaven ist das Zentrum deutscher Forschung in der Antarktis. Am 16. November 2007 wurde das Material für den Bau einer neuen Antarktisstation, der Neumayer-Station III, in Bremerhaven verschifft. Der Frachter erreichte die Antarktis im Januar, und am 30. März 2008 konnte der erste Bauabschnitt fertiggestellt werden. Die Station soll voraussichtlich ab Februar 2009 in Betrieb gehen.

Der Neubau war notwendig geworden, weil das Röhrensystem der alten Station Neumayer II mit Wohn- und Laborcontainern, das 1992 auf dem 200 m dicken Ekström-Schelfeis errichtet worden war, bereits 12 m ins Eis eingesunken ist; bis 2009 soll es dem Druck der Eismassen noch standhalten. Die erste Neumayer-Station, benannt nach dem Antarktisforscher Georg von Neumayer (* 1826, † 1909), bestand von 1981 bis 1992.

Die Neumayer-Station III wird nun als erste Forschungsstation auf hydraulischen Stelzen auf dem Eis stehen, die jedes Jahr um 1 m angehoben werden können. Dank der auf 30 Jahre angesetzten Betriebsdauer und modernster Ausstattung können die Langzeitbeobachtungen in Meteorologie, Luftchemie und Geophysik fortgesetzt sowie neue Projekte gestartet werden. Die zweigeschossige Neumayer-Station III beherbergt auch Wohnungen für die Mitarbeiter.

Schlafforschung Als Ergebnis einer Studie der Deutschen Gesellschaft für Neurologie gab diese Anfang September 2007 bekannt, dass die Schlafphasen des Menschen sich im Lauf seines Lebens verändern: Der Anteil der für das Lernen wichtigen Tiefschlafphasen sinkt während des Alterns rapide. Die beobachtete abnehmende Gedächtnisleistung des alten Menschen könnte daraus resultieren.

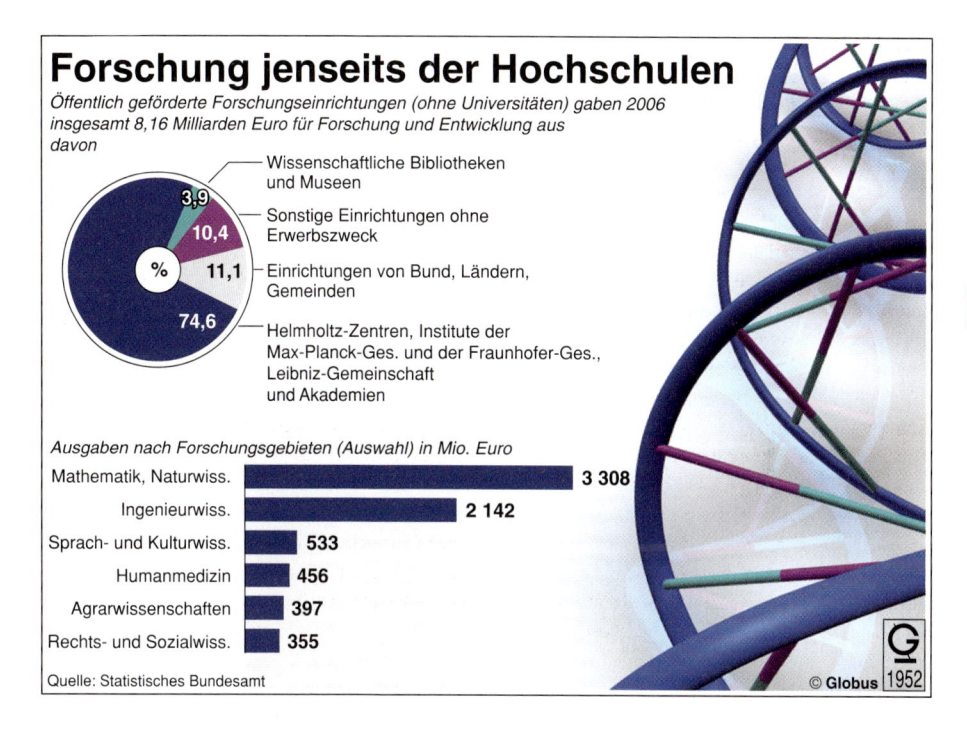

Forschung jenseits der Hochschulen

Öffentlich geförderte Forschungseinrichtungen (ohne Universitäten) gaben 2006 insgesamt 8,16 Milliarden Euro für Forschung und Entwicklung aus

davon
- 3,9 — Wissenschaftliche Bibliotheken und Museen
- 10,4 — Sonstige Einrichtungen ohne Erwerbszweck
- 11,1 — Einrichtungen von Bund, Ländern, Gemeinden
- 74,2 — Helmholtz-Zentren, Institute der Max-Planck-Ges. und der Fraunhofer-Ges., Leibniz-Gemeinschaft und Akademien

Ausgaben nach Forschungsgebieten (Auswahl) in Mio. Euro

Forschungsgebiet	Mio. Euro
Mathematik, Naturwiss.	3 308
Ingenieurwiss.	2 142
Sprach- und Kulturwiss.	533
Humanmedizin	456
Agrarwissenschaften	397
Rechts- und Sozialwiss.	355

Quelle: Statistisches Bundesamt © Globus 1952

Teilchenphysik Das Forschungsprojekt FLAIR (Abk. für Facility for Low-energy Antiproton and Ion Research) soll für Experimente mit Niederenergie-Antiprotonen neue Perspektiven eröffnen. Am 7. November 2007 wurde die finanzielle Grundlage zum Bau der weltgrößten Beschleunigeranlage in Darmstadt geschaffen. Die Anlage wird aus einem unterirdischen Doppelbeschleuniger von 1 100 m Umfang, einem Speicherring und Experimentierstationen bestehen. Hier werden den Elementarteilchen mit 300 000 km/h – der Lichtgeschwindigkeit – auf Atomkerne gefeuert, wobei Temperaturen von mehreren Millionen Grad Celsius entstehen.
3 000 Wissenschaftler aus aller Welt werden dort arbeiten und Vorgänge simulieren, die bei der Entstehung des Weltalls und der Elemente eine Rolle gespielt haben, sie werden quasi den Urknall nachstellen können. Die Gesamtkosten werden mit 1,2 Mrd. € angegeben. Erste Arbeiten sollen spätestens 2013 möglich sein. Die Anlage soll zunächst 25 Jahre betrieben werden.

Verhaltensbiologie Rabenvögel verfügen wie Primaten über soziale Intelligenz, mit deren Hilfe sie gemeinsam Probleme lösen. In den Experimenten am Leipziger Max-Planck-Institut für Evolutionäre Anthropologie arbeiteten Saatkrähen zusammen, um gemeinsam Futter zu beschaffen. Die Evolutionsbiologen veröffentlichten den ersten Nachweis für Bündnisse von Rabenvögeln mit Artgenossen im März 2008 in den Proceedings der Royal Society.
Im Juni 2008 wiesen deutsche und dänische Biologen experimentell nach, dass Robben anhand des Sternenhimmels navigieren; ihr Orientierungssinn ist besser entwickelt als der von Vögeln. Die Fähigkeit von Tieren, die Himmelsrichtung aus der Position einzelner sich bewegender Sterne abzuleiten, war bislang unbekannt.
▶ Genomforschung

Forschungspolitik

Forschungspolitik

Deutsche Firmen investieren 2008 so stark wie noch nie in betriebsinterne Forschung. Sie beschäftigen auch deutlich mehr Mitarbeiter in den Bereichen Forschung und Entwicklung: 320 000 Mitarbeiter gegenüber 299 000 vier Jahre zuvor. Voraussichtlich werden die Gesamtinvestitionen der Wirtschaft erstmals oberhalb von 55 Mrd. € liegen. Die Bundesregierung steigerte den Forschungsetat ebenfalls – um 8 % gegenüber 2007 auf 9,2 Mrd. €.

Gesundheitsforschung Im September 2007 veröffentlichte Bundesforschungsministerin Annette Schavan (CDU) den Expertenbericht »Roadmap Gesundheitsforschung«, der Herausforderungen und Forschungsfelder für die medizinische Forschung in Deutschland benennt. Im März 2008 entschied das Bundesministerium für Forschung und Bildung (BMBF), dass ein geplantes Deutsches Demenzzentrum in Bonn entstehen wird. Im bisherigen Deutschen Zentrum für Neurodegenerative Erkrankungen, das zur Helmholtz-Gemeinschaft gehört, werden rund 400 Wissenschaftler auf dem Gebiet der Demenzforschung arbeiten und mit regionalen und überregionalen Forschungsinstitutionen kooperieren. Das Forschungsnetzwerk soll bis 2010 aufgebaut sein und wird jährlich mit 60 Mio. € finanziert.

Speziell in die Erforschung von Asthma, Demenz, Fettleibigkeit und Diabetes wird das BMBF von 2008 bis 2010 jährlich 630 Mio. € investieren.

Stammzellforschung Das BMBF beschloss im September 2007, die Forschung mit nicht embryonalen Stammzellen speziell zu fördern. In den Jahren 2008 bis 2010 sollen für Projekte zur Gewinnung pluri- und multipotenter Stammzellen insgesamt 5 Mio. € ausgegeben werden, damit langfristig die Forschung an embryonalen Stammzellen überflüssig wird.

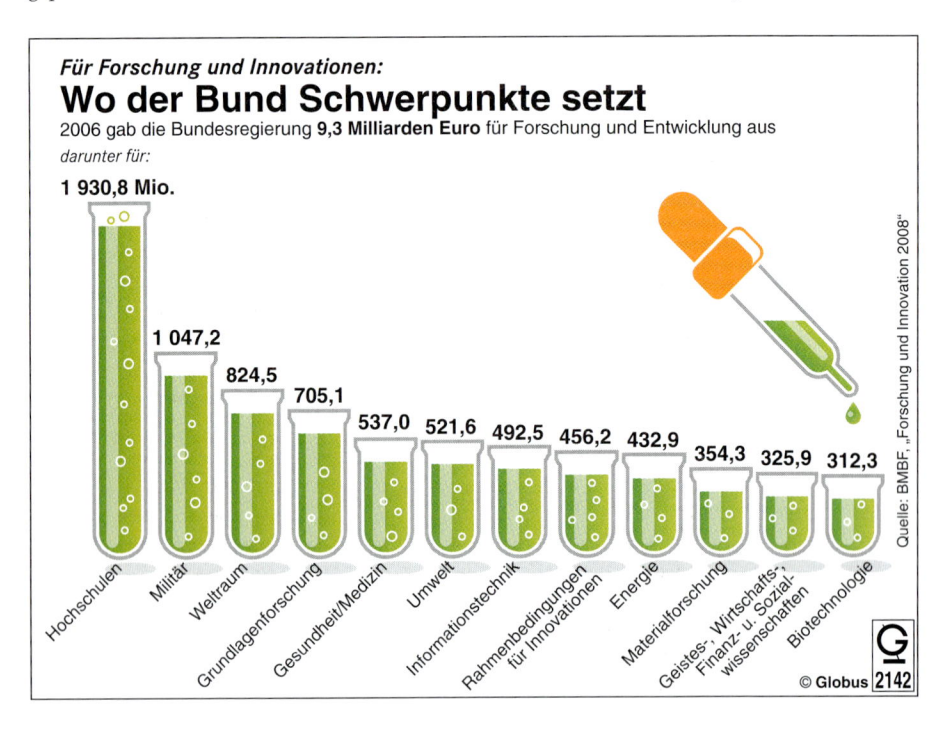

Für Forschung und Innovationen:
Wo der Bund Schwerpunkte setzt

2006 gab die Bundesregierung **9,3 Milliarden Euro** für Forschung und Entwicklung aus
darunter für:

Bereich	Mio. €
Hochschulen	1 930,8
Militär	1 047,2
Weltraum	824,5
Grundlagenforschung	705,1
Gesundheit/Medizin	537,0
Umwelt	521,6
Informationstechnik	492,5
Rahmenbedingungen für Innovationen	456,2
Energie	432,7
Materialforschung	354,3
Geistes-, Wirtschafts-, Finanz- u. Sozialwissenschaften	325,9
Biotechnologie	312,3

Quelle: BMBF, „Forschung und Innovation 2008"

© Globus 2142

Fußball: Tabellenendstand der Bundesligasaison 2007/08

Rang	Verein	Siege	Unentschieden	Niederlagen	Punkte
1	Bayern München	22	10	2	76
2	Werder Bremen	20	6	8	66
3	FC Schalke 04	18	10	6	64
4	Hamburger SV	14	12	8	54
5	VfL Wolfsburg	15	9	10	54
6	VfB Stuttgart	16	4	14	52
7	Bayer Leverkusen	15	6	13	51
8	Hannover 96	13	10	11	49
9	Eintracht Frankfurt	12	10	12	46
10	Hertha BSC	12	8	14	44
11	Karlsruher SC	11	10	13	43
12	VfL Bochum 1848	10	11	13	41
13	Borussia Dortmund	10	10	14	40
14	Energie Cottbus	9	9	16	36
15	Arminia Bielefeld	8	10	16	34
16	1. FC Nürnberg	7	10	17	31
17	Hansa Rostock	8	6	20	30
18	MSV Duisburg	8	5	21	29

Quelle: Deutscher Fußball-Bund

Fußball

Die erfolgreiche Titelverteidigung der Frauennationalmannschaft bei der Fußball-WM in China war das herausragende Ereignis der Saison. Die Auswahl der Männer konnte ebenfalls überzeugen und holte bei der Europameisterschaft 2008 in Österreich und der Schweiz den Vizetitel.

Frauen-WM Die von Silvia Neid trainierte deutsche Auswahl startete mit dem WM-Rekordsieg von 11:0 über Argentinien in das vom 10. bis 30. September 2007 ausgetragene Turnier, musste nach einem 0:0 gegen England jedoch bis zum letzten Vorrundenspiel (2:0 über Japan) um den Einzug ins Viertelfinale bangen. Dort besiegte die deutsche Elf Nord-Korea mit 3:0 und gewann in der Vorschlussrunde mit demselben Ergebnis gegen »Angstgegner« Norwegen.

Im Endspiel am 30. September in Schanghai gegen die brasilianische Auswahl, die im Halbfinale Mitfavorit USA mit 4:0 deklassiert hatte, stand die deutsche Auswahl in der ersten Halbzeit stark unter Druck, blieb jedoch ohne Gegentor. Kurz nach dem Wechsel brachte die deutsche Spielführerin Birgit Prinz ihre Mannschaft mit 1:0 in Führung und festigte mit ihrem insgesamt 14. WM-Treffer seit 1995 ihre Position als beste WM-Torschützin aller Zeiten. Wenige Minuten vor dem Abpfiff verwertete Simone Laudehr einen Eckball per Kopf zum 2:0-Endstand. Entscheidenden Anteil am Titel hatte Nadine Angerer, die in der 64. Minute einen Elfmeter der Weltfußballerin Marta parierte und als erste Torfrau in der WM-Historie ein Turnier ohne Gegentor beendete.

Männer-EM Mit einer überzeugenden Leistung und einem 2:0-Erfolg über Polen startete die deutsche Elf in das vom 7. bis 29. Juni 2008 ausgetragene Turnier, musste jedoch nach einer 1:2-Niederlage gegen Kroatien bis zum letzten Gruppenspiel gegen Österreich (1:0) um den Einzug ins Viertelfinale bangen. Dort bezwang sie dank einer deutlichen Leistungssteigerung

F Fußball

die favorisierten Portugiesen mit 3:2. Im Halbfinale gegen die Türkei sicherte nach einer deutlich schwächeren Leistung ein Tor von Philipp Lahm in letzter Minute den 3:2-Sieg.

Im Endspiel gegen Spanien, das im Halbfinale Russland mit 3:0 besiegt hatte, unterlag die deutsche Mannschaft am 29. Juni in Wien mit 0:1 und wurde damit Vize-Europameister.

Vereinsfußball Männer Trotz des frühen Scheiterns des deutschen Meisters VfB Stuttgart festigten die deutschen Teams mit der drittbesten Punktausbeute nach der Konkurrenz aus England und Spanien ihren Platz unter den besten

Fußball-Europameisterschaft der Männer

Vorrundenspiele:

Gruppe A:
Schweiz – Tschechien	0:1 (0:0)
Portugal – Türkei	2:0 (0:0)
Tschechien – **Portugal**	1:3 (1:1)
Schweiz – **Türkei**	1:2 (1:0)
Schweiz – **Portugal**	2:0 (0:0)
Türkei – Tschechien	3:2 (0:1)

Gruppe B:
Österreich – **Kroatien**	0:1 (0:1)
Deutschland – Polen	2:0 (1:0)
Kroatien – **Deutschland**	2:1 (1:0)
Österreich – Polen	1:1 (0:1)
Österreich – **Deutschland**	0:1 (0:0)
Polen – **Kroatien**	0:1 (0:0)

Gruppe C:
Rumänien – Frankreich	0:0 (0:0)
Niederlande – Italien	3:0 (2:0)
Italien – Rumänien	1:1 (0:0)
Niederlande – Frankreich	4:1 (1:0)
Frankreich – **Italien**	0:2 (0:1)
Niederlande – Rumänien	2:0 (0:0)

Gruppe D:
Spanien – Russland	4:1 (2:0)
Griechenland – **Schweden**	0:2 (0:0)
Schweden – **Spanien**	1:2 (1:1)
Griechenland – **Russland**	0:1 (0:1)
Griechenland – **Spanien**	1:2 (1:0)
Russland – Schweden	2:0 (1:0)

Viertelfinale:
Portugal – **Deutschland**	2:3 (1:2)
Kroatien – **Türkei**	2:4 (1:1) n.E.
Niederlande – **Russland**	1:3 (1:1) n.V.
Spanien – Italien	4:2 (0:0) n.E.

Halbfinale:
Deutschland – Türkei	3:2 (1:1)
Russland – **Spanien**	0:3 (0:0)

Finale:
Deutschland – **Spanien**	0:1 (0:1)

Die Siegermannschaft:
Casillas; Ramos, Marchena, Puyol, Capdevila; Senna; Iniesta, Xavi, Fàbregas (63. Xabi Alonso), Silva (66. Cazorla); Torres (78. Güiza)

fett gedruckt: Die Mannschaft erreichte die nächste Runde.
n.E.: nach Elfmeterschießen
n.V.: nach Verlängerung

sechs Nationen in der UEFA-Fünfjahreswertung. Damit sicherten sie der Bundesliga auch weiterhin den zweiten Champions-League-Startplatz. Mit der Vergabe der Titel hatten die deutschen Mannschaften allerdings erneut nichts zu tun: Der FC Schalke 04 scheiterte als letzter Champions-League-Vertreter im Viertelfinale mit zwei 0:1-Niederlagen am FC Barcelona; im UEFA-Pokal unterlagen Bayer 04 Leverkusen (1:4 und 1:0 im Viertelfinale) und der FC Bayern München (1:1 und 0:4 im Halbfinale) jeweils deutlich Zenit St. Petersburg. Mit einem 2:0-Finalerfolg über Glasgow Rangers sicherte sich der russische Vertreter schließlich den UEFA-Pokal. Im rein englischen Finale um die europäische Fußballkrone hatte Michael Ballack mit dem FC Chelsea im Elfmeterschießen das Nachsehen gegen Manchester United.

National waren die Bayern das Maß aller Dinge. Mit 10 Punkten Vorsprung vor dem SV Werder Bremen sicherte sich der Rekordmeister bereits frühzeitig seinen 21. Deutschen Meistertitel. Zuvor hatten die Münchner im DFB-Pokalfinale am 19. April 2008 in Berlin dank zweier Tore von Luca Toni mit 2:1 nach Verlängerung gegen den überraschend starken Außenseiter Borussia Dortmund bereits ihren 14. DFB-Pokalsieg gefeiert. Den Gang in die 2. Bundesliga mussten der 1. FC Nürnberg, Hansa Rostock und der MSV Duisburg antreten, dafür rückten Borussia Mönchengladbach, die TSG Hoffenheim und der 1. FC Köln ins Fußball-Oberhaus auf.

Zur Saison 2008/09 wurde unterhalb der 2. Bundesliga statt der bisherigen zwei Regionalligen die 3. Liga mit 20 Mannschaften eingefügt; vierthöchste Spielklasse wurden die nunmehr drei Regionalligen Nord, Süd und West mit jeweils 18 Teams.

Vereinsfußball Frauen Mit dem Gewinn des zweiten »Triples« nach 2002 war der 1. FFC Frankfurt das Maß aller Dinge. Im DFB-Pokalfinale sicherte sich die Elf mit einem 5:1-Erfolg über den 1. FC Saarbrücken den Titel, die deutschen Meistertitel gewann sie mit einem Punkt Vorsprung vor dem FCR Duisburg. In den Finalspielen um den UEFA Woman's Cup gegen Umeå IK (Schweden) am 17. und 24. Mai 2008 siegten die Frankfurterinnen mit 1:1 und 3:2.

Gaspreise

Nachdem bei der ersten Preisrunde im März 2008 zahlreiche Gasversorger Gaspreiserhöhungen angekündigt hatten, leitete das Bundeskartellamt Missbrauchsverfahren gegen 35 Unternehmen ein, da die Preiserhöhungen deutlich über dem Anstieg der Beschaffungskosten lagen. Die Versorger sollen offenlegen, wie sie die Erhöhung begründen. Im Gegensatz zum Strommarkt gibt es auf dem Gasmarkt keine Preisaufsichtsbehörde. Bei dem Vergleich der Preise für den Endverbraucher hatte das Kartellamt die genehmigten Netzentgelte sowie Steuern und Konzessionsabgaben abgezogen, die zusammen einen Anteil von etwa 45 % am Gesamtpreis ausmachen. Im März waren die Gaspreise um durchschnittlich 7 % angehoben worden. Bei der für die Jahresmitte 2008 angesetzten nächsten Preisrunde planten 67 Gasversorger, darunter auch Stadtwerke, eine weitere Erhöhung des Gaspreises um 19 oder sogar 25 %

Gaspreise: Entwicklung der Erdgaspreise (Cent/kWh*)		
Datum	für Privathaushalte	für Unternehmen
1.7.2000	3,75	2,06
1.7.2001	4,46	2,46
1.7.2002	4,08	2,06
1.7.2003	4,45	2,57
1.7.2004	4,43	2,46
1.7.2005	4,97	2,92
1.7.2006	6,20	3,75
1.7.2007	6,29	3,39

*) einschließlich Steuern; Quelle: Eurostat

G Gebärmutterhalskrebsimpfung

> **Gaspreise**
>
> **Ölpreisbindung**
> Die Ölpreisbindung der Gaspreise ist eine internationale Branchenvereinbarung, die nicht gesetzlich verankert ist. Sie wurde in den 1960er-Jahren etwa zeitgleich mit der Gründung der OPEC eingeführt und diente zunächst der Sicherung der enormen Investitionen für die Förderung und den Transport (v. a. Leitungsbau) von Erdgas. Die Gasproduzenten, die überwiegend auch Ölproduzenten sind, wollten außerdem einen Preiskampf verhindern. Eine Anpassung der Gaspreise an die Ölpreise erfolgt seither in der Regel mit viertel- oder halbjährlicher Verzögerung.
> Faktisch unterbindet die Ölpreisbindung eine Konkurrenz zwischen Rohöl und Erdgas zugunsten größerer Planungssicherheit für die beteiligten Unternehmen, die in der Regel Abnahmeverpflichtungen in langfristigen Verträgen aushandeln. Die Maßnahme schützt aber auch die Marktmacht der vergleichsweise wenigen Erdgasproduzenten. Die Ölpreisbindung gerät jeweils dann ins Visier der Kritiker, wenn Spekulationen auf den Rohöl-Weltmärkten auch den Gaspreis in die Höhe treiben. Experten bezweifeln allerdings, dass eine Entkoppelung von Erdgas- und Ölpreis die Preise sinken lassen würde. Denn dann müssten die europäischen Importeure z. B. mit Russland eine andere Preisformel aushandeln. Dagegen spricht auch, dass Deutschland keine große Auswahl bei den Lieferanten hat.

mit dem Hinweis auf die drastisch gestiegenen Rohölpreise. In Deutschland besteht nach wie vor die umstrittene Anbindung der Gaspreise an die Erdölpreise.
Am 29. April 2008 hatte der → Bundesgerichtshof (BGH) die Preiserhöhung eines sächsischen Gasversorgungsunternehmens für unwirksam erklärt mit der Begründung, dass die in dem Sondervertrag verwendete Preisanpassungsklausel den Kunden benachteilige. Inwieweit dieses Urteil auf normale Tarifverträge übertragbar ist, wurde nicht geklärt, ebenso wenig die Frage, ob Kunden einen Anspruch auf Rückzahlung bereits gezahlter Rechnungen haben.

Gebärmutterhalskrebsimpfung

2007/08 geriet die 2007 erstmals zugelassene Gebärmutterhalskrebsimpfung in die Kritik.
Impfung Die Ständige Impfkommission des Robert Koch Instituts (RKI, Berlin) hatte die Impfung 2007 für zwölf- bis 17-jährige Mädchen vor dem ersten Geschlechtsverkehr empfohlen. Sie richtet sich gezielt gegen eine Infektion mit den Untertypen der Humanen Papillomaviren (HPV), die beim Geschlechtsverkehr übertragen werden und die häufigste Ursache für Gebärmutterhalskrebs sind. In Deutschland erkranken jährlich 6 500 Frauen an Gebärmutterhalskrebs, etwa 1 700 sterben daran. Die Kosten der Impfung (465 € pro Impfling) tragen die Krankenkassen.
Kritik Die Impfung geriet nach zwei ungeklärten Todesfällen von jungen Mädchen in die Kritik; beide waren mit dem Impfstoff behandelt worden. Zahlreiche Experten wiesen darauf hin, dass die Zulassung auf schmaler Wissensbasis erfolgt sei. Die Kosten der Impfung seien mit etwa 500 Mio. € pro Jahrgang sehr hoch, der Nutzen demgegenüber eher gering, da die Impfung lediglich vor einigen HPV-Typen schütze. Die Früherkennungsuntersuchung sei deshalb weiterhin nötig. Bei regelmäßiger Vorsorge könnten Veränderungen am Gebärmutterhals aber auch ohne Impfung sicher erkannt und mit guten Heilungschancen behandelt werden.

Genfood

Im April 2008 trat die Novelle zum Gentechnikgesetz in Kraft, die Mindestabstände beim Anbau von genveränderten Pflanzen sowie die Kennzeichnung gentechnikfreier Lebensmittel regelt. Verbraucherverbände begrüßten die Kennzeichnungsregelung, weil sie mehr Transparenz bringe. Die Bevölkerung in Deutschland lehnte Genfood weiterhin überwiegend ab. In Europa erhöhte sich die Anbaufläche mit gentechnisch veränderten Pflanzen 2007 um 77 % auf 100 000 ha gegenüber dem Vorjahr, in Deutschland verdreifachte sie sich auf 2 650 ha (ausschließlich Futtermais).

Neue Regelungen Für Felder mit gentechnisch veränderten Pflanzen ist ein Mindestabstand von 150 m zu konventionell bzw. von 300 m zu ökologisch angebauten Pflanzen vorgeschrieben. »Gen-Bauern« müssen für Verunreinigungen anderer Felder mit Gen-Pollen haften, wenn kein anderer Verursacher gefunden wird. Die Kriterien zur Kennzeichnung von Lebensmitteln »ohne Gentechnik« wurden ab Mai 2008 gelockert. Hersteller z. B. von Fleisch oder Milch garantieren damit, dass die Tiere nicht mit gentechnisch verändertem Futter gefüttert wurden. Futterzusatzstoffe wie Vitamine können dagegen gentechnisch hergestellt sein, wenn sie in der EU zugelassen, im Endprodukt nicht nachweisbar sind und es keine gentechnikfreie Alternative gibt.

Kritik Oppositionsparteien und Umweltverbände warnten, dass nun unkontrollierbare großflächige Verunreinigungen mit Gen-Pflanzenpollen möglich würden. Greenpeace wies darauf hin, dass es immer noch keine Langzeittests für genveränderte Pflanzen gebe, damit auch keine Risikoabschätzung für Mensch und Umwelt.
www.transgen.de

Genomforschung

Das Nationale Genomforschungsnetz (NGFN) bündelt seit Mitte 2001 erfolgreich die wissenschaftlichen Aktivitäten namhafter Universitäten, Kliniken, Institute und Großforschungseinrichtungen Deutschlands. Auch in der Zeitspanne 2007/08 mündete die Arbeit dieses Netzwerks in neue Erkenntnisse über kausale Zusammenhänge von menschlichem Erbgut (Genom) und Ursachen von Krankheiten.

Gen löst Nervenzelltod aus Nachdem es am Max-Delbrück-Centrum für Molekulare Medizin (MDC) Berlin-Buch gelungen war, im Tierversuch den Prozess des weiträumigen Absterbens von Nervenzellen im Umfeld einer Rückenmarksverletzung oder einer Hirngefäßverletzung infolge eines Schlaganfalls aufzuklären, berichteten die Forscher darüber in der Oktoberausgabe der Fachzeitschrift »Nature Neuroscience«. Wenn es gelänge, im Verletzungsfall die Aktivität eines bestimmten Gens zu deaktivieren, ließe sich das Absterben von Nervenzellen einschränken.

Ursache von Herzschwäche Wissenschaftler des gleichen Forschungszentrums identifizierten zusammen mit Kollegen der Charité-Universitätsmedizin Berlin/Helios Klinikum Berlin-Buch im April 2008 das Gen Ephx2 als potenziellen Verursacher von Herzinsuffizienz bei Menschen mit Bluthochdruck. Das Gen produziert das Enzym Epoxidhydrolase, das im Normalfall körpereigene Substanzen abbaut, die der gesunde Körper nicht benötigt, die jedoch im Notfall wirksam werden müssen, um das Herz zu schützen. In jedem Gen sind Variationen einzelner Erbgutbausteine möglich (sog. SNP – Single Nucleotide Polymorphism). Die Forscher entdeckten im Gen Ephx2 Variationen, aufgrund deren die abbauende Wirkung des Enzyms niemals blockiert wird, sodass die Selbsthilfe des Körpers gegen Überbelastung des Herzens entfällt.

Bauchspeicheldrüse Medizinern der Universität Leipzig gelang Ende 2007 der Nachweis eines Gens, dessen Mutation eine chronische Pankreatitis bewirkt. Im Vergleich der deutschen und indischen Patienten (Letztere mit tropischer Pankreatitis) wurden mehrere Mutationen des sog. CTRC-Gens, das die Sekretion des Enzyms Chrymotrypsin C (CTRC) bewirkt, besonders häufig identifiziert. Die Erkenntnisse könnten auf einen bisher unbekannten, weltweit bedeutenden Erkrankungsprozess hinweisen.

Gesetzentwürfe

Tierschutz Die Bundesregierung will den Tierschutz in der Massenhaltung verbessern. Sie legte im Dezember 2007 einen entsprechenden Gesetzentwurf vor (Bundestags-Drucksache 16/7413). Künftig sollen nur noch normierte und auf Tiergerechtheit geprüfte Stalleinrichtungen (Boxen, Gatter) eingesetzt werden. Diese Ein-

Gesundheit

richtungen müssen künftig behördlich zugelassen werden, bevor sie in den Verkehr gebracht werden dürfen. Ebenso soll den Massentierhaltern vorgeschrieben werden, wie die Normställe einzurichten sind.

Gesetzliche Unfallversicherung Im März 2008 leitete die Bundesregierung ein Gesetzgebungsverfahren zur Neuregelung der Gesetzlichen Unfallversicherung ein (Bundestags-Drucksache 16/9154). Es ist vorgesehen, die Zahl der Unfallversicherungsträger drastisch zu reduzieren, um das Beitragsgefälle zu verringern und Bürokratie abzubauen. So sollen von den 23 Berufsgenossenschaften neun übrig bleiben. Ähnlich dem Risikostrukturausgleich in der gesetzlichen Krankenversicherung soll das Bundesversicherungsamt künftig dafür sorgen, die Versicherungslasten zwischen den einzelnen Berufsgenossenschaften gerechter zu verteilen. Des Weiteren soll mit der Neufassung die Verhütung von Arbeitsunfällen in den Vordergrund rücken: Unfallverhütung sei die beste Unfallversicherung, meint die Bundesregierung.

Die gesetzliche Unfallversicherung gehört seit 1884 zur Sozialversicherung und ist im Sozialgesetzbuch VII geregelt. Sie finanziert sich allein aus Beiträgen der Arbeitgeber und ist eine Pflichtversicherung. Für Beamte und Angestellte im öffentlichen Dienst tragen Bund, Länder und Gemeinden die Kosten. Die Höhe der Beiträge wird über ein Umlageverfahren ermittelt und ist abhängig von der Unfallgefahr im Unternehmen. Kommt es zu einem Arbeitsunfall (auch Wegeunfall), hilft die Unfallversicherung, die Gesundheit und die Arbeitskraft wiederherzustellen. Bei Berufskrankheiten entschädigt sie Versicherte oder ihre Hinterbliebenen finanziell, wenn Dauerschäden zurückbleiben.

Telefonwerbung Bundesjustizministerin Brigitte Zypries (SPD) kündigte im September 2007 einen Gesetzentwurf mit schärferen Maßnahmen gegen unerwünschte Telefonwerbung an; im März 2008 stellte sie zusammen mit Verbraucherschutzminister Horst Seehofer (CSU) ein Maßnahmenpaket vor. Telefonwerbung ist zwar bereits nach dem Gesetz gegen den unlauteren Wettbewerb (UWG) verboten, viele Firmen setzten sich aber über das Verbot hinweg.

Das Maßnahmenpaket sieht vor, dass Verstöße gegen das bisherige Verbot mit einem Bußgeld von bis zu 50 000 € geahndet werden können. Der Telefonanrufer darf seine Telefonnummer nicht mehr unterdrücken, sonst droht ein Bußgeld. Außerdem erhalten Verbraucher mehr Möglichkeiten, am Telefon geschlossene Verträge zu widerrufen, etwa Zeitschriften- oder Zeitungsabonnements sowie Lotteverträge. Alle Abschlüsse sollen innerhalb von 14 Tagen widerrufen werden können.

Gesundheit: häufige Todesursachen 2006

Todesursache	Todesfälle je 100 000 Einwohner
Herz-Kreislauf-Erkrankungen	435,8
Krebs	263,6
Atemwegserkrankungen	66,6
Erkrankungen der Verdauungsorgane	52,2
Folgen äußerer Ursache (Verletzungen, Vergiftungen etc.)	39,1

Quelle: Statistisches Bundesamt

Gesundheit

Dauerstress, Mobbing und Existenzängste verursachten eine dramatische Zunahme der psychischen Störungen. So stellte der Bundesverband Deutscher Psychologen in einer 2008 veröffentlichten Studie zur Gesundheit am Arbeitsplatz fest, dass der Anteil der Krankmeldungen wegen psychischer Probleme 2001–05 von 6,6 % auf 10,5 % anstieg. Eine andauernde Bedrohung für die Volksgesundheit stellten → Übergewicht und Fettleibigkeit dar: Zwei Drittel der Männer und über die Hälfte der Frauen waren übergewichtig. Krankheiten wie u. a. Diabetes könnten als Folge zu Volkskrankheiten werden. 2008 wurden in

Gesundheit G

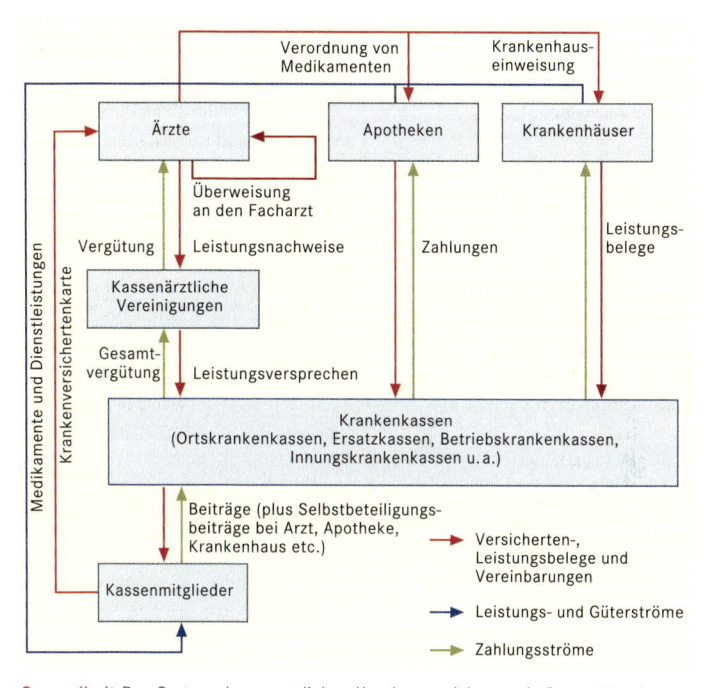

Gesundheit Das System der gesetzlichen Krankenversicherung in Deutschland

Deutschland erneut extrem häufige Infektionen mit dem → Norovirus verzeichnet.
Haupttodesursachen An Herz-Kreislauf-Erkrankungen starben 2006 (letztverfügbarer Stand) laut Statistischem Bundesamt 358 953 Menschen (2005: 367 361). Eine Studie der Charité (Berlin) ergab Anfang 2008, dass die Häufigkeit von Herzinfarkten in Europa und in Deutschland von Nordosten nach Südwesten abnimmt. Dafür seien neben klassischen Risikofaktoren (z. B. Übergewicht, hoher Blutdruck) soziale Faktoren wie höhere Arbeitslosigkeit und niedrigeres Einkommen, verbunden mit mehr Stress und Depressionen sowie schlechterer Ärzteversorgung im Nordosten verantwortlich.
2006 starben laut Statistischem Bundesamt 217 095 Menschen an Krebs. Jährlich erkranken nach Angaben der Deutschen Krebsgesellschaft 436 000 Menschen neu an Krebs. Bei den Männern waren Prostata-, Darm- und Lungenkrebs die häufigsten Tumorarten, bei den Frauen Brust-, Darm- und Lungenkrebs. Die Zahl werde Experten zufolge weiter steigen, was v. a. auf die alternde Gesellschaft zurückzuführen sei. Gleichzeitig verbesserten sich die Überlebenschancen bei vielen Tumorarten jedoch kontinuierlich.
Aids Seit der Jahrtausendwende stieg die Zahl der Neuinfektionen mit dem HI-Virus (HIV) in Deutschland. 2007 infizierten sich 2 752 Menschen neu mit dem Virus (Anstieg zu 2006: 4%). Hauptbetroffene waren homosexuelle Männer. Hauptursache waren ein zunehmender Trend zu ungeschütztem Sexualverkehr und der Glaube, Aids lasse sich gut behandeln. Ende 2007 lebten 59 000 Menschen mit HIV in Deutschland. Die Bundesregierung erhöhte die Finanzmittel zur Aidsprävention 2007 um 3 Mio. €.

G Gesundheitspolitik

Gesundheitspolitik

Gesundheitsfonds

Ab 1.1. 2009 wird die Finanzierung der gesetzlichen Krankenversicherung mit der Einführung des Gesundheitsfonds neu gestaltet. In den Fonds zahlen alle Beitragszahler den gleichen vom Bund festgelegten Beitragssatz und der Bund erbringt Zahlungen zum Ausgleich versicherungsfremder Leistungen der Kassen. Jede Krankenkasse erhält dann pro Versichertem eine pauschale Mittelzuweisung sowie ergänzende Zu- und Abschläge je nach Alter, Geschlecht und Krankheit ihrer Versicherten. Durch die besondere Berücksichtigung schwerwiegender Krankheiten soll dieser weiterentwickelte und ebenfalls zum 1.1. 2009 eingeführte Risikostrukturausgleich dem unterschiedlichen Versorgungsbedarf der Versicherten einer Krankenkasse Rechnung tragen. Krankenkassen, die ihre Kosten mit den zugewiesenen Mitteln nicht decken können, müssen einen Zusatzbeitrag erheben. Für die Versicherten besteht in dem Fall ein Sonderkündigungsrecht.

Gesundheitspolitik

2008 beherrschte v.a. die ab April 2007 in Kraft getretene Gesundheitsreform die Gesundheitspolitik. Zum 1. Juli 2008 wurde die →Pflegeversicherung umfassend reformiert.

Finanzlage der Krankenkassen Die Gesundheitsreform wurde mit dem Ziel eingeführt, den Wettbewerb im Gesundheitssystem zu stärken und durch stabile Beiträge gleichzeitig die Lohnnebenkosten zu entlasten. Ursache für den Überschuss von 1,78 Mrd. €, den die gesetzlichen Krankenversicherungen (GKV) 2007 erzielten, waren aber v. a. die bessere Konjunktur und verringerte Arbeitslosenzahlen. Einnahmen von 155,40 Mrd. € standen 2007 trotz um 6,7 % gegenüber 2006 erhöhter Arzneimittelkosten Ausgaben von 153,62 Mrd. € gegenüber. Die Reserve der GKV betrug Ende 2007 etwa 3,2 Mrd. €. Damit könnten alle Kassen laut schwarz-roter Bundesregierung ihre Schulden bis 2009 abgebaut haben. Der durchschnittliche Beitrag lag Anfang 2008 bei 14,8 %, die Beitragsbemessungsgrenze bei 3 600 €.

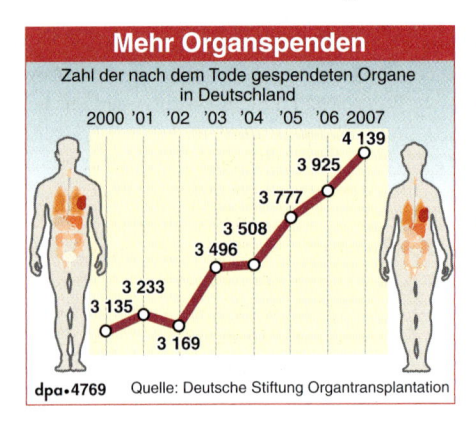

Gesundheitsfonds Kernstück und zugleich umstrittenster Bestandteil der Reform ist der 2009 startende Gesundheitsfonds. Im Herbst 2008 legt die Bundesregierung die Höhe des ab 2009 geltenden einheitlichen Kassenbeitrags fest, der in den Gesundheitsfonds fließt. Eng verbunden mit dem Fonds ist die Honorarreform der Ärzte, die ab 2009 einen regional einheitlichen Europreis für ihre Leistungen erhalten sollen.

Vertrag ohne KV Erstmals in Deutschland machte die Allgemeine Ortskrankenkasse (AOK) in Baden-Württemberg im Mai 2008 von dem mit der Gesundheitsreform geschaffenen Recht Gebrauch, Verträge direkt mit Ärzten abzuschließen und nicht über die Kassenärztlichen Vereinigungen (KV). Ziel des fünfjährigen Vertrags ab Juli 2008 zwischen AOK und Hausärzten war es, die Abrechnungen der Ärzte zu vereinfachen, ihnen mehr Zeit für den Patienten zu verschaffen und mit Therapieempfehlungen die Kosten zu senken. AOK-Versicherte konnten sich für mindestens ein Jahr in das System einschreiben.

Hausarztmodelle Mit der Gesundheitsreform 2007 verpflichtete die schwarz-rote Bundesregierung die gesetzlichen Kassen, sog. Hausarztverträge anzubieten. Teilnehmende Versicherte sollen immer zuerst ihren Hausarzt aufsuchen, um so z.B. Doppeluntersuchungen zu vermei-

Mehr Organspenden

Zahl der nach dem Tode gespendeten Organe in Deutschland

Jahr	Organe
2000	3 135
'01	3 233
'02	3 169
'03	3 496
'04	3 508
'05	3 777
'06	3 925
2007	4 139

dpa•4769 Quelle: Deutsche Stiftung Organtransplantation

den. Im Gegenzug wird ihre Praxisgebühr ermäßigt. Eine Studie der Bertelsmannstiftung ergab Anfang 2008, dass sich durch Hausarztmodelle weder die Versorgung der Patienten beim Hausarzt verbesserte noch die Zahl der Facharztbesuche verringerte.

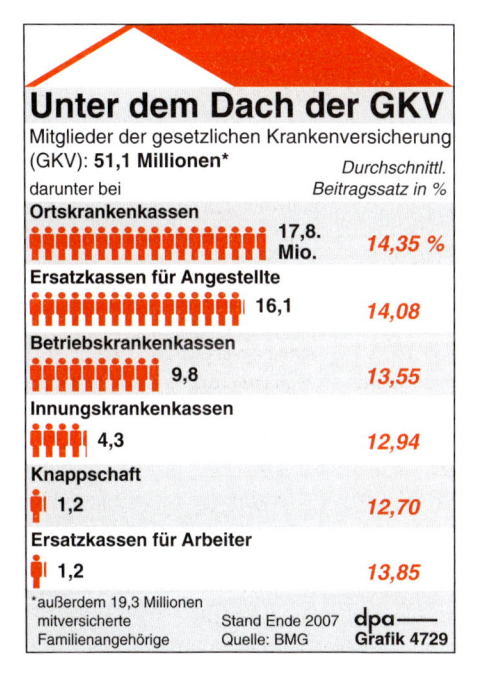

Unter dem Dach der GKV
Mitglieder der gesetzlichen Krankenversicherung (GKV): **51,1 Millionen***   Durchschnittl. Beitragssatz in %
darunter bei

Ortskrankenkassen	17,8. Mio.	**14,35 %**
Ersatzkassen für Angestellte	16,1	**14,08**
Betriebskrankenkassen	9,8	**13,55**
Innungskrankenkassen	4,3	**12,94**
Knappschaft	1,2	**12,70**
Ersatzkassen für Arbeiter	1,2	**13,85**

*außerdem 19,3 Millionen mitversicherte Familienangehörige   Stand Ende 2007   Quelle: BMG   **dpa — Grafik 4729**

Elektronische Gesundheitskarte 2008 liefen sieben Modellversuche mit der elektronischen Gesundheitskarte, die ein Datennetz zwischen Patienten, Arztpraxen, Apotheken, Kliniken und Kassen ermöglichen soll. 2009 soll die bundesweite Ausgabe der Karten erfolgen (Kosten: 1,6–3 Mrd. €). 2008 trug sie Name, Adresse, Geburtsdatum, GKV und Versichertenstatus, sie konnte als elektronisches Rezept genutzt und freiwillig mit Notfalldaten versehen werden. Kritiker fürchteten um den Datenschutz im vernetzten Gesundheitssystem.

Zweiklassenmedizin Nach einer Studie des Instituts für Gesundheitsökonomie und klinische Epidemiologie (Köln) Mitte 2008 mussten Kassenpatienten im Schnitt dreimal so lange auf einen Termin beim Facharzt warten wie Privatversicherte. Experten werteten dies als Beleg für die vorherrschende Zwei-Klassen-Medizin, in der Kassenpatienten Privatversicherten gegenüber deutlich benachteiligt seien.

Arzneimittelzuzahlung Ab Juni 2008 müssen gesetzlich Versicherte für 3 000 zuvor zuzahlungsfreie Medikamente eine Zuzahlung von 5–10 € leisten. Hintergrund sind die sog. Festbeträge, Obergrenzen, bis zu denen die Kassen die Kosten für ein Arzneimittel übernehmen. Sie sollen bewirken, dass Hersteller ihre Medikamente zu diesem oder einem niedrigeren Preis anbieten. Diese Festbeträge wurden zum 1. Juni gesenkt, viele Hersteller zogen aber mit Preisverringerungen nicht nach. Für weitere 3 100 Medikamente, die nun oberhalb des Festbetrags liegen, müssen Versicherte die Preisdifferenz zwischen Festbetrag und Apothekenpreis sowie die übliche Zuzahlung leisten.

Green-IT

Die »grüne Informationstechnologie« war eines der großen Themen der → Cebit 2008. Die Computerindustrie und insbesondere das Internet sind als Stromverbraucher längst zu einem negativen ökologischen Faktor geworden.

Steigender Energieverbrauch Laut einer 2007 veröffentlichten, vom Bundesumweltministerium in Auftrag gegebenen Studie verbrauchten die 50 000 deutschen Rechenzentren 8,67 Terrawattstunden Energie, eine Menge, die der Stromproduktion von drei mittelgroßen Kohlekraftwerken entspricht. So gerechnet, haben die etwa 1,5 Mio. Server dieser Rechenzentren allein 5,6 Mio. t CO_2-Emissionen verursacht. Die Studie prognostiziert bis 2010 einen Zuwachs des Stromverbrauchs um 50 % und 2,8 Mio. t zusätzliche CO_2-Emissionen. Gegensteuern lasse sich mit Mitteln der Green-IT insbesondere bei Verwendung Strom sparender Prozessoren und Festplatten.

Grimme Online Award

> **Grimme Online Award**
>
> **Preisträger 2008**
> **Kategorie Information**
> »Störungsmelder« für Initiative und Autorenschaft (www.stoerungsmelder.org)
> »WDR Mediathek regional« für Konzept und Realisierung (www.wdr-mediathek.de)
> **Kategorie Wissen und Bildung**
> »kids-hotline« für Gesamtverantwortung und redaktionelle Betreuung (www.kids-hotline.de)
> »zeitzeugengeschichte« für Idee, Redaktion und Gesamtverantwortung (www.zeitzeugengeschichte.de)
> **Kategorie Kultur und Unterhaltung**
> »Intro« für Konzept, Redaktion und Realisierung (www.intro.de)
> »Literaturport« für Gesamtverantwortung, Gestaltung und Programmierung (www.literaturport.de)
> **Kategorie Spezial**
> »Hobnox.com« für Idee und Gestaltung (www.hobnox.com)
> **Publikumspreis**
> »Sandra Schadek – ALS« (www.sandraschadek.de)
>
> www.grimme-institut.de

Grimme Online Award

Der Grimme Online Award für qualitativ hochwertige Websites wurde am 11. Juni 2008 zum achten Mal verliehen. Ausgezeichnet wurden sieben Preisträger in vier Kategorien. U. a. kürte die Jury die Seite »Störungsmelder« für ihre kritische Auseinandersetzung mit dem Thema Rechtsextremismus. Die »WDR Mediathek regional« wurde für ihr übersichtliches und nutzerfreundliches Konzept gelobt. Bei dem prämierten Portal »zeitzeugengeschichte« zeichnen Jugendliche Erinnerungen der älteren Generation in Videobeiträgen auf. Auch »kids-hotline«, ein Beratungsangebot für Jugendliche »zu allen erdenklichen Fragen«, überzeugte die Jury. Sieger des Publikumspreises wurde »Sandra Schadek – ALS«, in der die Betroffene über ihre tödlich verlaufende Krankheit Amyotrophe Lateralsklerose berichtet.

Grimme-Preise

➤ Adolf-Grimme-Preise 2008

Grubenbeben

Am 23. Februar 2008 erschütterte ein Erdbeben der Stärke 4,0 das Saarland und führte im Kreis Saarlouis, besonders in Saarwellingen, zu zahlreichen Schäden. Ausgelöst wurde die Erschütterung durch den Steinkohlenabbau im 1 500 m tief gelegenen Flöz Primsmulde Süd. Etwa 3 600 der insgesamt rund 5 000 Bergleute, die im letzten saarländischen Bergwerk Saar in Ensdorf arbeiteten, wurden von der → RAG Deutsche Steinkohle AG sofort freigestellt. Im März erließ die Landesregierung einen unbefristeten Abbaustopp, dessen Aufhebung sie von der Erfüllung zahlreicher Auflagen abhängig machte, u. a. von der Beseitigung der Gebäudeschäden und einer Verringerung der Abbaugeschwindigkeit.

Aufgrund von mehrfach aufgetretenen Grubenbeben war es schon zuvor vermehrt zu Protesten gegen den Steinkohlenbergbau gekommen. Bis zum bislang schwersten Beben Ende Februar hatte es allein seit Jahresbeginn 2008 mehr als 30 fühlbare Beben gegeben.

Zukunft des Saarkohlenbergbaus Die RAG Deutsche Steinkohle AG verfolgt nach dem Grubenbeben ein zeitlich befristetes Konzept mit reduzierter Förderung aus den als sicher geltenden Flözen Grangeleisen (Wiederaufnahme des Abbaus am 2. April 2008) und Wahlschied (geplante Wiederaufnahme: zweite Jahreshälfte 2008). In den für den Abbau vorgesehenen Feldern ist der Anteil des festen Gesteins im Gebirge gering, außerdem wird die Steinkohle nur in einer Tiefe von rund 800 bis 1 000 m abgebaut. Der Abbau in der Primsmulde und im benachbarten Flöz Schwalbach wird aufgegeben. Generell wird von einem Stilllegungstermin des Bergwerks Saar im Jahr 2012 – zwei Jahre früher als geplant – ausgegangen.

Halberstadt-Prozess

Der Prozess um den Überfall auf eine Gruppe von Theaterschauspielern in Halberstadt endete am 28. Mai 2008 mit einer zweijährigen Haftstrafe und drei Freisprüchen. Die etwa 15 Ensemblemitglieder des Nordharzer Städtebundtheaters waren am frühen Morgen des 9.6. 2007 in der Kleinstadt Halberstadt in Sachsen-Anhalt brutal verprügelt worden. Dabei wurden fünf der Schauspieler schwer verletzt. Die Angreifer hatten ihre Opfer offenbar nach Einschätzung der Staatsanwaltschaft wegen ihres Aussehens der linken Szene zugeordnet. Der 23 Jahre alte Hauptangeklagte hatte als Einziger den Überfall gestanden. Den drei Mitangeklagten konnte keine Tatbeteiligung nachgewiesen werden. Auch für einen rechtsextremistischen Tathintergrund fand das Amtsgericht Halberstadt keine Beweise.

Durch das Auftreten der Polizei war der Überfall zum politischen Skandal geworden. So nahmen Beamte kurz nach der Tat erst auf Drängen der Opfer die Personalien des Haupttäters auf, setzten diesen aber nicht fest. Der zuständige Polizei-Dienstgruppenleiter wurde nach dem Vorfall suspendiert.

Handball

Nationalmannschaft Bei der Europameisterschaft in Norwegen im Januar 2008 scheiterte Weltmeister Deutschland im Halbfinale mit 25:26 am späteren Europameister Dänemark und beendete das Turnier schließlich als Vierter. Die Frauen-Auswahl belegte bei der Weltmeisterschaft im Dezember 2007 in Frankreich durch ein 36:35 (32:32, 11:18) nach Verlängerung über Rumänien Platz drei; das Endspiel gewann Titelverteidiger Russland mit 29:24 gegen Norwegen.

Europapokal Trotz günstiger Ausgangslage konnte der THW Kiel seinen Champions-League-Titel nicht verteidigen. Nach einem 29:27-Sieg beim spanischen Vertreter Ciudad Real verloren die Ostseestädter das Rückspiel in eigener Halle mit 25:31. Im Finale des Europapokals der Pokalsieger kamen die Rhein-Neckar-Löwen über ein 28:28 gegen MKB Veszprém nicht hinaus, nachdem sie das Hinspiel in Ungarn mit 32:37 verloren hatten. Erfolgreicher war die HSG Nordhorn in den Endspielen des EHF-Pokals: Nach dem 31:27-Heimsieg gegen den FC Kopenhagen genügte den Niedersachsen in Dänemark eine 29:30-Niederlage zum ersten internationalen Titelgewinn der Vereinsgeschichte.

Handball national Wie im Vorjahr gelang dem THW Kiel der Gewinn des Doubles. Nachdem die Holsteiner im Pokalfinale den HSV Hamburg mit 32:29 besiegt hatten, distanzierten sie in der Bundesliga mit 61:7 Punkten die stärksten Verfolger aus Flensburg und Hamburg um sieben Punkte. Meister bei den Frauen wurde der 1. FC Nürnberg, der die Play-Off-Finalspiele gegen HC Leipzig mit 34:32 bzw. 39:32 gewann. Den DHB-Pokal sicherten sich dagegen die Leipzigerinnen durch einen 33:28-Finalsieg über Nürnberg bereits zum dritten Mal in Folge.

Hartz IV

Erwerbslose werden dem Sozialgesetzbuch (SGB) III (Arbeitsförderung, Bezug von regulärem Arbeitslosengeld aus der Arbeitslosenversicherung) oder dem SGB II (Grundsicherung für Arbeitsuchende, Bezug von Arbeitslosengeld II [ALG II] bzw. Hartz IV) zugeordnet. Ende 2007 wurden etwa 1,3 Mio. Personen nach SGB III und 2,5 Mio. nach SGB II betreut (Langzeitarbeitslose).

Hartz IV: erwerbsfähige Hilfsbedürftige (Jahresdurchschnitte, in 1 000)

Region	2005	2006	2007
Deutschland	4 982	5 392	5 277
West	3 186	3 462	3 394
Ost	1 796	1 930	1 883

Quelle: Bundesagentur für Arbeit

Hartz IV

Hartz-IV-Empfänger Die Zahl derjenigen, die im Durchschnitt des Jahres 2007 Leistungen nach Hartz IV bezogen, sog. erwerbsfähige Hilfebedürftige, gab das Bundesministerium für Arbeit und Soziales im März 2008 mit 5,277 Mio. an. Zu den Beziehern gehörten Arbeitslose, Teilnehmer an Fördermaßnahmen, Hilfebedürftige, die nicht arbeiten konnten – z. B. Alleinerziehende –, und etwa 1 Mio. »Aufstocker«; bei ihnen liegt das reguläre Arbeitseinkommen unterhalb des Existenzminimums. Unter den Aufstockern waren ein Drittel Vollzeitbeschäftigte. Hinzu kam die Grundsicherung für nicht erwerbsfähige Angehörige, v. a. Kinder. Nach einem Urteil des Bundesverfassungsgerichts vom Dezember 2007 muss die → ALG-II-Betreuung neu geregelt werden.

Kombilohn In 79 Kreisen und kreisfreien Städten mit besonders hoher Langzeitarbeitslosigkeit bzw. einer Arbeitslosenquote von mehr als 15 % sollen durch ein bundesweites Programm mit einer Laufzeit vom 1. Januar 2008 bis Ende 2009 sozialversicherungspflichtige Beschäftigungsmöglichkeiten geschaffen werden. Die Arbeitsplätze sind für Personen gedacht, die mindestens zwei Jahre arbeitslos sind und zwölf Monate ALG II beziehen; am »Kommunal-Kombi« müssen sich die Kommunen finanziell beteiligen.

Für das am 1. Oktober 2007 gestartete Programm »JobPerspektive« standen bundesweit 2008 insgesamt 580 Mio. € zur Verfügung. Allerdings wurden für den vorgesehenen Personenkreis, v. a. schwer vermittelbare Langzeitarbeitslose unter 25 Jahren, nach Angaben der Bundesagentur für Arbeit in den ersten fünf Monaten nur 745 Arbeitsplätze geschaffen; dafür kann das einstellende Unternehmen einen Beschäftigungs-, Eingliederungs- oder Qualifizierungszuschuss beantragen.

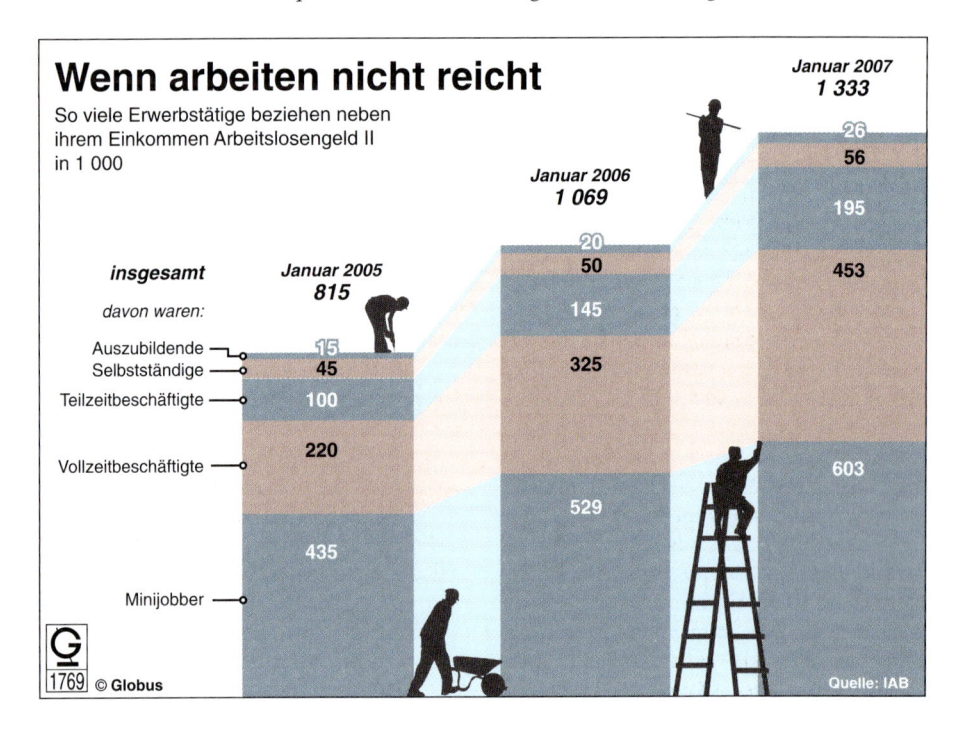

Wenn arbeiten nicht reicht

So viele Erwerbstätige beziehen neben ihrem Einkommen Arbeitslosengeld II
in 1 000

	Januar 2005	Januar 2006	Januar 2007
insgesamt	**815**	**1 069**	**1 333**
davon waren:			
Auszubildende	15	20	26
Selbstständige	45	50	56
Teilzeitbeschäftigte	100	145	195
Vollzeitbeschäftigte	220	325	453
Minijobber	435	529	603

© Globus 1769 — Quelle: IAB

Haushaltspolitik

> **Hartz IV**
>
> **Langzeitarbeitslose**
> Der Rückgang der Arbeitslosigkeit von 4,5 Mio. 2006 auf rund 3,8 Mio. 2007 war nicht nur relativ, sondern auch absolut gesehen bei SGB-III-Arbeitslosen wesentlich stärker; sie sind in der Regel weniger als ein Jahr arbeitslos und daher leichter wieder in den Arbeitsmarkt zu integrieren. Hierbei spielte auch der geringere Zugang in diesem Segment aufgrund der guten Konjunktur eine Rolle. Empfänger von Hartz IV dagegen sind häufig schon länger arbeitslos. Bei oft geringer Qualifikation, höherem Alter und gesundheitlichen Handicaps sind ihre Vermittlungschancen deutlich geringer. Dieser Personenkreis wurde deshalb überwiegend durch Beschäftigung schaffende Maßnahmen, Maßnahmen zur Förderung der beruflichen Weiterbildung oder soziale Arbeitsmöglichkeiten (Ein-Euro-Jobs) aufgefangen. Nur etwa ein Viertel der Abgänge aus der Arbeitslosigkeit gelangte in eine reguläre Beschäftigung auf dem ersten Arbeitsmarkt; bei Empfängern von Arbeitslosengeld I war es mehr als die Hälfte.

Unterkunft und Heizung Zum 1. Januar 2008 wurde die Bundesbeteiligung an den Hartz-IV-Leistungen für Unterkunft und Heizung für 14 Bundesländer auf 28,6 %, für Baden-Württemberg auf 32,6 % und Rheinland-Pfalz auf 38,6 % herabgesetzt. Die Kostenverteilung wurde zum zweiten Mal nach 2007 angepasst. Die nach Ländern differenzierte Lösung hatte der Bundesrat vorgeschlagen, da andernfalls die Bestimmung verletzt würde, wonach die Kommunen durch die Einführung von Hartz IV keine finanziellen Nachteile haben sollen.

Haushaltspolitik

Die schwarz-rote Bundesregierung verstärkte ihre Anstrengungen zur Rückführung der Haushaltsfehlbeträge. Dazu wurden vorwiegend Steuererhöhungen vorgenommen – v. a. die Anhebung der Mehrwertsteuer ab 2007 war ein wesentlicher Aspekt –, Ausgabeneinsparungen spielten eine geringere Rolle (→ Steuerpolitik).

Auch die kräftige Konjunktur (→ Wirtschaftsentwicklung) trug zur Entspannung der Finanzlage bei. Das Budgetdefizit des Staates wurde weiter abgebaut, es gab sogar einen, wenn auch nur geringen, Überschuss. Insgesamt nahmen die öffentlichen Haushalte 2007 nach Angaben des Statistischen Bundesamts rund 70 Mio. € mehr ein, als sie ausgaben. Einen ausgeglichenen Staatshaushalt hatte es zuletzt 1989 gegeben.

Prognose Die zur Verbesserung der steuerlichen Standortbedingungen beschlossene Unternehmensteuerreform führt 2008 laut Arbeitskreis »Steuerschätzungen« vom November 2007 zu Steuerausfällen von rund 6,5 Mrd. €; dem stehen nur begrenzte Mehreinnahmen aus dem Abbau von Steuervergünstigungen gegenüber. Außerdem wird der Anstieg der Staatsausgaben angesichts gut gefüllter Kassen nicht mehr so eng begrenzt wie in den vergangenen Jahren. Im Zuge der konjunkturellen Aufwärtsentwicklung rechneten die Wirtschaftsforschungsinstitute in ihrem Frühjahrsgutachten vom April 2008 für das laufende Jahr wie für 2009 mit einem annähernd ausgeglichenen Haushalt. Dies schafft die Voraussetzung für eine sinkende Schuldenstandsquote, die mit 62,5 % noch oberhalb der für die EU gültigen Grenze von 60 % liegt.

Haushalt 2007 Der im November 2007 vom Bundestag beschlossene Nachtragsetat 2007 sah Ausgaben von 272,3 Mrd. € vor. Damit wurden die haushaltsrechtlichen Voraussetzungen geschaffen, um den Ländern und Gemeinden über das Sondervermögen »Kinderbetreuungsausbau« ab 2008 insgesamt 2,15 Mrd. € zur Verfügung zu stellen (→ Familienpolitik). Da gleichzeitig das Steueraufkommen angesichts der kräftiger als erwartet expandierenden Konjunktur höher veranschlagt wurde, konnte die Nettokreditaufnahme im Nachtragsetat mit 14,4 Mrd. € um 5,2 Mrd. € niedriger angesetzt werden als ursprünglich geplant gewesen war. Nach Abschluss des Haushaltsjahres wurde die Neuverschuldung im Januar 2008 um weitere 100 Mio. € nach unten korrigiert.

H Helgoland

Haushaltspolitik: Eckwerte der öffentlichen Haushalte (Mrd. €)

	insgesamt	Bund	Länder	Gemeinden
Einnahmen 2007	1026,4	286,6	275,6	168,8
2006	992,6	263,3	252,4	158,6
Ausgaben 2007	1016,3	303,2	266,3	160,7
2006	1011,9	296,6	261,8	155,7
Finanzierungssaldo 2007	10,9	−15,6	9,3	8,2
2006	−18,7	−32,6	−9,5	3,0
Nettokreditaufnahme/-tilgung 2007	8,8	14,1	−2,8	−2,5
2006	40,8	34,7	8,1	−2,0

Quelle: Rheinisch-Westfälisches Institut für Wirtschaftsforschung e.V.

Haushalt 2008 Der im November 2007 vom Bundestag verabschiedete Haushalt für 2008 sieht Ausgaben von 283,2 Mrd. € vor; sie waren damit um 4 % höher angesetzt als im Nachtragsetat 2007. Die Neuverschuldung wird mit 11,9 Mrd. € deutlich geringer veranschlagt als die Investitionen (24,66 Mrd. €), sodass die Regelgrenze für die Neuverschuldung nach Artikel 115 des Grundgesetzes eingehalten wird; sie sinkt auf den niedrigsten Stand seit der Wiedervereinigung. Insbesondere für Infrastruktur, Bildung und Forschung, innere und äußere Sicherheit sowie für Entwicklungshilfe stehen zusätzlich 2 Mrd. € bereit.

Finanzplanung Nach der im Juli 2007 von der Bundesregierung beschlossenen mittelfristigen Finanzplanung soll die Nettokreditaufnahme schrittweise zurückgeführt werden, bis der Bundeshaushalt 2011 erstmals seit 1969 wieder ausgeglichen sein wird.

Helgoland

Die 2,09 km² große Insel in der Deutschen Bucht leidet zunehmend unter schweren Stürmen. Am 9. November 2007 verwüstete Orkan »Tilo« die 0,7 km² große Düne der Nordseeinsel und riss insgesamt 70 000 m³ Sand vom Badestrand mit sich fort. Der im Frühjahr 2008 neu aufgetragene Sand soll durch die Anpflanzung von Strandhafer und Büschen gesichert werden. Sturmfluten machen auch dem Wahrzeichen Helgolands, der »Langen Anna«, einer 47 m hohen Felsnadel aus Buntsandstein, zu schaffen. Nach Meinung von Experten ist sie durch Erosion an der dünnsten Stelle in 16 m Höhe akut vom Einsturz bedroht. Eine Vergrößerung der Insel plant hingegen ein Investor aus Hamburg. Er will die Hauptinsel nach 300 Jahren wieder mit der etwa 1 km entfernten Düneninsel vereinigen. Rund 37 ha Land sollen durch eine Spundwand zwischen den Inselteilen gewonnen werden. Das auf 80 Mio. € bezifferte Projekt soll den seit Jahren zurückgehenden Helgolandtourismus wieder beleben.

Heparin

Ende Februar bzw. Anfang März 2008 wurden in den USA und in Deutschland bestimmte Chargen von Heparin-Präparaten zurückgerufen und vom Markt genommen. In den USA war es zu 81 Todesfällen und über 1 000 Fällen schwerer Nebenwirkungen gekommen, die mit den Präparaten in Verbindung gebracht wurden, in Deutschland wurden 31 Fälle schwerer Nebenwirkungen gemeldet. Überwiegend traten allergische Schocks, Atemnot, Übelkeit oder Erbrechen auf.

Untersuchungen ergaben, dass die Präparate, die zwölf chinesische Firmen in insgesamt elf Länder geliefert hatten, mit übersulfatiertem Chondroitinsulfat verunreinigt waren. Wie es dazu kam, war Mitte 2008 nicht genau geklärt. China wies die Vorwürfe, Todesfälle verursacht zu haben, zurück, räumte jedoch Verunreinigungen ein. Verschärfte Prüfungen beseitigten laut Arzneimittelaufsichtsbehörde in Deutschland die Gefahr. Im Mai 2008 wurde ebenfalls mit einem Sulfat verunreinigtes Heparin aus China in Frankreich zurückgerufen.

Heros-Prozess

Im Prozess um den Betrugsskandal bei der Heros-Gruppe, dem ehemals größten deutschen Geldtransportunternehmen Heros, musste sich der Firmengründer Karl-Heinz Weis ab Mai 2008 erneut vor dem Landgericht Hildesheim verantworten. Ihm wurde vorgeworfen, zusammen mit einem mitangeklagten Angestellten rund 12,9 Mio. € aus der Firma abgezweigt und in die eigene Tasche gesteckt zu haben. Mitte 2008 war der Prozess noch nicht beendet.

Wegen Untreue, Bankrotts und Insolvenzverschleppung zulasten der Heros-Kunden war Weis bereits im Mai 2007 zu zehn Jahren Haft verurteilt worden. Gemeinsam mit drei weiteren verurteilten Verantwortlichen soll er einen Schaden von 240 Mio. € verursacht haben. Alle Verurteilten haben Revision eingelegt. Der Bundesgerichtshof in Karlsruhe wies die Revisionen am 26. Juni 2008 zurück.

Hochschulbildung

Trotz der Reformanstrengungen im Bildungsbereich fiel Deutschland bei der Ausbildung von Akademikern im internationalen Vergleich zurück.

Niedrige Studienanfängerquote Während in vergleichbaren Industriestaaten 50% eines Jahrgangs ein Studium beginnen, sind es in Deutschland 36,6% (2007). Laut Bildungsbericht der OECD, der am 18. September 2007 in Berlin vorgestellt wurde, sind solche Quoten zu gering, um künftig den Bedarf an Ingenieuren oder Lehrkräften decken zu können. Auch um dem wachsenden → Fachkräftemangel entgegenzuwirken,

beschloss die Bundesregierung im Januar 2008 eine → Qualifizierungsinitiative. Bundesbildungsministerin Annette Schavan (CDU) sprach sich in diesem Zusammenhang dafür aus, mehr junge Menschen für ein Hochschulstudium zu gewinnen und die Zahl der Studienabbrecher zu reduzieren. Erklärtes Ziel der Bundesregierung ist es, die Studienanfängerquote auf 40% zu erhöhen. Auch sollen sich die Universitäten künftig stärker für Bewerber mit beruflicher Ausbildung öffnen. Höhere Abschlussquoten werden u. a. durch die Umstellung auf die kürzeren Bachelor- und Masterstudiengänge erwartet.

Fördermaßnahmen Durch den 2007 beschlossenen Hochschulpakt ist der erste Schritt getan, um dem erwarteten Anstieg der Studentenzahlen zu begegnen. 90 000 zusätzliche Studienplätze entstehen bis 2010. Außerdem wird der Bund bis 2010 die Forschung an den Hochschulen mit weiteren 700 Mio. € unterstützen. Förder-

Hochschulbildung: Anteil der Altersgruppe mit Bildungsabschluss im tertiären Bereich

OECD-Land	1995	2000	2005
Dänemark	25	37	46
Deutschland	14	18	20
Griechenland	14	15	25
Japan	25	29	36
Neuseeland	33	50	51
Niederlande	29	35	42
Norwegen	26	37	41
Österreich	10	15	20
Portugal	15	23	32
Schweden	24	28	38
Schweiz	9	12	27
Spanien	24	30	33
Tschechien	13	14	25
USA	33	34	34
OECD-Durchschnitt	20	28	36

Quelle: Education at a Glance, OECD 2007

H Holocaust-Archiv

> **Hochschulbildung**
>
> **Bachelor und Master**
> Der Bachelor ist ein in Anlehnung an das angelsächsische System der gestuften Studienabschlüsse auch in Deutschland eingeführter unterster akademischer Grad, der von Hochschulen (u. a. Universitäten, Fachhochschulen) nach einer Regelstudienzeit von mindestens drei bzw. höchstens vier Jahren und bestandenen Prüfungen verliehen wird. Dieser Abschluss ermöglicht den direkten Einstieg in das Berufsleben. Ihm kann sich aber auch ein Masterstudiengang anschließen. Der Masterabschluss wird nach einer weiteren Regelstudienzeit von mindestens einem und höchstens zwei Jahren verliehen.
> Im Rahmen des 1999 europaweit gestarteten »Bolognaprozesses« hat sich Deutschland verpflichtet, bis 2010 den gestuften Studiengang mit dem Bachelor als erstem und dem Master als zweitem Abschluss flächendeckend einzuführen.

mittel in Höhe von insgesamt 1,9 Mrd. € dienen darüber hinaus der Förderung der Spitzenforschung im Rahmen der sog. Exzellenzinitiative (→ Eliteuniversitäten).

Holocaust-Archiv
➤ NS-Opferarchiv

Holzklotz-Attentat
Ein von einer Autobahnbrücke bei Oldenburg auf die Fahrbahn der Bundesautobahn A29 geschleuderter Holzklotz tötete am 23. März 2008 eine Frau, die auf dem Beifahrersitz eines unterhalb der Brücke vorbeifahrenden Pkws gesessen hatte. Der etwa 6 kg schwere Holzklotz durchbrach die Windschutzscheibe und traf die 33-Jährige, die vor den Augen ihrer beiden Kinder und ihres Ehemannes noch am Unfallort verstarb.
Ermittlungen Die unmittelbar nach der Tat gebildete Sonderkommission »Brücke« ging zahlreichen Hinweisen nach, überprüfte auf der Suche nach Zeugen oder Tatverdächtigen über 400 Personalien und fahndete schließlich nach einer Gruppe Jugendlicher. Doch trotz der ausgesetzten Belohnung in Höhe von 6 000 € und der Veröffentlichung des Phantombildes in der TV-Sendung »Aktenzeichen XY ... ungelöst« blieben die Ermittlungen zunächst ohne Erfolg. Bei ihrer Suche nach den Tätern zogen die Ermittlungsbeamten auch einen Massengentest in Erwägung.
Tatverdächtiger Etwa zwei Monate nach der tödlichen Holzklotzattacke präsentierte die Polizei am 21. Mai einen mutmaßlichen Täter, der bei der Vernehmung die Tat gestanden hatte. Der 30-jährige heroinabhängige Mann war zuvor bereits als angeblicher Zeuge aufgetreten. Die Oldenburger Staatsanwaltschaft erhob Anklage wegen Mordes und gefährlichen Eingriffs in den Straßenverkehr. Im Juni erklärte der Angeklagte, sein Geständnis widerrufen zu wollen.

I

IG Metall
Mit der Rekordzustimmung von 93 % wählten die 499 Delegierten des Gewerkschaftstags in Leipzig (4.–10. November 2007) am 6. November Berthold Huber an die Spitze der größten deutschen Gewerkschaft. Er löste Jürgen Peters ab, an dessen Seite er seit vier Jahren die IG Metall mitgeführt hatte.
Reformer in der Führung Der nun im Konsens erfolgte Führungswechsel war nach einem erbitterten Machtkampf auf dem Gewerkschaftstag vor vier Jahren verabredet worden. Huber gilt als Modernisierer, ebenso wie der neue Vizevorsitzende Detlev Wetzel, der 87 % der Stimmen erhielt.
Mitgliederschwund Angesichts des anhaltenden Mitgliederschwundes – innerhalb der letzten vier Jahre von 2,64 Mio. auf 2,32 Mio. – und der zu erwartenden Verrentung von künftig jährlich bis zu 50 000 Mitgliedern bezeichnete es

der neue Vorsitzende als überlebensnotwendig für die IG Metall, neue, junge Mitglieder zu gewinnen. In diesem Sinne kündigte er eine neue Offenheit bei der Suche nach branchen- und betriebsspezifischen Lösungen für die Probleme der modernen Arbeitswelt an.

Der Gewerkschaftstag würdigte die von dem SPD-Vorsitzenden Kurt Beck in Aussicht gestellte partielle Rücknahme von sozialen Härten, forderte jedoch die vollständige Abkehr von der Agenda 2010 und der »Rente mit 67«.

Industriespionage

Laut einer von dem Sicherheitsdienstleister Corporate Trust, dem Büro für Angewandte Kriminologie (Hamburg) und dem »Handelsblatt« durchgeführten, im November 2007 veröffentlichten Studie war ein Fünftel von 741 befragten deutschen Unternehmen Ziel von Industriespionage gewesen. In rund 19 % der Fälle hätten Firmenmitarbeiter Geschäftsgeheimnisse verraten bzw. seien ausgehorcht worden. 15 % gingen auf das Konto von Hackerangriffen auf firmeninterne IT-Systeme. Besonders betroffen seien die Autoindustrie, der Maschinen- und Flugzeugbau sowie die Metallverarbeitung. Den jährlichen Schaden bezifferte die Studie auf 2,8 Mrd. €. Nur ein Viertel der betroffenen Unternehmen habe die Strafverfolgungsbehörden eingeschaltet, v. a. um Imageverluste zu vermeiden.

Nach der im Mai 2008 veröffentlichten Polizeilichen Kriminalstatistik 2007 ist die Zahl der Wettbewerbsdelikte, d. h. Konkurrenzspionage nach § 17ff. des Gesetzes gegen unlauteren Wettbewerb (unbefugter Verrat von Geschäftsgeheimnissen), gegenüber dem Vorjahr um 16,0 % auf 7 598 gestiegen.

Der Verfassungsschutzbericht 2007 geht von einer wachsenden Bedeutung von Internetangriffen auf Firmencomputersysteme seitens

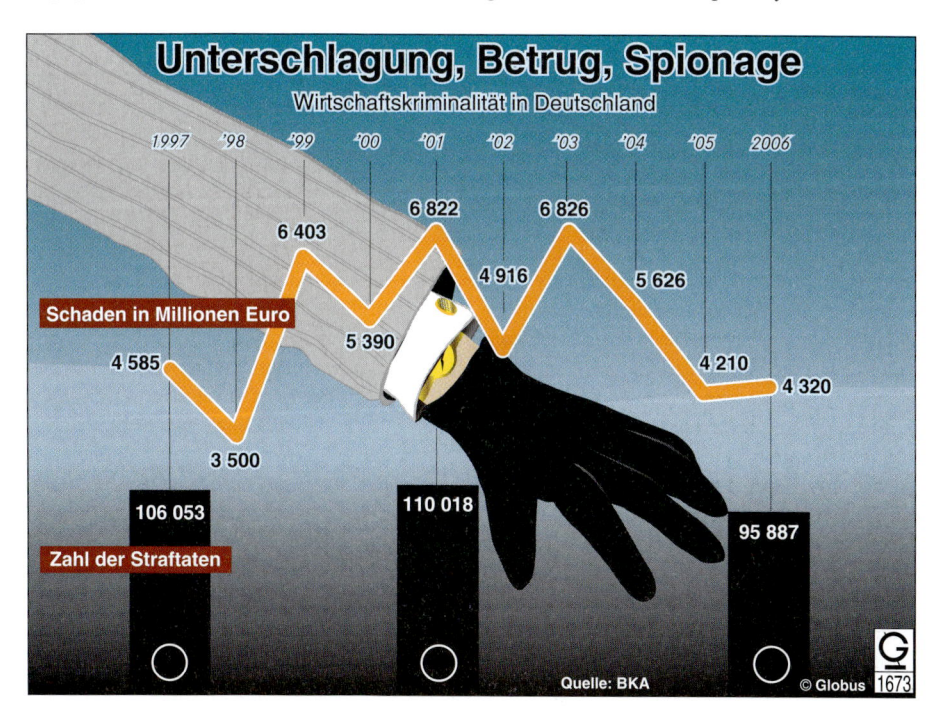

Informations- und Kommunikationstechnik

ausländischer Nachrichtendienste aus. V. a. die VR China versuche, sich illegal Know-how zu beschaffen, um »Technologielücken« zu schließen (→ Produktpiraterie). Das Bundesamt für Verfassungsschutz schätzte den Schaden durch Wirtschaftsspionage auf jährlich 20 Mrd. €.

Informations- und Kommunikationstechnik

Die der Informations- und Kommunikationstechnik (ITK) zugehörigen Branchen sind in Deutschland wichtige Motoren des wirtschaftlichen Wachstums. Während bei der Telefonie die Profite sinken (→ Telekommunikation), wachsen sie bei den Daten- und mobilen Diensten, bei der kommunikationstechnischen Infrastruktur – wie z. B. dem Ausbau des DSL-Netzes – und den informationstechnischen Services weiter. Für 2008 erwarteten die ITK-Branchen in Deutschland einen Umsatz von 145,2 Mrd. €, für 2009 waren laut European Information Technology Observatory (EITO) 148,1 Mrd. € prognostiziert.

ITK im Wohnzimmer Unterhaltungselektronik und IT verschmelzen zunehmend. Einen Boom erleben alle Techniken, die die Lücke zwischen Internet/PC und TV schließen, z. B. Übertragungssysteme wie DVB-T-Sticks/Karten für Computer, Multimedia-Festplatten zum Befüttern des Fernsehers mit Inhalten aus dem Internet oder Settop-Boxen für direkten Internetzugriff per TV. Telefonie wird wie Internet auch von Kabel-TV-Firmen angeboten, im Gegenzug ist auch Pay-TV via DSL im Kommen.

Rund 40 % des Umsatzes mit Unterhaltungselektronik entfielen 2007 auf Flachbildfernseher, der Umsatz steigerte sich um 18 % auf 4,4 Mrd. €; die Tendenz ist weiter steigend. Die zunehmende Verbreitung von Fernsehern mit HD- oder HD-Ready-Kapazität fördert auch entsprechende TV-Sendeangebote. Solche Sendungen sind 2008/09 vornehmlich im Pay-TV-Bereich zu finden.

Trend: preiswert und pragmatisch Neben immer komplexeren Geräten bietet die Industrie vermehrt auch funktionsreduzierte Einfachstgeräte an, v. a. bei Handys und Laptops. Handys mit Telefon- und SMS-Funktion sind von großen Herstellern ab 25 € ohne Vertrag zu haben, Prepaid-Handys fielen 2008 auf Preise bis unter 10 €.

Informationstechnik: Entwicklungen

Jahr	DSL-Anschlüsse (Mio.)	Telefonkanäle (Mio.)
2001	1,9	108,6
2002	3,2	112,9
2003	4,4	119,1
2004	6,8	126,2
2005	10,5	135,5
2006	14,4	143,5
2007	18,5	156,1*

*) Schätzung
Quelle: Bundesnetzagentur

Kleine Stars im IT-Markt sind die ultramobilen Laptops, die es zum einen als aufwendige multimediafähige Rechner im oberen Preissegment gibt, zum anderen als Einfachstgeräte für wenig Geld. Dieses neue Marktsegment eröffnete der EeePC von Asus: Für 299 € bot er 512 MByte Arbeitsspeicher und 4 GByte Speicher; als Betriebssystem kommt Linux zum Einsatz. Der kleine Computer, der z. B. für Internet, Büroarbeiten und Fotoverwaltung vollkommen ausreicht, war so begehrt, dass Asus mit der Herstellung nicht nachkam – monatelang waren die Minis in den Kaufhäusern ausverkauft. Inzwischen gibt es Geräte ab ca. 180 €, die meist als »Drittrechner« für unterwegs eingesetzt werden. Die Mini-Laptops erhöhten auch den Preisdruck im Laptop-/Notebook-Segment. Einsteigermodelle fielen auf Preise ab 300 €.

Insolvenzen

Mit über 164 000 Fällen hat die Zahl der Insolvenzen im Jahr 2007 nach Angaben des Statistischen Bundesamtes einen neuen Höchststand erreicht. Verantwortlich dafür ist die große Menge an Verbraucherinsolvenzen. Die Unternehmensinsolvenzen gingen 2007 abermals – wie seit 2004 – zurück (um 14,6 % gegenüber 2006) und erreichten mit 29 160 den niedrigsten Wert seit 2001. Die meisten Insolvenzen wurden gemeldet aus den Wirtschaftszweigen Grundstückswesen, Wohnungswesen usw. (6 632), Handel, Instandhaltung und Reparatur (6 148) und Baugewerbe (5 319). Am häufigsten waren Insolvenzen im Baugewerbe (160 auf 10 000 Unternehmen), gefolgt von Verkehr und Nachrichtenübermittlung (153) sowie Gesundheits- und Sozialwesen (138).

Verbraucherinsolvenzen Die Zahl der Verbraucherinsolvenzen stieg 2007 um 9,0 % auf mehr als 105 000. Der Anstieg fiel allerdings schwächer aus als in den Vorjahren seit 2002. Infolge der Änderung des Insolvenzrechts ab Ende 2001 hatte die Zuwachsrate 2002 bei 60 % (auf 21 400 Fälle) und in den Jahren 2003 bis 2006 bei über 40 % gelegen. Hauptgründe für die Überschuldung waren (nach Daten von Schuldnerberatungsstellen von 2006) Arbeitslosigkeit (29,6 %), Trennung, Scheidung, Tod des Partners (13,1 %), gescheiterte Selbstständigkeit (10,3 %), Erkrankung, Sucht, Unfall (8,6 %) und schlechte Haushaltsführung (8,5 %). Eine geplante Reform der

→ Verbraucherinsolvenz sieht ein vereinfachtes Entschuldungsverfahren vor.

Natürliche Personen Anders als bei den Verbrauchern haben sich die Insolvenzzahlen bei den anderen natürlichen Personen (Gesellschafter von Unternehmen, ehemals Selbstständige und Nachlassschuldner) entwickelt: Nach einem drastischen Anstieg infolge der Insolvenzrechtsänderung ab 2001 lagen die Insolvenzen in diesem Bereich jährlich bei rund 25 000 bis 30 000. Im Jahr 2007 wurden hier 30 199 Insolvenzen gemeldet, 1,6 % weniger als 2006.
www.destatis.de

Internet

Rund 73 % aller Erwachsenen in Deutschland haben laut Forschungsgruppe Wahlen Zugang zum Internet, 63 % aller Nutzer verfügen über einen Breitbandzugang. Als regelmäßige Nutzer gelten rund 64 %. Deutschland liegt damit gut 10 % über dem EU-Durchschnitt.

Neue Internetdienste Während nur rund 28 % der über 60-Jährigen das Internet nutzen, erreicht es die Masse der Jüngeren. Bei den 18- bis 39-Jährigen sind dies über 90 %, bei den 40- bis 49-Jährigen 81 % und in der Altersklasse bis 59 noch 65 %. Eine weitere Steigerung der Quote ist also hauptsächlich bei den Senioren denkbar. Begünstigend könnte hier die zunehmende Zahl von Internet-Telefon-Angeboten wirken sowie attraktive neue Internet-TV-Angebote. Video-on-demand-Dienste werden in Deutschland bisher nur marginal genutzt, allerdings entstehen gerade erste attraktive Angebote. Im Frühjahr 2008 gingen erste Filmfirmen daran, die sog. Schonfrist für die DVD-Auswertung abzuschaffen. Künftig wird man Filme parallel zum Verkaufsbeginn einer DVD online kaufen, sehen oder leihen können. Mit Settop-Boxen lassen sich solche Dienste direkt im Wohnzimmer auf dem Fernseher nutzen. Mit preiswerten Angeboten, die hier mittelfristig das Entstehen eines Massenmarktes erwarten lassen, ist vor Ablauf des Jahres 2008 zu rechnen.

Insolvenzen		
Jahr	Insolvenzen insgesamt	Unternehmensinsolvenzen
1998	33 977	27 828
1999	34 038	26 476
2000	42 259	28 235
2001	49 326	32 278
2002	84 428	37 579
2003	100 723	39 320
2004	118 274	39 213
2005	136 554	36 843
2006	161 430	34 137
2007	164 597	29 160

Quelle: Statistisches Bundesamt

Islamkonferenz

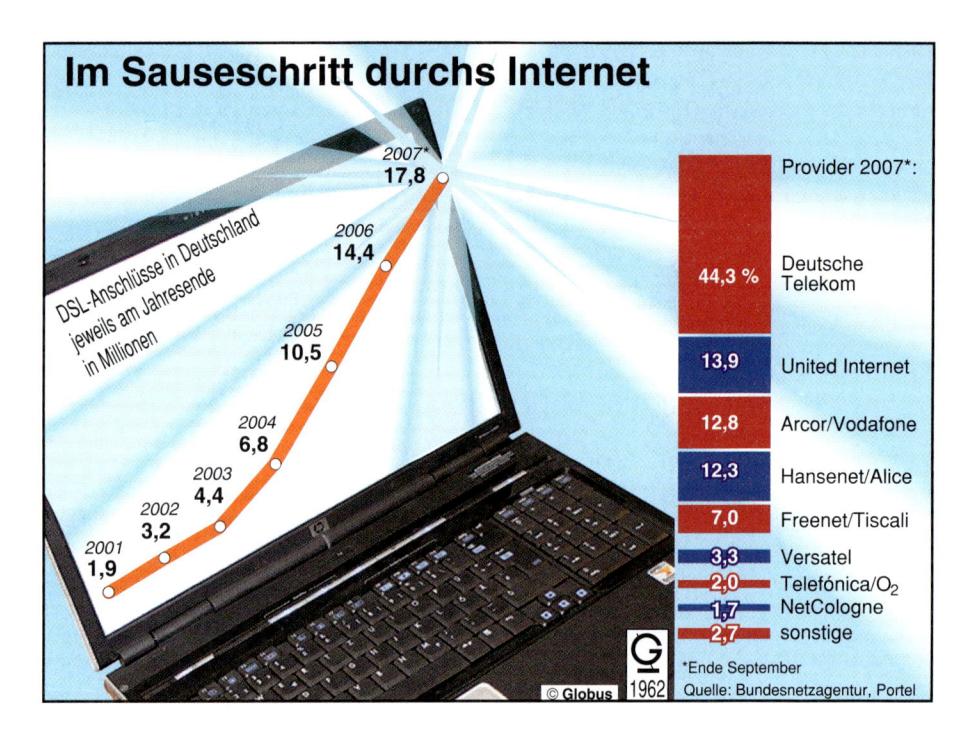

Im Sauseschritt durchs Internet

DSL-Anschlüsse in Deutschland jeweils am Jahresende in Millionen:
- 2001: 1,9
- 2002: 3,2
- 2003: 4,4
- 2004: 6,8
- 2005: 10,5
- 2006: 14,4
- 2007*: 17,8

Provider 2007*:
- Deutsche Telekom: 44,3 %
- United Internet: 13,9
- Arcor/Vodafone: 12,8
- Hansenet/Alice: 12,3
- Freenet/Tiscali: 7,0
- Versatel: 3,3
- Telefónica/O$_2$: 2,0
- NetCologne: 1,7
- sonstige: 2,7

*Ende September
Quelle: Bundesnetzagentur, Portel
© Globus 1962

Social Networks Seit 2007 hat sich das Nutzungsverhalten im Internet stark verändert. Insbesondere Jugendliche nutzen in starkem Maße sog. Social Networks, in denen sie kommunizieren und publizieren. Marktführer in Deutschland ist die Verlagsgruppe Holtzbrinck, die mit SchülerVZ (bis 18 Jahre) und StudiVZ (ab 18 Jahre) die populärsten Dienste unterhält.

Social Networks werden ungewöhnlich intensiv genutzt: Auffällig ist v. a. die hohe Zahl von Seitenaufrufen. Ein StudiVZ-Nutzer ruft pro Besuch durchschnittlich zwölf Seiten auf. Wenige Millionen Nutzer – StudiVZ wird auf 8 Mio. Nutzer, darunter 5 Mio. aktive, geschätzt – bescheren dem Netzwerk über 2,5 Mrd. Besuche im Monat, was zu gut 30 Mrd. Aufrufen von Einzelseiten führt.

Wechsel des Leitmediums Laut JIM-Studie des Medienpädagogischen Forschungsverbunds Südwest sind 84 % aller 12- bis 19-Jährigen Internetgewohnheitsnutzer, 98 % aller Haushalte mit Kindern/Jugendlichen verfügen über Computer, 95 % sind online.

Seit zwei Jahren haben Computer und Internet den Fernseher als wichtigstes Medium weit hinter sich gelassen. Zwar wird der Fernseher noch öfter genutzt, aber weniger intensiv: Auf ihn würden Jugendliche eher verzichten als auf Computer und Internet. Schätzungen zufolge entfallen inzwischen etwa 60 % aller Mediennutzungszeit von Jugendlichen auf das Internet.
www.mpfs.de/fileadmin/JIM-pdf07/
JIM-Studie2007.pdf

Islamkonferenz

Am 13. März 2008 kam in Berlin die Islamkonferenz zu ihrer dritten Plenarsitzung zusammen. Unter Leitung von Bundesinnenminister Wolfgang Schäuble (CDU) beriet das 30-köpfige Plenum, das erstmals im September 2006 getagt

Islamunterricht

hatte, Fragen des Zusammenlebens von Muslimen und Deutschen und der Eingliederung des Islam in die deutsche Rechts- und Gesellschaftsordnung. Die als mehrjähriger Verhandlungsprozess angelegte Konferenz, bestehend aus 15 Vertretern von staatlicher Seite sowie 15 muslimischen Verbandsvertretern und Einzelpersonen, zielt auf einen Gesellschaftsvertrag zwischen dem deutschen Staat und den in Deutschland lebenden etwa 3,2 Mio. Muslimen. In ihren Empfehlungen sprach sich die Konferenz u. a. für die Einführung eines deutschsprachigen islamischen Religionsunterrichts an öffentlichen Schulen und zwecks Terrorbekämpfung für die Einrichtung einer Clearingstelle beim Bundesamt für Migration und Flüchtlinge aus, wo Muslime verdächtige Aktivitäten melden können. Außerdem sollten der Bau von Moscheen erleichtert und islamische Bestattungen bundesweit ermöglicht werden. Für Diskussionen sorgte die Empfehlung der sog. Wertegruppe, nach der Muslime die »Werteordnung des Grundgesetzes« beachten sollten. Hier lehnten einige Teilnehmer ein Bekenntnis ohne ausschließlichen Bezug auf die Verfassung ab.

Islamkonferenz: Muslime in Deutschland

Jahr	Anzahl (ca.)
1945	6 000
1955	8 000
1962	16 000
1971	250 000
1976	1 200 000
1979	1 458 000
1981	1 700 000
1987	1 651 000
1995	2 700 000
1997	2 620 000
2000	3 040 000
2005	3 224 000

Quelle: Zentralinstitut Islam-Archiv-Deutschland Stiftung e. V.

Islamunterricht

Die von Bundesinnenminister Wolfgang Schäuble (CDU) initiierte Islamkonferenz sprach sich auf ihrer dritten Tagung im März 2008 dafür aus, deutschsprachigen Islamunterricht als reguläres Fach in öffentlichen Schulen einzuführen. Auch die Bildungsminister mehrerer Bundesländer hatten zuvor erklärt, den Islamunterricht flächendeckend einführen oder ausbauen zu wollen. Bisher wurde der Islamunterricht lediglich als Modellversuch in verschiedenen Bundesländern wie Niedersachsen, Nordrhein-Westfalen und Bayern erprobt. Der Vorstoß setzte eine öffentliche Diskussion über den integrativen Nutzen sowie über die Realisierbarkeit eines derartigen Angebots in Gang.

Religionsgemeinschaft Um einen Religionsunterricht an öffentlichen Schulen einrichten zu können, muss nach derzeitiger Rechtslage eine vor dem Grundgesetz anerkannte Religionsgemeinschaft vorhanden sein, die u. a. die Grundsätze des Unterrichts definiert. In Deutschland existieren jedoch nebeneinander verschiedene muslimische Glaubensrichtungen wie Schiiten, Sunniten und Aleviten, die in zahlreichen lokalen und regionalen Verbänden organisiert sind. Mit dem Koordinierungsrat der Muslime in Deutschland wurde im März 2007 zwar ein gemeinsamer Verband gegründet, dieser gilt jedoch nicht als verfassungsgemäße Religionsgemeinschaft.

Lehrermangel Zu den offenen Fragen gehörte auch die personelle Ausstattung. Nach den Vorstellungen des Bundesinnenministeriums sollten die »Lehrinhalte unter der Verantwortung des deutschen Staates stehen«. Zudem müssten die für den Islamunterricht vorgesehenen Lehrkräfte die deutsche Lehrerausbildung absolviert haben. Der Deutsche Lehrerverband warnte vor übereilten Entscheidungen bei der Realisierung des Islamunterrichts. Er ging davon aus, dass es mindestens eine halbe Schülergeneration dauern wird, bevor diese Voraussetzungen erfüllt werden können.

I Inzest

Inzest

Am 13. März 2008 bestätigte das Bundesverfassungsgericht (BVerfG) in einem Urteil, dass Inzest in Deutschland strafbar bleibt. Es wies damit die Klage eines Mannes aus Sachsen ab, der mit seiner leiblichen Schwester zusammenlebte, vier Kinder mit ihr hatte und deswegen vom Amtsgericht Leipzig zu mehreren Jahren Haft verurteilt worden war.

Fall Der 31-Jährige und seine 23-jährige Schwester waren getrennt aufgewachsen. Sie lernten sich erst im Alter von 23 bzw. 16 Jahren kennen, verliebten sich und bekamen insgesamt vier Kinder. Bis auf das vierte Kind wurden den Eltern alle Kinder entzogen, der Vater wurde bereits 2005 zu zweieinhalb Jahren Haft wegen der Vaterschaft der ersten beiden Kinder verurteilt, der Haftantritt aber wegen des ausstehenden BVerfG-Urteils verschoben. Nach dem BVerfG-Urteil kündigte der Verteidiger des Klägers ein Gnadengesuch an den sächsischen Ministerpräsidenten und die Anfechtung des Karlsruher Urteils vor dem Europäischen Gerichtshof an.

Strafen In Deutschland wird Inzest zwischen Geschwistern oder zwischen Verwandten auf- und absteigender Linie mit Freiheitsstrafe bis zu drei Jahren oder mit Geldstrafe belegt. Abkömmlinge und Geschwister, die zur Tatzeit unter 18 Jahre alt sind, bleiben straffrei. Die Strafbarkeit ist international umstritten. So wurde der Straftatbestand des Inzests in Frankreich 1981 abgeschafft. In Europa wird Inzest außerdem u. a. in den Niederlanden, Belgien, Luxemburg und Portugal nicht bestraft.

J

Jugendhilfeeinrichtung

Am 25. April 2008 wurde die Jugendhilfeeinrichtung »Haus Ausblick« im niederrheinischen Bedburg-Hau offiziell von Landesjustizministerin Roswitha Müller-Piepenkötter eröffnet. Es ist die erste Einrichtung dieser Art für gewalttätige Jugendliche in Nordrhein-Westfalen. In dem Haus werden bis zu acht Jugendliche betreut. Das Konzept baut auf einem klar strukturierten Tagesablauf als Grundlage auf. Neben Schulunterricht gehören u. a. Antigewalttraining und Kochen zum Tagesprogramm.

Diskussion über Jugendstrafrecht Die Einrichtung war Anfang 2008 auch bundesweit ins Gespräch gekommen, nachdem der hessische Ministerpräsident Roland Koch (CDU) in seinem auf das Thema Jugendkriminalität ausgerichteten Landtagswahlkampf für schärfere Jugendstrafen plädiert hatte (→ Hessen, Bundesländer). Bundesjustizministerin Brigitte Zypries (SPD) hatte sich in diesem Zusammenhang grundsätzlich für »Erziehungscamps« für kriminelle Jugendliche ausgesprochen, die pädagogisch sinnvoll seien. Solche Einrichtungen könnten einen erzieherisch gestalteten Jugendstrafvollzug ergänzen.

Jugendkriminalität

Die Jugendkriminalität war nach Angaben der Polizeilichen Kriminalstatistik 2007 weiter leicht rückläufig. Mit 277 447 wurden 0,4 % we-

Jugendhilfeeinrichtung: verhängte Strafen und Maßnahmen					
Strafe/Maßnahme	1990	1995	2000	2005	2006
Jugendstrafe	12 103	13 880	17 753	16 641	16 886
Zuchtmittel (z.B. Jugendarrest, Zahlung eines Geldbetrages)	50 193	56 357	69 892	82 516	82 233
Erziehungsmaßregeln (z.B. Erteilung von Weisungen)	14 978	6 494	6 195	7 498	6 783
Verurteilte insgesamt	77 274	76 731	93 840	106 655	105 902

Quelle: Statistisches Bundesamt

Jugendstrafrecht

Jugendkriminalität: Entwicklung der Tatverdächtigenzahlen

Jahr	Kinder	Jugendliche*
2001	143 045	298 983
2002	134 545	297 881
2003	126 358	293 907
2004	115 770	297 087
2005	103 124	284 450
2006	100 487	278 447
2007	102 012	277 447

*) 14 bis unter 18 Jahre
Quelle: Polizeiliche Kriminalstatistik

niger tatverdächtige Jugendliche (im Alter von 14 bis unter 18 Jahren) registriert als im Vorjahr, obwohl die Zahl der Tatverdächtigen insgesamt leicht gestiegen ist. Die Zahl der jugendlichen Tatverdächtigen ist seit 2005 rückläufig, nachdem sie 1998 mit über 300 000 einen Höchstwert seit Beginn der gesamtdeutschen Statistik erreicht hatte.

Der Anteil der Jugendkriminalität an der Gesamtkriminalität ging 2007 auf 12,1 % zurück (2006: 12,2 %). Dagegen blieb der Anteil der Kriminalität von Kindern und von Heranwachsenden (18 bis unter 21 Jahre) bei leicht steigenden Zahlen konstant (Kinder: 102 012 Tatverdächtige bzw. 4,4 %; Heranwachsende: 242 878 bzw. 10,6 %). Die häufigsten Delikte bei Jugendlichen sind Diebstahl und Körperverletzung, während bei Erwachsenen Vermögens- und Fälschungsdelikte in den Vordergrund treten.

Gewaltkriminalität Auch 2007 stieg die registrierte Gewaltbereitschaft bei Jugendlichen weiter an. In der Deliktgruppe Körperverletzung gab es mit 69 820 tatverdächtigen Jugendlichen wieder einen neuen Höchstwert. Seit 1993 (28 965) erhöhte sich die Tatverdächtigenzahl jedes Jahr. Das gilt zwar auch für die Gesamtzahl der Tatverdächtigen in der Deliktgruppe (1993: 262 554; 2007: 474 665), aber der Anteil der Jugendlichen ist deutlich größer geworden. Er ist von 11,0 % auf inzwischen 14,7 % gewachsen – und damit auch wesentlich deutlicher als der Anteil der Heranwachsenden (1993: 10,4 %, 2007: 12,7 %).

Besonders stark nahm die gefährliche und schwere Körperverletzung auf Straßen zu. Hier stieg die Verdächtigenzahl von 6 741 im Jahr 1993 auf 21 355 (2007) und der Anteil an den Gesamtverdächtigen von 21,2 % auf 27,5 %. Allerdings sagen diese Zahlen nichts über die tatsächliche Entwicklung der Gewalttätigkeit aus. Vielmehr weisen wissenschaftliche Studien darauf hin, dass aufgrund schwindender Toleranz gegenüber Gewalttätigkeit vorwiegend der Anteil der registrierten Gewalttaten an der weitgehend konstant gebliebenen Gesamtzahl jugendlicher Gewalttaten gestiegen ist.
www.bka.de

Jugendstrafrecht

Die Zunahme schwerer Gewalttaten von Jugendlichen spielte im Vorfeld der hessischen Landtagswahl (Februar 2008) eine wichtige Rolle in der politischen Auseinandersetzung. Ministerpräsident Roland Koch (CDU) forderte u. a. härtere Strafen für kriminelle Jugendliche.

Sicherungsverwahrung für Jugendliche Am 20. Juni 2008 verabschiedete der Bundestag eine Verschärfung des Jugendstrafrechts. Jugendliche (14 bis unter 18 Jahre), die schwerste Verbrechen begangen haben und auch nach ihrer Haftstrafe als sehr gefährlich beurteilt werden, können künftig in Sicherungsverwahrung genommen werden. Voraussetzung ist eine Jugendstrafe von mindestens sieben Jahren. Zwei Gutachten müssen belegen, dass eine anhaltende Gefährlichkeit des Jugendlichen vorliegt. Die Begutachtung muss regelmäßig nach einem Jahr überprüft werden. Damit berücksichtigt das Gesetz, dass junge Menschen noch in der Entwicklung sind und eine Gefährlichkeitsprognose oft sehr schwierig ist. Anders als im Erwachsenenstrafrecht ist für Jugendliche generell nur eine nachträgliche Sicherungsverwahrung am Ende des Strafvollzugs vorgesehen.

Regelungen des Jugendstrafrechts Das Jugendstrafrecht, das im Jugendgerichtsgesetz (JGG) geregelt ist, findet bei Jugendlichen ab dem 14. Lebensjahr Anwendung. Kinder bis 14 Jahren sind nach dem Strafgesetzbuch grundsätzlich schuldunfähig. Im Gegensatz zum Erwachsenenstrafrecht ist das JGG weniger auf Bestrafung als auf die Erziehung der Straftäter ausgerichtet. Der Jugendliche soll v. a. das Unrecht seiner Tat begreifen. Gerichtsverhandlungen finden ausnahmslos unter Ausschluss der Öffentlichkeit statt. Als Strafen werden häufig Sozialstunden verhängt, aber auch eine Gefängnisstrafe ist maximal bis zu zehn Jahren möglich. Das Jugendstrafrecht kann auch für sog. Heranwachsende im Alter von 18 bis unter 21 Jahren Anwendung finden; hier muss der Richter im Einzelfall entscheiden, ob das relativ milde Jugend- oder das »harte« Erwachsenenstrafrecht gelten soll.

Julius Kühn-Institut

Das Julius Kühn-Institut – Bundesforschungsinstitut für Kulturpflanzen (JKI) ist eine zum 1. Januar 2008 neu geschaffene Bundesoberbehörde und -forschungseinrichtung. Sie entstand aufgrund des Gesetzes zur Neuordnung der Ressortforschung vom 24. Oktober 2007 durch Zusammenlegung der Biologischen Bundesanstalt für Land- und Forstwirtschaft (BBA) mit zwei Instituten der Bundesforschungsanstalt für Landwirtschaft (FAL) und der Bundesanstalt für Züchtungsforschung an Kulturpflanzen (BAZ). Quedlinburg ist Hauptsitz des JKI. Namensgeber ist Julius Kühn (* 1825, † 1910), der Begründer der Agrarwissenschaften in Deutschland.

Aufgaben Das Institut ist als Ressorteinrichtung für das Schutzziel »Kulturpflanze« in seiner Gesamtheit zuständig mit den Bereichen Pflanzengenetik, Pflanzenbau, Pflanzenernährung und Bodenkunde sowie Pflanzenschutz und Pflanzengesundheit. Damit kann das JKI künftig ganzheitliche Konzepte für den gesamten Pflanzenbau, für die Pflanzenproduktion bis hin zur Pflanzenpflege entwickeln.

Julius Kühn-Institut

Institute

Institut für Pflanzenbau und Bodenkunde (Braunschweig)

Institut für Pflanzenschutz in Ackerbau und Grünland (Braunschweig)

Institut für Züchtungsforschung an landwirtschaftlichen Kulturen (Quedlinburg/Groß Lüsewitz)

Institut für Pflanzenschutz in Gartenbau und Forst (Braunschweig, Münster*)

Institut für Züchtungsforschung an gartenbaulichen Kulturen und Obst (Quedlinburg, Dresden-Pillnitz)

Institut für Pflanzenschutz im Obst- und Weinbau (Dossenheim, Siebeldingen, Bernkastel-Kues*)

Institut für Rebenzüchtung (Siebeldingen)

Institut für Epidemiologie und Pathogendiagnostik (Braunschweig, Quedlinburg*, Münster*)

Institut für Resistenzforschung und Stresstoleranz (Quedlinburg/Groß Lüsewitz)

Institut für Sicherheit in der Gentechnik bei Pflanzen (Quedlinburg, Braunschweig*)

Institut für ökologische Chemie, Pflanzenanalytik und Vorratsschutz (Berlin*, Quedlinburg*, Kleinmachnow)

Institut für biologischen Pflanzenschutz (Darmstadt*, Dossenheim)

Institut für Strategien und Folgenabschätzung im Pflanzenschutz (Kleinmachnow)

Institut für Anwendungstechnik im Pflanzenschutz (Braunschweig)

Institut für nationale und internationale Angelegenheiten der Pflanzengesundheit (Braunschweig)

*) Standort bleibt langfristig nicht bestehen.

Karl-Marx-Relief

Der Streit um das Leipziger Karl-Marx-Relief wurde am 28. Februar 2008 beigelegt. Die Universität Leipzig, die Stadt und das sächsische

Wissenschaftsministerium einigten sich darauf, das Bronzemonument am Sportcampus an der Jahnallee aufzustellen. Eine Informationstafel soll den geschichtlichen Hintergrund erklären und verhindern, dass Betrachter falsche Schlüsse aus der Ehrung von Karl Marx durch das Relief ziehen. Im Vorfeld hatte eine breite gesellschaftliche Debatte über den angemessenen Umgang mit dem DDR-Relikt stattgefunden. Die Kosten für die Wiederaufstellung des zeitweise eingelagerten Reliefs in Höhe von 300 000 € werden vom Wissenschaftsministerium getragen.

Das von den DDR-Künstlern Klaus Schwabe, Frank Ruddigkeit und Rolf Kuhrt geschaffene Bronze-Relief »Der Aufbruch«, besser bekannt als Karl-Marx-Relief, wurde 1974 zum 25. Jahrestag der DDR am Hauptgebäude der Universität aufgestellt. 2006 musste das 14 m lange, 7 m hohe und 33 t schwere Relief demontiert werden, als große Teile der Universität abgerissen wurden, um dem neuen Campus Platz zu machen.

Kassel

Im Januar 2008 wurden bei Bauarbeiten auf dem Kasseler Universitätsgelände etwa 60 Skelette gefunden. Erste Vermutungen, es könne sich um ein Massengrab von Zwangsarbeitern der Lokomotiven- und Panzerfabrik Henschel und Sohn handeln, die im Zweiten Weltkrieg an diesem Ort stand, bestätigten sich nicht. Gerichtsmediziner gingen nach Analysen vielmehr davon aus, dass die Gebeine von Opfern einer Typhusepidemie im Jahr 1814 stammten.

Spurensuche Mehrere historische Quellen der Stadt wiesen darauf hin, dass auf dem Gelände Lazarette standen, in denen während der Epidemie zahlreiche Menschen starben. Sie wurden direkt im Hof begraben. Bei den Skeletten handelte es sich um die Gebeine von 57 eher jungen Männern und drei Frauen.

Katholische Kirche

Nach mehr als 20 Jahren an der Spitze der Deutschen Bischofskonferenz trat Karl Kardinal Lehmann zum 18. Februar 2008 aus gesundheitlichen Gründen als deren Vorsitzender zurück, blieb jedoch Bischof von Mainz. Sein Nachfolger als Vorsitzender der Bischofskonferenz wurde der 1938 geborene Robert Zollitsch, seit 2003 Erzbischof von Freiburg.

Personalien Als Nachfolger des emeritierten Friedrich Kardinal Wetter wurde Reinhard Marx am 30. November 2007 zum Erzbischof von München und Freising ernannt und trat am 2. Februar 2008 sein Amt an. Der Bischofssitz von Trier, den Marx seit 2002 innegehabt hatte, blieb zunächst vakant.

Am 19. Dezember 2007 ernannte Papst Benedikt XVI. den aus dem Erzbistum Paderborn stammenden Karl-Heinz Wiesemann zum Bischof von Speyer; die Nachfolge des aus Altersgründen zurückgetretenen Anton Schlembach trat Wiesemann am 2. März 2008 an. Mit Franz-Peter Tebartz-van Elst steht seit dem 20. Januar 2008 erneut ein aus dem Bistum Münster stammender Geistlicher dem Bistum Limburg vor; Tebartz-van Elst war am 28. November 2007 zum Nachfolger des emeritierten Franz Kamphaus ernannt worden. Am 28. März 2008 trat nach 28-jähriger Amtszeit Reinhard Lettmann als Bischof von Münster zurück; ein Nachfolger war Mitte 2008 noch nicht bestimmt.

Positionen Neben der Wahl eines neuen Vorsitzenden stand bei der Frühjahrsvollversammlung der Deutschen Bischofskonferenz vom 11. bis 14. Februar 2008 in Würzburg u. a. ein »Studientag zu Ehe und Familie« auf dem Plan. Der Berliner Kardinal Georg Sterzinsky forderte eine »konzertierte Aktion« mit dem Staat und anderen gesellschaftlichen Kräften, bei der die Kirche eine Schrittmacherfunktion einnehmen müsse. Ferner wandten sich die deutschen Bischöfe gegen gemeinsame Gebete von Christen und Vertretern anderer Religionen (»multireligiöse Feiern«) und forderten eine stärkere Hervorhebung der Unterschiede zwischen den monotheistischen Religionen. Erneut warnten die deutschen Bischöfe vor einer Liberalisierung der

Katholische Kirche

Katholische Kirche Kirchenprovinzen und Bistümer der katholischen Kirche in Deutschland

Stammzellforschung; bereits auf ihrer Herbstvollversammlung vom 24. bis 27. September 2007 in Fulda hatte sich die Bischofskonferenz mit den ethischen Grenzen der Stammzellforschung befasst. Entsprechend enttäuscht zeigten sich Vertreter der Kirche nach der Entscheidung der Bundesregierung im April 2008, die Regeln für die Stammzellenforschung zu lockern.

Sexueller Missbrauch Nachdem im Bistum Regensburg ein Priester wegen des Verdachts sexueller Übergriffe auf Ministranten verhaftet worden war, stand der Regensburger Bischof Gerhard Ludwig Müller in öffentlicher Kritik. Entgegen den Leitlinien der Bischofskonferenz aus dem Jahr 2002, nach denen ein wegen sexuellen Missbrauchs Verurteilter keinesfalls im seelsorgerischen Bereich mit Kindern und Jugendlichen eingesetzt werden dürfe, hatte Müller den seit 2000 vorbestraften Mann in eine neue Pfarrstelle eingesetzt und zudem die Gemeinde nicht über die Vergangenheit des Priesters informiert.

Katholikentag Der 97. Katholikentag fand vom 21. bis 25. Mai 2008 in Osnabrück statt. Unter dem Motto »Du führst uns hinaus ins Weite« besuchten rund 60 000 Teilnehmer die über 1 200 Veranstaltungen.

Kinderbetreuung

Seit Jahresbeginn 2008 können die Bundesländer und Kommunen mit dem Aufbau eines bedarfsgerechten Angebots für die Betreuung von Kindern unter drei Jahren beginnen. Bis 2013 soll sich die Zahl der Krippenplätze auf 750 000 verdreifachen und der Rechtsanspruch auf eine Krippenbetreuung festgeschrieben sein.

Neues Gesetz Als Voraussetzung für die Umsetzung dieser Ziele verabschiedeten Bundestag (25. Oktober 2007) und Bundesrat (20. Dezember 2007) das Kinderbetreuungsfinanzierungsgesetz (KBFG). Bundesfamilienministerin Ursula von der Leyen (CDU) setzte damit nach dem Elterngeld ihre zweite große familienpolitische Reform durch – gegen den Widerstand der Traditionalisten in den eigenen Reihen, insbesondere von Teilen der CSU.

Finanzierung Auf Grundlage des KBFG stellt der Bund 4 Mrd. €, ein Drittel der bis 2013 entstehenden Kosten für den Ausbau der Kinderbetreuung, für den die Länder und Gemeinden zuständig sind, zur Verfügung (2,15 Mrd. € für direkte Investitionen, 1,85 Mrd. € für Betriebskosten).

Kinderbetreuung: Kinder in Tageseinrichtungen

Bundesland	unter 3 Jahre	3 bis unter 6 Jahre
	Besuchsquote (Anteil in %)	
Baden-Württemberg	7,3	93,0
Bayern	7,3	84,8
Berlin	34,4	87,1
Brandenburg	35,8	90,8
Bremen	7,4	83,9
Hamburg	16,6	76,3
Hessen	7,7	88,7
Mecklenburg-Vorpommern	33,9	90,0
Niedersachsen	4,5	79,1
Nordrhein-Westfalen	5,3	83,5
Rheinland-Pfalz	8,8	93,5
Saarland	9,9	93,7
Sachsen	31,3	92,6
Sachsen-Anhalt	49,9	91,2
Schleswig-Holstein	5,9	80,5
Thüringen	36,8	94,9
Deutschland	12,1	86,6
West (ohne Berlin)	6,8	85,7
Ost (ohne Berlin)	36,7	92,1

Quelle: Statistisches Bundesamt

Von 2014 an wird sich der Bund mit jährlich 770 Mio. € an der Finanzierung der Betriebskosten beteiligen. Bedingung ist, dass die Länder alle Gelder zweckbestimmt verwenden und bis zum 31. 12. 2008 dem Rechtsanspruch auf einen Krippenplatz zugestimmt haben.

Zugeständnis Betreuungsgeld Um die CSU für das von konservativen Kreisen, v. a. der katholischen Kirche, bekämpfte Projekt der Kinderbetreuung zu gewinnen, ging von der Leyen auf die Forderung nach einem Kinderbetreuungsgeld ein: Eltern, die keine Kinderbetreuung in öffentlichen Einrichtungen in Anspruch nehmen, sollen eine monatliche Zahlung erhalten. Höhe und Finanzierung dieses Betreuungsgeldes blieben

Kindergartengebühren

zunächst unbestimmt, im Gespräch war eine Summe von etwa 150 €. Die Diskussion um das Betreuungsgeld war von großer Härte gekennzeichnet. Es wurde kritisch als »Herdprämie« bezeichnet; der Begriff wurde Unwort des Jahres 2007 (→ Wort des Jahres 2007). Am 27. Februar 2008 einigten sich von der Leyen und Bundesfinanzminister Peer Steinbrück (SPD) auf die Gesetzesformulierung, dass »ab 2013 für diejenigen Eltern, die ihre Kinder von ein bis drei Jahren nicht in Einrichtungen betreuen lassen wollen oder können, eine monatliche Zahlung (z. B. Betreuungsgeld) eingeführt werden soll« (neuer § 16 Absatz 4 Sozialgesetzbuch VIII). Einzelheiten soll ein Bundesgesetz regeln.

Kindergartengebühren

Bei den Gebühren für einen kommunalen Kindergartenplatz gibt es in Deutschland große regionale Unterschiede. Das zeigte eine im März 2008 veröffentlichte Studie der Initiative Neue Soziale Marktwirtschaft und der Zeitschrift »Eltern«. Verglichen wurden die Kosten für einen Halbtagsplatz für drei- bis sechsjährige Kinder.
Im Norden teurer Städte aus nördlichen Bundesländern bitten Eltern im Durchschnitt stärker zur Kasse als Städte aus südlichen Bundesländern. Demnach zahlen Eltern mit zwei Kindern bei einem Bruttojahreseinkommen von 45 000 € in Bremen rund 3 100 €, in Wiesbaden nur knapp 400 €. Im Osten sind die Gebühren nicht unbedingt niedriger als im Westen. Die günstigste Kommune ist Heilbronn. Dort zahlen Eltern seit 1. Januar 2008 überhaupt keine Kindergartenbeiträge mehr. Im Saarland, in Berlin, Hessen, Niedersachsen und Rheinland-Pfalz bleibt zumindest das letzte Kindergartenjahr kostenfrei.
Kritik Die Herausgeber der Studie kritisierten die soziale Schieflage des bestehenden Gebührensystems. Obwohl die Gebühren zumeist nach Elterneinkommen gestaffelt sind, müssten Gering- und Durchschnittsverdiener überall einen höheren Anteil ihres Einkommens für die Betreuung aufbringen als Gutverdiener. Auch seien die Gebühren gerade in den Städten hoch, die viele soziale Brennpunkte haben und wenig Geld in der Haushaltskasse.

Kinderschutz

Der Hungertod der fünfjährigen Lea-Sophie aus Schwerin im November 2007 löste in Deutschland erneut eine Debatte über wirksame Frühwarnsysteme zum Schutz der Kinder aus. Obwohl sich alle Parteien für einen verbesserten Kinderschutz aussprachen, gab es unterschiedliche Positionen, wie dieses Ziel am besten zu erreichen sei. Im Dezember 2007 beschloss der Bundestag ein 37-Punkte-Programm, das u. a. verpflichtende Vorsorgeuntersuchungen für Kinder vorschreibt. Ein weiteres politisches Ziel war die systematische Verzahnung von Gesundheitsvorsorge sowie Kinder- und Jugendhilfe. Kinderschutzinitiativen bemängelten die zu geringe personelle und finanzielle Ausstattung der Jugendämter und Jugendhilfeeinrichtungen.
Vorsorgeuntersuchungen Die gesetzlichen Krankenkassen bieten in Deutschland insgesamt 14 verschiedene Untersuchungen an, die ein Kind vom ersten Lebenstag (U 1) bis zum 16.–18. Lebensjahr (J 2) begleiten. Dieses bisher freiwillige Angebot soll für alle Eltern verpflichtend werden. Die praktische Umsetzung dieser Vorgabe obliegt den einzelnen Bundesländern. In der Diskussion war u. a., über finanzielle Leistungen Druck auf unwillige Eltern auszuüben. Vertreter der Kindermedizin bezweifelten die Wirksamkeit der neuen Vorschrift und forderten stattdessen einen Ausbau der aufsuchenden Hilfe z. B. durch Familienbetreuer und Familienhebammen. Die Abstände zwischen den Vorsorgeterminen seien zu groß, um eine angemessene Kontrolle zu gewährleisten. Außerdem zielten die Untersuchungen in der bisherigen Form nicht darauf ab, Vernachlässigung und Misshandlung aufzudecken.
Neues Gesetz Der Bundestag verabschiedete am 24. April 2008 das »Gesetz zur Erleich-

terung familiengerichtlicher Maßnahmen bei Gefährdung des Kindeswohls«, mit dem Eltern gerichtlich zur Inanspruchnahme öffentlicher Hilfe verpflichtet werden können. Entgegen der bisherigen Regelung muss vor einer staatlichen Intervention kein Nachweis für ein Erziehungsversagen der Eltern erbracht werden. Geht beim Familiengericht ein Antrag ein, ist das Gericht verpflichtet, ein Verfahren einzuleiten. Während der Deutsche Richterbund das neue Kinderschutzgesetz begrüßte, kritisierten Kinderschutzinitiativen den politischen Vorstoß als unzureichend. Die gegenwärtige Praxis zeige, dass die Familiengerichte vollkommen überlastet seien. Außerdem verfügten die meisten Richter über eine rein juristische Qualifikation, die sie nicht zu sozialpädagogischen Gesprächen befähige.

Gesundheitsprävention Mitte 2008 startete die schwarz-rote Bundesregierung eine Initiative zur Kinder- und Jugendprävention. Besonderes Augenmerk soll dabei Kindern aus sozial benachteiligten und Migrantenfamilien gelten, die im Schnitt häufiger von Krankheit und Unfällen betroffen waren. Bundesgesundheitsministerin Ulla Schmidt (SPD) legte dazu einen Plan vor. Die rund 100 unterschiedlichen Programme und Projekte des Bundes zur Prävention sollten in einem nationalen Aktionsplan für gesündere Kinder gebündelt werden. Ab 1. Juli 2008 wird eine zusätzliche Vorsorgeuntersuchung für Kinder eingeführt, die U 7a, bei der die Psyche im Mittelpunkt stehen soll. Ferner wollte Schmidt gemeinsam mit gesetzlichen Krankenversicherungen dafür sorgen, dass mehr Kinder an den kostenlosen Vorsorgeuntersuchungen teilnehmen. Auch sollte die Zahl der geimpften Kinder erhöht werden.

Zahlen 2007 erfasste die Polizeiliche Kriminalstatistik 12 772 Fälle von sexuellem Missbrauch von Kindern und 3 373 Fälle von Kindesmisshandlungen. In beiden Bereichen muss von einer hohen Dunkelziffer ausgegangen werden. Wie viele Kinder von Vernachlässigung be-

Kinderschutz: sexueller Missbrauch von Kindern

Jahr	erfasste Fälle je 100 000 Einwohner
1999	18,6
2000	19,0
2001	18,4
2002	19,4
2003	18,7
2004	18,5
2005	16,9
2006	15,5
2007	15,5

Quelle: Polizeiliche Kriminalstatistik 2007

troffen sind, kann nur geschätzt werden, weil in Deutschland keine Statistik über sog. Kindeswohlgefährdung erhoben wird. Experten sprechen von etwa 80 000 Kindern bis zu zehn Jahren, die von Verwahrlosung bedroht sind. Jährlich verhungern oder verdursten in Deutschland nach rechtsmedizinischen Befunden vier bis sieben Kinder.
Hunderttausende Kinder und Jugendliche litten 2008 an Gesundheitsproblemen. 15 % waren übergewichtig, 6 % davon fettleibig, 157 000 Kinder waren von psychischen Auffälligkeiten betroffen.

Kindstötungen

Auch 2007/08 rüttelten mehrere tragische Fälle von Kindstötungen die Öffentlichkeit auf. Entgegen dem allgemeinen Eindruck blieb die Zahl der Kindstötungen 1998–2007 aber konstant, auf 25 Jahre gesehen sank sie. Kirchen und Politik mahnten dennoch dringend eine Mentalität des Hinschauens und mehr Einsatz für Kinder an.

Fälle In Schwerin (Mecklenburg-Vorpommern) verhungerte im November 2007 die fünfjährige Lea-Sophie. Sie wog nur noch 7,4 kg und wies schwere Spuren der Vernachlässigung durch ihre 24 und 26 Jahre alten Eltern auf. Im Novem-

Knut und seine Freunde

ber/Dezember 2007 entdeckten Polizisten die Leichen dreier Babys, die die 28-jährige Mutter bei Verwandten in Plauen (Sachsen) versteckt hatte. In Darry (Schleswig-Holstein) erstickte eine psychisch kranke Mutter ihre fünf Söhne im Alter zwischen drei und neun Jahren. Im März 2008 starb die fünfjährige Talea in Wuppertal (Nordrhein-Westfalen) durch Ersticken und Unterkühlung in der Wohnung ihrer Pflegeeltern. Der Tat verdächtigt wurde die 38-jährige Pflegemutter. Im sauerländischen Wenden fand der 18-jährige Sohn einer fünfköpfigen Familie drei Babyleichen in der Tiefkühltruhe. Die 44-jährige Mutter soll die Babys in den 1980er-Jahren geboren und getötet haben. In mehreren Fällen wurde den zuständigen Jugendämtern Versagen vorgeworfen.

Gegenmaßnahmen Im April 2008 verabschiedete der Bundestag ein Gesetz, nach dem Familiengerichte künftig frühzeitiger zum Schutze vernachlässigter oder misshandelter Kinder eingreifen können. Sie können auf Familien einwirken, damit diese z. B. öffentliche Hilfen in Anspruch nehmen. Ferner sollen Vorsorgeuntersuchungen für Babys und Kleinkinder wie bereits im Saarland, in Hessen und Bayern verpflichtend werden. Die konkrete Ausgestaltung liegt bei den Ländern.

Studie Eine Studie des Kriminologischen Instituts Niedersachsen zu allen ca. 1 000 gerichtlich abgeschlossenen Verfahren wegen Kindstötung der letzen zehn Jahre in Deutschland ergab im Februar 2008 eine höhere Zahl dieser Verbrechen im Osten. Das Institut führte dies zunächst darauf zurück, dass im Osten mehr junge Mütter in sozialer Isolation und Armut aufwüchsen und überfordert seien mit ihrer Mutterrolle. Eine abschließende Klärung des Sachverhalts stand noch aus. Sachsen-Anhalts Ministerpräsident Wolfgang Böhmer (CDU) brachte die Babymorde im Osten mit den staatlich erlaubten Abtreibungen in der DDR in Verbindung, entschuldigte sich jedoch nach öffentlichen Protesten für diese Äußerung.

Knut und seine Freunde

Eisbär Knut
Knut wurde im Berliner Zoo am 5. 12. 2006 geboren: Anfang März 2007 erstmals der Öffentlichkeit präsentiert, avancierte das Eisbärmännchen binnen weniger Wochen zum internationalen Medienstar. Das Jungtier war von seiner Mutter verstoßen worden und musste deshalb von seinem Tierpfleger Thomas Dörflein mit der Flasche aufgezogen werden. 108 Tage waren der Ziehvater und der kleine Eisbär die Stars der »Knut-Show«, die bis zu ihrem Ende am 8. Juli 2007 von mehr als 1 Mio. Menschen besucht wurde. Der Berliner Zoo erzielte 2007 aufgrund des Besucherandrangs ein Umsatzplus in Höhe von 4,7 Mio. €. Auch die Vermarktung von Knut-Fanartikeln, für die sich der Zoo die Markenrechte gesichert hatte, erbrachte zusätzliche Einnahmen.

Knut und seine Freunde

15 Monate nach der Geburt des Eisbären Knut und fast exakt ein Jahr nach Beginn der Knut-Begeisterung 2007 kam am 6. März 2008 die Filmdokumentation »Knut und seine Freunde« in die Kinos. Regie führte Michael Johnson. Der 90-minütige Film begleitet detailgenau die Aufzucht des Eisbären im Berliner Zoo. Zugleich thematisiert er aber auch das Aufwachsen junger Bären in freier Wildbahn und zeigt das Leben einer Eisbärenfamilie in der Arktis und zweier Braunbärenkinder aus Weißrussland. Der Stoff wurde vornehmlich für ein junges Publikum aufbereitet und berührt auch Themen wie den Klimawandel und die Veränderung von Lebensräumen in der Natur. Die Kritik ging weitgehend freundlich mit dem Werk um, das den Höhepunkt in der medialen Karriere des Eisbären markiert, die u. a. mindestens 33 nur Knut gewidmete Fernsehsendungen umfasst.

Komasaufen-Prozess

Im sog. Komasaufen-Prozess verurteilte das Berliner Landgericht am 11. Februar 2008 zwei 18 und 21 Jahre alte Männer zu einem zehnmonatigen Sozialtraining. Sie waren als Aushilfen in der Berlin-Charlottenburger Bar tätig, in der ein 16-jähriger Gymnasiast im März 2007 ein für ihn tödliches Wetttrinken mit dem 26-jährigen Wirt eingegangen war. Als Reaktion auf den Tod des Schülers wurden bundesweit sog. Flatratepartys verboten, bei denen Besucher zu einem Pauschalpreis so viel trinken können, wie sie wollen.

Trinkwette Die Aushilfen servierten dem Gymnasiasten 45 Tequilas, dem Wirt überwiegend Wasser. Der 16-Jährige brach schließlich mit 4,8 Promille Alkohol im Blut zusammen und fiel ins Koma. Fünf Wochen später stellten die Ärzte die Maschinen ab, die ihn am Leben erhalten hatten.

Urteil Strafbar war nach Auffassung des Gerichts, dass die beiden Aushilfen von dem Betrug des Wirts wussten und ihn dabei unterstützten. Moralisches Fehlverhalten sei den beiden Angeklagten sowie einem weiteren, freigesprochenen 18-Jährigen aber auf alle Fälle vorzuwerfen. Das Verfahren gegen eine 17-jährige Mitangeklagte wurde abgetrennt, ebenso der Prozess gegen den Wirt, der wegen Körperverletzung mit Todesfolge angeklagt wird.

Konvention über die biologische Vielfalt

Vom 19. bis 30. Mai 2008 fand in Bonn die 9. Vertragsstaatenkonferenz der UNO über die biologische Vielfalt (Convention on Biological Diversity, CBD) statt. Die CBD ist ein völkerrechtliches Abkommen, das 1992 in Rio de Janeiro bei der Konferenz der UNO für Umwelt und Entwicklung beschlossen wurde. Bei dieser Konvention geht es um den Schutz und die nachhaltige Nutzung der Biodiversität auf den Ebenen der Lebensräume, Arten und Gene. Im Mittelpunkt der Bonner Konferenz, an der 190 Mitgliedstaaten teilnahmen, standen der Schutz und die

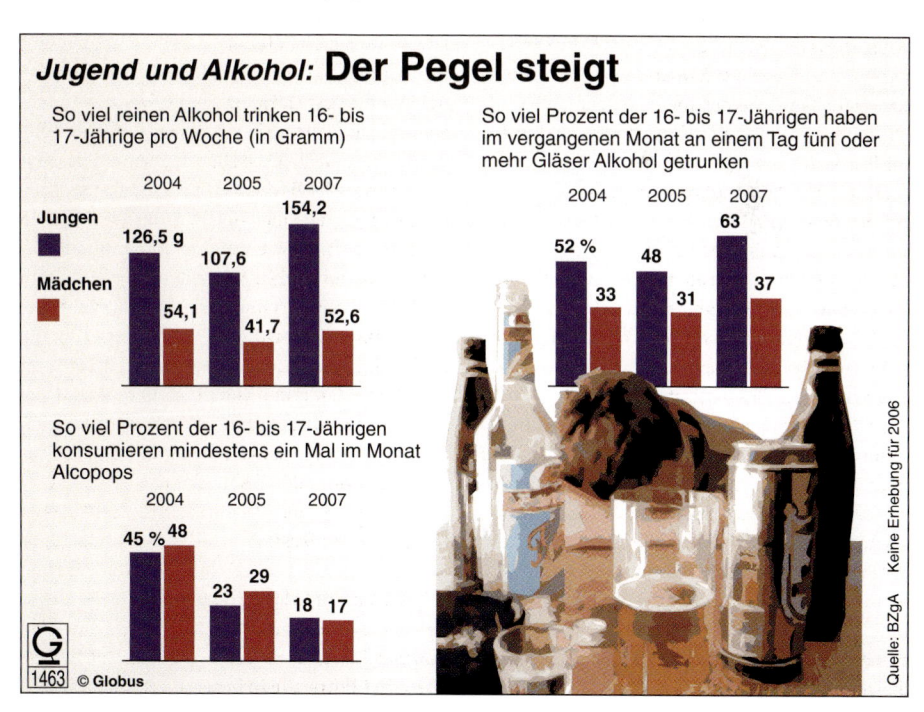

Jugend und Alkohol: **Der Pegel steigt**

So viel reinen Alkohol trinken 16- bis 17-Jährige pro Woche (in Gramm)

	2004	2005	2007
Jungen	126,5 g	107,6	154,2
Mädchen	54,1	41,3	52,6

So viel Prozent der 16- bis 17-Jährigen konsumieren mindestens ein Mal im Monat Alcopops

2004	2005	2007
45 % / 48	23 / 29	18 / 17

So viel Prozent der 16- bis 17-Jährigen haben im vergangenen Monat an einem Tag fünf oder mehr Gläser Alkohol getrunken

2004	2005	2007
52 % / 33	48 / 31	63 / 37

Keine Erhebung für 2006

Quelle: BZgA

© Globus 1463

Kriminalität

nachhaltige Nutzung der Wälder und Meeresökosysteme.
Ergebnisse Ein Durchbruch konnte in der als »Bonner Mandat« bezeichneten Einigung gegen Biopiraterie erzielt werden. Bis zur nächsten Vertragsstaatenkonferenz 2010 in Japan sollen international verbindliche Vereinbarungen zur gerechten Aufteilung der Vorteile aus der Nutzung der biologischen Vielfalt getroffen werden. Außerdem wurden wissenschaftliche Kriterien für die Auswahl von Meeresschutzgebieten benannt, die es ermöglichen sollen, bis 2012 ein weltweites Netz aus Schutzgebieten einzurichten.
Abgelehnt wurde die künstliche Düngung von Meeresgebieten, die vorgenommen wird, um durch ein vermehrtes Algenwachstum eine CO_2-Bindung zu erzielen. Die vermehrt auftretenden Algen bewirken aber eine Veränderung des Nährstoff- und Sauerstoffhaushalts des Wassers. Im Hinblick auf die biologische Vielfalt forderten die Teilnehmer zudem eine nachhaltige Gewinnung von Biokraftstoffen und verbindliche Maßnahmen gegen den illegalen Holzeinschlag und Handel mit illegal geschlagenem Holz.
www.bmu.de/un-naturschutzkonferenz2008

Kriminalität

Die Polizeiliche Kriminalstatistik des Bundeskriminalamtes verzeichnet für 2007 insgesamt einen leichten Rückgang der Straftaten. Registriert wurden demnach mit 6,284 Mio. Fällen 0,3 % weniger Straftaten als 2006. Der rückläufige Trend hatte 2005 begonnen, nachdem 2004 mit 6,63 Mio. Fällen der höchste Wert seit 1997 erreicht worden war. Auch die Verbrechenshäufigkeit ist gesunken; mit knapp 7 635 Fällen je 100 000 Einwohner (0,2 % weniger als 2006) wurde der niedrigste Wert seit 2001 verzeichnet. Die Aufklärungsquote erreichte mit 55,0 % den Wert von 2005 und blieb nur knapp unter dem Rekordergebnis von 2006 (55,4 %). Seit 1997 liegt die Quote regelmäßig über 50 %.
Deliktgruppen Unter den Deliktgruppen blieb Diebstahl 2007 mit Abstand der größte Bereich;

Kriminalität: Delikte nach Arten

Deliktgruppe	Anteil in %
einfacher Diebstahl	20,9
schwerer Diebstahl	19,8
Betrug	14,5
Sachbeschädigung	12,7
Körperverletzung	8,7
Rauschgiftdelikte	4,0
ausländerrechtliche Straftaten	1,4
Sexualdelikte	0,9
Straftaten gegen das Leben	0,1
sonstige Straftaten	17,0

Quelle: Polizeiliche Kriminalstatistik 2007

auf ihn entfielen 40,7 % der Straftaten. Die Zahl der Diebstahlfälle sank jedoch gegenüber 2006 um 1,5 % und erreichte mit 2,562 Mio. den niedrigsten Wert seit Bestehen der gesamtdeutschen Statistik 1993. Die beiden Bereiche schwerer Diebstahl und leichter Diebstahl sind seitdem um 51,0 % bzw. 18,1 % geschrumpft. Der gleichzeitig mit dem Rückgang der Diebstähle zu verzeichnende Anstieg der Betrugsfälle (seit 1993 um 72,8 %) setzte sich 2007 nicht fort. Die Gesamtzahl sank gegenüber dem Vorjahr um 4,3 % auf knapp 913 000 Fälle. Die Aufklärungsquote lag hier wie in den letzten drei Jahren über 83 %. Bei Mord wurde mit 734 Fällen der niedrigste Wert seit 1993 erreicht (Häufigkeitszahl 0,8; Aufklärungsquote 97,3 %). Insgesamt stieg die Gewaltkriminalität allerdings um 1,1 % und damit um fast 218 000 Fälle an. Verantwortlich dafür war v. a. der starke Zuwachs im Bereich der schwerer Körperverletzung mit einem Plus von 2,6 %.
Insgesamt wurde ein deutlicher Anstieg bei Straftaten registriert, v. a. bei Sachbeschädigung (+34 682 Fälle), Leistungserschleichung (+13 020), Körperverletzung (+12 739), Urheberrechtsverstößen (+11 431) und Beleidigung (+5 565).
www.bka.de

Kunst- und Museumsausstellungen

Die deutschen Museen und Ausstellungshäuser verzeichneten 2006 (letztverfügbarer Stand) mit 109,7 Mio. Besuchern laut Institut für Museumsforschung (Berlin) einen leichten Zuwachs gegenüber dem Vorjahr (108 Mio.). Mit 754 000 Gästen erwies sich die Weltkunstschau → documenta 12 dabei als ungeschlagener Besuchermagnet. Eine Besonderheit war 2007/08 die mobile Holocaust-Ausstellung → »Zug der Erinnerung«, die an die Judendeportation mit der Reichsbahn erinnerte.

»Schöne Franzosen« Eine der besucherstärksten Ausstellungen des Jahres 2007 war die Schau von 150 Meisterwerken französischer Malerei in der Neuen Nationalgalerie in Berlin. Rund 680 000 Menschen sahen die Leihgaben aus dem New Yorker Metropolitan Museum, die die Kunstentwicklung des 19. Jh. bis zum Impressionismus veranschaulichte (1. 6.–7. 10. 2007).

Skulptur Projekte Münster 07 Die Ausstellung zeitgenössischer Kunst im öffentlichen Raum, die alle zehn Jahre stattfindet, wurde 2007 zum vierten Mal ausgerichtet. Dazu werden Künstler eingeladen, in Auseinandersetzung mit dem Stadtraum neue Arbeiten zu kreieren. 34 Werke verteilten sich über die Innenstadt, u. a. eine Installation von Andreas Siekmann, in der eine Industriepresse kitschige Stadtmaskottchen zerkleinerte, sowie Bruce Naumans ins Erdinnere umgestülpte Pyramide »Square Depression« (16. 6.–30. 9. 2007).

Modersohn-Becker Zum 100. Todestag von Paula Modersohn-Becker (* 1876, † 1907) erinnerten mehrere Ausstellungen an die Malerin, die mit stark flächigen und pointiert farbigen Bildern unbeirrt ihren eigenen Weg ging. Die Bremer Kunsthalle zeigte in »Paula in Paris« ihre Werke zusammen mit französischen Künstlern ihrer Zeit wie Paul Cézanne, von dem sie beeinflusst war. Das Bremer Paula-Modersohn-Becker-Museum stellte die verblüffenden Parallelen zwischen einigen ihrer Bilder und Mumienporträts aus den ersten Jahrhunderten n. Chr. heraus. Das Landesmuseum in Hannover widmete sich dem Künstlerehepaar Paula und Otto Modersohn (alle 13. 10. 2007–24. 2. 2008).

Impressionistinnen Zu Lebzeiten zwar beachtet, blieben die Malerinnen des Impressionismus doch hinter der Wirkung ihrer Kollegen zurück. Dass sie jedem Vergleich mit den Malern standhalten, belegte die erste gemeinsame Ausstellung von drei Französinnen und einer Amerikanerin – Berthe Morisot, Eva Gonzalèz, Marie Bracquemond und Mary Cassatt – in der Frankfurter Kunsthalle Schirn (22. 2.–1. 6. 2008, danach in San Francisco).

»True Romance« Sinnbilder der Liebe von der Renaissance bis zur Gegenwart vereinigte die Ausstellung »True Romance«, ein Gemeinschaftsprojekt der Wiener Kunsthalle (5. 10. 2007–3. 2. 2008), der Münchner Villa Stuck (21. 2.–12. 5. 2008) und der Kieler Kunsthalle (31. 5.–7. 9. 2008). Epochen- und gattungsübergreifend führen über 80 Künstler – von Giorgione über Franz von Stuck bis Cy Twombly – die Paradoxien der Liebe vor.

Matthias Grünewald Gleich drei Museen würdigten den Altmeister Matthias Grünewald (* um 1480, † 1528), der in seinen Christus-Bildern wie kaum ein anderer Schmerz, Leid und Entsetzen zum Ausdruck brachte. Die Ausstellungen veranstaltete die Kunsthalle Karlsruhe in Zusammenarbeit mit dem Musée d'Unterlinden in Colmar und dem Berliner Kupferstichkabinett. Karlsruhe stellte »Grünewald und seine Zeit« vor, Colmar seinen Isenheimer Altar (beide 8. 12. 2007–2. 3. 2008) und Berlin erstmals sein gesamtes grafisches Werk (13. 3.–1. 6. 2008).

Halberstädter Domschatz Seit April 2008 ist im Dom von Halberstadt der umfangreiche Kirchenschatz in einer neu konzipierten Ausstellung zu sehen. Der Schatz umfasst drei monumentale Wirkteppiche, darunter mit dem um 1150 gefertigten Abrahamsteppich den ältesten gewirkten Bildteppich Europas, Triptychen, kostbare Gewänder und eine Reliquiensammlung sowie Goldschmiedearbeiten.

L Lebenshaltungskosten

Königreich Westphalen Das Kasseler Museum Fridericianum präsentierte die erste Gesamtdarstellung des Staates, den Napoleons Bruder Jérôme nach der preußischen Niederlage 1807–13 regierte. Sie wandte sich dem Modellstaat mit seinen wegweisenden Reformen zu – das Königreich bekam eine Verfassung und ein Parlament – und zeigte Kassel als Zentrum norddeutscher Empire-Kultur, aber auch den Zusammenhang mit Napoleons Eroberungspolitik (19. 3.–29. 6. 2008).

L

Lebenshaltungskosten

Die Güter und Dienstleistungen, die Privathaushalte zur wirtschaftlichen Gestaltung der Lebensführung zur Verfügung stehen, werden in Mengen und in Wertangaben erfasst; in Letzteren schlagen sich die Lebenshaltungskosten nieder. Sie werden nach den Preisen des Warenkorbs (Wägungsschema), einer gewichteten Kombination von rund 700 Gütern und Dienstleistungen, errechnet, die über einen längeren Zeitraum ermittelt werden. Die Entwicklung der Lebenshaltungskosten gibt der Verbraucherpreisindex an, der zur Messung der Inflation verwendet wird (→ Verbraucherpreise).

Lebenshaltungskosten

Warenkorb
Zur Berechnung des Preisanstiegs definiert das Statistische Bundesamt einen Warenkorb. Er enthält die Menge an Waren und Gütern, die statistisch den typischen Verbrauch eines privaten Haushalts innerhalb eines bestimmten Zeitraums darstellten. 750 ausgewählte Waren und Dienstleistungen, die zu neun Warengruppen (wie Nahrungsmittel, Bekleidung, Wohnungsmieten, Energie, Möbel, Gesundheits- und Körperpflege, Verkehr, Bildung, Unterhaltung, persönliche Ausstattung) zusammengefasst sind, bilden das Gerüst des Warenkorbs.
Bei der Zusammenstellung des Warenkorbs werden außerdem die Konsumgewohnheiten unterschiedlicher Haushalte (»Indexhaushalte«) berücksichtigt, und die Zusammensetzung wird etwa alle fünf Jahre überprüft.

Lebenshaltungskosten: Verbraucherpreisindex 2007 (2005 = 100)

Abteilung	Index	Änderung zum Vorjahr (%)
Nahrungsmittel und alkoholfreie Getränke	105,9	3,8
alkoholische Getränke, Tabakwaren	106,4	3,3
Bekleidung und Schuhe	100,7	1,3
Wohnungsmiete, Wasser, Strom, Gas und andere Brennstoffe	104,9	1,9
Einrichtungsgegenstände und Ähnliches für den Haushalt und deren Instandhaltung	101,0	1,2
Gesundheitspflege	101,3	0,8
Verkehr	106,9	3,8
Nachrichtenübermittlung	94,9	−1,1
Freizeit, Unterhaltung und Kultur	99,8	0,3
Bildungswesen	126,9	25,0
Beherbergungs- und Gaststättendienstleistungen	104,0	2,8
andere Waren und Dienstleistungen	103,7	2,6
Gesamtindex	**103,9**	**2,3**

Quelle: Statistisches Bundesamt

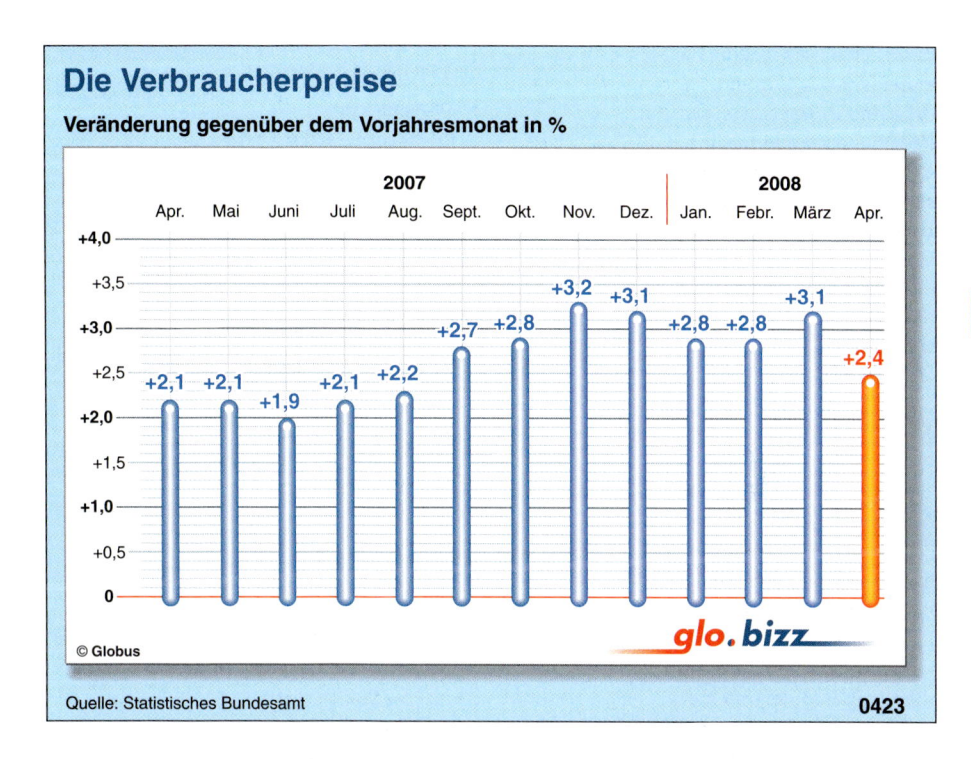

LEG-Verkauf L

Die Verbraucherpreise
Veränderung gegenüber dem Vorjahresmonat in %

2007								2008			
Apr.	Mai	Juni	Juli	Aug.	Sept.	Okt.	Nov.	Dez.	Jan.	Febr.	März	Apr.
+2,1	+2,1	+1,9	+2,1	+2,2	+2,7	+2,8	+3,2	+3,1	+2,8	+2,8	+3,1	+2,4

Quelle: Statistisches Bundesamt   0423

Neuer Warenkorb Anfang 2008 stellte das Statistische Bundesamt den Warenkorb auf die Verbrauchergewohnheiten des Jahres 2005 um, d. h., nicht mehr das Jahr 2000, sondern 2005 dient als Basis (= 100) des Verbraucherpreisindex. Im Warenkorb selbst erhielten die Verkaufspreise der Discounter ein größeres Gewicht.

Bildungsausgaben gewachsen Insgesamt erfasst der Verbraucherpreisindex zwölf Abteilungen. Danach hat sich der Index in der Abteilung Bildungswesen von 2006 auf 2007 am stärksten erhöht: von 101,5 auf 126,9, d. h. um ein Viertel. Allerdings macht dieser Bereich mit rund 7 % nur einen geringen Teil des Warenkorbs aus, am stärksten mit rund 31 % berücksichtigt werden die Kosten für Wohnung, Wasser, Strom, Gas u. a. Brennstoffe.

Höchste Teuerung seit Jahren Im Mai 2008 wurde für leichtes Heizöl mit einer Preissteigerung von 57,4 % gegenüber dem Vorjahresmonat die höchste Jahresteuerungsrate seit Oktober 2000 verzeichnet. Die höheren Lebensmittelpreise, z. B. bei Brot und → Milch, haben keine große Wirkung auf die allgemeinen Lebenshaltungskosten, weil in Deutschland nur noch etwa 13 % des Einkommens dafür ausgegeben werden. Nach Angaben der Zentralen Markt- und Preisberichtstelle (ZMP) von September 2007 fiel der Anstieg der allgemeinen Lebenshaltungskosten seit 1991 mit 37 % mehr als doppelt so hoch aus wie der Anstieg der Lebensmittelpreise.

Lebensmittelkennzeichnung
► Übergewicht

LEG-Verkauf
Im Juni 2008 verkaufte die Regierung von Nordrhein-Westfalen die Landesentwicklungsge-

sellschaft NRW (LEG) für 3,4 Mrd. € an den Immobilienfonds Whitehall der amerikanischen Investmentbank Goldman Sachs. Mit rund 93 000 Wohnungen gehörte die LEG zu den größten deutschen Wohnungsgesellschaften. Die Privatisierung war im November 2007 durch die CDU-FDP-Koalition eingeleitet worden. Aus dem Verkaufserlös sind 2,2 Mrd. € Schulden zu begleichen sowie LEG-Miteigentümer, etwa die NRW-Bank, auszubezahlen, sodass dem Land 480 Mio. € bleiben. Mit dem LEG-Verkauf wirksam wird eine sog. Sozialcharta, die Whitehall verpflichtet, mindestens 12,50 €/m² für die Instandhaltung der Wohnungen auszugeben. Allerdings zeigten sich kurz nach dem Verkauf kommunale Wohnungsgesellschaften an der Übernahme der früheren LEG-Wohnungen interessiert. Whitehall hatte schon 2004 zusammen mit dem Finanzinvestor Cerberus für 2,1 Mrd. € die Berliner Wohnungsgesellschaft (GSW) erworben.

Leopoldina

Die Deutsche Akademie der Naturforscher Leopoldina in Halle wird mit Beschluss von Mitte Februar 2008 Deutschlands Nationale Akademie der Wissenschaften. Die Entscheidung ging auf eine Initiative von Bundesforschungsministerin Annette Schavan (CDU) zurück. Bundespräsident Horst Köhler übernahm die Schirmherrschaft.

Aufgaben Die Nationale Akademie soll – in enger Zusammenarbeit mit der Deutschen Akademie der Technikwissenschaften (acatech) und der Berlin-Brandenburgischen Akademie der Wissenschaften – insbesondere gesellschaftliche Zukunftsthemen benennen, bearbeiten und der Öffentlichkeit sowie politischen Entscheidungsträgern im Rahmen einer wissenschaftsbasierten Politikberatung vermitteln. Darüber hinaus soll sie die deutsche Wissenschaft in internationalen Gremien repräsentieren, in denen auch andere Länder durch ihre Akademien vertreten sind.

Leopoldina: Sektionsstruktur

1. Mathematik
2. Informationswissenschaften
3. Physik
4. Chemie
5. Geowissenschaften
6. Agrar- und Ernährungswissenschaften
7. Ökowissenschaften (ruht)
8. Organismische und Evolutionäre Biologie
9. Genetik/Molekularbiologie und Zellbiologie
10. Biochemie und Biophysik
11. Anatomie und Anthropologie
12. Pathologie und Rechtsmedizin
13. Mikrobiologie und Immunologie
14. Humangenetik und Molekulare Medizin
15. Physiologie und Pharmakologie/Toxikologie
16. Innere Medizin und Dermatologie
17. Chirurgie, Orthopädie, Anästhesiologie
18. Gynäkologie und Pädiatrie
19. Neurowissenschaften
20. Ophthalmologie, Oto-Rhino-Laryngologie und Stomatologie
21. Radiologie
22. Veterinärmedizin
23. Wissenschafts- und Medizingeschichte
24. Wissenschaftstheorie
25. Ökonomik und empirische Sozialwissenschaften
26. Empirische Psychologie und Kognitionswissenschaften
27. Technikwissenschaften
28. Kulturwissenschaften

Lange Tradition Die nach Kaiser Leopold I. benannte Einrichtung wurde 1652 als private Gesellschaft gegründet und ist die weltweit älteste ununterbrochen existierende naturforschende Gelehrtengesellschaft. Die rund 1 000 Mitglieder der übernationalen Akademie sind als Naturwissenschaftler und Mediziner in über 30 Ländern tätig.

www.leopoldina-halle.de

Libyen-Affäre

Im April 2008 berichtete die Presse über die Ausbildung libyscher Sicherheitskräfte und Soldaten durch deutsche aktive und nicht aktive Polizeibeamte. Diese hatten im Rahmen ihrer Freizeit 2005/06 ohne Wissen der zuständigen Behörden für eine private deutsche Sicherheitsfirma gearbeitet. Vermutungen, der Bundesnachrichtendienst (BND) habe sich an der Ausbildung beteiligt bzw. sei beratend tätig gewesen, wies das Parlamentarische Kontrollgremium (PKG) des Bundestags in einer Sondersitzung zurück. Der BND sei jedoch über die – legale – Tätigkeit der inzwischen insolventen Sicherheitsfirma informiert gewesen. Gegen elf Polizisten aus Nordrhein-Westfalen und Baden-Württemberg, insbesondere Angehörige von Sondereinsatzkommandos (SEK), wurden wegen Verrats von Dienstgeheimnissen bzw. unerlaubter Nebentätigkeiten Ermittlungsverfahren eingeleitet.

Eine Unterstützung der Ausbildung libyscher Polizisten durch Deutschland war seit Ende der 1970er-Jahre mehrfach Gegenstand offizieller Gespräche gewesen. In Einzelfällen wurden Bundeswehrsoldaten und Kriminalbeamte für Ausbildungsmaßnahmen in Libyen abgestellt.

Lidl

Der Lebensmittel-Discounter betreibt in Deutschland rund 2 900 Filialen und erreichte 2007 mit 13,8 Mrd. € Umsatz Platz zwei hinter Aldi.

Überwachungsaffäre Im März wurde durch einen Bericht des Nachrichtenmagazins »Stern« bekannt, dass Lidl seine eigenen Mitarbeiter systematisch bespitzeln ließ. Die Überwachung erfolgte mithilfe von Miniaturkameras, die von beauftragten Detekteien in mehreren Filialen u. a. in Niedersachsen, Rheinland-Pfalz, Berlin und Schleswig-Holstein montiert worden waren. Dabei protokollierten die Überwacher auch private Dinge wie persönliche Pläne, Vorlieben oder die Toilettengänge der Angestellten. Politiker, Gewerkschaften und Verbände der Wirtschaft protestierten gegen dieses Vorgehen. Das Unternehmen gab die Zusammenarbeit mit Detekteien zu, bestritt jedoch, den Auftrag zur Bespitzelung erteilt zu haben. Die Mitarbeiterüberwachung diene allein der Feststellung eventuellen Fehlverhaltens.

Erneute Überwachung Im Mai kündigte das Unternehmen an, es werde die Videokontrollen wieder aufnehmen, die Mitarbeiter in Zukunft jedoch darüber informieren. Detektive sollen nur noch vereinzelt und nach speziellen Schulungen eingesetzt werden.

Linksextremismus

Das Bundesamt für Verfassungsschutz (BfV) registrierte 2007 insgesamt 2 765 Straftaten mit linksextremistischem Hintergrund, 16,7 % mehr als 2006. Die Zahl der Gewalttaten verringerte sich um 3,4 % auf 833 Fälle. Ende 2007 ordnete das BfV 6 300 Personen (2006: rund 6 000) dem gewaltbereiten linksextremistischen Spektrum zu. Die traditionellen Aktionsfelder des Linksextremismus wie Antiglobalisierung, Antifaschismus und Kampf gegen Kernenergie wurden 2007 durch Protestaktionen und Ausschreitungen gegen den G8-Gipfel im Juni in Heiligendamm überlagert.

»militante gruppe« Der Bundesgerichtshof (BGH) in Karlsruhe entschied im November 2007, dass die seit 2001 durch zahlreiche Brandanschläge in Erscheinung getretene »militante gruppe« nicht als terroristische Organisation, sondern als kriminelle Vereinigung einzustufen ist. Darauf wurden drei mutmaßliche Mitglieder gegen Kaution aus der Untersuchungshaft entlassen. Sie waren am 31. Juli 2007 bei dem Versuch, in Brandenburg/Havel Fahrzeuge der Bundeswehr in Brand zu stecken, gefasst worden.

Literatur

Gegenwartsanalyse Clemens Meyer, in Halle geborener und in Leipzig lebender Autor, erhielt im März 2008 für seinen Erzählband »Die Nacht, die Lichter« den Preis der Leipziger Buchmesse.

Literatur

Literatur: Deutscher Buchpreis 2007

Preisträgerin	Titel
Julia Franck	»Die Mittagsfrau«
Finalisten	
Thomas Glavinic	»Das bin doch ich«
Michael Köhlmeier	»Abendland«
Katja Lange-Müller	»Böse Schafe«
Martin Mosebach	»Der Mond und das Mädchen«
Thomas von Steinaecker	»Wallner beginnt zu fliegen«

Mit unbestechlichem Blick schildert Meyer – wie bereits 2006 mit seinem Debütroman über die Nachwendezeit, »Als wir träumten«, Preisanwärter – Personen, deren Hoffnungen scheitern, und entwickelt damit ein Gesellschaftspanorama der Gegenwart. Brisanten aktuellen Themen wandten sich zwei weitere Nominierte zu. Ulrich Peltzer legte mit »Teil der Lösung« einen politischen Zeit- und Liebesroman vor. In einer Spiegelung von Überwachern und Überwachten entlarvt er den modernen Überwachungsstaat, während er in der Liebesgeschichte die Rebellion von heute mit einer Rückschau auf die Roten Brigaden verknüpft. Dem in Ost-Berlin geborenen Sherko Fatah, Sohn einer Deutschen und eines irakischen Kurden, geht es in seinem politischen Abenteuerroman »Das dunkle Schiff« um Extremismus und ein unentrinnbares Schicksal. Es ist die Geschichte eines nach Deutschland fliehenden Kurden, der zum Spielball islamistischer Gotteskrieger wird.

Jahrhundertanalyse Den Deutschen Buchpreis für den besten deutschsprachigen Roman des Jahres erhielt im Oktober 2007 Julia Franck für »Die Mittagsfrau«. Vor dem Hintergrund der Weimarer Republik und der NS-Diktatur spielt das bedrückende Schicksal einer Frau, die ihr Kind allein zurücklässt. Ein Panorama des 20. Jh. mit seinen politischen und menschlichen Verirrungen entfaltet Michael Köhlmeier in seinem für den Buchpreis nominierten »Abendland« anhand der Lebensläufe eines Mathematikers und eines Schriftstellers, die Brennpunkte der Geschichte miterleben und mit bedeutenden historischen Persönlichkeiten zusammentreffen. Jenny Erpenbeck fängt das 20. Jh. in »Heimsuchung« in der Geschichte eines Hauses und seiner Eigentümer ein, während »aspekte«-Literaturpreisträger Thomas von Steinaecker in »Wallner beginnt zu fliegen« eine vier Generationen umfassende Familiengeschichte aus verschiedenen Perspektiven erzählt.

Liebesromane Einen Blick auf die eigene Zeit werfen auch die für den Buchpreis benannten Liebesgeschichten. Mit der Suche nach einer schönen Unbekannten forscht Feridun Zaimoglu in »Liebesbrand« im Stil der deutschen Romantik der Macht der Liebe im Zeitalter kalter Rationalität nach. Eine von vornherein unglückliche Liebesgeschichte unter Underdogs entfaltet Katja Lange-Müller in milieuechter Sprache in »Böse Schafe«, während sich Martin Mosebach, Büchner-Preisträger 2007, in »Der Mond und das Mädchen« mit manieriert-ironischem Ton einem Paar aus höheren Kreisen zuwendet. Als ironische Spiegelung des Literaturbetriebs erscheint Thomas Glavinics »Das bin doch ich«.

1968 Im Jahr des Rückblicks auf die 68er-Bewegung legte Peter Schneider, vor 40 Jahren einer der führenden Köpfe der Aufbruchsbewegung, mit »Rebellion und Wahn. Mein '68« einen Dialog mit sich selbst vor. Mit den Erfahrungen und dem Abstand von heute setzte er sich mit seinen Tagebuchaufzeichnungen jener Jahre auseinander, mit den damaligen Zielen, die Gesellschaft zu erneuern, sowie den Irrtümern.

Alterswerke Hans Magnus Enzensberger, ebenfalls ein 68er, ließ 2008 in »Hammerstein oder Der Eigensinn« die Dokumentarliteratur wieder aufleben. Er befasste sich in seinem sowohl als kühn wie als konfus bezeichneten Werk mit dem Reichswehrgeneral Kurt von Hammerstein-Equord, der zwischen Verachtung und Hinnahme der Nazis changierte, sowie mit dessen Kindern, die Widerstand leisteten. Peter Rühmkorf

Ludwigshafen

zeigte sich in seinem während einer Krankheit entstandenen Gedichtband »Paradiesvogelschiß« ganz auf der Höhe seiner pointen- und fantasiereichen Dichtkunst. Siegfried Lenz legte mit »Schweigeminute«, einer Novelle über die Liebe zwischen einer Lehrerin und einem erwachsenen Schüler, eine Erzählung über das Erwachsenwerden wie über Liebe und Tod vor.

Goethe-Romane Mit 80 Jahren wandte sich Martin Walser in »Ein liebender Mann« der letzten Liebe von Johann Wolfgang Goethe zu, der 73-jährig um die 19-jährige Ulrike von Levetzow geworben hatte, und griff damit sein Thema des ungleichen Paares sowie die Frage nach der Beziehung von Kunst und Leben auf. Goethes letzte Reise, die er 1831, ein halbes Jahr vor seinem Tod, unternahm, steht im Mittelpunkt des gleichnamigen Dokumentarromans von Sigrid Damm. In Ilmenau, wo er einst »Über allen Gipfeln« schrieb, reflektiert der alte Dichter über sein Leben und sein Werk.

»Kursbuch« eingestellt Die Zeitschrift »Kursbuch«, 1965 gegründet von Hans Magnus Enzensberger, wurde 2008 aus Kostengründen eingestellt. Im Mai erschien als letzte Ausgabe die Nummer 169 zum Thema »Der gläserne Mensch«. Das Heft war seit 2005 viermal jährlich im Holtzbrinck-Verlag (»Die Zeit«) erschienen.

Lobbyismus

Im April 2008 wurde ein Prüfbericht des Bundesrechnungshofs bekannt, der die zeitweilige Beschäftigung von Lobbyisten aus Unternehmen, Verbänden und Gewerkschaften in Ministerien kritisiert. Zwischen 2004 und 2006 seien dort zwischen 88 und 106 »Leihbeamte« tätig gewesen, meist von ihren Entsendern bezahlt.

Der Rechnungshof sah durch diese Form des Lobbyismus u. a. die Neutralität der öffentlichen Verwaltung gefährdet und bemängelte das hohe Risiko von Interessenkollisionen. Er forderte klare Regeln, welche die Arbeit der Leihbeamten zeitlich wie inhaltlich beschränken. Nach Angaben der Bundesregierung nahmen Mitte 2008 rund 120 solcher »externe Mitarbeiter« an dem von der rot-grünen Koalition 2004 initiierten Personalaustauschprogramm »Seitenwechsel« teil; sie seien meist nur wenige Wochen in den Ministerien eingesetzt und kämen zu drei Vierteln von Sozialversicherungen und bundeseigenen Unternehmen.

Beim Deutschen Bundestag sind 2 018 Lobby-Organisationen in einer öffentlichen Liste registriert (Stand: 30. 5. 2008). Neben Verbänden unterhalten auch Einzelunternehmen Vertretungen in Berlin. Hinzu kommen Agenturen, die sich auf die Kontaktvermittlung zwischen Verbänden und Politik spezialisiert haben.

Ludwigshafen

Bei einer Brandkatastrophe in einem ausschließlich von Bürgern türkischer Herkunft bewohnten Haus in Ludwigshafen am 3. Februar 2008 kamen fünf Kinder und vier Frauen ums Leben. Weitere 60 Menschen wurden verletzt. Der Verdacht, die Katastrophe sei durch ausländerfeindlich motivierte Brandstiftung verursacht

---

Literaturpreise (Auswahl)

Ingeborg-Bachmann-Preis 2008:
Tilmann Rammstedt

Joseph-Breitbach-Preis 2007:
Friedrich Christian Delius

Georg-Büchner-Preis 2008: Josef Winkler

Deutscher Buchpreis 2007: Julia Franck

Friedenspreis des Deutschen Buchhandels 2008:
Anselm Kiefer

Kranichsteiner Literaturpreis 2007:
Paul Nizon

Preis der Leipziger Buchmesse 2008:
Clemens Meyer (Belletristik)

Solothurner Literaturpreis 2008:
Jenny Erpenbeck

Johann-Heinrich-Voß-Preis für Übersetzung 2008: Verena Reichel

Managergehälter

worden, konnte vom leitenden Oberstaatsanwalt Lothar Liebig nach Abschluss der Ermittlungen im März 2008 zurückgewiesen werden.
Vorwürfe Insbesondere türkische Migranten und die türkische Presse äußerten den Verdacht der ausländerfeindlichen Brandstiftung. Sie warfen der Feuerwehr vor, nicht rechtzeitig am Brandort gewesen zu sein, den Ermittlern, die Aufklärung zu verschleppen. Der türkische Ministerpräsident Recep Tayyip Erdoğan kam am 7. Februar zu einer Trauerfeier nach Ludwigshafen und bemühte sich in seiner Rede, die aufgeheizte Stimmung zu beruhigen. Die türkische Regierung entsandte eigene Ermittler, die die Untersuchungen begleiteten und deren Ergebnisse bestätigten.
Ergebnisse Das Feuer war unter der Kellertreppe des viergeschossigen Wohnhauses ausgebrochen und hatte vermutlich bis zu drei Stunden geschwelt, bevor es auf die oberen Etagen übergriff. Brandstiftung und einen technischen Defekt schlossen die Ermittler als Ursache aus. Was das Feuer ausgelöst hatte, blieb ungeklärt.

M

Managergehälter

Die → Bankenkrise, → Entlassungen trotz guter Gewinnlage, → Steuerkriminalität und Unternehmensskandale wie bei der → Siemens AG belebten die öffentliche Diskussion über wirtschaftliche Verantwortung und die Vergütungen für Manager in Privatunternehmen.
Kontroverse Konzepte Im April 2008 verabschiedete die SPD ein Konzept zur gesetzlichen Begrenzung von Managergehältern. So sollen die Bezüge sich in größerem Maß an der Leistung orientieren und in einem angemessenen Verhältnis zur branchenüblichen Vergütung stehen. Unternehmen dürften Gehälter und Abfindungen über 1 Mio. € nur noch zu 50 % als Betriebsausgaben steuerlich geltend machen.

Über die Vorstandsvergütung soll generell der Aufsichtsrat entscheiden. Die Union sprach sich mit Mehrheit gegen gesetzliche Einschränkungen aus. Im Juni 2008 setzte die Große Koalition eine Arbeitsgruppe zu diesem Themenbereich ein. Bundespräsident Horst Köhler plädierte im Mai 2008 auch bei den Managergehältern für »eine Kultur der Mäßigung und des Vorbilds«.
Starker Zuwachs Nach den bis März 2008 veröffentlichten Geschäftsberichten von 27 der 30 im Aktienindex DAX geführten Unternehmen erhöhten sich die Jahresbezüge der Vorstandsvorsitzenden durchschnittlich um 13 % auf rund 4,2 Mio. € gegenüber dem Vorjahr. Tendenziell hatten vom Unternehmenserfolg abhängige Vergütungsbestandteile ein größeres Gewicht bei der Bezahlung erhalten. Die Deutsche Schutzvereinigung für Wertpapierbesitz kritisierte die mangelnde Vergleichbarkeit der Daten und forderte standardisierte Richtlinien.
Auskunftspflicht Börsennotierte Unternehmen müssen seit 2006 über Höhe und Bestandteile der Vorstandsgehälter im Geschäftsbericht Auskunft geben. Eine Veröffentlichung individueller Gehaltsdaten kann vermieden werden, wenn drei Viertel der Aktionäre zustimmen.

Maut-Verfahren

Im Juni 2008 fand unter Ausschluss der Öffentlichkeit die erste Verhandlung im Rechtsstreit zwischen der Bundesrepublik und Toll Collect vor dem Schiedsgericht statt. Toll Collect ist das Betreiberkonsortium der Lkw-Maut auf Deutschlands Autobahnen; Gesellschafter sind die Deutsche Telekom AG, die Daimler AG und das französische Unternehmen Cofiroute.
Missglückter Start Die Maut sollte ursprünglich vom 1. 9. 2003 an erhoben werden. Gravierende technische Mängel zögerten den Betriebsbeginn mehrmals hinaus. Das System startete schließlich am 1. 1. 2005 mit Einschränkungen und läuft seit dem 1. 1. 2006 in vollem Umfang. Wegen des verzögerten Beginns fordert die Bundesrepublik von Toll Collect Schadener-

satz und Vertragsstrafen in Höhe von insgesamt 5,1 Mrd. €. Seit Herbst 2004 tauschen die Streitparteien Schriftsätze und Gutachten aus. Toll Collect bewertet die Forderungen des Bundes als unbegründet und beruft sich auf Haftungsbeschränkungen im Betreibervertrag. Experten erwarteten, dass sich die Kontrahenten auf einen Vergleich einigen.

Schiedsverfahren Der Rechtsstreit findet – wie im Mautbetreibervertrag zwischen Bund und Toll Collect vereinbart – nicht vor einem normalen staatlichen Gericht, sondern als sog. Schiedsverfahren vor einem Schiedsgericht statt. Die Streitparteien sind an den Schiedsspruch gebunden, denn es gibt nur eine Instanz; ebenso ist der Rechtsweg zu den staatlichen Gerichten ausgeschlossen. Das Schiedsgericht im Maut-Streit besteht aus den Rechtsprofessoren Claus-Wilhelm Canaris und Horst Eidenmüller. Als Vorsitzender agiert Günter Hirsch, der im Februar 2008 aus dem Amt geschiedene Präsident des Bundesgerichtshofs.

Migration

683 000 Menschen sind im Jahr 2007 nach vorläufigen Ergebnissen des Statistischen Bundesamtes nach Deutschland eingewandert. Dagegen stehen 635 000 Fortzüge ins Ausland. Der Wanderungsüberschuss lag demnach bei 48 000.

Zuzüge Bei den Zuzügen besteht seit Jahren ein Abwärtstrend. Die hohen Werte der 1. Hälfte der 1990er-Jahre (über 1 Mio. Personen jährlich) wurden seitdem nicht mehr erreicht. Zwar stieg 2007 erstmals seit drei Jahren die Zahl der Zuzüge, sie hatte aber 2006 mit 661 855 den niedrigsten Stand seit 1989 erreicht.

Ausländische Mitbürger in Deutschland

Ende 2007 lebten 6,74 Millionen Ausländer in Deutschland

Die am häufigsten vertretenen Staatsangehörigkeiten in 1 000 — Durchschnittliche Aufenthaltsdauer in Jahren

Staatsangehörigkeit	Anzahl (in 1 000)	Aufenthaltsdauer
Türken	1 714	22 Jahre
Italiener	528	26
Polen	385	9
Serben und Montenegriner	331	18 bzw. 13*
Griechen	295	25
Kroaten	225	26
Russen	188	7
Österreicher	176	27
Bosnier und Herzegowiner	158	19
Niederländer	128	24
Ukrainer	127	7
Portugiesen	115	21
Franzosen	107	18
Spanier	106	27
US-Amerikaner	100	16
Briten	97	19

*18 Jahre für Personen des ehemaligen Serbien und Montenegro, 13 Jahre jeweils für Personen der Nachfolgestaaten Serbien bzw. Montenegro

Quelle: Stat. Bundesamt © Globus 1939

M **Migration**

Migration: Abwanderung aus Deutschland

Jahr	Fortzüge insgesamt	davon Deutsche
1991	596 455	98 915
1992	720 127	105 171
1993	815 312	104 653
1994	767 555	138 280
1995	698 113	130 672
1996	677 494	118 430
1997	746 969	109 903
1998	755 358	116 403
1999	672 048	116 410
2000	674 038	111 244
2001	606 494	109 507
2002	623 255	117 683
2003	626 330	127 267
2004	697 633	150 667
2005	628 399	144 815
2006	639 064	155 290
2007*	635 000	165 000

*) vorläufige Zahlen; Quelle: Statistisches Bundesamt

Fortzüge Die Fortzüge zeigen seit Anfang der 1990er-Jahre keinen deutlichen Abwärts- oder Aufwärtstrend, sondern schwanken zwischen 600 000 und 800 000, seit 1999 liegen sie konstant unter 700 000 Personen. Der Wanderungssaldo ist seit Mitte der 1980er-Jahre positiv. Nach den starken Wanderungsgewinnen Anfang der 1990er-Jahre durch den Zuzug von Spätaussiedlern und Asylbewerbern (Höhepunkt 1992: 782 000 Personen) ist der Wanderungsüberschuss jedoch gesunken; seinen bisherigen Tiefststand erreichte er 2006 mit 22 791.

Ausländer Den zahlenmäßig größten Anteil an der Außenwanderung haben Ausländer. Er lag seit Anfang der 1990er-Jahre zwischen 70 % und 90 %. Entsprechend der Entwicklung der Gesamtwanderung sank die Zahl der Ausländerzuzüge seit Beginn der 1990er-Jahre kontinuierlich. Im Jahr 2007 wanderten 572 000 Ausländer nach Deutschland ein (1991: 925 000). Das war mit 2 % erstmals seit 2004 eine Steigerung gegenüber dem Vorjahr. Verantwortlich für die sinkenden Zahlen bei der Ausländerzuwanderung sind die infolge von Zuwanderungsbarrieren massiv zurückgegangenen Asylbewerberzahlen. Seit 1995 (127 937 Personen) sind sie jedes Jahr gesunken; 2007 stellten nur noch 19 164 Personen einen Asylantrag. Das waren knapp 3,4 % der zugewanderten Ausländer (1991: 27,7 %, 1995: 16,1 %).

Unter den rund 635 000 Auswanderern des Jahres 2007 waren 470 000 Ausländer (3 % weniger als 2006). Der Anteil der Ausländer an der Gesamtauswanderung ist seit mehreren Jahren rückläufig (2001: 81,9 %; 2007: 74 %).

Deutsche Die Zahl der Deutschen, die 2007 nach Deutschland einwanderten, lag mit 111 000 rund 8 % höher als 2006. Darunter waren nur noch 5 477 Aussiedler. Deren Zahl ist – nach Spitzenwerten von über 200 000 in der 1. Hälfte der 1990er-Jahre – stark gesunken. Ihr Anteil an der deutschen Zuwanderung sank kontinuierlich von rund 80 % um 1992 auf unter 5 % im Jahr 2007. Der Zuzug Deutscher besteht also fast nur noch aus Rückkehrern.

Für 2007 registrierte das Statistische Bundesamt rund 165 000 deutsche Auswanderer, knapp 10 000 oder 6 % mehr als 2006. Die Zahl schwankte seit Anfang der 1990er-Jahre zwischen 100 000 und 130 000, ist aber seit 2001 kontinuierlich gestiegen. Hauptziele der Auswanderung waren die Schweiz (20 000 Personen), die USA (14 000), Polen und Österreich (je 10 000). Die deutschen Auswanderer kamen zum größten Teil aus den alten Bundesländern und Berlin (151 000).

Binnenwanderung Die Wanderung innerhalb Deutschlands ist seit Anfang der 1990er-Jahre von Abwanderung aus den neuen Bundesländern geprägt. Seit 1991 haben per Saldo mehr als 1 Mio. Menschen die neuen Länder verlassen. 2007 zogen 138 000 Personen in die alten Länder und von dort 83 000 in die neuen Länder. Der negative Wanderungssaldo der neuen Länder liegt seit 2003 jährlich zwischen –50 000 und –60 000.

Milch

Mit einem neuntägigen Lieferstopp für Milch und Blockaden von Molkereien setzten die im Bundesverband der Milchviehhalter (BDM) organisierten Milchbauern im Juni 2008 höhere Abnahmepreise für Milch durch. Den Anfang machten die Lebensmitteldiscounter mit Ankündigungen, die Ladenpreise für Milch und Butter zu erhöhen.

Höhere Erzeugerpreise Der BDM, der ein Drittel der rund 100 000 deutschen Milcherzeuger vertritt, hatte seine Mitglieder im Mai zum Boykott aufgerufen, um einen Mindesterzeugerpreis von 43 Cent pro Liter durchzusetzen. Begründet wurde die Protestaktion mit Milchpreisen, welche die Produktionskosten nicht deckten. Seit Oktober 2007 waren die durchschnittlichen Erzeugerpreise für konventionell erzeugte Milch um rund 20 % gesunken, dieser Entwicklung standen z. T. massive Preissteigerungen bei Futtermitteln und Treibstoff gegenüber.

Anfang 2007 hatten die Milchpreise noch eine gegenläufige Tendenz gezeigt: Infolge höherer Nachfrage, die auf ein knapperes Angebot auf dem Weltmarkt traf, waren sie von weniger als 30 Cent auf mehr als 40 Cent pro Liter gestiegen – was die Verbrauchernachfrage wiederum dämpfte.

Milchpreisfindung und -produktion Das Milchpreisniveau wird zweimal im Jahr zwischen den Molkereien und dem Lebensmittelhandel ausgehandelt. In einer Stellungnahme zum Milchboykott warf Bundeslandwirtschaftsminister Horst Seehofer (CSU) den großen Handelsketten vor, ihre Marktmacht bei der Preisgestaltung zu missbrauchen. Jährlich werden in Deutschland etwa 27 Mio. t Milch erzeugt. Um Überschüsse (»Milchseen«) zu vermeiden, gibt die EU jedem Mitgliedsland seit 1984 Quoten vor, die auf die einzelnen Erzeuger umgelegt werden. Will der Milchviehhalter mehr produzieren, muss er sich die Berechtigung an der Milchbörse ersteigern. Bis 2015 will die EU die Milchquoten schrittweise aufheben.

Mindestlohn

Bei der Neuordnung des Niedriglohnsektors, den die Große Koalition anstrebt, stand 2007/08 der Mindestlohn im Mittelpunkt der politischen Debatte. Für einen flächendeckenden gesetzlichen Mindestlohn von 7,50 € pro Stunde sprachen sich Gewerkschaften und SPD aus. CDU und CSU bevorzugten tarifvertraglich vereinbarte branchenspezifische Lohnuntergrenzen.

Entsendegesetz Ein Instrument zur Festlegung von Lohnuntergrenzen in bestimmten Branchen ist das Arbeitnehmerentsendegesetz (AEntG), mit dem Tariflöhne für allgemein verbindlich

Mindestlohn: gesetzliche monatliche Mindestlöhne in EU-Ländern

Land	1. Halbjahr 2007 (€)
Belgien	1 259,0
Bulgarien	92,0
Estland	230,1
Frankreich	1 254,0
Griechenland	667,7
Großbritannien	1 361,4
Irland	1 403,0
Lettland	172,0
Litauen	173,8
Luxemburg	1 570,3
Malta	584,7
Niederlande	1 301,0
Polen	245,5
Portugal	470,2
Rumänien	114,3
Slowakei	217,4
Slowenien	521,8
Spanien	665,7
Tschechische Republik	288,0
Türkei	297,6
Ungarn	257,9

Quelle: Eurostat

M Mittelschicht

erklärt werden; es gilt dann für alle Arbeitnehmer dieser Branche. Da das AEntG in Deutschland tätige Unternehmen verpflichtet, auch ausländischen Beschäftigten die Tariflöhne zu zahlen, stellt es einen Schutz vor Lohndumping durch Billigarbeitskräfte dar. Das AEntG galt Mitte 2008 im Bauhauptgewerbe, Elektro- und Dachdeckerhandwerk, in der Abbruchbranche, für Maler und Lackierer, Gebäudereiniger und Briefdienstleister mit insgesamt 1,8 Mio. Arbeitnehmern.

> **Mindestlohn**
>
> **Entsendegesetz**
> Entsendegesetz ist die Kurzbezeichnung für das »Gesetz über zwingende Arbeitsbedingungen bei grenzüberschreitenden Dienstleistungen« (Arbeitnehmerentsendegesetz, AEntG) vom 26.2.1996. Es legte fest, dass Rechtsnormen eines Tarifvertrages des Baugewerbes, für den Allgemeinverbindlichkeit erklärt wurde, auch auf ein Arbeitsverhältnis zwischen einem Arbeitgeber mit Sitz im Ausland und seinem in Deutschland beschäftigten Arbeitnehmer zwingend Anwendung finden, wenn der Tarifvertrag ein für alle unter seinen Geltungsbereich fallenden Arbeitnehmer einheitliches Mindestentgelt regelt und auch deutsche Arbeitgeber mit Sitz außerhalb des Geltungsbereichs des Tarifvertrages ihren in dessen Geltungsbereich beschäftigten Arbeitnehmern diese Arbeitsbedingungen gewähren müssen.

Im Juni 2007 hatte die Große Koalition vereinbart, allen Branchen mit einer Tarifbindung von mindestens 50 % eine Aufnahme in das AEntG möglich zu machen, sofern sie – zunächst bis zum 31. März 2008 – einen Tarifvertrag zu Mindestlöhnen schließen. Bis zum Stichtag beantragten acht weitere Branchen die Aufnahme in das AEntG: → Zeitarbeit, Altenpflegedienste, Wach- und Sicherheitsgewerbe, Abfallwirtschaft, Weiterbildung, Dienstleistungen für die Forstwirtschaft und Textilbranche, Bergbauspezialarbeiten.

Dem Bundestagsbeschluss vom Dezember 2007, die Briefdienstleister in das AEntG aufzunehmen, war ein mehrmonatiger Streit über den Umfang der Tarifbindung und die Reichweite des Mindestlohns bei Postdienstleistungen vorausgegangen. Einen gesonderten, niedrigeren Mindestlohn vereinbarten die Konkurrenten der Deutschen Post AG bzw. der Gewerkschaft ver.di (»Neue Brief- und Zustelldienste«); sie beantragten im Dezember für ihre Dienstleistungen (»Mehrwertbriefdienste«) die Allgemeinverbindlichkeitserklärung durch Rechtsverordnung des Bundesarbeitsministers (→ Postdienste).

Mindestarbeitsbedingungsgesetz Ein weiterer Weg zur Festschreibung von Mindestlöhnen ist das Mindestarbeitsbedingungsgesetz (MiArbG) von 1952, das in reformierter Form für alle Branchen angewendet werden soll, in denen Tarifverträge für weniger als 50 % der Arbeitnehmer gelten. Hier ist kein Antrag der Tarifpartner notwendig, das Initiativrecht liegt bei einem Expertenausschuss.

Mittelschicht

Gemessen an der Einkommensschichtung der Bevölkerung, schrumpft die Mittelschicht in Deutschland seit mehreren Jahren. Nach Angaben des Deutschen Instituts für Wirtschaftsforschung (DIW) ging ihr Anteil an der Gesamtbevölkerung von mehr als 60 % im Jahr 2000 auf 54 % 2006 zurück. Als Mittelschicht definieren die Forscher des DIW die Bevölkerungsgruppe, deren Einkommen zwischen 70 und 150 % des Medians liegt. Der Median bezeichnet den genauen Einkommensmittelwert, d. h., 50 % haben weniger, 50 % mehr als diesen Wert zur Verfügung.

Das Schrumpfen der Mittelschicht geht mit einer wachsenden Einkommensungleichheit einher: Sowohl die Gruppe der Armutsgefährdeten als auch die der Einkommensstarken ist gewachsen. Insbesondere die Extrempositionen nehmen größeren Raum ein. Mit weniger als der Hälfte des Medians mussten 1996 7,3 % der Bevölkerung auskommen, 2006 waren es bereits

Musik

Mittelschicht: Entwicklung der Einkommensschichtung

Einkommensgruppen nach Verhältnis zum mittleren Haushaltsnettoeinkommen (Median)	1986	1996	2006
Armutsgefährdete (unter 70 % des Medians)	20,7	20,7	25,4
Mittelschicht (70–150 % des Medians)	63,1	61,3	54,1
Einkommensstarke (über 150 % des Medians)	16,5	18,0	20,5

Quelle: Deutsches Institut für Wirtschaftsforschung

11,4 %. Dagegen hatten 1996 6,4 % der Bevölkerung das Doppelte des Medians oder mehr zur Verfügung; 2006 war dieser Anteil auf 9,2 % der Bevölkerung gestiegen.
www.diw.de

Müllaffäre

Durch einen Bericht des ZDF-Magazins »Frontal 21« wurde im März 2008 ein Fall von illegaler Müllentsorgung in Sachsen-Anhalt bekannt. Demnach wurden in der Tongrube Vehlitz (Jerichower Land) größere Mengen zerkleinerten Haus- und Gewerbemülls mit Bauschutt vermischt und illegal entsorgt. Ein ähnlicher Verdacht ergab sich wenig später für die Tongrube Möckern (Jerichower Land).
Während die Magdeburger Ministerien für Umwelt und Wirtschaft von eindeutig illegalem Vorgehen sprachen, bestritt der Betreiber der beiden Gruben, die Sporkenbach Ziegelei GmbH, jeden Verstoß; es seien nur genehmigte Abfälle gelagert worden. Auch in anderen Gruben in Sachsen-Anhalt wurden Ungereimtheiten bei der Ablagerung von Müll entdeckt. Mitte Juni wurde ein Untersuchungsausschuss einberufen. Das Gremium soll klären, ob und in welchem Umfang die Ministerien für Umwelt und Wirtschaft sowie die von ihnen beaufsichtigten Behörden Verantwortung für die illegale Einlagerung von Abfall in mehreren Tongruben und Deponien tragen.
Hintergrund Seit 2005 dürfen Entsorgungsunternehmen Haus- und Gewerbemüll nicht mehr auf Deponien lagern. Der Abfall muss sortiert und recycelt werden, was übrig bleibt, wird verbrannt. In Kies- oder Tongruben dürfen nur noch nicht organische Stoffe wie Kies oder Sand verfüllt werden.

Müllimporte

Deutschland erklärte sich im April 2008 bereit, rund 160 000 t Müll aus Neapel zu entsorgen. Im Februar hatte die italienische Regierung offiziell um Hilfe bei der Lösung des schon seit Jahren existierenden Müllproblems in der süditalienischen Stadt und ihrer Umgebung gebeten. Der v. a. aus Haus- und Gewerbeabfällen bestehende Müll soll in Müllverbrennungsanlagen in Nordrhein-Westfalen, Sachsen, Hamburg und Bremerhaven entsorgt werden. Am 23. Mai 2008 trafen in Hamburg, das insgesamt 30 000 t Müll aus Neapel übernehmen will, die ersten Container mit insgesamt 500 t Müll ein.
Deutschland zählt weltweit zu den größten Müllimporteuren. Mit Müll aus Italien beladene Züge rollen bereits seit 2001 in die Bundesrepublik. Nach Schätzungen des Umweltbundesamtes wurden 2006 etwa 12 Mio. t Reststoffe importiert, davon 5,6 Mio. t Sondermüll. Die rund 70 Müllverbrennungsanlagen leiden unter Auslastungsproblemen und erwarten durch Importe ein gutes Geschäft. Der Entsorgungspreis für eine Tonne beträgt z. B. in Hamburg 150 €.

Musik

Musiktheater Die Ende August 2007 veröffentlichte Theaterstatistik des Deutschen Bühnenvereins (Köln) für die Saison 2005/06 weist einen Besucherrückgang in den Sparten Musical, Operette und Schauspiel aus (das Sprech-

Musik

Musik: meistverkaufte Singlehits 2007

Rang	Interpret	Titel
1	DJ Ötzi und Nik P.	Ein Stern (der deinen Namen trägt)
2	Nelly Furtado	All Good Things (Come to an End)
3	Nelly Furtado	Say It Right
4	Ville Valo und Natalia Avelon	Summer Wine
5	Ich + Ich	Vom selben Stern
6	Mark Medlock	Now Or Never
7	Dieter Bohlen und Mark Medlock	You Can Get It
8	Monrose	Shame
9	Culcha Candela	Hamma!
10	Marquess	Vayamos Companeros

Quelle: www.pooltrax.com

theater verlor gegenüber der Saison 2004/05 mehr als eine Viertelmillion Zuschauer), während das Musiktheater zulegte: 4,5 Mio. Menschen zog es in bundesweit 6780 Opernvorstellungen, die durchschnittliche Auslastung dort lag bei knapp 73 %.

Opernhaus des Jahres Kritiker der Fachzeitschrift »Opernwelt« kürten 2007 zwei Bühnen zum Opernhaus des Jahres: das Bremer Theater und die Komische Oper Berlin. Damit wurden die 13-jährige Ära des scheidenden Bremer Generalintendanten Klaus Pierwoß (Nachfolger ab Sommer 2007: Hans-Joachim Frey) und die aktualisierenden szenischen Strategien unter dem Berliner Hausherrn Andreas Homoki gewürdigt. Von der Komischen Oper kommt auch der Dirigent des Jahres Kirill Petrenko (Generalmusikdirektor bis Sommer 2007, Nachfolger ab 2008: Carl St. Clair).

Berliner Opernhäuser Sorge bereitete auch 2007/08 die Finanzierung der in einer Opernstiftung zusammengefassten insgesamt drei Berliner Opernhäuser (Deutsche Oper, Staatsoper Unter den Linden, Komische Oper), nachdem das Bemühen um eine Übernahme der Berliner Staatsoper durch den Bund Ende November 2007 endgültig gescheitert war. Im neuen Hauptstadtvertrag sichert der Bund der Staatsoper allerdings zu, 200 der geschätzten 239 Mio. € für die ab 2010 geplante Sanierung des Hauses zu tragen. Im Gegenzug wurde das Land Berlin verpflichtet, den Jahresetat der Staatsoper in den nächsten zehn Jahren um je 10 Mio. € (auf 41 Mio. €) aufzustocken. Um die entstandene Schieflage im hauptstädtischen Bühnengefüge etwas aufzufangen, sicherte Berlins Regierender Bügermeister Klaus Wowereit im März 2008 Etaterhöhungen auch der Deutschen Oper (+ 5,5 Mio. €), der Komischen Oper (+ 4 Mio. €) und dem Staatsballett (+ 500 000 €) zu.

Bayreuth Bei den Bayreuther Richard-Wagner-Festspielen gab im Sommer 2007 Katharina Wagner, die Urenkelin des Komponisten, ihren zwiespältig aufgenommenen Einstand mit der Neuinszenierung der Oper »Die Meistersinger von Nürnberg«. Festspielhöhepunkt war die letzte Aufführungsserie von Christoph Schlingensiefs assoziations- und bilderreichem »Parsifal«. Ein wichtiges Signal für die Zukunft der Festspiele setzte der 88-jährige Wolfgang Wagner nach dem Tod seiner zweiten Frau Gudrun Wagner (Dezember 2007), die als heimliche Festspielleiterin galt. Er teilte im April 2008 mit, sein Amt zugunsten eines Leitungsteams aus seinen beiden Töchtern zweier Ehen – der Opernmanagerin Eva Wagner-Pasquier und der Regisseurin Katharina Wagner – binnen vier Monaten aufzugeben.

Musik

Neues Musiktheater Hans Werner Henze legte am 6. September 2007 an der Berliner Staatsoper mit »Phaedra« sein 14. Werk für Musiktheater vor: In der »Konzertoper« nach Racine und den »Metamorphosen« des Ovid geht es um Liebe, Eifersucht und Rache. »Chlestakows Wiederkehr« von Giselher Klebe nach Nikolai Gogols »Der Revisor«, am 11. April 2008 in Detmold uraufgeführt, ist ebenfalls die 14. Oper seines Verfassers. Grundlage für die am 6. März 2008 am Theater Aachen uraufgeführte Kammeroper »Nijinskys Tagebuch« von Detlev Glanert bilden Tagebuchaufzeichnungen des legendären russischen Tänzers Waslaw Nijinsky.

Münchner Biennale Die von Peter Ruzicka geleitete 11. Münchner Biennale für neues Musiktheater wartete im April 2008 unter dem Motto »Fremde Nähe« mit vier Opernuraufführungen auf: »Arbeit Nahrung Wohnung« von Enno Poppe über Daniel Defoes »Robinson Crusoe«, »architektur des regens« von Klaus Lang, »hellhörig« von Carola Bauckholt und »Piero – Ende der Nacht« von Jens Joneleit.

Wiederentdeckungen Bei den Schwetzinger Festspielen wurde am 25. April 2008 der barocke Opernkomponist Agostino Steffani von Thomas

> ### Musik
>
> **Bayreuther Festspiele**
> 1872 von Richard Wagner gegründet, zählen die in Bayreuth stattfindenden Sommerfestspiele mit Aufführungen seiner Musikdramen bis in die Gegenwart zu den Höhepunkten des jährlichen Kulturkalenders. Erste Aufführungen fanden 1876 (»Der Ring des Nibelungen«) und 1882 (»Parsifal«) statt, dann alljährlich. Leiter der Bayreuther Festspiele nach Richard Wagners Tod (1883) waren seine Witwe Cosima Wagner (bis 1906), sein Sohn Siegfried Wagner (1906–30), dann dessen Witwe Winifred Wagner (1931–44). Nach dem Zweiten Weltkrieg (1951) übernahmen die Enkel Wieland und Wolfgang Wagner die Leitung, nach Wielands Tod (1966) Wolfgang Wagner allein. In der Folgezeit verpflichtete dieser zunehmend Gastregisseure wie u. a. Patrice Chéreau, Peter Hall, Harry Kupfer und Christoph Schlingensief.

Hengelbrock mit seiner Oper »Niobe, Regina di Tebe« wieder entdeckt; als eine Art Prolog vorangestellt: die Uraufführung »Hybris/Niobe«, ein Drama für Stimmen von Adriana Hölszky. Am 27. April folgte an der Deutschen Oper Berlin die viel beachtete szenische Uraufführung von »Jeanne d'Arc – Szenen aus dem Leben der Heiligen Johanna«, komponiert von Walter Braunfels in den Jahren 1938–42. Christoph Schlingensief drückte dem Werk – obwohl bei der Umsetzung aus Gesundheitsgründen von einem Regieteam vertreten – u. a. durch Videobilder von Leichenverbrennungen aus Nepal einen eigenwilligen optischen Stempel auf.

Donaueschingen Unter den 32 Uraufführungen bei den der Neuen Musik verpflichteten Donaueschinger Musiktagen im Oktober 2007 ragten das Jazz und Avantgarde verbindende Orchesterwerk »Ripples from the Bang« von Elliott Sharp, die mikrointervallischen und auch rhyth-

Flaute im Plattenladen
Umsatz mit Tonträgern in Deutschland in Mrd. Euro

1998	1999	2000	2001	2002	2003	2004	2005	2006	2007
2,71	2,65	2,63	2,37	2,20	1,82	1,75	1,75	1,71	1,65

davon:

	1998	2007
CD	85 %	81 %
Singles	11	3
MC	4	1
DVD/VHS	—	9
Download	—	4
Mobiltelefon	—	2

Quelle: Bundesverband Musikindustrie © Globus

Musikmarkt

misch hochkomplexen »Logos-Fragmente« von Hans Zender und das Lamento »Quod est pax?« von Klaus Huber auf Texte von Octavio Paz und Jacques Derrida heraus. Den Donaueschinger Orchesterpreis erhielt der dritte Teil des Triptychons »...auf...« für Orchester und Live-Elektronik von Mark André.

Musikmarkt

Der deutsche Musikmarkt verzeichnete 2007 nach der Statistik des Bundesverbands Musikindustrie einen Umsatzrückgang von 3,2 % auf 1,65 Mrd. €. Noch nicht statistisch erfasst wurden dabei Einnahmen aus Lizenzen, Merchandising, Künstlermanagement und Ticketing (Konzerterlöse), die als neue Erlösquellen die Abhängigkeit der Labels vom klassischen Tonträgergeschäft verringern sollen. Die CD blieb mit 148,6 Mio. Stück und einem Anteil von unverändert 81 % mit Abstand größter Umsatzträger, gefolgt von Musikvideo (DVD, 9 %), Download (4 %), Single (3 %), Mobile (Musik für Handys: Klingeltöne, Audio Single Track, Ring Back Tunes, 2 %) und Musikkassette (1 %).

Schärfster Wettbewerber der Musikindustrie blieb trotz Aufklärungskampagnen und drastisch verschärften juristischen Vorgehens gegen Internetpiraterie (rund 16 000 Zivilverfahren) die kostenlose Konkurrenz in Form von selbst gebrannten CDs und DVDs, Musikkopien auf Computern, MP3-Playern und Handys sowie illegal aus dem Internet heruntergeladenen Musiktitel. So kamen 2007 nach Angaben der Gesellschaft für Konsumforschung (GfK) auf eine gekaufte CD noch fast drei Kopien (148,6 Mio. CDs zu 412 Mio. CD-Rs) und auf einen legalen Musikdownload zehn illegale (34 Mio. zu 312 Mio. Titel).

Mutterschaft

Im Dezember 2007 brachte eine 64-jährige Frau in Aschaffenburg ein Mädchen zur Welt. Die Mutter, die zuvor mehrere Fehlgeburten erlitten hatte, galt als älteste Gebärende Deutschlands.

Mutterschaft: Geburtenziffern nach Alter der Mutter

Alter der Mutter	Lebendgeborene je 1 000 Frauen		
	2003	2004	2005
15	0,9	0,8	0,8
20	30,6	29,2	29,1
25	71,5	70,3	67,5
30	94,8	95,4	94,1
35	58,2	60,3	60,9
36	47,2	49,7	50,9
37	36,6	39,1	39,6
38	27,3	29,2	30,8
39	20,0	21,8	22,8
40	13,8	15,2	16,1
41	9,1	9,5	10,1
42	5,5	5,8	6,2
43	3,2	3,3	3,6
44	1,6	1,7	1,9

Quelle: Statistisches Bundesamt

Die Geburt löste eine gesellschaftliche Diskussion um späte Mutterschaft aus. Fachmediziner und Organisationen wie der Deutsche Kinderschutzbund sprachen sich gegen späte Mutterschaft aus, weil sie nicht im Sinne des Kindeswohles sei. Ein Kind solle die Möglichkeit haben, das Erwachsenenalter in Begleitung seiner Eltern zu erreichen. Auch sei späte Mutterschaft gesundheitlich riskant. In der Reproduktionsmedizin werde häufig das technisch Machbare durchgesetzt, ohne dass nach den ethischen und sozialen Grenzen gefragt würde.

Die Aschaffenburgerin hatte sich im Ausland die Eizelle einer 25-Jährigen in die Gebärmutter einpflanzen lassen, die zuvor mit dem Samen ihres ebenfalls 64-jährigen Ehemannes befruchtet worden war. Eine solche Eizellspende war 2007/08 in Deutschland, Italien, Norwegen, Österreich und der Schweiz verboten, in 15 EU-Staaten aber erlaubt.

N

Nationaler Sicherheitsrat
➤ Sicherheitspolitik

Neue Wörter
Eine lebende Sprache entwickelt und verändert sich ständig. Wörter entstehen einerseits durch technischen Fortschritt, andererseits aufgrund aktueller politisch-gesellschaftlicher Gegebenheiten. Einige von ihnen haben einen eigenen Eintrag in diesem Lexikon erhalten (z. B. Abgeltungsteuer, Energieausweis, ePass). Ob die neuen Wörter fester Bestandteil des Wortschatzes werden oder »Eintagsfliegen« bleiben, wird oft erst nach Jahren deutlich.
Alphamädchen, das: junge, in die gesellschaftliche Elite strebende Frau; weibliche Version des Alphamännchens.
Betreuungsgeld, das: von der CSU geforderte Geldzuwendung für Eltern, die ihre Kinder zu Hause erziehen und keinen Kita-Platz beanspruchen.
Bundestrojaner, der: [umgangssprachlich] Software, die es dem Staat ermöglicht, Onlinedurchsuchungen durchzuführen, ohne dass der Computernutzer dies bemerkt.
Cyber-Cop, der: Fahnder, der das Internet nach verbotenen Inhalten durchsucht.
Ein-Euro-Laden, der: Geschäft, in dem alle Waren zum Preis von 1 € angeboten werden.
Ekelbild, das: der Abschreckung dienendes Bild, etwa eines Tumors, auf Zigarettenschachteln.
Emissionsplakette, die: Plakette für emissionsarme Kraftfahrzeuge, die in Umweltzonen fahren dürfen.
Flatrateparty, die: Veranstaltung, bei der man nur einmal Eintritt zahlen muss und dann so viel trinken kann, wie man will.
Geisterspiel, das: Fußballspiel, das wegen vorangegangener Ausschreitungen ohne Publikum ausgetragen wird.

Gigaliner, der: überlanger Lkw mit bis zu 25 m Länge und 60 t Gewicht.
Grundeinkommen, das: sozialökonomisches Modell, nach dem jeder Bürger vom Staat eine gesetzlich festgelegte Geldzuwendung erhält, die zur Existenzsicherung ausreicht und für die keine Gegenleistung erbracht werden muss.
hammerschön: ganz besonders schön.
Herdprämie, die: abwertende Bezeichnung für das Betreuungsgeld (s. o.).
Klimacent, der: Abgabe, die nach einer Überlegung der Bundesregierung von allen Strom-, Gas- und Heizölverbrauchern entsprechend dem Verbrauch zum Klimaschutz erhoben werden könnte.
Klimaticket, das: Aufpreis, der für Flugpassagiere erhoben wird und dessen Erlös für Klimaschutzprojekte verwendet werden soll, die als Ausgleich für die klimaschädlichen Emissionen dienen, die durch den Flug entstehen.
Raucherpolizei, die: Kontrolleure, die in Gaststätten die Einhaltung des Rauchverbots überprüfen und ggf. Bußgelder erheben.
Rudelgucken, das: gemeinschaftliches Ansehen eines medialen Großereignisses, z. B. 2008 der Fußball-EM, auf Großbildleinwänden an öffentlichen Standorten; Synonym für Public Viewing.
Silver Sex, der: Lebensgefühl der älteren Generation, das von Aktivität geprägt ist und auch Sex einschließt.
Telefondrücker, der: Anrufer, der unaufgefordert Werbung macht und z. B. versucht, Zeitschriftenabonnements, Lebensversicherungen oder Lotterielose zu verkaufen.
virales Marketing: Marketingform, die existierende soziale Netzwerke nutzt, um Aufmerksamkeit auf Marken, Produkte usw. zu lenken, sodass sich die Werbung v. a. durch Mundpropaganda epidemisch, wie ein Virus, verbreitet.

Nokia

Der finnische Handyhersteller Nokia schloss zum 30. Juni 2008 seine Niederlassung in Bochum. Bereits am 19. Mai wurde die Produktion eingestellt.

Norovirus

Begründet wurde die Stilllegung mit der »fehlenden Wettbewerbsfähigkeit des Standortes«, die Handyproduktion solle aus Kostengründen nach Ungarn und Rumänien verlagert werden. Die Werksschließung betraf 2 300 feste Stellen und bis zu 1 000 Leiharbeitsplätze sowie Stellen bei Zulieferern und Transportdienstleistern. Das ehemalige Alcatel/SEL-Werk in Bochum war 1988 von Nokia übernommen worden.

Kritik Die Schließung wurde von Gewerkschaften, Parteien und der nordrhein-westfälischen Landesregierung u. a. mit Hinweis auf die hohen Gewinne scharf kritisiert. 2007 betrug das Betriebsergebnis vor Zinsen 134 Mio. €. Das Land Nordrhein-Westfalen prüfte die Rechtmäßigkeit von fast 60 Mio. € Subventionen, da die Zahlungen an Nokia mit Arbeitsplatzzusagen verbunden waren. In dem Streit gab es bis Mitte 2008 noch keine Einigung. Ende Mai signalisierte der finnische Konzern aber Bereitschaft, die Hälfte der Summe zurückzuzahlen.

Sozialplan Anfang April einigten sich Arbeitgebervertreter und der Betriebsrat auf die Eckpunkte eines Sozialplans, der am 23. April unterzeichnet wurde. Er umfasste ein Gesamtvolumen von 200 Mio. €; davon waren 185 Mio. € für Abfindungen vorgesehen. 15 Mio. € flossen in eine Transfergesellschaft.

Norovirus

Das Robert Koch Institut (RKI) rechnete für den Winter 2007/08 erneut mit einem Rekordstand an Norovirus-Erkrankungen in Deutschland. Die Ursachen waren nicht ganz geklärt. Das Norovirus, ein Erreger aus der Gruppe der Caliciviren, zählt zu den am weitesten verbreiteten Viren der Welt und ist vermutlich für jede zweite nicht bakteriell bedingte Magen-Darm-Infektion bei Erwachsenen und Jugendlichen verantwortlich. Auch Zahlen anderer europäischer Länder und Nordamerikas deuteten darauf hin, dass eine ungewöhnlich starke Norovirus-Epidemie grassierte, für die bestimmte Genvarianten des Norovirus verantwortlich waren.

Norovirus: Infektionen in Deutschland

Jahr	Fälle
2001	9 290
2002	51 610
2003	41 741
2004	64 794
2005	62 771
2006	75 859
2007	200 611

Quelle: Robert Koch Institut

Infektion und Behandlung Norovirus-Infektionen erreichen einen saisonalen Höhepunkt zwischen Oktober und März. Der Erreger ist hochinfektiös, die Ansteckung erfolgt über Schmierinfektion durch Kot oder über die Luft durch Erbrochenes. Nach zehn bis 50 Stunden Inkubationszeit kommt es schlagartig zu Übelkeit und schwallartigem Erbrechen. Bei der Behandlung ist der Ausgleich des Flüssigkeitsverlusts vorrangig. Nach drei Tagen klingen die Symptome in der Regel wieder ab. Für alte Menschen, Kinder unter fünf Jahren und geschwächte Patienten kann die Infektion tödlich sein. Zur allgemeinen Vorbeugung reicht die übliche Hygiene mit Händewaschen nach dem Toilettengang sowie vor dem Kochen bzw. vor den Mahlzeiten.

www.rki.de

NPD

Die Nationaldemokratische Partei Deutschlands (NPD), mit 7 200 Mitgliedern (2007) die mitgliederstärkste rechtsextremistische Partei in Deutschland, kämpfte 2007/08 nicht nur finanziell mit einer desolaten Lage: Bei den Landtagswahlen in Hessen und Niedersachsen (27. Januar 2008) konnte sie lediglich 0,9 % bzw. 1,5 % der Stimmen erzielen, außerdem wurde der Großteil der Parteispitze im Frühjahr 2008 wegen Volksverhetzung angeklagt und der Bundesschatzmeister saß in Untersuchungshaft.

Spendenaffäre Die Bundestagsverwaltung hatte von der NPD im Februar 2007 wegen falsch ausgestellter Spendenquittungen des Thüringer Landesverbandes rund 870 000 € staatliche Zuschüsse aus der Parteienfinanzierung zurückgefordert und durch gekürzte Auszahlungen einbehalten. Das Berliner Verwaltungsgericht wies im Mai 2008 eine Klage der Partei ab und erklärte die gekürzte Zahlung für rechtens.

Verdacht der Veruntreuung Am 7. Februar 2008 wurde der seit 1996 als Bundesschatzmeister amtierende Erwin Kemna in Polizeigewahrsam genommen. Er soll zwischen Anfang 2004 und Anfang 2007 etwa 627 000 € von Konten der NPD auf das Geschäftskonto einer von ihm betriebenen Firma transferiert haben.

Volksverhetzung Die Berliner Staatsanwaltschaft erhob im März 2008 gegen den Bundesvorsitzenden Udo Voigt und weitere NPD-Spitzen Anklage wegen Volksverhetzung. Die Klage richtete sich gegen einen von der Partei vertriebenen Kalender zur Fußballweltmeisterschaft 2006, auf dem u. a. der Slogan »Weiß. Nicht nur eine Trikotfarbe! Für eine echte NATIONAL-Mannschaft!« zu lesen war.

NS-Opferarchiv

Seit dem 30. April 2008 ist das NS-Opferarchiv im nordhessischen Bad Arolsen für die Öffentlichkeit zugänglich. Historiker konnten bereits seit November 2007 die Akten auswerten. Bis dahin durften die Unterlagen und Dokumente über die Verbrechen des nationalsozialistischen Regimes aufgrund eines Vertrages zwischen den elf beteiligten Staaten nur für den Internationalen Suchdienst des Roten Kreuzes (ITS) genutzt werden, da die Privatsphäre der Opfer Vorrang gegenüber der wissenschaftlichen Forschung genoss. Die Opfer selbst oder ihre Familienangehörigen konnten hier offizielle Belege erhalten, die sie beispielsweise für Rentenanträge brauchten. Auch Ansprüche auf Zahlungen aus dem Fonds zur Entschädigung von Zwangsarbeitern wurden mithilfe dieser Unterlagen bestätigt.

Archiv In den Archiven des Suchdienstes lagern Dokumente über Konzentrationslager, Inhaftierungen und Zwangsarbeit während der Nazizeit. Den Schlüssel zu den Dokumenten bildet die alphabetisch-phonetische Zentrale Namenkartei. Sie enthält über 50 Mio. Hinweise auf mehr als 17,5 Mio. Personen, die in Konzentrationslagern inhaftiert waren oder verschleppt wurden. Die Dokumente gehen zurück auf eine 1943 vom britischen Roten Kreuz angelegte Sammlung.

Öffentlicher Dienst

Zahlreiche Warnstreiks von Februar bis März 2008 begleiteten die Tarifauseinandersetzung im öffentlichen Dienst von Bund und Kommunen. Der am 31. März erzielte Tarifabschluss mit der Gewerkschaft ver.di sah rückwirkend zum 1. Januar 2008 (Westdeutschland) bzw. ab 1. April 2008 (Ostdeutschland) Lohnsteigerungen von 5,1 % vor; ab 1. 1. 2009 ist eine Erhöhung von weiteren 2,8 % zuzüglich einer Einmalzahlung von 225 € in den meisten Entgeltgruppen vorgesehen. Der Tarifvertrag hat eine Laufzeit von 24 Monaten.

Öffentlicher Dienst: Beschäftigte 2006

Bereich	Beamte, Richter (1 000)	Arbeitnehmer (1 000)
Bund	131,1	161,8
Länder	1 265,3	789,2
Gemeinden	183,4	1 133,4
Bundeseisenbahnvermögen	46,8	2,8
mittelbarer öffentlicher Dienst*	67,9	610,3
insgesamt	1 694,5	2 697,4

*) Bundesagentur für Arbeit, Deutsche Bundesbank, Sozialversicherungsträger etc.
Quelle: Statistisches Bundesamt

O Öffentlicher Raum

Berliner Verkehrsbetriebe Ebenfalls von Warnstreiks betroffen waren ab März 2008 die Berliner Verkehrsbetriebe (BVG). Der Tarifstreit wurde am 2. Mai mit einem vom 1. Januar 2008 bis Ende 2009 gültigen Tarifvertrag beigelegt, der u. a. Entgeltsteigerungen von durchschnittlich 4,6 %, differenziert nach Alt- und Neubeschäftigten, festschreibt; für die Zeit von Januar bis Juli 2008 erhalten die Beschäftigten eine Einmalzahlung von insgesamt 500 €, ab August gestaffelt nach Entgeltgruppen um Festbeträge erhöhte Löhne.

Kommunale Krankenhäuser Die Gewerkschaft Marburger Bund und die Vereinigung der kommunalen Arbeitgeber (VKA) einigten sich im April 2008 auf eine zweistufige Gehaltserhöhung für die Ärzte in kommunalen Krankenhäusern: um durchschnittlich 4,0 % ab dem 1. April 2008 und um weitere 3,8 % ab dem 1. 1. 2009. Hinzu kamen eine Angleichung der Gehälter in Ostdeutschland an das Niveau in den alten Bundesländern und ein beschleunigter Aufstieg in die nächste Entgeltgruppe.

Öffentlicher Raum

Die Sicherheit im öffentlichen Raum kam Ende 2007/Anfang 2008 nach mehreren Fällen von Jugendgewalt in U-Bahn-Stationen und Bahnhöfen in die Diskussion. Insbesondere der folgenschwere Angriff von zwei Jugendlichen auf einen 76 Jahre alten Rentner in der Münchner U-Bahn Ende Dezember löste bundesweit eine Diskussion über Sicherheitskonzepte im öffentlichen Raum aus. Im Fall des 76-Jährigen hatten Aufnahmen einer Videokamera beim Auffinden der Täter geholfen. Weitere Überfälle jugendlicher Schläger in U-Bahnen wurden innerhalb weniger Wochen aus München und Frankfurt am Main bekannt.

Viele Städte planten, den Einsatz von uniformiertem Sicherheitspersonal im öffentlichen Nahverkehr auszuweiten. Für flächendeckende Überwachung sorgen in den meisten U-Bahn-Netzen derzeit bereits Videokameras, die jedoch nur begrenztes Abschreckungspotenzial besitzen. Die Sicherheitsdebatte gab darüber hinaus den Diskussionen über ein schärferes →Jugendstrafrecht Nahrung.

Der öffentliche Raum steht dem privaten Raum gegenüber. Er bezeichnet den der Öffentlichkeit zugänglichen Bereich einer Körperschaft öffentlichen Rechts (Gemeinde, Land, Staat), z. B. Verkehrsflächen, Parkanlagen oder auch Gebäude, die diese Körperschaften unterhalten.

Onlinedurchsuchung

Für Streit innerhalb der Regierungskoalition sorgte die vom Innenministerium als Teil des BKA-Gesetzes im Juni 2008 verabschiedete Möglichkeit des Onlinedurchsuchung. Dieser verdeckten Überwachung von Internetkommunikation hatte das Bundesverfassungsgericht (BVerfG) am 27. Februar 2008 enge Grenzen gesetzt und ein Grundrecht auf Gewährleistung der Vertraulichkeit und Integrität informationstechnischer Systeme definiert.

Kein »Bundestrojaner« Nach dem Urteil bleibt die Onlinedurchsuchung zwar grundsätzlich möglich, aber nur bei begründetem Anfangsverdacht auf eine schwere Straftat. Nach den

---

Onlinedurchsuchung

Bundestrojaner
Der Begriff Trojaner nimmt Bezug auf das Trojanische Pferd, mit dem Odysseus die Verteidiger des belagerten Troja überlistete. In der Computerwelt versteht man unter Trojanern Spionageprogramme, die per E-Mail oder auf andere Weise eingeschleust werden. Sie durchsuchen die Festplatte des Computers der Zielperson und übermitteln die erwünschten Daten via Internet ihrem Aussender. Trojaner werden v. a. von Kriminellen eingesetzt, um an vertrauliche Daten wie z. B. Passwörter zu gelangen. Aber auch Sicherheitsbehörden sind an der Verwendung von Trojanern als Ermittlungsinstrument interessiert, um über das Internet Computersysteme und Kommunikation Tatverdächtiger ausspionieren zu können.

Möglichkeiten der Online-Durchsuchung

Der „Bundes-Trojaner"

Per E-Mails oder manipulierter Internetseiten...

...gelangt der Trojaner auf die Festplatte...

...und sammelt Daten.

Remote Forensic Software
(ferngesteuerte Überwachung)
Ermittlerteams dringen in Wohnung des Verdächtigen ein...

...und kopieren die Festplatte des Computers,...

...analysieren die Daten und installieren Überwachungswerkzeug,...

POLIZEI
Ergebnisse werden heimlich an Ermittler gesendet

z. B. Ausspähen des Bildschirms
Aufzeichnung der Tastaturbewegungen

dpa•4275

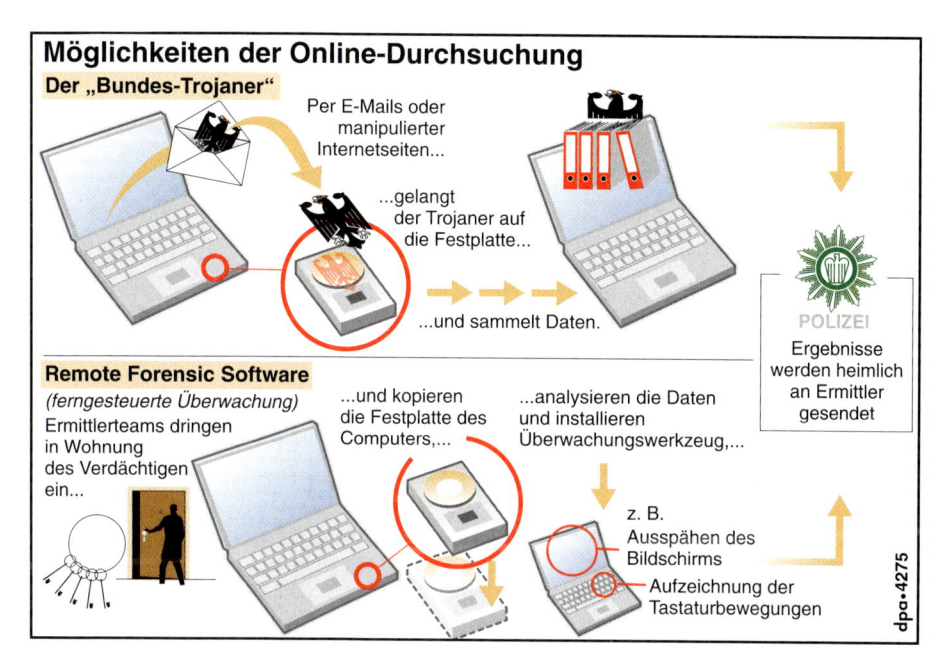

ursprünglichen Überlegungen sollten Durchsuchungen verdachtsunabhängig erlaubt, Kommunikation generell überwacht und ihre Inhalte auch mit technischen Mitteln untersucht werden. Damit, kritisierten Datenschützer, wären Bürger unter Generalverdacht gestellt worden. Laut BVerfG ist das nicht mit dem Grundgesetz vereinbar. Nun sind Maßnahmen wie die Onlinedurchsuchung zur konkreten Gefahrenabwehr erlaubt, werden aber überwacht.

Die Regierung sucht jedoch weiter nach Wegen zu einer stärkeren Überwachung der elektronischen Kommunikation und erwog im Mai 2008, mit der »zentralen Abhöreinrichtung der deutschen Sicherheitsbehörden in Köln« eine eigene Geheimdienstbehörde nach dem Vorbild der amerikanischen Nationalen Sicherheitsbehörde (NSA) zu schaffen.

Onlinekinderredaktion

Am 12. Februar 2008 fiel der Startschuss für die Onlinekinderredaktion. Das neue Projekt klick-tipps.net ist ein gemeinsames Angebot des 1997 von den Bundesländern gegründeten jugenschutz.net, des Medienpädagogischen Forschungsverbunds und der Stiftung Medienkompetenz Forum Südwest in Kooperation mit dem SWR-Kindernetz und dem Deutschen Kinderhilfswerk.

Inhalte Die Seite hat Katalogcharakter und bündelt spezifisch auf Kinder ausgerichtete Internetangebote in einem kommentierten Verzeichnis. Sie stellt darüber hinaus von Medienpädagogen kommentierte Empfehlungen vor, die auch von Kindern kommentiert werden können. Insbesondere nicht kommerzielle kommunikative Angebote werden empfohlen, die im Vergleich zu freien Chats als sicherer eingestuft werden. Das Angebot stellt ferner eine Schnittstelle zur Verfügung, über die sich die wöchentlichen redaktionellen Angebote als Kinderseiten in andere Webseiten einbinden lassen. Zu den ersten Nutzern gehörten T-Online und AOL.
www.klick-tipps.net

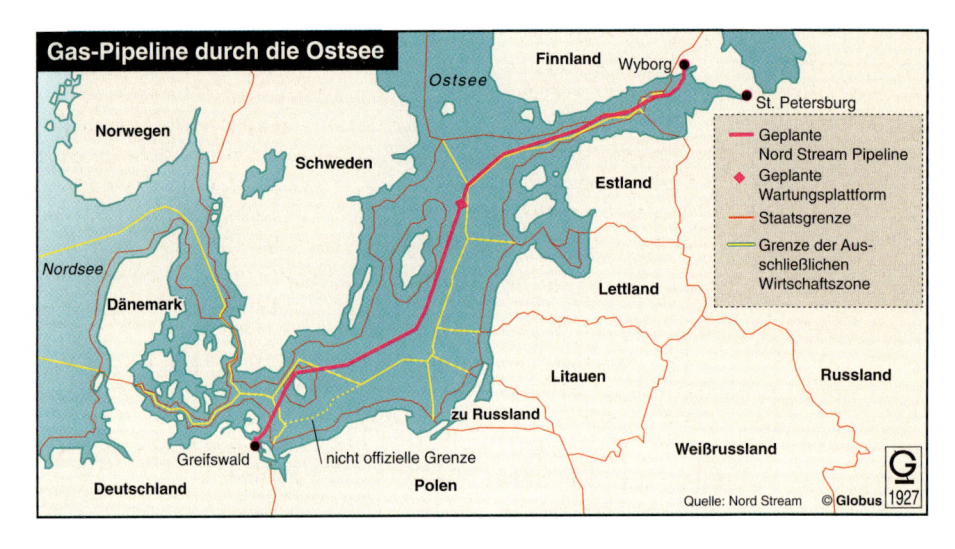

Optische Technologien

Gas-Pipeline durch die Ostsee

- Geplante Nord Stream Pipeline
- Geplante Wartungsplattform
- Staatsgrenze
- Grenze der Ausschließlichen Wirtschaftszone

Quelle: Nord Stream © Globus 1927

Optische Technologien
In Deutschland sind optische Technologien gut entwickelt und ein hervorragendes Beispiel für eine gelungene Forschungsförderung. Die optische Industrie erwirtschaftete 2007 mit ihren 110 000 Beschäftigten einen Gesamtumsatz von rund 20 Mrd. € – ein Zuwachs um fast 12 % gegenüber dem Vorjahr. Der Weltmarktanteil der Branche liegt bei 8 %. Ein starker Bereich ist die Lasertechnik mit vielfältigen Anwendungen in der Medizintechnik sowie in der Schweiß- und Schneidetechnik.

Biophotonik Am 6. Mai 2008 wurde am Jenaer Institut für Photonische Technologien (IPHT) das Exzellenznetzwerk für Biophotonik »Photonics4life« gegründet. Mit dem Netzwerk aus 13 hochkarätigen Forschungseinrichtungen sollen die Potenziale der Biophotonik interdisziplinär erschlossen werden.

Optische Atomuhr Die in Deutschland für die Präzision der Zeitmessung zuständigen Physiker der Physikalisch-Technischen Bundesanstalt in Braunschweig gaben im Februar 2008 bekannt, eine optische Atomuhr zu bauen. Sie nutzt die vergleichsweise höherfrequenten Schwingungen im Bereich des sichtbaren Lichts anstelle der herkömmlichen Cäsiumatomschwingungen. Die neue Atomuhr wird die Länge der Zeiteinheit Sekunde noch genauer messen als bislang möglich.

Nanophotonik Vom Februar 2008 an wird im neuen Sonderforschungsbereich Halbleiter-Nanophotonik der TU Berlin daran gearbeitet, Lichtpulse mittels winziger Nanostrukturen (im Größenbereich $< 10^{-6}$ mm, also unterhalb eines millionstel Millimeters) zu erzeugen. Man erwartet, dass mit diesem Licht Computerdaten einmillionenfach schneller übertragen werden können.

Ostseepipeline
Seit Ende 2005 baut und betreibt die Nord Stream AG mit Sitz in Zug (Schweiz) die Ostseepipeline, die ab Ende 2011 durch den ersten Leitungsstrang russisches Erdgas nach Deutschland und in andere europäische Staaten liefern soll. An dem Unternehmen sind das staatliche russische Energieversorgungsunternehmen Gasprom mit 51 %, die deutschen Energieversorger E.ON Ruhrgas und BASF Wintershall mit je 20 % sowie seit November 2007 die niederländische Gasunie mit 9 % beteiligt.

Die 1 220 km lange Pipeline führt vom russischen Wyborg nördlich von St. Petersburg untermeerisch bis zur deutschen Ostseeküste nahe Greifswald in Mecklenburg-Vorpommern. Durch die zwei parallelen Leitungsstränge sollen ab 2012 jährlich 55 Mrd. m³ Erdgas transportiert werden. Anfang Mai trafen die ersten Rohre für den Pipelinebau im Fährhafen Sassnitz auf Rügen ein.

Kritik Bei vielen Ostseeanrainerstaaten, etwa Schweden, stößt das Projekt wegen befürchteter Umweltgefährdung auf Widerstand. Schweden wies im Februar 2008 u. a. auf Gefahren durch Munition aus dem Zweiten Weltkrieg auf dem Grund der Ostsee hin und verweigerte seine Zustimmung zu dem Bauplan. Für Kritik sorgte ebenfalls im Februar die Meldung, Nord Stream wolle die Pipeline mit einer Lösung aus der giftigen Chemikalie Glutaraldehyd spülen und diese anschließend in die Ostsee pumpen. Anfang Mai 2008 mussten die geschätzten Baukosten von 5 Mrd. € auf 7,4 Mrd. € nach oben korrigiert werden.

Pascal-Prozess

Am 7. September 2007 sprach das Landgericht Saarbrücken nach 146 Verhandlungstagen alle zwölf Angeklagten im Prozess um die Ermordung des zur vermeintlichen Tatzeit fünfjährigen Pascal frei. Der Junge war im September 2001 im Saarbrücker Stadtteil Burbach spurlos verschwunden; seine Leiche wurde nie gefunden. Drei Jahre später, am 20. 9. 2004, mussten sich neun Männer und vier Frauen wegen Mordes, sexuellen Missbrauchs oder Beihilfe vor Gericht verantworten. Ihnen wurde vorgeworfen, Pascal in der Kneipe »Tosa-Klause« mehrfach missbraucht und schließlich getötet zu haben. Nachdem mehrere Angeklagte im Prozessverlauf ihre Geständnisse widerrufen hatten, musste das Landgericht wegen Mangel an Beweisen auf Freispruch entscheiden. Die Staatsanwaltschaft hatte hohe Freiheitsstrafen, darunter fünfmal lebenslang, gefordert.

Pflegeversicherung

Erstmals seit ihrer Einführung 1995 wurde die Pflegeversicherung zum 1. Juli 2008 umfassend reformiert, um die Situation der 2,2 Mio. Pflegebedürftigen zu verbessern. Die Bundesregierung erhöhte die Mittel für die Versicherten um 2,7 Mrd. €. Dafür stieg der Beitrag von 1,7 % des monatlichen Bruttoeinkommens auf 1,95 % bzw. von 1,95 % auf 2,2 % für Kinderlose.

Höhere Leistungen Die Leistungen für ambulante Pflege werden bis 2012 stufenweise angehoben, in Pflegestufe I von 384 € auf 450 €, in Stufe II von 921 € auf 1 100 € und in Stufe III von 1 432 € auf 1 550 €. Das Pflegegeld, das Angehörige für die Betreuung Pflegebedürftiger erhal-

Pflegeversicherung: Hauptleistungen

Pflegestufen	häusliche Pflege		Kurzzeit-pflege	teilstatio-näre Pflege	vollstationäre Pflege
	Sachleistungen monatlich bis	Pflegegeld monatlich	im Jahr max.	monatlich- max.	monatlich max.
I (erheblich pflegebedürftig)	384 €	205 €	1 432 €	384 €	1 023 €
II (schwerpflegebedürftig)	921 €	410 €	1 432 €	921 €	1 279 €
III (schwerstpflegebedürftig)	1 432 €	665 €	1 432 €	1 432 €	1 432 €

Stand Anfang 2008
Quelle: Bundesministerium für Gesundheit

Pforzheim

ten, steigt von 205 € auf 235 € in Stufe I, von 410 € auf 440 € in Stufe II und von 665 € auf 700 € in Stufe III. Demenzkranke erhalten zwischen 460 € und 2 400 € im Jahr, auch wenn ihnen bis dahin keine Pflegestufe zugesprochen wurde. In Heimen soll mit einem zusätzlichen Aufwand von 200 Mio. € mehr Personal für die Pflege Demenzkranker eingestellt werden.

Pflegezeit für Angehörige Wer Angehörige pflegt, hat das Recht auf eine sechsmonatige Pflegezeit mit Rückkehrrecht an seinen Arbeitsplatz in Betrieben ab 15 Angestellten. Für kurzfristig auftretenden Pflegebedarf gibt es einen Freistellungsanspruch von bis zu zehn Tagen. Beides ist unbezahlt.

Heimkontrollen Um Missstände in Pflegeheimen einzudämmen, sollen jährlich grundsätzlich unangemeldete Kontrollen stattfinden (bis dahin: im Schnitt alle fünf Jahre). Die Ergebnisse werden erstmals verständlich und vergleichbar im Internet und an anderer Stelle veröffentlicht.

Pflegestützpunkte Bundesländer erhalten die Möglichkeit, quartiersbezogene Pflegestützpunkte einzurichten, in denen Betroffene Rat und Unterstützung erhalten.

www.bmg.bund.de

Pforzheim

Bundesweites Aufsehen erregte die Abberufung der wegen ihres Führungsstils umstrittenen Schulleiterin der Pforzheimer Waldorfschule. Der Verwaltungsgerichtshof (VGH) Baden-Württemberg in Mannheim entschied am 4. März 2008, dass die Versetzung der Schulleiterin an das Landeslehrerprüfungsamt rechtmäßig erfolgt ist und sie nicht mehr an der Schule unterrichten darf.

Die Schulleiterin hatte sich zunächst gegen die Versetzung gewehrt und per Gerichtsbeschluss des Verwaltungsgerichts Karlsruhe vom 17. Dezember 2007 die Rückkehr erzwungen. Als sie ihren Dienst am 11. Februar 2008 wieder antreten wollte, protestierten Schüler, Eltern und Lehrer zwei Tage lang, sodass kein Unterricht stattfinden konnte. Das Regierungspräsidium sprach daraufhin ein Verbot der Ausübung der Dienstgeschäfte aus. Dieses Verbot bestätigte nun der VGH.

PISA-Studie

Am 4. Dezember 2007 wurden die Ergebnisse der im Mai 2006 durchgeführten PISA-Studie vorgestellt. Wie schon bei den Testrunden der Jahre 2000 und 2003 wurden die Kompetenzbereiche Lesen, Mathematik und Naturwissenschaften abgedeckt, dieses Mal mit dem Schwerpunkt Naturwissenschaften. Dabei belegte Finnland auch in der dritten Runde des Vergleichs für 15-jährige Schulkinder den Spitzenplatz. Deutschland lag auf Rang 13 von 57 Staaten und damit erstmals über dem Mittelwert der 30 teilnehmenden

---

Pflegeversicherung

Pflegestufen
Bei der Pflegebedürftigkeit unterscheidet das Sozialgesetzbuch (§ 15 SGB XI) drei Schweregrade (Pflegestufen), die jeweils unterschiedliche Leistungen nach sich ziehen:
Pflegestufe I (erheblich Pflegebedürftige): Hierunter fallen Personen, die bei der Körperpflege, bei der Ernährung oder der Mobilität für wenigstens zwei Verrichtungen aus einem oder mehreren Bereichen mindestens einmal täglich Hilfe und zusätzlich mehrfach in der Woche Hilfe bei der hauswirtschaftlichen Versorgung benötigen.
Pflegestufe II (Schwerpflegebedürftige): Hier ist mindestens dreimal täglich zu verschiedenen Tageszeiten Hilfe notwendig und zusätzlich mehrfach in der Woche bei hauswirtschaftlichen Verrichtungen.
Pflegestufe III (Schwerstpflegebedürftige): Hierzu zählen Personen, die bei der Körperpflege, der Ernährung oder der Mobilität täglich rund um die Uhr, auch nachts, Hilfe und zusätzlich mehrfach in der Woche Hilfe bei der hauswirtschaftlichen Versorgung benötigen.
Die Feststellung der Pflegebedürftigkeit und die Zuordnung zu den Pflegestufen werden vom medizinischen Dienst der Krankenkassen vorgenommen.

OECD-Staaten. Bei der Lesekompetenz sowie im Bereich Mathematik konnten die deutschen Schülerinnen und Schüler ihre Leistungen verbessern und lagen im Bereich des OECD-Durchschnitts. Abermals schnitten beim Lesen die Mädchen, in Mathematik die Jungen besser ab. Während Bildungsministerin Annette Schavan (CDU) die Ergebnisse als positive Folge der Reformbemühungen bewertete, wiesen Verantwortliche der OECD darauf hin, dass wegen des erweiterten Testverfahrens im Bereich Naturwissenschaften kein direkter Vergleich mit früheren Ergebnissen möglich sei. Ferner bemängelten sie, dass in Deutschland die Bildungschancen immer noch von der sozialen Herkunft abhingen. Mehrere Bildungspolitiker der Union sahen darin eine unzulässige Kritik am selektiven, gegliederten Schulsystem und forderten mittelfristig sogar den Ausstieg aus der PISA-Studie.

Postdienste

Seit 1. Januar 2008 dürfen auch private Postdienste Briefe bis zu einem Gewicht von 50 g transportieren. Bis dahin hatte die Deutsche Post AG in Deutschland das Briefmonopol inne. Vor diesem Hintergrund wurde 2007/08 heftig über einen → Mindestlohn für Postdienstleistungen diskutiert.

Mindestlohn Im September 2007 schloss die Gewerkschaft ver.di mit dem Arbeitgeberverband Postdienste einen Tarifvertrag, der auch einen Mindestlohn vorsah: 9 € (Ostdeutschland) bzw. 9,80 € (Westdeutschland) pro Stunde für Briefzusteller und 8 € bzw. 8,40 € für andere Beschäftigte. Bei den privaten Postdiensten, die dem Arbeitgeberverband Postdienste nicht angehören, stieß dies auf Kritik. Sie hielten den Mindestlohn für zu hoch und gründeten einen eigenen Arbeitgeberverband »Neue Brief- und Zustelldienste« (AGV-NBZ). Er handelte im Dezember 2007 einen eigenen Mindestlohntarifvertrag aus; demnach soll ein Stundenlohn von 6,50 € (Ost) bzw. 7,50 € (West) gezahlt werden. Der Arbeitgeberverband, dem als Tarifpartner die Gewerkschaft Neue Brief- und Zustelldienste (GNBZ) gegenübersteht, vertrat Mitte 2008 nach eigenen Angaben 45 Mitgliedsunternehmen.

Nach einem Urteil des Berliner Verwaltungsgerichts vom 8. März 2008 ist der zum 1. Januar per Rechtsverordnung für allgemein verbindlich er-

Postdienste im EU-Vergleich*

EU-Land	Einwohner je Postfiliale	Briefkästen je 1 000 Einwohner
Belgien	7 395	1,8
Bulgarien	2 464	0,7
Dänemark	5 747	1,7
Deutschland	6 526	1,3
Estland	2 444	2,8
Finnland	4 114	1,5
Frankreich	3 557	2,4
Griechenland	5 313	1,0
Großbritannien	4 151	1,9
Irland	2 642	1,5
Italien	4 200	1,1
Lettland	2 366	1,0
Litauen	3 615	1,2
Luxemburg	4 345	2,5
Malta	7 875	1,2
Niederlande	5 108	1,2
Österreich	4 206	2,5
Polen	4 614	1,5
Portugal	3 633	1,7
Rumänien	3 188	0,6
Schweden	4 566	3,3
Slowakei	3 405	1,3
Slowenien	3 525	1,6
Spanien	12 958	0,8
Tschechien	2 992	2,4
Ungarn	3 551	1,5
Zypern	743	1,2

*) 2005 oder früher
Quelle: Eurostat, Weltpostverein

Produktpirateriegesetz

klärte Mindestlohn für alle Briefdienstleistungen rechtswidrig, weil er auch tarifgebundene Unternehmen einbezieht. Gegen das Urteil legte das Bundesarbeitsministerium Berufung ein.

PIN Die PIN Group S. A. (Luxemburg), größter privater Wettbewerber der Deutschen Post AG im Sektor Briefdienstleistungen, hatte im Januar 2008 Insolvenz angemeldet und diesen Schritt mit dem seit 1. Januar 2008 gültigen gesetzlichen Mindestlohn für die Branche begründet; der Mutterkonzern, die Axel Springer AG, hatte sich geweigert, die Zahlungsfähigkeit wiederherzustellen, und zog sich als Hauptanteilseigner zurück. Bis zum 1. März verloren 2770 der 11 700 PIN-Beschäftigten ihren Arbeitsplatz, ein Teil der deutschen Regional- und Tochtergesellschaften wurde bis Mitte 2008 verkauft.

Post-Tarifvertrag Im Tarifkonflikt zwischen der Deutschen Post AG und der Gewerkschaft ver.di wurde mit der Einigung am 30. April 2008 ein unbefristeter Streik vermieden. Für die rund 130 000 Angestellten wurde ein Tarifvertrag mit einer Laufzeit bis 30. 6. 2010 vereinbart. Er sieht u. a. eine Einmalzahlung von 200 €, eine Lohnerhöhung um 4 % zum 1. 11. 2008 und um 3 % zum 1. 12. 2009 sowie eine Arbeitsplatzgarantie bis 30. 6. 2011 vor. Eine von den Arbeitgebern geforderte Anhebung der Arbeitszeit gibt es nicht. Die 38,5-Stunden-Woche wird beibehalten, die bezahlten Pausen werden allerdings um etwa ein Drittel gekürzt.

Produktpirateriegesetz

Am 11. April 2008 beschloss der Bundestag das Produktpirateriegesetz, das die Rechte der Urheber stärkt und das Aufspüren von Fälschern geschützter Markenwaren erleichtern soll. Das neue Gesetz setzt eine EU-Richtlinie aus dem Jahr 2004 um.

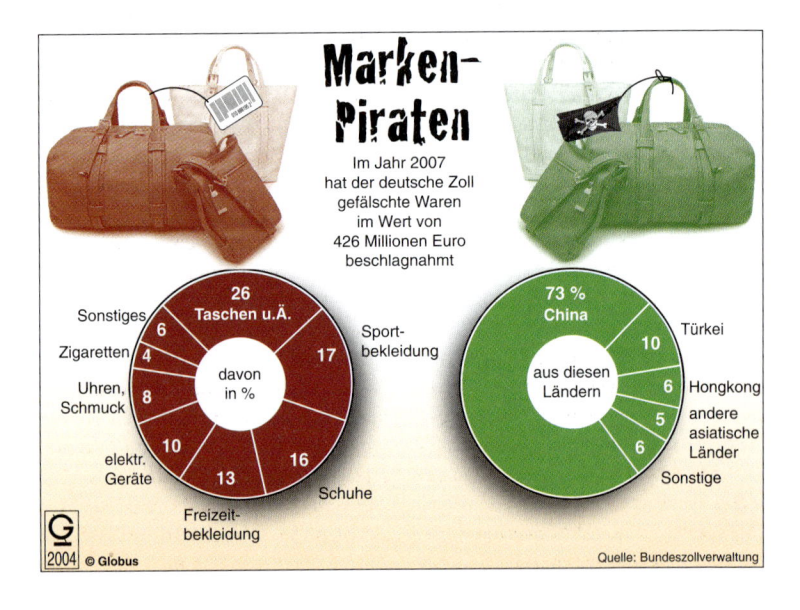

Inhalt Das Gesetz sieht vor, dass geschädigte Rechteinhaber in Zukunft Auskunftsanspruch gegenüber Dritten haben, wenn diese zur Verbreitung der kopierten Waren beigetragen haben. Das gilt z. B. für Spediteure, die ohne eigenes Wissen gefälschte Waren transportiert haben. Sobald Produktpiraten ermittelt sind, kann der Urheber als Ausgleich für den entstandenen Schaden den Gewinn einfordern oder eine fiktive Lizenzgebühr berechnen. Das Gesetz verbessert gleichzeitig die Situation der Verbraucher: Anwälte können bei einer einfachen Verletzung des Urheberrechts, z. B. beim Einstellen eines Musiktitels in eine Online-Tauschbörse, maximal 100 € Gebühren fordern. Ferner passt der Gesetzentwurf das deutsche Recht an die neue EG-Grenzbeschlagnahme-Verordnung an. Diese Verordnung sieht ein vereinfachtes Verfahren zur Vernichtung von Pirateriewaren nach Beschlagnahme durch den Zoll vor.

Hintergrund Produktpiraterie und die hierdurch Originalherstellern und Verbrauchern entstehenden Schäden sind in letzter Zeit aufgrund verfeinerter Reproduktionstechniken stark gestiegen. Der deutschen Wirtschaft entsteht nach Schätzungen des Deutschen Industrie- und Handelskammertages (DIHK) durch gefälschte Markenartikel ein Schaden von 25–30 Mrd. € pro Jahr. Gefälschte Produkte können auch ein erhebliches Sicherheitsrisiko darstellen, z. B. bei Ersatzteilen oder Medikamenten.

Pumuckl

Im Urheberrechtsprozess um Pumuckl, die Hauptfigur der gleichnamigen Buchreihe von Ellis Kaut, gab das Münchner Landgericht am 10. Januar 2008 der Pumuckl-Zeichnerin Barbara von Johnson Recht. Sie hatte Anfang März 2007 einen Kindermalwettbewerb unter dem Motto »Eine Freundin für Pumuckl« unterstützt. Der Gewinner sollte an der »Hochzeit« Pumuckls in Johnsons Atelier teilnehmen dürfen. Die Autorin Ellis Kaut sah darin ihr Urheberpersönlichkeitsrecht an der literarischen Figur verletzt und klagte. Das sahen die Richter anders. Sie urteilten, Johnson habe Kauts Urheberrecht nicht verletzt, da es bei dem Malwettbewerb nicht um eine Fortsetzung der Geschichte gegangen sei. Mit ihrem eigenen Werk, der grafischen Gestaltung der Figur, müsse sich die Zeichnerin auseinandersetzen dürfen.

1965 wurde die erste Pumuckl-Buchreihe veröffentlicht. Für diese Bücher entwickelte Barbara von Johnson die Illustrationen und schuf damit das Aussehen des rothaarigen Kobolds.

Qualifizierungsinitiative

Das Bundeskabinett beschloss am 9. Januar 2008 die Qualifizierungsinitiative »Aufstieg durch Bildung«. Dafür will der Bund nach Angaben von Bildungsministerin Annette Schavan (CDU) bis 2011 rund 500 Mio. € investieren. Die Initiative soll v. a. die Chancen von Jugendlichen auf dem Arbeitsmarkt verbessern, umfasst jedoch auch Maßnahmen zur frühkindlichen Bildung sowie zur Weiterbildung im Beruf. Ein Kernstück ist die Einführung eines → Ausbildungsbonus für Betriebe, die zusätzliche Ausbildungsplätze für sog. Altbewerber einrichten.

Frühkindliche Bildung Zur Förderung der frühkindlichen Bildung in den Kindertagesstätten soll eine Fortbildungsinitiative für 80 000 Erzieher und Tagespflegepersonal im Sommer 2008 gestartet werden, für die rund 2 Mio. € bereitgestellt werden.

Aufstiegsstipendien Um die Durchlässigkeit des Bildungssystems zu stärken, soll es rund 3 000 Aufstiegsstipendien für diejenigen geben, die sich aus der beruflichen Bildung heraus für ein Hochschulstudium qualifizieren, also kein Abitur abgelegt haben. Mehr als 25 Mio. € sollen dafür bereitgestellt werden. Außerdem wird das Meister-BAföG erhöht.

Bekämpfung des Fachkräftemangels Mit der Einführung eines »freiwilligen technischen Jahres« in einer Forschungseinrichtung oder einem Unternehmen soll das Interesse für naturwissenschaftliche und technische Berufe geweckt werden. Ein Pakt speziell für Frauen in MINT-Berufen (MINT = Mathematik, Informatik, Naturwissenschaft, Technik) soll realistische Berufsbilder vermitteln und motivieren, ein MINT-Fach zu studieren.

Weiterbildung Die Weiterbildungsbeteiligung soll bis 2015 auf 50 % gesteigert werden. Hierzu strebt die Bundesregierung mit den Ländern, Kommunen und Sozialpartnern eine Weiterbildungsallianz an.

RAF

Zum Zweck eines DNA-Abgleichs nahm die Bundesanwaltschaft am 6. Juni 2008 neue Ermittlungen gegen Verena Becker auf, die der linksextremistischen Vereinigung RAF (Abk. für Rote-Armee-Fraktion) angehört hatte. Sie gilt als mögliche Tatbeteiligte an der Ermordung des früheren Generalbundesanwalts Siegfried Buback, der 1977 zusammen mit zwei Begleitern in seinem Dienstwagen erschossen worden war.

Hintergrund Die RAF bekannte sich damals zu dem Anschlag, doch blieb unklar, wer vom Rücksitz eines Motorrads aus die tödlichen Schüsse abgegeben hatte. Nach den damaligen Ermittlungen galten Knut Folkerts, Christian Klar und Günter Sonnenberg als gemeinschaftliche Täter, Brigitte Mohnhaupt als Drahtzieherin des Attentats. Nachdem der RAF-Aussteiger Peter-Jürgen Boock jedoch 2007 das ehemalige RAF-Mitglied Stefan Wisniewski als möglichen Täter angegeben hatte, leitete die Bundesanwaltschaft in Karlsruhe bereits im April 2007 Untersuchungen ein. Als an dem damals sichergestellten Beweismaterial nachträglich molekulargenetische Mischspuren entdeckt wurden, die von einer weiblichen Person stammen könnten, wurden die 1980 zunächst eingestellten Ermittlungen gegen Verena Becker im Fall Buback wieder aufgenommen.

Beugehaft Der Bundesgerichtshof (BGH) gab im Juni 2008 der Verhängung von Beugehaft über Folkerts, Klar und Mohnhaupt statt. Die Maßnahme war im September 2007 von der Generalbundesanwaltschaft angeordnet worden, um eine erneute Aussage über den Mord an Generalbundesanwalt Buback zu erzwingen. Durch die Bestätigung der Anordnung durch den BGH müssen die drei Exterroristen die Haft antreten. Bis auf Klar, der noch bis voraussichtlich 2009 in Arrest bleibt, waren Mitte 2008 inzwischen alle Genannten auf freiem Fuß.

RAG Deutsche Steinkohle

Der Teilkonzern der RAG Aktiengesellschaft bündelt seit 1998 die Aktivitäten des deutschen Steinkohlenbergbaus. Das Unternehmen beschäftigt in den Revieren Rhein-Ruhr, Saarland und Ibbenbüren etwa 31 500 Mitarbeiter.

Nach dem → Grubenbeben im Saarland musste das Bergwerk Saar vorübergehend seinen Betrieb einstellen; im Saarrevier wird die Förderung vermutlich früher auslaufen als nach dem Kohlekompromiss von 2007 vorgesehen. Dieser sieht den Ausstieg aus dem mit öffentlichen Mitteln geförderten Steinkohlenbergbau bis 2018 vor.

RAG Deutsche Steinkohle: Entwicklung des deutschen Steinkohlenbergbaus

Jahr	Belegschaft (1 000)	Förderung (Mio. t*)
1960	490,2	142,3
1965	377,0	135,1
1970	252,7	111,3
1975	202,3	92,4
1980	186,8	86,6
1985	166,2	81,8
1990	130,3	69,8
1995	92,6	53,1
2000	58,1	33,3
2001	52,6	27,1
2002	48,7	26,1
2003	45,6	25,7
2004	42,0	25,7
2005	38,5	24,7
2006	35,4	20,7
2007	32,8	21,3

*) verwertbare Förderung; Quelle: Gesamtverband Steinkohle

Rauchverbote

Schließungen Anfang April beschloss der Aufsichtsrat der RAG, das Bergwerk Lippe in Gelsenkirchen schon zum 1.1.2009 zu schließen, ein Jahr früher als ursprünglich vorgesehen. Bereits am 30. Juni 2008 wird das Bergwerk Walsum in Duisburg geschlossen. Im Juni beschloss die RAG für das Bergwerk Ost in Hamm eine Laufzeitverlängerung um neun Monate bis Herbst 2010.

Rauchverbote

Am 1. September 2007 trat in Deutschland das Bundesgesetz zum »Schutz der Nichtraucher« in Kraft, das das Rauchen in öffentlichen Verkehrsmitteln, Bahnhöfen und Bundesgebäuden, darunter Gerichte, Stiftungen, die Parlamentsgebäude und die Arbeitsagenturen, nur noch in abgetrennten, speziell dafür ausgewiesenen Räumen gestattet. Außerdem dürfen Jugendli-

Rauchverbote: Was gilt wo?

Bundesweit gilt ein Rauchverbot in Zügen, Bussen, Taxis und Bundesbehörden

Die Bundesländer haben außerdem Rauchverbote in öffentlichen Gebäuden, z. B. in Schulen, Hochschulen, Kliniken, Museen, Theatern, Kinder- und Jugendtagesstätten, Sportstätten und Heimen, verhängt

Unterschiedliche Regelungen gelten **in der Gastronomie**: Geraucht werden darf in...

Land	Regelung	seit/ab:
Baden-Württemberg	Nebenräumen für Raucher in Gaststätten, in Wein- u. Bierzelten	1. Aug. 07
Bayern	keine Ausnahmen	1. Jan. 08
Berlin	Nebenräumen in Gaststätten	1. Jan. 08
Brandenburg	Nebenräumen in Gaststätten	1. Jan. 08
Bremen	Nebenräumen in Gaststätten, in Festzelten und bei traditionellen Veranstaltungen	1. Jan. 08
Hamburg	Nebenräumen in Gaststätten und Diskotheken, in Festzelten	1. Jan. 08
Hessen	Nebenräumen in Gaststätten und in Festzelten*	1. Okt. 07
Mecklenburg-Vorpommern	Nebenräumen in Gaststätten	1. Jan. 08
Niedersachsen	Nebenräumen in Gaststätten und Diskotheken	1. Aug. 07
Nordrhein-Westfalen	Nebenräumen in Gaststätten, bei geschlossenen Gesellschaften auch im Hauptraum, in Festzelten	1. Juli 08
Rheinland-Pfalz	Nebenräumen in Gaststätten und in Festzelten	15. Feb. 08
Saarland	Nebenräumen in Gaststätten und Diskotheken, in kleinen Kneipen, in denen nur der Inhaber u. seine Familie bedienen, in Festzelten*	15. Feb. 08
Sachsen	Nebenräumen in Gaststätten	1. Feb. 08
Sachsen-Anhalt	einem getrennten Raum (kann auch der Hauptraum sein) in Gaststätten	1. Jan. 08
Schleswig-Holstein	Nebenräumen in Gaststätten, bei geschlossenen Gesellschaften, in Festzelten*	1. Jan. 08
Thüringen	Nebenräumen in Gaststätten und Diskotheken	1. Juli 08

In Biergärten, Straßencafés und anderen Außenanlagen ist das Rauchen erlaubt

Nebenräume müssen vom Schankraum abgetrennt und kleiner als dieser sein

*mit einer Standzeit von max. 21 Tagen

281

che unter 18 Jahren keine Zigaretten mehr kaufen und nicht in der Öffentlichkeit rauchen. Zuwiderhandlungen gegen die Verbote werden mit Bußgeld bis zu 1 000 € belegt.

Unterschiede in den Ländern Die Ministerpräsidenten der Bundesländer hatten sich im April 2007 zwar auf Eckpunkte eines Rauchverbots geeinigt; so sollte zum Schutz von Nichtrauchern das Rauchen in Schulen, Kindergärten, Krankenhäusern, Theatern, Behörden und Gaststätten grundsätzlich untersagt werden. Bei der Umsetzung der Vorgaben reagierten die Länder jedoch mit zahlreichen Ausnahmeregelungen. So legte das Saarland z. B. Sonderregeln für Festzelte und vom Inhaber geführte Kneipen fest. In Baden-Württemberg, Hessen, Niedersachsen und Mecklenburg-Vorpommern traten die Rauchverbote bereits Mitte 2007 in Kraft, die meisten übrigen Länder folgten ab 1. Januar 2008. Für Nordrhein-Westfalen galt hingegen eine Übergangsfrist bis zum 1. Juli 2008.

Diskussion über Ausnahmen In fast allen Bundesländern setzten sich die Auseinandersetzungen über die getroffenen Regelungen auch nach dem Inkrafttreten der Gesetze fort. Kernpunkt ist die sog. Eckkneipenregelung: Rauchen in kleinen Gaststätten mit nur einem Raum und einem Wirt als alleiniger Bedienung soll gestattet werden, da diese Lokale sonst in ihrer Existenz bedroht seien. Eine Reihe von Lokalen mit rauchender Stammkundschaft hat sich bereits in Klubs umgewandelt, um das Verbot zu unterlaufen, Bayern will Bier- und Festzelte bis zum 1. 1. 2009 vom Rauchverbot freistellen.

Rechtschreibreform

Am 1. August 2007 trat in Deutschland die überarbeitete Rechtschreibreform verbindlich in

---

Rechtschreibreform: wichtige Rechtschreibänderungen des Duden gegenüber 2004

1. Die gewöhnlich kleingeschriebenen Anredepronomen »du, dein, euer« darf man jetzt in Briefen auch großschreiben: Ich danke dir/Dir für deinen/Deinen Brief und freue mich auf euch/Euch.

2. Die Wörter »Recht, Unrecht« dürfen in Verbindung mit den Verben »behalten, bekommen, geben, haben, tun« klein- oder großgeschrieben werden: Der Kunde hat recht/Recht.

3. Das in festen Begriffen kleingeschriebene Adjektiv (z.B. das schwarze Schaf) kann jetzt bei Begriffen mit neuer Gesamtbedeutung auch großgeschrieben werden: das schwarze/Schwarze Brett (Bedeutung: Anschlagtafel).

4. Verbindungen mit den Wörtern »abhanden-, vorlieb-, anheim-, zugute-, überhand-, zuteil-, vonstatten-, zupass-« als erstem Bestandteil schreibt man jetzt zusammen: abhandenkommen, anheimstellen, überhandnehmen, vonstattengehen, vorliebnehmen.

5. Verbindungen aus Verb und Verb schreibt man gewöhnlich getrennt (z.B. spazieren gehen). Mit »bleiben, lassen« kann man jetzt auch zusammenschreiben, wenn die Verbindung im übertragenen Sinne verwendet wird: Die Schülerin ist in der elften Klasse sitzen geblieben/sitzengeblieben.

6. Verbindungen aus Substantiv und Verb schreibt man zusammen, wenn das Substantiv verblasst ist (z.B. heimbringen, preisgeben). Diese Regel wurde auf weitere Verbindungen ausgedehnt: eislaufen, kopfstehen, leidtun, nottun.

7. Bei Infinitivgruppen, die mit »als, anstatt/statt, außer, ohne, um« eingeleitet werden, muss ein Komma gesetzt werden: Sie spielten, anstatt/statt zu lernen.

8. Auch wenn die Infinitivgruppe von einem Substantiv abhängt, muss jetzt ein Komma gesetzt werden: Er fasste den Gedanken, die Schule zu wechseln.

9. Ein einzelner Vokal (Selbstlaut) am Wortanfang wird nicht mehr getrennt: Abend (nicht: A-bend), Igel (nicht: I-gel).

Rechtsextremismus

Kraft, die ein Jahr zuvor verabschiedet worden war. Mit dem Ende der einjährigen Übergangsfrist wurden die neuen Rechtschreibregeln auch für die Schulen bindend, sodass überholte Schreibweisen seit dem Schuljahr 2007/08 als Fehler gewertet werden.

Entstehung Nach mehr als zehnjähriger Beratung einer Expertenkommission unterzeichneten 1996 Vertreter von Deutschland, Österreich, der Schweiz und Liechtenstein ein Abkommen, das die deutsche Rechtschreibung neu regelt. Die Rechtschreibreform wurde am 1.8.1998 eingeführt, wobei innerhalb einer siebenjährigen Übergangsfrist (bis 2005) beide Schreibweisen als korrekt galten.

Kritik und Reform der Reform Inhaltlich stieß das neue Regelwerk sowohl bei Experten als auch in der Bevölkerung auf breite Ablehnung. Mehrere Zeitungs- und Zeitschriftenverlage (u.a. die Axel Springer AG) kehrten zur alten Rechtschreibung zurück. Im Oktober 2004 setzte die Konferenz der Kultusminister einen Rat für deutsche Rechtschreibung ein, der in seinen ersten Sitzungen Nachbesserungen nur in bestimmten Bereichen, wie der Getrennt- und Zusammenschreibung und der Worttrennung am Zeilenende, ankündigte. Die unstrittigen Teile der Rechtschreibreform, z.B. die Groß- und Kleinschreibung und die ss/ß-Regelung, traten in den deutschen Bundesländern (mit Ausnahme von Bayern und Nordrhein-Westfalen) wie geplant 2005 in Kraft. Die vom Rat für deutsche Rechtschreibung abschließend vorgelegten Änderungen zur Rechtschreibreform wurden am 30.3.2006 von den Ministerpräsidenten der 16 deutschen Bundesländer einstimmig angenommen.

Rechtsextremismus

Bilanz Trotz eines leichten Rückgangs um 2,4% blieb die Zahl der Straftaten mit rechtsextremistischem Hintergrund 2007 in Deutschland auf unverändert hohem Niveau. Das Bundesamt für Verfassungsschutz (BfV) registrierte 2007 insgesamt 17 176 derartige Delikte, darunter 980

Rechtsextremismus: Straftaten mit rechtsextremistischem Hintergrund

Jahr	Gewalttaten	sonstige Straftaten
2001	709	9 345
2002	772	10 130
2003	759	10 033
2004	776	12 051
2005	958	14 403
2006	1 047	16 550
2007	980	16 196

Quelle: Bundesamt für Verfassungsschutz

(2006: 1 047) Gewalttaten. Der überwiegende Teil der rechtsextremistischen Straftaten waren Propagandadelikte wie das Tragen verbotener Symbole und das Zeigen des Hitler-Grußes sowie Fälle von Volksverhetzung. Die meisten rechtsextremistischen Gewalttaten, die sich laut BfV vorwiegend gegen Linksextremisten oder vermeintliche Linksextremisten richteten, wurden mit 122 Fällen in Nordrhein-Westfalen erfasst. Bezogen auf die Einwohnerzahl lagen 2007 jedoch die Bundesländer Brandenburg und Sachsen-Anhalt an der Spitze der Gewaltstatistik. Das Internet zählte ebenso wie rechtsextremistische Musik auch 2007 zu den wichtigsten Mitteln zur Mobilisierung und Rekrutierung neuer Anhänger.

Personenpotenzial Die Zahl der organisierten und nicht organisierten Rechtsextremisten verringerte sich 2007 um rund 20% auf 31 000. Etwa 10 000 (2006: 10 400) Personen wurden als gewaltbereit eingestuft. Ende 2007 existierten 180 rechtsextremistische Organisationen und Personenzusammenschlüsse. Mit 7 200 Mitgliedern war die NPD die stärkste Partei.

Autonome Nationalisten 2007 verdoppelte sich die Zahl der sog. Autonomen Nationalisten auf 400 Personen. Die Anhänger dieser erstmals 2004 registrierten extrem gewaltbereiten Gruppierung übernehmen Parolen, Symbole und Erscheinungsbild der militanten Linksextremisten und bilden ähnlich wie diese bei Demonstratio-

R Rechtsprechung

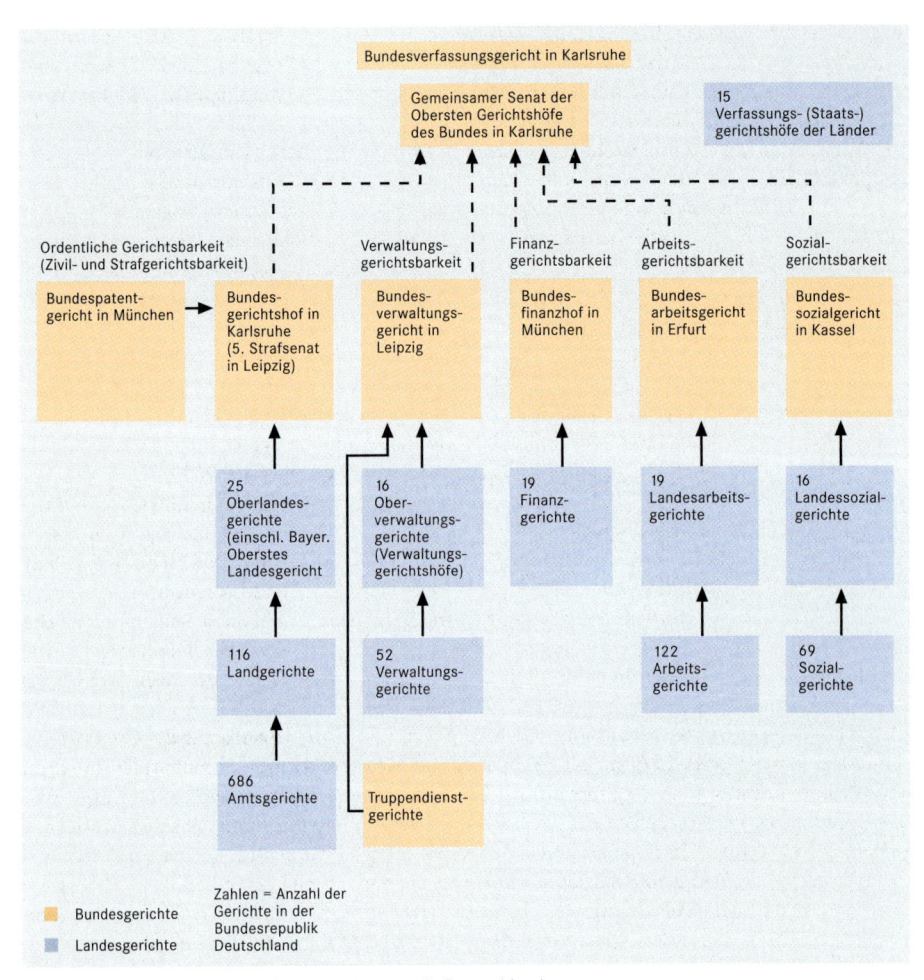

Gerichtsbarkeit und Rechtswege in Deutschland

- **Bundesverfassungsgericht in Karlsruhe**
- Gemeinsamer Senat der Obersten Gerichtshöfe des Bundes in Karlsruhe
- 15 Verfassungs- (Staats-)gerichtshöfe der Länder

Ordentliche Gerichtsbarkeit (Zivil- und Strafgerichtsbarkeit)
- Bundespatentgericht in München
- Bundesgerichtshof in Karlsruhe (5. Strafsenat in Leipzig)
- 25 Oberlandesgerichte (einschl. Bayer. Oberstes Landesgericht)
- 116 Landgerichte
- 686 Amtsgerichte

Verwaltungsgerichtsbarkeit
- Bundesverwaltungsgericht in Leipzig
- 16 Oberverwaltungsgerichte (Verwaltungsgerichtshöfe)
- 52 Verwaltungsgerichte
- Truppendienstgerichte

Finanzgerichtsbarkeit
- Bundesfinanzhof in München
- 19 Finanzgerichte

Arbeitsgerichtsbarkeit
- Bundesarbeitsgericht in Erfurt
- 19 Landesarbeitsgerichte
- 122 Arbeitsgerichte

Sozialgerichtsbarkeit
- Bundessozialgericht in Kassel
- 16 Landessozialgerichte
- 69 Sozialgerichte

■ Bundesgerichte
■ Landesgerichte

Zahlen = Anzahl der Gerichte in der Bundesrepublik Deutschland

Rechtsprechung Gerichtsbarkeit und Rechtswege in Deutschland

nen sog. Schwarze Blöcke. Mit ihrem diffusen ideologischen Hintergrund und ihren an Happenings erinnernden Aktionen sprechen sie v. a. eher unpolitische, erlebnisorientierte Jugendliche an.

Rechtsprechung

Einparkhilfe Ein Autofahrer darf sich nicht allein auf die elektronische Parkhilfe seines Fahrzeugs verlassen. Das entschied das Amtsgericht München am 19. Juli 2007 (275 C 15658/07) und verurteilte den Lenker eines Mietwagens zu Schadenersatz.

Erste Fremdsprache Der Verwaltungsgerichtshof (VGH) Mannheim bewahrte die Gymnasiasten in Baden-Württemberg vor einem Experiment des dortigen Kultusministeriums: Die Schulbürokraten wollten per Rechtsverordnung Französisch als erste Fremdsprache an den Gymnasien durchsetzen – aber nur für den

Rentenpolitik

grenznahen badischen Landesteil (»Rheinschiene«). Diese Pläne stoppte der VGH Mannheim in einer Eilentscheidung am 23. Juli 2007 (9 S 1298/07). Die Mannheimer Richter erachteten das Ganze in mehrfacher Hinsicht für verfassungswidrig. Das Kultusministerium nahm nach dieser Niederlage Abstand von dem Vorhaben.

Tapetenwechsel Eine Sternchentapete im Kinderzimmer ist zulässig und muss beim Auszug vom Mieter nicht entfernt werden. Das entschied das Landgericht Frankfurt am Main am 31. Juli 2007 (2-11 S 125/06). Keine Gnade fand allerdings der knallrote Anstrich im Schlafzimmer. Der müsse weg, befanden die Richter.

Kopftuchverbot bestätigt Im Juli 2007 wies der Hessische Staatsgerichtshof eine Klage der Islamischen Religionsgemeinschaft Berlin gegen das Kopftuchverbot im öffentlichen Dienst ab. Damit ist es Beamtinnen in Hessen weiterhin untersagt, im Dienst ein Kopftuch zu tragen, wie es 2004 beschlossen worden war. Im August 2007 sprach das Verwaltungsgericht Düsseldorf ein ähnliches Urteil (→ Nordrhein-Westfalen, Bundesländer).

Zweitwohnungssteuer für Studenten In Rheinland-Pfalz müssen Jungakademiker keine Zweitwohnungssteuer entrichten. Das entschied das Oberverwaltungsgericht Koblenz am 22. April 2008 (6 A 11354/07). Allerdings ist gegen das Urteil Revision zum Bundesverwaltungsgericht (BVerwG) in Leipzig eingelegt. Andere Verwaltungsgerichte sehen die Sache anders und bitten die Studenten zur Kasse – so der Bayerische Verwaltungsgerichtshof. Es wird daher eine Grundsatzentscheidung des BVerwG erwartet, um die Rechtseinheit in der Bundesrepublik Deutschland wiederherzustellen.

Pokerspiele verboten Als erstes Bundesland untersagte Rheinland-Pfalz im Mai 2008 alle öffentlichen Pokerveranstaltungen. Das Verbot gilt für Veranstaltungen in Kneipen oder Spielhallen, die ein Startgeld verlangen; ausgenommen sind lediglich die offiziell konzessionierten Spielbanken. Ziel ist es, der unkontrollierten Entwicklung des Glücksspielmarktes vorzubeugen und Minderjährige davor zu schützen, über das Pokerspiel in die Spielsucht abzugleiten.

Rekrutenmisshandlungen

Im bisher größten Strafprozess der Bundeswehrgeschichte mussten sich Soldaten – Ausbilder und ihr Kompaniechef – wegen gefährlicher Körperverletzung, Misshandlung und entwürdigender Behandlung von Rekruten verantworten. Die Taten, die sich im Sommer 2004 bei simulierten Geiselnahmen auf einem Truppenübungsplatz der Freiherr-vom-Stein-Kaserne im westfälischen Coesfeld ereignet hatten, sorgten bundesweit für Aufsehen.

Urteile Am 27. August 2007 verurteilte das Landgericht Münster einen Stabsunteroffizier zu 18 Monaten Haft auf Bewährung; ein zweiter Angeklagter muss 2400 € Strafe zahlen. Zwei weitere frühere Bundeswehrausbilder wurden freigesprochen; gegen diese beiden Freisprüche legte die Staatsanwaltschaft Berufung ein, die Verteidigung ging wegen der Schuldsprüche in die Revision.

Am 12. März 2008 folgten zehn weitere Urteile. Fünf Angeklagte wurde zu Haftstrafen zwischen zehn und 22 Monaten auf Bewährung verurteilt, ein Angeklagter musste eine Geldstrafe in Höhe von 7500 € zahlen und vier Soldaten wurden freigesprochen. Auch in diesen Fällen legten Verteidigung bzw. Staatsanwaltschaft Revision ein. Die Affäre beschäftigt nun den Bundesgerichtshof in insgesamt 14 Fällen.

Rentenpolitik

Am 1. Januar 2008 trat das 2007 beschlossene Gesetz in Kraft, nach dem das gesetzliche Renteneintrittsalter von 65 Jahren schrittweise bis 2029 auf 67 Jahre angehoben wird. Gleichzeitig wurde die Beitragsbemessungsgrenze für die allgemeine Rentenversicherung in Westdeutschland auf einen Bruttoverdienst von 5300 € erhöht und in Ostdeutschland auf 4500 € pro Monat gesenkt. Unverändert blieb mit 19,9 % der Beitragssatz

Rentenpolitik

Sorgenfrei auf's Altenteil
Wie die Bundesbürger für den Ruhestand vorsorgen

Von je 100 Befragten, die bereits Altersvorsorge betreiben, nutzen folgende Anlageformen zur Sicherung und Verbesserung ihrer finanziellen Situation

Anlageform	Wert
Lebensversicherung	62
Bausparvertrag	55
Sparbuch	54
Rentenversicherung	53
selbstgenutzte Immobilie	45
betriebliche Altersvorsorge	42
Wertpapierfonds	29
Riester-Rente	27
festverzinsliche Wertpapiere	27
Festgeld	27
Aktien	23
fremdgenutzte Immobilie	14
Termingeld	13
Immobilienfonds	10
Rürup-Rente	2

Befragung von 1 648 Bundesbürgern ab 14 Jahren
Stand: Sommer 2007
Quelle: icon Wirtschafts- und Finanzmarktforschung, DSGV
© Globus 1721

(Knappschaftliche Rentenversicherung: 26,4 %). Ebenfalls zum 1. Januar 2008 angehoben wurden die Hinzuverdienstgrenzen in der Rentenversicherung von 355 € pro Monat auf 400 €; wird bis zum 65. Lebensjahr eine Teilrente bezogen, liegen die Grenzen höher.

Rentenerhöhung Zum 1. Juli 2008 werden die Renten um 1,1 % erhöht. Die im Mai vom Bundestag beschlossene jährliche Anpassung fiel höher aus, als es die Rentenformel zulässt, weil der sog. Riester-Faktor für zwei Jahre ausgesetzt wurde. Er gilt seit 2001 und soll einen Ausgleich für die zusätzliche private Altersvorsorge der Beitragszahler über die → Riester-Rente schaffen. Unter Berücksichtigung dieses Faktors wären die Renten nur um 0,46 % gestiegen. Die Wirkung des Riester-Faktors soll 2012 und 2013 nachgeholt werden (»Nachholfaktor«). Ebenso sollen die infolge der »Schutzklausel« 2005 und 2006 unterbliebenen Rentenkürzungen ab 2011 die Rentenanpassung dämpfen. Von FDP und Bündnis 90/Die Grünen wurde der Eingriff in die Rentenformel als Willkür kritisiert, die

---

Rentenpolitik

Beitragsbemessungsgrenze
Als Beitragsbemessungsgrenze gilt die Grenze, bis zu deren Höhe vom Bruttoverdienst der monatliche Beitrag zu den Sozialversicherungen berechnet wird. Der darüber liegende Teil wird zur Beitragszahlung nicht herangezogen. Die Beitragsbemessungsgrenze lag 2008 in der Kranken- und Pflegeversicherung bei 3 600 € im Monat, einheitlich im ganzen Bundesgebiet; in der Renten- und der Arbeitslosenversicherung bei 5 300 € monatlich im alten Bundesgebiet und bei 4 500 € in den neuen Ländern. Die Beitragsbemessungsgrenze in der Rentenversicherung wird in der Regel jährlich durch den Bundesminister für Arbeit und Soziales bekannt gegeben.

Große Koalition verwies auf den Nachholbedarf, da es 2004–06 »Nullrunden« für die Rentner gegeben habe.

Riekhofen

In der Gemeinde Riekhofen im Landkreis Regensburg wurde im August 2007 ein 39-jähriger katholischer Priester wegen Kindesmissbrauchs festgenommen. Im März 2008 wurde der Geistliche, der etwa seit Ende 2003 über mehrere Jahre hinweg sexuelle Handlungen an einem Ministranten vorgenommen hatte, zu drei Jahren Haft mit anschließender Sicherungsverwahrung verurteilt.

Kritik am Bischof Für großen Unmut bei der Bevölkerung sorgte das Verhalten des Bischofs von Regensburg, Gerhard Ludwig Müller. Der Verurteilte hatte wegen sexuellen Missbrauchs bereits 2000 eine Haftstrafe auf Bewährung erhalten und schon während der dreijährigen Bewährungszeit gegen die Auflage, nicht mit Kindern zu arbeiten, verstoßen. Entgegen den Richtlinien der Deutschen Bischofskonferenz, nach denen ein wegen sexuellen Missbrauchs Verurteilter nicht mehr mit der Seelsorge von Kindern und Jugendlichen betraut werden darf, hatte Müller dem Geistlichen die Pfarrstelle in Riekhofen gegeben, da ihn ein Gutachten aus dem Jahr 2003 als nicht pädophil eingeschätzt hatte. Ein anderslautendes Gutachten von 2000 war dem Bistum inhaltlich nicht bekannt gewesen. Bischof Müller, der die Gemeinde nicht über die Vergangenheit des Priesters informiert hatte, gab der Justiz eine Mitschuld. Sie habe das Bistum nicht rechtzeitig gewarnt.

Riester-Rente

Die Zulagen für die steuerlich geförderte private Altersvorsorge, sog. Riester-Produkte, wurden 2008 erhöht: die jährliche Grundzulage von 114 € auf 154 € und die Kinderzulage von 138 € auf 185 €; für alle ab dem 1. Januar 2008 Geborenen werden 300 € gezahlt. Die für die vollständige Zahlung der Zulagen notwendige Sparleistung für Riester-Verträge stieg von 3 % auf 4 % des sozialversicherungspflichtigen Vorjahreseinkommens. Bis zum Jahresende 2007 waren fast 11 Mio. Riester-Verträge geschlossen worden.

»Wohn-Riester« Ein im März 2008 vorgelegter Gesetzentwurf der Großen Koalition bezieht die selbst genutzte Wohnimmobilie in die Riester-Rente ein; das angesparte Kapital soll flexibler als bisher zum Kauf, Bau oder zur Entschuldung eines Wohnhauses bzw. einer Wohnung oder zum Erwerb von Wohngenossenschaftsanteilen zu nutzen sein (»Wohn-Riester«). Die Beiträge bleiben steuerfrei, das geförderte Kapital muss nach der Auszahlung entweder schrittweise oder vollständig mit einem Rabatt von 30 % versteuert werden. Auch vor dem 60. Lebensjahr darf die angesparte Summe entnommen werden; der Betrag wird einem fiktiven Wohnförderkonto gutgeschrieben und braucht nicht mehr wie bisher zurücküberwiesen zu werden.

Riester-Rente: abgeschlossene Verträge

Jahresende	Versicherungsverträge	Banksparverträge	Investmentfondsverträge	zusammen
2001	1 400 000	k.A.	k.A.	1 400 000
2002	3 047 000	149 500	174 000	3 370 500
2003	3 486 000	197 440	241 000	3 924 440
2004	3 660 500	213 000	316 000	4 189 500
2005	4 796 900	260 000	574 000	5 630 900
2006	6 468 000	351 000	1 231 000	8 050 000
2007	8 355 000	480 000	1 922 000	10 757 000

Quelle: Bundesministerium für Arbeit und Soziales

Risikobegrenzungsgesetz

Kritik an den Plänen entzündete sich v. a. am geringen Volumen der Riester-Verträge, das bei Weitem nicht für eine Immobilienfinanzierung ausreiche, und den hohen Kosten infolge der nachgelagerten Besteuerung.

Risikobegrenzungsgesetz

Im November 2007 verabschiedete das Bundeskabinett einen Gesetzentwurf, der mehr Informationen über Aktivitäten am Finanzmarkt einfordert und Kreditnehmer besser schützen soll. Das Risikobegrenzungsgesetz zielt v. a. auf zwei Bereiche: Es soll zum einen Risikoanleger stärker kontrollieren und zum anderen den Handel mit Krediten reglementieren.

Stärkere Kontrolle Wirtschaftlich »unerwünschtem« Verhalten von Finanzmarktakteuren, insbesondere Investment- und Beteiligungsfonds, die eine hochspekulative und an hohen Renditen orientierte Anlagenpolitik betreiben (Hedgefonds, Private Equity), soll mit einem höheren Maß an Melde- und Mitteilungspflichten zu Beteiligung und Stimmrechten Einhalt geboten werden. Aktieninhaber, die zusammen eine bestimmte Höhe des Kapitals halten und gemeinsam agieren wollen (»acting in concert«), müssen ihre Absichten gegenüber anderen Anteilseignern offenlegen. Das gilt v. a. dann, wenn die Unternehmensausrichtung erheblich geändert werden soll. Anlass für diese Vorschrift war die 2005 von verschiedenen Fonds verhinderte Übernahme der Londoner Börse durch die Deutsche Börse AG. Deutsche Bundesbank und Bundesanstalt für Finanzdienstleistungsaufsicht (BaFin) sollen Fonds zudem intensiver beobachten, um Investitionen besser zu bewerten und den Bankensektor vor Schaden zu bewahren (→ Bankenkrise).

Kreditverkauf Das Risikobegrenzungsgesetz verpflichtet Banken, den Kreditnehmer über die Abtretung von Forderungen bzw. über einen Gläubigerwechsel rechtzeitig zu unterrichten. Außerdem müssen Banken künftig Kredite anbieten, die nicht veräußert werden dürfen. In der Praxis verkaufen Banken Kundenkredite und Hypothekendarlehen bei geringerer Bonität des Kunden als »Pakete« mit Abschlägen weiter, um weniger Eigenkapital zu binden. Mit dem Risikobegrenzungsgesetz sollen Unternehmen vor (unbekannten) Investoren geschützt werden, die rigoros Schulden eintreiben oder selbst Einfluss auf Führungsentscheidungen gewinnen wollen. Kritiker bezweifeln die Wirksamkeit von unverkäuflichen Krediten, weil sie wegen höherer Kosten kaum in Anspruch genommen würden.

Robbenhandelsverbot

Der Bundesminister für Ernährung, Landwirtschaft und Verbraucherschutz, Horst Seehofer (CSU), legte dem Bundeskabinett im Februar 2008 einen Gesetzentwurf vor, nach dem Einfuhr, Handel und Verarbeitung von Erzeugnissen verboten werden sollen, für die Robben getötet wurden. Damit kam Seehofer dem Beschluss des Bundestages vom 19. 10. 2006 nach, der ein solches Gesetz forderte. Alljährlich werden 1–2 Mio. Robben v. a. wegen ihres Fells getötet; insbesondere die Tötung von Robbenbabys sorgt immer wieder für Empörung. Der Import dieser Felle ist in Europa bereits untersagt.

Das Kabinett billigte den Entwurf, es muss jedoch noch geprüft werden, inwieweit sich die geplante Regelung mit dem Welthandelsrecht und den Bestimmungen der Europäischen Union verträgt. In Europa haben die Niederlande und Belgien bereits im Alleingang Robbenhandelsverbote erlassen.

Rundfunkgebühren

Urteil Die Bundesländer dürfen ihre Medienpolitik nicht über die Rundfunkgebühren betreiben, mit denen sich die öffentlich-rechtlichen Anstalten finanzieren. Mit diesem Tenor gab das Bundesverfassungsgericht (BVerfG) am 11. September 2007 der Klage von ARD, ZDF und Deutschlandradio gegen die Festsetzung der Rundfunkgebühren durch die Länder statt.

Die Ministerpräsidenten hatten sich 2005 über eine Empfehlung der fachlich zuständigen unabhängigen Sachverständigenkommission hinweggesetzt und eine Erhöhung der Rundfunkgebühren zum 1.4.2005 nur um 0,88 € (auf 17,03 €) bewilligt, statt wie empfohlen um 1,09 €. Sie wollten hohe Belastungen für die Gebührenzahler vermeiden.

Nach Ansicht des BVerfG nahmen die Länder damit jedoch Einfluss auf den Wettbewerb zwischen öffentlich-rechtlichen und privaten Sendern. Dies sei mit dem verfassungsrechtlichen Auftrag zur Sicherung eines vielfältigen Rundfunkangebots nicht vereinbar. Im Sommer 2008 wollten die Ministerpräsidenten über ein neues Modell zur Finanzierung von ARD, ZDF und Deutschlandradio entscheiden.

Gebührenfinanziertes Internet Die öffentlich-rechtlichen Sender planten eine massive Ausweitung ihres Internetangebots, das auch stärker konventionelle Services wie Nachrichten, Unterhaltungsseiten und Foren beinhalten sollte. Dagegen protestierten Privatsender und Betreiber anderer Internetportale, da sie ihre Angebote von einer gebührenfinanzierten Konkurrenz bedroht sahen. Am 12. Juni 2008 beschlossen die Ministerpräsidenten der Länder, dass nur »programmnahe« Inhalte ausgeweitet werden sollen, also Internetauftritte rund um die Sendungen, die im öffentlich-rechtlichen Rundfunk ausgestrahlt werden.

Rundfunkgebührenpflicht In Deutschland muss jeder Bürger Rundfunkgebühren entrichten, der ein Radio, ein Fernsehgerät oder einen Computer besitzt und über ein eigenes Einkommen verfügt. Gebührenbefreiungen aus sozialen Gründen sind möglich.

Rußfilteraffäre

Ende November 2007 wurde bekannt, dass etwa 45 000 Rußpartikelfilter verschiedener Hersteller, die nachträglich in Diesel-Pkw eingebaut worden waren, mangelhaft bzw. weitgehend unwirksam sind. Das Bundesumweltministerium vereinbarte mit Handel und Werkstätten, dass betroffene Autofahrer die Filter kostenlos gegen neue, funktionierende Produkte austauschen lassen dürfen. Bis Ende April 2008 machten jedoch weniger als 3 000 Autobesitzer von dieser Möglichkeit Gebrauch.

Hintergrund Der Bundestag hatte am 1.3.2007 beschlossen, die Nachrüstung von Diesel-Pkw mit Rußpartikelfiltern mit einem einmaligen Kfz-Steuernachlass von 330 € zu fördern. Die umgerüsteten Autos erhalten eine grüne Feinstaubplakette, die zur Einfahrt in → Umweltzonen berechtigt. Bis Mitte 2008 ließen rund 285 000 Fahrer von Diesel-Pkw Filter einbauen.

Scheinväter
➤ Unterhaltspflicht

Schillers Schädel

Ausgehend von DNA-Analysen kam ein Forscherteam im Mai 2008 zu der Erkenntnis, dass der Schädel im Sarg von Friedrich Schiller in der Weimarer Fürstengruft nicht dem Dichter gehört. Im Oktober 2006 hatte die Klassik Stiftung Weimar gemeinsam mit dem Landesfunkhaus Thüringen des Mitteldeutschen Rundfunks den Startschuss für die wissenschaftliche Untersuchung gegeben. Um einen Vergleich des Erbguts des vermeintlichen Schiller-Schädels mit der Familien-DNA zu ermöglichen, waren die sterblichen Überreste naher Verwandter exhumiert worden. Das Ergebnis der Analysen stellte die Klassik Stiftung Weimar vor das Problem, wie künftig mit den offenbar falschen Andenken an den großen Dichter umzugehen ist. Kritische Stimmen hatten bereits zuvor gewarnt, die Aura des Geheimnisvollen neuen wissenschaftlichen Erkenntnissen zu opfern.

Historischer Hintergrund Der 1804 verstorbene Dichter war zunächst im Kassengewölbe, einem

Schulsystem

Sammelgrab der Stadt Weimar, beigesetzt worden. 21 Jahre später sollten Überreste Schillers geborgen und in die neu erbaute Fürstengruft überführt werden. Gestützt auf mehrere Expertisen entschieden sich die Verantwortlichen für den Schädel, der die größte Ähnlichkeit zur Totenmaske Schillers aufzuweisen schien. Ein zweiter 1911 in der Gruft aufgetauchter Schädel brachte die Diskussion um die Echtheit der Gebeine in Gang.

Schulsystem
➤ Bildungspolitik

Schwanenstreit
Mitte Januar 2008 schossen deutsche Jäger an der Obermosel, dem Grenzfluss zwischen Luxemburg und dem Saarland, vier Höckerschwäne ab. Zur Begründung gaben sie an, dass die Population auf 100 Tiere angewachsen sei, die auf saarländischer Seite durch Fressschäden an der Wintergerste wirtschaftliche Schäden anrichteten. Auf luxemburgischer Seite werden Höckerschwäne dagegen geschützt und gelten v. a. an der Remicher Esplanade als touristische Attraktion.
Streit Bürger und Tierschützer in Luxemburg und im Saarland forderten ein Verbot des Schwanenabschusses. Die Population dürfe allenfalls durch Ei-Austausch eingeschränkt werden. Ferner müssten Ackerflächen an der Obermosel in Auen zurückgebaut werden. Das saarländische Umweltministerium erklärte den Abschuss für jagdrechtlich legal und wies im Übrigen jede Zuständigkeit von sich. Die saarländische SPD-Opposition forderte eine Lösung im Schwanenstreit, da er ansonsten jedes Jahr erneut aufflammen werde.

Schweinswale
Die Population der in der Ostsee lebenden Schweinswale verringerte sich auf lediglich noch 600 Exemplare. Allein 2007 verendeten 57 Schweinswale, diese Zahl verdreifachte sich damit in den vorangegangenen zehn Jahren. Untersuchungen von Meeresbiologen zufolge erstickte jeder dritte Schweinswal in einem Treibnetz. Die übrigen Todesfälle waren auf Parasitosen, Infektionen und Geburtsstörungen zurückzuführen. Die auch Kleine Tümmler genannten Tiere gelten in der Ostsee als vom Aussterben bedroht, da sich ihre Population in der Ostsee nicht mit den 230 000–250 000 Tiere zählenden Beständen in der Nordsee mischt.
Gegenmaßnahmen Seit 2008 gilt in der Ostsee ein Verbot der Treibnetzfischerei. Auch sollen Fischereibetriebe ihre Stell- (am Boden verankert) und Schleppnetze mit einem Warnsystem ausstatten, den sog. Pingern, die die bis zu 1,80 m langen Kleinwale bereits aus 100–200 m Entfernung durch akustische Signale vor den Netzen warnten. Die Anschaffung der Geräte (Preis 2008: 100 €) wurde vom Land Mecklenburg-Vorpommern mit 40 % bezuschusst.

SED-Opferrente
Seit 1. September 2007 können politisch in der ehemaligen DDR Verfolgte, die sechs Monate oder länger in Haft waren und wirtschaftlich bedürftig sind, eine Sonderrente von monatlich 250 € erhalten; damit sollen die materiellen Folgen der Unterdrückung durch das DDR-Regime gemildert werden. Das entsprechende Gesetz trat am 29. August 2007 in Kraft.
Um die SED-Opferrente zu erhalten, muss der Antragsteller über ein monatliches Einkommen von weniger als 1 041 € verfügen; ist er verheiratet, liegt die Grenze bei 1 388 €. Der Betrag darf nicht auf andere Zahlungen angerechnet werden und ist unpfändbar und unbefristet. Die Zahl der Berechtigten wurde auf etwa 42 000 geschätzt. Verbände der Betroffenen kritisierten die Regelung als unzureichend.

Seeadler
Im Juni 2008 wurde bekannt, dass das Männchen eines Seeadlerpaares in Bayern nach einem Zusammenstoß mit einer ungesicherten Strom-

leitung Ende Mai gestorben ist. Damit erlitt die Wiederansiedlung des mit einer Flügelspannweite von bis zu 2,60 m größten heimischen Greifvogels im Süden Deutschlands einen Rückschlag. Der verunglückte Adler war Teil eines seit 2008 bei Schwandorf sesshaft gewordenen Paares. Die Stromversorger sind seit 2002 verpflichtet, die Strommasten ihres Netzes so zu sichern, dass Vögel keine Stromschläge mehr erleiden können.

Gefährdete Art Der letzte sichere Nachweis für ein brütendes Seeadlerpärchen im Süden Deutschlands datiert um 1850. 2004 begann die Wiederansiedlung, als sich ein Paar am Altmühlsee niederließ. Im Frühjahr 2008 folgte ein weiteres Paar am Chiemsee. Große und gesicherte Seeadlerpopulationen gibt es in Deutschland in den küstennahen Regionen sowie in Sachsen-Anhalt und Sachsen. Die Zahl der Tiere wird auf 400 geschätzt.

Seerecht

Im April 2008 trat das Seerechtsänderungsgesetz in Kraft. Die Gesetzesnovelle ist datenschutzrechtlich ähnlich bedenklich wie die Fluggastdatenregelung und die Vorratsspeicherung (→ Terrorismusbekämpfung), da die → Bundespolizei Zugriff auf die Daten von 29 Mio. Schiffspassagieren erhält. Darüber hinaus wird die Bundespolizei ermächtigt, ihre Datenbanken mit den Schiffspassagierdaten abzugleichen.

Bundesverkehrsminister Wolfgang Tiefensee (SPD) verteidigte die Dateneinsicht. Die Daten lägen den Behörden ohnehin vor, mit der automatisierten Regelung sollten nur die Abläufe erleichtert und auf eine einheitliche Rechtsgrundlage gestellt werden. Unklar blieb hingegen, wie lange die Bundespolizei die Daten speichern darf; das Gesetz macht dazu keine Angaben. Die innenpolitische Sprecherin der FDP-Fraktion, Gisela Piltz, sah einen erheblichen Eingriff in das Grundrecht auf informationelle Selbstbestimmung (→ Bundesverfassungsgericht).

Sicherheitspolitik

Unter dem Eindruck der anhaltenden Bedrohung durch den internationalen Terrorismus versuchte die Bundesregierung, die innere Sicherheit durch neue Gesetze zur → Terrorismusbekämpfung zu stärken und dieses Instrumentarium auch für die Bekämpfung der → Kriminalität dienstbar zu machen. Dabei nahmen Bedenken in Politik und Gesellschaft zu, Datenschutz und freiheitlicher Rechtsstaat könnten durch intensivere Kontrollen und effektivere Überwachung ausgehöhlt werden. Umstritten waren insbesondere Konzepte zur engeren Verzahnung von innerer und äußerer Sicherheit. Pläne von Bundesinnen- und Bundesverteidigungsministerium, den Einsatz der Bundeswehr mithilfe einer

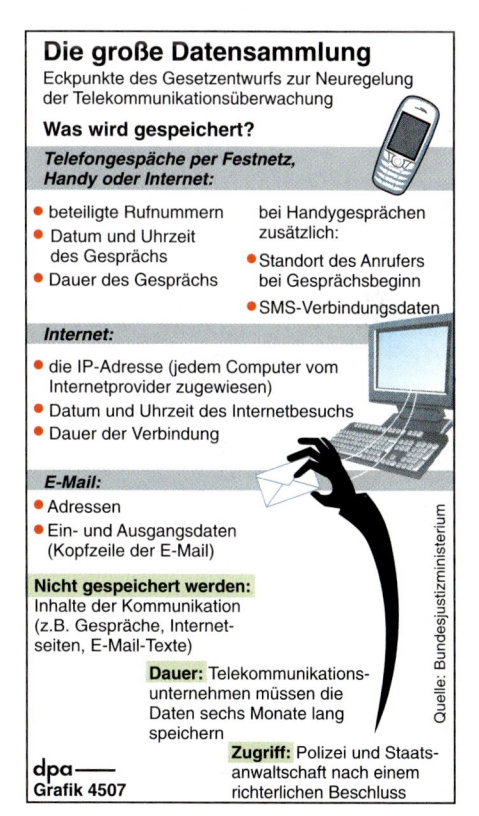

Die große Datensammlung
Eckpunkte des Gesetzentwurfs zur Neuregelung der Telekommunikationsüberwachung

Was wird gespeichert?

Telefongespräche per Festnetz, Handy oder Internet:
- beteiligte Rufnummern
- Datum und Uhrzeit des Gesprächs
- Dauer des Gesprächs

bei Handygesprächen zusätzlich:
- Standort des Anrufers bei Gesprächsbeginn
- SMS-Verbindungsdaten

Internet:
- die IP-Adresse (jedem Computer vom Internetprovider zugewiesen)
- Datum und Uhrzeit des Internetbesuchs
- Dauer der Verbindung

E-Mail:
- Adressen
- Ein- und Ausgangsdaten (Kopfzeile der E-Mail)

Nicht gespeichert werden:
Inhalte der Kommunikation (z.B. Gespräche, Internetseiten, E-Mail-Texte)

Dauer: Telekommunikationsunternehmen müssen die Daten sechs Monate lang speichern

Zugriff: Polizei und Staatsanwaltschaft nach einem richterlichen Beschluss

Quelle: Bundesjustizministerium

dpa — Grafik 4507

S Siemens AG

Grundgesetzänderung in Notlagen auch im Innern gegen terroristische Bedrohungen möglich zu machen, stießen auf Widerstand v. a. des Koalitionspartners SPD und der Opposition. Kritiker sahen darin eine Wiederbelebung des 2006 vom Bundesverfassungsgericht verworfenen Luftsicherheitsgesetzes. Nach Auffassung des Innenministeriums sollte im Fall eines »Angriffs auf die Grundlagen des Gemeinwesens« z. B. auch der Abschuss eines Passagierflugzeuges möglich sein.

Bundespolizei Zum 1. März 2008 trat eine umfassende Organisationsreform der → Bundespolizei in Kraft. Für die Sicherheitspolitik ergeben sich folgende Änderungen: Aufgrund der entfallenen Kontrollen an den Grenzen zu Polen und Tschechien zum 31. Dezember 2007 soll die Bundespolizei stärker auf Bahnhöfen und Flughäfen gegen die illegale Zuwanderung eingesetzt werden. Für Angehörige der Bundespolizei, die zur Bereitschaftspolizei abgestellt werden, ist künftig eine zentrale Inspektion zuständig. Einen höheren Stellenwert erhält die Kriminalitätsbekämpfung durch die Einrichtung neun darauf spezialisierter Inspektionen.

Parlamentsvorbehalt In einem Urteil von Mai 2008 stärkte das Bundesverfassungsgericht die Rechte des Bundestags bei Entscheidungen über Militäreinsätze der Bundeswehr im Ausland. Anlass war eine Klage gegen die Beteiligung deutscher Soldaten an Flügen der AWACS-Fernaufklärer 2003 zu Beginn des Irakkriegs. Da die Zustimmung des Bundestags nicht eingeholt worden sei, habe die damalige rot-grüne Regierung grundgesetzwidrig gehandelt. Nach Auffassung des Gerichts endet der Gestaltungsspielraum der Exekutive im auswärtigen Bereich, wenn im konkreten Fall bewaffnete Auseinandersetzungen zu erwarten seien. Dies sei z. B. der Fall, wenn die Soldaten ermächtigt seien, von ihren Waffen Gebrauch zu machen.

Sicherheitsrat Im Mai 2008 legte die CDU/CSU-Bundestagsfraktion ein Papier zur Sicherheitspolitik vor, das u. a. die Einrichtung eines »nationalen Sicherheitsrats« als »politisches Analyse-, Koordinierungs- und Entscheidungszentrum« vorsieht. Dazu soll der bestehende Bundessicherheitsrat, durch einen ständigen Stab aufgewertet werden. Der Bundessicherheitsrat ist ein Kabinettsausschuss unter Vorsitz des Bundeskanzlers, der in nicht festgelegten Abständen geheim tagt und seine Rechtsgrundlage in der Geschäftsordnung der Bundesregierung hat. SPD und Bündnis 90/Die Grünen lehnten das Konzept ab.

Siemens AG

Für das Geschäftsjahr 2007/08 (1. 10.–30. 9.) rechnete der Vorstandsvorsitzende Peter Löscher, der zum 1. Juli 2007 Klaus Kleinfeld abgelöst hatte, mit stagnierenden Gewinnen; das vorherige Geschäftsjahr hatte Siemens mit einem Gewinn von 4,0 Mrd. € abgeschlossen. Im 1. Quartal 2007/08 profitierte das Unternehmen vom Verkauf des Autozulieferers VDO für 5,4 Mrd. € an Continental. Im 2. Quartal belasteten Verluste im Kraftwerks- und Eisenbahnbau das Ergebnis. Löscher kündigte im April 2008 an, bis 2010 rund 1,2 Mrd. € in Verwaltung und Vertrieb, u. a. durch Personalabbau, einzusparen.

Siemens AG: Unternehmenskennzahlen (Mio. €)

Geschäftsjahr	2007	2006
Auftragseingang	83 916	74 944
Umsatz	72 448	66 487
Gewinn nach Steuern	4 038	3 345
Eigenkapital	29 627	25 895
Mitarbeiter (1 000)	398	371

Quelle: Siemens AG

Siemens-Korruptionsaffäre Am 26. Mai 2008 begann vor dem Münchner Landgericht das erste Strafverfahren wegen Untreue in der Kommunikationssparte (Com) der Siemens AG gegen den früheren Manager des Unternehmens, Rein-

hard Siekaczek. Dem Angeklagten wurde vorgeworfen, mit zwei weiteren Beschuldigten 2001 bis 2004 ein System von schwarzen Kassen aufgebaut und 24,76 Mio. € zur Bestechung von Kunden veruntreut zu haben. Im Oktober 2007 hatte das Landgericht wegen Korruption in diesem Unternehmensbereich bereits eine Geldbuße über 201 Mio. € verhängt.
Gegen den früheren Vorstandschef (1992–2005) und im April 2007 zurückgetretenen Aufsichtsratsvorsitzenden Heinrich von Pierer u. a. ehemalige Spitzenmanager wurden im Mai 2008 Ordnungswidrigkeitsverfahren wegen Verletzung der Aufsichtspflicht eingeleitet, weil die damalige Unternehmensführung keine Maßnahmen zur Verhinderung von Straftaten ergriffen habe. In der Korruptionsaffäre ging es nach Unternehmensangaben um rechtswidrige Zahlungen von insgesamt 1,3 Mrd. € (1999–2006).
Im Vorfeld wahrscheinlicher Strafzahlungen an die amerikanische Börsenaufsicht SEC ließ Siemens eine amerikanische Anwaltskanzlei intern ermitteln; ihre Erkenntnisse über Schmiergeldzahlungen in der Medizintechnik veranlassten im April 2008 den zuständigen Bereichsvorstand zum Rücktritt.

> **Sorben**
>
> **Nationale Minderheiten in Deutschland**
> Als nationale Minderheiten werden Gruppen deutscher Staatsangehöriger angesehen, die in der Bundesrepublik Deutschland traditionell heimisch sind und in ihren angestammten Siedlungsgebieten leben, sich dabei aber von der Mehrheitsbevölkerung durch eigene Sprache, Kultur und Geschichte unterscheiden und diese Identität bewahren wollen. Vier Volksgruppen (etwa 190 000 Menschen) sind als nationale Minderheiten anerkannt: die Dänen in Schleswig-Holstein, die Friesen in Schleswig-Holstein und Niedersachsen, die Sorben in Brandenburg und Sachsen sowie die Sinti und Roma.
> Sie fallen unter die Bestimmungen des Rahmenübereinkommens zum Schutz nationaler Minderheiten des Europarats (1995), das die Bundesrepublik 1997 unterzeichnet hat. Bisher erfolgte keine besondere Verankerung der nationalen Minderheiten im Grundgesetz. Jedoch finden sich Schutzbestimmungen in den Landesverfassungen: in Sachsen und Brandenburg für die Sorben/Wenden, in Schleswig-Holstein für die Dänen und die Friesen und in Niedersachsen für die Friesen. Die deutsche Bundesregierung hat einen Beauftragten bestellt, der die Interessen der nationalen Minderheiten wahrt.

Sorben

Im Mai 2008 einigten sich Vertreter des Bundes und der Länder Sachsen und Brandenburg auf ein neues Finanzierungsabkommen für die Stiftung für das sorbische Volk. Der rückwirkend ab 1. Januar 2008 gültige Vertrag sieht über eine Laufzeit von fünf Jahren einen Bundeszuschuss von 7,6 Mio. € vor. Sachsen, das bisher ca. 5,4 Mio. € gezahlt hatte, erhöht seinen Beitrag ab 2009 um 100 000 € pro Jahr, sodass 2012 ca. 5,8 Mio. € erreicht werden. Brandenburg hält seine Mittel bei ca. 2,6 Mio. € konstant.
Vertreter der Sorben kritisierten die Finanzierungshöhe (2008: 15,6 Mio. €) als unzureichend; der Bedarf von insgesamt 16,2 Mio. € werde nicht einmal im Jahr 2012 erreicht. Neben Theater und Nationalensemble erhalten Museen in Bautzen und Cottbus, der Domowina-Verlag und das Sorbische Institut Geld aus dem Stiftungshaushalt.
Die Sorben, eine anerkannte nationale Minderheit, zählen in Deutschland etwa 60 000 Angehörige; eine gesicherte Zahl gibt es nicht. Zwei Drittel leben in Sachsen, ein Drittel in Brandenburg. Mit Stanislaw Tillich übernahm 2008 ein Sorbe das Amt des Ministerpräsidenten in Sachsen.

Sozialhilfebetrug

Im Februar 2008 wurde in Hessen im Kreis Offenbach ein systematischer Betrug um Sozialleistungen aufgedeckt, der die Größenordnung von 5,7 Mio. € erreichte. Die 2006 eigens eingerichtete Arbeitsgruppe »Wohlfahrt«, eine Ko-

Sozialversicherungen

operation von Polizei und Ausländerverwaltung, überführte 138 Personen, die sich illegal in Deutschland aufhielten. Die zumeist aus Jordanien Stammenden hatten sich als politisch verfolgte Palästinenser aus den Palästinensischen Autonomiegebieten ausgegeben und auf diese Weise Sozialleistungen erhalten. Die aufgedeckten Fälle ließen den Ermittlern zufolge ein systematisches Vorgehen unter Ausnutzung der rechtlichen Möglichkeiten erkennen: Die Personen reisen zunächst als jordanische Touristen nach Deutschland ein und beantragen hier Asyl. Wird das Gesuch abgelehnt und droht die Ausweisung, legen sie sich eine neue Identität zu.

Sozialversicherungen

Das Sozialversicherungssystem umfasst die gesetzliche Krankenversicherung, die soziale Pflegeversicherung, die gesetzliche Unfallversicherung, die gesetzliche Rentenversicherung und die Arbeitslosenversicherung. Angesichts drohender Überlastung und Unterfinanzierung der → Pflegeversicherung wurde zum 1.7.2008 u.a. eine angepasste Finanzierung mit Beitragserhöhungen beschlossen. Die Gesundheitsreform

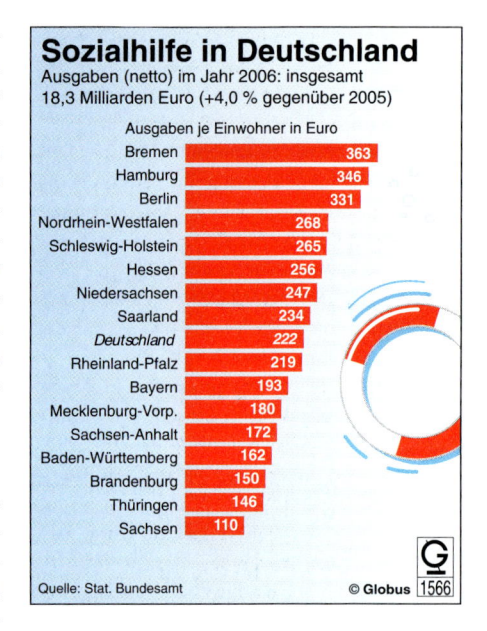

Sozialhilfe in Deutschland
Ausgaben (netto) im Jahr 2006: insgesamt 18,3 Milliarden Euro (+4,0 % gegenüber 2005)

Ausgaben je Einwohner in Euro

Land	Euro
Bremen	363
Hamburg	346
Berlin	331
Nordrhein-Westfalen	268
Schleswig-Holstein	265
Hessen	256
Niedersachsen	247
Saarland	234
Deutschland	222
Rheinland-Pfalz	219
Bayern	193
Mecklenburg-Vorp.	180
Sachsen-Anhalt	172
Baden-Württemberg	162
Brandenburg	150
Thüringen	146
Sachsen	110

Quelle: Stat. Bundesamt © Globus 1566

2007 sieht ab 1.1.2009 eine allgemeine Krankenversicherungspflicht und einen einheitlichen Beitragssatz vor (→ Gesundheitspolitik). In der Rentenversicherung wurde die Grenze für den

Krankenversicherung	Unfallversicherung	Rentenversicherung	Pflegeversicherung	Arbeitslosenversicherung
seit 1883	seit 1884	seit 1889	seit 1995	seit 1927
Grundlage: SGB V vom 20.12.1988 sowie die mehrfach geänderte RVO von 1911	Grundlage: SGB VII vom 7.8.1996	Grundlage: SGB VI vom 18.12.1989	Grundlage: SGB XI vom 24.3.1994	Grundlage: Arbeitsförderungs-Reformgesetz vom 24.3.1994 (Einführung eines SGB III)
Finanzierung: Beiträge von Arbeitnehmern und Arbeitgebern grundsätzlich zu gleichen Teilen, sonstige Einnahmen; seit 1.7.2005 tragen Mitglieder den erhöhten Beitragssatz von 0,9 % allein	Finanzierung: im Umlageverfahren durch Arbeitgeber	Finanzierung: im Umlageverfahren durch Beiträge von Arbeitnehmern und Arbeitgebern zu gleichen Teilen, Bundeszuschuss	Finanzierung: Beiträge von Arbeitnehmern und Arbeitgebern zu gleichen Teilen (in Bundesländern, die einen Feiertag abgeschafft haben)	Finanzierung: Beiträge von Arbeitnehmern und Arbeitgebern zu gleichen Teilen, Zuschüsse

SGB: Sozialgesetzbuch   RVO: Reichsversicherungsordnung

Sozialversicherungen Das System der Sozialversicherungen in Deutschland

Bezug einer Altersrente ab 1. Januar 2008 von 65 auf 67 Jahre erhöht (→ Rentenpolitik).
Arbeitslosenversicherung Überschüsse der Bundesagentur für Arbeit, des Trägers der Arbeitslosenversicherung (→ Arbeitsmarkt), führten erneut zu einer Senkung des Beitragssatzes. Nach dem Beschluss der Bundesregierung vom September 2007 sinken die Beiträge von 4,2 % (ab 1. 1. 2007) auf 3,9 % des beitragspflichtigen Bruttoentgelts zum 1. Januar 2008; im November 2007 verabredete sie nochmals eine Verminderung auf 3,3 %. Aus der Arbeitslosenversicherung werden das reguläre Arbeitslosengeld (ALG I), nicht aber das Arbeitslosengeld II (→ Hartz IV), sowie das Kurzarbeitergeld bezahlt. Anspruch auf ALG I hat, wer in den letzten zwei Jahren vor Beginn der Arbeitslosigkeit mindestens 360 Tage mehr als 15 Wochenstunden versicherungspflichtig gearbeitet hat. Im November 2007 beschloss die Regierungskoalition eine großzügigere Regelung für ältere Erwerbslose: 50-Jährige erhalten nun maximal 15 statt zwölf Monate ALG I. 55-Jährige haben für die Dauer von 18 Monaten ein Anrecht auf ALG I (Beitragszeit mindestens drei Jahre), 58-Jährige für 24 Monate (Beitragszeit mindestens vier Jahre).

SPD

Mitte 2008 war die Sozialdemokratische Partei Deutschlands (SPD) mit 222 Abgeordneten im Deutschen Bundestag vertreten. Die von Peter Struck geführte Fraktion verfügte damit über einen Sitz weniger als die Fraktionsgemeinschaft von CDU und CSU. Die SPD stellte acht Minister der Bundesregierung und mit Außenminister Frank-Walter Steinmeier den Vizekanzler, der dieses Amt im November 2007 für den aus persönlichen Gründen aus dem Kabinett ausgeschiedenen Franz Müntefering übernommen hatte. Parteivorsitzender war der rheinland-pfälzische Ministerpräsident Kurt Beck, seine beim Parteitag in Hamburg (26.–28. Oktober 2007) von fünf auf drei reduzierten Stellvertreter waren Steinmeier, Finanzminister Peer Steinbrück und die Parteilinke Andrea Nahles.
Bundesländer Die SPD stellte die Ministerpräsidenten in Rheinland-Pfalz (Alleinregierung), Brandenburg und Mecklenburg-Vorpommern (Koalitionen mit der CDU), den Regierenden Bürgermeister von Berlin (mit Die Linke) sowie den Bürgermeister von Bremen (mit Bündnis 90/Die Grünen). In Sachsen, Sachsen-Anhalt und Schleswig-Holstein war sie an CDU-geführten Regierungen beteiligt.
Landtagswahlen Bei den Landtagswahlen in Niedersachsen am 27. Januar 2008 verlor die SPD gegenüber 2003 weitere 3,1 Prozentpunkte und blieb mit 30,3 % in der Opposition. In Hessen konnte sie am gleichen Tag 7,6 Prozentpunkte hinzugewinnen, blieb aber mit 36,7 % der Stimmen knapp hinter der CDU zweitstärkste Kraft. Der Versuch der Spitzenkandidatin Andrea Ypsilanti, entgegen ihren Bekundungen vor der Wahl eine rot-grüne Minderheitsregierung unter Duldung von Die Linke zu etablieren, scheiterte im März am Widerstand der Darmstädter Abgeordneten Dagmar Metzger. Bei der Bürgerschaftswahl in Hamburg am 24. Februar gewann die Partei 3,6 Prozentpunkte hinzu, verfehlte jedoch mit 34,1 % der Stimmen ihr Ziel, die CDU-geführte Regierung abzulösen, deutlich.
Richtungsstreit Das Erstarken der Partei Die Linke führte innerhalb der SPD zu einem Richtungsstreit, der sowohl die Frage nach einer möglichen Zusammenarbeit mit Die Linke auch im Westen als auch die inhaltliche Ausrichtung (u. a. Kritik an den Hartz-Reformen) betraf. Im Oktober 2007 setzte Beck gegen den damaligen Bundesarbeitsminister Müntefering eine Neupositionierung der SPD beim Arbeitslosengeld I – für eine längere Bezugsdauer älterer Ar-

beitsloser – durch. In dem am 28. Oktober fast einstimmig beschlossenen neuen Grundsatzprogramm bezeichnet sich die SPD als eine Partei des »demokratischen Sozialismus«.

spickmich.de

Das im Februar 2007 gegründete Internetportal spickmich.de zur Benotung von Lehrern durch ihre Schüler wurde 2007 und 2008 wiederholt öffentlich kritisiert und beschäftigte mehrfach die Gerichte. Auf der Internetseite können Schüler ihre Lehrer nach verschiedenen Eigenschaften wie fachliche Kompetenz, Motivation und faire Prüfungen auf einer Notenskala von eins bis sechs bewerten.
Kritik Seit der Gründung kritisierten Datenschützer und Lehrerverbände v. a. die Manipulierbarkeit der anonym vergebenen Benotung sowie die öffentliche Einsehbarkeit der Bewertungen, die Persönlichkeitsrechte missachte.
Gerichtsurteile Mehrere Gerichte sahen in der Lehrerbewertung des Schülerportals keinen unzulässigen Eingriff in das allgemeine Persönlichkeitsrecht. So unterlag eine Gymnasiallehrerin am 27. November 2007 vor dem Oberlandesgericht Köln mit dem Versuch, ihre Bewertung auf spickmich.de zu verhindern. Auch das Landgericht Köln wies am 30. Januar 2008 die Klage einer Lehrerin zurück, ebenso wie das Duisburger Landgericht am 18. April die Klage einer Realschullehrerin.
schulradar.de Ein ähnlich funktionierendes Internetportal bietet seit April 2008 die Möglichkeit, Schulen zu bewerten, z. B. in Kategorien wie Unterrichtsqualität, Zustand des Schulgebäudes und technische Ausstattung.

SPIEGEL, DER

Neue Leitung Der langjährige Chefredakteur des SPIEGEL, Stefan Aust, wurde im Februar 2008 vorzeitig freigestellt. Die Leitung übernahmen Mathias Müller von Blumencron, Chefredakteur von SPIEGEL Online, und Georg Mascolo, Leiter des SPIEGEL-Hauptstadtbüros. Austs Vertrag war im November 2007 auf Initiative des Mehrheitseigners des SPIEGEL-Verlags, der Mitarbeiter KG (50,5 %), nicht über den 31. Dezember 2008 hinaus verlängert worden. Neben der Mitarbeiter KG sind der Verlag Gruner + Jahr (25,5 %) und die Erben des Magazingründers Rudolf Augstein (24 %) Anteilseigner.
Einigung mit Aust Nachdem Aust Kündigungsschutzklage vor dem Arbeitsgericht in Hamburg eingereicht hatte, einigte er sich im März mit der Geschäftsführung des Verlages ohne weitere gerichtliche Auseinandersetzungen. Details wurden nicht bekannt; in verschiedenen Medien wurde eine Abfindungssumme von 4 bis 5 Mio. € genannt.
Seit 1987 war Aust beim SPIEGEL-Verlag beschäftigt, seit 1994 als Chefredakteur. Den Chefposten hatte er auf ausdrücklichen Wunsch von SPIEGEL-Gründer Rudolf Augstein erhalten.
Archiv zugänglich Seit Februar 2008 ist das Heftarchiv des Nachrichtenmagazins über das Internet frei zugänglich und die Inhalte können recherchiert werden. Das Archiv ist Teil des Onlineauftritts »SPIEGEL Wissen« (in Kooperation mit dem Wissen Media Verlag, Gütersloh), das neben dem Heftarchiv, den Artikeln von SPIEGEL Online und dem »Manager Magazin« sowie einem Lexikon auch Wikipedia bei den Abfrageergebnissen berücksichtigt.

Stammzellen

Am 11. April 2008 beschloss der Bundestag nach kontrovers geführter Debatte eine Lockerung des Stammzellengesetzes, um die Forschung mit Stammzellen zu erleichtern. Dazu wurde der Stichtag, bis zu dem die Stammzellen entstanden sein müssen, auf den 1. 5. 2007 verschoben. Bislang konnte in Deutschland nur an embryonalen Stammzellen geforscht werden, die vor dem 1. 1. 2002 gewonnen worden waren. Zuvor hatte der Bundestag bereits Gesetzentwürfe abgelehnt, die eine völlige Streichung des Stichtags bzw. ein komplettes Verbot der Stammzellenforschung gefordert hatten.

Anwendungsbereiche Stammzellen sind für die medizinische Forschung von großem Interesse, da sie sich über lange Zeit durch Teilung selbst erneuern und zu Zellarten mit bestimmten Eigenschaften entwickeln können. Am Münchner Institut für Stammzellenforschung wies eine Arbeitsgruppe im Februar 2008 im Tierversuch nach, dass es mithilfe von Stammzellen möglich ist, verletzte Nervenzellen des Gehirns zu regenerieren. An der Orthopädischen Universitätsklinik Heidelberg gelang es im September 2007, Stammzellen von Patienten mit Knorpelschäden zu isolieren, die zu Knorpelzellen für einen Gewebeersatz heranreiften.

Stadt der Wissenschaft

Am 28. Februar 2008 wurde die Auszeichnung »Stadt der Wissenschaft« für 2009 an Oldenburg (Oldenburg) verliehen. Der vom Stifterverband für die Deutsche Wissenschaft (Sitz Essen) ausgelobte Titel ist mit einer Förderung von bis zu 250 000 € verbunden. Die unter dem Slogan »Übermorgenstadt« angetretene Universitätsstadt, in der in den kommenden Jahren zahlreiche neue Forschungseinrichtungen wie ein Zentrum für Hörforschung und ein Forschungszentrum für Meereswissenschaften entstehen sollen, hatte sich mit 16 Leitprojekten zu Themen wie Informationstechnologie, Energie für übermorgen oder Zukunftsforschung gegen die Mitbewerber – in der sog. Finalrunde Konstanz und Lübeck – durchsetzen können.

Die Ausschreibung des Titels ist Teil des Förderschwerpunkts »Dialog Wissenschaft und Gesellschaft«. Kriterien für die Bewerbung sind die aktive Förderung von Wissenschaft und Forschung, der Einsatz für die Vernetzung mit Wirtschaft und Kultur sowie die gelungene Präsentation als Teil der städtischen Identität. In den Jahren zuvor war die Auszeichnung an Bremen/Bremerhaven (2005), Dresden (2006), Braunschweig (2007) und Jena (2008) gegangen.
www.stadt-der-wissenschaft.de

Stadt der Wissenschaft: Preisträger

Jahr	Preisträger	Nominierte
2005	Bremen/Bremerhaven	Dresden, Göttingen, Tübingen
2006	Dresden	Magdeburg, Tübingen
2007	Braunschweig	Aachen, Freiburg im Breisgau
2008	Jena	Potsdam
2009	Oldenburg	Konstanz, Lübeck

Steuerpolitik

Am 1. Januar 2008 trat die Reform der Unternehmensbesteuerung in Kraft, die im Kern die tarifliche Steuerbelastung für Kapitalgesellschaften deutlich senkt. Sie soll die steuerliche Wettbewerbsfähigkeit Deutschlands verbessern und gleichzeitig die Steuerbasis im Inland stabilisieren. Weiterhin beschloss die schwarz-rote Koalition im November 2007 eine Reform der Erbschaftsteuer. Schon Anfang des Jahres 2007 waren Steuerrechtsänderungen in Kraft getreten: Die Erhöhung der Umsatz- und der Versicherungsteuer um jeweils drei Prozentpunkte auf 19 % und die Anhebung des Spitzensatzes der Einkommensteuer für nicht gewerbliche Einkommen (»Reichensteuer«). Die Mindereinnahmen, die aus den Steuersenkungen der Unternehmensteuerreform resultieren, wurden vom Bundesministerium der Finanzen auf 31,6 Mrd. € geschätzt; sie sollen zum großen Teil durch eine breitere Bemessungsgrundlage und weniger Steuergestaltungsmöglichkeiten finanziert werden. Ab Anfang 2009 gilt bei Kapitalerträgen die → Abgeltungsteuer. Im Jahressteuergesetz 2009 soll v. a. die Besteuerung unterschiedlich hoch verdienender Ehepaare (Steuerklassen III und V) geändert werden. Die Vorteile aus der gemeinsamen Veranlagung werden gleichmäßig verteilt, sodass die addierte Steuerlast niedriger ist als bisher.

Steuerpolitik

Kfz-Steuer Die für Juni 2008 vorgesehene Verabschiedung der Kfz-Steuer wurde von der Bundesregierung verschoben. Die Tarife sollten sich nach den Plänen des Jahres 2007 nur noch an dem Schadstoffausstoß der Fahrzeuge statt am Hubraum (in Verbindung mit der Einteilung nach Schadstoffklassen; → Energiepolitik, → Umweltpolitik) orientieren. Die Koalition wollte jedoch eine höhere Belastung von Altautobesitzern vermeiden. Auch muss entschieden werden, welche Bundessteuer künftig den Ländern als Ersatz für die Kfz-Steuer, bisher eine reine Ländersteuer, zufallen soll.

Erbschaftsteuer Bei der Erbschaftsteuer entlastet werden sollen v. a. Betriebe, die von den Erben zehn Jahre fortgeführt werden. Eine Reform war u. a. notwendig geworden, weil das Bundesverfassungsgericht im Januar 2007 das geltende Gesetz für verfassungswidrig erklärt und bis zum 31. 12. 2008 eine Änderung verlangt hatte. Betriebe, Grundstücke und landwirtschaftliches Eigentum seien bislang mit unrealistisch niedrigen Geldbeträgen bewertet und dadurch anderen Vermögensarten gegenüber bevorzugt worden. Der künftige Erbschaftsteuertarif sieht, nach drei Steuerklassen differenziert, eine Belastung der Erben zwischen 7 % und 50 % vor. Eheleute, Kinder und Eltern werden am wenigsten, Geschwister, Neffen und Schwiegerkinder am stärksten – wie Fremde – mit mindestens 30 % belastet.

Diskussion In der politischen Debatte über die künftige Steuerpolitik setzten die Parteien der Großen Koalition Mitte 2008 unterschiedliche Akzente: V. a. die CSU befürwortete Steuersenkungen schon ab 2009. Nach ihren Vorstellungen soll der Eingangssatz bei der Einkommensteuer bis 2012 von 15 % auf 12 % gesenkt werden und der Tarif an die Lohnentwicklung angepasst werden, sodass die Progression für mitt-

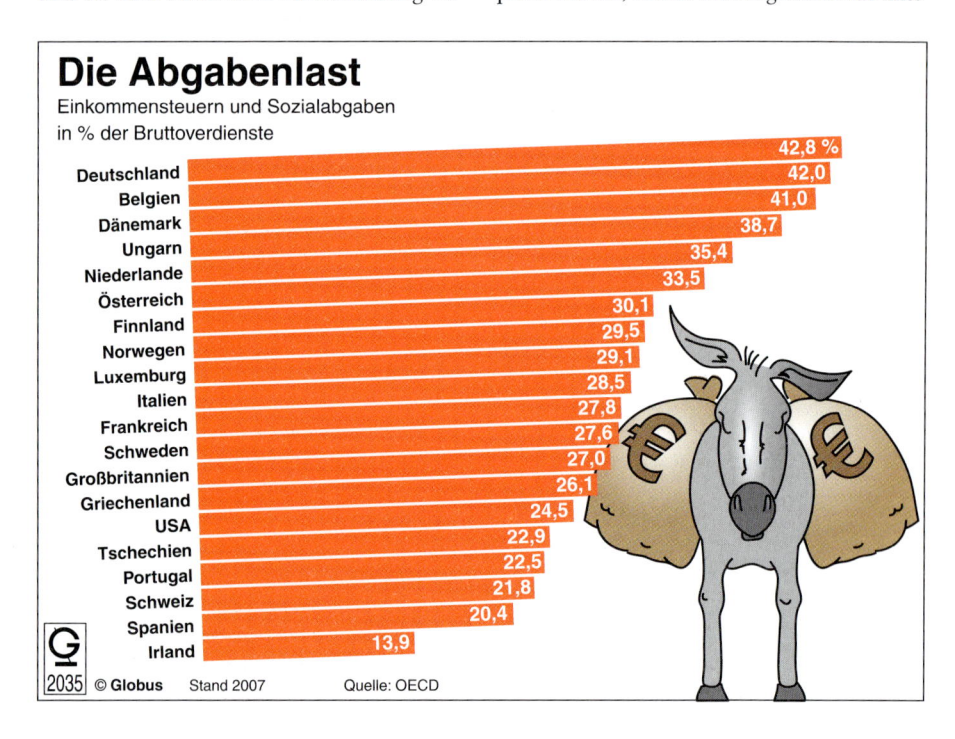

Die Abgabenlast
Einkommensteuern und Sozialabgaben in % der Bruttoverdienste

Land	%
Deutschland	42,8 %
Belgien	42,0
Dänemark	41,0
Ungarn	38,7
Niederlande	35,4
Österreich	33,5
Finnland	30,1
Norwegen	29,5
Luxemburg	29,1
Italien	28,5
Frankreich	27,8
Schweden	27,6
Großbritannien	27,0
Griechenland	26,1
USA	24,5
Tschechien	22,9
Portugal	22,5
Schweiz	21,8
Spanien	20,4
Irland	13,9

© Globus   Stand 2007   Quelle: OECD

Steuerkriminalität

> **Steuerpolitik**
>
> **Arbeitskreis Steuerschätzung**
> Der Arbeitskreis Steuerschätzung (AKS) ist ein 1955 gegründeter Beirat beim Bundesministerium der Finanzen. Ihm gehören Vertreter der großen Wirtschaftsforschungsinstitute, des Sachverständigenrates zur Begutachtung der gesamtwirtschaftlichen Entwicklung, der Bundesregierung (Bundesfinanz-, Bundeswirtschaftsministerium), der Länderfinanzministerien, der Deutschen Bundesbank, des Statistischen Bundesamtes und der Bundesvereinigung kommunaler Spitzenverbände an. Der Arbeitskreis prognostiziert zweimal im Jahr die Steuereinnahmen für die öffentliche Hand; seine Vorhersagen bilden die Grundlage für die Haushalts- und Finanzplanung von Bund, Ländern und Kommunen. Jeweils Mitte Mai findet die »große Steuerschätzung« statt, die der mittelfristigen (fünfjährigen) Finanzplanung dient. Die Schätzung vom Herbst umfasst jeweils das laufende und das folgende Jahr und dient als Grundlage für die Ansätze des Haushaltsgesetzes.

lere Einkommen geringer ausfällt. Auch soll die Pendler- oder Entfernungspauschale wieder ab dem ersten Kilometer gelten. Seit Januar 2007 werden Fahrten zwischen Wohnung und Arbeitsstätte nicht mehr als Werbungskosten anerkannt, bei weiten Wegen zur Arbeit sind die Fahrtkosten jedoch im Rahmen einer Härtefallregel ab dem 21. Kilometer steuerlich absetzbar. Die SPD will die Pendlerpauschale auf Geringverdiener beschränken und die Steuerbelastung für »Wohlhabende« erhöhen. Noch 2008 entscheidet das Bundesverfassungsgericht, ob der Wegfall der Pendlerpauschale das Grundgesetz verletzt hat.

Steuerschätzung Der beim Bundesfinanzministerium angesiedelte Arbeitskreis Steuerschätzung (AKS) prognostizierte im Mai 2008 die Entwicklung der Steuereinnahmen für die Jahre 2007–12. Dabei wurden für das nominale Bruttoinlandsprodukt die von der Bundesregierung erwarteten Zuwachsraten von 3,4 % für 2008, 2,7 % für 2009 und durchschnittlich 3,1 % für die Jahre 2010 bis 2012 unterstellt. Der AKS rechnete unter Zugrundelegung des geltenden Steuerrechts mit einer Zunahme des Steueraufkommens von rund 554 Mrd. € (2008) auf rund 645 Mrd. € (2012). Die Vorlage eines ausgeglichenen Bundeshaushalts für 2011 (→ Haushaltspolitik) hielt der AKS für realistisch. Die Zunahme des Aufkommens 2007 gegenüber dem Vorjahr um rund 10 % auf rund 538 Mrd. € resultierte aus der höheren Umsatz- und Versicherungsteuer und dem Abbau von Steuervergünstigungen. Auch ließ die anziehende Konjunktur (→ Wirtschaftsentwicklung) das Aufkommen steigen.

Steuerkriminalität

Im Februar 2008 konnten die Ermittlungsbehörden im großen Umfang Erfolge bei der Steuerfahndung bekannt geben. Einer der Beschuldigten in der »Liechtenstein-Steueraffäre« war der Vorstandsvorsitzende der Deutschen Post AG, Klaus Zumwinkel.

Liechtenstein-Steueraffäre Im Rahmen der Ermittlungen wegen des Verdachts der Steuerhinterziehung mittels Stiftungen in Liechtenstein hatte die zuständige Staatsanwaltschaft Bochum im Bundesgebiet ab Mitte Februar 120 Hausdurchsuchungen veranlasst, die insgesamt 150 Verdächtige betrafen. Unter ihnen war auch Klaus Zumwinkel, der daraufhin am 15. Februar als Post-Vorstandsvorsitzender zurücktrat. Auf einer Pressekonferenz am 26. Februar erklärte die Staatsanwaltschaft Bochum, dass verdächtiges Stiftungsvermögen in Liechtenstein in einer Höhe von weit mehr als 200 Mio. € entdeckt worden sei. Damit seien Kapitalertragsteuern »in immenser Höhe« hinterzogen worden. 91 Verdächtige hatten bis zu diesem Zeitpunkt ein Geständnis abgelegt, und es waren bereits Abschlagzahlungen auf die Steuerschuld in Höhe von insgesamt 27,8 Mio. € geleistet worden.

Steuerfahnder Als Reaktion auf die »Liechtenstein-Steueraffäre« forderten u. a. die SPD, Die Linke und die Deutsche Steuer-Gewerkschaft

Straftäterinternate

(DStG) mehr Steuerfahnder. Bundesweit gab es 2008 rund 2100 Steuerfahnder; nach Angaben der DStG sind 1000 neue Stellen nötig, um Steuerkriminalität besser bekämpfen zu können.

Jahressteuergesetz 2009 Der Ende April 2008 vorgestellte Referentenentwurf zum Jahressteuergesetz 2009 sah die Verlängerung der strafrechtlichen Verjährungsfrist für Steuerstraftaten von fünf auf zehn Jahre vor. Bislang konnten die Finanzämter zwar über zehn Jahre hinweg hinterzogene Steuern einfordern, die strafrechtliche Verfolgung endete jedoch nach fünf Jahren.

Straftäterinternate
➤ Jugendhilfeeinrichtung

Strompreise
Nach Angaben des Bundesverbandes der Energie- und Wasserwirtschaft e.V. (BDEW, Berlin) bezahlte ein durchschnittlicher Dreipersonenhaushalt mit einem jährlichen Verbrauch von etwa 3500 kWh Anfang April 2008 62,50 € im Monat für Strom (2007: 60,20 €). Damit lagen die Ausgaben rund 25 % über denen von 1998; nach Abzug der staatlichen Aufschläge (v. a. Mehrwertsteuer, Erneuerbare-Energien-Gesetz, Kraft-Wärme-Kopplungsgesetz und Stromsteuer), die knapp 40 % des Strompreises ausmachen, ergab sich allerdings ein kaum verändertes Niveau.

Das unabhängige Verbraucherportal Verivox ermittelte bei einem bundesweiten Vergleich der Stromversorger mit den 100 größten Preiserhöhungen Strompreissteigerungen von bis zu 34 % gegenüber dem Vorjahr. Auch insgesamt 688 Grundversorger erhöhten ihre Tarife für das beste örtliche Angebot um etwa 5,1 %.

Reaktionen Angesichts der drastisch gestiegenen Preise für die fossilen Brennstoffe Erdöl und Erdgas, die sich auch bei den ➝ Benzinpreisen und den ➝ Gaspreisen für die Haushalte niederschlugen, forderte die SPD im Juni 2008 eine Entlastung für ärmere Haushalte bei einer fest-

> **Strompreise**
>
> **Strompreisrechner Verivox**
> Der Strompreisrechner Verivox, ein unabhängiges Verbraucherportal für Energie und Telekommunikation im Internet, bietet für den Verbraucher kostenlose Preisvergleiche von Stromtarifen. Die Datenbank listet alle am Ort des Anfragers verfügbaren Versorgungstarife und Anbieter auf. Gleichzeitig werden die jährlichen Gesamtkosten in Abhängigkeit vom Verbrauch berechnet. Nach dem Online-Tarifvergleich kann der Nutzer direkt zum besten Anbieter wechseln und Verivox alle Formalitäten erledigen lassen. Durch die dabei erwirtschafteten Provisionen finanziert sich der Dienst.
> Die 1998 gegründete Verivox GmbH berät ihre Kunden auch in den Bereichen Gas, Telefon, Internet, DSL und Mobilfunk. Bei einem Vergleich der Tarifrechner im Internet wurde das Unternehmen im März 2008 von der Zeitschrift »Ökotest« zum Testsieger gekürt.

gelegten Basismenge von Strom, Gas oder Fernwärme um bis zu 25 %. Viele Kunden hatten in den vergangenen Monaten mit einem Versorgerwechsel auf die Preiserhöhungen reagiert. Der BDEW geht davon aus, dass bis Jahresende jeder zweite Haushalt den Tarif bzw. Anbieter gewechselt hat.

Suurhusen
Im November 2007 wurde die Kirche von Suurhusen, gelegen im ostfriesischen Landkreis Aurich nördlich von Emden, ins »Guinnessbuch der Rekorde« aufgenommen. Der Kirchturm des Ortes gilt damit offiziell als schiefster Turm der Welt. Der Suurhusener Kirchturm ist zwar nur 27,37 m hoch, durch den Überhang von 2,43 m aber um 5,07 Grad aus der Senkrechten geneigt. Der berühmte, 55 m hohe Schiefe Turm von Pisa hat hingegen nur einen Überhang von 3,82 m, was einer Seitenneigung von 3,97 Grad entspricht.

Das Mitte des 13. Jh. erbaute Kirchenschiff erhielt 1450 einen Turm. 1885 wurde eine erste

Tarifpolitik T

Seitenneigung des Turms festgestellt, hervorgerufen durch das Absinken des Grundwasserspiegels und die daraus folgende Senkung des Bodens. 1970 hatte die Schieflage ein bedenkliches Ausmaß angenommen, sodass die Kirche geschlossen werden musste. In Eigeninitiative von Gemeindemitgliedern restauriert, konnte sie 1985 wieder eröffnet werden. Durch ein Stahlskelett gestützt, ist das Abkippen des Turms inzwischen zum Stillstand gekommen.

T

Tarifpolitik

In zahlreichen Branchen fielen 2007 die Tarifabschlüsse deutlich höher aus als im Vorjahr. Gleichzeitig verschärften sich die Tarifauseinandersetzungen, was v. a. Streiks deutlich machten, beispielsweise bei der → Deutschen Bahn AG. Nach einer Erhebung des Wirtschafts- und Sozialwissenschaftlichen Instituts (WSI) der gewerkschaftseigenen Hans-Böckler-Stiftung fielen 2006 durch Streiks 12,4 Arbeitstage je 1 000 Beschäftigte aus, der höchste Wert seit 1993. Die Konflikte wurden stark von der Diskussion um den → Mindestlohn verschärft, insbesondere bei den → Postdiensten. Der Tarifkonflikt im Einzelhandel um einen neuen Flächentarifvertrag für rund 2,6 Mio. Beschäftigte dauerte seit Februar 2007, begleitet von zahlreichen Warnstreiks; einige Handelsunternehmen wichen zur Überbrückung auf Haustarifverträge aus.

Bilanz 2007 schlossen acht Gewerkschaften des DGB für rund 9,1 Mio. Beschäftigte Tarifverträge. Die durchschnittliche jahresbezogene Erhöhung der Tarifentgelte lag nach Angaben des WSI bei 2,2 %. Unter Berücksichtigung der Inflationsrate (2,3 %) und des Produktivitätszuwachses (0,8 %

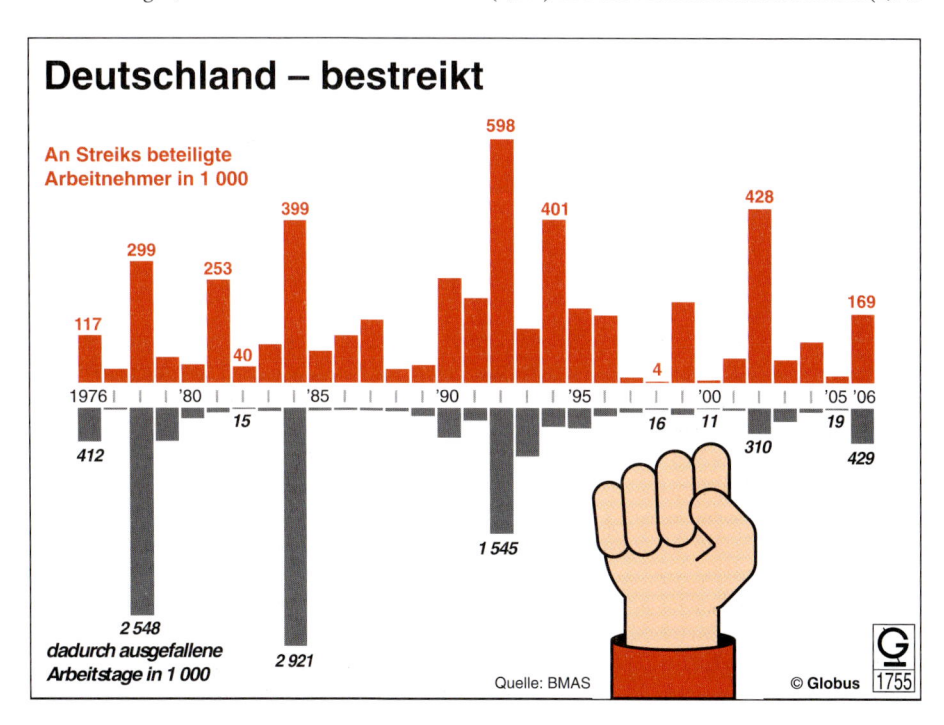

Deutschland – bestreikt

An Streiks beteiligte Arbeitnehmer in 1 000

Jahr	beteiligte (in 1000)	ausgefallene Arbeitstage (in 1000)
1976	117	412
'80	299	2 548
	40	15
'85	253	2 921
	399	
'90	598	1 545
	401	16
'95		11
'00	4	310
	428	19
'05		
'06	169	429

Quelle: BMAS © Globus 1755

301

je Arbeitsstunde) seien die Reallöhne bereits das vierte Jahr in Folge gesunken; Gewinne hätten v. a. die Arbeitnehmer in exportorientierten, Reallohnverluste solche in binnenmarktabhängigen Branchen verbucht. Die durchschnittliche Laufzeit der Tarifverträge erhöhte sich von 22,1 auf 22,2 Monate; das ostdeutsche Tarifniveau erreichte 95,2 % des westdeutschen Niveaus.

Aktuelle Tarifrunde In der Tarifrunde 2008 gab es bis Mai des Jahres Abschlüsse u. a. im → öffentlichen Dienst, bei der Deutschen Post AG (→ Postdienste), im Steinkohlenbergbau sowie in der Chemieindustrie. In der Chemieindustrie sieht der im April 2008 für 13 Monate geschlossene Tarifvertrag eine Entgelterhöhung von 4,4 % ab März, April oder Mai 2008 (je nach Region unterschiedlich) und, abhängig von der wirtschaftlichen Situation des jeweiligen Unternehmens, eine jährliche Einmalzahlung vor (berechnet nach monatlicher Steigerung um 0,5 %); 2009 folgt eine weitere Lohn- und Gehaltserhöhung von 3,3 %. Zusätzlich tritt zum 1. Mai 2008 ein »Tarifvertrag Lebensarbeitszeit und Demographie« u. a. zu alters- und gesundheitsgerechter Gestaltung von Arbeit und Arbeitszeit in Kraft. Hierzu zahlen die Arbeitgeber ab 2010 für jeden Tarifbeschäftigten pro Jahr 300 € in einen speziellen Fonds.
www.tarifvertrag.de

Telefonwerbung
➤ Gesetzentwürfe

Telekommunikation
Nie zuvor wurde in Deutschland so viel telefoniert wie im Jahr 2007: Das Gesprächsvolumen stieg um 5,1 % auf 51 Stunden pro Person im Jahr. Dabei kam es zu merklichen Verschiebungen im Telekommunikationsmarkt.

Handy und Festnetz Während das Gesprächsvolumen bei Festnetzanschlüssen trotz des anhaltenden Trends zu Flatrate-Preismodellen weiter rückläufig war (− 3,4 %), stieg die durchschnittliche jährliche Telefonzeit bei per Handy geführ-

---

Telekommunikation

IP-Telefonie
Als IP-Telefonie (IP = Abk. für englisch internet protocol) wird das Telefonieren über ein Datennetz auf der Grundlage des Internetprotokolls TCP/IP bezeichnet. Meist wird hierfür das Internet verwendet, weshalb diese verbreitete Form der IP-Telefonie auch als Internettelefonie bezeichnet wird. IP-Telefonie verläuft heute in der Regel vom Internet zum Festnetz oder umgekehrt; den Übergang zwischen den beiden Netzen stellt der Vermittlungsrechner eines Providers her. Auch direkte Telefonieverbindungen zwischen Internetnutzern sind möglich.
IP-Ferngespräche sind im Vergleich zu Gesprächen über analoge Verbindungen sehr preisgünstig. Dies gilt besonders dann, wenn bereits bestehende Datenleitungen (etwa DSL) benutzt werden und die Abrechnung über Flatrates erfolgt. Nicht zuletzt deshalb hat sich die IP-Telefonie in den vergangenen Jahren stark verbreitet. Seit geeignete Telefonendgeräte zur Verfügung stehen, hat sich die IP-Telefonie v. a. in Unternehmen und Institutionen durchgesetzt, speziell wenn diese international tätig sind. Mit der steigenden Zahl von DSL-Anschlüssen ergeben sich auch für Privatpersonen immer bessere Nutzungsmöglichkeiten.

---

ten Gesprächen um 19,6 % – begünstigt wird dies v. a. durch die im Vergleich zu den Vorjahren stark gefallenen Minutenpreise, die sich sowohl bei Vertragshandys als auch bei Prepaid-Modellen um 10 Cent pro Minute eingependelt haben. Discounter boten Preise um 9 Cent/Minute. Die Zunahme von Handygesprächen ist auch auf die zahlreicher werdenden Angebote für Mobil-Flatrates zurückzuführen. Diese werden überwiegend in Form von Freiminuten für Gespräche in andere Handynetze an Verträge gekoppelt, verbunden mit Flatrates für Festnetzgespräche und/oder UMTS- bzw. DSL-Internetzugang.

IP-Telefonie und IP-TV Auch Internettelefonie (»Voice over IP«, VoIP) erlebte einen großen Aufschwung. VoIP legte 2007 deutschlandweit um 78 % zu und hatte einen Anteil von rund 16 % am gesamten Gesprächsvolumen. Dahinter stehen v. a. DSL- und TV-Kabelanbieter, die Telefonie als zusätzliche Dienstleistung an ihre Angebote koppeln. Analog dazu startete als letztes Element des vor Jahren beschworenen »Triple Play« (Telefon, Internet und TV über das Kabelnetz, möglichst von einem Anbieter) nun auch das Geschäft mit TV via Internet/Kabel. Laut Branchenverband Bitkom macht dieser Bereich inzwischen 4,5 % des Umsatzes der Telekommunikationsbranche aus – ein Plus von fast 30 % im Vergleich zum Vorjahr.

Rückläufiger Umsatz Gegenläufig ist derweil die Umsatzentwicklung der Branche. Da alle angebotenen Dienste für die Kunden im Verlauf des letzten Jahres günstiger wurden, setzt die Branche bei steigendem Kommunikationsvolumen weniger Geld um. Eine Ausnahme machen hier nur die Internet- und mobilen Datendienste (UMTS, Edge etc.): Sie wachsen so schnell, dass die Branche auch bei fallenden Preisen mehr umsetzt (Internet: 4,7 % Zuwachs; mobile Datendienste: 7,1 %). Unter dem Strich verlor die Branche trotzdem 1,9 % Umsatz. Für 2008 wird mit einem weiteren Minus von 0,9 % gerechnet.

Was kommt? Der Boom bei mobilen Datendiensten dürfte durch Fußball-EM und Olympia höhere Umsätze bringen. Aus Kundenperspektive erhöht sich die Zahl der Angebote. Dazu werden auch DVB-H-Handy-TV-Dienste gehören sowie eine zunehmende Zahl von IPTV- und On-demand-TV-Angeboten in den Jahren 2008/09. Begünstigend wirken hier die EU-Entscheidung von Mitte März 2008, DVB-H zum europaweiten Standard zu machen, sowie die zu erwartende Popularisierung von IPTV- und On-demand-Angeboten durch Großsender wie ARD, ZDF, ProSieben (»maxdome«) und RTL (»RTL now«).

»Digitale Dividende« Für Diskussionen dürfte 2008/09 der bereits auflebende Streit um die »digitale Dividende« sorgen. Diese fällt an, wenn Rundfunk von analoger auf digitale Ausstrahlung umgestellt wird, wodurch Frequenzen frei werden. Diese werden von den Telekommunikationsfirmen als letzte Chance gesehen, zusätzliche Mobilfunkfrequenzen sowie Kanäle für mobile Dienste zu erhalten. ARD und ZDF drängen derweil darauf, einen Großteil dieser frei werdenden Frequenzen für den HD-Rundfunk zu halten. Die EU strebt eine Versteigerung dieser Frequenzen an. In den USA erzielte die Auktion der digitalen Dividende im März 2008 rund 19,6 Mrd. US-$.

Terrorismusbekämpfung

2007/08 erließ der Gesetzgeber v. a. vorbeugende Maßnahmen zur Bekämpfung des internationalen Terrorismus (→ Sicherheitspolitik). Zu den wichtigsten Regelungen zählen die Erhebung und Weitergabe von Fluggastdaten, Vorratsdatenspeicherung und → Onlinedurchsuchung.

Fluggastdaten Im Juli 2007 beschloss die Bundesregierung einen Gesetzentwurf zur Änderung des Bundespolizeigesetzes. Es verpflichtet die Fluggesellschaften, von ihren Passagieren Personen-, Buchungs- und Reisedaten (»Passenger Name Records«, PNR) an die Bundespolizei zu übermitteln. Die Daten sollen nach 24 Stunden wieder gelöscht werden.

Nach einer Vereinbarung zwischen EU und USA vom Juli 2007 müssen Fluggesellschaften 19 persönliche Daten von Flugpassagieren vor dem Abflug dem Heimatschutzministerium der USA übermitteln. Dieses kann die Informationen sieben Jahre lang speichern und sie während dieser Zeit an andere amerikanische Behörden weitergeben. Das entsprechend geänderte Bundespolizeigesetz und die Umsetzung einer EU-Richtlinie zum Abkommen mit den USA billigte der Bundestag im November 2007. Einen an der amerikanischen Regelung orientierten Gesetzentwurf zur Speicherung von Fluggastdaten in der EU legte die Europäische Kommission ebenfalls im November vor.

Theater

Verhinderte Terroranschläge in Deutschland

- **2003:** Tunesier festgenommen, der Anschläge gegen amerikanische Einrichtungen geplant haben soll
- **2002:** Terroristen verhaftet, die Anschläge auf jüdische Einrichtungen in Berlin und Düsseldorf planten
- **2006:** Zwei Libanesen deponieren zwei fehlerhaft konstruierte Kofferbomben in Regionalzügen
- **2007:** Drei mutmaßliche islamische Terroristen verhaftet, die mehrere Anschläge vorbereitet haben sollen
- **2000:** Islamisten gefasst, die Bombenanschlag auf Straßburger Weihnachtsmarkt planten
- **2003:** Neonazis festgenommen, die Bombenanschlag auf jüdisches Zentrum planten

Markierte Orte: Berlin, Düsseldorf, Oberschledorn, Köln, Frankfurt, München

dpa — Grafik 4671

Vorratsdatenspeicherung Im November 2007 beschlossen Bundestag und Bundesrat ein Gesetz zur Vorratsdatenspeicherung und Telekommunikationsüberwachung. Künftig müssen Telekommunikations- und Internetprovider die Verbindungsdaten ihrer Kunden sechs Monate lang speichern. Strafverfolgungsbehörden können mit richterlicher Genehmigung abfragen, wer wann mit wem per Telefon, Handy oder E-Mail in Verbindung gestanden hat; Inhalte werden nicht festgehalten. Das Gesetz trat zum 1. Januar 2008 in Kraft. Aufgrund von Verfassungsbeschwerden, u. a. von der Bürgerinitiative »Arbeitskreis Vorratsdatenspeicherung«, setzte das Bundesverfassungsgericht im März 2008 per einstweiliger Anordnung Teile des Gesetzes außer Kraft und schränkte insbesondere die Weitergabe der erfassten Daten ein.

Theater

Theater des Jahres Das Fachmagazin »Theater heute« kürte im Oktober 2007 – wie schon 2003 – das Thalia Theater Hamburg unter Intendant Ulrich Khuon zum Theater des Jahres; die an der selben Bühne engagierte Judith Rosmair wurde Schauspielerin des Jahres. Das am Thalia Theater uraufgeführte RAF/Schiller-Werk »Ulrike Maria Stuart« brachte der österreichischen Literatur-Nobelpreisträgerin Elfriede Jelinek den Titel Dramatikerin des Jahres ein. Dimiter Gotscheffs Antikenprojekt »Die Perser« am Deutschen Theater in Berlin galt der Kritikerjury als Inszenierung der Saison.

Berliner Theatertreffen Die im Mai 2008 beim Berliner Theatertreffen vorgestellte Auswahl »bemerkenswerter« Produktionen des deutschsprachigen Theaters offenbarte einen Trend zu auf Kinofilmlänge verknappten Klassikern. Beispiele dafür waren Stephan Kimmigs mit dem »3sat-Theaterpreis« ausgezeichnete Schiller-Inszenierung »Maria Stuart« (Thalia Theater, Hamburg), Stefan Puchers Shakespeare-Deutung »Der Sturm« (Münchner Kammerspiele) und Michael Thalheimers Gerhart-Hauptmann-Stück »Die Ratten« (Deutsches Theater Berlin). Besonders gerühmt wurde Jürgen Goschs tief berührende Inszenierung von Tschechows »Onkel Wanja« mit Ulrich Matthes in der Titelrolle, eine weitere Produktion des Deutschen Theaters in Berlin.

Mülheimer »Stücke« Den mit 15 000 € dotierten Dramatikerpreis der 33. Mülheimer Theatertage »Stücke«, die als wichtigstes Forum deutscher Gegenwartsdramatik gelten, erhielt am 24. Mai 2008 Dea Loher. Ihr Stück »Das letzte Feuer«, (Uraufführung 26. Januar 2008, Thalia Theater Hamburg), das in 34 Kurzszenen von zehn in den Unfalltod eines Kindes verwickelten Menschen handelt, bedient sich einer hochtönenden poetischen Sprache. Der Publikumspreis ging an Felicia Zeller für »Kaspar Häuser Meer« (Uraufführung 20. Januar 2008, Freiburg), eine ebenso rasante wie absurde Komödie über Kindesmisshandlung und Kindesmissbrauch, Vernachlässigung und Verwahrlosung.

Weitere Uraufführungen Aufarbeitung der jüngeren deutschen Geschichte betrieb das Schauspielhaus Stuttgart im Herbst 2007 mit den Projektwochen »Endstation Stammheim« zum Terror der Roten-Armee-Fraktion (RAF) vor 30 Jahren. Dabei setzten sich Künstler wie René Pollesch (»Liebe ist kälter als das Kapital« – auch zu den Mülheimer »Stücken« eingeladen) und das Theaterkollektiv Rimini Protokoll (»Peymannbeschimpfung«) mit den Themen Freiheit, Gewalt und Widerstand auseinander. Regisseur Hasko Weber brachte erstmals Rainer Werner Fassbinders filmische Abrechnung mit der RAF, »Die dritte Generation« (1978/79), auf die Bühne.

An der Berliner Schaubühne begann im November 2007 das auf zwei Jahre angelegte Dramenprojekt »60 Jahre Deutschland. Annäherung an eine unbehagliche Identität«. Dafür wurden 24 Bühnentexte zur Geschichte der Bundesrepublik und der DDR in Auftrag gegeben. Am Anfang stand die Uraufführungswerkstatt »Deutschlandsaga« mit Minidramen junger Autoren. Handlungsarm und wenig originell, entpuppten sich die meisten dieser Stücke als Erinnerungen an Angelesenes, Angesehenes oder Angehörtes – »eher gegoogelt als erdacht«, wie Gerhard Jörder in der Wochenzeitung »Die Zeit« befand.

Ruhrfestspiele Die 62. Ruhrfestspiele in Recklinghausen im Mai 2008 unter Intendant Frank Hoffmann widmeten sich dem Themenschwerpunkt »Amerika«. Als Stars gastierten u. a. Oscar-Preisträger Kevin Spacey und sein amerikanischer Kollege Jeff Goldblum in der Eröffnungspremiere »Die Gunst der Stunde« von

Theater: Spitzenleistungen 2006/07

Auszeichnungen des Jahres	Gewinner
Theater	Hamburger Thalia Theater
Inszenierung	Dimiter Gotscheff: »Die Perser« (Deutsches Theater Berlin)
Bühnenbildner	Katrin Brack für »Der Tartuffe«
Schauspielerin	Judith Rosmair (in »Ulrike Maria Stuart« und »Der Tartuffe«)
Schauspieler	Joachim Meyerhoff (in »Hamlet« und »Viel Lärm um nichts«)
deutschsprachige/r Dramatiker/in	Elfriede Jelinek für »Ulrike Maria Stuart« und »Über Tiere«

Quelle: Kritikerumfrage der Zeitschrift »Theater heute«

David Mamet, einer Koproduktion mit dem Old Vic Theatre aus London. Die australische Schauspielerin Cate Blanchett stellte sich mit dem Pädophilenstück »Blackbird« von David Harrower als Regisseurin vor.

RuhrTriennale Das Kulturevent in stillgelegten Industriebauten des Ruhrgebiets widmete sich 2007 in der letzten regulären Spielzeit von Jürgen Flimm, der 2008 wegen des Todes der designierten neuen Chefin Marie Zimmermann eine Interimsspielzeit übernahm, ab 1. September 2007 unter dem Motto »Universalia sunt Realia« den geheimen Mythen des Mittelalters. Tim Staffel präsentierte mit seinem Auftragswerk »Next Level Parzival« eine moderne Auseinandersetzung mit dem Parzival-Stoff. Juli Zeh verband in ihrem ersten Theaterstück »Corpus Delicti« Hexenprozess und Science-Fiction. Als Höhepunkt gefeiert wurde das Tristan-und-Isolde-Oratorium »Le vin herbé« von Frank Martin, inszeniert von Willy Decker. Der Aufsichtsrat der Kultur Ruhr GmbH bestimmte den auf Opernregie spezialisierten Decker im Oktober 2007 auch zum Flimm-Nachfolger für die Triennalen 2009–11.

Tierkinder
➤ Zoologische Gärten

Tierschutz
➤ Gesetzentwürfe

Tigerente
Die Tigerente wurde 2008 30 Jahre alt. Ihren ersten Auftritt hatte die populäre Figur des Zeichners und Künstlers Janosch in dem Kinderbuch »Oh wie schön ist Panama«, das am 15.3.1978 erschien. Seitdem folgte die schwarz-gelb gestreifte Holzente auf Rollen ihren Freunden, dem kleinen Tiger, Günter Kastenfrosch und dem kleinen Bären durch zahlreiche Bilder-

Reiseziel Deutschland
Im Jahr 2007 kamen 24,4 Millionen ausländische Touristen nach Deutschland darunter in 1 000 aus

Land	Anzahl
Niederlande	3 367
USA	2 123
Großbritannien	2 067
Schweiz	1 732
Italien	1 440
Frankreich	1 184
Österreich	1 155
Dänemark	1 039
Belgien	1 001
Schweden	871
Spanien	812
Japan	662
Polen	511
China	462
Russland	411

Quelle: Stat. Bundesamt © Globus 2066

buchabenteuer, u. a. in »Komm, wir finden einen Schatz« (1979) und »Post für den Tiger« (1981). Seit 1996 ist die beliebte Ente als Namensgeberin des »Tigerenten-Clubs« (ARD) auch im Fernsehen zu sehen.

Darüber hinaus hat sie sich als Liebling der Janosch-Fans zur eigenen Marke entwickelt: Ihr Streifenlook ziert mehr als 1 500 Merchandising-Produkte, u. a. Zahnputzbecher und Seifendosen, Poster, Postkarten, Wärmflaschen und Stofftiere. Das Deutsche Kinderhilfswerk kürte das Holztier 2008 zur Botschafterin für das Recht auf Spiel.

Der Erfinder der rollenden Ente, Janosch, ist einer der bekanntesten deutschen Kinderbuchautoren. Insgesamt schrieb er mehr als 100 Kinderbücher, die in 27 Sprachen übersetzt wurden. Die geschätzte Gesamtauflage seiner Bücher soll bei rund 5 Mio. Exemplaren liegen.

Tourismus

Der Tourismus wuchs 2007 wie in den Vorjahren weiter an. Die Bundesbürger gaben nach Berechnungen der Dresdner Bank für Reisen ins Ausland mit 61,0 Mrd. € abermals weltweit am meisten aus – 0,5 Mrd. € (0,8 %) mehr als 2006. Seit Jahren sinkt dagegen die durchschnittliche Reisedauer. Betrug sie 2003 noch 11,6 Tage, lag sie 2007 bei 10,7 Tagen. Auch die Übernachtungszahlen ausländischer Besucher in Deutschland nahmen trotz der hohen Werte des Weltmeisterschaftsjahres 2006 (52,9 Mio.) 2007 mit 54,8 Mio. noch einmal zu. Ausländische Touristen gaben in Deutschland 26,5 Mrd. € aus, ebenfalls 0,5 Mrd. € (1,9 %) mehr als 2006.

Der Umsatz der deutschen Reiseveranstalter betrug 2007 rund 20,3 Mrd. €. Den größten Marktanteil hat TUI Deutschland mit 22,8 % vor Thomas Cook (14,0 %) und Veranstaltern der Rewe Group (13,1 %).

Inlandsreisen Das beliebteste Reiseziel der Deutschen bleibt Deutschland. Von den insgesamt 78,8 Mio. Urlaubsreisen (ab fünf Tage Dauer) im Jahr 2007 führten 29,7 Mio. zu Zielen im Inland (Angaben des Deutschen ReiseVerbands). Bevorzugt wurden dabei die Küstenregionen der Nord- und Ostsee (10,0 Mio.), Alpen und Alpenvorland (2,8 Mio.) und das restliche Bayern (3,4 Mio.).

Auslandsreisen Spanien war wieder das beliebteste Auslandsreiseziel der Deutschen. 2007 gingen nach Angaben des Deutschen ReiseVerbands von den rund 49 Mio. gebuchten Aus-

Tourismus: Reiseziele nach Regionen (Auswahl) und Zahl der Gäste 2007

Region	Gäste (1 000)
Berlin	7 585
Hamburg	3 985
Köln und Region	2 880
Mittlerer Neckar	2 642
Südlicher Schwarzwald	2 600
Ostsee	2 498
Ruhrgebiet	2 477
Düsseldorf und Kreis Mettmann	2 243
Nördlicher Schwarzwald	2 062
Schwäbische Alb	1 935
Bodensee-Oberschwaben zusammen	1 886
Lüneburger Heide	1 858
Vorpommern	1 805
Weinland zwischen Rhein und Neckar	1 785
Teutoburger Wald	1 758
Sauerland	1 734
Nürnberg mit Umgebung	1 718
Mittlerer Schwarzwald	1 672
Hannover-Hildesheim	1 671
Niederrhein	1 617
Mecklenburgische Ostseeküste	1 612
Pfalz	1 588
Mosel/Saar	1 578
Stadt Dresden	1 516

Quelle: Statistisches Bundesamt

T Übergewicht

landsurlaubsreisen ab fünf Tagen gut 8 Mio. nach Spanien, davon 3,4 Mio. auf die Balearen und 2,6 Mio. auf die Kanaren. Auf den Plätzen zwei und drei der Beliebtheitsskala lagen Italien (7,2 Mio.) und Österreich (5,3 Mio.). Weitere Favoriten waren die Türkei (3,2 Mio.) und Frankreich (2,4 Mio.), gefolgt von den Nahzielen Dänemark und Benelux (zusammen 4,3 Mio.), Nordeuropa (Großbritannien, Irland, Skandinavien zusammen 4,0 Mio.) und Griechenland mit 2,0 Mio. Nach Nordafrika (besonders Ägypten und Tunesien) gingen 1,8 Mio. Reisen.
Bei den Fernzielen dominierten die USA und Kanada mit 1,7 Mio. Reisen. Insgesamt führte der schwache US-Dollar Anfang 2008 zu einem Boom bei Fernreisen in die USA und zu dollargekoppelten Zielen wie Ägypten, die Arabische Halbinsel und die Karibik. Bei den Fernreisen, die allerdings nur 6 % des Gesamtbuchungsaufkommens ausmachen, boomten auch die asiatischen Ziele Thailand, Indonesien, Hongkong und die Seychellen.
www.drv.de

Übergewicht: Anteil der Übergewichtigen* in EU-Ländern (in %, 2006)

Land	Frauen	Männer
Deutschland	58,9	75,4
Frankreich	36,3	47,4
Griechenland	46,0	73,0
Großbritannien	58,5	66,6
Italien	34,5	51,4
Malta	51,2	69,4
Niederlande	38,6	53,9
Österreich	53,2	65,6
Polen	47,6	56,4
Spanien	48,0	58,4
Tschechien	57,6	73,2
Zypern	58,0	72,6

*) Übergewicht = BMI ≥ 25; BMI = Body-Mass-Index, errechnet sich aus dem Körpergewicht in Kilogramm dividiert durch das Quadrat der Körpergröße in Meter
Quelle: International Association for the Study of Obesity

U

Übergewicht

In Deutschland waren laut der Anfang 2008 erstellten Nationalen Verzehrstudie 2007/08 zwei Drittel der Männer und mehr als die Hälfte der Frauen übergewichtig oder fettleibig – nach anderen Angaben waren sogar über 75 % der Männer und fast 60 % der Frauen betroffen. Nach der Nationalen Verzehrstudie verdoppelte sich die Zahl der Übergewichtigen gegenüber den 1980er-Jahren. Dabei sind Menschen mit niedrigem Bildungsstand und geringem Haushaltseinkommen häufiger übergewichtig als der Durchschnitt. Die schwarz-rote Bundesregierung setzte Mitte 2008 beim Kampf gegen Übergewicht mit dem Aktionsplan »Deutschland in Form« auf das Erlernen gesunder Lebensstile vom Kindergarten an. Bundesverbraucherminister Horst Seehofer (CSU) plädierte für eine freiwillige Lebensmittelkennzeichnung, denn viele Produkte sind Kalorienbomben, ohne dass der Verbraucher dies erkennen kann.

Lebensmittelkennzeichnung Hersteller sollen den Kaloriengehalt des Produkts auf der Verpackung angeben sowie den Gehalt an Zucker, Fett, gesättigten Fettsäuren und Salz. Es kann auch der Nährwert in Bezug zur empfohlenen Tagesration angegeben werden. Nach der Kritik von Verbraucherschützern, die diese Kennzeichnung als unzureichend und irreführend bezeichneten, stellte Seehofer Mitte 2008 eine Kennzeichnung nach dem Ampelsystem frei, bei der die Nährwertangaben freiwillig farblich unterlegt werden. Grün stehe dann für gesund, Gelb für neutral und Rot für ungesund. Verbraucherschützer kritisierten die Freiwilligkeit, denn kein Unternehmen werde seine Produkte als Dickmacher diskreditieren.

Ursachen und Folgen Experten zufolge ist Übergewicht meist durch falsche Ernährung und Bewegungsmangel begründet. Es begünstigt Zivilisationskrankheiten wie Diabetes, Bluthochdruck, Herz-Kreislauf-Erkrankungen sowie Haltungs- und Gelenkschäden, die die Kassen künftig erheblich belasten könnten.
www.dge.de (Deutsche Gesellschaft für Ernährung e.V.); www.foodwatch.de

Umgangszwang
Das Bundesverfassungsgericht (BVerfG) stellte in seinem Urteil vom 1. April 2008 fest, dass Eltern nur in Ausnahmefällen zum Umgang mit einem getrennt lebenden Kind gezwungen werden dürfen. Mit dieser Entscheidung gab das BVerfG der Beschwerde eines Familienvaters aus Brandenburg statt, der die Vaterschaft zwar anerkennt und Unterhalt zahlt, jedoch den Kontakt mit dem Kind verweigert, um seine Ehe mit einer anderen Frau nicht zu gefährden. Das Oberlandesgericht Brandenburg hatte dem Mann zuvor ein Zwangsgeld in Höhe von 25 000 € angedroht, sollte er seinen unehelichen Sohn nicht alle drei Monate besuchen.
Begründung Staatlicher Zwang sei in der Regel nicht geeignet, eine Beziehung zwischen Eltern und Kindern herzustellen. Außerdem stelle die Androhung von Zwangsgeld einen Eingriff in die Persönlichkeitsrechte des Klägers dar. In ihrer Begründung stellten die Richter das Wohl des Kindes in den Vordergrund. Nur wenn es im Einzelfall hinreichende Anhaltspunkte gebe, die darauf schließen lassen, dass ein erzwungener Umgang dem Kindeswohl dienen wird, könne der Umgang auch mit Zwangsmitteln durchgesetzt werden.
Hintergrund Nach einer Gesetzesänderung von 1998 haben Kinder Anspruch auf Kontakt zu beiden Elternteilen (§ 1684 BGB). Das Gesetz soll verhindern, dass nach einer Trennung der Eltern das Umgangsrecht eines Elternteils unterbunden wird, und dafür Sorge tragen, dass beide die Entwicklung des gemeinsamen Kindes verfolgen.

Umweltpolitik

Kyōto-Protokoll
Im Abschlussprotokoll der Konferenz von Kyōto (1997) verpflichteten sich die Industrieländer, die Emissionen in der Zeit von 2008 bis 2012 zusammen um durchschnittlich 5,2 % gegenüber 1990 zu senken. Die einzelnen Industriestaaten haben unterschiedliche Vorgaben; Entwicklungsländer wurden nicht einbezogen. Es war vorgesehen, dass diese Verpflichtung in Kraft tritt, wenn das Protokoll von 55 Staaten ratifiziert worden ist. Diese Voraussetzungen wurden im November 2004 erreicht, als Russland das Protokoll ratifizierte. Das Kyōto-Protokoll trat am 16. 2. 2005 in Kraft.
Die Vorgaben für die einzelnen Industriestaaten sehen konkret vor, dass beispielsweise Russland, die Ukraine und Neuseeland ihre Ausstoßmenge an Treibhausgasen von 1990 beibehalten dürfen, Norwegen darf die Menge um 1 %, Australien um 8 % und Island um 10 % erhöhen, Deutschland muss den Ausstoß um 21 % reduzieren, Österreich um 13 %. Zur Umsetzung dieser Ziele kommen hauptsächlich innerstaatliche Maßnahmen in Betracht, darunter v. a. Energieeinsparungen, Steigerung der Energieeffizienz und der vermehrte Einsatz erneuerbarer Energien. Zusätzlich können aber auch explizit drei marktwirtschaftliche Instrumente genutzt werden: Handel mit Treibhauszertifikaten (Emissionshandel), Klimaschutzprojekte in einem Entwicklungsland (Clean Development Mechanism) und kooperative Maßnahmen zweier Industrieländer (Joint Implementation).

Umweltpolitik
Am 6. Dezember 2007 verabschiedete die Bundesregierung den im April in einer Regierungserklärung vorgestellten Achtpunkteplan zur Reduzierung des CO_2-Ausstoßes bis 2020 um 40 % gegenüber 1990. Das wichtigste Gesetzespaket sah eine Senkung um mindestens 35 % vor. Vorgesehen waren neben energiepolitischen Maßnahmen (→ Energiepolitik) u. a. ein Biogas-Einspeisegesetz sowie die Umstellung von der bisherigen hubraumabhängigen auf eine emissionsabhängige Kfz-Steuer.

Umweltzonen

Von der Kyōto-Selbstverpflichtung, den CO_2-Ausstoß bis 2012 um 21% zu verringern, hatte Deutschland 2007 schon 19 Prozentpunkte erreicht. Das Land ist allerdings auch der mit Abstand größte CO_2-Produzent in der EU. Nach dem jährlich von der Entwicklungs- und Umweltorganisation Germanwatch aufgestellten Klimaschutzindex 2008 belegte Deutschland unter 56 untersuchten Industrie- und Schwellenländern Platz zwei hinter Schweden.

Klimapaket II Die ursprünglich für Mai 2008 geplante Umsetzung des erweiterten Gesetzespaketes (Klimapaket II) verzögerte sich, da es innerhalb der Ressorts und der Koalition keinen Konsens zu weitreichenden Maßnahmen gab. Insbesondere die Umstellung der Kfz-Steuer auf ein den Hubraum und die Emissionsmengen berücksichtigendes System erwies sich als nicht durchsetzbar. Diese Reform wurde bis mindestens 2010 aufgeschoben. Einigung wurde jedoch in anderen Punkten erreicht und das Paket am 18. Juni verabschiedet. Die Maut für Lkw wird teurer, lediglich schadstoffarme Lkw dürfen billiger die Straßen nutzen. Die Auflagen für Energiesparmaßnahmen bei Neubauten wurden verschärft und ein Ausbau des Stromnetzes beschlossen.

Biosprit-Regelung vom Tisch Im April 2008 zog Umweltminister Sigmar Gabriel (SPD) die von ihm anfangs befürwortete Biosprit-Verordnung wegen befürchteter technischer Probleme zurück (→ Biosprit).

Umweltzonen

In Berlin, Hannover und Köln wurden zum 1. Januar 2008 die ersten Umweltzonen eingerichtet. Weitere entstanden zum 12. Januar in Dortmund sowie zum 1. März in acht Städten in Baden-Württemberg (Ilsfeld, Leonberg, Ludwigsburg, Mannheim, Schwäbisch-Gmünd, Stuttgart, Tübingen); in anderen Großstädten laufen entsprechende Planungen. Umweltzonen sollen durch die in ihnen geltenden speziellen Auflagen das Aufkommen von Feinstaub, der hauptsächlich durch Verkehr und Industrie produziert wird, verringern.

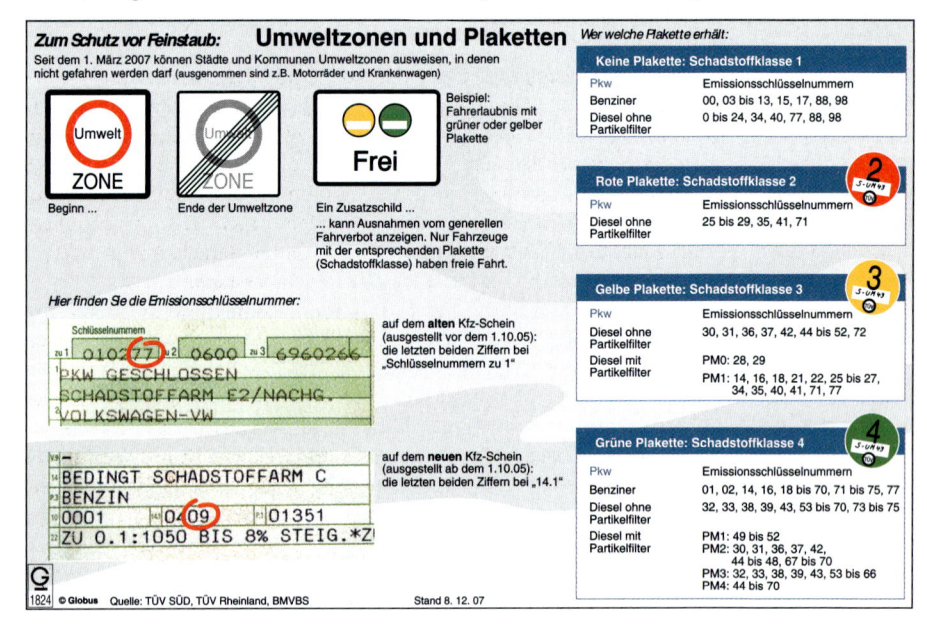

UNICEF Deutschland

Umweltzone

Feinstaubplakette
Je nach Schadstoffgruppe, die sich nach der sog. Emissionsschlüsselnummer im Kraftfahrzeugschein richtet, werden verschiedenfarbige Feinstaubplaketten ausgegeben. Grüne Plaketten erhalten Kraftfahrzeuge mit der geringsten Partikel- bzw. Schadstoffemission, in weiteren Stufen werden gelbe oder rote Plaketten zugeteilt. Für Fahrzeuge mit schlechter Einstufung kann gar keine Plakette ausgegeben werden. Die Plaketten müssen hinter die Windschutzscheibe geklebt werden. Eine Pflicht zum Kauf besteht nicht. Fahrzeuge ohne Plakette dürfen jedoch ausgewiesene Umweltzonen nicht befahren. Ein Verstoß kann mit einem Bußgeld von 40 € und einem Punkt in der Flensburger Verkehrssünderdatei geahndet werden.

Feinstaubverordnung Grundlage für die Ausweisung von Umweltzonen ist die im März 2007 in Deutschland in Kraft getretene Feinstaubverordnung, wonach Fahrzeuge in Schadstoffgruppen eingeteilt und mit einer Feinstaubplakette gekennzeichnet werden. Autos mit zu hohem Schadstoffausstoß können so gezielt aus den Umweltzonen in Innenstädten verbannt werden.

Hintergrund Nach einer Anfang 2005 in Kraft getretenen EU-Richtlinie darf in Großstädten an maximal 35 Tagen ein Verschmutzungsgrad von mehr als 50 Mikrogramm Feinstaub pro Kubikmeter Luft auftreten. Zeitlich befristete Maßnahmen in besonders belasteten Zonen hatten zuvor das Ziel verfehlt, die Verschmutzung zu senken. In Deutschland sterben einer EU-Studie zufolge rund 65 000 Menschen pro Jahr an den Folgen von Feinstaubbelastungen, v. a. an Erkrankungen der Atemwege.

Unfallversicherung, gesetzliche
➤ Gesetzentwürfe

UNICEF Deutschland
Anfang 2008 geriet die deutsche Sektion des UN-Kinderhilfswerks UNICEF (Köln) wegen Unregelmäßigkeiten im Spendengeschäft öffentlich in die Kritik. Nach heftigen internen Auseinandersetzungen legte die ehemalige Ministerpräsidentin von Schleswig-Holstein, Heide Simonis (SPD), am 2. Februar den Vorsitz von UNICEF Deutschland nieder, sechs Tage später trat Geschäftsführer Dietrich Garlichs zurück, im April folgte der gesamte Vorstand.

Hintergrund Der Konflikt war im Herbst 2007 durch Medienberichte über sehr großzügige Honorare für externe Berater und verschwiegene Provisionen an Spendenwerber vonseiten des Kinderhilfswerks ausgelöst worden. Simonis forderte Garlichs mit Hinweis auf dessen eigenmächtiges Finanzgebaren zum Rücktritt auf. Die Staatsanwaltschaft nahm Ermittlungen wegen des Verdachts der Untreue auf.

Spendensiegel Das Deutsche Zentralinstitut für soziale Fragen (DZI) entzog dem Kinder-

UNICEF Deutschland

Spendensiegel
Das Spendensiegel wird als Gütezeichen vom Deutschen Zentralinstitut für soziale Fragen (DZI) seit 1992 an soziale und karitative Institutionen, seit 2004 auch an alle übrigen gemeinnützigen Organisation auf Antrag vergeben. Zu den Kriterien für die Vergabe des Spendensiegels zählen: 1) die wahre, eindeutige und sachliche Werbung in Wort und Bild; 2) die nachprüfbare, sparsame und satzungsgemäße Verwendung der Mittel; 3) die eindeutige und nachvollziehbare Rechnungslegung und Prüfung der Jahresrechnung; 4) die interne Überwachung des Leitungsgremiums durch ein unabhängiges Aufsichtsorgan; 5) Vergabe von Prämien, Provisionen oder Erfolgsbeteiligungen für die Vermittlung von Spenden nur unter strengen Auflagen.
Die Kosten für den Erhalt des Siegels sind nicht unerheblich: So wird bei Erstanträgen eine Gebühr von mindestens 1 500 € erhoben. Für die jährliche Siegelprüfung berechnet das DZI darüber hinaus eine Grundgebühr von 500 € und erhebt ferner einen zusätzlichen Betrag von 0,035 % des jährlichen Sammlungsergebnisses.

hilfswerk im Februar 2008 das Spendensiegel. UNICEF habe u. a. »Zahlungen von Provisionen an Spendenwerber im jährlichen Prüfverfahren verschwiegen« und somit gegen die Standards des Siegels verstoßen. Im Zuge der Spendenaffäre verlor die Organisation nach eigenen Angaben 37 000 Fördermitglieder und verbuchte einen Rückgang von 20 % bei den Spendeneinnahmen.

Neuer Vorstand Im April wählte das UNICEF-Komitee acht neue Vorstandsmitglieder. Neuer Vorsitzender wurde der Unternehmer Jürgen Heraeus, die Geschäftsführung übernahm übergangsweise für fünf Monate Wolfgang Riotte.

Unwort des Jahres
➤ Wort des Jahres 2007

Unterhaltspflicht

Der Bundesgerichtshof (BGH) in Karlsruhe stärkte mit einem Urteil vom 16. April 2008 die Rechte von Vätern, denen Kinder untergeschoben wurden. Der Unterhalt darf künftig vom biologischen Vater zurückgefordert werden. Im verhandelten Fall hatte ein geschiedener Mann aus Niedersachsen jahrelang Unterhalt für drei Kinder gezahlt, die er für seine eigenen hielt. Er hatte die spätere Mutter der Kinder 1989 geheiratet und wähnte sich als Vater, bis das Gegenteil gerichtlich festgestellt wurde.

Das Gericht schloss gleichzeitig eine Gesetzeslücke: In Ausnahmefällen wie diesem darf die Vaterschaft fortan auch im Prozess über den Unterhaltsregress festgestellt werden. Das war den Beteiligten bisher wegen eines BGH-Urteils

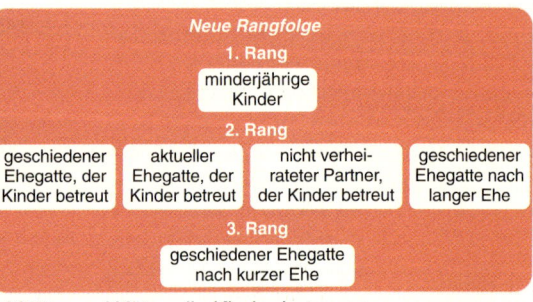

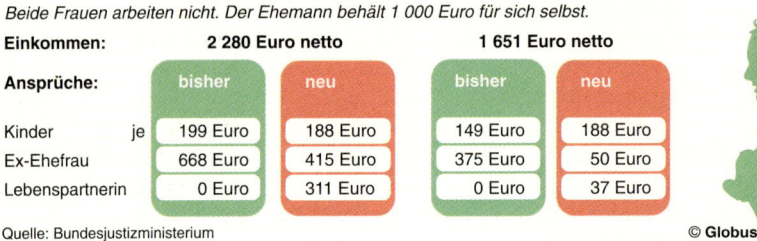

Das neue Unterhaltsrecht

1. Änderung der Rangfolge
Reicht das Einkommen des Unterhaltspflichtigen nach Abzug des Selbstbehalts nicht für alle Ansprüche aus, wird die Rangfolge der Ansprüche wichtig

Bisherige Rangfolge
- 1. Rang: minderjährige Kinder | geschiedener Ehegatte | aktueller Ehegatte
- 2. Rang: nicht verheirateter Partner, der Kinder betreut

Neue Rangfolge
- 1. Rang: minderjährige Kinder
- 2. Rang: geschiedener Ehegatte, der Kinder betreut | aktueller Ehegatte, der Kinder betreut | nicht verheirateter Partner, der Kinder betreut | geschiedener Ehegatte nach langer Ehe
- 3. Rang: geschiedener Ehegatte nach kurzer Ehe

2. Besserstellung nicht verheirateter Mütter und Väter, die Kinder betreuen
Beispiel: Ehemann mit zwei Kindern (fünf und drei Jahre alt), der von seiner Frau getrennt ist und mit einer neuen Partnerin und einem gemeinsamen Kind (ein Jahr) zusammenlebt. Beide Frauen arbeiten nicht. Der Ehemann behält 1 000 Euro für sich selbst.

Einkommen:	2 280 Euro netto		1 651 Euro netto	
Ansprüche:	bisher	neu	bisher	neu
Kinder je	199 Euro	188 Euro	149 Euro	188 Euro
Ex-Ehefrau	668 Euro	415 Euro	375 Euro	50 Euro
Lebenspartnerin	0 Euro	311 Euro	0 Euro	37 Euro

Quelle: Bundesjustizministerium © Globus 1738

von 1993 verwehrt – die Vaterschaft durfte nur in einem eigens dafür vorgesehenen Verfahren ermittelt werden. Weil Scheinväter seitdem nicht mehr ihre Ansprüche einklagen konnten, seien sie »faktisch der Willkür der Kindesmutter und des wahren Erzeugers« ausgeliefert gewesen, begründete der BGH sein Urteil.

Unterhaltsrecht

Am 1. Januar 2008 trat ein neues Unterhaltsrecht in Kraft. Die Neuregelung war am 9. November 2007 vom Bundestag verabschiedet worden und trägt einer vorausgegangenen Entscheidung des Bundesverfassungsgerichts vom 28. Februar Rechnung. Nun steht im Falle einer Trennung der Eltern bei der Verteilung von Unterhaltsansprüchen das Kindeswohl im Mittelpunkt. Mütter und Väter, die Kinder aus einer gescheiterten, nicht ehelichen Partnerschaft betreuen, sind hinsichtlich der Ansprüche grundsätzlich gleichgestellt mit geschiedenen Elternteilen. Die Unterhaltsansprüche der Kinder stehen dem Gesetz zufolge an erster Stelle. Nach bisheriger Regelung mussten sich Minderjährige den ersten Rang mit geschiedenen und aktuellen Ehepartnern des betreuenden Elternteils teilen. An zweiter Stelle stehen die Mütter und Väter, die Kinder betreuen. Künftig haben alle betreuenden Mütter und Väter zunächst für die Dauer von drei Jahren nach der Geburt des Kindes Anspruch auf Betreuungsunterhalt, unabhängig davon, ob sie verheiratet waren oder nicht. Mit der Reform wird auch die nacheheliche Eigenverantwortung gestärkt. Eine Lebensstandardgarantie gibt es nicht mehr.

Urheberrecht

Mit dem »Zweiten Gesetz zur Regelung des Urheberrechts in der Informationsgesellschaft«, das Bundestag und Bundesrat am 5. Juli und 21. September 2007 beschlossen, setzte die Große Koalition die 2003 von Rot-Grün begonnene Modernisierung des Urheberrechts fort. Das Gesetz trat am 1. Januar 2008 in Kraft.

Zu den für den Verbraucher wichtigen Punkten zählt, dass Privatkopien eines urheberrechtlich geschützten Werkes auch künftig erlaubt bleiben, es sei denn, die Vorlagen sind mit einem Kopierschutz versehen, der nicht aufgebrochen werden darf, oder die Vorlagen selbst sind offensichtlich rechtswidrig, etwa wenn sie aus illegalen Tauschbörsen stammen. Als Ausgleich für die Erlaubnis zur Anfertigung privater Kopien erhalten die Verwertungsgesellschaften der Urheber pauschale Vergütungen, über die sie sich mit den Herstellern der Geräte und Speichermedien, die zum Kopieren benutzt und mit einer entsprechenden Abgabe belegt werden, einigen müssen.

Bibliotheken, Museen und Archive dürfen ihren Besuchern ihre digitalisierten Bestände an elektronischen Leseplätzen zur Verfügung stellen. Kopien geschützter Werke dürfen sie jedoch nur unter bestimmten, eng gefassten Bedingungen anfertigen und beispielsweise per E-Mail versenden.

V

Vaterschaftstests
➤ Unterhaltspflicht

Verbraucherinformationsgesetz

Am 1. Mai 2008 trat das Verbraucherinformationsgesetz in Kraft. Es verschafft dem Bürger mehr Klarheit über Gefahren durch einzelne Produkte; die Regelung betrifft Lebens- und Futtermittel, Bekleidung, Bettwäsche, Waschmittel und Spielwaren. Das Gesetz war im zweiten Anlauf von Bundestag und Bundesrat am 5. Juli und 21. September 2007 beschlossen worden. Die erste Fassung, die ab Frühjahr 2007 hätte gelten sollen, musste überarbeitet werden, nachdem Bundespräsident Horst Köhler wegen verfassungsrechtlicher Bedenken seine Unterschrift unter das Gesetz verweigert hatte.

V Verbraucherinsolvenz

Inhalt Die zuständigen Behörden sind nun verpflichtet, bei Gesundheitsgefahren für die Verbraucher, etwa im Fall von Fleischskandalen, die Öffentlichkeit von sich aus aufzuklären, und zwar mit Nennung von Hersteller- und Produktnamen. Verbraucher haben Anspruch auf alle den Behörden vorliegenden Informationen und Untersuchungsergebnisse über z. B. Pestizidbelastungen bestimmter Gemüse oder über Gefahren durch Güter des täglichen Bedarfs wie Putzmittel oder Kosmetika.

Verbraucherinsolvenz

Mit der im August 2007 von der Bundesregierung beschlossenen Reform der Verbraucherinsolvenz soll die Entschuldung von Privatpersonen flexibler und der Aufwand verringert werden; die neue Regelung soll Ende 2008 in Kraft treten. 2007 nahm die Zahl der Verbraucherinsolvenzen um 9 % zu (→ Insolvenzen).

Vereinfachtes Verfahren Bislang musste grundsätzlich ein Insolvenzverfahren über das Vermögen des Schuldners eröffnet werden. Diese bis zu 2 300 € teure Prozedur verlor jedoch ihren Sinn, wenn der Schuldner – wie in 80 % der Fälle – mittellos war. Künftig soll sie übersprungen werden, wenn der Schuldner seine Zahlungsunfähigkeit nachweist. Danach beginnt die sechsjährige Wohlverhaltensphase. In dieser Frist muss sich der Schuldner bemühen, durch Erwerbseinkommen oder Abtretung ererbten Vermögens seine Schulden so weit wie möglich zu tilgen; danach wird ihm die Restschuld erlassen. An den anfallenden Gerichtskosten wird der Schuldner stärker beteiligt als bisher: Sobald ein Gericht eingeschaltet ist, sind 25 € zu zahlen; in der Wohlverhaltensphase fallen jeden Monat 13 € an.

Verbraucherpreise

Hohe Preise für Grundnahrungsmittel (→ Milch) und Mineralölprodukte (→ Benzinpreise) heizten in Deutschland wie in anderen Mitgliedsländern der Europäischen Wirtschafts- und Währungsunion (→ Euro) die Inflation an. 2007 lag der Verbraucherpreisindex um 2,3 % höher als im Vorjahr (1,6 %). In ihrem Frühjahrsgutachten vom Mai 2008 gingen die Wirtschaftsforschungsinstitute für 2008 von einer durchschnittlichen Erhöhung der Verbraucherpreise um 2,6 % aus. In ihrer Jahresprognose vom Juni 2008 setzte die Deutsche Bundesbank sogar 3,0 % an. Eine Geld-

Verbraucherpreise: Preisanstieg bei Lebensmitteln in der EU

Land	April 2008 zum Vorjahresmonat (%)		
	Lebensmittel	Brot, Getreideerzeugnisse	Milch, Käse, Eier
Bulgarien	25,4	38,4	25,9
Litauen	18,1	26,6	24,1
Rumänien	12,4	12,3	11,4
Slowakei	7,9	19,4	14,5
Österreich	7,6	11,0	16,1
Großbritannien	7,2	8,5	15,7
Deutschland	6,4	8,4	21,6
Belgien	6,1	11,5	16,9
Italien	5,9	10,7	8,6
Portugal	3,2	9,2	14,1
EU-Durchschnitt	7,1	10,7	14,9

Quelle: Eurostat

Verkehr V

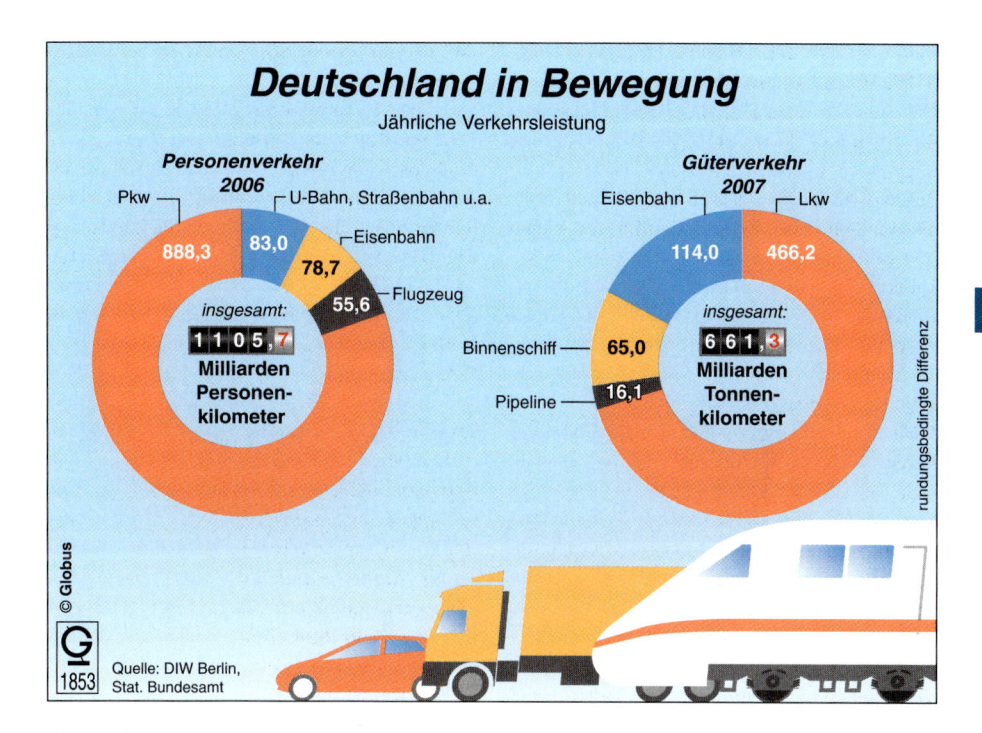

Deutschland in Bewegung
Jährliche Verkehrsleistung

Personenverkehr 2006
- Pkw: 888,3
- U-Bahn, Straßenbahn u.a.: 83,0
- Eisenbahn: 78,7
- Flugzeug: 55,6
- insgesamt: **1 105,7** Milliarden Personenkilometer

Güterverkehr 2007
- Eisenbahn: 114,0
- Lkw: 466,2
- Binnenschiff: 65,0
- Pipeline: 16,1
- insgesamt: **661,3** Milliarden Tonnenkilometer

rundungsbedingte Differenz

© Globus
1853
Quelle: DIW Berlin, Stat. Bundesamt

---

entwertung in dieser Höhe hatte es zuletzt 1994 gegeben.
Beschleunigt hatte sich die Inflation in Deutschland Ende 2007. Mit 3,2 % gegenüber dem Vorjahresmonat lag sie erstmals im November über 3 % (erneut im Dezember 2007 und März 2008), allerdings erst nachdem das Statistische Bundesamt im März 2008 rückwirkend Gewichtung und Struktur der Güter- und Dienstleistungsmenge, die der Berechnung der allgemeinen → Lebenshaltungskosten zugrunde liegt (Warenkorb), geändert hatte.

Verkehr

Die Verkehrsleistung im Personenverkehr (ohne Luftverkehr) ist nach Prognosen der für das Bundesverkehrsministerium tätigen Beratergruppe Verkehr und Umwelt (BVU) 2007 gegenüber dem Vorjahr um 0,6 % auf 1 057,8 Mrd. Personenkilometer gestiegen; um dieselbe Rate legte der motorisierte Individualverkehr zu, der 84,5 % des gesamten Personenverkehrs ausmachte. Ursachen waren ein höherer Kraftfahrzeugbestand (→ Autobranche) und eine höhere jährliche Fahrleistung pro Pkw. Im öffentlichen Nahverkehr gab es Steigerungsraten von 0,3 % (Bus, Straßen- und U-Bahn) und 1,6 % (Eisenbahn); im Bahnfernverkehr ließ der Lokführerstreik (→ Deutsche Bahn AG) die Verkehrsleistung jedoch um 0,5 % sinken.
Deutlich gewachsen ist die Güterverkehrsleistung, die sich um 6,9 % auf 661 Mrd. Tonnenkilometer erhöhte, am stärksten mit einem Plus von 8,0 % auf der Straße, am geringsten mit 1,6 % in der Binnenschifffahrt. Die höchste Kraftfahrzeugdichte – bei einem Deutschlandmittel von 673 Kraftfahrzeugen pro 1 000 Einwohner – hatten nach Angaben des Kraftfahrtbundesamts (KBA) die Bundesländer Bayern (762) und Rheinland-Pfalz (733).

Die Zahl der zivilen Flugbewegungen erhöhte sich nach Angaben der DFS Deutsche Flugsicherung 2007 um 4,7 % auf 3,0 Mio. Das Passagieraufkommen wies nach der BVU-Prognose mit einem Zuwachs von 6,3 % ein noch stärkeres Wachstum auf als im Vorjahr (5,5 %). 2007 wurden etwa 164 Mio. Personen im gewerblichen Luftverkehr befördert.

Mängel Eine im Mai 2008 vom Bundesverband der Deutschen Industrie veröffentlichte Studie »Bedeutung der Infrastruktur im internationalen Vergleich« stellte bei 41 % der Bundesstraßen und 20 % der Autobahnen erhebliche Mängel fest. Jeden Tag würden in Staus 30 Mio. Liter Kraftstoff verbraucht; die wirtschaftlichen Schäden durch Verkehrsstaus wurden auf 102 Mrd. € jährlich geschätzt. Die Investitionen in die Verkehrsinfrastruktur hätten mit der stark gewachsenen Verkehrsleistung, 1980–2006 im Personenverkehr um 83 % und im Güterverkehr um 142 %, nicht Schritt gehalten.

Sicherheit Die Zahl der Verkehrstoten auf Deutschlands Straßen ging nach Angaben des Statistischen Bundesamts erneut zurück: 2007 wurden 4 958 Personen getötet und 431 683 verletzt. Die Zahl der Todesopfer war die niedrigste seit Wiedereinführung der Verkehrsunfallstatistik 1953. Hauptunfallursachen waren nicht angepasste Geschwindigkeit und Missachtung der Vorfahrt. Die Polizei registrierte insgesamt 2,296 Mio. Unfälle, rund 2,7 % mehr als 2006; die Anzahl der Unfälle mit Personenschäden nahm um 2,4 % auf 336 000 zu.

Männer bildeten nach Angaben des KBA-Jahresberichts 2007 mit einem Anteil von 79,1 % (6,826 Mio.) die Mehrheit der im Verkehrszentralregister eingetragenen Personen. Mehr als die Hälfte aller »Verkehrssünder« sei wegen Geschwindigkeitsübertretungen erfasst worden. Männer seien häufiger bei Fahrten unter Alkoholeinfluss auffällig, Frauen missachteten eher die Vorfahrt. Im Mai 2008 stimmte das Bundeskabinett einem neuen → Bußgeldkatalog zu, der ab 1.1.2009 gelten soll.

Transrapid Der Plan, zwischen dem Hauptbahnhof und dem Flughafen München eine 37 km lange Strecke für die Magnetschwebebahn Transrapid zu bauen, scheiterte an der Finanzierung. Die veranschlagten Kosten von 1,85 Mrd. € sollten sich gemäß einer Vereinbarung vom September 2007 wie folgt verteilen: Der Bund sollte die Hälfte, der Freistaat Bayern 490 Mio. €, die Deutsche Bahn AG 235 Mio. € sowie die Herstellerfirmen ThyssenKrupp und Siemens je 25 Mio. € übernehmen. Im März 2008 zogen Bundesverkehrsminister Wolfgang Tiefensee (SPD) und der bayerische Ministerpräsident Günther Beckstein (CSU) die Finanzierungszusagen zurück, da die Kosten mittlerweile auf knapp das Doppelte (3,4 Mrd. €) gestiegen seien.

Im Prozess wegen des Unfalls auf der Transrapid-Versuchsstrecke Emsland am 22.9.2006 fielen im Mai 2008 die ersten Urteile gegen zwei Betriebsleiter: Sie wurden wegen fahrlässiger Tötung zu Geldstrafen von 24 000 € bzw. 20 000 € verurteilt. Das Gericht stellte Verletzungen der Sorgfaltspflicht fest, die eine Kette von Fehlern nach sich gezogen hätten. Beim Aufprall des Transrapids auf ein Wartungsfahrzeug waren 23 Menschen getötet worden.

www.bvu.de (Beratergruppe Verkehr + Umwelt GmbH); www.kba.de (Kraftfahrtbundesamt); www.flugsicherung.de

Visa-Missbrauch

In ihrer Antwort auf eine kleine Anfrage von FDP-Bundestagsabgeordneten berichtete die Bundesregierung im Februar 2008 von 1 259 bzw. 209 bis Ende 2007 ermittelten Fällen von missbräuchlicher Visaerteilung an den Deutschen Botschaften in Moskau und Kairo. Hinzu kamen 210 Fälle an sechs weiteren Auslandsvertretungen. Nach den Ermittlungen des Auswärtigen Amts (AA) und der Bundespolizei waren mithilfe gefälschter oder nicht korrekter Antragsunterlagen Visa erschlichen worden. Vom Dienst suspendiert bzw. entlassen wurden sieben einheimische Kräfte und eine deutsche Mitarbeiterin.

Notenstellungsverfahren In den Moskauer Missbrauchsfällen wurde das sog. Notenstellungsverfahren genutzt, um Visa ausstellen zu lassen. Hier können Angehörige von Firmen und Institutionen, die als verlässlich eingestuft wurden, ohne persönlich vorstellig zu werden, Visa für ihre Mitarbeiter und deren Angehörige beantragen.

»Visa-Affäre« Zur Verbesserung des Visavergabeverfahrens hatte das AA Ende 2006 Maßnahmen erarbeitet, um künftig massenhaften Missbrauch zur illegalen Einschleusung von Ausländern wie 2001–04 an deutschen Auslandsvertretungen in Osteuropa, v. a. in Kiew (»Visa-Affäre«), zu verhindern. Allerdings wird in Moskau das damals kritisierte Visaverfahren über Reisebüros und Versicherungsagenturen weiter praktiziert.

Die Missbrauchsfälle in Moskau und Kairo waren im Dezember 2007 durch Presseveröffentlichungen bekannt geworden. Insgesamt wurden nach Angaben des AA im Jahr 2007 in 184 deutschen Auslandsvertretungen ca. 2,3 Mio. Visaanträge bearbeitet, davon rund 11 % in Moskau.

Volkswagen AG

Der Sportwagenhersteller Porsche baute 2007 seinen Kapitalanteil am größten europäischen Autoproduzenten Volkswagen (VW) auf 30,6 % der Stammaktien aus. Den Weg für eine vollständige Übernahme ebnete der Europäische Gerichtshof (EuGH) mit einem Urteil vom 23. Oktober 2007 zur Freiheit des Kapitalverkehrs in der EU.

VW-Gesetz Der EuGH folgte darin der Auffassung der Europäischen Kommission, die im VW-Gesetz von 1960 einen Verstoß gegen Europarecht sieht. Das Gesetz besagte, dass kein Aktionär mehr als 20 % der Stimmen geltend machen darf, auch wenn er über mehr Aktien verfügt. Der Bund und das Land Niedersachsen dürfen in jedem Fall zwei Mitglieder in den Aufsichtsrat entsenden. Wichtige Beschlüsse der Hauptversammlung benötigen eine Zustimmung von 80 %; nach dem deutschen Aktiengesetz sind im Allgemeinen 75 % ausreichend.

Als Konsequenz aus dem EuGH-Urteil setzte sich Porsche dafür ein, die Sperrminorität wie nach deutschem Aktienrecht üblich auf 25 % der Stimmrechte festzulegen. Niedersachsen würde dadurch den Einfluss auf VW verlieren; das Land hielt zuletzt einen Anteil von 20,3 % der Stammaktien. Im Mai 2008 legte die Bundesregierung einen Entwurf für ein geändertes VW-Gesetz vor, das die höhere Sperrminorität jedoch beibehielt.

Volkswagen: Fahrzeugauslieferung an Kunden (in 1000)

Marke	2006	2007
Audi	905	964
Bentley	9,4	10
Lamborghini	2,1	2,4
SEAT	429	431
Škoda	550	630
VW Pkw	3 396	3 663
VW Nutzfahrzeug	441	489

Quelle: Volkswagen AG

Scania Im März 2008 erhöhte VW seinen Kapitalanteil am schwedischen Lkw-Hersteller Scania von 20,9 % auf 37,7 %; der Stimmrechtsanteil wuchs damit von 38,6 % auf 68,6 %. Die Aufstockung kostete VW rund 2,9 Mrd. €. Scania, siebtgrößter Nutzfahrzeughersteller der Welt, produziert v. a. schwere Lkw, VW selbst stellt hauptsächlich leichte Nutzfahrzeuge her und ist mit einem Kapitalanteil von 29,9 % größter Aktionär des Lastwagenherstellers MAN.

VW-Prozess Im Prozess um Tarnfirmen, »Lustreisen« und korrupte Betriebsräte bei der Volkswagen AG akzeptierte der SPD-Politiker Günter Lenz im August 2007 einen Strafbefehl über 11 250 € wegen Beihilfe zur Untreue; er war im Juni aus dem niedersächsischen Landtag ausgeschieden und hatte im Juli sein Aufsichtsratsmandat bei VW niedergelegt. Als erster Hauptbeschuldigter war im Januar 2007 der frühere Personalvorstand Peter Hartz zu einer Bewährungs- und Geldstrafe verurteilt worden. Als weitere Hauptbeschuldigte standen ab März 2007 der frühere Vorsitzende des Konzernbetriebsrats Klaus Volkert und der ehemalige Personalmanager Klaus-Joachim Gebauer vor Gericht. Die Vorwürfe gegen Volkert lauteten auf Anstiftung bzw. Beihilfe zur Untreue sowie Anstiftung zur Begünstigung eines Betriebsratsmitglieds. Gebauer wurden Untreue und Anstiftung zum Betrug vorgeworfen. Im Februar 2008 verurteilte das Landgericht Volkert zu zwei Jahren und neun Monaten Haft und Gebauer zu einem Jahr Haft auf Bewährung. Nach Auffassung des Gerichts hatte Volkert nicht gerechtfertigte Sonderbonuszahlungen von rund 2 Mio. € erhalten und sich damit – im Unterschied zu Hartz – persönlich bereichert. Gegen beide Urteile legte die Verteidigung Revision beim Bundesgerichtshof ein.

Vorratsdatenspeicherung
➤ Terrorismusbekämpfung

W

Wallraf-Richartz-Museum
Im Februar 2008 entlarvten Restauratorinnen des Wallraf-Richartz-Museums in Köln ein Gemälde des französischen Impressionisten Claude Monet als Fälschung. Im Vorfeld der am 29. Februar startenden Ausstellung »Wie das Licht auf die Leinwand kam« waren etwa 70 impressionistische Exponate mit modernsten wissenschaftlichen Methoden untersucht worden, darunter auch der vermeintliche Monet »Am Seineufer bei Port Villez«, ein Prunkstück des Museums.
Drei Indizien hatten das Kunstwerk als Fälschung überführt: Es besaß eine Unterzeichnung, war also vorgezeichnet, bevor es mit Öl-farbe gemalt worden war – eine für Monet untypische Vorgehensweise. Die Signatur war zweifach gezogen, und auf dem Bild war eine durchsichtige Lasur aufgetragen, die offenbar den Alterungsprozess simulieren sollte. Das Gemälde, dessen Wert zuvor mit einem einstelligen Millionenbetrag angegeben worden war, bleibt als Fälschung gekennzeichnet weiterhin Teil der ständigen Sammlung.

Wattenmeer
Das Wattenmeer soll UNESCO-Weltnaturerbe werden. Bereits seit 2001 bereiten Deutschland und die Niederlande die Anmeldung ihrer Wattenmeergebiete bei der UNESCO vor. In Deutschland hatten sich alle betroffenen Bundesländer zunächst für die Nominierung ausgesprochen. Im Wahlkampf um die Hamburgische Bürgerschaft Anfang 2008 spielte der Nominierungsantrag eine Rolle, denn der Hamburger Senat befürchtete Bedenken wegen der geplanten Elbvertiefung. Die Stadt zog sich daraufhin aus den Planungen zurück. Obwohl auch andere Seehäfen Bedenken angemeldet hatten, wurden im Februar 2008 die Wattenmeerschutzgebiete von Schleswig-Holstein, Niedersachsen und den Niederlanden bei der UNESCO als Weltnaturerbe angemeldet. Das UNESCO-Welterbekomitee wird voraussichtlich im Juni 2009 seine Entscheidung über eine Aufnahme der Gebiete in die Weltnaturerbeliste bekannt geben.

Nationalparks Das Wattenmeer mit seinen flachen Gezeitenküsten, bei denen der amphibische Saum zwischen festem Land und offenem Meer bei Ebbe ganz oder teilweise trocken liegt, ist besonders ausgeprägt an der niederländisch-deutsch-dänischen Nordseeküste.
An der deutschen Nordseeküste wurden zum Schutz des Wattenmeers drei Nationalparks eingerichtet: das Schleswig-Holsteinische Wattenmeer, das Niedersächsische Wattenmeer und das Hamburgische Wattenmeer. Alle Gebiete sind von der UNESCO als Biosphärenreservate anerkannt. Auch in den Niederlanden ist ein

Wattenmeer: die drei Nationalparks

Nationalpark	Lage	Gründungsjahr	Fläche
Hamburgisches Wattenmeer	Elbmündung	1990	13 750 ha
Niedersächsisches Wattenmeer	zwischen Elbe und Ems	1986	280 000 ha
Schleswig-Holsteinisches Wattenmeer	Elbmündung bis dänische Grenze	1985	441 000 ha

Quelle: Europarc Deutschland e.V.

großer Teil des Wattenmeers als Biosphärenreservat ausgewiesen.

WestLB-Prozess

Die gegen den früheren Vorstandsvorsitzenden der WestLB, Jürgen Sengera, erhobene Anklage der schweren Untreue ließ sich nicht erhärten; am 19. Juni 2008 wurde er freigesprochen. Das Düsseldorfer Landgericht sah keine Beweise für eine strafbare Handlung des Bankmanagers, sondern lediglich Fahrlässigkeit und Pflichtwidrigkeit bei der Vergabe eines Kredits über 860 Mio. £ an die britische Fernsehleasingfirma Box Clever im Jahr 1999. Die Insolvenz des Unternehmens hatte bei der WestLB, der drittgrößten der damals elf deutschen Landesbanken, zu Wertberichtigungen von rund 680 Mio. € und im Geschäftsjahr 2002 zu einem Verlust von 1,7 Mrd. € geführt.

Sengera trat 2003 als Bankchef zurück. Er hatte als Vorstandsmitglied den Kredit an Box Clever zu verantworten. Bei der Genehmigung handelte Sengera nach Ansicht des Gerichts pflichtwidrig. Den nachweisbaren Schaden bezifferte es auf rund 200 Mio. €; die Staatsanwalt war von 427 Mio. € ausgegangen. Anklage war lediglich gegen Sengera erhoben worden. Ermittlungsverfahren gegen weitere Bankmanager, darunter die Londoner Investmentbankerin Robin Saunders, die den Kredit an Box Clever vermittelt hatte, waren 2007 nach einem Vergleich und der Zahlung von Geldbeträgen – im Fall von Saunders waren es 1 Mio. € – eingestellt worden.

Die staatsanwaltlichen Ermittlungen waren zuerst wegen des Verdachts aufgenommen worden, der Vorstand habe den Aufsichtsrat nicht rechtzeitig und ausreichend über Risiken beim Eigenhandel mit Aktien informiert; eine Prüfung durch das Bundesamt für Finanzdienstleistungsaufsicht (BaFin) Mitte 2007 hatte den Schaden für die WestLB auf rund 600 Mio. € beziffert. Im Zuge der amerikanischen Hypothekenkrise mussten darüber hinaus die Anteilseigner der WestLB, u. a. Sparkassenorganisationen und das Land Nordrhein-Westfalen (unmittelbar und über die NRW-Bank), Garantien in Höhe von 5 Mrd. € für risikobehaftete Wertpapiere übernehmen (→ Bankenkrise).

Wetter in Deutschland

Im Berichtszeitraum 2007/08 war das Wetter durchschnittlich ohne besondere Höhen und Tiefen.

Juli 2007 Die Temperaturbilanz lag mit +0,3 °C geringfügig über dem Durchschnitt trotz vieler nasskalter Tage. Insgesamt gab es mehr Regen als Sonnenschein.

August 2007 Bis auf zu viel Regen in einigen Landesteilen, der weniger auf Gewitter als auf Starkregenereignisse zurückzuführen war, verlief das wechselhafte Wetter im Hinblick auf Temperatur und Sonnenscheindauer normal.

September 2007 Der mit Ausnahme von Norddeutschland erste zu kalte Monat des Jahres war auch zu feucht und wartete mit wenig Sonnenschein auf.

Oktober 2007 Bei durchschnittlichen Temperaturen war es bei hoher Sonnenscheindauer extrem trocken. Der »goldene Oktober« bescherte den Winzern einen vorzüglichen Weinjahrgang.

Wetter in Deutschland

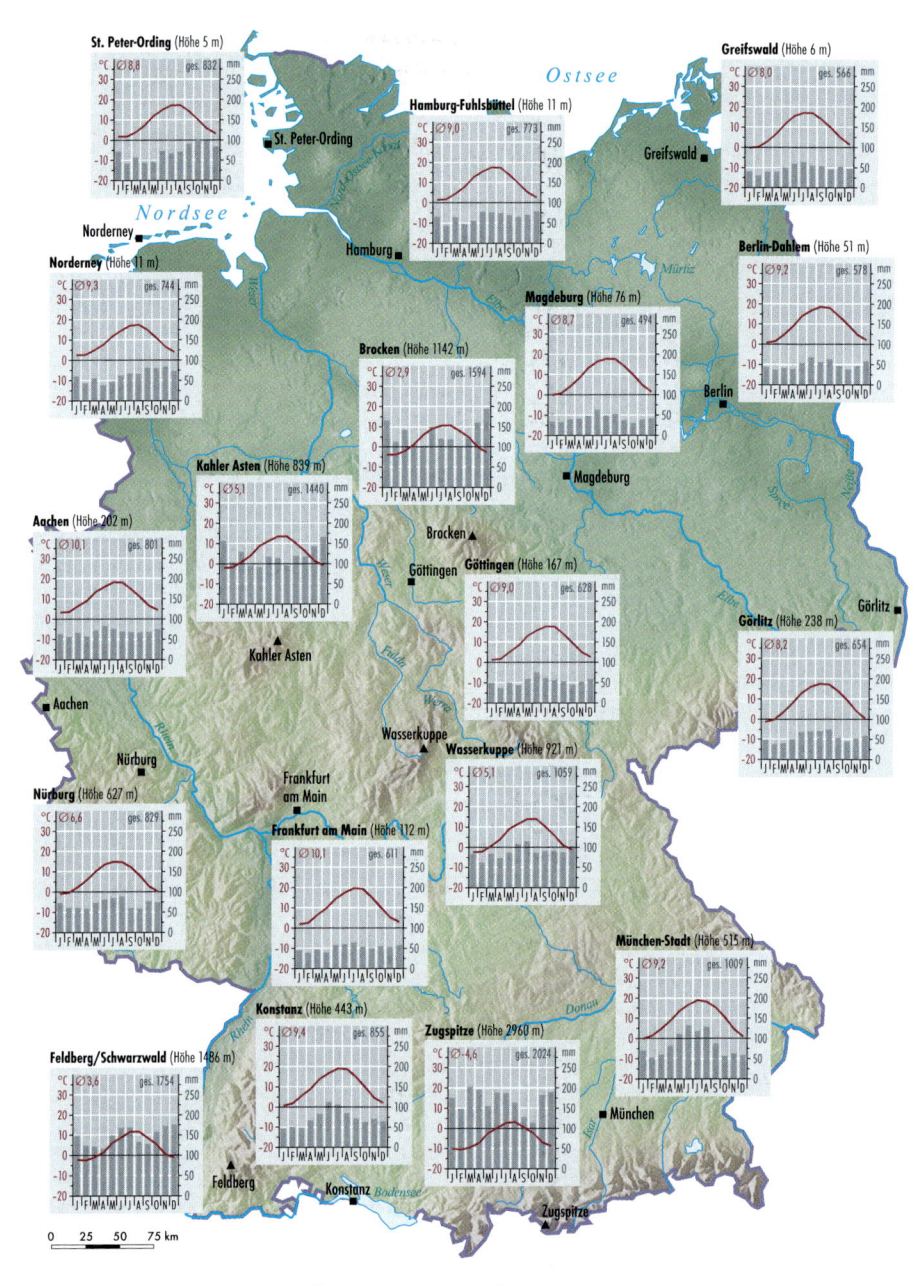

Wetter Temperaturen und Niederschläge an ausgesuchten Klimastationen

November 2007 Der unauffällige, weil sehr durchschnittliche Monat hatte ausgeglichene Temperaturen bei wenig Sonnenschein.
Dezember 2007 In der ersten Monatshälfte war es mild, nass, z. T. auch stürmisch, die zweite Hälfte stand unter Hochdruckeinfluss, die Kaltluft brachte. Vereinzelt kam es zu »weißen Weihnachten«.
Januar 2008 Nach kaltem Jahresbeginn war es wie im Vorjahr viel zu mild – mancherorts wurden Abweichungen vom Mittelwert um bis zu 4 °C verzeichnet – und, bis auf den Süden, etwas zu feucht.
Februar 2008 Der Trend setzte sich im milden Februar fort, der aber eher trocken war. Die Sonnenscheindauer lag vielerorts über dem Mittel.
März 2008 Der Monat begann mit dem Orkantief »Emma«, das, obwohl fast so stark wie »Kyrill«, deutlich weniger Schäden anrichtete. Trotz der kalten Osterwoche mit Schneefällen bis in die Niederungen war das Wetter etwas zu warm, v. a. im Nordosten, und zu nass.
April 2008 Es herrschte für den Monat typisches wechselhaftes Wetter mit durchschnittlichen Temperaturen und Niederschlägen bei wenig Sonnenschein – nicht zu vergleichen mit dem hochsommerlichen Wetter im Vorjahr.
Mai 2008 Die ersten drei Wochen des überdurchschnittlich sonnigen und warmen Monats waren ausgesprochen trocken. Die letzten Tage waren allerdings v. a. im Westen und Südwesten von heftigen Gewittern geprägt.
Juni 2008 Schwere Unwetter sorgten auch Anfang Juni für Überschwemmungen, v. a. in Süddeutschland. Die Durchschnittstemperaturen lagen leicht über dem langjährigen Klimamittel.

Wirtschaftsentwicklung

Die deutsche Wirtschaft setzte 2007 nach Angaben des Statistischen Bundesamts ihren Wachstumskurs mit einem realen Anstieg des Bruttoinlandsprodukts (BIP) um 2,5 % fort (2006: 2,9 %). Getragen wurde der Aufschwung v. a. vom Export und den Investitionen.

Wachstum Der Wert der Ausfuhren stieg gegenüber dem Vorjahr um 8,3 %, die Einfuhr wuchs lediglich um 5,7 %. Damit profitierte Deutschland von der starken Weltwirtschaft; die Aufwertung des → Euro, die Exporte meist verteuert, bremste die Entwicklung nicht. Noch stärker als im Vorjahr expandierten mit einem Plus von 8,4 % die Investitionen in Gebäude, Anlagen und Maschinen, der Anstieg der Bauinvestitionen schwächte sich auf 2,0 % ab. Um 0,3 % zurück ging der private Verbrauch. Dafür verantwortlich waren die hohen Energie- und Nahrungsmittelpreise sowie die zum 1. 1. 2007 von 16 % auf 19 % gestiegene Mehrwertsteuer; vielfach seien Konsumausgaben ins Jahr 2006 vorgezogen worden. Die Zunahme der Arbeitnehmerentgelte von 2,6 % lag nur wenig über der Geldentwertung von 2,3 %, die Einkommen aus Unternehmenstätigkeit und Vermögen hingegen legten um 7,2 % zu, sodass der Anteil der Arbeitnehmerentgelte am Volkseinkommen (Lohnquote) um einen Prozentpunkt auf 64,6 % fiel.

Prognose In ihrer Frühjahrsprognose vom April 2008 rechneten die Wirtschaftsforschungsinstitute für das Gesamtjahr mit einem BIP-Wachstum von 1,8 % und einer mittleren Inflationsrate von 2,6 %. Der private Verbrauch werde aufgrund steigender Löhne (→ Tarifpolitik) und einer weiteren Belebung des → Arbeitsmarkts spürbar wachsen; die Zahl der Erwerbstätigen hatte mit rund 39,7 Mio. schon 2007 den höchsten Stand seit 1990 erreicht. Wie im Herbstgutachten 2007 warnten die Institute vor höheren Arbeitskosten v. a. im Niedriglohnsektor (→ Mindestlohn) und mahnten dazu, die Anreize, eine reguläre Beschäftigung anzunehmen, zu erhöhen.

Wort des Jahres 2007

Das Wort des Jahres 2007 lautet »Klimakatastrophe«. Die Gesellschaft für deutsche Sprache (GfdS) führte am 7. Dezember 2007 zur Begründung für ihre Wahl an, dass der Ausdruck treffend die bedrohliche Entwicklung kennzeichne, die der Klimawandel nehme. Auf Platz zwei setz-

Z Zeitarbeit

Unworte des Jahres und Worte des Jahres

Jahr	Unwort	Wort
1997	Wohlstandsmüll	Reformstau
1998	sozialverträgliches Frühableben	Rot-Grün
1999	Kollateralschaden	Millennium
2000	national befreite Zone	Schwarzgeldaffäre
2001	Gotteskrieger	11. September
2002	Ich-AG	Teuro
2003	Tätervolk	Das alte Europa
2004	Humankapital	Hartz IV
2005	Entlassungsproduktivität	Bundeskanzlerin
2006	freiwillige Ausreise	Fanmeile
2007	Herdprämie	Klimakatastrophe

Quelle: Gesellschaft für deutsche Sprache

te die Jury mit »Herdprämie« einen Begriff aus der aktuellen innenpolitischen Diskussion um das Betreuungsgeld für Eltern. Platz drei belegte mit »Raucherkneipe« ein Wort im Zusammenhang mit dem Rauchverbot bzw. dem Nichtraucherschutz.

Unwort des Jahres Der Begriff »Herdprämie« wurde als sprachlicher Missgriff des Jahres wieder aufgegriffen und zum Unwort des Jahres 2007 erklärt. Dies gab der Juryvorsitzende Horst Dieter Schlosser am 15. Januar 2008 bekannt. Zur Begründung hieß es, das Wort diffamiere Eltern, insbesondere Frauen, die ihre Kinder zu Hause erziehen, anstatt einen Krippenplatz in Anspruch zu nehmen.

Z

Zeitarbeit

Zum 31. März 2008 beantragten die Tarifpartner der Zeitarbeitsbranche beim Bundesarbeitsminister die Aufnahme in das Arbeitnehmerentsendegesetz, um den tariflich vereinbarten → Mindestlohn als allgemeinverbindlich erklären zu lassen. Dadurch sollen Dumpinglöhne von weniger als 5 € pro Stunde vermieden werden. Im Gegensatz zur SPD hielt die CDU/CSU einen solchen Mindestlohn nicht für notwendig, da mehr als vier Fünftel der Unternehmen tarifgebunden seien.

Zeitarbeiter müssen der Stammbelegschaft des Unternehmens, in das sie gemäß dem Arbeitnehmerüberlassungsgesetz (AÜG) vorübergehend entliehen werden, hinsichtlich Arbeitsbedingungen und Entgelt prinzipiell gleichgestellt sein. Nur in den ersten sechs Wochen nach der Einstellung kann bei zuvor Arbeitslosen nach unten abgewichen werden. Eine generelle Abweichung von diesem Prinzip des »Equal Treatment« und »Equal Pay« durch Tarifvereinbarungen war erlaubt. Solche Tarifverträge bestehen seit 2003 (letztmals 2006 geändert) zwischen der DGB-Tarifgemeinschaft und den Arbeitge-

---

Zeitarbeit

Arbeitnehmerüberlassungsgesetz

Das Arbeitnehmerüberlassungsgesetz (AÜG) in der Fassung vom 3. 2. 1995 (mit Änderungen) regelt in Deutschland die gewerbsmäßige Arbeitnehmerüberlassung. Es legt fest, dass die gewerbsmäßige Arbeitnehmerüberlassung erlaubnispflichtig ist (durch die Bundesagentur für Arbeit), und sichert den Lohnanspruch eines Leiharbeitnehmers. Die Arbeitsbedingungen des Leiharbeitnehmers sollen denen im entleihenden Betrieb entsprechen, Abweichungen sind für sechs Wochen oder nach Tarifvertrag zulässig (Grundsatz des Equal Pay, § 9 AÜG).

Die Dauer einer Arbeitnehmerüberlassung im Einzelfall ist nicht mehr beschränkt. Einstellungsverbote für den Entleiher nach Beendigung des Leiharbeitsverhältnisses sind unwirksam. Die Vereinbarung einer angemessenen Vergütung für die Vermittlung eines Leiharbeitnehmers in ein Anstellungsverhältnis mit dem Entleiher ist zulässig. Der Leiharbeitnehmer untersteht dem Weisungsrecht des Entleihers, der auch seinen Lohn zahlt.

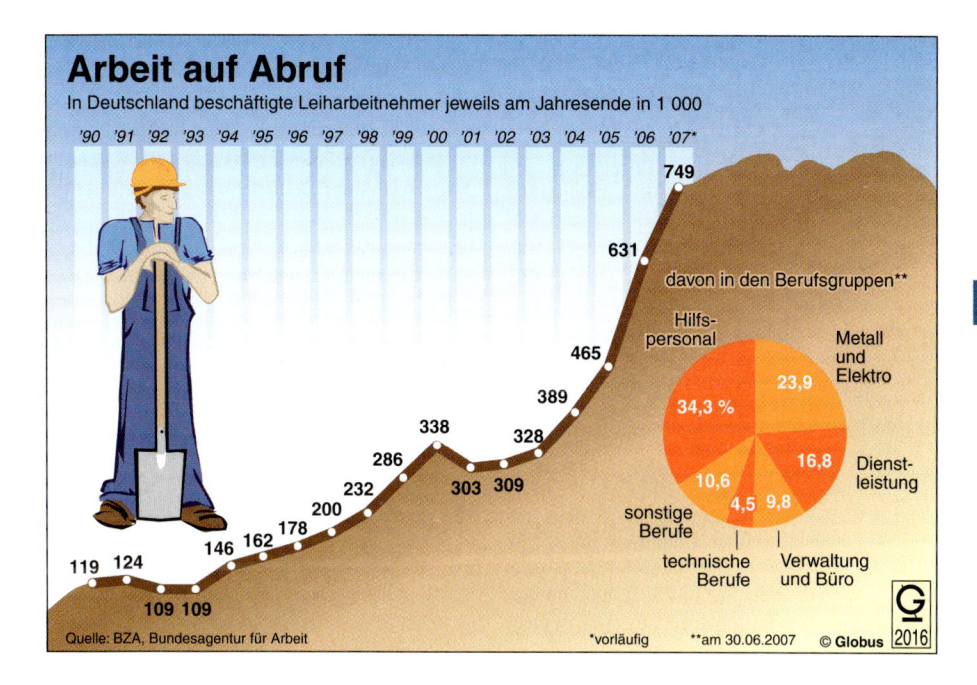

Arbeit auf Abruf
In Deutschland beschäftigte Leiharbeitnehmer jeweils am Jahresende in 1 000

'90 '91 '92 '93 '94 '95 '96 '97 '98 '99 '00 '01 '02 '03 '04 '05 '06 '07*

749 · 631 · 465 · 389 · 338 · 328 · 286 · 303 · 309 · 232 · 200 · 178 · 146 · 162 · 119 · 124 · 109 · 109

davon in den Berufsgruppen**
- Hilfspersonal 34,3 %
- Metall und Elektro 23,8
- Dienstleistung 16,8
- Verwaltung und Büro 9,8
- technische Berufe 4,5
- sonstige Berufe 10,6

Quelle: BZA, Bundesagentur für Arbeit · *vorläufig · **am 30.06.2007 · © Globus 2016

---

berverbänden Bundesverband Zeitarbeit Personaldienstleistungen (BZA) sowie Interessengemeinschaft Deutscher Zeitarbeitsunternehmen (iGZ). Die tariflichen Mindestlöhne pro Stunde lagen 2008 bei 7,31 € (Westdeutschland) und 6,36 € (Ostdeutschland).

Zeitarbeit als Sprungbrett Eine im April 2008 veröffentlichte Studie des arbeitgebernahen Instituts der Deutschen Wirtschaft (IW) geht davon aus, dass ein Viertel der Zeitarbeitnehmer im Anschluss an ihren Einsatz vom ausleihenden Unternehmen übernommen wird. Vier Fünftel seien vor ihrer Beschäftigung in der Zeitarbeit arbeitssuchend bzw. arbeitslos gewesen. Die gewerblichen Zeitarbeitsunternehmen hatten nach dem im BZA-Auftrag ermittelten IW-Zeitarbeitsindex im Dezember 2007 rund 646 000 Mitarbeiter, 18,2 % mehr als in der Statistik der Bundesagentur für Arbeit für denselben Vorjahresmonat ausgewiesen. Zeitarbeit gehört v. a. bei Großunternehmen zur Personalstrategie; Konzerne wie Volkswagen haben sogar eigene Zeitarbeitsfirmen.

www.bza.de (Bundesverband Zeitarbeit Personaldienstleistungen e. V.);
www.ig-zeitarbeit.de (Interessengemeinschaft Deutscher Zeitarbeitsunternehmer);
www.tarifvertrag.de (WSI-Tarifarchiv)

Zentralabitur

Die Bildungsminister der Länder beschlossen bei der Kultusministerkonferenz am 17. Oktober 2007 die Einführung einheitlicher Bildungsstandards (→ Bildungspolitik) für das Abitur. Mit diesem Beschluss erteilten sie zugleich der Forderung von Bundesbildungsministerin Annette Schavan (CDU) nach Einführung eines bundesweiten Zentralabiturs mit einheitlichen Prüfungsaufgaben eine Absage.

Für und Wider Schavan hatte im Vorfeld darauf verwiesen, dass angesichts der hohen Mobilität in der heutigen Ausbildungs- und Arbeitswelt eine bessere Vergleichbarkeit von Abiturzeugnissen dringend vonnöten sei. Auch der baden-württembergische Ministerpräsidenten Günther Oettinger (CDU) hatte sich für das Zentralabitur eingesetzt; er wurde von Bayern, Niedersachsen, Hamburg und Nordrhein-Westfalen unterstützt. Kritik kam v. a. aus Hessen, Thüringen und Rheinland-Pfalz. Als Gegenargumente wurde u. a. der organisatorische und logistische Aufwand genannt; so erfordere ein einheitlicher Abiturprüfungstermin auch eine einheitliche Gestaltung der Schulferien. Überdies sei bei einem deutschlandweit einheitlichen Abitur zu befürchten, dass die Qualität der Abschlussprüfung auf das »untere Niveau« sinke.

Zentralabitur der Länder 15 der 16 Bundesländer haben bereits ein landesweit einheitliches Zentralabitur eingeführt. Zuletzt stellten 2007 Hessen und Nordrhein-Westfalen sowie 2008 Schleswig-Holstein auf das Zentralabitur um. Nur Rheinland-Pfalz will das dezentrale Abitur beibehalten. Bei der Durchführung der zentralen Prüfung kam es wiederholt zu Pannen. In Nordrhein-Westfalen gab es 2008 Kritik über zu umfangreiche oder scheinbar unlösbare Aufgaben, v. a. im Fach Mathematik. Schüler, die die in Mathematik als zu schwierig kritisierten Aufgaben bearbeitet hatten, erhielten die Möglichkeit, die Mathematik-Abiturklausur freiwillig zu wiederholen. Auch in Niedersachsen mussten kleinere Fehler in den Prüfungsaufgaben nachträglich verbessert werden.

Zoologische Gärten

Nachdem der zoologische Garten in Berlin 2007 nach der Geburt des Eisbären Knut Besuchermassen in den Berliner Zoo gelockt hatte, schaffte es die Geschichte des Bärenjungen 2008 sogar ins Kino (→ Knut und seine Freunde). In der Folge setzten auch andere deutsche Zoos auf die Vermarktung ihrer Tierkinder.

Flocke In Nürnberg wurde die Entwicklung der am 11. Dezember 2007 geborenen Eisbärin Flocke mit großem Medienecho verfolgt. Eine eigene Website berichtete stets aktuell über die Bärin, die ab April der Öffentlichkeit präsentiert wurde. Die Stadt Nürnberg ließ sich die Marke »Eisbär Flocke« schützen und vergab Lizenzverträge für Fanartikel aller Art, u. a. Bettwäsche, T-Shirts und Plüschbären. Den bundesweiten Vertrieb der Flocke-Produkte übernahm der größte Lizenznehmer, das Fürther Unternehmen Quelle. Dennoch blieb die Zahl der Besucher, die den Eisbären im Zoo sehen wollten, mit rund 2 000 am Tag hinter den Erwartungen zurück.

Weitere Tierkinder Der Stuttgarter zoologisch-botanische Garten Wilhelma warb mit dem Eisbärjungen Wilbär, das am 10. Dezember 2007 zur Welt gekommen war. Im Wuppertaler Zoo entwickelte sich das am 13. Januar 2008 geborene Elefantenjunge Tamo zum Publikumsliebling.

Zug der Erinnerung

Am 8. November 2007 startete die von einer Bürgerinitiative initiierte, in Zugwaggons untergebrachte mobile Ausstellung »Zug der Erinnerung« in Frankfurt am Main zu einer monatelangen Fahrt durch Deutschland. Die Ausstellung zeigte Fotos und Filmsequenzen, in denen die Geschichte der Judendeportation in beispielhaften Biografien nacherzählt wurde. Am 8. Mai 2008, dem Jahrestag des Kriegsendes, kam der Zug an der Gedenkstätte des ehemaligen Vernichtungslagers Auschwitz (Oświęcim, Polen) an. Er machte an insgesamt 62 Bahnhöfen halt und zog 225 000 Besucher an.

Streit mit der Deutschen Bahn Veranstalter und Deutsche Bahn AG stritten über die Kosten für die Nutzung der Schienen, die sich auf rund 100 000 € beliefen. Trotz zahlreicher Appelle aus Politik und Gesellschaft weigerte sich die Bahn, die Kosten zu erlassen. Auch über den Streckenverlauf gab es Auseinandersetzungen; so lehnte die Bahn es ab, den Zug in den Berliner Hauptbahnhof einfahren zu lassen.

Zuwanderung

➤ Migration

BIOGRAFIEN

Akin, Fatih
*Regisseur, Autor und Schauspieler, *25. 8. 1973 Hamburg.*
Für seinen Film »Auf der anderen Seite« erhielt Akin große Anerkennung. Nachdem er bereits am 1. Dezember 2007 den Europäischen Filmpreis für das beste Drehbuch erhalten hatte, wurde ihm am 25. April 2008 der Deutsche Filmpreis in vier Kategorien zuerkannt (bester Film, beste Regie, bestes Drehbuch, bester Schnitt). Der Sohn türkischer Immigranten studierte Visuelle Kommunikation an der Hamburger Hochschule für Bildende Künste. Akin dreht Filme, die überwiegend von der Identitätssuche in Deutschland geborener Nachkommen von (meist türkischen) Immigranten handeln. 1998 machte ihn sein Spielfilmdebüt »Kurz und schmerzlos« bekannt, ein Gangsterfilm, der im multiethnischen Milieu Hamburg-Altonas spielt. Es folgten u. a. die Liebeskomödie »Im Juli« (2000) und das Gastarbeiterdrama »Solino« (2002). 2004 erhielt Akin für den Film »Gegen die Wand«, ein Melodram um eine Scheinehe, den Goldenen Bären der Filmfestspiele Berlin.

Appel, Frank
*Wirtschaftsmanager, *29. 7. 1961 Hamburg.*
Appel wurde am 18. Februar 2008 auf einer außerordentlichen Aufsichtsratssitzung einstimmig zum Vorstandsvorsitzenden der Deutschen Post AG gewählt. Er trat an die Stelle des als Folge einer Steueraffäre zurückgetretenen Klaus Zumwinkel.
Appel studierte Chemie in München (Diplom 1989) und promovierte 1993 im Fach Neurobiologie an der ETH Zürich. 1993 begann er seine berufliche Karriere als Unternehmensberater bei McKinsey & Co. und wurde dort 1999 Mitglied der Geschäftsleitung. 2000 wechselte er zur Deutschen Post AG; ab 2002 war er Mitglied des Konzernvorstands (Logistik-Geschäft).

Bausch, Pina
*Tänzerin, Ballettdirektorin und Choreografin, *27. 7. 1940 Solingen.*
Die weltberühmte Choreografin wurde am 10. November 2007 mit dem Kyōto-Preis in der Kategorie Kunst und Philosophie ausgezeichnet, einer der bedeutendsten Ehrungen im kulturellen Bereich. Am 28. April 2008 erhielt sie die Ehrenbürgerwürde der Stadt Wuppertal.
Bausch leitet seit 1973 das Tanztheater Wuppertal, das sie zu einer der ersten Adressen des deutschen Tanztheaters machte. In ihren Choreografien brach sie mit der klassischen Balletttradition, überwand die Barriere zwischen Tanz und Theater und entwickelte Ausdrucksformen, die die Sensibilität sowohl der Tänzer als auch der Zuschauer anregt. Ihre collageartigen, offenen Tanzstücke thematisieren die Problematik und das Scheitern zwischenmenschlicher Beziehungen, insbesondere jener zwischen Mann und Frau; Beispiele sind ihre Stücke »Café Müller« (1978) und »Kontakthof« (1978). In späteren Choreografien sind eine stärkere lyrisch-tänzerische Dimension und das Interesse an anderen Kulturen erkennbar.

Beck, Kurt
*Politiker (SPD), *5. 2. 1949 Bad Bergzabern.*
Obwohl es dem SPD-Vorsitzenden Beck im Herbst 2007 gelang, durch eine stärkere Gewich-

tung sozialer Anliegen das sozialdemokratische Profil der Partei zu schärfen, geriet er durch unsicheres Agieren auch innerhalb seiner eigenen Partei wiederholt in die Kritik. V. a. der Umgang mit der Partei »Die Linke« führte innerhalb der SPD zu Konflikten, denen sich Beck stellen musste.

Seit 1972 Mitglied der SPD, wurde Beck 1979 Landtagsabgeordneter, 1993 Landesvorsitzender der SPD und 1994 Ministerpräsident von Rheinland-Pfalz (bis 2006 in Koalition mit der FDP, seit 2006 mit absoluter Mehrheit der Mandate). Im Mai 2006 wurde Beck, der seit 2003 bereits stellvertretender Bundesvorsitzender war, zum Bundesvorsitzenden der SPD gewählt.

Beckstein, Günther

Politiker (CSU), *23. 11. 1943 Hersbruck.

Nach dem erzwungenen Amtsverzicht von Edmund Stoiber wählte der Bayerische Landtag den bisherigen Innenminister und stellvertretenden Ministerpräsidenten am 9. Oktober 2007 zum Regierungschef.

Der promovierte Jurist, ist seit Anfang der 1970er-Jahre für die CSU aktiv und profilierte sich auch über die Grenzen Bayerns hinaus als ebenso fachkundiger wie beharrlicher Ordnungs- und Sicherheitspolitiker. 1988 wurde er Staatssekretär im Innenministerium unter dem damaligen Minister Stoiber, zu dem er ein enges Vertrauensverhältnis entwickelte. Als Stoiber 1993 mit Unterstützung durch Beckstein Regierungschef wurde, rückte dieser auf den Posten des Innenministers nach. Schon 2005 hatte Beckstein seinen Anspruch auf die erneute Erbfolge angemeldet, als Stoibers Wechsel in die Bundesregierung zur Debatte stand.

Beust, Ole von

Politiker (CDU), *13. 4. 1955 Hamburg.

Am 7. Mai 2008 wurde Beust durch Wahlen im Amt des Ersten Bürgermeisters von Hamburg bestätigt. Er führt die erste schwarz-grüne Regierung auf Landesebene.

Der Jurist wurde 1971 Mitglied der CDU, 1978 Mitglied der Hamburgischen Bürgerschaft und 1993 Vorsitzender der CDU-Bürgerschaftsfraktion. Als Nachfolger von Ortwin Runde wurde er im November 2001 zum Ersten Bürgermeister von Hamburg gewählt. Er regierte bis 2004 in einer Koalition mit der von Roland Schill geführten »Partei Rechtsstaatlicher Offensive« (PRO) und der FDP und errang in den Neuwahlen vom Februar 2004 für seine Partei die absolute Mehrheit der Mandate.

Billen, Gert

Verbandsfunktionär, *13. 5. 1955 Speicher.

Der bisherige Leiter des Bereiches Umwelt- und Gesellschaftspolitik in der Otto Group trat am 1. August 2007 als Vorstand an die Spitze des Bundesverbandes der Verbraucherzentralen (VZBV) und avancierte damit zum obersten Verbraucherschützer in Deutschland. Billen arbeitete nach seinem Studium der Sozial-, Ernährungs- und Haushaltswissenschaften in Bonn (1979–84) zunächst als freier Journalist und Pressesprecher des Bundesverbandes Bürgerinitiativen Umweltschutz (BBU). 1985 war er Mitgründer und anschließend Vorsitzender der Verbraucher-Initiative e.V., die 2001 im VZBV aufging. Von 1993 an war Billen Bundesgeschäftsführer des Naturschutzbundes Deutschland (NABU), 2005 wechselte er schließlich zur Otto Group, um das Unternehmen auf einen umwelt- und verbraucherfreundlicheren Kurs einzustellen.

Böhm, Karlheinz

Film- und Bühnenschauspieler, Philantrop, *16. 3. 1928 Darmstadt.

Böhm wurde am 23. November 2007 in Bern mit dem mit 1,22 Mio. € dotierten internationalen Balzan-Friedenspreis ausgezeichnet. Der Gründer der humanitären Stiftung »Menschen für Menschen« erhielt die Auszeichnung für sein Lebenswerk »im Dienst der Humanität und des Friedens« und für seinen unermüdlichen persönlichen Einsatz für Menschen in Afrika, insbesondere in Äthiopien. Am 29. Januar 2008 wurde er darüber hinaus mit der Berlinale-Kamera geehrt.

Böhm spielte den Kaiser Franz Joseph in Ernst Marischkas »Sissi«-Filmen (1955–57), dann als Charakterdarsteller u. a. in »Augen der Angst« (»Peeping Tom«, 1959) und in Filmen von Rainer Werner Fassbinder. Seit 1981 setzt sich Böhm für die Not leidende Bevölkerung in Afrika ein.

Clement, Wolfgang

*Politiker (SPD), *7.7. 1940 Bochum.*

Der frühere Bundeswirtschaftsminister löste im Vorfeld der hessischen Landtagswahlen im Januar 2008 einen Eklat aus, als er indirekt vor der Wahl der SPD-Spitzenkandidatin Andrea Ypsilanti warnte. Sein Kritikpunkt war die Energiepolitik Ypsilantis, die sich sowohl gegen Atomkraftwerke als auch gegen neue Kohlekraftwerke ausgesprochen hatte. Clement, der dem rechten Parteiflügel zugeordnet wird, gehört seit 2006 dem Aufsichtsrat der RWE-Kraftwerkstochter RWE Power AG an. Die SPD warf ihm bezahlte Lobbyistenarbeit vor; mehrere Sozialdemokraten forderten seinen Parteiausschluss.

Der Jurist und Journalist war 1981–86 Sprecher des SPD-Parteivorstands, in Nordrhein-Westfalen 1990–95 Minister für besondere Aufgaben und Chef der Staatskanzlei sowie 1995–98 Minister für Wirtschaft und Mittelstand, Technologie und Verkehr. Clement wurde nach dem Rücktritt von Johannes Rau Ende Mai 1998 vom Landtag in Nordrhein-Westfalen zum Ministerpräsidenten einer Koalition von SPD und Bündnis 90/Die Grünen gewählt (2000 bestätigt). 1999–2005 war Clement auch stellvertretender Bundesvorsitzender seiner Partei, 2002–05 Bundesminister für Wirtschaft und Arbeit.

Cordes, Paul Josef

*katholischer Theologe, *5.9. 1934 Kirchhundem (Sauerland).*

Am 24. November 2007 wurde Cordes von Papst Benedikt XVI. zum Kardinal ernannt.

Cordes studierte in Münster, Paderborn und Lyon Theologie und Philosophie, empfing 1961 die Priesterweihe und promovierte 1971 im Fach Dogmatik bei Karl Lehmann, dem langjährigen Vorsitzenden der Deutschen Bischofskonferenz (DBK), an der Mainzer Universität; 1972 wurde er Referent bei der DBK in München, 1975 ernannte ihn Papst Paul VI. zum Weihbischof in Paderborn. 1980 folgte die Berufung zum Vizepräsidenten des Päpstlichen Rates für die Laien durch Papst Johannes Paul II., der Cordes 1995 zum Präsidenten des Päpstlichen Rates »Cor Unum« und zum Erzbischof ernannte. Cordes ist seither für die Caritas sowie für die kirchliche Not- und Katastrophenhilfe zuständig. Sein herausragendes Engagement in diesem Bereich würdigte Bundespräsident Horst Köhler 2006 mit der Verleihung des Großen Verdienstkreuzes mit Stern.

Dietzsch, Franka

*Leichtathletin, *22.1. 1968 Wolgast.*

Bei der Leichtathletik-WM in Ōsaka gewann Dietzsch am 29. August 2007 im Diskuswerfen mit einer Weite von 66,61 m die erste Goldmedaille für die deutsche Mannschaft. Mit ihrem dritten WM-Erfolg wurde die Bankangestellte zudem Rekordweltmeisterin ihrer Disziplin.

Die A-Junioren-Vizeweltmeisterin von 1986, die seit 1991 für den SC Neubrandenburg startet, zählt seit Mitte der 1990er-Jahre mit Würfen über die 60-m-Marke zur Weltspitze. 1998 wurde Dietzsch in Budapest Europameisterin. Ein Jahr später errang sie in Sevilla ihren ersten WM-Titel, der zweite folgte 2005 in Helsinki. Die deutsche Meisterin der Jahre 1997–2001 und 2003–07 gewann dreimal den Weltcup (1998, 2006, 2007), viermal den Europacup (2001, 2005–07) und wurde 2006 Vize-Europameisterin. An Olympischen Spielen nahm Dietzsch 1992, 1996 und 2004 teil, errang allerdings keine Medaille.

Ertl, Gerhard

*Physiker, *10.10.1936 Stuttgart.*
An seinem 71. Geburtstag, am 10. Oktober 2007, erhielt Ertl »für seine Studien von chemischen Verfahren auf festen Oberflächen« den Nobelpreis für Chemie zugesprochen. Seine Grundlagenforschung ermöglichte die Entwicklung z. B. des Abgaskatalysators und der Brennstoffzelle und trug zur Erklärung von Phänomenen wie dem Abbau der Ozonschicht oder dem Rosten von Eisen bei.
Sein Physikstudium in Stuttgart mit Forschungsaufenthalten in München und Paris schloss Ertl 1961 ab. Nach Promotion (1965) und Habilitation (1967) in München war er seit 1968 Professor für Physikalische Chemie an der Technischen Universität Hannover, 1973–86 an der Ludwig-Maximilians-Universität München. Von 1986 bis zu seiner Emeritierung 2004 war Ertl Direktor der Abteilung für Physikalische Chemie am Fritz-Haber-Institut der Max-Planck-Gesellschaft in Berlin und bekleidete zeitweise Gastprofessuren an verschiedenen amerikanischen Universitäten.

Fischer, Birgit

*Kanutin, *25.2.1962 Brandenburg an der Havel.*
Im Februar 2008 gab die 46-jährige Ausnahmesportlerin ihren Entschluss bekannt, nicht an den Olympischen Spielen in Peking teilzunehmen und ihre Sportlerkarriere endgültig zu beenden.

Die 27-fache Weltmeisterin (1979–98) und zweifache Europameisterin (2000 Zweier-, Viererkajak) ist international die einzige Athletin, die bei sechs Olympiateilnahmen in Folge (dazwischen DDR-Startverzicht 1984 in Los Angeles) stets mindestens eine Goldmedaille gewann: Sie war Olympiasiegerin 1980 (Einerkajak), 1988 (Zweier-, Viererkajak), 1992 (Einerkajak), 1996 (Viererkajak), 2000 (Zweier-, Viererkajak) und 2004 (Viererkajak). Mit insgesamt acht Gold- und vier Silbermedaillen ist Fischer die erfolgreichste deutsche Olympiateilnehmerin aller Zeiten. 2004 wurde sie zur Sportlerin des Jahres gewählt.

Friesinger, Anna Christina (Anni)

*Eisschnellläuferin, *11.1.1977 Bad Reichenhall.*
Die Eisschnelllauf-Olympiasiegerin gewann bei der Einzelstrecken-WM in Nagano im März 2008 Gold über 1000 und 1500 m. Mit insgesamt elf Titeln stieg die 31-Jährige zur erfolgreichsten Athletin bei Einzel-Weltmeisterschaften auf. Insgesamt gehen damit 15 WM-Titel auf ihr Konto. Mit einem WM-Titel (1500 m) und Olympiabronze (3000 m) drang Friesinger 1998 in die Weltspitze vor. Besonders über die 1500-m-Distanz war sie als Siegerin im Gesamtweltcup (2001, 2002, 2004 und 2006), Weltmeisterin (2001, 2003 und 2004) und Olympiasiegerin (2002) erfolgreich. WM-Titel gewann sie auch über 1000 m (2003, 2004), 3000 m (2003) und 5000 m (2005). 2002 siegte sie im Gesamtweltcup über 3000/5000 m.

Goldt, Max

*eigentlich Matthias Ernst, Schriftsteller und Musiker, *18.9.1958 Göttingen.*
Goldt wurde mit dem Kleist-Preis 2008 ausgezeichnet. Der mit 20000 € dotierte Literaturpreis wird ihm am 23.11.2008 in Berlin verliehen.
Goldt war Mitglied verschiedener Popbands (u. a. »Foyer des Arts« mit Gerd Pasemann). Einem breiteren Publikum wurde er als Autor der Satirezeitschrift »Titanic« bekannt (seit

1989). Seine in Buchform gesammelten Kolumnen, seine Hörspiele und Comics (gemeinsam mit Zeichner Stephan Katz) gelten als wesentliche Beiträge und Anregungen der sog. Popkultur der 1990er-Jahre und zeichnen sich durch ihren stil- und sprachkritischen Ehrgeiz aus. Zuletzt veröffentlichte er »Vom Zauber des seitlich dran Vorbeigehens« (2006) und »QQ« (2007).

Grünberg, Peter

*Physiker, *18. 5. 1939 Pilsen (Plzeň, Tschechische Republik).*
Gemeinsam mit dem Franzosen Albert Fert erhielt Grünberg 2007 den Nobelpreis für Physik. Unabhängig voneinander hatten beide Forscher 1988 den Riesenmagnetowiderstandseffekt (engl. GMR-Effect, für giant magnetoresistance) entdeckt. Dieser Quanteneffekt ermöglicht eine Speicherung von Informationen auf extrem kleinem Raum. Die hohe Speicherkapazität und schnelle Zugriffsdauer heutiger Computerfestplatten wären ohne den GMR-Effekt ebenso wenig denkbar wie beispielsweise der MP3-Player.
Grünberg studierte 1959–66 Physik in Frankfurt am Main und Darmstadt und promovierte 1969 an der Technischen Hochschule Darmstadt. Nach einem Forschungsaufenthalt im kanadischen Ottawa (1969–72) arbeitete er seit 1972 im Institut für Festkörperforschung des Forschungszentrums Jülich. Nach seiner Habilitation an der Universität Köln 1984 war er zudem als Privatdozent und ab 1992 als außerplanmäßiger Professor in Köln beschäftigt. Auch nach seiner Pensionierung 2004 blieb Grünberg für das Forschungszentrum Jülich tätig.

Hambüchen, Fabian

*Kunstturner, *25. 10. 1987 Bergisch Gladbach.*
Bei den 40. Turnweltmeisterschaften vom 1. bis 9. September 2007 in Stuttgart gewann Hambüchen einen kompletten Medaillensatz: Nach Bronze mit der deutschen Mannschaft und einem zweiten Platz im Mehrkampf sicherte er sich am Schlusstag der WM den Titel am »Königsgerät«, dem Reck. Zum dritten Mal erkämpfte sich der Sportler des Jahres 2007 am 11. Mai 2008 bei den Turn-Europameisterschaften im schweizerischen Lausanne die Goldmedaille am Reck.
Als 16-Jähriger machte Hambüchen 2004 bei den Olympischen Sommerspielen in Athen, als er überraschend das Mehrkampffinale erreichte und am Reck Rang sieben eroberte, auf sich aufmerksam. Im November desselben Jahres feierte er am Reck und am Boden seine ersten Weltcupsiege. 2005 und 2007 wurde Hambüchen Europameister am Reck; 2006 gewann er im dänischen Aarhus im Sprung und im Mehrkampf jeweils WM-Bronze.

Hansen, Norbert

*Wirtschaftsmanager, *2. 7. 1952 Husum.*
Hansen trat im Mai 2008 als Chef der Bahngewerkschaft Transnet zurück, um Arbeitsdirektor und Mitglied des Vorstands der Deutschen Bahn AG zu werden. Der überraschende Wechsel von der Gewerkschaft in die Chefetage der deutschen Wirtschaft galt v. a. aufgrund der bevorstehenden Teilprivatisierung der Bahn als brisant. Transnet hatte unter Führung des SPD-Mitglieds Hansen als einzige Gewerkschaft des Deutschen Gewerkschaftsbunds (DGB) den Privatisierungskurs der Deutschen Bahn unterstützt.
Hansen begann seine berufliche Laufbahn 1967 als Jungwerker bei der Deutschen Bundesbahn. 1979 übernahm er eine Tätigkeit als hauptamtlicher Mitarbeiter der Eisenbahnergewerkschaft GdED (Gewerkschaft der Eisenbahner Deutschlands; seit 2000 Transnet), in der er 1991 zum Bezirksleiter in Hamburg aufstieg. 1999 wurde Hansen zum Vorsitzenden der Transnet gewählt; auf den Gewerkschaftstagen 2000 und 2004 wurde er im Amt bestätigt.

Heck, Dieter Thomas

eigentlich Carl-Dieter Heckscher, Showmaster, Produzent und Entertainer, *29.12.1939 Flensburg.

Für seine »herausragenden Verdienste um die deutschsprachige Musik« wurde Heck am 15. Februar 2008 bei der Verleihung des deutschen Musikpreises Echo mit einem Sonderpreis ausgezeichnet. Kurz vor seinem 70. Geburtstag hatte Heck im November 2007 seinen Abschied von der Bühne bekannt gegeben.

Bereits seit Anfang der 1960er-Jahre machte sich Heck als Discjockey und Radiomoderator mit der Präsentation der »Deutschen Schlagerparade« bei der Europawelle Saar (bis 1973) als Förderer von Musik mit deutschen Texten verdient. 1969–84 moderierte er die TV-Sendung »ZDF Hitparade«. Mit der Auszeichnung »Die Goldene Stimmgabel« wurde er Mitbegründer eines der wichtigsten Preise des deutschen Schlagers. In den 1980er-Jahren war er auch als Moderator von Spiel- und Quizsendungen im Fernsehen präsent und setzte später auch z. B. in verschiedenen Wohltätigkeitssendungen (»Melodien für Millionen«) v. a. auf deutschsprachige Künstler.

Hitzfeld, Ottmar

Fußballtrainer, *12.1.1949 Lörrach.

Am 19. Februar 2008 gab Hitzfeld bekannt, dass er nach der Europameisterschaft 2008 ab 1. Juli die Schweizer Fußballnationalmannschaft trainieren und zur Weltmeisterschaft 2010 in Südafrika führen wird. Hitzfeld hatte bereits in der Winterpause seinen Abschied beim FC Bayern zum Saisonende angekündigt; er räumt den Platz für Jürgen Klinsmann.

Nach seiner Spielerkarriere trainierte Hitzfeld u. a. die Grasshoppers Zürich (1988–91), mit denen er Schweizer Meister (1990, 1991) und Pokalsieger (1989, 1990) wurde. Borussia Dortmund erreichte unter seiner Leitung (1991–97) die deutsche Meisterschaft (1995, 1996) und gewann die Champions League (1997). Auch als Cheftrainer beim FC Bayern München (1998–2004 und seit 2007) konnte er Erfolge erzielen: Deutscher Meister (1999, 2000, 2001, 2003), DFB-Pokal-Sieger (2000, 2003) sowie Gewinner der Champions League und des Weltpokals (2001).

Huber, Berthold

Gewerkschaftsfunktionär, *15.2.1950 Ulm.

Die Delegierten des Gewerkschaftstages der IG Metall, der vom 4. bis 10. November 2007 in Leipzig stattfand, wählten den bisherigen Zweiten Vorsitzenden der größten deutschen Einzelgewerkschaft zu ihrem Chef. Huber folgte auf Jürgen Peters, dem er 2003 noch den Vortritt gelassen hatte.

Der gelernte Werkzeugmacher war bei dem Busbauer Kässbohrer (Ulm) 14 Jahre beschäftigt und sieben Jahre Betriebsrats- und Gesamtbetriebsratsvorsitzender, bevor er 1985 ein Studium der Geschichte und Philosophie begann (ohne Abschluss). Seit 1990 hauptamtlich bei der IG Metall, widmete sich Huber zunächst dem Gewerkschaftsaufbau in Sachsen, 1991 ging er als Abteilungsleiter in die Gewerkschaftszentrale nach Frankfurt am Main. 1998–2003 führte er in Stuttgart den zweitgrößten Gewerkschaftsbezirk.

Huber, Erwin

Politiker (CSU), *26.7.1946 Reisbach.

Die Delegierten des CSU-Parteitags in München wählten den bayerischen Wirtschaftsminister in einer Kampfabstimmung am 29. September 2007 mit 58,2 % der Stimmen zum neuen Parteichef. Er folgte Edmund Stoiber nach, an dessen Sturz er beteiligt gewesen war. Im Kabinett des neuen Regierungschefs, Günther Beckstein, übernahm der konservative und streng katholische Landespolitiker das Finanzministerium.

Der Diplom-Volkswirt (1978) setzte seine politische Karriere in der CSU fort, die er schon als Funktionär der Jungen Union und Kreistagsabgeordneter (seit 1972) begonnen hatte. Seit 1978 ist Huber Landtagsabgeordneter, 1988–94 war er Generalsekretär der CSU. Seitdem gehörte er unter Ministerpräsident Stoiber der Landesregierung an, zunächst als Chef der Staatskanzlei, später als Finanzminister, seit 2005 als Minister für Wirtschaft, Infrastruktur, Verkehr und Technologie; zugleich führte er das Ressort für Bundesangelegenheiten und Verwaltungsreform.

Klinsmann, Jürgen

Fußballtrainer, *30. 7. 1964 Göppingen.
Ab 1. Juli 2008 übernahm Klinsmann für zwei Jahre den Trainerposten beim Rekordmeister FC Bayern München. Es ist seine erste Stelle als Vereinstrainer.
Als Spieler stürmte Klinsmann von 1984 bis 1998 in der deutschen, italienischen, französischen und englischen Liga: Stationen waren VfB Stuttgart, Inter Mailand, AS Monaco, Tottenham Hotspur, FC Bayern München, Sampdoria Genua und Tottenham Hotspur. Der 108-fache Nationalspieler (47 Tore) wurde 1990 Welt- und 1996 Europameister. 1988 und 1994 kürte man ihn in Deutschland, 1995 in England zum Fußballer des Jahres. Als Nationaltrainer 2004–06 führte er die deutsche Nationalmannschaft bei der Fußball-WM 2006 auf den dritten Platz.

Koch, Roland

Politiker (CDU), *24. 3. 1958 Frankfurt am Main.
Nach einem auf das Thema Jugendkriminalität zugespitzten Wahlkampf musste Ministerpräsident Koch bei den hessischen Landtagswahlen am 27. Januar 2008 mit der CDU massive Stimmenverluste hinnehmen und verlor die absolute Mehrheit. Er behielt als Spitzenkandidat der knapp stärksten Partei (CDU 36,8 % der abgegebenen Stimmen vor der SPD mit 36,7 %) den Anspruch auf die Regierungsbildung und kämpfte um deren Verwirklichung, obwohl die favorisierte CDU-FDP-Koalition nach dem Wahlergebnis über keine Mehrheit im Landtag verfügte. Nach seinem Rücktritt am 5. April blieb Koch geschäftsführend im Amt des Regierungschefs. Am 17. Mai wurde er mit 95,3 % der abgegebenen Stimmen vom Landesparteitag als Landesvorsitzender im Amt bestätigt.
Der Anwalt wurde 1974 Mitglied der CDU und war 1983–87 stellvertretender Bundesvorsitzender der Jungen Union. Seit 1987 Mitglied des Landtags in Hessen, wurde er 1993–99 Fraktionsvorsitzender sowie 1998–99 Landesvorsitzender der CDU. Seit April 1999 ist er Ministerpräsident Hessens, zunächst mit einer CDU-FDP-Koalition und 2003–08 mit der absoluten Mehrheit der Stimmen. Im November 2006 wurde er zum stellvertretenden Bundesvorsitzenden seiner Partei gewählt. Im Gefolge der Finanz- und Parteispendenaffäre der CDU Hessen (1999/2000 öffentlich geworden) sah sich Koch zeitweise heftiger Kritik ausgesetzt.

Krauß, Lothar

Gewerkschaftsfunktionär, *29. 2. 1956 Frankfurt am Main.
Der bisherige stellvertretende Vorsitzende der Bahngewerkschaft Transnet wurde am 16. Mai 2008 zu deren Vorsitzenden gewählt. Er trat die Nachfolge von Norbert Hansen an.
Krauß begann 1973 eine Ausbildung zum Elektriker bei der Deutschen Bundesbahn und war ab 1976 als Facharbeiter im Werk Frankfurt tätig. 1974 wurde er Jugendvertreter, 1978 Vorsitzender der Bezirksjugendvertretung Bundesbahndirektion Frankfurt und Kassel. In der Eisenbahnergewerkschaft GdED (Gewerkschaft der Eisenbahner Deutschlands; seit 2000 Transnet) schaffte er 1983 den Aufstieg zum Geschäftsführer der Ortsverwaltung Darmstadt und 1993 zum Bezirksleiter in Frankfurt am Main. Seit 1996 Mitglied des Geschäftsführenden Vorstandes, wurde er 1999 zum stellvertretenden Vorsitzenden der GdED gewählt (Wiederwahl 2000 und 2004).

Lehmann, Karl

katholischer Theologe, *16.5.1936 Sigmaringen.
Der 2005 für eine 4. Amtsperiode wiedergewählte Vorsitzende der Deutschen Bischofskonferenz erklärte aus gesundheitlichen Gründen seinen vorzeitigen Rücktritt zum 18. Februar 2008. Zu seinem Nachfolger wurde Robert Zollitsch gewählt.
Lehmann studierte in Freiburg im Breisgau und Rom und empfing 1963 die Priesterweihe. 1968 wurde Lehmann Professor und lehrte Dogmatik in Mainz, ab 1971 Dogmatik und ökumenische Theologie in Freiburg im Breisgau. Seit 1983 ist Lehmann Bischof von Mainz und Honorarprofessor in Mainz und Freiburg im Breisgau. 2001 wurde er Kardinal. Seit 1987 war Lehmann Vorsitzender der Deutschen Bischofskonferenz.

Lehmann, Klaus-Dieter

Bibliothekswissenschaftler, *29.2.1940 Breslau.
Das Präsidium des Goethe-Instituts wählte den bisherigen Vizepräsidenten Lehmann am 11. September 2007 in München einstimmig zum neuen Präsidenten. Lehmann schied Ende Februar 2008 aus seinem Amt als Präsident der Stiftung Preußischer Kulturbesitz aus (seit 1998) und nahm seine neue Aufgabe am 1. April 2008 auf. Er trat die Nachfolge von Jutta Limbach an.
Lehmann war ab 1973 stellvertretender, ab 1978 Leitender Direktor der Stadt- und Universitätsbibliothek Frankfurt am Main und ab 1988 Generaldirektor der Deutschen Bibliothek in Frankfurt am Main, deren Zusammenführung mit der Deutschen Bücherei (Leipzig) und dem Deutschen Musikarchiv (Berlin) er ab 1990 organisierte. 1991 gründete Lehmann das Zentrum für Bucherhaltung (ZfB) in Leipzig. 1989–99 war er Hauptherausgeber der »Zeitschrift für Bibliothekswesen und Bibliographie«.

Marx, Reinhard

katholischer Theologe, *21.9.1953 Geseke.
Am 30. November 2007 wurde Marx als Nachfolger von Friedrich Wetter, der aus Altersgründen das Amt niedergelegt hatte, zum Erzbischof von München und Freising ernannt.
Nach der Priesterweihe (1979) zunächst als Vikar in der Gemeindeseelsorge tätig, promovierte Marx 1988 mit einer kirchensoziologischen Arbeit und wechselte 1989 als Direktor an das Sozialinstitut »Kommende« des Erzbistums Paderborn in Dortmund. 1996 wurde er Professor für christliche Gesellschaftslehre an der Theologischen Fakultät Paderborn. Im September 1996 erhielt er die Bischofsweihe (Titularbischof von Petina) und war Weihbischof in Paderborn; ab Dezember 2001 war Marx Bischof von Trier. In der Deutschen Bischofskonferenz ist Marx seit 2004 Vorsitzender der Kommission für gesellschaftliche und soziale Fragen. Seit 2006 gehört Marx als Vertreter der deutschen Bischöfe auch der »Kommission der Bischofskonferenzen der Europäischen Gemeinschaft« (COMECE) in Brüssel an.

Matschie, Christoph

Politiker (SPD), *15.7.1961 Mühlhausen (Thüringen).
Der Thüringer SPD-Partei- und Fraktionschef Matschie wird die thüringischen Sozialdemokraten als Spitzenkandidat in die Landtagswahl 2009 führen. Der Landesvorsitzende setzte sich bei der Urwahl am 24. Februar 2008 mit 71,6 % der Stimmen klar gegen Richard Dewes (27 %) durch.
Nach einer Berufsausbildung zum Mechaniker studierte Matschie Theologie in Rostock und Jena. 1989 trat er der SPD bei; von 1990 bis 2004 war er Mitglied des Deutschen Bundestages. Im November 2001 wurde Matschie in den SPD-Bundesvorstand gewählt. Seit November 2005 gehört er dem Präsidium der Bundes-SPD an. 2002–04 war er Parlamentarischer Staatssekretär beim Bundesministerium für Bildung und Forschung. Ab 1999 wandte er sich als Vorsitzender der SPD in Thüringen auch der Landespolitik zu. Seit 2004 ist er Fraktionsvorsitzender der SPD in Thüringen.

Matthäus-Maier, Ingrid

Politikerin (FDP), *9.9.1945 Werlte.

2008 legte Matthäus-Maier ihr Amt als Vorstandssprecherin der KfW-Bankengruppe (Abk. für Kreditanstalt für Wiederaufbau) nieder. Sie zog damit die Konsequenz aus ihrer Mitverantwortung für die milliardenschweren Verluste der KfW-Bankengruppe, die diese aufgrund ihrer Beteiligung an der in die internationale Finanzkrise verwickelten Mittelstandsbank IKB zu verzeichnen hatte.
Matthäus-Maier war 1976–82 FDP-Bundestagsabgeordnete mit Schwerpunkt Finanzpolitik. 1982 wechselte sie zur SPD und war erneut 1983–98 Mitglied des Bundestags, 1988–98 als finanzpolitische Sprecherin und stellvertretende Fraktionsvorsitzende. 1999 gab Matthäus-Maier ihr Bundestagsmandat ab und trat in den Vorstand der KfW-Bankengruppe ein, dessen Sprecherin sie ab 2006 war.

Metzger, Dagmar

Politikerin (SPD), *10.12.1958 Berlin.

Die hessische Landtagsabgeordnete sprach sich im März 2008 gegen die Wahl der SPD-Landesvorsitzenden Andrea Ypsilanti zur hessischen Ministerpräsidentin einer von den Linken tolerierten rot-grünen Minderheitsregierung aus. Sie erklärte, sie fühle sich aus Gewissensgründen an das vor der Landtagswahl abgegebene Versprechen gebunden, nicht mit den Linken zusammenzuarbeiten. Ypsilanti verzichtete daraufhin auf eine Kandidatur.
Metzger studierte nach einer Banklehre Rechtswissenschaften. Sie ist Justiziarin bei der Stadt- und Kreissparkasse Darmstadt. Seit 1990 Mitglied der SPD, gehört sie seit 1997 dem Stadtparlament Darmstadt an. Im Januar 2008 wurde sie erstmals in den hessischen Landtag gewählt.

Milbradt, Georg

Politiker (CDU), *23.2.1945 Eslohe (Sauerland).

Der sächsische Ministerpräsident kam im Gefolge der Affäre der Landesbank Sachsen LB, die durch spekulative Aktionen auf dem amerikanischen Hypothekenmarkt 2007 in Insolvenzgefahr geraten war und unter Beteiligung von Milbradt an die Landesbank Baden-Württemberg verkauft werden musste, zunehmend in die Kritik. Am 14. April 2008 kündigte Milbradt seinen Rücktritt von allen Ämtern für Ende Mai 2008 an; als Nachfolger schlug er Finanzminister Stanislaw Tillich vor.
Der Volkswirt, seit 1973 Mitglied der CDU, war 1983–90 Stadtkämmerer von Münster. Unter Ministerpräsident Kurt Biedenkopf wurde er in Sachsen 1990–2001 Finanzminister, ab 1994 Mitglied des Landtags. Im September 2001 übernahm er den CDU-Landesvorsitz. Als Nachfolger des vorzeitig zum Rücktritt bewegten Biedenkopf wurde Milbradt im April 2002 Ministerpräsident, der mit absoluter Mehrheit regieren konnte. Bei den Wahlen im September 2004 wurde er als Regierungschef bestätigt, musste aber eine Große Koalition mit der SPD eingehen. Ein großer Verdienst war der massive Schuldenabbau des Landes.

Mosebach, Martin

Schriftsteller, *31.7.1951, Frankfurt am Main.

Mosebach wurde am 27. Oktober 2007 mit dem Georg-Büchner-Preis ausgezeichnet. In der Begründung lobte ihn die Jury als »Schriftsteller, der stilistische Pracht mit urwüchsiger Erzählfreude verbindet und dabei ein humoristisches Geschichtsbewusstsein beweist«.
Der studierte Jurist entschied sich erst nach Abschluss seines Zweiten Staatsexamens 1980 für die Existenz als freier Schriftsteller. Er gilt als vielseitiger und produktiver Autor, der stilsicher in kleinen und großen Formen die Mittel des Realismus des 19. Jh. einsetzt, um sie zu ironisieren, häufig mit üppigen Schilderungen exotischer Schauplätze (Reiseskizzen »Die schöne Gewohnheit zu leben«, 1997; Roman »Die Türkin«, 1999). »Eine lange Nacht« (2000) ist eine moderne Version des Entwicklungsromans. »Der Mond und das Mädchen« (2007) hat den

Niedergang großbürgerlicher Lebensentwürfe in Zeiten der Globalisierung zum Thema.

Müntefering, Franz

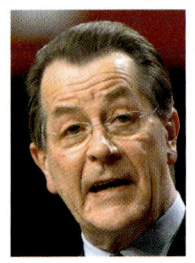

Politiker (SPD), *16.1.1940 Neheim-Hüsten (heute zu Arnsberg). Im November 2007 erklärte Müntefering aus privaten Gründen seinen Rücktritt von seinen Ämtern. Sein Nachfolger als Vizekanzler wurde Frank-Walter Steinmeier, als Minister für Arbeit und Soziales Olaf Scholz.
Müntefering, der seit 1966 der SPD angehört, war u. a. 1992–95 Minister für Arbeit, Gesundheit und Soziales in Nordrhein-Westfalen, 1998–99 Bundesminister für Verkehr, Bau und Wohnungswesen und 1999–2002 Generalsekretär der SPD. Im März 2004 wurde er als Nachfolger Gerhard Schröders zum Bundesvorsitzenden der SPD gewählt, legte dieses Amt jedoch Ende Oktober 2005 nach einer von der Parteibasis und v. a. dem linken Flügel nicht mitgetragenen Personalentscheidung nieder. In der Großen Koalition der SPD mit CDU und CSU, die er wesentlich mit verhandelt hatte, übernahm er im November 2005 im Kabinett Merkel das Amt des Ministers für Arbeit und Soziales sowie des Vizekanzlers.

Naumann, Michael

Politiker (SPD), Journalist und Verleger, *8.12.1941 Köthen (Anhalt). Am 24. Februar 2008 trat Naumann als Spitzenkandidat der Hamburger SPD bei der Bürgerschaftswahl an. Obwohl die SPD mit 34,1 % der Stimmen einen Zuwachs von 3,6 Prozentpunkten gegenüber 2004 erzielen konnte, verlor sie die Wahl deutlich (CDU: 42,6 %).

Naumann ist seit 1971 (mit Unterbrechungen) bei der Hamburger Wochenzeitung »Die Zeit« tätig (seit 2001 Mitherausgeber). 1983–85 leitete Naumann das Ressort Ausland beim Nachrichtenmagazin »Der Spiegel«, 1985 wurde er verlegerischer Geschäftsführer der Rowohlt Verlage und gründete 1990 den »Rowohlt Berlin Verlag«. 1995–98 leitete er den Henry Holt Verlag (New York). Seit 1986 Mitglied der SPD, wurde Naumann 1998 zum Beauftragten der Bundesregierung für Angelegenheiten der Kultur und Medien (im Rang eines Staatsministers beim Bundeskanzleramt; bis Ende 2000).

Neumann, Bernd

Politiker (CDU), *6.1.1942 Elbing (Westpreußen). Nach fast 30 Jahren an der Spitze der Bremer CDU verabschiedete sich Neumann am 17. Mai 2008 aus dem Amt, das er seit 1979 innehatte. Die Delegierten auf dem Landesparteitag wählten den mit Abstand dienstältesten CDU-Landesvorsitzenden Deutschlands anschließend mit 96 % zum ersten Bremer Ehrenvorsitzenden der Partei.
Neumann gehörte seit 1967 dem CDU-Landesvorstand in Bremen an und war seit 1979 Landesvorsitzender der CDU Bremen Er trat dreimal (1975, 1979 und 1983) als Spitzenkandidat der CDU bei den Bremer Bürgerschaftswahlen an. Neumann, der seit 1975 auch Mitglied des Bundesvorstandes der CDU ist, gehört seit 1987 dem Bundestag an. 1991–98 war er Parlamentarischer Staatssekretär im Bundesministerium für Bildung, Wissenschaft, Forschung und Technologie, 1998–2005 Obmann der CDU/CSU-Fraktion im Ausschuss für Kultur und Medien. Seit November 2005 ist Neumann Staatsminister bei der Bundeskanzlerin und Beauftragter für Kultur und Medien.

Neuner, Magdalena

Biathletin, *9.2.1987 Garmisch-Partenkirchen. Die Sportlerin des Jahres 2007 gewann am 16. März 2008 den Biathlon-Gesamtweltcup vor der Französin Sandrine Bailly und war mit

21 Jahren die jüngste Gesamtsiegerin der Geschichte. Bei der Biathlon-Weltmeisterschaft im Februar 2008 im schwedischen Östersund errang sie drei WM-Titel (Massenstart, Staffel, Mixedstaffel).
Seit der Saison 2003/04 machte Neuner als insgesamt fünffache Jugendweltmeisterin auf sich aufmerksam. Ihr Weltcupdebüt feierte sie 2005/06. In der Weltcupsaison 2006/07 erzielte die für den SC Wallgau startende Neuner sieben Einzelsiege und einen Staffelerfolg und belegte Platz vier der Gesamtwertung. Bei den Biathlonweltmeisterschaften 2007 im italienischen Antholz war Neuner mit drei WM-Titeln die erfolgreichste Teilnehmerin.

Rosberg, Nico
Formel-1-Rennfahrer, *27. 6. 1985 Wiesbaden.
Der 22-Jährige, der 2008 seine dritte Formel-1-Saison als Stammpilot absolvierte, zählt zu den populärsten Nachwuchstalenten des internationalen Motorsports und gilt als der kommende Star aus Deutschland.
Der Sohn des ehemaligen finnischen Formel-1-Weltmeisters Keke Rosberg, der unter deutscher Flagge Rennen fährt, startete bereits im Kindesalter seine Fahrerkarriere. Nach zahlreichen Erfolgen in aufsteigenden Klassen gelang ihm zur Saison 2006 mit dem Topteam Williams-Cosworth der Sprung in die Königsklasse der Formel 1. In der Saison 2007 wurde er in der WM-Wertung nur Neunter.

Schily, Otto
Politiker (SPD), *20. 7. 1932 Bochum.
Der 75-jährige frühere Bundesinnenminister weigerte sich trotz mehrfacher Aufforderung, dem Bundestagspräsidenten Norbert Lammert seine Nebeneinkünfte aus seiner Tätigkeit als Rechtsanwalt detailliert offenzulegen, obwohl die Parlamentarier dazu verpflichtet sind. Zur Begründung verwies er auf seine anwaltliche Schweigepflicht. Gegen die vom Bundestagspräsidium verhängte Ordnungsstrafe in Höhe von rund 22 000 € kündigte er im April 2008 Klage beim Bundesverwaltungsgericht an.
Als Rechtsanwalt profilierte sich Schily in den 1970er-Jahren als Verteidiger in Strafprozessen gegen RAF-Angehörige. 1980–89 Mitglied der Partei »Die Grünen«, gewann er als Mitglied des Bundestags (1983–86, 1987–89) sowie als Verfechter einer realpolitischen Linie der Grünen hohen Bekanntheitsgrad. 1989 wurde Schily Mitglied der SPD (seit 1990 Mitglied des Bundestags; 1994–98 stellvertretender Fraktionsvorsitzender der SPD-Bundestagsfraktion) und 1998 Bundesminister des Innern (im Amt bis November 2005).

Schell, Manfred
Gewerkschaftsfunktionär, *12. 2. 1943 Aachen.
Der Vorsitzende der Gewerkschaft Deutscher Lokomotivführer (GDL) führte seine kleine, aber traditionsbewusste Organisation im Juli 2007 in die bisher härteste und längste Tarifauseinandersetzung bei der Deutschen Bahn AG und erreichte im März 2008 die Unterzeichnung eines Tarifvertrags für die Berufssparte der Lokführer. Mit Vollendung des 65. Lebensjahrs trat Schell 2008 in den Ruhestand.
Der Sohn eines Lokomotivführers kam 1958 zur Deutschen Bundesbahn, um seine Ausbildung zum Maschinenschlosser fortzusetzen, die er zuvor in einem Privatunternehmen begonnen hatte. Er arbeitete zunächst als Schlosser und Heizer, bevor er in die Laufbahn des Lokomotivführers eintrat. Er übte diesen Beruf ab 1967 aus (seit 1971 als Oberlokomotivführer). 1974 wechselte Schell als hauptamtlicher Funktionär in die Zentrale der GDL, in deren Vorstand er 1983 aufrückte. Seit 1989 Bundesvorsitzender, gelang ihm 1990/91 die Anwerbung eines großen Teils der Lokführer der Deutschen Reichsbahn der DDR, die im geeinten Deutschland eine neue gewerkschaftliche Heimat suchten. 1993/94 gehörte Schell als Abgeordneter für die CDU dem Deutschen Bundestag an. Die damals eingeleitete Bahnreform lehnte er ab.

Schlegel, Hans

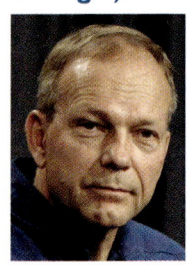

*Physiker und Raumfahrer, *3.8.1951 Überlingen.*
Vom 7. bis 20. Februar 2008 nahm Schlegel an der Space-Shuttle-Mission STS-122 teil, die das europäische Raumlabor Columbus zur Internationalen Raumstation (ISS) brachte. In zwei Außenbordeinsätzen, gemeinsam mit seinem NASA-Kollegen Mark Walheim, installierte Schlegel das Labor an der Raumstation. Er ist nach Thomas Reiter der zweite Deutsche, der zur ISS reiste.

Nach einem Physikstudium in Aachen blieb er zunächst als Wissenschaftler an der Universität und arbeitet später als Verfahrenstechniker in der Metallindustrie. 1988 begann seine Ausbildung zum Wissenschaftsastronauten bei der Deutschen Forschungsanstalt für Luft- und Raumfahrt (DLR) und 1990 das D-2-missionsspezifische Training. Erste Raumflugerfahrung sammelte er vom 26. April bis 6. Mai 1993 an Bord des Shuttles »Columbia« im Rahmen der deutschen D-2-Mission. 1998 wurde er in das europäische Astronautenkorps der ESA aufgenommen. Seit 2005 ist er leitender ESA-Astronaut im Johnson Space Center in Houston (Texas).

Scholz, Olaf

*Politiker (SPD), *14.6.1958 Osnabrück.*
Nach dem Rückzug von Franz Müntefering aus dem Bundeskabinett trat Scholz am 21. November 2007 dessen Nachfolge als Arbeits- und Sozialminister an.

Der frühere Fachanwalt für Arbeitsrecht begann seine politische Karriere auf dem linken Flügel der SPD. 1998 wurde er erstmals in den Bundestag gewählt und an der Seite von Peter Struck stellvertretender Fraktionsvorsitzender. Seit 2000 Landesvorsitzender der Hamburger SPD, legte Scholz 2001 sein Bundestagsmandat nieder, konnte als Innensenator in der Rolle eines Law-and-Order-Politikers den Machtverlust der SPD in der Hansestadt aber nicht verhindern. Nach der Bundestagswahl 2002 löste er Müntefering als Generalsekretär der Partei ab, verlor dieses Amt aber 2004 nach dem Rücktritt von Gerhard Schröder als Parteichef. Sein politisches Comeback feierte Scholz in seinem Amt als Parlamentarischer Geschäftsführer der Bundestagsfraktion seit Oktober 2005.

Schwan, Gesine

*Politikwissenschaftlerin, *22.5.1943 Berlin.*
Für die Bundespräsidentenwahl 2009 ließ sich Schwan von der SPD erneut als Kandidatin nominieren. Bereits 2004 war sie als Kandidatin von SPD und Bündnis 90/Die Grünen für das Amt des Bundespräsidenten angetreten, jedoch Horst Köhler (CDU) knapp unterlegen.

Schwan studierte Romanistik, Geschichte, Philosophie und Politikwissenschaften in Berlin und Freiburg im Breisgau, promovierte 1970 und habilitierte sich 1976. Sie war 1977–99 Politologieprofessorin an der Freien Universität Berlin. Seit 1999 ist sie Präsidentin der Europa-Universität »Viadrina« in Frankfurt (Oder). Als Mitglied der SPD wirkte sie ab 1977 in deren Grundwertekommission mit.

Seeger, Matthias

*Jurist, *11.6.1955 Bremen.*
Im Zuge der Neuorganisation der Bundespolizei wurde Seeger, bisher Präsident des früheren Bundespolizeipräsidiums West, am 3. März 2008 zum Präsidenten des neuen Bundespolizeipräsidiums ernannt.

Seeger studierte Jura in Berlin und Tübingen und absolvierte 1985 die zweite juristische Staatsprüfung. 1986 trat er in den Bundesgrenzschutz (heute Bundespolizei) ein. Hier nahm er verschiedene Funktionen wahr, u. a. arbeitete er mehrere Jahre im Bundesministerium des Innern. 1996–2000 leitete er das Bundespolizeiamt Köln. Während dieser Zeit leitete er u. a. als zuständiger Polizeiführer die Einsätze anlässlich des Castor-Transports nach Ahaus (1998) und anlässlich des EU- und Weltwirtschaftsgipfels in Köln (1999). 2000 wurde Seeger zum Präsidenten des Bundespolizeipräsidiums West ernannt.

Simonis, Heide
*Politikerin (SPD), *4.7.1943 Bonn.*
Am 1. Februar 2008 legte Simonis ihr Amt als Vorsitzende von UNICEF Deutschland nieder. Sie zog damit die Konsequenzen aus den Differenzen mit Geschäftsführer Dietrich Garlichs, dem mangelnde Tranzparenz bei der Verwendung von UNICEF-Spendengeldern zur Last gelegt wurde.
Die Diplomvolkswirtin war 1976–88 Mitglied des Bundestags (SPD). Björn Engholm berief sie 1988 als Finanzministerin nach Schleswig-Holstein. Nach dessen Rücktritt wurde Simonis 1993 zur Ministerpräsidentin gewählt (1996 und 2000 bestätigt). Nach den Verlusten ihrer Partei in der Landtagswahl 2005 (Spitzenkandidatin) und dem Scheitern ihrer Wiederwahl im März 2005 im Kieler Landtag auch im vierten Wahlgang legte sie alle politischen Ämter nieder. Im Oktober 2005 wurde sie zur – ehrenamtlichen – Bundesvorsitzenden von UNICEF Deutschland gewählt.

Tillich, Stanislaw
*Politiker (CDU), *10.4.1959 Neudörfel, Kreis Kamenz (Sachsen).*
Nach dem Rücktritt des sächsischen Ministerpräsidenten Georg Milbradt wählte der Landtag am 28. Mai 2008 den bisherigen Finanzminister Tillich zu dessen Nachfolger. Mit Tillich gelangt erstmals in der deutschen Geschichte ein Vertreter einer nationalen Minderheit – er ist Sorbe – in ein hohes Partei- und Regierungsamt.
Tillich, der ein Ingenieurstudium an der Technischen Universität Dresden absolviert hat, schloss sich 1987 der CDU an und wurde 1990 Abgeordneter der ersten frei gewählten Volkskammer und nach deren Auflösung Beobachter beim Europäischen Parlament. Er war 1994–99 Mitglied des Europäischen Parlaments und dort für den Haushalt der EU zuständig. 1999 berief ihn der damalige sächsische Ministerpräsident Kurt Biedenkopf als Staatsminister für Bundes- und Europaangelegenheiten in sein Kabinett. Danach war er unter Ministerpräsident Georg Milbradt bis 2002 zunächst Chef der Staatskanzlei und 2004–07 Staatsminister für Umwelt und Landwirtschaft. Im September 2007 übernahm er das Finanzressort.

Tolksdorf, Klaus
*Jurist, *14.11.1948 Gelsenkirchen.*
Tolksdorf wurde mit Wirkung zum 1. Februar 2008 als Nachfolger von Günter Hirsch zum Präsidenten des Bundesgerichtshofs (BGH) ernannt.
Nach dem Besuch der Polizeischule in Münster begann Tolksdorf seine berufliche Laufbahn als Polizist. 1969–74 studierte er Rechtswissenschaften in Bonn. Erste Richtertätigkeiten folgten in Münster und Hamm. Seit 1992 gehört Tolksdorf dem BGH an, 2001 übernahm er den Vorsitz des 3. Strafsenats. Seit 2004 ist er deutsches Mitglied der gemeinsamen Kontrollkommission von Eurojust, deren Vorsitz er während der deutschen EU-Ratspräsidentschaft 2007 führte. 2005 wurde er von der UN-Vollversammlung zum Ad-litem-Richter beim Internationalen Strafgerichtshof für das ehemalige Jugoslawien (ICTY) in Den Haag gewählt. Einer breiteren Öffentlichkeit wurde er durch die Leitung des Revisionsverfahrens im Fall Mannesmann bekannt.

Wulff, Christian
*Politiker (CDU), *19.6.1959 Osnabrück.*
Nach den Landtagswahlen vom 27. Januar 2008 konnte der niedersächsische Ministerpräsident Wulff trotz Stimmenverlusten seine CDU-FDP-

Koalition mit solider Mehrheit im Landtag fortsetzen.

Der Rechtsanwalt wurde 1975 Mitglied der CDU, in Niedersachsen 1994 Mitglied des Landtags und Vorsitzender der CDU-Landtagsfraktion sowie CDU-Landesvorsitzender. Erstmals nominiert 1993, war Wulff Spitzenkandidat der CDU für die Landtagswahlen 1994, 1998 und 2003 in Niedersachsen. Nach der Wahl 2003, bei der ihm ein überwältigender Sieg, bei knapper Verfehlung der absoluten Mehrheit der Mandate, über den amtierenden Ministerpräsidenten Sigmar Gabriel (SPD) gelang, wurde er als Ministerpräsident einer CDU-FDP-Koalition gewählt. Seit 1998 ist er einer der vier stellvertretenden Bundesvorsitzenden der CDU.

Ypsilanti, Andrea

Politikerin (SPD), *8. 4. 1957 Rüsselsheim.

Bei der Landtagswahl am 27. Januar 2008 trat Ypsilanti als Spitzenkandidatin der hessischen SPD an und verfehlte nur knapp das Ziel, den amtierenden Ministerpräsidenten Roland Koch abzulösen. Den Plan, eine von den Linken tolerierte rot-grüne Minderheitsregierung zu bilden, gab sie auf, nachdem die Abgeordnete Dagmar Metzger (SPD) eine Stimmenthaltung angekündigt hatte.

Die Diplomsoziologin (1992) führte 1991–93 die hessischen Jungsozialisten, seit 1999 ist sie Mitglied des Landtags, seit 2003 Landesvorsitzende der hessischen SPD. In der Vorentscheidung über den Herausforderer von Ministerpräsident Roland Koch im Dezember 2006 setzte sie sich mit knapper Mehrheit durch. Im Januar 2007 wurde sie von der SPD-Fraktion zur Oppositionsführerin im Landtag gewählt. Auf dem Bundesparteitag in Hamburg Ende Oktober zog sie mit der höchsten Stimmenzahl in den Bundesvorstand ein.

Zollitsch, Robert

katholischer Theologe, *9. 8. 1938 Filipovo (Jugoslawien [Serbien, Wojwodina]).

Am 12. Februar 2008 wurde Zollitsch auf der Frühjahrsvollversammlung der deutschen Bischöfe zum Vorsitzenden der Deutschen Bischofskonferenz gewählt. In diesem Amt tritt Zollitsch die Nachfolge von Karl Lehmann an.

Zollitsch ist donauschwäbischer Abstammung und kam 1946 (Flucht seiner Familie) nach Deutschland. Er studierte in Freiburg im Breisgau und München, erhielt 1965 die Priesterweihe und war ab 1967 in verschiedenen Funktionen im Erzbistum Freiburg tätig: 1974–83 Direktor des erzbischöflichen Konvikts »Collegium Borromäum«, ab 1983 Leiter der Abteilung Seelsorge – Personal des Erzbistums; Päpstlicher Ehrenprälat (seit 1992). Seit Juli 2003 ist Zollitsch Erzbischof von Freiburg.

Zumwinkel, Klaus

Wirtschaftsmanager, *15. 12. 1943 Rheinberg (Nordrhein-Westfalen).

Wegen des Vorwurfs der Steuerhinterziehung trat Zumwinkel am 15. Februar 2008 als Vorstandsvorsitzender der Deutschen Post AG zurück. Zudem legte er den Vorsitz in den Aufsichtsräten von Telekom und Postbank nieder. Ihm wurde vorgeworfen, private Gelder in eine liechtensteinische Stiftung transferiert und so Steuern in Millionenhöhe hinterzogen zu haben.

Zumwinkel studierte Betriebswirtschaftslehre in Münster. Nach seiner Promotion war er 1974–85 bei der Unternehmensberatung McKinsey & Co. tätig, ab 1979 als Mitglied der Geschäftsführung. 1985 wechselte er in den Vorstand der Quelle AG, 1987–89 war er deren Vorstandsvorsitzender. 1990 übernahm er den Vorstandsvorsitz des Deutschen Bundespost Postdienstes, 1995–2008 der Deutschen Post AG.

VERSTORBENE

Beinhorn, Elly

*Sportfliegerin, *30.5.1907 Hannover, †28.11. 2007 Ottobrunn.*
Beinhorn stellte zwischen 1931 und 1936 zahlreiche Flugrekorde auf und absolvierte spektakuläre Langstreckenflüge (z. B. Berlin–Timbuktu, Deutschland–Australien). 1936 heiratete sie den Automobilrennfahrer Bernd Rosemeyer. 1979 gab sie im Alter von 72 Jahren, nach etwa 5000 meist allein geflogenen Flugstunden, ihre Pilotenscheine zurück.

Beyer, Frank Michael

*Komponist und Organist, *8.3.1928 Berlin, †20.4. 2008 ebenda.*
Beyer wurde nach Studien bei Joseph Ahrens und Ernst Pepping 1968 Professor an der Musikhochschule in Berlin (West). 1990 gründete er an der Berliner Hochschule der Künste ein Institut für Neue Musik. Darüber hinaus war er im Aufsichtsrat der GEMA und von 1986 bis 2003 als Direktor der Musikabteilung der Berliner Akademie der Künste tätig. Sein kompositorisches Schaffen ist besonders durch die Kontrapunktik Johann Sebastian Bachs und das Strukturdenken Anton Weberns beeinflusst.

Christ, Karl

*Althistoriker, *6.4.1923 Ulm, †28.3. 2008 Marburg.*
Christ wurde 1965 Professor für Alte Geschichte in Marburg. Seine Arbeiten in der Forschung umfassen schwerpunktmäßig die Geschichte der römischen Republik und der Kaiserzeit, die römische Geschichtsschreibung und die Wissenschaftsgeschichte. Mit seinen zahlreichen Veröffentlichungen war er ein Pionier der Wissenschaftsgeschichte seines Faches. Viele seiner Bücher gelten heute als Standardwerke, z. B. »Geschichte der römischen Kaiserzeit. Von Augustus bis zu Konstantin« (1988).

Deilmann, Harald

*Architekt, *30.8.1920 Gladbeck, †1.1.2008 Münster.*
Deilmann entwarf stark gegliederte Bauten und Baukomplexe mit abwechslungsreicher Silhouette, die funktional konzipiert und in Beziehung zur Umgebung gesetzt wurden. 1955 gründete er ein eigenes Architekturbüro in Münster. Als Hochschullehrer arbeitete er 1963–69 an der TH Stuttgart und 1969–85 an der neu gegründeten Universität Dortmund. Viele seiner ausgeführten Projekte gaben der Stadt Münster ihr Gepräge, u. a. das Stadttheater (1952–55, mit anderen) sowie die Westdeutsche Landesbank (1969–75). Zu seinen Bauten zählen auch der Fernmeldeturm Düsseldorf (1979/80) und das Rathaus Center in Dessau (1993–95).

Dürrson, Werner

*Schriftsteller, *12.9.1932 Schwenningen (heute zu Villingen-Schwenningen), †17.4. 2008 Schloss Neufra bei Riedlingen.*
1959 veröffentlichte Dürrson seinen ersten Gedichtband »Blätter im Wind«, dem stetig weitere folgten. Er schrieb formbewusste Lyrik, die in nüchterner Sprache, mit einem Grundton von Trauer, Zeitprobleme reflektiert. Die erzählende Prosa ist gleichfalls z. T. zeitbezogen, z. T. spiegelt sie die Wirklichkeit parabelhaft (»Der Luftkünstler«, 1983). 2007 erschien sein einzi-

ger Roman »Lohmann oder die Kunst, sich das Leben zu nehmen«, eine biografisch geprägte, schmerzhafte Vater-Sohn-Geschichte.

Eppler, Dieter

*Schauspieler, *11. 2. 1927 Stuttgart, †12. 4. 2008 ebenda.*

Bekannt wurde Eppler v. a. durch seine zahlreichen Fernsehrollen, u. a. in »Tatort«, »Derrick« und »Der Alte«. Zu seinen bekanntesten Filmen gehörte »U47 – Kapitänleutnant Prien« (1958), wo er neben Joachim Fuchsberger als Bootskommandant Prien eine Hauptrolle spielte. In den 1950er- und 1960er-Jahren trat Eppler auch mehrfach in Edgar-Wallace-Filmen auf, u. a. in »Der Würger von Schloss Blackmoor« (1963) und »Das Wirtshaus von Dartmoor« (1964). Er arbeitete darüber hinaus als Synchronsprecher und führte in zahlreichen Hörspielen Regie.

Felmy, Hansjörg

*Schauspieler, *31. 1. 1931 Berlin, †24. 8. 2007 Eching (Niederbayern).*

Einem breiten Publikum wurde Felmy in der Rolle des Essener »Tatort«-Kommissars Heinz Haferkamp bekannt, den er 1974–80 20-mal verkörperte. In den 1950er-Jahren war er als Filmschauspieler erfolgreich und spielte u. a. in »Der Stern von Afrika« (1956), »Wir Wunderkinder« (1958) und »Die Buddenbrooks« (1959). Nach seiner Tätigkeit für den »Tatort« in den 1970er-Jahren wirkte Felmy noch in mehreren Fernsehserien mit, u. a. Anfang der 1990er-Jahre in der zwölfteiligen Flughafenserie »Abenteuer Airport«.

Fischer, Ernst Otto

*Chemiker, *10. 11. 1918 München, †23. 7. 2007 ebenda.*

Fischer war 1957–63 Professor für anorganische Chemie an der Universität München, 1964–84 an der TH (heute TU). Er arbeitete v. a. zu metallorganischen Verbindungen und entwickelte bei Untersuchungen über Ferrocen die – von seinem britischen Kollegen Geoffrey Wilkinson unabhängig bestätigte – Vorstellung, dass bestimmte Verbindungen zwischen Metallen und organischen Stoffen einen »sandwichartigen« Molekülaufbau besitzen (sog. Sandwichverbindungen). Für die Entdeckung dieses neuartigen Strukturtyps und die Erforschung der dabei vorliegenden Bindungsverhältnisse erhielt Fischer 1973 (zusammen mit Wilkinson) den Nobelpreis für Chemie.

Genzmer, Harald

*Komponist, *9. 2. 1909 Blumenthal (heute zu Bremen), †16. 12. 2007 München.*

Genzmer war 1928–34 Schüler von Paul Hindemith in Berlin. Er unterrichtete als Lehrer 1938–45 an der Volksmusikschule Berlin-Neukölln und wurde 1946 Professor an der Musikhochschule in Freiburg im Breisgau, 1957 an der Akademie der Tonkunst in München. Sein Schaffen war stark von Hindemith geprägt. Er komponierte Tanzspiele (»Der Zauberspiegel«, 1965), Orchesterwerke, u. a. drei Sinfonien (1957, 1958, 1984), Konzerte mit Orchester für Trautonium (1939), Klavier (1948, 1977), Flöte (1954), Violine (1959), Harfe (1965), Trompete (1968), Orgel (1971), Saxofon (1992), Klarinette (1994), Kammermusik, Klavier- und Orgelwerke, Kantaten, Chöre und Lieder.

Geschonneck, Erwin

*Schauspieler, *27. 12. 1906 Bartenstein (heute Bartoszyce), †12. 3. 2008 Berlin.*

Geschonneck zählte in der DDR zu den erfolgreichsten Schauspielern. 1945–49 spielte er an den Kammerspielen in Hamburg, 1949–55 bei Bertolt Brecht am Berliner Ensemble, wo er u. a. als Knecht Matti in Brechts »Herr Puntila und sein Knecht Matti« (1949) Erfolg hatte. Später trat er auch an der Volksbühne auf. Ab den 1950er-Jahren war er in zahlreichen (DEFA-)

Spiel- und Fernsehfilmen zu sehen. Zu seinen bekanntesten Filmen zählen die »Fünf Patronenhülsen« (1959/60), »Nackt unter Wölfen« (1963) sowie Frank Beyers »Jakob der Lügner« (1976), die einzige Produktion der DDR, die für einen Oscar nominiert wurde.

Hamann, Evelyn

*Schauspielerin, *6.8.1942 Hamburg, †29.10.2007 ebenda.*
Hamann erlebte ihren Durchbruch als Schauspielerin an der Seite von Vicco von Bülow alias Loriot: Von 1976 bis 1979 spielte sie in den sechs Folgen der ARD-Serie »Loriot« die komischen Frauenrollen, u. a. die brav-biedere Haus- und Ehefrau Hoppenstedt. Die Zusammenarbeit mit Loriot setzte sie auch in den beiden Kinofilmen »Ödipussi« (1988) und »Pappa ante Portas« (1991) fort. Später kamen Rollen in TV-Serien wie »Die Schwarzwaldklinik« und »Der Landarzt« hinzu. Großen Erfolg hatte Hamann zuletzt in der Rolle der forschen Polizeisekretärin in der ARD-Serie »Adelheid und ihre Mörder«, die in sechs Staffeln ab 1993 ausgestrahlt wurde.

Hansen, Hans

*Sportfunktionär, *13.2.1926 Flensburg, †12.12.2007 ebenda.*
Als Nachfolger von Willi Weyer war Hansen 1986–94 Präsident des Deutschen Sportbundes (1974–86 Vizepräsident). Er führte 1990 den DSB und den Deutschen Turn- und Sportbund der ehemaligen DDR (DTSB) zum gesamtdeutschen DSB zusammen. Nach seinem Ausscheiden wurde er 1997 zum Ehrenpräsidenten ernannt. Hansen begann seine Funktionärslaufbahn 1966 als Vorsitzender des Schleswig-Holsteinischen Fußballverbandes, war ab 1963 Pressechef im Kieler Landtag und stieg 1987/88 zum Regierungssprecher auf.

Heller, Eva

*Schriftstellerin, *8.4.1948 Esslingen am Neckar, † im Februar 2008 Frankfurt am Main.*
Bekannt wurde Heller mit ihrem Roman »Beim nächsten Mann wird alles anders« (1987), der mit Dominic Raacke in der Hauptrolle verfilmt wurde. Mit diesem Buch und den ebenfalls erfolgreichen Titeln »Der Mann der's wert ist« (1993) und »Erst die Rache, dann das Vergnügen« (1997) gilt sie als Begründerin einen neuen witzigen Frauenliteratur. Heller veröffentlichte auch Kinderbücher und Cartoons.

Hübner, Kurt

*Schauspieler, Regisseur und Theaterleiter, *30.10.1916 Hamburg, †21.8.2007 München.*
Nach Regiearbeiten in Hannover, Göttingen, Ingolstadt und Freiburg übernahm Hübner in den 1950er-Jahren auch Dramaturgentätigkeiten in Hannover und Stuttgart. 1959–62 war Hübner Intendant der Städtischen Bühnen Ulm. Die hier begonnene Zusammenarbeit mit Peter Palitzsch und Peter Zadek setzte er als Intendant am Bremer Theater 1962–73 fort, versammelte dort weitere herausragende Regisseure (Peter Stein, Hans Neuenfels), Bühnenbildner (Wilfried Minks, Karl-Ernst Herrmann) und Schauspieler (Edith Clever, Bruno Ganz) um sich und schuf Raum insbesondere für experimentierfreudige und avantgardistische Inszenierungen. 1973–86 war er Intendant der Freien Volksbühne Berlin.

Kempowski, Walter

*Schriftsteller, *29.4.1929 Rostock, †5.10.2007 Rotenburg (Wümme).*
Kempowski wurde v. a. bekannt durch seine »deutsche Chronik«, eine autobiografisch bestimmte sechsteilige Romanreihe über die Geschichte einer bürgerlichen Familie vom Kaiserreich bis in die Nachkriegszeit, u. a. »Tadellöser & Wolff« (1971),

»Uns geht's ja noch gold« (1972) und »Ein Kapitel für sich« (1975). Eine neue Art der dokumentarischen Literatur schuf er mit monumentalen Werken, die unterschiedlichste – private und öffentliche – Zeugnisse aus einem bestimmten Zeitraum nebeneinanderstellen, beginnend mit »Das Echolot. Ein kollektives Tagebuch« (4 Bände, 1993–2005), das Materialien aus der Zeit vom 1.1. bis zum 28.2.1943 versammelt. Auch in persönlichen Aufzeichnungen begleitete er die Zeitgeschichte (u. a. Tagebücher »Sirius«, 1990; »Hamit«, 2006; »Somnia«, 2008).

Kempski, Hans Ulrich

*Journalist, *3.8.1922 Dramburg (Hinterpommern), †30.12.2007 München.*
Als langjähriger Chefkorrespondent der »Süddeutschen Zeitung« zählte Kempski zu den renommiertesten deutschen Journalisten. Er begann seine journalistische Karriere 1946 bei der Deutschen Nachrichtenagentur DENA. 1949 wechselte er zur »Süddeutschen Zeitung« (SZ), wo er 1970–87 Mitglied der Chefredaktion war. Seine Reportagen über deutsche und internationale Politik erschienen unter der Dachzeile »Hans Ulrich Kempski berichtet ...«.

Knaus, Albrecht

*Verleger, *5.5.1913 München, †27.11.2007 ebenda.*
Knaus zählte zu den großen Verlegerpersönlichkeiten, die das deutsche Buchwesen der Nachkriegszeit wesentlich mitprägten. Er begann seine Laufbahn 1939 als Lektor im Piper Verlag, dessen Programm er von 1945 bis 1955 als Cheflektor wesentlich mitgestaltete. Nach Zwischenstationen verantwortete er 1967–78 als Verleger das Programm des Hoffmann & Campe Verlags. 1978 gründete er in Kooperation mit der Verlagsgruppe Bertelsmann (heute Random House) in München seinen eigenen Verlag, den er bis 1989 leitete. Zu seinen bekanntesten Autoren zählten u. a. Siegfried Lenz und Walter Kempowski.

Konzelmann, Gerhard

*Journalist, * 26.10.1932 Stuttgart, † 28.5.2008 ebenda.*
Konzelmann wurde der breiten Öffentlichkeit als Nahostexperte der ARD bekannt. Er begann seine journalistische Tätigkeit 1956 beim Süddeutschen Rundfunk (SDR). 1968 wechselte er als Korrespondent nach Beirut und berichtete bis 1974 sowie 1981–85 von dort. Schnell avancierte er zum anerkannten Spezialisten des Nahen Ostens, drehte Fernsehdokumentationen und schrieb populärwissenschaftliche Bücher zum Thema (u. a. »Der Golf. Vom Garten Eden zur Weltkrisenregion«, 1991). Als Moderator der ARD-Sendung »Weltspiegel« blieb er nach seiner Rückkehr nach Deutschland auf dem Bildschirm präsent. 1985–97 war Konzelmann in der Fernsehredaktion des SDR für die Musiksendungen verantwortlich. Als Hobbykomponist komponierte er die Musik zu einigen seiner Filme selbst und schrieb auch Opern.

Krebs, Helmut

*Sänger (Tenor), *8.10.1913 Dortmund, †30.8.2007 Berlin.*
Krebs studierte in Dortmund und Berlin, debütierte 1938 in Berlin und gehörte ab 1947 fast 40 Jahre dem Ensemble der Deutschen Oper Berlin an. Dort wurde er 1963 zum Kammersänger ernannt. Er sang auch bei Festspielen (Salzburg, Glyndebourne) und wurde besonders als Interpret zeitgenössischer Opernpartien sowie als Oratoriensänger bekannt.

Langer, Rudolf

*Schriftsteller, *6.11.1923 Neisse (Oberschlesien; heute Nysa/Polen), †19.7.2007 Ingolstadt.*
Langer, der seit 1945 in Ingolstadt lebte, schrieb vom Alltäglichen ausgehende Gedankenlyrik in bildkräftiger Sprache (»Ortswechsel«, 1973; »Überholvorgang«, 1976; »Unaufhaltbar«, 1987; »An den großen Flüssen«, 2004). Daneben verfasste er auch Erzählprosa (»Der Turmfalk und die Taube«, Kurzgeschichten, 1990).

May, Alexander

Schauspieler, *8.7.1927 Görlitz, †2.5.2008 Hannover.

Ab 1946 studierte May bei Gustaf Gründgens in Düsseldorf Schauspiel. Einem breiten Publikum wurde er durch seine Rollen in TV-Filmen wie »Tatort« bekannt. Daneben war er u. a. in der Arztserie »Freunde für's Leben« sowie in »Forsthaus Falkenau«-Folgen zu sehen. May arbeitete aber auch als Drehbuchautor, Regisseur, Produzent und Intendant. U. a. leitete er von 1978 bis 1988 das Niedersächsische Staatsschauspiel Hannover. 1968 erhielt er einen Bundesfilmpreis für seine Rolle in dem Film »Tätowierung«.

Michael, Marion

Schauspielerin, *17.10.1940 Königsberg (heute Kaliningrad), †12.10.2007 Gartz (Oder).

Mit der Hauptrolle in dem Film »Liane, das Mädchen aus dem Urwald«, in der sie an der Seite von Hardy Krüger spielte, wurde Michael 1956 schlagartig berühmt. Weitere erfolgreiche Filme wie »Der tolle Bomberg« mit Hans Albers und Harald Juhnke folgten. Nach einem Autounfall während der Dreharbeiten zu »Bomben auf Monte Carlo« (mit Eddie Constantine) zog sie sich Anfang der 1960er-Jahre weitgehend aus dem Filmgeschäft zurück. 1979 ging Michael mit ihrem Sohn Benjamin in die DDR, wo sie beim Deutschen Fernsehfunk arbeitete.

Mühe, Ulrich

Schauspieler, *20.6.1953 Grimma, †22.7.2007 Walbeck (Landkreis Börde).

Nach Engagements am Stadttheater Chemnitz und an der Volksbühne Berlin war Mühe 1983 bis 1993 Ensemblemitglied des Deutschen Theaters Berlin. Danach spielte er als Gast an verschiedenen Bühnen, u. a. am Burgtheater Wien. Herausragende Leistungen zeigte er u. a. 1983 als Osvald Alving in Henrik Ibsens »Gespenster« und 1990 in der Titelrolle von Heiner Müllers »Hamletmaschine« (beide Deutsches Theater Berlin). Auch mit Film- und Fernsehrollen machte Mühe auf sich aufmerksam. Kritikerlob erhielt er für seine Darstellung des Stasihauptmanns in dem mit einem Oscar prämierten Kinofilm »Das Leben der Anderen« (2006). Im Fernsehen war er u. a. als Hauptdarsteller in der ZDF-Serie »Der letzte Zeuge« präsent (1997 ff.).

Noll, Dieter

Schriftsteller, *31.12.1927 Riesa, †6.2.2008 Zeuthen (Landkreis Dahme-Spreewald).

Noll war einer der bekanntesten Schriftsteller der DDR. Sein autobiografisch geprägter Roman »Die Abenteuer des Werner Holt. Roman einer Jugend« (1960; Fortsetzung mit dem Untertitel »Roman einer Heimkehr«, 1963) stieß wegen seiner realistischen Schilderung der Erlebnisse und Konflikte eines jungen Menschen unter nationalsozialistischer Herrschaft und im Krieg auf große Resonanz bei den Lesern in der DDR. In seinen späteren Werken thematisierte Noll die SED-Ideologie, insbesondere in dem Betriebsroman »Kippenberg« (1979).

Noris, Günter

eigentlich Günter Maier, Musiker, *5.6.1935 Bad Kissingen, †27.11.2007 Kerpen.

Günter Noris gründete 1971 die Big Band der Bundeswehr und machte sie zu einer bekannten Institution in der bundesrepublikanischen Öffentlichkeit. Sie trat u. a. bei den Olympischen Spielen 1972 in München und der Fußballweltmeisterschaft 1974 in Deutschland sowie in zahlreichen Fernsehshows auf. 1983 schied Noris auf eigenen Wunsch aus dem Vertrag aus und gründete die Gala Big Band. Nach einem Studium am Bayerischen Staatskonservatorium für Musik in Würzburg war er zunächst als Mitglied der Helmut-Brandt-Combo aufgetreten, ab 1960 hatte er auch als Arrangeur und Dirigent beim Rundfunksender Rias gearbeitet.

Plenzdorf, Ulrich

Theater- und Filmautor, *26. 10. 1934 Berlin, †9. 8. 2007 bei Berlin.
Plenzdorf war nach dem Studium an der Filmhochschule in Potsdam-Babelsberg (1959–63) insbesondere als Drehbuchautor für die DEFA tätig. Einen spektakulären Erfolg hatte er mit dem Stück »Die neuen Leiden des jungen W.« (Uraufführung 1972, als Erzählung 1973), das – anknüpfend an Goethes »Werther« – Sprache und Lebensgefühl der DDR-Jugend in den 1970er-Jahren spiegelt.
In dem Filmszenarium »Die Legende von Paul und Paula« (1973 verfilmt von Heiner Carow, gedruckt 1974), das in kunstvoller Mischung von Traum und Wirklichkeit die Geschichte einer großen Liebe erzählt, schuf er ein poetisches Gegenbild zum sozialistischen Alltag. Nach dem politischen Umbruch 1989/90 arbeitete er überwiegend als Drehbuchautor, so für die Fernsehserie »Liebling Kreuzberg« (Buchausgabe unter dem Titel »Liebling, Prenzlauer Berg«, 1998).

Rebroff, Ivan

eigentlich Hans-Rolf Rippert, Sänger, *31. 7. 1931 Berlin, †27. 2. 2008 Frankfurt am Main.
Als der »singende Russe mit der Pelzmütze« war Rebroff im internationalen Showgeschäft eine feste Größe. Mit dem Lied »Wenn ich einmal reich wär'« des Milchmanns Tevje aus dem Musical »Anatevka« wurde er 1968 schlagartig berühmt. Nach dem ersten Erfolg feilte der Bassbariton, der über einen enormen Stimmumfang von viereinhalb Oktaven verfügte, an seinem Image und spezialisierte sich auf russische Folklore. Er absolvierte als Solist Tourneen rund um den Globus und machte sich einen Namen als »Ein-Mann-Kosakenchor«. Im deutschen Fernsehen wurde er zum Dauergast.

Renger, Annemarie

Politikerin (SPD), *7. 10. 1919 Leipzig, †3. 3. 2008 Oberwinter (zu Remagen).
Renger wurde 1972 als erste Frau in das Präsidentenamt des Deutschen Bundestags gewählt. Sie übte dieses zweithöchste Amt der Bundesrepublik – als zugleich erste sozialdemokratische Amtsinhaberin – bis 1976 aus, 1976–90 war sie Vizepräsidentin. Breite politische Achtung erwarb sich Renger, als sie sich 1979 als Kandidatin ihrer Partei für das Amt des Bundespräsidenten zur Wahl stellte, obwohl ihre Erfolgsaussichten gering waren. Renger war bereits seit den 1950er-Jahren politisch aktiv. Sie gehörte von September 1953 bis Dezember 1990 ununterbrochen dem Bundestag als Mitglied an (SPD); zugleich war sie 1959–66 auch Mitglied der Beratenden Versammlung des Europarats.

Reuter, Rolf

Dirigent, *7. 10. 1926 Leipzig, †11. 9. 2007 Berlin.
Reuter machte sich als Dirigent und langjähriger Generalmusikdirektor (1981–93) der Komischen Oper in Berlin (Ost) einen Namen. Gemeinsam mit Chefregisseur Harry Kupfer brachte er viel beachtete Musiktheaterproduktionen heraus, z. B. Wagners »Meistersinger von Nürnberg« und die Uraufführung »Judith« von Siegfried Matthus oder Mussorgskis »Boris Godunow«. Vor seiner Berliner Zeit war er nach Stationen in Eisenach und Meiningen 1961–79 Gewandhauskapellmeister in Leipzig. Auch im Ausland war Reuter bei Gastspielen der Komischen Oper sowie als Konzertdirigent gefragt. Er unterrichtete an den Hochschulen von Leipzig, Berlin und München und pflegte das Erbe Hans Pfitzners.

Roland, Jürgen

eigentlich Jürgen Schellack, Film- und Fernsehregisseur, *25. 12. 1925 Hamburg, †21. 9. 2007 ebenda.
Roland machte sich als Regisseur besonders um den deutschen Fernsehkrimi verdient. Einem

breiten Publikum wurde er mit seiner ersten TV-Serie »Der Polizeibericht meldet ...« bekannt. Die Krimiserie »Stahlnetz« (1958–68), für die Roland mit dem Drehbuchautor Wolfgang Menge zusammenarbeitete, erreichte Rekordeinschaltquoten. Es folgten u. a. Spielfilme wie die Edgar-Wallace-Verfilmung »Der grüne Bogenschütze«. Ab den 1970er-Jahren war er auch als »Tatort«-Regisseur tätig. Seine Vorabendserie »Großstadtrevier« (seit 1985) hat sich zu einem Dauerbrenner entwickelt.

Rücker, Günther

Autor und Regisseur, *2. 2. 1924 Reichenberg, Böhmen, Tschechoslowakei (heute Liberec, Tschechien), † 24. 2. 2008 Meiningen.
Rücker war in der DDR v. a. durch Filmdrehbücher bekannt geworden. Zu seinen bekanntesten Filmarbeiten gehörte (zusammen mit Wolfgang Kohlhaase) das Drehbuch zu »Der Fall Gleiwitz« (1961), der als einer der wichtigsten DEFA-Filme gilt. Mit dem Regisseur Egon Günther arbeitete Rücker bei dem Film »Der Dritte« (1971) zusammen. »Bis daß der Tod euch scheidet« (1979) wurde von Heiner Carow inszeniert. Zu Rückers wichtigen Filmarbeiten gehörte auch die DEFA-Produktion »Die Verlobte« (1980), bei der er zusammen mit Günter Reisch Regie führte. Er verfasste auch Hörspiele, Romane und Erzählungen.

Rühmkorf, Peter

Schriftsteller, *25. 10. 1929 Dortmund, † 8. 6. 2008 Roseburg (Kreis Herzogtum Lauenburg).
Rühmkorf war Mitglied der »Gruppe 47«. Er begann mit zeitkritischer Lyrik (»Irdisches Vergnügen in g«, 1959; »Kunststücke«, 1962). Auch in seinen Arbeiten für das Theater wurde die Kritik an der Wohlstandsgesellschaft in einem sprachmächtigen, dabei gelegentlich burlesken, frivol-aggressiven Stil mit einer Vorliebe für Wortspiele und Sprachvariationen deutlich (»Was heißt hier Volsinii?«, 1969; »Die Handwerker kommen«, 1974). Mit seinen seit Ende der 1970er-Jahre entstandenen Gedichten, die souverän Sprachspiele, poetologische Bekenntnisse und Naturbilder verbinden (u. a. »Haltbar bis Ende 1999«, 1979) wurde er zu einem der erfolgreichsten Lyriker der deutschen Gegenwartsliteratur. Rühmkorf schrieb auch literaturkritische Essays und Arbeiten zu Leben und Werk von Dichtern (u. a. Walther von der Vogelweide, Heinrich Heine und Wolfgang Borchert, in: »Dreizehn deutsche Dichter«, 1989) sowie umfangreiche essayistische und autobiografische Prosa. Er erhielt 1993 den Georg-Büchner-Preis.

Schubert, Günter

Schauspieler, *18. 4. 1938 Weißwasser (Sachsen), † 2. 1. 2008 Berlin.
Schubert spielte in DEFA-Märchenverfilmungen mit und wurde mit der Serie »Zur See« dem DDR-Fernsehpublikum bekannt. Beim Deutschen Fernsehfunk (DFF), zu dessen festem Ensemble er seit 1970 gehörte, war er einer der viel beschäftigten Schauspieler und verkörperte oft komödiantische Rollen oder sympathische Charaktere. Es gelang ihm, seine Karriere auch nach der Wiedervereinigung fortzusetzen. Als Peter Böhling in der ZDF-Serie »Elbflorenz« erlangte Schubert 1994 bundesweit Popularität. Er trat auch in beliebten TV-Serien wie »Liebling Kreuzberg« oder »Der Landarzt« auf.

Stockhausen, Karlheinz

Komponist, *22. 8. 1928 Mödrath (heute zu Kerpen), † 5. 12. 2007 Kürten-Kettenberg.
Als einer der bekanntesten Komponisten seiner Generation hat Stockhausen der Musik nach 1950 wesentliche Impulse gegeben. Er gelangte ab 1952 zu streng seriellen, später zu flexibel seriellen »Gruppen«-Kompositionen sowie zu exemplarischen Versuchen

elektronischer Klanggestaltung und Raummusik, zu aleatorischen und intuitiven Konzepten. Ab den 1970er-Jahren setzte er verstärkt technische Apparaturen (Lautsprecher, Synthesizer, Computer) sowie mitunter auch genau kalkulierte optische Komponenten (Gestik, Bewegung, Kostüme, Farbe, Raumanordnung) ein. 1977–2002 arbeitete Stockhausen fast ausschließlich an seinem Großprojekt »Licht«, sieben Opern, die nach den Tagen der Woche benannt sind.

Ungers, Oswald Mathias

Architekt und Architekturtheoretiker, *12.7.1926 Kaisersesch (Landkreis Cochem-Zell), †30.9.2007 Köln.
Ungers gehörte zu den Hauptvertretern postmoderner Architektur. Er studierte 1947–50 an der TH Karlsruhe u. a. bei Egon Eiermann. 1950 eröffnete er ein Architekturbüro in Köln, dem weitere Büros in Berlin und New York folgten. Er lehrte u. a. an der TU in Berlin (1963–69), ab 1969 an der Cornell University in Ithaca (New York), 1986–92 an der Kunstakademie Düsseldorf. Nach ersten Bauten, die er im Stil des Brutalismus gestaltete, bekannte sich Ungers seit den 1970er-Jahren zur rationalen Architektur mit klarer Geometrie und archetypischen Grundformen. Zu seinen Werken zählen u. a. das Messehochhaus in Frankfurt am Main (1983–85) und der Neubau des Wallraf-Richartz-Museums (1996–2000) in Köln.

Wagner, Gudrun

Frau von Wolfgang Wagner (Bayreuther Festspiele), *15.6.1944 Allenstein (Ostpreußen, heute Olsztyn), †28.11.2007 Bayreuth.
Wagner avancierte an der Seite ihres Ehemannes Wolfgang Wagner zur einflussreichen Organisatorin der Bayreuther Festspiele, hielt sich jedoch offiziell stets im Hintergrund. Die gelernte Fremdsprachenkorrespondentin war in den 1960er-Jahren als Sekretärin zu den Bayreuther Festspielen gekommen und hatte zunächst den Pressechef Dietrich Mack geheiratet. Nach der Scheidung folgte die Heirat mit dem Festspielleiter Wolfgang Wagner (1976). 1978 kam die gemeinsame Tochter Katharina zur Welt.

Wickert, Erwin

Diplomat und Schriftsteller, *7.1.1915 Bralitz (Landkreis Märkisch-Oderland), †26.3.2008 Oberwinter (zu Remagen).
Wickert war 1939–45 und 1955–80 im auswärtigen Dienst tätig, u. a. in Schanghai, Tokio, London und Bukarest. Ab 1976 war er Botschafter in Peking. Neben dem Sachbuch »China von innen gesehen« (1982) schrieb er kenntnisreiche Romane über China (»Der Auftrag«, 1961, neu bearbeitet 1979 unter dem Titel »Der Auftrag des Himmels«) und die Antike. Erfolgreich war er auch als Hörspielautor; 1951 erhielt er den Hörspielpreis der Kriegsblinden. Seine Erinnerungen legte er in »Die glücklichen Augen« (2001) nieder. Der Journalist Ulrich Wickert ist sein Sohn.

Zechlin, Ruth

Komponistin, *22.6.1926 Großhartmannsdorf (bei Freiberg), †4.8.2007 München.
Zechlin war seit 1950 Dozentin für Tonsatz und 1969–86 Professorin für Komposition an der Deutschen Hochschule für Musik »Hanns Eisler« in Berlin. Sie wurde auch als Cembalistin v. a. der Werke Johann Sebastian Bachs bekannt. Sie schrieb u. a. die Opern »Reineke Fuchs« (1968), »Die Salamandrin und die Bildsäule« (1989), die Kammeroper »Die Reise« (1992; Text von Heiner Müller). Zu ihren Orchesterwerken zählen u. a. drei Sinfonien (1965, 1966, 1971), »Musik zu Bach« (1983), »Stufen« (1993), »Hommage à Heidelberg und seine Manessische Handschrift« (1996). Daneben komponierte sie auch Kammer- und Klaviermusik sowie Orgel- und Vokalwerke.

SERVICE

Naturraum Deutschland

Naturraum. Deutschland mit seinen höchsten Bergen und größten Seen	Landhöhen	■ MÜNCHEN über 1 Mio. Ew.	**BERLIN** Bundeshauptstadt
Berge je Bundesland	3000 m	■ Essen 500 000 – 1 Mio. Ew.	**Mainz** Landeshauptstadt
▲ höchster Berg ● größter See	2000 m	■ Mannheim 250 000 – 500 000 Ew.	*Harz* Landschaft/Gebirge
▲ zweithöchster Berg ● zweitgrößter See	1000 m	■ Heilbronn 100 000 – 250 000 Ew.	✈ Internationaler Flughafen
▲ dritthöchster Berg ● drittgrößter See	500 m	● Lüneburg 50 000 – 100 000 Ew.	⚓ bedeutender Binnenhafen
	200 m	○ Salzwedel 10 000 – 50 000 Ew.	⚓ bedeutender Seehafen
	0 m	○ Cochem unter 10 000 Ew.	

347

SERVICE Natur

Servicebereich

Natur	S. 347	Notrufnummern		Vorschau auf Veranstal-	
Reise und Verkehr	S. 354	und Hotlines	S. 396	tungen aus Politik,	
Gesundheit	S. 393	Recht	S. 400	Kultur, Sport	S. 402

Natur des Jahres

Seit 1971 kürt der Naturschutzbund Deutschland (NABU) einen »Vogel des Jahres«. Seitdem sind immer mehr Tiere, Pflanzen und Landschaften zur Auswahl »Natur des Jahres« dazugekommen. Sie werden jedes Jahr von Vereinen, Verbänden und Fachorganisationen bestimmt. Zweck und Ziel dieser Aktion ist es, den Menschen anhand ausgewählter Beispiele die Natur näherzubringen und gegebenenfalls auf die Bedrohung von Arten oder die Entwicklung in bestimmten Bereichen hinzuweisen.

Natur des Jahres 2008

Titel	Art	Gewählt von ...
Vogel des Jahres	Kuckuck	Naturschutzbund Deutschland (NABU); www.nabu.de
Wildtier des Jahres	Wisent	Schutzgemeinschaft Deutsches Wild (SDWi); www.sdw.de
Lurch des Jahres	Laubfrosch	Deutsche Gesellschaft für Herpetologie und Terrarienkunde (DGHT); www.dght.de
Fisch des Jahres	Bitterling	Verband Deutscher Sportfischer (VDSF); www.vdsf.de
Insekt des Jahres	Krainer Widderchen (Esparsetten-Widderchen)	Kuratorium »Insekt des Jahres«, c/o Julius-Kühn-Institut (JKI); www.jki.bund.de
Schmetterling des Jahres	Argusbläuling (Geißklee-Bläuling)	BUND NRW Naturschutzstiftung; www.bund-nrw-naturschutzstiftung.de
Spinne des Jahres	Große Winkelspinne	Arachnologische Gesellschaft; www.aradet.de
Weichtier des Jahres	Mäuseöhrchen	Kuratorium »Weichtier des Jahres«, Deutsche Malakozoologische Gesellschaft; www.Mollusca.de
Gefährdete Nutztierrasse des Jahres	Bronzepute	Gesellschaft zur Erhaltung alter und gefährdeter Haustierrassen (GEH); www.g-e-h.de
Baum des Jahres	Walnuss	Kuratorium »Baum des Jahres« (KBJ); www.baum-des-jahres.de
Blume des Jahres	Nickende Distel	Stiftung Naturschutz Hamburg; www.stiftung-naturschutz-hh.de
Orchidee des Jahres	Übersehenes Knabenkraut	Arbeitskreise Heimische Orchideen (AHO); www.europorchid.de
Wasserpflanze des Jahres	Gemeiner Schwimmfarn	Förderkreis Sporttauchen; www.foerderkreis-sporttauchen.de
Pilz des Jahres	Bronzeröhrling	Deutsche Gesellschaft für Mykologie; www.dgfm-ev.de
Flechte des Jahres	Wolfsflechte	Bryologisch-lichenologische Arbeitsgemeinschaft für Mitteleuropa (BLAM); www.blam.privat@t-online.de/
Moos des Jahres	Hübsches Goldhaarmoos	siehe oben (BLAM)
Regionale Streuobstsorten des Jahres	Wilde Eierbirne (BW), Ausbacher Roter (HE), Wohlschmecker aus Vierlanden (HH), Spanisch Braune (Saar/Pfalz)	Landesverband für Obstbau, Garten und Landschaft Baden-Württemberg (www.logl-bw.de); Landesgruppe Hessen des Pomologenvereins (www.pomologen-verein.de); BUND Hamburg (http://vorort.bund.net/hamburg/); AK Historische Obstsorten der Pfalz (www.pomologen-verein.de); Verband der Gartenbauvereine Saarland-Pfalz (www.gartenbauvereine.de)

Natur SERVICE

Natur des Jahres 2008 — Fortsetzung

Titel	Art	Gewählt von ...
Gemüse des Jahres	Gartensalat (2007 und 2008)	Verein zur Erhaltung der Nutzpflanzenvielfalt (VEN)
Heilpflanze des Jahres	Lavendel	NHV Theophrastus; www.nhv-theophrastus.de
Arzneipflanze des Jahres	Rosskastanie	Studienkreis »Entwicklungsgeschichte der Arzneipflanzen«
Giftpflanze des Jahres	Herkulesstaude	Botanischer Sondergarten Wandsbek
Staude des Jahres	Sonnenbraut	Bund deutscher Staudengärtner; www.stauden.de
Landschaft des Jahres	Donaudelta (2007 und 2008)	Naturfreunde Internationale; www.nfi.at
Flusslandschaft des Jahres	Nette (2008 und 2009)	Naturfreunde Deutschlands; www.naturfreunde.de; Deutscher Anglerverband (DAV); www.anglerverband.com

Quelle: Naturschutzbund Deutschland

Nationale Naturlandschaften und Tiergärten

349

SERVICE Natur

Flüsse (innerhalb Deutschlands) und ihre Nebenflüsse (Auswahl)

Flüsse und ihre Nebenflüsse[1]	Länge (km)	davon schiffbar (km)	Einzugsbereich in km²
Donau	647	387	78 178
<Iller	147	-	2 152[2]
<Lech	168	-	4 152
<Naab	165	-	5 530[2]
<Isar	263	-	8 964[2]
<Inn	230	-	10 218
Rhein	865	778	105 934
<Neckar	367	203	13 558
<Main	524	384	27 208
<Lahn	245	148	5 947
<Mosel	242	242	9 387
<Saar	102	102	3 575
<Ruhr	214	41	4 489
<Lippe	228	-	4 882
Ems	371	238	12 649
Weser	440	440	41 094
<Fulda	218	109	6 947
<Werra	292	89	1 417
<Aller	211	117	14 446
<Leine	247	112	6 006
<Hunte	189	26	2 785
Elbe	700	700	98 046
<Schwarze Elster	181	-	5 705
<Saale	427	124	23 737
<Weiße Elster	247	-	5 300[2]
<Havel	343	243	24 273
<Spree	382	147	10 100
<Dahme	102	40	1 894
<Elde	208	180	2 990
<Ilmenau	107	29	2 869
<Oste	160	82	1 714
Eider	188	112	1 891
Trave	109	53	1 854
Warnow	155	14	2 982
Peene	143	104	5 110
Uecker	94	9	2 401
Oder	162	162	4 399

1) Nebenflüsse sind durch < bzw. Einrückung gegenüber dem Fluss, in den sie münden, gekennzeichnet.
2) Einzugsbereich bezogen auf Gesamtlänge
Quelle: Statistisches Bundesamt, Bundesumweltministerium, Brockhaus Enzyklopädie, 21. Auflage

Die größten natürlichen Seen

See	Fläche (km²)	größte Tiefe (m)	mittlere Tiefe (m)	Höhe über NN (m)	Kreis/Stadt (Land)
Bodensee	535,9*	254	91	395	Konstanz und Bodenseekreis (Baden-Württemberg), Lindau/Bodensee (Bayern)
Müritz	109,2	30	7	62	Müritz (Mecklenburg-Vorpommern)
Chiemsee	79,9	73	26	518	Traunstein (Bayern)
Schweriner See	61,5	52	11	38	Schwerin und Nordwestmecklenburg (Mecklenburg-Vorpommern)
Starnberger See	56,4	128	53	584	Starnberg (Bayern)
Ammersee	46,6	81	38	533	Landsberg a. Lech (Bayern)
Plauer See	38,4	26	7	62	Parchim und Müritz (Mecklenburg-Vorpommern)
Kummerower See	32,5	23	8	0,2	Demmin (Mecklenburg-Vorpommern)
Großer Plöner See	29,1	58	12	21	Plön und Ostholstein (Schleswig-Holstein)
Steinhuder Meer	27	3	2	37	Hannover (Niedersachsen)
Selenter See	21,4	36	13	37	Plön (Schleswig-Holstein)
Kölpinsee	20,3	30	4	62	Müritz (Mecklenburg-Vorpommern)
Schaalsee	19,3	72	14	35	Ludwigslust (Mecklenburg-Vorpommern), Hzgt. Lauenburg (Schleswig-Holstein)
Tollensesee	17,9	31	18	15	Neubrandenburg (Mecklenburg-Vorpommern)
Walchensee	16,1	190	81	799	Bad Tölz-Wolfratshausen (Bayern)
Krakower See	15,1	28	7	48	Güstrow (Mecklenburg-Vorpommern)
Malchiner See	14,0	10	3	0,6	Demmin und Güstrow (Mecklenburg-Vorpommern)
Großer Ratzeburger See	12,6	24	11	3	Herzogtum Lauenburg (Schleswig-Holstein)
Dümmer	12,4	2	1	37	Diepholz (Niedersachsen)
Scharmützelsee	12,1	29	9	38	Oder-Spree (Brandenburg)
Schwielochsee	11,5	8	3	41	Oder-Spree (Brandenburg)
Parsteiner See	11,0	30	10	44	Barnim (Brandenburg)
Unterueckersee	10,4	19	9	18	Uckermark (Brandenburg)
Fleesensee	10,1	26	6	62	Müritz (Mecklenburg-Vorpommern)
Wittensee	9,9	21	10	4	Rendsburg-Eckernförde (Schleswig-Holstein)
Waginger und Tachinger See	9,0	27	13	442	Traunstein (Bayern)
Tegernsee	8,9	73	36	725	Miesbach (Bayern)
Beetzsee	8,8	9	6	28	Brandenburg an der Havel (Brandenburg)
Ruppiner See	8,5	24	12	40	Ostprignitz-Ruppin (Brandenburg)
Schwielowsee	8,5	8	3	29	Potsdam-Mittelmark (Brandenburg)
Grimnitzsee	8,3	11	3	65	Barnim (Brandenburg)

*) 305 km² zu Deutschland
Quelle: Statistisches Bundesamt; Stand 1. 8. 2004

SERVICE Natur

Die höchsten Berge

Gipfel	Höhe in m über NN	Gebirge/Landschaft
Zugspitze	2 962	Wettersteingebirge
Höllentalspitze	2 745	Wettersteingebirge
Hochwanner	2 744	Wettersteingebirge
Watzmann	2 713	Berchtesgadener Alpen
Leutascher Dreitorspitze	2 697	Wettersteingebirge
Hochfrottspitze	2 649	Allgäuer Hochalpen
Mädelegabel	2 645	Allgäuer Hochalpen
Alpspitze	2 628	Wettersteingebirge
Hochkalter	2 607	Berchtesgadener Alpen
Biberkopf	2 599	Allgäuer Alpen
Großer Hundstod	2 593	Berchtesgadener Alpen
Hochvogel	2 592	Allgäuer Hochalpen
Funtenseetauern	2 578	Berchtesgadener Alpen
Östliche Karwendelspitze	2 537	Karwendelgebirge
Hoher Göll	2 522	Berchtesgadener Alpen
Westliche Karwendelspitze	2 384	Karwendelgebirge
Soiernspitze	2 257	Karwendelgebirge
Hoher Ifen	2 229	Hinterer Bregenzer Wald
Kreuzspitze	2 185	Ammergebirge
Säuling	2 047	Ammergebirge
Rotwand	1 884	Mangfallgebirge
Hochgrat	1 834	Vorderer Bregenzer Wald

Gipfel	Höhe in m über NN	Gebirge/Landschaft
Benediktenwand	1 800	Walchenseeberge (Kocheler Berge)
Hochstaufen	1 771	Chiemgauer Alpen
Grünten	1 738	Vilser Gebirge
Feldberg	1 493	Hochschwarzwald
Großer Arber	1 456	Hinterer Bayerischer Wald
Großer Rachel	1 453	Hinterer Bayerischer Wald
Belchen	1 414	Hochschwarzwald
Dreisesselberg	1 332	Hinterer Bayerischer Wald
Schauinsland	1 284	Hochschwarzwald
Fichtelberg	1 215	Oberes Westerzgebirge
Hornisgrinde	1 164	Grindenschwarzwald
Brocken	1 142	Mittelharz
Einödriegel	1 121	Vorderer Bayerischer Wald
Schwarzer Grat	1 118	Adelegg
Breitenauriegel	1 114	Vorderer Bayerischer Wald
Auerberg	1 055	Lech-Vorberge
Schneeberg	1 051	Hohes Fichtelgebirge
Ochsenkopf	1 024	Hohes Fichtelgebirge
Auersberg	1 018	Oberes Westerzgebirge
Lemberg	1 015	Hohe Schwäbische Alb

Quellen: Statistisches Bundesamt; Tourenwelt.info; Deutscher Alpenverein, Sektion Garching

Deutschlands schönster Park

Der bundesweite Wettbewerb, initiiert und gesponsert vom Motorenhersteller Briggs & Stratton, wird seit 2002 jährlich durchgeführt. Teilnehmen kann jeder öffentlich zugängliche Park. Der Gewinner wird von einer unabhängigen, jährlich neu gebildeten Jury aus mindestens drei Experten des Garten- und Landschaftsbaubereichs gekürt.
www.schoenste-parks.de

Natur SERVICE

Wettbewerb »Deutschlands schönster Park«

Jahr	Sieger	2. Platz	3. Platz
2002	Felsengarten Sanspareil, Wonsees bei Kulmbach	Schlosspark Kalkhorst	Park an der Ilm, Weimar
2003	Bürgerpark Theresienstein, Hof	Schlosspark Pillnitz, Dresden	Klosterpark Altzella, Nossen
2004	Schlosspark Neuhardenberg	Park der Sinne, Laatzen	Europa-Rosarium Sangerhausen und Schlosspark Hundisburg
2005	Kurpark Bad Pyrmont	Elbauenpark, Magdeburg	Chinesischer Garten, Berlin
2006	Grüner Ring, Ladenburg	Park Schloss Moyland, Bedburg-Hau	Stadtpark Gütersloh
2007	Rheinpark in Köln	Klever Gärten, Kleve	Volkspark in Kiel

Quelle: Briggs & Stratton

Natur-, Tier- und Umweltschutzvereine und -verbände (Auswahl)

Name	Gründungsjahr	Mitglieder	Internet
Aktionsgemeinschaft Artenschutz e. V.	1981	2 500	www.aga-international.de
Bundesverband Bürgerinitiativen Umweltschutz e. V.	1972	keine Angabe	www.BBU-online.de
Bundesverband Tierschutz e. V.	1961	ca. 100 Tierschutzvereine	www.bv-tierschutz.de
Bund für Umwelt und Naturschutz Deutschland (BUND) e. V.	1975	256 000	www.bund.net
Bund gegen den Mißbrauch der Tiere e. V.	1922	29 000	www.bmt-tierschutz.dsn.de
Deutscher Alpenverein e. V.	1869	730 000	www.alpenverein.de
Deutscher Naturschutzring, Dachverband der deutschen Natur- und Umweltschutzverbände (DNR) e. V.	1950	94 Mitgliedsverbände	www.dnr.de
Deutscher Tierschutzbund e. V.	1881	720 örtliche Tierschutzvereine, 510 vereinseigene Tierheime	www.tierschutzbund.de
EUROPARC Deutschland e. V.	1991	Nationalparks, Naturparks, Biosphärenreservate, Naturschutzverbände und Fördervereine	www.europarc-deutschland.de
Greenpeace e. V.	1971	rund 558 000 Fördermitglieder	www.greenpeace.de
Grüne Liga e. V., Netzwerk Ökologischer Bewegungen	1990	75 000	www.grueneliga.de
NaturFreunde Deutschlands e. V.	1895	100 000	www.naturfreunde.de
Naturschutzbund Deutschland (NABU) e. V.	1990	420 000	www.nabu.de
ROBIN WOOD e. V.	1982	1 800	www.robinwood.de
Schutzgemeinschaft Deutscher Wald (SDW) e. V.	1947	20 000	www.sdw.de
Verband Deutscher Gebirgs- und Wandervereine e. V.	1883	ca. 600 000	www.wanderverband.de
Verkehrsclub Deutschland (VCD) e. V.	1986	ca. 70 000	www.vcd.org

www.dnr.de

SERVICE Reise und Verkehr

Autobahnen

Autobahn. Streckennetz (Stand 2007)

- 2007 in Betrieb, 2–4 streifig
- 2007 in Betrieb, 6–8 streifig
- Neubau/Erweiterung, 2–4 streifig
- Neubau/Erweiterung, 6–8 streifig
- geplante Erweiterung, 2–4 streifig
- geplante Erweiterung, 6–8 streifig
- geplanter Neubau, 2–4 streifig
- geplanter Neubau, 6–8 streifig
- Raststätten (von sAutobahn Tank & Rast betrieben)
- Autohof (Mitglied in der Vereinigung deutscher Autohöfe)
- Autobahnkirche oder -kapelle

Umweltzonen

Da die Autoabgase in den Großstädten besonders zur Luftverschmutzung beitragen, richten zahlreiche Städte Umweltzonen ein, um stark betroffene Stadtteile durch Verkehrsbeschränkungen zu entlasten. Dort dürfen nur Kraftfahrzeuge fahren, die einen bestimmten Mindeststandard erfüllen und entsprechend mit Plaketten gekennzeichnet sind.
www.umweltbundesamt.de/umweltzonen/

Umweltzonen in Deutschland

Ort	Status	Errichtung	Bundesland
Berlin	aktiv	1. Januar 2008	Berlin
Dortmund	aktiv	1. Januar 2008	Nordrhein-Westfalen
Hannover	aktiv	1. Januar 2008	Niedersachsen
Köln	aktiv	1. Januar 2008	Nordrhein-Westfalen
Ilsfeld	aktiv	1. März 2008	Baden-Württemberg
Leonberg	aktiv	1. März 2008	Baden-Württemberg
Ludwigsburg	aktiv	1. März 2008	Baden-Württemberg
Mannheim	aktiv	1. März 2008	Baden-Württemberg
Reutlingen	aktiv	1. März 2008	Baden-Württemberg
Schwäbisch Gmünd	aktiv	1. März 2008	Baden-Württemberg
Stuttgart	aktiv	1. März 2008	Baden-Württemberg
Tübingen	aktiv	1. März 2008	Baden-Württemberg
Pleidelsheim	aktiv	1. Juli 2008	Baden-Württemberg
Regensburg	geplant	1. September 2008	Bayern
Augsburg	geplant	1. Oktober 2008	Bayern
Bochum	geplant	1. Oktober 2008	Nordrhein-Westfalen
Bottrop	geplant	1. Oktober 2008	Nordrhein-Westfalen
Duisburg	geplant	1. Oktober 2008	Nordrhein-Westfalen
Essen	geplant	1. Oktober 2008	Nordrhein-Westfalen
Frankfurt a. M.	geplant	1. Oktober 2008	Hessen
Gelsenkirchen	geplant	1. Oktober 2008	Nordrhein-Westfalen
Herne	geplant	1. Oktober 2008	Nordrhein-Westfalen
Mülheim a. d. Ruhr	geplant	1. Oktober 2008	Nordrhein-Westfalen
München	geplant	1. Oktober 2008	Bayern
Oberhausen	geplant	1. Oktober 2008	Nordrhein-Westfalen
Recklinghausen	geplant	1. Oktober 2008	Nordrhein-Westfalen
Heilbronn	geplant	1. Januar 2009	Baden-Württemberg
Karlsruhe	geplant	1. Januar 2009	Baden-Württemberg
Neu-Ulm	geplant	1. Januar 2009	Bayern
Ulm	geplant	1. Januar 2009	Baden-Württemberg
Freiburg	geplant	1. Januar 2010	Baden-Württemberg
Heidelberg	geplant	1. Januar 2010	Baden-Württemberg
Mühlacker	geplant	1. Januar 2010	Baden-Württemberg
Pforzheim	geplant	1. Januar 2010	Baden-Württemberg

SERVICE Reise und Verkehr

Kraftfahrzeugkennzeichen (Stand Oktober 2007)

A	Augsburg	CHA	Cham	ESW	Werra-Meißner-Kreis
AA	Ostalbkreis	CLP	Cloppenburg	EU	Euskirchen
AB	Aschaffenburg	CO	Coburg	F	Frankfurt am Main
ABG	Altenburger Land	COC	Cochem-Zell	FB	Wetteraukreis
ABI	Anhalt-Bitterfeld	COE	Coesfeld	FD	Fulda
AC	Aachen	CUX	Cuxhaven	FDS	Freudenstadt
AIC	Aichach/Friedberg	CW	Calw	FF	Frankfurt (Oder)
AK	Altenkirchen	D	Düsseldorf	FFB	Fürstenfeldbruck
AM	Amberg	DA	Darmstadt(-Dieburg)	FG	Freiberg
AN	Ansbach	DAH	Dachau	FL	Flensburg
ANA	Annaberg	DAN	Lüchow-Dannenberg	FN	Bodenseekreis
AÖ	Altötting	DAU	Daun	FO	Forchheim
AP	Weimarer-Land	DBR	Bad Doberan	FR	Freiburg i. Br.
AS	Amberg-Sulzbach	DD	Dresden	FR	Breisgau-Hoch-
ASZ	Aue-Schwarzenberg	DE	Dessau-Roßlau		schwarzwald
AUR	Aurich	DEG	Deggendorf	FRG	Freyung-Grafenau
AW	Ahrweiler	DEL	Delmenhorst	FRI	Friesland
AZ	Alzey-Worms	DGF	Dingolfing-Landau	FS	Freising
B	Berlin	DH	Diepholz	FT	Frankenthal
BA	Bamberg	DL	Döbeln	FÜ	Fürth
BAD	Baden-Baden	DLG	Dillingen a. d. Donau	G	Gera
BAR	Barnim	DM	Demmin	GAP	Garmisch-Partenkir-
BB	Böblingen	DN	Düren		chen
BC	Biberach	DO	Dortmund	GC	Chemnitzer Land
BGL	Berchtesgadener Land	DON	Donau-Ries	GE	Gelsenkirchen
BI	Bielefeld	DU	Duisburg	GER	Germersheim
BIR	Birkenfeld	DÜW	Bad Dürkheim	GF	Gifhorn
BIT	Bitburg-Prüm	DW	Weißeritzkreis	GG	Groß-Gerau
BK	Börde	DZ	Delitzsch	GI	Gießen
BL	Zollern-Alb	E	Essen	GL	Rheinisch-Bergischer
BLK	Burgenland	EA	Eisenach		Kreis
BM	Rhein-Erft-Kreis	EBE	Ebersberg	GM	Oberbergischer Kreis
BN	Bonn	ED	Erding	GÖ	Göttingen
BO	Bochum	EE	Elbe-Elster	GP	Göppingen
BOR	Borken	EF	Erfurt	GR	Görlitz
BOT	Bottrop	EI	Eichstätt	GRZ	Greiz
BRA	Wesermarsch	EIC	Eichsfeld	GS	Goslar
BRB	Brandenburg	EL	Emsland	GT	Gütersloh
BS	Braunschweig	EM	Emmendingen	GTH	Gotha
BT	Bayreuth	EMD	Emden	GÜ	Güstrow
BÜS	Büsingen (Landkreis Konstanz)	EMS	Rhein-Lahn-Kreis	GZ	Günzburg
		EN	Ennepe-Ruhr-Kreis	H	Hannover
BZ	Bautzen	ER	Erlangen	HA	Hagen
C	Chemnitz	ERB	Odenwaldkreis	HAL	Halle
CB	Cottbus	ERH	Erlangen-Höchstadt	HAM	Hamm
CE	Celle	ES	Esslingen a. N.	HAS	Haßberge

Reise und Verkehr SERVICE

Kraftfahrzeugkennzeichen (Stand Oktober 2007) — Fortsetzung

HB	Bremen	KH	Bad Kreuznach	MK	Märkischer Kreis
HBN	Hildburghausen	KI	Kiel	MKK	Main-Kinzig-Kreis
HD	Heidelberg	KIB	Donnersbergkreis	MM	Memmingen
HD	Rhein-Neckar-Kreis	KL	Kaiserslautern	MN	Unterallgäu
HDH	Heidenheim (Brenz)	KLE	Kleve	MOL	Märkisch-Oderland
HE	Helmstedt	KM	Kamenz	MOS	Neckar-Odenwaldkreis
HEF	Hersfeld-Rotenburg	KN	Konstanz	MR	Marburg-Biedenkopf
HEI	Dithmarschen	KO	Koblenz	MS	Münster
HER	Herne	KR	Krefeld	MSH	Mansfeld-Südharz
HF	Herford	KS	Kassel	MSP	Main-Spessart
HG	Hochtaunus-Kreis	KT	Kitzingen	MST	Mecklenburg-Strelitz
HGW	Greifswald	KU	Kulmbach	MTK	Main-Taunus-Kreis
HH	Hamburg	KÜN	Hohenlohekreis	MTL	Muldentalkreis
HI	Hildesheim	KUS	Kusel	MÜ	Mühldorf a. Inn
HL	Lübeck	KYF	Kyffhäuserkreis	MÜR	Müritz
HM	Hameln-Pyrmont	L	Leipzig	MW	Mittweida
HN	Heilbronn	LA	Landshut	MYK	Mayen-Koblenz
HO	Hof	LAU	Nürnberger Land	MZ	Mainz-Bingen
HOL	Holzminden	LB	Ludwigsburg	MZG	Merzig-Wadern
HOM	Saarpfalz-Kreis	LD	Landau i. d. Pfalz	N	Nürnberg
HP	Bergstraße	LDK	Lahn-Dill-Kreis	NB	Neubrandenburg
HR	Schwalm-Eder-Kreis	LDS	Dahme-Spreewald	ND	Neuburg-Schrobenhausen
HRO	Rostock	LER	Leer	NDH	Nordhausen
HS	Heinsberg	LEV	Leverkusen	NE	Neuss
HSK	Hochsauerlandkreis	LG	Lüneburg	NEA	Neustadt a. d. Aisch
HST	Stralsund	LI	Lindau	NES	Rhön-Grabfeld
HU	Hanau	LIF	Lichtenfels	NEW	Neustadt a. d. Waldnaab
HVL	Havelland	LIP	Lippe	NF	Nordfriesland
HWI	Wismar	LL	Landsberg am Lech	NI	Nienburg
HX	Höxter	LM	Limburg-Weilburg	NK	Neunkirchen
HY	Hoyerswerda	LÖ	Lörrach	NM	Neumarkt
HZ	Harz	LOS	Oder-Spree	NMS	Neumünster
IGB	St. Ingbert	LU	Ludwigshafen	NOH	Bentheim
IK	Ilm-Kreis	LWL	Ludwigslust	NOL	Niederschlesische Oberlausitz
IN	Ingolstadt	M	München	NOM	Northeim
IZ	Steinburg	MA	Mannheim	NR	Neuwied
J	Jena	MB	Miesbach	NU	Neu-Ulm
JL	Jerichower Land	MD	Magdeburg	NVP	Nordvorpommern
K	Köln	ME	Mettmann	NW	Neustadt a. d. Weinstraße
KA	Karlsruhe	MEI	Meißen	NWM	Nordwestmecklenburg
KB	Waldeck-Frankenberg	MEK	Mittlerer Erzgebirgskreis	OA	Oberallgäu
KC	Kronach	MG	Mönchengladbach	OAL	Ostallgäu
KE	Kempten	MH	Mülheim a. d. Ruhr	OB	Oberhausen
KEH	Kelheim	MI	Minden-Lübbecke		
KF	Kaufbeuren	MIL	Miltenberg		
KG	Bad Kissingen				

Fortsetzung der Tabelle auf Seite 358

SERVICE Reise und Verkehr

Kraftfahrzeugkennzeichen (Stand Oktober 2007) — Fortsetzung

Kz.	Ort	Kz.	Ort	Kz.	Ort
OD	Stormarn	RZ	Herzogtum Lauenburg	TS	Traunstein
OE	Olpe	S	Stuttgart	TÜ	Tübingen
OF	Offenbach	SAD	Schwandorf i. Bayern	TUT	Tuttlingen
OG	Ortenaukreis	SAW	Altmarkkreis Salzwedel	UE	Uelzen
OH	Ostholstein			UER	Uecker-Randow
OHA	Osterode am Harz	SB	Saarbrücken	UH	Unstrut-Hainich-Kreis
OHV	Oberhavel	SC	Schwabach	UL	Ulm
OHZ	Osterholz-Scharmbeck	SDL	Stendal	UL	Alb-Donau-Kreis
OL	Oldenburg	SE	Bad Segeberg	UM	Uckermark
OPR	Ostprignitz-Ruppin	SFA	Soltau-Fallingbostel	UN	Unna
OS	Osnabrück	SG	Solingen	V	Vogtlandkreis
OSL	Oberspreewald-Lausitz	SHA	Schwäbisch Hall	VB	Vogelsbergkreis
OVP	Ostvorpommern	SHG	Schaumburg	VEC	Vechta
P	Potsdam	SHK	Saale-Holzland-Kreis	VER	Verden
PA	Passau	SHL	Suhl	VIE	Viersen
PAF	Pfaffenhofen	SI	Siegen	VK	Völklingen
PAN	Rottal-Inn	SIG	Sigmaringen	VS	Schwarzwald-Baar-Kreis
PB	Paderborn	SIM	Rhein-Hunsrück-Kreis		
PCH	Parchim	SK	Saalekreis	W	Wuppertal
PE	Peine	SL	Schleswig-Flensburg	WAF	Warendorf
PF	Enzkreis	SLF	Saalfeld-Rudolstadt	WAK	Wartburgkreis
PF	Pforzheim	SLK	Salzlandkeis	WB	Wittenberg
PI	Pinneberg	SLS	Saarlouis	WE	Weimar
PIR	Sächsische Schweiz	SM	Schmalkalden-Meiningen	WEN	Weiden
PL	Plauen			WES	Wesel
PLÖ	Plön	SN	Schwerin	WF	Wolfenbüttel
PM	Potsdam-Mittelmark	SO	Soest	WHV	Wilhelmshaven
PR	Prignitz	SÖM	Sömmerda	WI	Wiesbaden
PS	Pirmasens	SOK	Saale-Orla-Kreis	WIL	Wittlich
PS	Südwestpfalz	SON	Sonneberg	WL	Harburg
R	Regensburg	SP	Speyer	WM	Weilheim-Schongau
RA	Rastatt	SPN	Spree-Neiße	WN	Rems-Murr-Kreis
RD	Rendsburg-Eckernförde	SR	Straubing-Bogen	WND	St. Wendel
		ST	Steinfurt	WO	Worms
RE	Recklinghausen	STA	Starnberg	WOB	Wolfsburg
REG	Regen	STD	Stade	WST	Ammerland
RG	Riesa-Großenhain	STL	Stollberg	WT	Waldshut
RH	Roth	SU	Rhein-Sieg-Kreis	WTM	Wittmund
RO	Rosenheim	SÜW	Südliche Weinstraße	WÜ	Würzburg
ROW	Rotenburg (Wümme)	SW	Schweinfurt	WUG	Weißenburg-Gunzenhausen
RP	Rhein-Pfalz-Kreis	SZ	Salzgitter		
RS	Remscheid	TBB	Main-Tauber-Kreis	WUN	Wunsiedel
RT	Reutlingen	TF	Teltow-Fläming	WW	Westerwaldkreis
RÜD	Rheingau-Taunus-Kreis	TIR	Tirschenreuth	Z	Zwickau(-Land)
RÜG	Rügen	TO	Torgau-Oschatz	ZI	Löbau-Zittau
RV	Ravensburg	TÖL	Bad Tölz-Wolfratshausen	ZW	Zweibrücken
RW	Rottweil	TR	Trier		

Quelle: Kraftfahrzeug-Bundesamt

Eisenbahnnetz

ICE-Netz der Deutschen Bahn (2007, inklusive Thalys und TGV nach Paris)

SERVICE Reise und Verkehr

Reiseziele im Inland

Die folgende Liste führt die Reiseziele nach Bundesländern und der Zahl der ankommenden Gäste (in 1 000) für das Jahr 2007 auf (Angaben des Statistischen Bundesamtes).

Baden-Württemberg

Hegau	107,9
Taubertal	262,2
Neckartal-Odenwald-Madonnenländchen	303,0
Württembergisches Allgäu-Oberschwaben	596,3
Neckar-Hohenlohe-Schwäbischer Wald	849,7
Bodensee	1 182,1
Mittlerer Schwarzwald	1 671,9
Weinland zwischen Rhein und Neckar	1 784,5
Schwäbische Alb	1 935,2
Nördlicher Schwarzwald	2 062,0
Südlicher Schwarzwald	2 599,5
Mittlerer Neckar	2 642,3

Bayern

Ober-Inntal	68,1
Kochel- und Walchensee mit Umgebung	76,4
Westallgäu	84,7
Steigerwald	119,8
Frankenwald	122,0
Salzach-Hügelland	140,5
Isarwinkel	141,2
Allgäuer Alpenvorland	164,9
Schliersee-Gebiet	166,3
Fränkische Schweiz	166,5
Staffelsee mit Ammerhügelland	172,3
Fichtelgebirge mit Steinwald	188,8
Oberpfälzer Wald	195,1
Oberes Altmühltal	210,3
Spessart	245,2
Bodensee-Gebiet	254,2
Chiemsee mit Umgebung	267,9
Tegernsee-Gebiet	286,8
Unteres Altmühltal	310,0
Ammersee- und Würmseegebiet	314,7
Inn-, Mangfallgebiet	325,3
Chiemgauer Alpen	363,0
Augsburg mit Umgebung	391,5
Rhön	429,7
Berchtesgadener Alpen mit Reichenhaller Land	429,8
Würzburg mit Umgebung	489,0
Ostallgäu	568,3
Werdenfelser Land mit Ammergau	599,4
Oberallgäu	923,2
Bayerischer Wald	1 130,0
Nürnberg mit Umgebung	1 717,7

Berlin

	7 585,2

Brandenburg

Elbe-Elster-Land	51,4
Prignitz	104,4
Niederlausitz	145,5
Märkisch Oderland	202,7
Barnimer Land	213,6
Uckermark	255,5
Dahme-Seengebiet	257,1
Havelland	292,2
Potsdam	378,3
Ruppiner Land	408,7
Oder-Spree-Seengebiet	410,7
Fläming	429,4
Spreewald	477,8

Bremen

	889,9

Hamburg

	3 985,1

Hessen

Werra-Meißner Land	165,2
Kurhessisches Bergland	195,1
Westerwald-Lahn-Taunus	204,8
Marburg-Biedenkopf	206,0
Lahn-Dill	300,0
Spessart-Kinzigtal-Vogelsberg	335,7
Waldhessen (Hersfeld-Rotenburg)	378,0
Vogelsberg und Wetterau	525,1

Rhön	566,9	Hunsrück/Nahe/Glan	708,5
Waldecker Land	693,6	Rheinhessen	715,7
Kassel-Land	796,8	Rheintal	943,6
Rheingau-Taunus	959,3	Eifel/Ahr	1 297,8
Odenwald-Bergstraße-Neckartal	1 396,1	Mosel/Saar	1 578,4
		Pfalz	1 588,4

Mecklenburg-Vorpommern

Westmecklenburg	486,4	**Saarland**	
Mecklenburgische Schweiz und Seenplatte	1 166,4	Bliesgau	10,7
		Nordsaarland	232,0
Rügen/Hiddensee	1 177,5	übriges Saarland	535,1
Mecklenburgische Ostseeküste	1 612,1		
Vorpommern	1 805,3	**Sachsen**	
		Stadt Chemnitz	215,7
Niedersachsen		Vogtland	298,7
Oldenburger Münsterland	222,5	Sächsische Schweiz	387,4
Oldenburger Land	247,6	Sächsisches Elbland (einschl. Umgebung Dresden)	476,5
Mittelweser	286,3		
Unterelbe-Unterweser	286,4	Oberlausitz-Niederschlesien	533,4
Ostfriesland	469,4	Sächsisches Burgen- und Heideland	581,6
Osnabrücker Land	559,2		
Emsland-Grafschaft Bentheim	616,9	Erzgebirge	961,0
Braunschweiger Land	680,7	Stadt Leipzig	1 014,2
Ostfriesische Inseln	756,9	Stadt Dresden	1 516,4
Harz	889,4		
Weserbergland-Südniedersachsen	995,9	**Sachsen-Anhalt**	
Nordseeküste	1 393,8	Altmark	175,9
Hannover-Hildesheim	1 670,8	Anhalt-Wittenberg	443,3
Lüneburger Heide	1 857,6	Halle, Saale, Unstrut	506,7
		Magdeburg, Elbe-Börde-Heide	552,2
Nordrhein-Westfalen		Harz und Harzvorland	904,6
Siegerland-Wittgenstein	248,5	**Schleswig-Holstein**	
Bergisches Land	887,6	Holsteinische Schweiz	189,2
Eifel und Region Aachen	947,4	Nordsee	1 320,8
Bonn und Rhein-Sieg-Kreis	1 147,3	übriges Schleswig-Holstein	1 449,5
Münsterland	1 364,1	Ostsee	2 498,3
Niederrhein	1 617,4		
Sauerland	1 733,6	**Thüringen**	
Teutoburger Wald	1 757,9	Südharz	72,5
Düsseldorf und Kreis Mettmann	2 243,0	Thüringer Rhön	115,5
Ruhrgebiet	2 477,0	Thüringer Vogtland	205,1
Köln und Region	2 880,3	übriges Thüringen	577,8
		Städte Eisenach, Erfurt, Jena, Weimar	1 014,5
Rheinland-Pfalz		Thüringer Wald	1 323,7
Westerwald/Lahn/Taunus	544,7	www.destatis.de	

SERVICE Reise und Verkehr

Gartenschauen

Die nationalen oder internationalen öffentlichen Leistungsschauen des Gartenbaus sind meist mit der Errichtung bleibender Park- und Gartenanlagen verbunden. In Deutschland findet in der Regel alle zwei Jahre eine Bundesgartenschau (BUGA) statt. Alle zehn Jahre wird anstelle der Bundesgartenschau die Internationale Gartenbauausstellung IGA bzw. Internationale Gartenschau IGS (1953, 1963, 1973 und wieder 2013 Hamburg, 1983 München, 1993 Stuttgart, 2003 Rostock) veranstaltet. In einzelnen Bundesländern finden Landesgartenschauen statt. 2006 gab es gleich sieben Orte, die eine Gartenschau ausrichteten.

Gartenbauausstellungen sind mittlerweile nicht mehr nur Leistungsschauen, sondern ein wichtiges Instrument der Stadt- und Regionalplanung. So ist die geplante Folgenutzung ein ausschlaggebendes Kriterium bei der Bewerbung einer Stadt.

www.bundesgartenschau.com

Die Bundesgartenschauen

BUGA Hannover 1951
Gelände: Stadthallengarten
Fläche: 21 ha
Heute als öffentlicher Park genutzt

IGA Hamburg 1953
Gelände: Planten un Blomen
Fläche: 35 ha
Heute als öffentlicher Park genutzt

BUGA Kassel 1955
Gelände: Karlsaue
Fläche: 50 ha
Heute als öffentlicher Park genutzt

BUGA Köln 1957
Gelände: Rheinpark
Fläche: 48 ha
Heute als öffentlicher Park genutzt

BUGA Dortmund 1959
Gelände: Westfalenpark
Fläche: 60 ha
Heute als öffentlicher Park genutzt
(eintrittspflichtig)

BUGA Stuttgart 1961
Gelände: Oberer und Mittlerer Schlossgarten
Fläche: 70 ha
Heute als öffentliche Parks genutzt

IGA Hamburg 1963
Gelände: Planten un Blomen, Botanischer Garten, Kleine und Große Wallanlagen
Fläche: 76 ha
Heute als öffentlicher Park genutzt

BUGA Essen 1965
Gelände: Gruga-Park
Fläche: 80 ha
Heute als öffentlicher Park genutzt
(eintrittspflichtig)

BUGA Karlsruhe 1967
Gelände: Schlossgarten, Stadtgarten
Fläche: 90 ha
Heute als öffentliche Parks genutzt
(Stadtgarten eintrittspflichtig)

BUGA Dortmund 1969 – Euroflor
Gelände: Westfalenpark
Fläche: 70 ha
Heute als öffentlicher Park genutzt
(eintrittspflichtig)

BUGA Köln 1971
Gelände: Rheinpark, Riehler Aue
Fläche: 70 ha
Heute als öffentliche Parks genutzt

IGA Hamburg 1973
Gelände: Planten un Blomen, Kleine und Große Wallanlagen
Fläche: 76 ha
Heute als öffentlicher Park genutzt

BUGA Mannheim 1975
Gelände: Luisenpark, Herzogenriedpark
Fläche: 68 ha
Heute als öffentliche Parks genutzt
(eintrittspflichtig)

BUGA Stuttgart 1977
Gelände: Unterer Schlossgarten
Fläche: 44 ha
Heute als öffentlicher Park genutzt

BUGA Bonn 1979
Gelände: Rheinaue
Fläche: 100 ha
Heute als öffentlicher Park genutzt

BUGA Kassel 1981
Gelände: Karlsaue, Fuldaaue
Fläche: 235 ha
Heute als öffentlicher Park genutzt

IGA München 1983
Gelände: Westpark, Mollgelände
Fläche: 72 ha
Heute als öffentlicher Park genutzt

BUGA Berlin 1985
Gelände: Britzer Garten
Fläche: 90 ha
Heute als öffentlicher Park genutzt (eintrittspflichtig)

BUGA Düsseldorf 1987
Gelände: Südpark
Fläche: 70 ha
Heute als öffentlicher Park genutzt

BUGA Frankfurt am Main 1989
Gelände: Niddaaue
Fläche: 90 ha
Heute als öffentlicher Park genutzt

BUGA Dortmund 1991
Gelände: Westfalenpark
Fläche: 70 ha
Heute als öffentlicher Park genutzt (eintrittspflichtig)

IGA Stuttgart 1993
Gelände: »Grünes U«: Killesberg, Wartberg, Leibfriedscher Garten, Rosensteinpark
Fläche: 100 ha
Heute als öffentlicher Park genutzt

BUGA Cottbus 1995
Gelände: Spreeauenpark
Fläche: 76 ha
Heute als öffentlicher (teils geschlossener) Park genutzt

BUGA Gelsenkirchen 1997
Gelände: Nordsternpark
Fläche: 100 ha
Heute als öffentlicher Park genutzt

BUGA Magdeburg 1999
Gelände: Elbauenpark
Heute als öffentlicher Park genutzt (eintrittspflichtig)

BUGA Potsdam 2001
Gelände: BUGA-Park Bornstedter Feld sowie BUGA-Kulissen »Historische Innenstadt«
Fläche: 70 ha
Heute als öffentlicher Park genutzt (eintrittspflichtig; Volkspark Potsdam)

IGA Rostock 2003
Gelände: IGA-Park Rostock
Fläche: 100 ha
Heute als öffentlicher Park genutzt (eintrittspflichtig)

BUGA München 2005
Gelände: BUGA-Park, Messestadt Riem
Fläche: 190 ha
Heute als öffentlicher Park genutzt (Riemer Park), zum Teil Wohnpark

BUGA Gera und Ronneburg 2007
Gelände: Hofwiesenpark Gera, Neue Landschaft Ronneburg
Fläche: 90 ha

2009 BUGA Schwerin

2011 BUGA Koblenz

2013 IGA Hamburg

2015 BUGA Havelregion

Die Landesgartenschauen ab 2006

Baden-Württemberg
2006 Heidenheim an der Brenz
2007 Rheinfelden (Baden)
2008 Bad Rappenau
2009 Rechberghausen
2010 Villingen-Schwenningen
2011 Horb am Neckar
2012 Schwäbisch Gmünd
2013 Sigmaringen
2014 Nagold

Bayern
2006 Marktredwitz
2007 Waldkirchen (Regionalgartenschau)
2008 Neu-Ulm
2009 Rain am Lech (Regionalgartenschau)
2010 Rosenheim
2011 Kitzingen (Regionalgartenschau)
2013 Bamberg

Brandenburg
2006 Rathenow
2009 Oranienburg

Hessen
2006 Bad Wildungen
2010 Bad Nauheim

Niedersachsen
2006 Winsen an der Luhe

Nordrhein-Westfalen
2008 Rietberg
2010 Hemer
2014 Zülpich

Rheinland-Pfalz
2008 Bingen am Rhein

Sachsen
2006 Oschatz
2009 Reichenbach/Vogtland
2012 Löbau

Sachsen-Anhalt
2006 Wernigerode
2010 Aschersleben

Schleswig-Holstein
2008 Schleswig
2011 Norderstedt

Bundeswettbewerb »Unser Dorf hat Zukunft«

Seit 1961 gab es den Bundeswettbewerb »Unser Dorf soll schöner werden«, der das Ziel hatte, die Dörfer durch Grünanlagen und Blumenschmuck sowie eine verbesserte dörfliche Infrastruktur attraktiver zu machen. Dadurch sollte eine Abwanderung der Bevölkerung in die Städte verhindert werden.
1998 erhielt der Wettbewerb den Zusatz »Unser Dorf hat Zukunft«. Neue Bewertungskriterien lenkten den Blick weg von der äußeren Ästhetik hin zu ganzheitlichen und nachhaltigen Maßnahmen zur Verbesserung der Lebensqualität. Seit 2007 heißt der Wettbewerb nur noch »Unser Dorf hat Zukunft«, um dieses Förderungsziel ausdrücklich herauszustellen.
Vom 14. August bis zum 5. September 2007 bereisten die 17 Jurymitglieder die Dörfer des 22. Bundeswettbewerbs »Unser Dorf hat Zukunft« 2007. Von 3 925 Dörfern, die auf Kreis-, Bezirks- und Landesebene am Wettbewerb teilgenommen hatten, hatten sich 34 für den Bundeswettbewerb qualifiziert.
www.dorfwettbewerb.bund.de

22. Bundeswettbewerb »Unser Dorf hat Zukunft« 2007

Medaille	Dorf/Ortsteil	Stadt/Gemeinde	Bundesland
Gold	Banzkow	Banzkow	Mecklenburg-Vorpommern
Gold	Bernried	Bernried	Bayern
Gold	Eicherscheid	Simmerath	Nordrhein-Westfalen
Gold	Groß Lengden	Gleichen	Niedersachsen
Gold	Otersen	Kirchlinteln	Niedersachsen
Gold	Rehringhausen	Olpe	Nordrhein-Westfalen
Gold	Rieth	Hellingen	Thüringen
Gold	Schönau	Stadt Viechtach	Bayern
Silber	Altenlotheim	Frankenau	Hessen
Silber	Duvensee	Amt Nusse	Schleswig-Holstein
Silber	Eppelsheim	Verbandsgemeinde Alzey-Land	Rheinland-Pfalz
Silber	Erfweiler-Ehlingen	Mandelbachtal	Saarland
Silber	Ernst	Verbandsgemeinde Cochem-Land	Rheinland-Pfalz
Silber	Haßfelden	Wolpertshausen	Baden-Württemberg
Silber	Jübar	Jübar	Sachsen-Anhalt
Silber	Metterich	Verbandsgemeinde Bitburg-Land	Rheinland-Pfalz
Silber	Nebelschütz	Nebelschütz	Sachsen
Silber	Ottenhausen	Steinheim	Nordrhein-Westfalen
Silber	Pinnow	Amt Oder-Welse	Brandenburg
Silber	Priepert	Priepert	Mecklenburg-Vorpommern
Silber	Remmesweiler	St. Wendel	Saarland
Silber	Riol	Verbandsgemeinde Schweich	Rheinland-Pfalz
Silber	Schömberg	Loßburg	Baden-Württemberg
Silber	Schönbrunn	Stadt Wunsiedel	Bayern
Bronze	Altenburg	Alsfeld	Hessen
Bronze	Bendelin	Plattenburg	Brandenburg
Bronze	Benstrup	Löningen	Niedersachsen
Bronze	Born	Brüggen	Nordrhein-Westfalen
Bronze	Kessel	Goch	Nordrhein-Westfalen
Bronze	Markt Nordheim	Marktgemeinde Markt Nordheim	Bayern
Bronze	Neckeroda	Blankenhain	Thüringen
Bronze	Niederalbertsdorf	Langenbernsdorf	Sachsen
Bronze	Teicha	Götschetal	Sachsen-Anhalt
Bronze	Wulmeringhausen	Olsberg	Nordrhein-Westfalen

Quelle: Wettbewerb »Unser Dorf hat Zukunft«

SERVICE Reise und Verkehr

Burgen und Schlösser (Auswahl)

In Deutschland gibt es Hunderte von Burgen und Schlössern, die besucht werden wollen. Die Liste nach Angaben der Deutschen Burgenvereinigung (DBV) enthält ausgesuchte Schlösser und Burgen nach Postleitzahl sortiert.
www.burgenperlen.de
www.burgen-und-schloesser.net

Albrechtsburg Meißen
Domplatz 1
01662 Meißen
Telefon: 03521 47070
Internet: www.albrechtsburg-meissen.de

Festung Königstein
01824 Königstein
Telefon: 035021 64607
Internet: www.festung-koenigstein.de

Burg Stolpen
Schlossstraße 10
01833 Stolpen
Telefon: 035973 23410
Internet: www.burg-stolpen.de

Burg und Kloster Oybin
Hauptstraße 16
02797 Kurort Oybin
Telefon: 035844 73313
Internet: www.burgundkloster-oybin.de

Schloss Altenburg
Schloss 2–4
04600 Altenburg
Telefon: 03447 512712
Internet: www.stadt-altenburg.de

Burg Gnandstein
Burgstraße 3
04655 Kohren-Sahlis
Telefon: 034344 61309
Internet: www.burg-museum-gnandstein.de

Schloss Neuenburg
Am Schloss 1
06632 Freyburg/Unstrut
Telefon: 034464 35530
Internet: www.schloss-neuenburg.de

Schloss Burgk
07907 Burgk/Saale
Telefon: 03663 400119
Internet: www.schloss-burgk.de

Burg Kriebstein
09648 Kriebstein
Telefon: 034327 9520
Internet: www.burg-kriebstein.de

Burg Eisenhardt
Wittenberger Straße 14
14806 Belzig
Telefon: 033841 4246 1
Internet: www.belzig.com

Schloss Bückeburg
Schlossplatz 1
31675 Bückeburg
Telefon: 05722 5039
Internet: www.schloss-bueckeburg.de

Schloss Hämelschenburg
Schlossstraße 1
31860 Emmerthal
Telefon: 05155 951690
Internet: www.schloss-haemelschenburg.de

Fürstliches Residenzschloss Detmold
Schlossplatz 1
32756 Detmold
Telefon: 05231 70020
Internet: www.schloss-detmold.de

Schloss Sababurg
Im Reinhardswald
34369 Hofgeismar
Telefon: 05671 8080
Internet: www.sababurg.de

Schloss Waldeck
34513 Waldeck
Telefon: 05623 5890
Internet: www.schloss-waldeck.de

Schloss Braunfels
Belzgasse 1
35619 Braunfels
Telefon: 06442 5002
Internet: www.schloss-braunfels.de

Burg Greifenstein
Talstraße 19
35753 Greifenstein
Telefon: 06449 6460
Internet: www.burg-greifenstein.net

Schloss Fasanerie
36124 Eichenzell bei Fulda
Telefon: 0661 94860
Internet: www.schloss-fasanerie.de

Burg Schlanstedt
38838 Schlanstedt
Telefon: 039401 63933
Internet: www.burg-schlanstedt.info

Schloss Wernigerode
Am Schloss 1
38855 Wernigerode
Telefon: 03943 553030
Internet: www.schloss-wernigerode.de

Schloss Burg
Schlossplatz 2
42659 Solingen
Telefon: 0212 242260
Internet: www.schlossburg.de

Rittergut Haus Laer
Höfestraße 45
44803 Bochum
Telefon: 0234 383044
Internet: www.rittergut-haus-laer.de

Burg Bentheim
Schlossstraße 1
48455 Bad Bentheim
Telefon: 05922 1255
Internet: www.burg-bentheim.de

Schloss und Burg Sayn
Am Burgberg
56170 Sayn
Telefon: 02622 7266
Internet: www.diesaynburg.de

Burg Eltz
56294 Münstermaifeld
Telefon: 02672 950500
Internet: www.burg-eltz.de

Marksburg
56338 Braubach
Telefon: 02627 206
Internet: www.marksburg.de

Reichsburg Cochem
Schlossstraße 36
56812 Cochem
Telefon: 02671 255
Internet: www.burg-cochem.de

Schloss Berleburg
57319 Bad Berleburg
Telefon: 02751 936010

Schloss Hohenlimburg
Alter Schlossweg 30
58119 Hagen-Hohenlimburg
Telefon: 02334 2771
Internet: www.schloss-hohenlimburg.de

Schloss Philippsruhe
Philippsruher Allee 45
62454 Hanau
Telefon: 06181 295564
Internet: www.museen-hanau.de

Schloss Steinheim
Schlossstraße 9
63456 Hanau
Telefon: 06181 659701
Internet: www.museen-hanau.de

Ronneburg
63549 Ronneburg
Telefon: 06048 950904
Internet: www.burg-ronneburg.de

Burg Hohenzollern
72379 Burg Hohenzollern
Telefon: 07471 24 28
Internet: www.burg-hohenzollern.info

Schloss Sigmaringen
Karl Anton Platz 8
72488 Sigmaringen
Telefon: 07571 729230
Internet: www.hohenzollern.com

SERVICE Reise und Verkehr

Burg Krautheim
Burgweg 8
74238 Krautheim
Telefon: 0791 47636
Internet: www.krautheim.de/data/burg.php

Schloss Langenburg
Schloss 1
74595 Langenburg
Telefon: 07905 264
Internet: www.schlosslangenburg.de

Schloss Stetten
74653 Künzelsau
Telefon: 07940 1260
Internet: www.schloss-stetten.de

Burg Hornberg
74865 Neckarzimmern
Telefon: 06261 5001
Internet: www.burg-hornberg.de

Deutschordensschloss Blumenfeld
Schlossstraße
78250 Tengen-Blumenfeld
Telefon: 07736 92300
Internet: www.tengen.de

Schloss Salem
88682 Salem
Telefon: 07553 81437
Internet: www.salem.de

Burg Meersburg
88709 Meersburg
Telefon: 07532 80000
Internet: www.burg-meersburg.de

Altes Schloss Sugenheim
91484 Sugenheim
Telefon: 09165 650
Internet: www.spielzeugmuseum-sugenheim.de

Schloss Dennenlohe
91743 Unterschwaningen
Telefon: 09836 96888
Internet: www.dennenlohe.de

Burg Pappenheim
Neues Schloss
91788 Pappenheim
Telefon: 09143 83890
Internet: www.grafschaft-pappenheim.de

Fürstliches Schloss Thurn und Taxis
Emmeramsplatz 5
93047 Regensburg
Telefon: 0941 5048133
Internet: www.thurnundtaxis.de

Schloss Egg
94505 Bernried
Telefon: 09905 1361
Internet: www.schloss-egg.de

Schloss Offenberg
Schlossallee
94560 Offenberg
Telefon: 09906 943111
Internet: www.schloss-offenberg.de

Schloss Weißenstein
96178 Pommersfelden
Telefon: 09548 98180
Internet: www.schlosspommersfelden.de

Schloss Callenberg
Callenberg 1
96450 Coburg
Telefon: 09561 55150
Internet: www.schloss-callenberg.de

Schloss Landsberg
Landsberger Straße 150
98617 Meiningen
Telefon: 03693 88190
Internet: www.castle-landsberg.com

Wartburg
Auf der Wartburg
99817 Eisenach
Telefon: 03691 2500
Internet: www.wartburg.de

Reise und Verkehr SERVICE

Ferienstraßen und Themenparks (Auswahl)

- 🏰 Themenpark
- — Bier- und Burgenstraße
- — Burgenstraße
- — Deutsche Alleenstraße
- — Deutsche Fachwerkstraße
- — Deutsche Limesstraße
- — Deutsche Märchenstraße
- — Romantische Straße
- — Straße der Romanik
- ★ Ferienstraße

369

Freizeit- und Erlebnisparks
(Auswahl; nach Postleitzahl sortiert)
www.freizeitparks.de

BELANTIS Leipzig
Zur Weißen Mark 1
04249 Leipzig
Telefon: 01379 373 030
Internet: www.belantis.de

Tierschule Memleben
Mönchsweg 1
06642 Memleben
Telefon: 034672 696 40
Internet: www.erlebnistierpark.de

Freizeitpark Plohn
Rodewischer Straße 21
08485 Lengenfeld/Plohn
Telefon: 037606 341 63
Internet: www.freizeitpark-plohn.de

Zoo Berlin
Hardenbergplatz 8
10787 Berlin
Telefon: 030 254 010
Internet: www.zoo-berlin.de

Filmpark Babelsberg
August-Bebel-Straße 26
14482 Potsdam
Telefon: 0331 721 27 51
Internet: www.filmpark.de

Tropical-Island
Tropical-Islands-Allee 1
15910 Krausnick
Telefon: 035477 605 050
Internet: www.tropical-islands.de

Tierpark Ueckermünde
Chausseestraße 76
17373 Ueckermünde
Telefon: 039771 54940
Internet: www.tierpark-ueckermuende.de

Wildpark Lüneburger Heide
Am Wildpark
21271 Hanstedt-Nindorf
Telefon: 04184 893 90
Internet: www.wild-park.de

HANSA-PARK
Am Fahrenkrog 1
23730 Sierksdorf
Telefon: 04563 47 40
Internet: www.hansapark.de

Tierpark Thüle
Über dem Worberg 1
26169 Friesoythe-Thüle
Telefon: 04495 255
Internet: www.tier-undfreizeitparkthuele.de

Tierpark Jaderberg
Tiergartenstr. 69
26349 Jaderberg
Telefon: 04454 911 30
Internet: www.jaderpark.de

Nordsee Spielstadt Wangerland
Jeversche Straße 100
26434 Wangerland Hohenkirchen
Telefon: 0 44 63 809 790
Internet: www.nordsee-spielstadt-wangerland.de

HEIDE-PARK SOLTAU
Heidenhof
29614 Soltau
Telefon: 01805 919 101
Internet: www.heide-park.de

Vogelpark Walsrode
Am Rieselbach
29664 Walsrode
Telefon: 05161 604 40
Internet: www.vogelpark-walsrode.de

Serengeti-Park
Am Safaripark 1
29693 Hodenhagen
Telefon: 05164 979 90
Internet: www.serengeti-park.de

Reise und Verkehr SERVICE

Erlebnis-Zoo Hannover
Adenaueralle 3
30175 Hannover
Telefon: 0511 280 741 63
Internet: www.zoo-hannover.de

Großwild Safariland
Mittweg 16
33758 Schloß Holte-Stukenbrock
Telefon: 05207 952 425
Internet: www.safaripark.de

Autostadt
StadtBrücke
38440 Wolfsburg
Telefon: 0800 288 678 238
Internet: www.autostadt.de

Ketteler Hof
45721 Haltern am See
Telefon: 02364 3409
Internet: www.kettelerhof.de

ZOOM Erlebniswelt
Bleckstr. 47
45889 Gelsenkirchen
Telefon: 0209 954 50
Internet: www.zoom-erlebniswelt.de

CentrO.PARK
Promenade 10
46047 Oberhausen
Telefon: 0208 456 780
Internet: www.centropark.de

Movie Park Germany
Warner Allee 1
46244 Bottrop
Telefon: 02045 89 90
Internet: www.moviepark.de

Freizeitpark Schloß Beck
Am Dornbusch 39
46244 Bottrop
Telefon: 02045 5134
Internet: www.schloss-beck.de

Wunderland Freizeitpark
Griether Straße 110–120
47546 Kalkar
Telefon: 02824 9100
Internet: www.kernwasser-wunderland.de

Ferienzentrum Schloss Dankern
49733 Haren/Ems
Telefon: 05932 72230
Internet: www.schloss-dankern.de

Phantasialand
Berggeiststraße 31–41
50321 Brühl
Telefon: 02232 362 00
Telefon: 0911 966 617 00
Internet: www.phantasialand.de

Bubenheimer Spieleland
Burg-Bubenheim
52388 Nörvenich
Telefon: 02421 711 94
Internet: www.bubenheimer-spieleland.de

Erlebnispark Nürburgring
53520 Nürburg
Telefon: 02691 302 –0
Internet: www.nuerburgring.de
(bis Frühjahr 2009 geschlossen)

Wild- und Freizeitpark
Klotten/Cochem
56818 Klotten
Telefon: 02671 605 440
Internet: www.freizeitpark-klotten.de

Panorama-Park Sauerland Wildpark
Rinsecker Straße 100
57399 Kirchhundem
Telefon: 02723 716 220
Internet: www.panoramapark-wildpark.de

FORT FUN Abenteuerland
Aurorastraße/Wasserfall
59909 Bestwig
Telefon: 02905 810
Internet: www.fortfun.de

SERVICE Reise und Verkehr

Freizeitpark Lochmühle
61273 Wehrheim
Telefon: 06175 790 060
Internet: www.lochmuehle.de

Taunus Wunderland
65388 Schlangenbad
Telefon: 06124 40 81
Internet: www.taunuswunderland.de

Kurpfalz-Park
Rotsteig
67157 Wachenheim
Telefon: 06325 959 010
Internet: www.kurpfalz-park.de

Holiday Park®
Holiday-Park-Straße 1–5
67454 Haßloch/Pfalz
Telefon: 0180 500 32 46
Internet: www.holidaypark.de

Traumland auf der Bärenhöhle
72820 Erpfingen
Telefon: 07128 21 58
Internet: www.freizeitpark-traumland.de

Schwaben Park
Hofwiesen 11
73667 Kaisersbach
Telefon: 07182 936 100
Internet: www.schwabenpark.com

Trampoline am See
Viehweide 91
74080 Heilbronn
Telefon: 07131 390 28 28
Internet: www.trampoline-heilbronn.de

Erlebnispark Tripsdrill
74389 Cleebronn
Telefon: 07135 99 99
Internet: www.tripsdrill.de

Auto & Technik Museum Sinsheim
Museumsplatz
74889 Sinsheim
Telefon: 07261 929 90
Internet: www.technik-museum.de

Europa-Park
Europa-Park-Straße 2
77977 Rust bei Freiburg
Telefon: 01805 776 688
Internet: www.europapark.de

Wild- und Freizeitpark
Gemeinmärk 7
78476 Allensbach
Telefon: 07533 931 619
Internet: www.wildundfreizeitpark.de

Steinwasen-Park
Steinwasen 1
79254 Oberried
Telefon: 07602 944 680
Internet: www.steinwasen-park.de

Schwarzwaldpark
79843 Löffingen
Telefon: 07654 808 560
Internet: www.schwarzwaldpark.de

Bavaria Filmstadt
Bavariafilmplatz 7
82031 Geiselgasteig
Telefon: 089 649 920 00
Internet: www.filmstadt.de

Märchenwald im Isartal
Kräuterstraße 39
82515 Wolfratshausen
Telefon: 08171 187 60
Internet: www.maerchenwald-isartal.de

Freizeitpark Ruhpolding
Vorderbrand 7
83324 Ruhpolding
Telefon: 08663 1413 u. 08663 800623
Internet: www.maerchenpark.de

Reise und Verkehr SERVICE

Jimmy's Fun Park
Laimeringer Str. 1
86453 Dasing
Telefon: 08205 969 492
Internet: www.jimmys-funpark.de

Allgäu Skyline Park
Im Hartfeld 1
86825 Bad Wörishofen
Telefon: 01805 884 880
Internet: www.skylinepark.de

Ravensburger Spieleland
Am Hangenwald 1
88074 Meckenbeuren
Telefon: 07542 40 00
Internet: www.spieleland.de

LEGOLAND® Deutschland
LEGOLAND Allee 2
89312 Günzburg
Telefon: 08221 70 00
Internet: www.legoland.de

PLAYMOBIL FunPark
Brandstätterstr. 2–10
90513 Zirndorf
Internet: www.playmobil-funpark.de

Fränkisches Wunderland
Zum Herrlesgrund 13
91287 Plech/Ofr.
Telefon: 09244 98 90
Internet: www.wunderland.de

Erlebnispark Thurn
Schlossplatz 4
91336 Heroldsbach
Telefon: 09190 929 898
Internet: www.schloss-thurn.de

Bayern-Park
Fellbach 1
94419 Reisbach
Telefon: 08734 817
Internet: www.bayernpark.de

Freizeit-Land Geiselwind
Wiesentheider Straße 25
96160 Geiselwind
Telefon: 09556 921 192
Internet: www.freizeitlandgeiselwind.de

Ausland:

Erlebnispark Straßwalchen
Märchenweg 1
A-5204 Straßwalchen
Telefon: 0043 (0)6215 8181
Internet: www.erlebnispark.at

Märchenpark Neusiedlersee
Märchenparkweg 1
A-7062 St. Margarethen
Telefon: 0043 (0)2685 60707
Internet: www.maerchenpark-neusiedlersee.at

Conny-Land
CH-8564 Lipperswil
Telefon: 0041 (0)52 762 72 72
Internet: www.connyland.ch

De Efteling
Europalaan 1
NL-5171 KW Kaatsheuvel
Telefon: 0031 (0)416 288 111
Internet: www.efteling.com

Drouwenerzand
Gasselterstraat 7
NL-9533 PC Drouwen
Tel. 0031 (0)599 564 360
Internet: www.drouwenerzand.nl

Freizeit- und Erlebnisbäder (Auswahl)

Viele der deutschen Freizeit- und Erlebnisbäder sind in der Interessenvertretung der europäischen Freizeitbäder, Thermen und Wasserparks, der European Waterpark Association (EWA), organisiert, deren Mitgliedschaft ein gehobenes Qualitätsniveau voraussetzt. Die folgende Auswahl der EWA-Mitglieder ist nach Postleitzahl sortiert.

Elbamare Erlebnisbad
Wölfnitzer Ring 65
01169 Dresden
Telefon: 0351 410090
Internet: www.elbamare.de

monte mare Neustadt
Götzingerstraße 12
01844 Neustadt
Telefon: 03596 502070
Internet: www.monte-mare.de

Kur- und Freizeitbad Riff
Am Riff Nr. 3
04651 Bad Lausick
Telefon: 034345 7150
Internet: www.freizeitbad-riff.de

Oschatzer Freizeit- und Erlebnisbad PLATSCH
Berufsschulstraße 20
04758 Oschatz
Telefon: 03435 97620
Internet: www.platsch-erlebnisbad.de

Lausitztherme Wonnemar
Am Kurzentrum 1
04924 Bad Liebenwerda
Telefon: 035341 49020
Internet: www.wonnemar.de

Maya mare
Am Wasserwerk 1
06132 Halle
Telefon: 0345 77420
Internet: www.mayamare.de

Freizeitbad GalaxSea
Rudolstädter Straße 39
07745 Jena
Telefon: 03641 429210
Internet: www.galaxsea-jena.de

Badegärten Eibenstock GmbH
Am Bühl 3
08309 Eibenstock
Telefon: 0377 525070
Internet: www.badegaerten.de

Bad am Spreewaldplatz
Wiener Straße 59 h
10999 Berlin
Telefon: 030 6127057
Internet: www.berlinerbaederbetriebe.de

blub Badeparadies mit Saunawelt Al Andalus
Buschkrugallee 64
12359 Berlin
Telefon: 030 609060
Internet: www.saunawelt-al-andalus.de

Fläming-Therme
Weinberge 40
14943 Luckenwalde
Telefon: 03371 40020
Internet: www.flaemingtherme.de

Saarow Therme
Am Kurpark 1
15526 Bad Saarow
Telefon: 033631 8680
Internet: www.bad-saarow.de

Tropical Islands
Tropical-Islands-Allee 1
15910 Krausnick
Telefon: 035477 605050
Internet: www.tropical-islands.de

T.U.R.M. - ErlebnisCity
Heidelberger Straße 32
16515 Oranienburg
Telefon: 03301 608777
Internet: www.erlebniscity.de

Reise und Verkehr SERVICE

Inselparadies Sellin
Badstraße 1
18586 Ostseebad Sellin
Telefon: 038303 1230
Internet: www.inselparadies.de

Holthusenbad
Goernestraße 21
20249 Hamburg
Telefon: 040 188890

Ostsee-Therme
An der Kammer
23683 Scharbeutz
Telefon: 04503 35260
Internet: www.ostsee-therme.de

Freizeitbad Wonnemar
Bürgermeister-Haupt-Straße 38
23966 Wismar
Telefon: 03841 32760
Internet: www.wonnemar.de

HolstenTherme - ErlebnisBad & SaunenWelt
Norderstraße 8
24568 Kaltenkirchen
Telefon: 04191 91220
Internet: www.holstentherme.de

Nautimo Wilhelmshaven
Friedensstraße 99
26386 Wilhelmshaven
Telefon: 04421 773550
Internet: www.nautimo.de

Friesentherme Emden
Allwetterbad Emden GmbH
Theaterstraße 2
26721 Emden
Telefon: 04921 396000
Internet: www.friesentherme-emden.de

Gezeitenland Borkum
Goethestraße 27
26757 Borkum
Telefon: 04922 933600
Internet: www.gezeitenland.de

Moor-Therme Aqua-Vitales
Berghorn 13
27624 Bad Bederkesa am See
Telefon: 04745 94330
Internet: www.bad-bederkesa.de

Tropicana Stadthagen
Jahnstraße 2
31655 Stadthagen
Telefon: 05721 973810
Internet: www.tropicana-stadthagen.de

Freizeitbad Atoll
Aquapark Management GmbH
Trakehnerstraße 9
32339 Espelkamp
Telefon: 05772 979840
Internet: www.atoll-espelkamp.de

Westfalen-Therme
Schwimmbadstraße
33175 Bad Lippspringe
Telefon: 05252 9640
Internet: www.westfalentherme.de

Sport- und Freizeitbad Ishara
Europa Platz 1
33613 Bielefeld
Telefon: 0521 511420
Internet: www.ishara.de

NAUTICA die wasserwelt
Herrenkrugstraße 150
39114 Magdeburg
Telefon: 0391 818100
Internet: www.nautica-wasserwelt.de

Düsselstrand Freizeitbad
Kettwiger Straße 50
40233 Düsseldorf
Telefon: 0211 8216220
Internet: www.baeder-duesseldorf.de

Südbad Neuss
Carl-Diem-Straße 1
41466 Neuss
Telefon: 02131 5316330
Internet: www.stadtwerke-neuss.de

SERVICE Reise und Verkehr

H2O Das Sauna- und Badeparadies
Hackenberger Straße 109
42897 Remscheid
Telefon: 02191 164141
Internet: www.h2o-badeparadies.de

COPA CA BACKUM
Über den Knöchel/Teichstraße
45699 Herten
Telefon: 02366 3070
Internet: www.copa-ca-backum.de

Maritimo Oer-Erkenschwick
Am Stimbergpark 80
45739 Oer-Erkenschwick
Telefon: 02368 6980
Internet: www.maritimo.info

SPORT-PARADIES
Adenauerallee 118
45891 Gelsenkirchen
Telefon: 0209 95440
Internet: www.sport-paradies.de

Bahia
Hemdener Weg 169
46399 Bocholt
Telefon: 02871 2726633
Internet: www.bahia.de

GochNess
Kranenburger Straße 20
47574 Goch-Kessel
Telefon: 02827 92000
Internet: www.gochness.de

Freizeitbad düb
Nordlandwehr 99
48249 Dülmen
Telefon: 02594 91290
Internet: www.dueb.de

Spaßbad Topas
Ferienzentrum Schloß Dankern
49733 Haren/Ems
Telefon: 05932 72230
Internet: www.schloss-dankern.de

Agrippa Bad
Kämmergasse 1
50676 Köln
Telefon: 0221 2791730
Internet: www.koelnbaeder.de

CLAUDIUS THERME
Sachsenbergstraße 1
50679 Köln
Telefon: 0221 981440
Internet: www.claudius-therme.de

monte mare Reichshof
Hanbucherstraße 21
51580 Reichshof-Eckenhagen
Telefon: 02265 997400
Internet: www.monte-mare.de

CAROLUS THERMEN
Stadtgarten/Passstraße 79
52070 Aachen
Telefon: 0241 182740
Internet: www.carolus-thermen.de

monte mare Rheinbach
Münstereifeler Straße 69
53359 Rheinbach
Telefon: 02226 90300
Internet: www.monte-mare.de

Freizeitbad Tauris
Judengässchen 2
56218 Mülheim-Kärlich
Telefon: 02630 955970
Internet: www.tauris.net

Deichwelle – das Neuwieder Allwetterbad
Andernacher Straße 55
56564 Neuwied
Telefon: 02631 851666
Internet: www.deichwelle.de

monte mare Rengsdorf
Monte-Mare-Weg 1
56579 Rengsdorf
Telefon: 02634 1381
Internet: www.monte-mare.de

Reise und Verkehr SERVICE

Maximare
Jürgen-Graef-Allee 2
59065 Hamm
Telefon: 02381 8780
Internet: www.maximare.com

Natur-Solebad Werne
Am Hagen 2
59368 Werne
Telefon: 02389 98920
Internet: www.solebad-werne.de

Freizeitbad NASS
Vogelbruch 30
59759 Arnsberg
Telefon: 02932 475730
Internet: www.nass-arnsberg.de

Jugendstilbad Darmstadt
Mercksplatz 1
64287 Darmstadt
Telefon: 06151 951560
Internet: www.jugendstilbad.de

Thermalbad Aukammtal
Leibnizstraße 7
65191 Wiesbaden
Telefon: 0611 1729880
Internet: www.wiesbaden.de/baeder

Rhein-Main-Therme
Niederhofheimer Straße 67
65719 Hofheim
Telefon: 06192 977790
Internet: www.rheinmaintherme.de

Erlebnisbad CALYPSO
Deutschmühlental 7
66117 Saarbrücken
Telefon: 0681 5881970
Internet: www.erlebnisbad-calypso.de

monte mare Kaiserslautern
Mailänder Straße 6
67657 Kaiserslautern
Telefon: 0631 30380
Internet: www.monte-mare.de

Freizeitbad Aquadrom
Beethovenstraße 41
68766 Hockenheim
Telefon: 06205 21600
Internet: www.hockenheim.de/aquadrom

Fildorado
Mahlestraße 50
70794 Filderstadt-Bonlanden
Telefon: 0711 772066
Internet: www.fildorado.de

Badezentrum
Hohenzollernstraße 23
71067 Sindelfingen
Telefon: 07031 86020
Internet: www.badezentrum.de

Freizeitbad AQUAtoll
Am Wilfenseeweg
74172 Neckarsulm
Telefon: 07132 20000
Internet: www.aquatoll.de

Spa & Fitness Resort Rupertus Therme
Friedrich-Ebert-Allee 21
83435 Bad Reichenhall
Telefon: 08651 606706
Internet: www.rupertustherme.de

Donautherme Wonnemar
Südliche Ringstraße 63
85053 Ingolstadt
Telefon: 0841 379110
Internet: www.wonnemar.de

Königstherme Königsbrunn
Bau- und Betriebsgesellschaft mbH
Königsallee 18
86343 Königsbrunn
Telefon: 08231 96780
Internet: www.koenigstherme.de

Titania-Therme Neusäß
Birkenallee 1
86356 Neusäß
Telefon: 0821 4544030
Internet: www.titaniatherme.de

SERVICE Reise und Verkehr

Alpspitz-Bade-Center Nesselwang
Badeseeweg 11
87484 Nesselwang
Telefon: 08361 921620
Internet: www.abc-nesselwang.de

Freizeit- und Gesundheitsbad Wonnemar
Stadionweg 5
87527 Sonthofen
Telefon: 08321 780970
Internet: www.wonnemar.de

Schwaben-Therme
Ebisweilerstraße 5
88326 Aulendorf
Telefon: 07525 9350
Internet: www.schwaben-therme.de

Bodensee-Therme Überlingen
Bahnhofstraße 27
88662 Überlingen
Telefon: 07551 301990
Internet: www.bodenseetherme.de

Meersburg Therme
Uferpromenade 10–12
88709 Meersburg
Telefon: 07532 4402850
Internet: www.meersburg-therme.de

Fürthermare
Scherbsgraben 15
90766 Fürth
Telefon: 0911 7230540
Internet: www.fuerthermare.de

Freizeitbad Atlantis
Würzburger Straße 35
91074 Herzogenaurach
Telefon: 09132 73850
Internet: www.atlantis-bad.de

Frankenalb Therme Hersbruck
Badstraße 16
91217 Hersbruck
Telefon: 09151 83930
Internet: www.frankenalbtherme.de

Therme Obernsees
An der Therme 1
95490 Mistelgau
Telefon: 09206 993000
Internet: www.therme-obernsees.de

Schauhöhlen (Auswahl)
Von den rund 11 000 Höhlen in Deutschland sind gut 50 als Schau- oder Besucherhöhlen zur Besichtigung freigegeben. Die Auswahl ist nach Postleitzahl sortiert.
www.vdhk.de (Verband der deutschen Höhlen- und Karstforscher)
www.schauhoehlen.de

Heimkehle
Länge 2 000 m, Führung 700 m
Heimkehle 1
06548 Uftrungen
Telefon: 034653 3 05
Internet: www.hoehle-heimkehle.de

Barbarossahöhle
Länge 1 100 m, Führung 600 m
Geopark Barbarossahöhle
Mühlen 6
06567 Rottleben/Kyffhäuser
Telefon: 034671 54513
Internet: www.hoehle.de

Saalfelder Feengrotten
Führung 550 m
Feengrottenweg 2
07381 Saalfeld
Telefon: 03671 55040
Internet: www.feengrotten.de

Syrauer Drachenhöhle
Länge 520 m, Führung 350 m
Höhlenberg 10
08548 Syrau
Telefon: 037431 3735
Internet: www.drachenhoehle.de

Reise und Verkehr SERVICE

Kalkberghöhle Bad Segeberg
Länge 2 260 m, Führung 600 m
Kalkberg GmbH
Karl-May-Platz
23795 Bad Segeberg
Telefon: 04551 968 100
Internet: www.fledermauszentrum.de

Schillathöhle
Länge 400 m, Führung 180 m
Stadt Hessisch Oldendorf, Tourist-Information
Marktplatz 13
31840 Hessisch Oldendorf
Telefon: 05152 782164
Internet: www.schillathoehle.de

Kubacher Kristallhöhle
Länge 200 m, Führung 350 m
Höhlenverein Kubach e. V.
35781 Weilburg-Kubach
Telefon: 06471 4813
Internet: www.kubacherkristallhoehle.de

Teufelshöhle Steinau
Länge 137 m, Führung 124 m
Brüder Grimm Straße 47
36396 Steinau a.d. Straße
Telefon: 06663 5655 5656
Internet: www.steinau.de

Altensteiner Höhle
Länge 700 m, Führung 300 m
Rat der Gemeinde, Höhlenverwaltung
36448 Schweina
Telefon: 036961 2687 2688
Internet: www.altensteiner-hoehle.de

Einhornhöhle
Länge über 600 m, Führung 270 m
Die Einhornhöhle – Haus Einhorn
OT Scharzfeld
37412 Herzberg am Harz
Telefon: 05521 997259
Internet: www.einhornhoehle.de

Iberger Tropfsteinhöhle
Länge 300 m, Führung 220 m
Landkreis Osterode am Harz
Dr. Stefan Flindt
Herzberger Straße 5
37520 Osterode am Harz
Telefon: 05327 829 391 oder 05327 829 348
Internet: www.iberger-tropfsteinhoehle.
homepage.t-online.de

Baumannshöhle
Länge 1 950 m, Führung 1 000 m
und
Hermannshöhle
Länge ca. 3 000 m, Führung 130 m
Rübeländer Tropfsteinhöhlen
Tourismusbetrieb der Stadt Elbingerode (Harz)
Blankenburger Str. 35
38889 Rübeland
Telefon: 039454 49132
Internet: www.harzer-hoehlen.de

Wiehler Tropfsteinhöhle
Länge 540 m, Führung ca. 400 m
Waldhotel Hartmann, Tropfsteinhöhle
51674 Wiehl
Telefon: 02262 991
Internet: www.akkh.de/wiehlerhoehle.html

Aggertalhöhle
Länge 1 040 m, Führung 600 m
Verkehrsamt
Rathaus
51766 Engelskirchen
Telefon: 02263 83137
Internet: www.aggertalhoehle.de

Atta-Höhle
Länge 6 670 m, Führung ca. 500 m
Attendorner Tropfsteinhöhle
57439 Attendorn
Telefon: 02722 3041
Internet: www.atta-hoehle.de

SERVICE Reise und Verkehr

Kluterthöhle
Länge 5 443 m, Führung 2 000 m
Haus Ennepetal und Kluterthöhle
Gasstraße 10
58256 Ennepetal
Telefon: 02333 9880-0
Internet: www.kluterthoehle.de

Dechenhöhle
Länge 870 m, Führung 360 m
Dechenhöhle 5
58644 Iserlohn
Telefon: 02374 71421
Internet: www.dechenhoehle.de

Heinrichshöhle
Länge 3 000 m, Führung 360 m
Höhlen- u. karstkundliches Informationszentrum Hemer
58675 Hemer
Telefon: 02372 61549
Internet: www.hiz-hemer.de

Balver Höhle
Führung und Länge 138 m
Verkehrsverein Balve e. V.
Kirchplatz 2
58802 Balve
Telefon: 02375 5380
Internet: www.balver-hoehle.de

Reckenhöhle
Länge ca. 400 m, Führung ca. 300 m
Haus Recke
Binolen 1
58802 Balve-Binolen
Telefon: 02379 209
Internet: www.reckenhoehle.de

Bilsteinhöhle
Länge 1 472 m, Führung 400 m
Stadtverwaltung Warstein
59581 Warstein
Telefon: 02902 810 2731
Internet: www.bilsteinhoehle.de

Schloßberghöhle Homburg
Führung 2 000 m
Verkehrsverein e. V.
Rathaus Am Forum
66424 Homburg/Saar
Telefon: 06841 2066 101166
Internet: www.homburg.de

Tropfsteinhöhle Niederaltdorf
Länge 120 m, Führung 80 m
Neunkircher Straße 10
66780 Rehlingen-Siersburg
Telefon: 06833 8400 1510

Wimsener Höhle
Länge 723 m, Führung 70 m (mit Boot)
Gasthaus zur Friedrichshöhle
72534 Hayingen-Wimsen
Telefon: 07373 813
Internet: www.wimsen.de

Sontheimer Höhle
Länge 530 m, Führung 192 m
Verwaltung Sontheimer Höhle
Weberstraße 36
72535 Heroldstatt-Sontheim
Telefon: 07389 1212 463
Internet: www.sontheimer-hoehle.de

Schertelshöhle
Länge 232 m, Führung 160 m
Höhlenverein Westerheim e. V.
Siedlungsstraße 7
72589 Westerheim
Telefon: 07333 6406
Internet: www.schertelshoehle.de

Olgahöhle
Länge 125 m, Führung 90 m
Schlossstraße 8
72805 Lichtenstein-Honau
Telefon: 07129 2501
Internet: www.gemeinde-lichtenstein.de

Reise und Verkehr SERVICE

Bären- und Karlshöhle
Länge 292 m, Führung 256 m
Ortschaftsverwaltung
72820 Sonnenbühl-Erpfingen
Telefon: 07128 696 635
Internet: www.sonnenbuehl.de

Nebelhöhle
Länge 810 m, Führung 480 m
Nebelhöhlenverwaltung
72820 Sonnenbühl-Genkingen
Telefon: 07128 682 605
Internet: www.sonnenbuehl.de

Gutenberger- und Gußmannshöhle
Länge 220 bzw. 160 m, Führung gesamt 240 m
Verwaltung der Gutenberger Höhlen
Rathaus Gutenberg
73252 Lenningen-Gutenberg
Telefon: 07026 7822
Internet: www.lenningen.de

Eberstadter Tropfsteinhöhle
Länge 630 m, Führung 600 m
Verwaltung Eberstadter Tropfsteinhöhle
Rathaus
74722 Buchen-Eberstadt
Telefon: 06292 225 578
Internet: www.buchen.de

Kolbinger Höhle
Länge 200 m, Führung 90 m
Schwäbischer Albverein, Ortsgruppe Kolbingen
Hölderlinstraße 12
78600 Kolbingen
Telefon: 07463 8534
Internet: www.kolbingen.de/hoehle.htm

Tschamberhöhle
Länge 1 500 m, Führung 600 m
Schwarzwaldverein Karsau-Riedmatt
Verwaltung Tschamberhöhle
79618 Karsau-Riedmatt
Telefon: 07632 5256
Internet: www.schwarzwaldverein-karsau.de

Erdmannshöhle
Länge 2 146 m, Führung 560 m
Bürgermeisteramt Hasel
79686 Hasel
Telefon: 07762 9307 oder 9207
Internet: www.gemeinde-hasel.de

Wendelsteinhöhle
Länge 523 m, Führung 170 m
Wendelsteinbahn GmbH
Kerschelweg 30
83098 Brannenburg
Telefon: 08034 3080
Internet: www.wendelsteinbahn.de

Schellenberger Eishöhle
Länge 2 815 m, Führung 500 m
Verein für Höhlenkunde Schellenberg e. V.
Brinkmann Straße 13
83487 Marktschellenberg
Telefon: 08650 341
Internet: www.eishoehle.net

Sturmannshöhle
Länge 346 m, Führung 287 m
Gemeinde Obermaiselstein
87538 Obermaiselstein
Telefon: 08326 260
Internet: www.sturmannshoehle.de

Laichinger Tiefenhöhle
Länge 1 250 m, Führung 320 m
Höhlen- und Heimatverein Laichingen
Postfach 1367
89150 Laichingen
Telefon: 07333 4414 5586
Internet: www.tiefenhoehle.de

Charlottenhöhle
Länge 587 m, Führung 460 m
Bürgermeisteramt Giengen
Postfach 1140
89537 Giengen a.d. Brenz
Telefon: 07322 139217
Internet: www.charlottenhoehle.de

SERVICE Reise und Verkehr

Hohler Fels Schelklingen
Führung und Länge 68 m
Bürgermeisteramt Schelklingen
Marktstraße 15
89601 Schelklingen
Telefon: 07394 2480
Internet: www.schelklingen.de

Teufelshöhle Pottenstein
Länge 1 500 m, Führung 800 m
Zweckverband Teufelshöhle
Forchheimer Straße 1
91278 Pottenstein
Telefon: 09243 208
Internet: www.teufelshoehle.de

Maximiliansgrotte
Länge 1 200 m, Führung 700 m
Grottenhof
91284 Neuhaus a.d. Pegnitz/Krottensee
Telefon: 09156 434
Internet: www.maximiliansgrotte.de

Sophienhöhle
Länge 900 m, Führung 465 m
Sophienhöhle
Haunberg 1
91344 Waischenfeld
Telefon: 09202 1244
Internet: www.burg-rabenstein.de

Binghöhle
Länge 500 m, Führung 300 m
Gemeindeverwaltung
91346 Markt Wiesenttal-Streitberg
Telefon: 09196 340
Internet: www.binghoehle.de

Osterhöhle
Führung und Länge 130 m
Waldschänke Osterhöhle
Neidsteiner Straße 8
92259 Neukirchen b. Sulzbach-Rosenberg
Telefon: 09663 1010 1718
Internet: www.osterhoehle.de

König-Otto-Höhle
Länge 450 m, Führung 400 m
Fremdenverkehrsverein Velburg
92355 Velburg
Telefon: 09182 1607 446
Internet: www.velburg.de

Großes Schulerloch
Länge 420 m, Führung 150 m
Tropfsteinhöhle Schulerloch
Oberau 1
93343 Essing
Telefon: 09441 3277
Internet: www.schulerloch.de

Kittelsthaler Tropfsteinhöhle
Länge 726 m, Führung 158 m
Gemeindeverwaltung Kittelsthal
Hauptstraße 71
99843 Kittelsthal
Telefon: 036929 3318
Internet: www.eisenachonline.de

Marienglashöhle
Führung 122 m
Verwaltung der Marienglashöhle
99894 Friedrichroda
Telefon: 03623 4953
Internet: www.friedrichroda.de

Einkaufen in der EU

Reisende innerhalb der Europäischen Union können nach Belieben Waren für den persönlichen Bedarf einkaufen; die Mengengrenze liegt bei Warenmengen, die einen Weiterverkauf vermuten lassen. Für Tabak- und Alkoholmengen können die Länder eigene Richtwerte bestimmen. Diese Richtwerte dürfen folgende Mengen nicht unterschreiten:

Tabakwaren
800 Zigaretten oder
400 Zigarillos oder
200 Zigarren oder
1 kg Tabak

alkoholische Getränke
10 Liter Spirituosen oder
10 Liter Alkopops oder
20 Liter Zwischenerzeugnisse (z. B. Likörwein, Sherry) oder
90 Liter Wein (davon höchstens 60 Liter Schaumwein) oder
110 Liter Bier

Sonstige
10 kg Kaffee

Strengere Übergangsregelungen gelten für die Wareneinfuhr aus Ländern, die 2004 und 2007 der EU beigetreten sind (→Tabelle).

Einkaufen außerhalb der EU

Bei der Einreise in die Europäische Union dürfen ebenfalls nur Reisemitbringsel verbrauch- und mehrwertsteuerfrei eingeführt werden, die zum persönlichen Gebrauch oder Verbrauch, für Angehörige des eigenen Haushalts oder als Geschenk bestimmt sind. Es gelten folgende Freimengen für Personen, die mindestens 17 Jahre alt sind:

Tabakwaren
200 Zigaretten oder
100 Zigarillos oder
50 Zigarren oder
250 g Rauchtabak

alkoholische Getränke
1 Liter Spirituosen mit einem Alkoholgehalt von über 22 % oder
2 Liter Spirituosen, Aperitifs aus Wein oder Alkohol, Taffia, Sake oder ähnliche Getränke mit einem Alkoholgehalt von höchstens 22 % oder
2 Liter Schaumweine oder Likörweine oder
2 Liter nicht schäumende Weine

Einfuhrfreimengen aus EU-Staaten mit Übergangsfristen

Land	Beitritt	Freimenge	eingeschränkte Freimenge (z. B. für Bewohner des Grenzgebiets)	Frist
Bulgarien	1. Januar 2007	200 Zigaretten	40 Zigaretten	31. Dezember 2009
Estland	1. Mai 2004	200 Zigaretten oder 250 Gramm Rauchtabak	40 Zigaretten oder 50 Gramm Rauchtabak	31. Dezember 2009
Lettland	1. Mai 2004	200 Zigaretten	40 Zigaretten	31. Dezember 2009
Litauen	1. Mai 2004	200 Zigaretten	40 Zigaretten	31. Dezember 2009
Polen	1. Mai 2004	200 Zigaretten	40 Zigaretten	31. Dezember 2008
Rumänien	1. Januar 2007	200 Zigaretten	40 Zigaretten	31. Dezember 2009
Slowakische Republik	1. Mai 2004	200 Zigaretten	40 Zigaretten	31. Dezember 2008
Ungarn	1. Mai 2004	200 Zigaretten	40 Zigaretten	31. Dezember 2008

Quelle: www.zoll.de

SERVICE Reise und Verkehr

Kaffee
500 g Kaffee oder
200 g Auszüge, Essenzen oder Konzentrate aus Kaffee

Parfüms und Eau de Toilette
50 g Parfüm und
0,25 Liter Eau de Toilette

andere Waren
bis zu einem Warenwert von insgesamt 175 €

Der deutsche Zoll empfiehlt, in jedem Fall beim Kauf von Souvenirs im Ausland auf exotische Tiere und Pflanzen oder daraus hergestellte Waren zu verzichten, weil dabei oft aus Unwissenheit gegen Artenschutzbestimmungen verstoßen wird. Das gilt besonders für Souvenirs wie
- Korallen und Riesenmuscheln
- Schuhe, Taschen und Gürtel aus Riesenschlangen- oder Krokodilleder
- Schmuck und Ziergegenstände aus Elfenbein
- Pflanzen wie Orchideen, Tillandsien oder Kakteen.

Einfuhr in Drittländer

Bei Reisen in Länder außerhalb der EU sind die Einfuhrbestimmungen des Ziellandes zu berücksichtigen. Informationen über Einfuhr- und Einreisebestimmungen erteilen Botschaften und Konsulate der Zielländer. Hinweise dazu finden sich u. a. auf der Internetseite des Auswärtigen Amtes (»Länder, Reisen und Sicherheit«).
www.zoll.de
www.auswaertiges-amt.de

Flugsicherheit: Verbote im Flugzeug

Die Europäische Kommission schränkte im September 2006 die Mitnahme von Flüssigkeiten im Handgepäck aus Sicherheitsgründen drastisch ein. EU-Fluggäste dürfen seitdem nur noch Behälter mit 0,1 l Inhalt ins Handgepäck nehmen. Die Behälter müssen in einem durchsichtigen Plastikbeutel stecken, der nicht mehr als einen Liter fassen darf. Unter Auflagen dürfen Passagiere in den Läden für zollfreien Einkauf an den Flughäfen größere Flaschen oder Behälter kaufen. Mit den Bestimmungen reagierte die EU auf die neue Gefahr durch Flüssigsprengstoffe. Die Liste der Gegenstände, deren Mitnahme im Flugzeug verboten ist, wurde dadurch erheblich erweitert.

Verbotene Gegenstände im Handgepäck
(nach Angaben der Bundespolizei)
1. Feuerwaffen und Projektilabschussgerät; dazu gehören auch:
- Nachbildungen und Imitationen von Feuerwaffen
- Komponenten von Feuerwaffen (ausgenommen Zielfernrohre/Zielgeräte)
- Signalpistolen
- Startpistolen
- Spielzeugpistolen aller Art
- Druckluftwaffen
- Bolzenschussgeräte und Nagelschusspistolen
- Armbrüste
- Katapulte
- Harpunen und Harpunenabschussgeräte
- Viehtötungsapparate
- Betäubungsgeräte oder Elektroschocker, z. B. Betäubungsstäbe, Elektroimpulsgeräte
- Feuerzeuge, die Feuerwaffen imitieren

2. Spitze, scharfe Waffen und Objekte einschließlich:
- Äxte und Beile
- Pfeile und Wurfpfeile
- Kanthaken
- Harpunen und Speere
- Eispickel
- Schlittschuhe
- Feststell- oder Springmesser, ungeachtet der Klingenlänge
- Messer, inklusive Ritualmesser, mit Klingenlänge über 6 cm, aus Metall oder einem anderen Material, das stark genug ist, um es als Waffe einsetzbar zu machen

Reise und Verkehr SERVICE

- Fleischerbeile
- Macheten
- Rasiermesser und -klingen (ausgenommen Sicherheitsrasierer oder Einmalrasierer mit Klingen in Kassette)
- Säbel, Schwerter und Degen
- Skalpelle
- Scheren mit einer Klingenlänge über 6 cm
- Ski- und Wanderstöcke
- Wurfsterne
- Werkzeuge wie Bohrer und Bohraufsätze, Teppich- und Kartonmesser, Universalmesser, alle Sägen, Schraubendreher, Brechstangen, Zangen, Schraubenschlüssel, Lötlampen

3. Stumpfe Gegenstände, die als Waffe verwendet werden können, einschließlich:
- Baseball- und Softballschläger
- Keulen oder Schlagstöcke
- Cricketschläger
- Golfschläger
- Hockeyschläger
- Lacrosseschläger
- Kajak- und Kanupaddel
- Skateboards
- Billardstöcke
- Angelruten
- Kampfsportausrüstung wie Schlagringe, Schläger, Knüppel, Totschläger, Nunchaku, Kubatons, Kubasaunts

4. Sprengstoffe und brennbare Stoffe; dazu gehören:
- Nachbildungen oder Imitationen von Sprengstoffen oder Explosivkörpern
- Minen und andere explosive militärische Ausrüstungsgegenstände
- Granaten aller Art
- Gas und Gasbehälter, z. B. Butan, Propan, Sauerstoff in großen Mengen
- Feuerwerkskörper, Fackeln aller Art und sonstige pyrotechnische Erzeugnisse (einschließlich Kleinfeuerwerk und Spielzeugpistolen mit Zündplättchen)
- Überallzündhölzer
- Rauchkanister oder Rauchpatronen
- brennbare flüssige Kraftstoffe, z. B. Benzin, Diesel, Flüssiggas für Feuerzeuge

- Farbe in Sprühdosen
- Terpentin und Farbverdünner
- alkoholische Getränke von mehr als 70 % vol.

5. Chemische und toxische Stoffe, einschließlich:
- Säuren und Basen, z. B. Batterien, die auslaufen können
- Abwehr- oder Betäubungssprays (z. B. Pfefferspray, Tränengas)
- radioaktives Material, z. B. medizinische oder gewerbliche Isotope
- infektiöses oder biologisch gefährliches Material (z. B. infiziertes Blut, Bakterien und Viren)
- Feuerlöscher

6. Flüssigkeiten (über 100 ml); dazu gehören:
- Gels, Pasten, Lotionen, Mischungen von Flüssigkeiten und Feststoffen sowie der Inhalt von Druckbehältern, wie z. B. Zahnpasta, Haargel, Getränke, Suppen, Sirup, Parfum, Rasierschaum, Aerosole und andere Artikel mit ähnlicher Konsistenz

Verbotene Gegenstände im aufgegebenen Gepäck

- Sprengkörper, einschließlich Detonatoren, Zünder, Granaten, Minen und Sprengstoffe
- Gase: Propan, Butan
- brennbare Flüssigkeiten, einschließlich Benzin, Methanol
- brennbare Feststoffe und reaktive Stoffe, einschließlich Magnesium, Feueranzünder, Feuerwerkskörper, Fackeln
- Feuerzeuge
- Oxidationsmittel und organische Peroxide, einschließlich Bleichmittel, Sets zur Ausbesserung von Kfz-Karosserien
- toxische oder infektiöse Stoffe, einschließlich Rattengift, infiziertes Blut
- radioaktives Material, einschließlich medizinische oder gewerbliche Isotope
- Korrosionsmittel, einschließlich Quecksilber, Fahrzeugbatterien
- Komponenten von Kfz-Kraftstoffsystemen, die Kraftstoff enthalten haben

www.bundespolizei.de

SERVICE Reise und Verkehr

Einreisebestimmungen ausgewählter Reiseziele

Land	persönliche Reisedokumente				PKW
	Personalausweis möglich	Reisepass für Einreise erforderlich	Touristenvisum für übliche Reisedauer erforderlich	Eintrag des Kindes im Pass eines begleitenden Elternteils ausreichend	Grüne Versicherungskarte
Ägypten	ja	empfohlen	ja	ja	nein
Australien	nein	ja	ja	ja	nein
Belgien	nein	nein	nein	ja	ja
Bosnien-Herzegowina	ja	nein	nein	ja	ja
Brasilien	nein	ja	nein	ja	nein
Bulgarien	ja	nein	nein	nein	ja
Chile	nein	ja	nein	k.A.	nein
China	nein	ja	ja	nein	nein
Costa Rica	nein	ja	nein	nein	nein
Dänemark	nein	nein	nein	ja	ja
Dominikanische Republik	nein	ja	nein	nein	nein
Estland	nein	nein	nein	ja	ja
Finnland	nein	nein	nein	ja	ja
Frankreich	nein	nein	nein	ja	ja
Griechenland	nein	nein	nein	ja	ja
Großbritannien	ja	nein	nein	ja	ja
Indien	nein	ja	ja	ja	nein
Irland	ja	nein	nein	ja	ja
Island	nein	nein	nein	ja	ja
Italien	nein	nein	nein	ja	ja
Jamaika	nein	ja	nein	nein	nein
Japan	nein	ja	nein	ja	nein
Kanada	nein	ja	nein	ja	nein
Kenia	nein	ja	ja	nein	nein
Kroatien	ja	nein	nein	ja	ja
Kuba	nein	ja	ja	nein	nein
Lettland	nein	nein	nein	ja	ja
Litauen	nein	nein	nein	ja	ja
Luxemburg	nein	nein	nein	ja	ja

Einreisebestimmungen ausgewählter Reiseziele (Fortsetzung)

Land	persönliche Reisedokumente				PKW
	Personalausweis möglich	Reisepass für Einreise erforderlich	Touristenvisum für übliche Reisedauer erforderlich	Eintrag des Kindes im Pass eines begleitenden Elternteils ausreichend	Grüne Versicherungskarte
Malediven	nein	ja	ja	nein	nein
Malta	nein	nein	nein	ja	ja
Marokko	eingeschränkt	ja	nein	nein	ja
Mauritius	nein	ja	nein	ja	nein
Mexiko	nein	ja	nein	ja	nein
Namibia	nein	ja	nein	nein	nein
Nepal	nein	ja	ja	ja	nein
Neuseeland	nein	ja	nein	ja	nein
Niederlande	nein	nein	nein	ja	ja
Norwegen	nein	nein	nein	ja	ja
Österreich	nein	nein	nein	ja	ja
Peru	nein	ja	nein	nein	nein
Philippinen	nein	ja	nein	nein	nein
Polen	nein	nein	nein	ja	ja
Portugal	nein	nein	nein	ja	ja
Rumänien	ja	nein	nein	ja	ja
Russland	nein	ja	ja	ja	nein
Schweden	nein	nein	nein	ja	ja
Schweiz	ja	nein	nein	ja	ja
Slowakische Republik	nein	nein	nein	ja	ja
Slowenien	nein	nein	nein	ja	ja
Spanien	nein	nein	nein	ja	ja
Sri Lanka	nein	ja	ja	ja	nein
Südafrika	nein	ja	nein	ja	nein
Thailand	nein	ja	nein	nein	nein
Tschechische Republik	nein	nein	nein	ja	ja
Tunesien	nein	ja	nein	ja	ja
Türkei	ja	nein	nein	ja	ja
Ungarn	nein	nein	nein	ja	ja
USA	nein	ja	nein	nein	nein
Venezuela	nein	ja	nein	nein	nein
Vereinigte Arabische Emirate	nein	ja	ja	nein	nein
Vietnam	nein	ja	ja	nein	nein
Zypern	ja	nein	nein	ja	ja

Quellen: Auswärtiges Amt; europa.eu; Council of Bureaux

SERVICE Reise und Verkehr

Promillegrenzen in europäischen Ländern

Land	Promillegrenze	Land	Promillegrenze
Belgien	0,5	Makedonien	0,5
Bosnien-Herzegowina	0,5	Montenegro	0,5
Bulgarien	0,5	Niederlande	0,5
Dänemark	0,5	Norwegen	0,2
Deutschland	0,5	Österreich	0,5
Estland	0,0	Polen	0,2
Finnland	0,5	Portugal	0,5
Frankreich	0,5	Rumänien	0,0
Griechenland	0,5	Schweden	0,2
Großbritannien	0,8	Schweiz	0,5
Irland	0,8	Serbien	0,5
Island	0,5	Slowakische Republik	0,0
Italien	0,5	Slowenien	0,5
Kroatien	0,0	Spanien	0,5
Lettland	0,5	Tschechische Republik	0,0
Liechtenstein	0,8	Türkei	0,5
Litauen	0,4	Ungarn	0,0
Luxemburg	0,8	Weißrussland	0,0
Malta	0,8	Zypern	0,5

Stand Juli 2007
Quelle: ADAC

Geschwindigkeitsbeschränkungen für Personenkraftwagen in den EU-Ländern (km/h)

Land	innerhalb von Ortschaften	außerhalb von Ortschaften	auf Autobahnen
Belgien	50	90	120
Bulgarien	50	90	130
Dänemark	50	80	110 oder 130
Deutschland	50	100	130 (empfohlen)
Estland	50	90 oder 110	–
Finnland	50	80 oder 100	100 oder 120
Frankreich	50	90 oder 110	130
Griechenland	50	90 oder 110	120
Großbritannien	48 (30 Meilen)	96 oder 112 (60 oder 70 Meilen)	112 (70 Meilen)
Irland	50	80 oder 100	120
Italien	50	90 oder 110	130
Lettland	50	90 oder 100	–
Litauen	50	90 oder 100	110 oder 130
Luxemburg	50	90	130
Malta	50	80	–
Niederlande	50	80 oder 100	120
Österreich	50	100	130

Reise und Verkehr SERVICE

Geschwindigkeitsbeschränkungen für Personenkraftwagen in den EU-Ländern (km/h) Fortsetzung

Land	innerhalb von Ortschaften	außerhalb von Ortschaften	auf Autobahnen
Polen	50 oder 60	90	130
Portugal	50	90 oder 100	120
Rumänien	50	90 oder 100	130
Schweden	50	70 oder 90	110
Slowakische Republik	60	90	130
Slowenien	50	90 oder 100	130
Spanien	50	90 oder 100	120
Tschechische Republik	50	90	130
Ungarn	50	90 oder 110	130
Zypern	50	80	100

Quelle: http://europa.eu/abc/travel/

Durchschnittstemperaturen in den europäischen Hauptstädten

Land	Hauptstadt	durchschnittliche Tiefstwerte im Januar (°C)	durchschnittliche Höchstwerte im Juli (°C)
Belgien	Brüssel	−1	23
Bulgarien	Sofia	−4	27
Dänemark	Kopenhagen	−2	22
Deutschland	Berlin	−3	24
Estland	Tallinn	−10	20
Finnland	Helsinki	−9	22
Frankreich	Paris	1	25
Griechenland	Athen	6	33
Großbritannien	London	2	22
Irland	Dublin	1	20
Italien	Rom	5	30
Lettland	Riga	−10	22
Litauen	Vilnius	−11	23
Luxemburg	Luxemburg	−1	23
Malta	Valletta	10	29
Niederlande	Amsterdam	−1	22
Österreich	Wien	−4	25
Polen	Warschau	−6	24
Portugal	Lissabon	8	27
Rumänien	Bukarest	−7	30
Schweden	Stockholm	−5	22
Slowakische Republik	Bratislava	−3	26
Slowenien	Ljubljana	−4	27
Spanien	Madrid	2	31
Tschechische Republik	Prag	−5	23
Ungarn	Budapest	−4	28
Zypern	Nikosia	5	37

Quelle: http://europa.eu/abc/travel/

SERVICE Reise und Verkehr

Verhaltenstipps für Reisende

Gerade auf Fernreisen ist es sinnvoll, eine Reihe von Verhaltensregeln zu beachten, um gesundheitliche Risiken durch ungewohnte klimatische und hygienische Verhältnisse und die unbekannte Tier- und Pflanzenwelt möglichst gering zu halten. In welchem Maß die folgenden sehr weit reichenden Verhaltensregeln eingehalten werden sollten, hängt u. a. vom Zielland, von der Region, von Reiseart, Unterbringung und Reisegewohnheiten ab.

- Bei Zeitverschiebungen während der Reise möglichst viel schlafen
- Zum Trinken, Zähneputzen und Geschirrspülen nur Mineralwasser oder abgekochtes Leitungswasser benutzen
- Über den Durst hinaus trinken, um durch Schwitzen verlorene Flüssigkeit zu ersetzen
- Nur geschältes oder gekochtes Gemüse und Obst essen
- Rohe Speisen wie Tatar, rohen Fisch, Wurst oder Salate meiden
- Unbedingt Fliegen von den Nahrungsmitteln fernhalten
- So oft wie möglich mit Seife die Hände waschen, immer aber nach dem Stuhlgang und vor der Essenszubereitung und dem Essen
- Sich niemals ungeschützt der Sonne aussetzen, sondern eine Kopfbedeckung und lange lose Kleidung tragen
- Eine Sonnencreme mit hohem Lichtschutzfaktor verwenden und erst den Sonnenschutz, dann das Insektenschutzmittel auftragen
- Sich vor Mückenstichen durch geeignete Kleidung und Moskitonetze, die unbedeckten Hautpartien durch Antimückenmittel schützen
- Jeden Kontakt zu Haus- und Wildtieren meiden, besonders Schlangen, Spinnentieren und Insekten
- Die Unterkunft durch Hygiene frei von Nagetieren halten
- Schuhe, Kleidung, Bettzeug, Handtücher etc. vor Benutzung immer ausschütteln
- Den Kontakt der Haut mit Umweltwasser und Erdreich vermeiden, nie barfuß laufen
- Die Haut sauber und trocken halten und die Nägel kurz, kleine Verletzungen sofort behandeln lassen

www.auswaertiges-amt.de

Institute für Tropenmedizin

Zu den Vorbereitungen einer Fernreise gehört neben Informationen über Klima, Kultur, Lebensbedingungen, Religion und politische Verhältnisse auch genaueste Beratung über notwendige Schutzimpfungen; prädestiniert für diese Aufgabe sind die Tropeninstitute.

Berlin
Institut für Tropenmedizin
Spandauer Damm 130
14050 Berlin
Telefon: 030 301 166
Internet: www.charite.de/tropenmedizin

Dresden
Institut für Tropenmedizin Dresden –
Städtisches Klinikum Dresden-Friedrichstadt
Friedrichstr. 41
01067 Dresden
Telefon: 0351 480 38 01
Internet: www.khdf.de

Düsseldorf
Tropenmedizinische Ambulanz der Uniklinik Düsseldorf
Moorenstr. 5
40225 Düsseldorf
Telefon: 021 811 70 31
Internet: www.uniklinik-duesseldorf.de/gastroenterologie

Hamburg
Bernhard-Nocht-Institut für Tropenmedizin
Hamburg
Bernhard-Nocht-Straße 74
20359 Hamburg
Telefon: 040 42 81 80
Internet: www.bni.uni-hamburg.de
Internet: www.gesundes-reisen.de

Heidelberg
Institut für Tropenhygiene und Öffentliches
Gesundheitswesen Uni Heidelberg
Im Neuenheimer Feld 324
69120 Heidelberg
Telefon: 06221 56 29 99
Internet: www.tropenmedizin-heidelberg.de

Leipzig
Universitätsklinikum Leipzig Zentrum für
Innere Medizin, Med. Klinik IV – Fachbereich
Infektions- und Tropenmedizin
Philipp-Rosenthal-Str. 27
04103 Leipzig
Telefon: 0341 972 49 71
Internet: www.uni-leipzig.de/~in4/index.htm

Zentrum für Reise- und Tropenmedizin Leipzig
Delitzscher Straße 141
04129 Leipzig
Telefon: 0341 909 26 19
Internet: www.sanktgeorg.de

München
Abteilung für Infektions- und Tropenmedizin
der Universität München
Leopoldstraße 5
80802 München
Telefon: 089 218 013 500
Internet: www.tropinst.med.uni-muenchen.de

Infektions-, Tropenmedizin und Immun-
schwächeerkrankungen am Krankenhaus
München-Schwabing
Kölner Platz 1
80804 München
Telefon: 089 306 826 01
Internet: www.kms.mhn.de/1440.html

Rostock
Abteilung für Tropenmedizin und
Infektionskrankheiten Rostock
Ernst-Heydemann-Straße 6
18057 Rostock
Telefon: 0381 494 75 11
Internet: www.tropen.med.uni-rostock.de

Tübingen
Institut für Tropenmedizin Tübingen
Keplerstr. 15
72074 Tübingen
Telefon: 07071 298 23 65
Internet: www.medizin.uni-tuebingen.de
tropenmedizin

Tropenklinik Tübingen –
Paul-Lechler-Krankenhaus
Paul-Lechler-Straße 24
72076 Tübingen
Telefon: 07071 20 60
Internet: www.tropenklinik.de

Ulm
Sektion Infektiologie und Klinische
Immunologie Universitätsklinikum Ulm –
Medizinische Klinik III
89081 Ulm
Telefon: 0731 500 455 51
Internet: www.uni-ulm.de/reisemedizin

Würzburg
Missionsärztliche Klinik
Salvatorstraße 7
97067 Würzburg
Telefon: 0931 791 28 21
Internet: www.tropen.missioklinik.de

SERVICE Reise und Verkehr

Tropenkrankheiten (Auswahl)

Krankheit (Erreger)	Krankheitszeichen	Übertragungsart	Inkubationszeit
Bilharziose (Parasiten)	Juckreiz, Katayama-Fieber (rascher Fieberanstieg mit Schüttelfrost, Kopfschmerzen und Husten)	in Süßwasser lebende Larven des Erregers dringen durch die Haut ein	6–48 Stunden (Zerkariendermatitis); 2–8 Wochen (akute Schistosomiasis)
Dengue-Fieber (Viren)	abruptes Fieber, Schüttelfrost, Muskel- und Gelenkschmerzen	Mückenstich	3–14 (7–10) Tage
Ebola (Viren)	Fieber, Kopf- und Muskelschmerzen, Schleimhautblutungen, Nierenversagen	durch direkten Körperkontakt, über bluthaltige Körpersekrete	2–21 Tage
Fleckfieber (Bakterien)	Kopf und Gliederschmerzen, Schüttelfrost, rasch ansteigendes hohes Fieber, Husten, Tinnitus oder Taubheit, Hautausschlag	Läuse	1–2 Wochen
Gelbfieber (Viren)	plötzlicher, schneller Fieberanstieg, Kopfschmerzen, Unruhe, Übelkeit, Krampfanfälle oder Verwirrtheit	Mückenstich	3–6 Tage
Lassa-Fieber (Viren)	Fieber, Kopf- und Halsschmerzen, Husten, Ödeme, Hörverlust	Exkremente oder Blut von infizierten Nagetieren	6–21 (meist 7–12) Tage
Malaria (Parasiten)	Fieberanfälle, beginnend mit Schüttelfrost, raschem Temperaturanstieg auf 39–41 °C, nach einigen Stunden Temperaturrückgang, begleitet von starken Schweißausbrüchen	Stich der weiblichen Anophelesmücke	12–30 Tage
Schlafkrankheit (Parasiten)	Geschwür an der Einstichstelle, Fieberschübe, Vergrößerung der Lymphknoten	Stich der Tsetsefliege	3–21 Tage (eventuell Wochen bis Jahre)

Deutschsprachige Giftnotrufzentralen

Die von Krankenhäusern oder Hochschulen betriebenen Giftnotrufzentralen in Deutschland, Österreich und der Schweiz beraten bei plötzlich und ohne Vorzeichen auftretenden Krankheitserscheinungen, die den Verdacht einer Vergiftung nahelegen.

Folgende Angaben werden benötigt:

Wer? Alter, Geschlecht, Körpergewicht des Betroffenen?
Womit? Art des vermutlichen Giftes: Arzneimittel, Haushaltsprodukt, Chemikalie, Pflanze, Pilze, Tier, Lebensmittel, Drogen? Möglichst genaue Angaben, ggf. von einer vorhandenen Verpackung ablesen!
Wie viel? Möglichst genaue Angaben über Zahl bzw. Menge der verdächtigen Substanz (Tabletten, Beeren, Flüssigkeiten usw.)
Wann? Zeitpunkt der Einnahme oder Dauer der Einwirkung?
Was? Krankheitserscheinungen und Zustand des Betroffenen (Atmung, Kreislauf, Bewusstseinslage); Ausmaß der Schädigung?

Berlin   Telefon 030 19240
Giftnotruf Berlin. Beratungsstelle für Vergiftungserscheinungen
Internet: www.giftnotruf.de

Bonn   Telefon 0228 19240
Informationszentrale gegen Vergiftungen. Zentrum für Kinderheilkunde
Internet: www.meb.uni-bonn.de/giftzentrale

Erfurt   Telefon 0361 730730
Gemeinsames Giftinformationszentrum. Mecklenburg-Vorpommern, Sachsen, Sachsen-Anhalt, Thüringen
Internet: www.ggiz-erfurt.de

Freiburg   Telefon 0761 19240
Vergiftungs-Informations-Zentrale Freiburg. Zentrum für Kinderheilkunde und Jugendmedizin
Internet: www.giftberatung.de

Göttingen   Telefon 0551 19240
Giftinformationszentrum Nord. Bremen, Hamburg, Niedersachsen, Schleswig-Holstein. Zentrum für Toxikologie der Universitätsmedizin Göttingen
Internet: www.giz-nord.de

Homburg   Telefon 06841 19240
Informations- und Behandlungszentrum für Vergiftungen. Universitätsklinik für Kinder- und Jugendmedizin
Internet: www.uniklinikum-saarland.de/de/einrichtungen/andere/giftzentrale

Mainz   Telefon 06131 19240
Beratungsstelle bei Vergiftungen. Universität Mainz
Internet: www.giftinfo.uni-mainz.de

München   Telefon 089 19240
Giftnotruf München. Toxikologische Abteilung der II. Medizinischen Klinik
Internet: www.toxinfo.org

Nürnberg   Telefon 0911 398 24 51
Toxikologische Intensivstation. II. Medizinische Klinik des Städtischen Krankenhauses
Internet: www.giftinformation.de

Wien   Telefon 0043 1 406 43 43
Vergiftungszentrale. Allgemeines Krankenhaus Wien
Internet: www.meduniwien.ac.at/viz

Zürich   Telefon 0041 44 251 51 51
(nationale Notfallnummer 145)
Schweizerisches Toxikologisches Informationszentrum
Internet: www.toxi.ch/ger/welcome.html

SERVICE Gesundheit

Giftpflanzen

Die vom Bundesministerium für Umwelt, Naturschutz und Reaktorsicherheit im Jahr 2000 veröffentlichte offizielle Liste giftiger Pflanzen enthält Pflanzen, die mittelschwere (o) oder schwere bis tödliche (+) Vergiftungen verursachen können – auch wenn nur geringe Mengen gegessen werden. Die Giftinformationszentralen zählen darüber hinaus auch die Rhododendron-Arten zu den Pflanzen, die mittelschwere Vergiftungen hervorrufen können.

Außer den Pflanzen in der Liste gibt es sehr viele andere, deren Inhaltsstoffe – in großen Mengen aufgenommen – zu Magen-Darm-Beschwerden oder bei direktem Kontakt zu Haut- und Augenreizungen führen können.
www.giz-nord.de

Offizielle Liste giftiger Pflanzenarten

deutscher Name	botanischer Name	Vergiftungen	vorwiegend giftige Pflanzenteile
Aronstab, Gefleckter; auch: Trommelschlägel, Zehwurz	Arum maculatum	o	Wurzelstock, Beeren, Blätter
Bilsenkraut	Hyoscyamus niger	+	Blätter, Samen
Dieffenbachia-Arten	Dieffenbachia spec.	o	alle Pflanzenteile
Efeu	Hedera helix	o	Beeren, Blätter
Eibe	Taxus baccata	+	Nadeln, zerbissener Samen
Eisenhut, Blauer u. a.; auch: Sturmhut, Echter	Aconitum napellus	+	alle Pflanzenteile
Engelstrompete	Datura suaveolens	+	alle Pflanzenteile besonders während der Blüte
Engelstrompeten-Arten	Brugmansia spec.	+	alle Pflanzenteile besonders während der Blüte
Färberginster; auch: Gilbblümli	Genista tinctoria	o	Samen
Faulbaum	Frangula alnus	o	unreife Früchte, frische Rinde, Blätter
Feuerbohne	Phaseolus coccineus	o	unreife rohe Früchte, Blätter
Fingerhut, Roter u. a.	Digitalis purpurea u. a.	o	Blätter, Blüten, Samen
Fingerhut, Wolliger	Digitalis lanata	o	Blätter, Blüten, Samen
Germer, Weißer	Veratrum album	o	alle Pflanzenteile
Gift-Hahnenfuß	Ranunculus sceleratus	o	alle Pflanzenteile
Gift-Lattich	Lactuca virosa	o	Milchsaft
Goldregen	Laburnum anagyroides	o	Blüten, grüne Früchte, Samen
Gränke	Andromeda polifolia	o	Blüten und Blätter
Herbstzeitlose; auch: Giftkrokus, Wiesensafran	Colchicum autumnale	+	Samen, Knolle
Herkuleskraut	Heracleum mantegazzianum	o	alle Pflanzenteile
Kaiserkrone	Fritillaria imperialis	o	Zwiebel
Kartoffel(-Beeren)	Solanum tuberosum	o	unreife Beeren, Keime, grüne Knollen
Kermesbeere	Phytolacca americana	o	alle Pflanzenteile

Gesundheit SERVICE

Offizielle Liste giftiger Pflanzenarten — Fortsetzung

deutscher Name	botanischer Name	Vergiftungen	vorwiegend giftige Pflanzenteile
Kirschlorbeer	Prunus laurocerasus	o	Blätter, Samen
Korallenkirsche	Solanum pseudocapsicum	o	unreife Beeren
Lebensbaum; auch: Friedhofsbaum, Lebenszaun	Thuja spec.	o	Zweigspitzen, Zapfen
Maiglöckchen; auch: Maiblume, Marienlilie	Convallaria majalis	o	Blüten, Blätter, Beeren
Meerzwiebel	Urginea maritima	o	Zwiebel
Nachtschatten-Arten	Solanum spec.	o	unreife Beere, u. a. Pflanzenteile vor der Blüte
Nachtschatten, Bittersüßer; auch: Alpenranke, Glanzbeere	Solanum dulcamara	o	unreife Beere, u. a. Pflanzenteile vor der Blüte
Nachtschatten, Schwarzer; auch: Hundskraut, Sautod	Solanum nigrum	o	unreife Beere, u. a. Pflanzenteile vor der Blüte
Oleander; auch: Rosenlorbeer	Nerium oleander	o	Blätter, Blüten, Rinde
Pfaffenhütchen; auch: Spindelstrauch, Pfaffenkäpplein	Euonymus europaeus	o	Samen, Blätter, Rinde
Rizinus, Wunderbaum, Palma Christi; auch: Christuspalme	Ricinus spec.	+	Samen
Sadebaum; auch: Stinkwacholder, unechter Wacholder	Juniperus sabina	o	alle Pflanzenteile
Schierling, Gefleckter; auch: Becherkraut, Mäusedolde	Conium maculatum	+	alle Pflanzenteile
Schlafmohn	Papaver somniferum	o	unreife Kapseln, Milchsaft
Seidelbast-Arten	Daphne spec.	+	Rinde, Samen, Blüten, Blätter
Stechapfel	Datura stramonium	+	Blätter, Samen
Stechpalme	Ilex aquifolium	o	Blätter, Früchte
Tabak-Arten	Nicotiana spec.	+	gesamte Pflanze, außer reife Samen
Tollkirsche; auch: Irrbeere, Taumelstrauch	Atropa bella-donna	+	Früchte, Blätter, Wurzeln
Wandelröschen	Lantana camara	o	Beeren, Kraut
Wasserschierling; auch: Sumpfgift, Wüterich	Cicuta virosa	+	gesamte Pflanze, besonders der Saft des Wurzelstocks
Wiesen-Bärenklau; auch: Bauernrhabarber	Heracleum sphondylium	o	Blätter und Pflanzensaft
Wolfsmilch-Arten	Euphorbia spec.	o	Milchsaft
Zaunrübe, Rote	Bryonia dioica	o	Wurzel, Beeren, Samen
Zaunrübe, Weiße	Bryonia alba	o	Wurzel, Beeren, Samen
Zeitlose, kultivierte Arten	Colchicum spec.	+	Samen, Knolle

SERVICE Notrufnummern, Hotlines

Notrufnummern
Polizei: 110
Rettungsdienst, Feuerwehr: 112
Telefonseelsorge: 0800 111 01 11
Giftnotrufe siehe S. 393
Autopanne: ADAC 0180 222 222
 ACE 0180 2 34 35 36
Sperrnotruf: 116 116
(einheitliche Rufnummer zum Sperren von Medien wie Kreditkarten oder ec-Karten, Handys oder Mitarbeiterausweisen, sofern sich die Herausgeber dem Notruf angeschlossen haben)

Bürgertelefone des Bundesministeriums für Arbeit und Soziales
Beratungsservice für Fragen zu den Themenbereichen des Ministeriums
Montag bis Donnerstag von 8 bis 20 Uhr

Arbeitsmarktpolitik und -förderung:
01805 67 67 12
Arbeitsrecht: 01805 67 67 13
Informationen für Behinderte: 01805 67 67 15
Fördermöglichkeiten des Europäischen Sozialfonds: 01805 67 67 19
Rente: 01805 67 67 10
Teilzeit, Altersteilzeit und Minijobs:
01805 67 67 14
Unfallversicherung und Ehrenamt:
01805 67 67 11
Service für Gehörlose und Hörgeschädigte
Schreibtelefon: 01805 67 67 16
Gebärdentelefon (14 bis 18 Uhr,
ISDN-Bildtelefon): 030 18 80 80 80 5
www.bmas.de

Servicetelefon Arbeitsschutz
Informationsservice der Bundesanstalt für Arbeitsschutz und Arbeitsmedizin (BAuA) für Themen der Sicherheit und Gesundheit bei der Arbeit
Montag bis Freitag von 8 bis 16.30 Uhr
Rufnummer: 0231 907 120 71
www.baua.de

Infotelefon Mittelstand und Existenzgründung
Experten beraten im Auftrag des Bundesministeriums für Wirtschaft und Technologie zu den Themenbereichen Mittelstand und Existenzgründung.
Montag bis Donnerstag von 8 bis 20 Uhr
Freitag von 8 bis 12 Uhr
Rufnummer: 01805 615 001
www.bmwi.de

Bürgertelefone des Bundesministeriums für Gesundheit
Beratungsservice für alle Fragen rund um das deutsche Gesundheitssystem
Montag bis Donnerstag von 8 bis 18 Uhr
Freitag von 8 bis 12 Uhr

Für Fragen zum Beitrags- und Leistungsrecht in der gesetzlichen Krankenversicherung und zur Gesundheitsreform 2006:
01805 99 66 01 zum Krankenversicherungsschutz für alle
01805 99 66 02 zur Krankenversicherung

Für Fragen zum Beitrags- und Leistungsrecht in der Pflegeversicherung: 01805 99 66 03

Informationen über individuelle Maßnahmen zur Prävention und über die Kampagne »Bewegung und Gesundheit«: 01805 99 66 09

Service für Gehörlose und Hörgeschädigte
Gebärdentelefon (ISDN-Bildtelefon):
01805 9966 06
Schreibtelefon: 01805 9966 07
www.bmg.bund.de

Infotelefone der Bundeszentrale für gesundheitliche Aufklärung (BZgA)
Telefonberatung der Bundeszentrale für gesundheitliche Aufklärung in Köln zu verschiedenen Themen
Montag bis Donnerstag von 10 bis 22 Uhr
Freitag bis Sonntag von 10 bis 18 Uhr

Telefonberatung zu HIV und Aids
Rufnummer: 01805 555444

Infotelefon zur Suchtvorbeugung
Rufnummer: 0221 892031

Telefonberatung zur Raucherentwöhnung
Rufnummer: 01805 313131

Infotelefon zu Essstörungen
Rufnummer: 0221 892031

Infotelefon zur Glücksspielsucht
Rufnummer: 0800 1372700
www.bzga.de

Hotline Mammographie-Screening, Vorbeugung
Beratungsservice des Deutschen Krebsforschungszentrums Heidelberg zu Mammographie-Screening und Prävention
Täglich von 8 bis 20 Uhr
Rufnummer: 06221 42 41 42
www.dkfz.de

Rauchertelefon
Beratungstelefon des WHO-Kollaborationszentrums für Tabakkontrolle im Deutschen Krebsforschungszentrum Heidelberg für Menschen, die mit dem Rauchen aufhören möchten
Montag bis Freitag von 14 bis 18 Uhr
Rufnummer: 06221 42 42 00
www.tabakkontrolle.de

Infotelefon Organspende
Gebührenfreier Informationsdienst zu Organspende und Transplantation, eingerichtet von der Deutschen Stiftung Organtransplantation (DSO) und der Bundeszentrale für gesundheitliche Aufklärung
Montag bis Donnerstag von 9 bis 18 Uhr
Freitag von 9 bis 16 Uhr
Rufnummer: 0 800 90 40 400
www.dso.de

Bürgertelefon Luftwaffe
Der Informationsservice der Flugbetriebs- und Informationszentrale der Bundeswehr zum Thema Fluglärm und Tiefflug gibt u. a. Auskunft über anstehende Flugoperationen der Bundeswehr sowie den Flugbetrieb der Alliierten in Ihrer Umgebung.
Montag bis Donnerstag von 8 bis 17 Uhr
Freitag von 8 und 12.30 Uhr
Rufnummer: 0800 862 07 30
www.luftwaffe.de

Infotelefon des Weißen Rings e. V.
Kriminalitätsopfer und Interessierte können telefonisch Informationen zu den Hilfen des Weißen Rings anfordern.
Rufnummer: 01803 34 34 34

Kinder- und Jugendtelefon »Nummer gegen Kummer«
Kostenloses anonymes Beratungstelefon für Kinder und Jugendliche
Montag bis Freitag von 15 bis 19 Uhr
Rufnummer: 0800 111 0 333
www.kinderundjugendtelefon.de

Elterntelefon »Nummer gegen Kummer«
Kostenloses anonymes Beratungstelefon für Eltern
Montag und Mittwoch von 9 bis 11 Uhr
Dienstag und Donnerstag von 17 bis 19 Uhr
Rufnummer: 0800 111 0 550
www.kinderundjugendtelefon.de

SERVICE Notrufnummern, Hotlines

Frauenhauskoordinierungsstelle
Die Adressen des nächstgelegenen Frauenhauses können hilfesuchende Frauen bei der Frauenhauskoordinierungsstelle erfragen.
Rufnummer: 069 706252 -260
www.frauenhauskoordinierung.de

N.I.N.A. – sexuelle Gewalt
Nationale Infoline, Netzwerk und Anlaufstelle zu sexueller Gewalt an Mädchen und Jungen. Information und Beratung für Erwachsene, die Hinweise auf sexuelle Gewalt an Kindern haben, oder betroffene Erwachsene.
Montag 9 bis 13 Uhr
Dienstag und Donnerstag 13 bis 17 Uhr
Rufnummer: 01805 23 465

Kinderschutzzentren
Die Kinderschutzzentren sind Beratungsstellen für Familien mit Gewaltproblemen. Ziel der Kinderschutzzentren ist es, Gewalt gegen Kinder, Kindesmisshandlung, Kindesvernachlässigung und sexuellen Missbrauch abzubauen bzw. zu verhindern durch Entwicklung, Anwendung und Weitervermittlung von speziellen, an den Ursachen von Gewalt ansetzenden Hilfen.

Mitglieder der Bundesarbeitsgemeinschaft der Kinderschutzzentren, alphabetisch nach Ortsnamen

Beratungsstelle für Kinder, Jugendliche und Eltern, OV Aachen
Kirberichshoferweg 27–29
52066 Aachen
Telefon: 0241 94 99 40
E-Mail: Info@kinderschutzbund-aachen.de

Kinderschutz-Zentrum Berlin
Juliusstr. 41
12051 Berlin
Telefon: 030 6 83 91 10
E-Mail: post@kinderschutz-zentrum-berlin.de

Kinderschutz-Zentrum Bremen
Humboldtstr. 179
28203 Bremen
Telefon: 0421 70 00 37
E-Mail: kinderschutzzentrum.bremen@t-online.de

Ärztliche Beratungsstelle gegen Vernachlässigung und Misshandlung von Kindern e.V.
Gutenbergstr. 24
44139 Dortmund
Telefon: 0231 1 30 09 81
E-Mail: kontakt@aeb-dortmund.de

Kinderzentrum am Weberplatz
Weberplatz 1
45127 Essen
Telefon: 0201 20 20 12
E-Mail: kinderzentrum@kinderschutzbund-essen.de

Kinderschutz-Zentrum Gütersloh
Marienfelderstr. 4
33330 Gütersloh
Telefon: 05241 1 49 99
E-Mail: beratungsstelle@kinderschutz-zentrum.info

Kinderschutz-Zentrum Göppingen
Schillerplatz 9
73033 Göppingen
Telefon: 07161 96 94 94
E-Mail: kinderschutzzentrum@dksb-gp.de

Kinderschutz-Zentrum Hamburg
Emilienstr. 78
20259 Hamburg
Telefon: 040 4 91 00 07
E-Mail: Kinderschutz-Zentrum@hamburg.de

Kinderschutz-Zentrum Hannover
Schwarzer Bär 8
30449 Hannover
Telefon: 0511 3743478
E-Mail: info@ksz-hannover.de

Notrufnummern, Hotlines SERVICE

Kinderschutz-Zentrum Heidelberg
Adlerstr. 1/6
69123 Heidelberg
Telefon: 06221 7392132
E-Mail: kinderschutz-zentrum@awo-heidelberg.de

Kinderschutz-Zentrum Kiel
Zastrowstr. 12
24114 Kiel
Telefon: 0431 12 21 80
E-Mail: info@kinderschutz-zentrum-kiel.de

Kinderschutz-Zentrum Köln
Bonner Str. 151
50968 Köln
Telefon: 0221 5 77 77-0
E-Mail: kinderschutzzentrum@kinderschutzbund-koeln.de

Kinderschutz-Zentrum Leipzig
Brandvorwerkstr. 80
04275 Leipzig
Telefon: 0341 9 60 28 37
E-Mail: info@kinderschutz-leipzig.de

Kinderschutz-Zentrum Lübeck
An der Untertrave 77
23552 Lübeck
Telefon: 0451 7 88 81
E-Mail: kinderschutz-zentrum-luebeck@awo-sh.de

Ärztliche Beratungsstelle bei Vernachlässigung und Misshandlung von Kindern und Jugendlichen
Hochführstr. 25
58509 Lüdenscheid
Telefon: 02351 463915
E-Mail: aeb-lued@arcor.de

Kinderschutz-Zentrum Mainz
Lessingstr. 25
55118 Mainz
Telefon: 06131 61 37 37
E-Mail: info@KSZ-Mainz.de

Kinderschutz-Zentrum München
Kapuzinerstraße 9
80336 München
Telefon: 089 55 535 6
E-Mail: KISCHUZ@dksb-muc.de

Ärztliche Kinderschutzambulanz Münster
Melchersstraße 55
48149 Münster
Telefon: 0251 4 18 54.0
E-Mail: kinderschutzambulanz@drk-muenster.de

Kinderschutz-Zentrum Oldenburg
Vertrauensstelle Benjamin
Friederikenstr. 3
26135 Oldenburg
Telefon: 0441 1 77 88
E-Mail: ksz-vb@nwn.de

Kinderschutz-Zentrum Stuttgart
Pfarrstraße 11
70182 Stuttgart
Telefon: 0711 23 89 00
E-Mail: info@kisz-stuttgart.de

Kinderschutz-Zentrum Westküste
Theodor-Storm-Str. 7
25813 Husum
Telefon: 04841 69 14 50
E-Mail: kinderschutz@dw-husum.de

www.kinderschutz-zentren.org

Lebenslauf im deutschen Recht

(BGB = Bürgerliches Gesetzbuch; StGB = Strafgesetzbuch; ZPO = Zivilprozessordnung; StPO = Strafprozessordnung)

Geburt
Beginn der Rechts- und Parteifähigkeit

1.–6. Lebensjahr
Geschäfts- und Schuldunfähigkeit

6. Lebensjahr
Schulpflichtbeginn

7. Lebensjahr
beschränkte Geschäfts- (§§ 106 ff. BGB) und bedingte Schuldfähigkeit (§ 828 BGB) für unerlaubte Handlungen nach bürgerlichem Recht

10. Lebensjahr
Anhörungsrecht zum Bekenntniswechsel (§§ 2, 3 Gesetz über die religiöse Kindererziehung)

12. Lebensjahr
Zustimmungserfordernis zum Bekenntniswechsel

14. Lebensjahr
bedingte strafrechtliche Verantwortlichkeit (§§ 1, 3 Jugendgerichtsgesetz, § 19 StGB), religiöses Selbstbestimmungsrecht, Mitspracherecht hinsichtlich der elterlichen Sorge nach Ehescheidung der Eltern

15. Lebensjahr
Recht, selbstständig Sozialleistungen zu beantragen und zu empfangen, Mindestalter Prüfbescheinigung Mofa

16. Lebensjahr
beschränkte Testierfähigkeit (§§ 2 229, 2 247 BGB), beschränkte Ehefähigkeit, Beginn der Eidesfähigkeit (§§ 393, 455 ZPO, § 60 StPO), Mindestalter für Führerschein Klasse A1, M, L, T, Pflicht zum Personalausweisbesitz (§ 1 Personalausweisgesetz)

17. Lebensjahr
Mindestalter für ein freiwilliges soziales Jahr; Mindestalter für Führerschein Klasse B

18. Lebensjahr
Volljährigkeit (§ 2 BGB), volle Geschäfts- und Testierfähigkeit sowie volle Schuldfähigkeit nach bürgerlichem Recht und Strafrecht (mit der Möglichkeit, Jugendstrafrecht anzuwenden, §§ 1, 105, 106 Jugendgerichtsgesetz), Ehefähigkeit, aktives und passives Wahlrecht zu Volksvertretungsorganen, aktives und passives Wahlrecht zum Betriebsrat (§ 7 Betriebsverfassungsgesetz), Mindestalter für Führerschein Klasse A (beschränkt), B, BE, C (alle Varianten); Wehrpflichtbeginn; Raucherlaubnis in der Öffentlichkeit

21. Lebensjahr
volle Straffähigkeit als Erwachsener, Mindestalter für Führerschein Klasse D (alle Varianten)

25. Lebensjahr
Mindestalter für Adoptionen und das Schöffenamt; Mindestalter für Führerschein Klasse A (unbeschränkt)

27. Lebensjahr
Mindestalter für die Ernennung zum Lebenszeitbeamten

40. Lebensjahr
Wählbarkeit zum Bundespräsidenten in Deutschland

45. Lebensjahr
Ende der Wehrpflicht für Mannschaften im Frieden

60. Lebensjahr
Allgemeine Altersgrenze für Beamte des Polizei- und des Justizvollzugsdienstes; Altersgrenze für schwerbehinderte Beamte (auf eigenen Antrag des Beamten, sonst 63. Lebensjahr)

62. Lebensjahr
Altersrente für langjährig (mindestens 25 Jahre) unter Tage beschäftigte Bergleute; vorzeitige Inanspruchnahme der Altersrente für Schwerbehinderte

63. Lebensjahr
Vorzeitige Inanspruchnahme der Altersrente (mit Abschlägen) für langjährig Versicherte (mit 35 Jahren Wartezeit) in der gesetzlichen Rentenversicherung; Altersgrenze für schwerbehinderte Beamte

65. Lebensjahr
Altersrente für schwerbehinderte Menschen (mit 35 Jahren Wartezeit, vorzeitige Inanspruchnahme mit 62 Jahren); Altersrente für besonders langjährig Versicherte (Wartezeit von 45 Jahren) in der gesetzlichen Rentenversicherung; Altersgrenze für Beamte des Bundes und der Länder

67. Lebensjahr
Regelaltersrente in der gesetzlichen Rentenversicherung

68. Lebensjahr
Altersgrenze für Richter am Bundesverfassungsgericht und für Hochschullehrer (bei diesen Verlängerung bis zum 70. Lebensjahr möglich)

70. Lebensjahr
Altersgrenze für das Schöffenamt

SERVICE Vorschau

Politik 2008/09

28. September 2008
Landtagswahl in Bayern

28. September 2008
Kommunalwahl in Brandenburg

Frühjahr 2009
Kommunalwahl in Baden-Württemberg

Frühjahr 2009
Kommunalwahl im Saarland

Frühjahr 2009
Kommunalwahl in Thüringen

23. Mai 2009
60 Jahre Bundesrepublik Deutschland

23. Mai 2009
13. Bundesversammlung zur Wahl des Bundespräsidenten

7. Juni 2009
Europawahl

Juni 2009
Kommunalwahl in Rheinland-Pfalz
www.bundeswahlleiter.de

Kulturveranstaltungen 2008/09

7. Juni–3. August 2008
Bad Hersfelder Festspielen

19. Juni–6. Juli 2008
Theater der Welt 2008 in Halle (Saale)

21. Juni–10. August 2008
Gandersheimer Domfestspiele

26. Juni–31. Juli 2008
Münchner Opernfestspiele

28. Juni–31. August 2008
Rheingau Musik Festival in 39 Spielstätten

2.–6. Juli 2008
JazzBaltica in Salzau

2.–21. Juli 2008
Zelt Musik Festival in Freiburg im Breisgau

2.–27. Juli 2008
Stimmen Festival in Lörrach

12. Juli–17. August 2008
Schleswig-Holstein Musik Festival, sechs Musikfeste mit insgesamt 48 Konzerten

19. Juli 2008
Loveparade auf der B 1 in Dortmund

25. Juli–28. August 2008
Richard-Wagner-Festspiele in Bayreuth

27. Juli und 9. August 2008
Klassik Open Air in Nürnberg

27. Juli–31. August 2008
Köpenicker Blues und Jazz Festival in Berlin

31. Juli–2. August 2008
Wacken Open Air in Wacken

1.–3. August 2008
Bardentreffen in Nürnberg

1.–17. August 2008
Nibelungen-Festspiele in Worms

7.–10. August 2008
Hanse Sail in Rostock

15.–17. August 2008
Zappanale in Bad Doberan

16. August 2008
Burgfolk Festival in Mülheim an der Ruhr

22.–24. August 2008
Blues, Schmus & Apfelmus in Laubach

22. August–5. Oktober 2008
RuhrTriennale in zehn Spielstätten im Ruhrgebiet

29. August–28. September 2008
Internationales Beethovenfest in Bonn

30. August 2008
Rock am See in Konstanz

12.–20. September 2008
FIDENA Figurentheaterfestival in Bochum

19.–21. September 2008
Blues-Fabrik Festival in Trossingen

Vorschau SERVICE

20. September–5. Oktober 2008
Oktoberfest in München

24. September–4. Oktober 2008
»internationales literaturfestival« in Berlin

1.–4. Oktober 2008
Leipziger Jazztage

3. Oktober–26. November 2008
Jazzmeile Thüringen in 18 Thüringer Städten

8.–10. Oktober 2008
Popkomm in Berlin

15.–19. Oktober 2008
Frankfurter Buchmesse

17.–19. Oktober 2008
Donaueschinger Musiktage

17.–26. Oktober 2008
Jacques Offenbach-Festival in Bad Ems

17. Oktober–13. Dezember 2008
Vokal Total in München

18.–25. Oktober 2008
Prix Europa 2008–Festival für Fernsehen, Radio und Emerging Media in Berlin

21.–26. Oktober 2008
Internationale Hofer Filmtage 2008

30. Oktober–1. November 2008
Deutsches Jazzfestival in Frankfurt am Main

30. Oktober–29. November 2008
Kasseler Musiktage

1.–8. November 2008
Leverkusener Jazztage

7.–9. November 2008
Jazzfestival Göttingen

26. Januar–1. Februar 2009
Filmfestival Max Ophüls Preis in Saarbrücken

5.–15. Februar 2009
Internationale Filmfestspiele in Berlin

20. Februar–1. März 2009
Händelfestspiele in Karlsruhe

12.–15. März 2009
Leipziger Buchmesse

22.–26. April 2009
Folk Baltica in Flensburg

30. April–5. Mai 2009
Internationale Kurzfilmtage Oberhausen

1.–17. Mai 2009
Theatertreffen in Berlin

8.–16. Mai 2009
Festival für Vokalmusik »a cappella« in Leipzig

13.–17. Mai 2009
Internationales Dixieland Festival Dresden

17. Mai 2009
Internationaler Museumstag; bundesweit präsentieren sich die Museen mit Festen, Wettbewerben und Sonderveranstaltungen

29. Mai–1. Juni 2009
Moers Festival

Mai 2009
Internationale A-Cappella-Woche in Hannover

Mai/Juni 2009
Mülheimer Theatertage »Stücke« in Mülheim an der Ruhr

Mai/Juni 2009
Ruhrfestspiele in Recklinghausen

5.–7. Juni 2009
Rock im Park in Nürnberg

5.–7. Juni 2009
Rock am Ring am Nürburgring

11.–21. Juni 2009
Bachfest in Leipzig

20.–28. Juni 2009
Kieler Woche

Juni 2009
Händelfestspiele in Halle (Saale)

Juni 2009
»Ostseejazz« in Rostock

SERVICE Vorschau

Stadtjubiläen 2008/09 (Auswahl)

Jahr	Jubiläum (Jahre)	Stadt	Bundesland
2008	1250	Mammendorf	Bayern
2008	1250	Müllheim	Baden-Württemberg
2008	900	Oldenburg (Oldb)	Niedersachsen
2008	850	München	Bayern
2008	850	Winsen (Luhe)	Niedersachsen
2008	825	Hannoversch Münden	Niedersachsen
2008	800	Saalfeld/Saale	Thüringen
2008	775	Pirna	Sachsen
2008	775	Ribnitz-Damgarten, Ortsteil Ribnitz	Mecklenburg-Vorpommern
2008	750	Mönchweiler	Baden-Württemberg
2008	750	Reutlingen, Stadtteil Betzingen	Baden-Württemberg
2008	750	Ribnitz-Damgarten, Ortsteil Damgarten	Mecklenburg-Vorpommern
2008	700	Friesoythe	Niedersachsen
2008	700	Kirchhundem	Nordrhein-Westfalen
2008	700	Lüdinghausen	Nordrhein-Westfalen
2008	700	Warstein Ortsteil Hirschberg	Nordrhein-Westfalen
2008	650	Eschenbach i.d. Oberpfalz	Bayern
2008	600	Arzeberg	Bayern
2008	200	Mülheim an der Ruhr	Nordrhein-Westfalen
2008	175	Schwetzingen	Baden-Württemberg
2008	100	Nordenham	Niedersachsen
2008	70	Wolfsburg	Niedersachsen
2008	50	Gerlingen	Baden-Württemberg
2009	1000	Tangermünde	Sachsen-Anhalt
2009	975	Amberg	Bayern
2009	950	Rastede	Niedersachsen
2009	850	Bad Reichenhall	Bayern
2009	800	Berlin Stadtteil Köpenick	Berlin
2009	800	Greiz	Thüringen
2009	800	Lauenburg/Elbe	Schleswig-Holstein
2009	800	Waltershausen	Thüringen
2009	300	Ludwigsburg	Baden-Württemberg
2009	150	Dingelstädt/Eichsfeld	Thüringen
2009	100	Saarbrücken	Saarland
2009	90	Bottrop	Nordrhein-Westfalen
2009	50	Espelkamp	Nordrhein-Westfalen

Quelle: Deutscher Städtetag

Vorschau SERVICE

Internationale Sportveranstaltungen in Deutschland 2008/09
(Auswahl)

27. Juni–6. Juli 2008
Pferdesport: CHIO-Turnier in Aachen

10.–13. Juli 2008
Europameisterschaft im Beach-Volleyball in Hamburg

12.–13. Juli 2008
Rugby: Europameisterschaft-Finalturnier (7er), Hannover

20. Juli 2008
Formel 1: Großer Preis von Deutschland auf dem Hockenheimring

2.–16. August 2008
Segelflug-Weltmeisterschaft in Lüsse (Berlin)

25.–27. August 2008
Faustball-Europameisterschaft der Herren in Stuttgart-Stammheim

29. August–6. September 2008
Radsport: Deutschland-Tour 2008

13.–14. September 2008
IAAF World Athletics Final in Stuttgart

28. September 2008
35. Berlin-Marathon

27. September–5. Oktober 2008
Porsche Tennis Grand Prix in Stuttgart

11.–31. Oktober 2008
Schach-Weltmeisterschaftsturnier Anand–Kramnik in Bonn

14.–16. November 2008
Turnen: Internationaler DTB-Pokal in Stuttgart

29. November 2008
Tanzen: Weltmeisterschaft über zehn Tänze (Kombination) in Berlin

6. Dezember 2008
Meisterschaft der EU in den lateinamerikanischen Tänzen und Weltranglistenturnier Standard in Wetzlar

7.–8. Februar 2009
Tischtennis: Liebherr Europe Top 12 in Düsseldorf

5.–8. März 2009
Billard Mannschafts-Weltmeisterschaft im Dreiband in Viersen

14.–23. Mai 2009
Weltmeisterschaft im Sportkegeln in Dettenheim

15.–23. August 2009
Leichtathletik-Weltmeisterschaft in Berlin

13.–20. September 2009
Tischtennis-Europameisterschaft in Deutschland

Messen 2008/09
(Auswahl internationaler Messen)

4.–8. Juli 2008
Tendence Autumn + Winter, Internationale Konsumgütermesse Frankfurt am Main

17.–20. Juli 2008
OutDoor, Europäische Outdoor-Fachmesse in Friedrichshafen

23.–27. Juli 2008
eurocheval – Europamesse des Pferdes, in Offenburg

27.–29. Juli 2008
Igedo Fashion Fairs Düsseldorf (CPD, HMD, Body Look, Global Fashion)

20.–24. August 2008
GC – Games Convention – Europas erste umfassende Erlebnismesse für interaktive Unterhaltung, Infotainment, Edutainment und Hardware mit GC Developers Conference (GCDC), in Leipzig

29. August–7. September 2008
Caravan Salon Düsseldorf–Internationale Messe für Reisemobile und Caravans

29. August–3. September 2008
IFA – Consumer Electronics Unlimited, Internationale Funkausstellung in Berlin

31. August–2. September 2008
spoga + gafa – Internationale Fachmesse für Sport, Camping und Lifestyle im Garten, Internationale Gartenfachmesse mit spoga horse (Herbst) in Köln

SERVICE Vorschau

4.–7. September 2008
EUROBIKE – Internationale Fahrradmesse, in Friedrichshafen

6.–8. September 2008
MIDORA Leipzig – Uhren- & Schmucktage

11.–14. September 2008
Kind + Jugend – The Trade Show for Kid's First Years, in Köln

20.–28. September 2008
INTERBOOT – Internationale Wassersportausstellung, in Friedrichshafen

23.–26. September 2008
SMM – Shipbuilding, Machinery & Marine Technology – International Trade Fair Hamburg

23.–28. September 2008
photokina – World of Imaging, in Köln

25.–28. September 2008
I.L.M. – Internationale Lederwaren Messe Offenbach – Summer Styles

5.–7. Oktober 2008
Golf Europe – Internationale Fachmesse für den Golfsport, in München

8.–12. Oktober 2008
INTERMOT Köln – Internationale Motorrad- und Rollermesse

15.–19. Oktober 2008
Frankfurter Buchmesse

25. Oktober–2. November 2008
hanseboot – Internationale Bootsausstellung Hamburg

31. Oktober–3. November 2008
Art Forum Berlin – Internationale Messe für Gegenwartskunst

4.–6. November 2008
MEDICA – Weltforum der Medizin–Internationale Fachmesse mit Kongress in Düsseldorf

29. November–7. Dezember 2008
Essen Motor Show – Weltmesse für Automobile, Tuning, Motorsport & Classics

16.–25. Januar 2009
Internationale Grüne Woche Berlin – Ausstellung für Ernährungswirtschaft, Landwirtschaft und Gartenbau

17.–25. Januar 2009
boot-Düsseldorf – Internationale Bootsausstellung

3.–8. Februar 2009
Jagd & Hund – Internationale Ausstellung für Jagd und Angelfischerei in Dortmund

5.–10. Februar 2009
Spielwarenmesse Nürnberg

10.–14. Februar 2009
didacta, Bildungsmesse in Hannover

3.–8. März 2009
CeBIT – The leading business event for the digital world, in Hannover

11.–17. März 2009
Internationale Handwerksmesse, in München

12.–15. März 2009
Leipziger Buchmesse

14.–22. März 2009
EQUITANA – Weltmesse des Pferdesports, in Essen

2.–5. April 2009
CAR + SOUND – Messe für mobile Elektronik, in Sinsheim

20.–24. April 2009
Hannover Messe

22.–26. April 2009
Art Cologne – International Fair for Modern and Contemporary Art, in Köln

30. April–3. Mai 2009
Tuning World Bodensee – Internationales Messe-Event für Auto-Tuning, Lifestyle und Club-Szene, in Friedrichshafen

www.auma-messen.de

# Stichwortverzeichnis Lexikon von A–Z

Das Stichwortverzeichnis listet alle Begriffe auf, die einen eigenen Beitrag in Aktuell Deutschland 2009 besitzen.

Aachen ... 49
Aachener Karlspreis ... 151
Abgeltungsteuer ... 151
Adolf-Grimme-Preise 2008 ... 152
Akin, Faith ... 325
ALG-II-Betreuung ... 152
Altersteilzeit ... 153
Appel, Frank ... 325
Arbeitsmarkt ... 153
Armut ... 155
Arp-Museum ... 155
Ärztemangel ... 156
Augsburger Puppenkiste ... 157
Ausbildungsbonus ... 157
Ausländische Arbeitnehmer ... 157
Außenhandel ... 159
Autobahnen ... 354
Autobranche ... 159

Babyfreundliches Krankenhaus ... 160
Baden-Württemberg ... 66
Bad-Reichenhall-Prozess 161
Bamberg ... 49
Bankenkrise ... 161
Bausch, Pina ... 325
Bayern ... 71
BayernLB ... 164
Bayerisches Bier ... 163
Beck, Kurt ... 325
Beckstein, Günther ... 326
Beinhorn, Elly ... 339
Benzinpreise ... 164
Berlin ... 50
Berlinale 2008 ... 165
Berufsausbildung ... 166
Betz-Prozess ... 166
Beust, Ole von ... 326
Bevölkerung ... 166
Beyer, Frank Michael ... 339
Bienensterben ... 168
Bierkonsum ... 168
Bildungspolitik ... 169
Billen, Gert ... 326
Biosprit ... 171
Blu-Ray-Disc ... 171
Böhm, Karlheinz ... 326
Börse ... 172
Brandenburg ... 80
Bremen (Welterbe) ... 51
Bremen (Bundesland) ... 84
BUGA 2007 ... 173
Brühl ... 51
Bundesarbeitsgericht ... 173
Bundesfinanzhof ... 175
Bundesgerichtshof ... 175
Bundesnachrichtendienst ... 176

Bundespolizei ... 177
Bundessozialgericht ... 178
Bundesverfassungsgericht ... 179
Bundesverwaltungsgericht ... 181
Bundeswehr ... 182
Bundeswettbewerb »Unser Dorf hat Zukunft« ... 364
Bündnis 90/Die Grünen 183
Buran ... 184
Burgen und Schlösser (Auswahl) ... 366
Bürgertelefone des Bundesministeriums für Arbeit und Soziales 396
Bürgertelefone des Bundesministeriums für Gesundheit ... 396
Bürgertelefon Luftwaffe ... 397
Bußgeldkatalog ... 184

CDU ... 186
Cebit 2008 ... 186
Christ, Karl ... 339
Cinema for Peace ... 187
Clement, Wolfgang ... 327
Cordes, Paul Josef ... 327
CSU ... 188

Deilmann, Harald ... 339
Denkmal für die vom Nationalsozialismus verfolgten Homosexuellen ... 188
Dessau ... 51
Dessau-Wörlitz ... 53
Deutsche Bahn AG ... 189
Deutscher Ethikrat ... 191
Deutscher Fernsehpreis 2007 ... 191
Deutscher Filmpreis 2008 ... 192
Deutscher Fußball-Bund ... 190
Deutsches Zentrum für Luft- und Raumfahrt ... 193
Deutsche Telekom AG ... 193
Deutsch-israelische Konsultationen ... 195
Deutschland. (Ein Überblick) ... 43
Deutschlands schönster Park ... 352
Diäten ... 195
Die Grauen ... 195
Die Linke ... 195
Dietzsch, Franka ... 327
documenta 12 ... 197

Dresden ... 52
Dresdner Elbtal ... 198
Drogenmissbrauch ... 199
Dürrson, Werner ... 339

EADS ... 199
eBay ... 200
Eichstätt ... 200
Einbürgerungstest ... 201
Einfuhr in Drittländer ... 384
Einheitsdenkmal ... 202
Einkaufen außerhalb der EU ... 383
Einkaufen in der EU ... 383
Eisenach ... 53
Eisenbahnnetz ... 359
Eisleben ... 53
Eliteuniversitäten ... 202
Elterntelefon »Nummer gegen Kummer« ... 397
Emma ... 203
Energieausweis ... 203
Energiepolitik ... 203
Entlassungen ... 205
E.ON AG ... 206
Eppler, Dieter ... 340
Erbrecht ... 207
Ertl, Gerhard ... 328
Esra-Urteil ... 207
Essen ... 54
Euro ... 207
Evangelische Kirchen ... 208
Evonik Industries AG ... 210

Fachkräftemangel ... 210
Familienatlas ... 211
Familienpolitik ... 211
FDP ... 212
Fehmarnbeltbrücke ... 213
Felmy, Hansjörg ... 340
Ferienstraßen und Themenparks ... 369
Fernsehen ... 214
Film ... 215
Fischer, Birgit ... 328
Fischer, Ernst Otto ... 340
Flugsicherheit ... 384
Forschung ... 217
Forschungspolitik ... 220
Frauenhauskoordinierungsstelle ... 398
Freizeit- und Erlebnisbäder ... 374
Freizeit- und Erlebnisparks ... 370
Friesinger, Anna Christina (Anni) ... 328
Fußball ... 221

Gartenschauen ... 362
Gaspreise ... 223

Gebärmutterhalskrebsimpfung ... 224
Genfood ... 224
Genomforschung ... 225
Genzmer, Harald ... 340
Geschonneck, Erwin ... 340
Gesetzentwürfe ... 225
Gesundheit ... 226
Gesundheitspolitik ... 228
Giftnotrufzentralen, deutschsprachige ... 393
Giftpflanzen ... 394
Goldt, Max ... 328
Goslar ... 54
Green-IT ... 229
Grimme Online Award ... 230
Grubenbeben ... 230
Grünberg, Peter ... 329

Halberstadt-Prozess ... 231
Hamann, Evelyn ... 341
Hambüchen, Fabian ... 329
Hamburg ... 87
Handball ... 231
Hansen, Hans ... 341
Hansen, Norbert ... 329
Hartz IV ... 231
Haushaltspolitik ... 233
Heck, Dieter Thomas ... 330
Helgoland ... 234
Heller, Eva ... 341
Heparin ... 234
Heros-Prozess ... 235
Hessen ... 91
Hildesheim ... 54
Hitzfeld, Ottmar ... 330
Hochschulbildung ... 235
Holzklotzattentat ... 236
Hotline Mammographie-Screening, Vorbeugung ... 397
Huber, Berthold ... 330
Huber, Erwin ... 330
Hübner, Kurt ... 341

IG-Metall ... 236
Industriespionage ... 237
Informations- und Kommunikationstechnik ... 238
Infotelefon des Weißen Rings e. V. ... 397
Infotelefon der Bundeszentrale für gesundheitliche Aufklärung ... 397
Infotelefon Mittelstand und Existenzgründung ... 396
Infotelefon Organspende 397
Insolvenzen ... 238
Institute für Tropenmedizin ... 390

407

LEXIKON Stichwortverzeichnis

Internet 239
Inzest 242
Islamkonferenz 240
Islamunterricht 241
Jugendhilfeeinrichtung .. 242
Jugendkriminalität 242
Jugendstrafrecht 243
Julius Kühn-Institut 244

Karl-Marx-Relief 244
Kassel 245
Katholische Kirche 245
Kempowski, Walter........ 341
Kempski, Hans Ulrich 342
Kinderbetreuung............247
Kindergartengebühren .. 248
Kinderschutz 248
Kinderschutzzentren......398
Kinder- und Jugendtelefon »Nummer gegen Kummer« 397
Kindstötungen 249
Klinsmann, Jürgen 331
Knaus, Albrecht 342
Knut und seine Freunde 250
Koch, Roland 331
Köln................................54
Komasaufen-Prozess 250
Konvention über die biologische Vielfalt 251
Konzelmann, Gerhard 342
Kraftfahrzeugkennzeichen...............356
Krauß, Lothar 331
Krebs, Helmut 342
Kriminalität 252
Kunst- und Museumsausstellungen 253

Langer, Rudolf 342
Lebenshaltungskosten ... 254
Lebenslauf im deutschen Recht 400
LEG-Verkauf 255
Lehmann, Karl 332
Lehmann, Klaus-Dieter .. 332
Leopoldina 256
Libyen-Affäre.................257
Lidl 257
Limes..............................55
Linksextremismus 257
Literatur 258
Lobbyismus 259
Lorsch............................55
Lübeck............................55
Ludwigshafen 259

Managergehälter 260
Marx, Reinhard 332
Matschie, Christoph 332
Matthäus-Maier, Ingrid .. 333
Maulbronn......................56
Maut-Verfahren 260
May, Alexander 343
Mecklenburg-Vorpommern 96
Messel.............................56

Metzger, Dagmar 333
Michael, Marion............. 343
Migration 261
Milbradt, Georg 333
Milch 263
Mindestlohn 263
Mittelschicht 264
Moseback, Martin 333
Mühe, Ulrich.................. 343
Müllaffäre.....................265
Müllimporte..................265
Müntefering, Franz 334
Musik 265
Musikmarkt 268
Muskau, Bad Muskau 57
Mutterschaft 268

Nationale Naturlandschaften und Tiergärten....................349
Natur des Jahres........... 348
Naturraum Deutschland .347
Neue Wörter..................269
Neumann, Bernd 334
Neuner, Magdalena 334
Niedersachsen 100
N.I.N.A. – sexuelle Gewalt........................398
Nokia............................269
Noll, Dieter 343
Nordrhein-Westfalen 104
Noris, Günter................ 343
Norovirus......................270
Notrufnummern............396
NPD..............................270
NS-Opferarchiv 271

Oberes Mittelrheintal 58
Öffentlicher Dienst 271
Öffentlicher Raum 272
Onlinedurchsuchung 272
Onlinekinderredaktion ..273
Optische Technologien ..274
Ostseepipeline 274

Pascal-Prozess 275
Pflegeversicherung 275
PISA-Studie 276
Plenzdorf, Ulrich 344
Postdienste...................277
Potsdam..........................58
Produktpirateriegesetz ..278
Pumuckl 279

Qualifizierungsinitiative 279
Quedlinburg....................58

RAF 280
RAG Deutsche Steinkohle 280
Rauchertelefon 397
Rauchverbote 281
Rebroff, Ivan................. 344
Rechtschreibreform 282
Rechtsextremismus 283
Rechtsprechung 284
Regensburg....................59

Reichenau 60
Reiseziele im Inland........360
Rekrutenmisshandlungen 285
Renger, Annemarie....... 344
Rentenpolitik 285
Reuter, Rolf 344
Rheinland-Pfalz..............109
Riekhofen.....................287
Riester-Rente 287
Risikobegrenzungsgesetz 288
Robbenhandelsverbot... 288
Roland, Jürgen.............. 344
Rosberg, Nico 335
Rücker, Günther 345
Rühmkorf, Peter 345
Rundfunkgebühren 288
Rußfilteraffäre 289

Saarland....................... 113
Sachsen 116
Sachsen-Anhalt 120
Schauhöhlen.................378
Schell, Manfred 335
Schillers Schädel...........289
Schily, Otto 335
Schlegel, Hans...............336
Schleswig-Holstein 124
Scholz, Olaf 336
Schubert, Günter 345
Schwan, Gesine.............336
Schwanenstreit 290
Schweinswale 290
SED-Opferrente 290
Seeadler.......................290
Seeger, Matthias 336
Seerecht.......................291
Service für Gehörlosenund Hörgeschädigte 396
Servicetelefon Arbeitsschutz 396
Sicherheitspolitik 291
Siemens AG 292
Simonis, Heide 337
Sorben 293
Sozialhilfebetrug 293
Sozialversicherungen 294
SPD...............................295
Speyer............................60
spickmich.de 296
SPIEGEL.........................296
Stadt der Wissenschaft ..297
Stammzellen 296
Steingaden 61
Steuerkriminalität 299
Steuerpolitik 297
Stockhausen, Karlheinz 345
Stralsund 61
Strompreise 300
Suurhusen 300

Tarifpolitik 301
Telekommunikation 302
Terrorismusbekämpfung 303
Theater 304

Thüringen 128
Tigerente 306
Tillich, Stanislaw...........337
Tolksdorf, Klaus............337
Tourismus 307
Trier 61
Tropenkrankheiten 392

Übergewicht 308
Umgangszwang 309
Umweltpolitik 309
Umweltzonen 310
Umweltzonen 355
Ungers, Oswald Mathias..........346
UNICEF Deutschland 311
Unterhaltspflicht 312
Unterhaltsrecht 313
Urheberrecht 313

Verbraucherinformationsgesetz...................313
Verbraucherinsolvenz....314
Verbraucherpreise 314
Verhaltenstipps für Reisende 390
Verkehr 315
Visa-Missbrauch 316
Völkingen.......................62
Volkswagen AG 317
Vorschau 402

Wagner, Gudrun 346
Wallraf-Richartz-Museum 318
Wattenmeer 318
Weimar..........................62
WestLB-Prozess 319
Wetter in Deutschland 319
Wickert, Erwin 346
Wirtschaftsentwicklung 321
Wismar...........................63
Wittenberg.....................63
Wörlitz...........................63
Wort des Jahres 2007....321
Wulff, Christian 337
Würzburg.......................64

Ypsilanti, Andrea 338

Zechlin, Ruth 346
Zeitarbeit 322
Zentralabitur 323
Zollitsch, Robert 338
Zoologische Gärten 324
Zug der Erinnerung 324
Zumwinkel, Klaus 338

408

Stichwortverzeichnis LEXIKON

Sachregister

Das Sachregister verzeichnet alle Stichwörter, die in Aktuell Deutschland 2009 zu finden sind, mit einer **fett** gedruckten Seitenangabe. Wichtige Begriffe, die im Text behandelt werden, aber keinen eigenen Eintrag haben, und Stichwörter außerhalb ihres eigenen Eintrags, sind mit einer *einfach* gesetzten Seitenangabe verzeichnet. *Kursiv* gesetzte Zahlen verweisen auf eine Abbildung.

Aachen.............. 49
Aachener Dom 49
Aachener Karlspreis 151
Abgeltungsteuer 151
Adolf-Grimme-Preise 2008...................... 152
Adrenomyeloneuropathie (ADL)..................... 178
Afghanistanpolitik 48
Agenda 2010................ 45
Aids........................ 227
Airbus...................... 200
Akademie der Wissenschaften 256
ALG-II-Betreuung........ 152
Alkoholmissbrauch 199, 251
Alte Nationalgalerie (Berlin)................... 50
Altersarmut................ 156
Altersstruktur.............. 167
Altersteilzeit 153
Altersvorsorge 287
Altes Museum (Berlin)................... 50
Aminosäuren............. 217
Ampel-Kennzeichnung (Lebensmittel)........... 308
Arbeitnehmerentsendegesetz 263
Arbeitnehmerüberlassungsgesetz (AÜG) 322
Arbeitsgemeinschaften (ARGE) 152, 153
Arbeitskampf 189, 190, 194, 271, 272, 278, 301
Arbeitskreis Steuerschätzung 233, 299
Arbeitslosengeld I (ALG I)............... 295, 296
Arbeitslosengeld II (ALG II).......... 152, 153, 179, 231, 232, 233, 295
Arbeitslosigkeit 154, 155, 231, 232, 234
Arbeitsmarkt 44, **153**, 205, 206, 321
Armut...................... 155
Arp-Museum 155
Arzneimittelzuzahlung .. 179, 229
Ärztemangel............. 156
Arolsen, Bad............ 271
Astronomie.............. 217
Atomkraftwerke 182, 204, 205
Atommüll 98

Atomuhr, optische 274
Aufstiegsstipendium 279
Aufstocker 232
Augsburger Puppenkiste 157
Augustusburg (Schloss) ... 51
Ausbildung 166, 235, 279
Ausbildungsbonus........ 157
Ausbildungsplätze 157, 166, 169, 279
Ausländische Arbeitnehmer............ 157
Ausländische Bevölkerung 167, 262
Auslandseinsätze 183
Außenhandel **159**, 160, 321
Außenpolitik 47, 48
Auswanderung 262
Autobahnen............... 354
Autobranche 159
Autokennzeichenscanning 94, 180
Autokosten 160
Autonome Nationalisten 283
AWACS-Einsatz 292

Babelsberg 58
Babyfreundliches Krankenhaus 160
Bachelor 236
Baden-Württemberg........ 66
Bad Muskau 57
Bad-Reichenhall-Prozess 161
Bamberg 49
Bamberger Altstadt................... 49
Banken 162, 163, 164, 206, 288, 319
Bankenkrise 44, **161**, 206, 208
Bauhaus 51, 52
Bayern....................... 71
BayernLB................ 73, 162, **164**, 206
Bayreuther Festspiele 266, 267
Bayerisches Bier 163
Beitragsbemessungsgrenze 286
Benzin 165, 171
Benzinpreise 160, **164**
Bergbau 230, 231, 280

Berge (höchste deutsche Berge)......... 352
Berlin................ **50**, 58, **76**
Berlinale 2008.............. 165
Berliner Theatertreffen 304
Berliner Verkehrsbetriebe 272
Berlin-Schönefeld GmbH 77
Berufsausbildung 166
Bespitzelung 195, 257
Betreuungsgeld....... 45, 247
Betz-Prozess 166
Beugehaft 280
Bevölkerung 166
Bienensterben 168
Bier 163, 164
Bierkonsum 168
Bildung, frühkindliche 279
Bildungsausgaben 255
Bildungsberichte ... 169, 276
Bildungspolitik 169
Bildungsstandards 169
Binnenwanderung 262
Biodiversität 251
Biologische Bundesanstalt für Land- und Forstwirtschaft (BBA) 244
Biometrische Merkmale 206
Biophotonik 274
Biosprit **171**, 310
BKA-Gesetz 46
BKS-Gesetz 272
Blu-Ray-Disc............... 171
Bodemuseum 50
Bombodrom 81
Börse 172
Börsengänge 173, 210
Brandenburg 80
Brandkatastrophe (Ludwigshafen) .. 259, 260
Brauereien 163, 169
Bremen 51, 84
Bremer Börse 85
Bremer Rathaus 51
Bremer Rolandstatue 51
Brühl 51
Brunsbüttel (Atomkraftwerk)......... 126
Bruttoinlandsprodukt (BIP) 321
BUGA 2007 173
Bundesarbeitsgericht ... **173**, 284
Bundesbeteiligungen 194
Bundesfinanzhof 175
Bundesgerichtshof **175**, 284
Bundeshaushalt 44, 233, 234, 299
Bundesnachrichtendienst............... **176**, 257
Bundespolizei........ **177**, 292
Bundespolizeigesetz 303
Bundessicherheitsrat ... 292
Bundessozialgericht **178**, 284
Bundestrojaner 272

Bundesverfassungsgericht 152, **179**, 207, 232, 242, 272, 284, 288, 292, 298, 299, 304, 309, 313
Bundesverwaltungsgericht **181**, 284
Bundeswehr **182**
Bundeswettbewerb »Unser Dorf hat Zukunft«....... 364
Bündnis 90/Die Grünen 183
Buran 184
Burgen und Schlösser (Auswahl)............... 366
Bürgertelefone des Bundesministeriums für Arbeit und Soziales............... 396
Bürgertelefone des Bundesministeriums für Gesundheit 396
Bürgertelefon Luftwaffe............... 397
Bußgeldkatalog 184

Cäcilienhof (Schloss)....... 58
Cannabis 199
Caroline-Urteil 180
CASE 193
CDU 186
Cebit 2008................. 186
Charlottenhof (Schloss)................ 58
Cinema for Peace 187
Computer............. 193, 229, 230, 238, 240, 272, 273
Conduits............. 162, 163
CSU 188

Datenschutz 46, 180, 181, 291
Datenspeicherung 291, 303, 304
Denkmale 188, 202
Denkmal für die von Nationalsozialismus verfolgten Homosexuellen 188
Design-Zentrum Nordrhein-Westfalen e. V........... 54
Dessau 51, *52*
Dessau-Wörlitz 53
Deutsche Akademie der Wissenschaften 256
Deutsche Bahn AG 45, 66, **189**, 315, 314
Deutsche Fußball Liga GmbH (DFL) 190
Deutscher Buchpreis 258
Deutscher Ethikrat 191
Deutscher Fernsehpreis 2007...... 191
Deutscher Filmpreis 2008........ 192
Deutscher Fußball-Bund.............. 190
Deutscher Zukunftspreis 218
Deutsches Zentrum für Luft- und Raumfahrt .. 193

10

409

LEXIKON Sachregister

Deutsche
  Telekom AG **193**
Deutsch-israelische
  Konsultationen **195**
Deutschland.
  (Ein Überblick) **43**
Deutschlands
  schönster Park **352**
Diäten **195**
Die Grauen **196**
Die Linke **196**
Dienstwagen-
  vermietung................ **175**
Digitale Dividende **303**
DNA-Analyse **289**
documenta 12 .... **197**
Donaueschinger
  Musiktage **267**
Dresden **52**
Dresdener Elbtal 52, **198**
Drogenmissbrauch **199**
DSL-Anschlüsse **240**
DVD 171, 172, **239**

E.ON AG..................... **206**
EADS.......................... **199**
eBay........................... **200**
Eckkneipenregelung **282**
Ehescheidungen **168**
Eheschließungen **168**
Eichstätt..................... **200**
Einbürgerungstest........ **201**
Einfuhr in Drittländer..... **384**
Einheitsdenkmal **202**
Einkaufen außerhalb
  der EU **383**
Einkaufen in der EU **383**
Einkommensteuer **298**
Einparkhilfe **284**
Einreisebestimmungen.. **386**
Einwanderung **262**
Eisenach **53**
Eisenbahnnetz............. **359**
Eisleben **53**
Elbvertiefung................ **87**
Elektronikschuh **181**
Elektronische
  Gesundheitskarte **229**
Eliteuniversitäten **202**
Elterngeld................... **212**
Elterntelefon »Nummer
  gegen Kummer«........ **397**
Emma **203**
Enduring Freedom......... **48**
Energieausweis **203**
Energiepolitik **204**
Entlassungen **205**
Entsendegesetz..... 263, 264
ePass **206**
Erbrecht **207**
Erbschaftsteuer..... 297, 298
Erneuerbare-Energien-
  Gesetz (EEG) **205**
Ernst-Lubitsch-Preis 165
Erste Fremdsprache
  (Schule) **284**
Erwerbstätigkeit ... 153, 205
Erzbergwerk
  Rammelsberg 54
Esra-Urteil **207**

Essen **54**
Ethikrat **191**
Euro **207**
Europäische Union **47**
Europäische Zentralbank
  (EZB) **208**
Evangelische Kirchen **208**
Evangelische Landeskirche
  von Baden **69**
Evangelische
  Landeskirche
  von Württemberg........ **69**
Evonik Industries AG **210**
Export **159**,
  160, 321
Exzellenzinitiative......... **202**

Fachkräftemangel **169**,
  210, 235, 279
Falkenlust (Jagdschloss)... 51
Fälscher, Die (Film) **216**
Fälschung (Gemälde) **318**
Familienatlas................ **211**
Familiengericht 249, 250
Familienpolitik............. **211**
FDP............................ **212**
Fehmarnbeltbrücke **213**
Feinstaubplakette **289**,
  311
Feinstaubverordnung 85,
  311
Ferienstraßen und
  Themenparks **369**
Fernsehen **214**
Fernseher **238**
Fernsehpreise 152, 191, 192
Ferrodrom® 62, *63*
Festnetz **302**
Film **215**
Filmfestspiele,
  Berliner 165, 166
Filmförderung **217**
Filmpreise 165, 166,
  192, 193
Finanzausgleich,
  kommunaler............ **128**
Finanzmarkt **161**,
  163, 164, 288
Fischerei **290**
FLAIR **219**
Flatrate 194, 302
Fleischskandal **74**
Flocke **324**
Flotex **69**
Fluggastdaten **303**
Flughafen Berlin
  Brandenburg
  International 77
Flugsicherheit **384**
Flüsse (längste
  deutsche Flüsse)...... 350
Forschung **217**
Forschungspolitik **220**
Französischzwang 68
Frauenhauskoor-
  dinierungsstelle **398**
Freizeit- und
  Erlebnisbäder.......... **374**
Freizeit- und
  Erlebnisparks **370**

Fremdsprache
  (Schule) 68, 284
Fünf-Prozent-
  Sperrklausel........ 125, 129
Fürstbischöfliche
  Residenz Würzburg 64
Fürst Pückler-Park
  Bad Muskau 57
Fußball **221**

G8-Bildungsreform... 94, 170
Ganztagsangebote
  (Schulen) 81, 105
Gartenschauen............ **362**
Gaspreise 175, **223**
GDBA 189, 190
Gebärmutterhalskrebs-
  impfung **224**
Geburtenziffern **268**
Geldpolitik (Euroraum) .. 208
Gemeinschaftsschule... 125,
  170
Genfood **224**
Genomforschung **225**
Gentechnikgesetz 224, 225
Gera 173
Geschwindigkeits-
  beschränkungen **388**
Gesetzentwürfe **225**
Gesetzliche Kranken-
  versicherung (GKV) 228,
  229
Gesetzliche
  Unfallversicherung **226**
Gesundheit **226**
Gesundheitsfonds **228**
Gesundheitsforschung .. 220
Gesundheitspolitik **228**
Gesundheits-
  prävention **249**
Gesundheitsreform **294**
Gewerkschaft Deutscher
  Lokomotivführer
  (GDL) 189, 190
Gewerkschaften...189, 190,
  194, 236, 237, 271, 272,
  277, 278, 301
Giftnotrufzentralen,
  deutschsprachige **393**
Giftpflanzen **394**
Glienicke (Schloss)........ 58
Goslar **54**
Grauen, Die **196**
Green-IT **229**
Grimme Online Award .. **230**
Grimme-Preise 152
Grube Messel 56, *57*
Grubenbeben **230**, 280
Grundrecht auf informa-
  tionelle Selbst-
  bestimmung 291, 292
Guinnessbuch
  der Rekorde 300

Hafenbahn (Hamburg)..... 88
Halberstädter
  Domschatz.......... *32*, 253
Halberstadt-Prozess 122, **231**

Hamburg **87**
Hamburgisches
  Wattenmeer............... **318**
Handball **231**
Handelspartner 159
Handy **302**
Handy am Steuer **181**
Hanse.......................... **61**
Harte Drogen **199**
Hartz IV 152, 153,
  179, **231**
Hauptschule **111**, 169,
  170
Hausarztmodelle **228**,
  229
Haushalte, private **167**,
  168
Haushaltspolitik **233**
Heizkosten-
  verordnung **205**
Helgoland **234**
Heparin **234**
Heros-Prozess **235**
Hessen......................... **91**
Hildesheim **54**
Hildesheimer Dom **54**
Hochschulbildung **235**
Hochschulen **117**, 169,
  202, 203, 235, 236
Holocaust-Archiv......... **271**
Holstentor **55**, *56*
Holzklotzattentat........ **236**
Homosexuelle **188**
Hotline Mammographie-
  Screening,
  Vorbeugung **397**
Humboldt-Forum **76**
Hummelsbütteler
  Moore 89

IG-Metall **236**
IKB Deutsche
  Industriebank AG **162**,
  163
Immobilienmarkt **162**,
  163, 164, 172
Impfung gegen Gebär-
  mutterhalskrebs 224
Industriespionage......... **237**
Inflation **314**,
  315, 321
Inflation im Euroraum ... 208
informationelle
  Selbstbestimmung 94,
  181, 291, 292
Informations- und Kom-
  munikationstechnik .. **238**
Infotelefon des
  Weißen Rings e. V. **397**
Infotelefon der
  Bundeszentrale für
  gesundheitliche
  Aufklärung **397**
Infotelefon Mittelstand
  und Existenzgründung . **396**
Infotelefon
  Organspende **397**
Ingenieure............. 210, 211
Insiderhandel **200**

410

Sachregister LEXIKON

Insolvenzen **238**, 314
Institute für
 Tropenmedizin **390**
Integration **47**
Internet **239**
Internetportale **296**
Internettelefonie 302, 303
Inzest **242**
IP-Telefonie 302, 303
IP-TV 303
Islamkonferenz........ 47, **240**
Islamunterricht **241**

Jahressteuergesetz **297**
Jobcenter 153
Jugendhilfe-
 einrichtung **242**
Jugendkriminalität **242**, 272
Jugendschutz 200
Jugendstrafrecht 91, 242, **243**
Julius Kühn-Institut........ 168, **244**

Kapitalerträge 151
Karl-Marx-Relief **244**
Karlspreis..................... 151
Kassel **245**
Kassenärztliche
 Vereinigungen 228
Katholikentag **247**
Katholische Kirche **245**
Katholische Universität
 Eichstätt-Ingolstadt ... 200
KfW-Bank 162, 163
Kfz-Steuer 205, 298
Kinderarmut 156
Kinderbetreuung **247**
Kindergartengebühren .. **248**
Kindergeld 212
Kinderschutz **248**
Kinderschutzzentren ... **398**
Kinder- und
 Jugendprävention 249
Kinder- und Jugendtelefon
 »Nummer gegen
 Kummer« **397**
Kindesmissbrauch....... 242, 247, 248, 249, 275, 287
Kindstötungen 82, **249**
Kleine Hufeisennase....... 198
Klick-Tipps 273
Klimapakete .. 203, 205, 310
Klimapolitik 45
Klimaschutz 171, 203, 309, 310, 311
Kloster Altenmünster 55
Klosterinsel Reichenau.... 60
Kloster Lorsch................ 55
Kloster Maulbronn.......... 56
Knut 250, 324
Knut und seine Freunde **250**
Kohlekompromiss 280
Kohlekraftwerke 205
Kohlendioxid-
 Ausstoß 171, 203, 309

Köln............................... **54**
Kölner Dom 54
Komasaufen-Prozess..... **250**
Kombilohn 232
Kommunale
 Krankenhäuser 272
Kommunikations-
 technik 238
Konvention über die
 biologische Vielfalt **251**
Konvergenzkriterien 208
Kopftuchverbot 107, 285
Korruption 292
Kosovopolitik 48
Kraftfahrzeug-
 kennzeichen.............. **356**
Krankenhaus 160, 272
Krankenkassen 228, 248
Krankenversicherung,
 Gesetzliche 228, 229
Krebs 224, 227
Krebsforschung 217
Kreditinstitute 162, 163, 164, 206, 288, 319
Kreditverkauf 288
Kreisgebietsreform
 (Mecklenburg-
 Vorpommern)............ 96
Kreis- und
 Gemeindereform
 (Sachsen-Anhalt)....... 120
Kriminalität **252**
Krippenplätze 247
Krümmel
 (Atomkraftwerk)......... 126
Kulturlandschaft
 Gartenreich Wörlitz 63, 64
Kündigung 173, 174
Kunst- und
 Museumsaus-
 stellungen **253**
Kursbuch 259
Kursentwicklung
 (Euro) 207
Kyōto-Protokoll 309, 310

Landesbank Baden-
 Württemberg............ 68, 109, 116
Landesbank Berlin
 Holding 77
Landesbank
 Rheinland-Pfalz ... 68, 109
Langzeitarbeitslose 231, 232, 233
LBBH 77
LBBW 68, 109, 116
Lebenshaltungs-
 kosten **254**
Lebenslauf im
 deutschen Recht........ **400**
Lebensmittelkenn-
 zeichnung 308
Lebensmittelpreise 255, 314
LEG-Verkauf **255**
Lehrstellen 157, 166, 169, 279
Leopoldina **256**

Leuchtdioden 218
Libyen-Affäre................ **257**
Lidl **257**
Liebfrauenkirche
 (Trier)........................ 61
Liechtenstein-
 Steueraffäre.............. **299**
Limes **55**
Lindstedt (Schloss) 58
Linke, Die 196
Linksextremismus **257**
Literatur **257**
Literaturpreise 259
Lkw-Maut 260
Lobbyismus.................. **259**
Lorenzos Öl 178
Lorsch........................... 55
LRP 68, 109
Lübeck **55**
Lübecker Altstadt.......... 55
Lubmin 98
Ludwigshafen 111, **259**
Luft- und
 Raumfahrtkonzern
 EADS 199
Luft- und
 Raumfahrtzentrum 193
Luthergedenkstätten
 in Wittenberg
 und Eisleben 53
Luther-Jubiläum 210

Magen-Darm-
 Infektion 270
Managergehälter **260**
Marx-Relief 244, 245
Master 236
Maulbronn.................... 56
Maut 205
Maut-Verfahren **260**
Mecklenburg-
 Vorpommern.............. 96
Medikamenten-
 zuzahlung 179, 229
Medizintechnik 218
Mehrgenerationen-
 häuser 212
Messel **56**
Mietrecht 175, 285
Migranten 156, 169, 260, 261, 262
Migration **261**
Milch **263**
militante gruppe........... 257
Minderheiten, nationale 293
Mindestarbeits-
 bedingungsgesetz **264**
Mindestlohn **45**, **263**, 277, 278, 301, 322
Mitarbeiter-
 Bespitzelung 257
Mittelrheintal 58
Mittelschicht **264**
Moorburg,
 Kohlekraftwerk 87
Moschee (Köln) 107
Mülheimer
 Theatertage 305
Müllaffäre 121, **265**

Müllimporte................ **265**
Museumsinsel........... 50, *50*
Musik **265**
Musikmarkt **268**
Muskau, Bad Muskau...... **57**
Muskauer Park **57**
Muslime 241
Mutterschaft **268**

Nanophotonik **274**
Nationale
 Minderheiten 293
Nationale
 Naturlandschaften
 und Tiergärten **349**
Nationales Genom-
 forschungsnetz 225
Nationalisten,
 Autonome 283
Nationalparks........ 318, 319
Natur des Jahres **348**
Naturlandschaften,
 nationale................. 349
Naturraum **347**
Neuer Garten
 (Potsdam) 58
Neues Museum
 (Berlin) 50
Neue Wörter 269
Neumayer-Station
 (Antarktis) 218
Nichtraucherschutz 281, 282
Niedersachsen **100**
N.I.N.A. – sexuelle
 Gewalt **398**
Nokia 104, **269**
Norddeutsche
 Landesbank 101
Nordrhein-Westfalen..... **104**
Normalbenzin 164, 165
Norovirus 270
Notenstellungs-
 verfahren 317
Notrufnummern **396**
NPD.......................... **270**
NS-Opferarchiv **271**

Oberes Mittelrheintal **58**
Obergermanisch-
 Rätischer Limes 55
Öffentlicher Dienst **271**
Öffentlicher Raum **272**
Ölpreis 164, 172, 203, 205
Ölpreisbindung 224
Onlinedurchsuchung **272**
Onlinekinder-
 redaktion **273**
Oper 266, 267, 268
Opernhaus des Jahres .. 266
Optionskommunen 153
Optische
 Technologien **274**
Ordnungs-
 widrigkeiten 185
Organspenden 228

411

LEXIKON Sachregister

Ostseepipeline 48, **274**
Outsourcing 174

Palöogenetik 218
Pascal-Prozess **275**
Pendlerpauschale........... 45, 176, 299
Pergamonmuseum 50
Pfaueninsel 58
Pfingstberg..................... 58
Pflegeheime 276
Pflegestufen 275, 276
Pflegeversicherung........ 44, **275**, 294
Pflegezeit für Angehörige 276
Pflichtteilrecht 207
Pforzheim **276**
PIN Group S. A. 278
PISA-Studie **276**
Pokerspielverbot 285
Polarforschung.............. 218
Porta Nigra............. 61, *62*
Postdienste **277**
Potsdam......................... 58
Produktpiratergesetz.. **278**
Promillegrenzen 388
Pumuckl **279**

Qualifizierungsinitiative 279
Quedlinburg **58**, *59*
Quedlinburger Altstadt.... 58

RAF **280**
RAG Deutsche Steinkohle **280**
Rammelsberg 54
Rätischer Limes 55
Rauchen 175, 199, 284
Rauchertelefon............. **397**
Rauchverbote 73, **281**
Rechtschreibreform **282**
Rechtsextremismus ... 231, **283**
Rechtsprechung **284**
red dot design museum... 54
Regensburg **59**
Regensburger Altstadt 59, *59*
Regionalschule 126
Reichenau **60**
Reichensteuer 297
Reiseziele 306, 307, 308, **360**
Rekrutenmisshandlungen **285**
Rentenerhöhung 286
Rentenpolitik **285**
Rheinland-Pfalz **109**
Rheinsberg 98
Riekhofen 287
Riester-Faktor 286
Riester-Rente 287
Rimini-Protokoll 305
Risikobegrenzungsgesetz **288**
Robbenhandelsverbot .. **288**

Römische Bäder.............. 58
Römische Baudenkmäler (Trier)........................... 61
Ronneburg 173
Rote-Armee-Fraktion..... 280
Rote Liste des gefährdeten Welterbes 53, 199
Ruhrfestspiele 305
Ruhr Museum................. 54
RuhrTriennale 306
Rundfunkgebühren **288**
Rußfilteraffäre **289**
Russische Kolonie Alexandrowka 58

Saalburgmuseum 55
Saarkohlenbergbau 230, 280
Saarland **113**
Sachsen **116**
Sachsen-Anhalt **120**
Sachsen Bank 116
Sachsen LB 68, 116, 117, 162, 164, 206
Sacrow (Heilandskirche, Schloss).................... 58
Sankt-Joseph-Krankenhaus (Berlin) 160
Sankt Michael (Hildesheim)................ 54
Scania 317
Schauhöhlen **378**
Schillers Schädel.......... **289**
Schlafforschung 218
Schleswig-Holstein **124**
Schloss Sanssouci 58
Schloss Babelsberg........ 58
Schloss Cäcilienhof........ 58
Schloss Charlottenhof.... 58
Schloss Glienicke 58
Schloss Lindstedt........... 58
Schloss Sacrow.............. 58
Schönefeld →Berlin-Schönefeld GmbH
Schönheitsreparaturen (Mietrecht) 175
schulradar.de 296
Schulsystem 170
Schwanenstreit **290**
Schwarze Blöcke 284
Schweinswale **290**
SED-Opferrente **290**
Seedaler..................... **290**
Seen (größte deutsche Seen) 351
Seerecht **291**
Seniorenpartei 196
Service für Gehörlose- und Hörgeschädigte **396**
Servicetelefon Arbeitsschutz.......... **396**
Sexueller Missbrauch .. 242, 247, 248, 249, 275, 287
Sicherheitspolitik **291**
Sicherheitsrat 292
Sicherungsverwahrung 242
Siemens AG **292**

Singlehits 266
Skelettfunde (Kassel).... 245
Social Networks 240
Sonderausgaben 180
Sorben **293**
Sozialabgaben 298
Sozialhilfebetrug **293**
Sozialversicherungen ... **294**
SPD **295**
Spendenaffäre (NPD) ... 271
Spendensiegel 311
Sperrklausel 110, 125, 129
Speyer **60**
Speyerer Dom 60, 61
spickmich.de **296**
SPIEGEL, DER............... **296**
Stadtamhof (Regensburg) 59
Stadt der Wissenschaft **297**
Stadtjubiläen 2008/09 404
Stammzellen................ 296
Stammzellenforschung 220
Steingaden **61**
Steinkohlenbergbau ... 230, 280
Stellenabbau 205, 206
Steuerkriminalität 299
Steuerpolitik **297**
Steuerschätzung 299
Stiftung Bauhaus Dessau........................ 51
Stiftung für das sorbische Volk 293
Stralsund **61**
Stralsunder Altstadt 61
Streiks 189, 190, 194, 271, 272, 278, 301
Stromnetz 205
Strompreise **300**
Studienanfänger 235
Studiengebühren........... 94
Stuttgart 21 66
Super-Computer 193
Suurhusen **300**

Tapetenwechsel (Mietrecht) 285
Tarifpolitik **301**
Tarifverträge 190, 264, 271, 272, 277, 278, 301, 302, 322, 323
Technikmuseum Speyer 184
Teilchenphysik 219
Teilprivatisierung (Deutsche Bahn) 190
Telefonwerbung 226
Telekom-Bespitzelungsaffäre 195
Telekommunikation **302**
Telekommunikationsüberwachung 291
Telekom-Prozess 194
Tempelhof 77
Tempolimit 85

Terrorabwehr bei Atomanlagen............... 181
Terroranschläge, verhinderte 304
Terrorismusbekämpfung **303**
Teuerungsrate.............. 255
Theater **304**
Theater des Jahres 304
Themenparks 369
Thüringen **128**
Tiergärten................... 349
Tierkinder 324
Tierschutz 225
Tigerente **306**
Todesursachen 226, 227
Tourismus **307**
Transnet 189, 190
Transrapid 73, 316
Trier **61**
Trierer Dom 61
Tropenkrankheiten **392**
Tropenmedizin (Institute)................. 390
T-Service 194

Übergewicht **308**
Umgangszwang **309**
Umweltpolitik **309**
Umweltschutz 171, 203, 251, 252, 309, 310, 311
Umweltzonen **310**, 311, 355
UNESCO-Welterbe **44**, 49, 198, 199, 318
Unfallrente 178
Unfallversicherung, gesetzliche 226
UNICEF Deutschland **311**
Universitäten 169, 202, 203, 235, 236
Unterhaltspflicht **312**
Unterhaltsrecht **313**
Unternehmenssteuerreform 297
Unwort des Jahres 322
Urheberrecht............... **313**

Väter 309, 312, 313
Vehlitz................. 122, 265
Verbraucherinformationsgesetz **313**
Verbraucherinsolvenz............ 239, **314**
Verbraucherpreise 255, **314**
Verbraucherpreisindex 254
Vereinmitgliedsbeiträge 176
Verhaltensbiologie 219
Verhaltenstipps für Reisende **390**
Verivox 300
Verkehr **315**
Verkehrskontrolle 182
Verkehrssicherheit 316

412

Personenregister LEXIKON

Viagra.................. 180
Visa-Missbrauch 316
Vogelgrippe 74
Völklingen **62**
Völklinger
 Eisenhütte............ 62, *63*
Volksverhetzung 271
Volkswagen AG 317
Vorratsdaten-
 speicherung 304
Vorschau.................. **402**
VW-Gesetz 47, 102, 248, 249, 317
VW-Prozess 317, 318

Waldorfschule
 Pforzheim 276
Waldschlösschen-
 brücke 53, 198
Wallraf-Richartz-
 Museum **318**
Warenkorb 254, 255
Wartburg *53*
Wattenmeer 89, **318**
Wehrpflicht 183
Weimar................ 51, 52, **62**
Weiterbildung 280

Weltkulturerbe ....
 → UNESCO-Welterbe
WestLB............... 104, 162, 164, 206
WestLB-Prozess **319**
Wetter in
 Deutschland **319**, 320
Wieskirche 61
Wirtschafts-
 entwicklung 43, **321**
Wismar.................. 61, **63**
Wismarer Altstadt 61
Wittenberg 53, **63**
Wohn-Riester 287

Wörlitz.................. **63**
Wort des
 Jahres 2007 .... **321**
Würzburg.................. **64**

Zeche Zollverein............ 54
Zeitarbeit **322**
Zentralabitur **323**
Zoologische Gärten **324**
Zug der Erinnerung **324**
Zweckgesellschaften..... 162, 163
Zweiklassenmedizin 229
Zweitwohnungssteuer ... 285

Personenregister

Das Personenregister enthält alle wichtigen Namen, die in Aktuell Deutschland 2009 vorkommen. Seitenzahlen in **fetter** Schrift verweisen auf biografische Einträge oder Nachrufe, *kursiv* gesetzte Seitenzahlen auf Abbildungen.

Abraham, Arthur 39
Adam, Ulrich 97
Adrià, Ferran 197
Ahlhaus, Christoph.......... 87
Ahnen, Doris 109, 110
Ahonen, Janne 38
Ai Weiwei 197
Akin, Fatih ....
 192, 216, **325**
Althaus, Dieter *128*
Al-Wazir, Tarek *17*
Anderson, Paul Thomas . 165
André, Mark 268
Angerer, Nadine 36
Anschütz-Thomas, Daniela 39
Appel, Frank............... **325**
Arnecke, Jörn 28
Arp, Hans 28, 155
Aue, Gisela von der 76
Augstein, Rudolf 296
Aust, Stefan 217, 296
Austermann, Dietrich 124
Ayala, Elvin.................. 40

Backhaus, Till.............. 96
Bailly, Sandrine 39
Ballack, Michael 41, 42, 223
Bamberger,
 Heinz Georg 109
Banzer, Jürgen 91
Bauckholt, Carola....... 33, 267
Bausch, Pina 30, **325**
Beck, Kurt 5, 10, 11, 16, *25*, 68, *109*, 183, 237, 295, **325**
Becker, Verena............ 280
Beckstein, Günther *10*, 11, 46, *71*, 73, 188, 316, **326**
Beermann, Johannes...... 116
Beinhorn, Elly **339**
Benedikt XVI. 245, 327
Berben, Iris.......... 152, 216

Beste, Hermann 210
Betz, Thomas 166
Beust, Ole von 23, 24, *87*, **326**
Beyer, Frank Michael..... **339**
Biedenkopf, Kurt 333, 337
Biedermann, Paul *39*
Billen, Gert **326**
Biller, Maxim 207
Bisky, Lothar 24, 196
Blanchett, Cate 34, 306
Blechinger, Beate 80
Blümner, Bettina 192
Bock, Henning.............. 32
Boder, Michael 27
Boebel, Bernadette 202
Boetticher, Christian von 124
Böhm, Karlheinz 165, **326**
Böhmer, Wolfgang.. *120*, 250
Börnsen, Jens *84*
Boock, Peter-Jürgen 280
Bouffier, Volker 91
Brack, Katrin 305
Bracquemond, Marie...... 253
Brand, Heiner 38
Braunfels, Werner 267
Breloer, Heinrich 216
Breuer, Michael........... 105
Brown, Trisha 197
Bruch, Karl Peter *109*
Bruckheimer, Jerry 215
Bsirske, Frank *21*
Buback, Siegfried 217, 280
Buergel, Roger M. 197
Bullerjahn, Jens 120
Busch, Florian 40
Busemann, Bernd......... 100
Bush, George W. 12, 48
Bütikofer, Reinhard 184
Buttolo, Albrecht 116

Caffier, Lorenz.......... 96, 97

Canaris,
 Claus-Wilhelm 261
Caroline von Monaco ... 180
Carstensen,
 Peter Harry *124*
Cassatt, Mary 253
Christ, Karl **339**
Claussen, Norbert 97
Clement, Wolfgang.. 16, **327**
Contador, Alberto......... 35
Conrad, Margit 109
Cordes, Paul Josef **327**
Corts, Udo 93
Crimp, Martin 32

Daehre, Karl-Heinz 120
Dalai-Lama *9*, 24, 48
Damm, Sigrid 259
Darnell, Bruce 215
Debus, Johannes 29
Decker, Willy 27, 306
Deilmann, Harald **339**
Delius, Friedrich
 Christian 259
Dellmann, Reinhold 80
Deneuve, Catherine....... 187
Deubel, Ingolf 109
Dewes, Richard 130, 332
Diabolo, Cody 187
Diehl, August.............. 216
Dietzel, Wilhelm 91
Dietzsch, Franka **327**
Diezel, Bodo *128*
Dimas Stavros 205
Dold, Thomas 41
Dörflein, Thomas 250
Döring, Patrick 185
–, Uwe..................... 124
–, Walter 69
Dörrie, Doris ... 165, 192, 193
Dorst, Tankred 29, 30
Dragset, Ingar 34, 188
Dreyer, Malu 109
Dürrson, Werner.......... **339**

Ebnet, Otto 96
Edel, Uli 217
Ehlen, Hans-Heinrich 100
Eichinger, Bernd........... 217
Eidenmüller, Horst 261
Eimbeke, Fernando 165
Eisenman, Peter 188

Ekström, Mattias............ 37
Elmgreen, Michael......... 34, 88, 189
Emrich, Armin 38
Enders, Thomas 6, 200
Engholm, Björn............ 337
Enzensberger,
 Hans Magnus 258
Eppler, Dieter **340**
Erdoğan,
 Recep Tayyip... 18, 260
Erdsiek-Rave, Ute........ 124
Erpenbeck, Jenny .. 258, 259
Ertl, Gerhard........ 11, **328**

Färberböck, Max 216
Fassbinder,
 Rainer Werner.......... 327
Fatah, Sherko 258
Federer, Roger 42
Fegebank, Katharina 87
Felmy, Hansjörg **340**
Ferneyhough, Brian 33
Fert, Albert 11, **329**
Fiennes, Joseph 187
Fischer, Birgit **328**
–, Dirk 87
–, Ernst Otto **340**
Flath, Steffen 117
Flimm, Jürgen 306
Folkerts, Knut............. 280
Franck, Julia ... 29, 258, 259
Frankenberg, Peter 66
Freitas, Iole de 197
Frey, Hans-Joachim 266
Freytag, Michael....... *23*, 87
Friedländer, Saul 11, 29
Friesinger, Anna
 Christina (Anni) 39, **328**
Furtwängler, Maria 191

Gabriel, Sigmar 7, 22, 44, 171, 205, 310
Gaddhafi,
 Seit al-Islam al- 187
Gäfgen, Magnus 26
Gallois, Louis 6
Gansel, Dennis 192, 217
–, Norbert 118
García, David López 35
Garlichs, Dietrich 311, 337
Gasser, Karl Heinz......... *128*

10

413

LEXIKON Personenregister

Gebauer, Klaus-Joachim 318
Gebrselassie, Haile 36
Gedaschko, Axel 87
Genzmer, Harald **340**
Geschonneck, Erwin **340**
Glanert, Detlev 32, 267
Glavinic, Thomas 258
Glos, Michael 7, 20, 44, 45, 188, 205
Goetsch, Christa *23*, 87
Goldblum, Jeff 305
Goldt, Max **328**
Goll, Ulrich 66
Gomez, Mario 39
Gönner, Tanja 66
Gonzalèz, Eva 253
Goppel, Thomas 5
Gosch, Jürgen 31, 305
Gotscheff, Dimiter 304, 305
Greenwood, Jonny 165
Groeben, Ulrike von der 192
Groß, Michael 39
Grube, Rüdiger 6, 199
Grünberg, Peter 11, **329**
Grünewald, Matthias 253
Grüttner, Stefan 91
Gundelach, Herlind 87
Guntau, Burkhard 210
Gysi, Gregor 196

Haderthauer, Christine ... 46, 188
Hahn, Jörg-Uwe *17*
Hajduk, Anja *23*, 87, 88
Halfon, Lianne 187
Halmich, Regina 37
Hamann, Evelyn **341**
Hambüchen, Fabian 35, 38, 40, **329**
Hamilton, Lewis 39
Hanke, Gregor Maria **200**
Hans, Peter 114
Hansen, Hans **341**
−, Norbert **329**, 331
Harfouch, Corinna 191
Harrowers, David 34
Hartz, Peter 318
Haseloff, Reiner 120
Hauk, Peter 66
Hawkins, Sally 165
Hay, Lothar 124
Hazoumé, Romuald 197
Heck, Dieter Thomas **330**
Heckmann, Martin 29
Heidfeld, Nick 39, 41
Heister-Neumann, Elisabeth 100
Heller, Eva **341**
Hemel, Ulrich 200, 201
Hengelbrock, Thomas 33, 267
Henkel, Andrea 38
Henze, Hans Werner 27, 267
Heraeus, Jürgen 312
Hering, Hendrik 109

Herold, Horst 180
Herrmann, Joachim 71
Heyst, Norbert van 183
Hilling, Anja 33
Hirche, Walter 100
Hiroshi Sugimoto 27
Hirsch, Günter 261, 337
Hitzfeld, Ottmar **330**
Hoff, Volker 91
Hoffmann, Frank 305
Hölscher, Julia 29
Hölszky, Adriana 33, 267
Homoki, Andreas 266
Hoss, Nina 192, 193
Hövelmann, Holger 120
Huber, Anja 39
−, Berthold ... 12, 236, **330**
−, Erwin 10, 46, 71, 73, 164, 188, **330**
−, Klaus 268
−, Wolfgang 210
Hübner, Kurt **341**
Hundgeburth, Hermine .. 216
Husmann, Ralf 192

Immendorff, Jörg 30

Jacoby, Peter 113
Janosch 306
Jansen, Marcel *42*
Jelinek, Elfriede 304, 305
Johannes Paul II 327
Johnson, Barbara von ... 279
−, Michael 250
Joneleit, Jens 33
Jost, Christian 33
Joya, Malalai 187
Jung, Franz Josef 8, 9, 44
Junge-Reyer, Ingeborg 76
Junghanns, Ulrich 80
Jürgens-Pieper, Renate 84
Jurk, Thomas 116
Jüttner, Wolfgang 100

Kahn, Oliver *41*
Kalitzke, Johannes 29
Kamphaus, Franz 245
Katz, Stephan 329
Kauder, Volker 186
Kaut, Ellis 279
Keler, Sigrid 96
Kempowski, Walter **341**
Kempsth, Hans Ulrich **342**
Kerstan, Jens 88
Khodadadian, Schirin 32
Khuon, Ulrich 304
Kiefer, Anselm 26, 259
Kimmig, Stephan 305
Kingsley, Ben 187
Kiriasis, Sandra 38
Klar, Christian 280
Klebe, Giselher 33, 267
Kleinert, Andreas 216
Kleinfeld, Klaus 292
Klinsmann, Jürgen 330, **331**
Kloeppel, Peter 192
Klose, Miroslav 39, *42*
Knake-Werner, Heidi 76

Knaus, Albrecht **342**
Koch, Roland *9*, 16, *17*, 22, 24, *91*, 93, 94, 186, 242, 243, **331**, 338
Koeberlin, Matthias 192
Köhler, Horst 24, *43*, 256, 260, 313, 327, 336
Köhlmeier, Michael 258
Kohlschreiber, Philipp 36, 42
Kolb, Angela 120
Konzelmann, Gerhard **342**
Körting, Ehrhart 76
Kosslick, Dieter 165
Kramp-Karrenbauer, Annegret 113
Kraume, Lars 192
Krause, Hannelore 5
−, Oliver 217
−, Peter 129
Krauß, Lothar **331**
Krautscheid, Andreas 104
Krebs, Helmut **342**
Kriegenburg, Andreas 29
Krummacher, Johann-Henrich 186
Kruse, Max 217
Kubica, Robert 41
Kuder, Uta-Maria 96
Kuhn, Fritz 184
Kuhrt, Rolf 245
Künast, Renate 184
Kupfer, Frank 116
Kuppe, Gerlinde 120
Kuranyi, Kevin *42*

Lafontaine, Oskar 24, 196
Lahm, Philipp 42, 222
Lammert, Norbert ... *43*, 335
Lang, Klaus 33, 267
Lange, André 38
Lange-Müller, Katja 258
Langer, Rudolf **342**
Laschet, Armin 104
Lau, Frederick 192
Laudehr, Simone 36
Laumann, Karl-Josef 104
Lautenschläger, Silke 91
Lehmann, Karl 19, 245, 327, **332**, 338
−, Klaus-Dieter **332**
Lehnert, Christian 27
Leipheimer, Levi 35
Lemke, Willi 84
Lenz, Siegfried 259
Lettmann, Reinhard 245
Leyen, Ursula von der 44, 211, 212, 247
Liebknecht, Christine 128
Liebig, Lothar 259
Limbach, Jutta **332**
Linnert, Karoline 84
Linssen, Helmut 104
Loher, Dea 29, 30, 305
Lompscher, Katrin 76

Löscher, Peter 292
Loske, Reinhard 84, 85
Löw, Joachim 37

Mackenroth, Geert 116
Maget, Franz 73
Maizière, Thomas de 177
Malkovich, John 187
Maltzahn, Andreas von .. 210
Marischka, Ernst 327
Marta 36
Martin, Frank 27
Martinez, Yahaira 40
Marx, Reinhard 245, **332**
Mascolo, Georg 296
Matschie, Christoph 130, **332**
Matthäus-Maier, Ingrid ... 22, **333**
Matthes, Ulrich 305
Mäurer, Ulrich 84
May, Alexander **343**
Mazière, Thomas de 44
McAllister, David 101
McCormack, Chris 37
Medwedjew, Dmitrij .. 26, 48
Meerkamp, Achim *21*
Mehdorn, Hartmut 190
Meiser, Klaus 113
Merk, Beate 71
Merkel, Angela 5, 6, 8, *9*, 10, 11, 12, 16, 21, 25, 26, *43*, 44, 45, 48, 151, 186, 187, 195, 205, 260
Metz, Horst 116
Metzger, Dagmar 20, 295, **333**, 338
−, Oswald 13, 184
Metzler, Jakob von 26
Meyer, Clemens 32, 257, 259
Meyerhoff, Joachim 305
Michael, Marion **343**
Michaels-Beerbaum, Meredith *35*
Milbradt, Georg 22, 116, 117, **333**, 337
Miller, Bode 39
−, Josef 71
Mills, Mary *33*
Modersohn, Otto 253
Modersohn-Becker, Paula 253
Mohnhaupt, Brigitte 280
Möllring, Hartmut 100
Moreni, Cristian 35
Morgenstern, Thomas 38
Morisot, Berthe 253
Morris, Errol 165
Mörsdorf, Stefan 113
Mosebach, Martin 29, 258, **333**
Mühe, Ulrich **343**
Müller, Bernward 128
−, Emilia 71
−, Gerhard Ludwig 247, 287
−, Peter *113*

Personenregister LEXIKON

Müller-Piepenkötter,
 Roswitha............ 104, **242**
Müller-Stahl, Armin 216
Müller von Blumencron,
 Mathias 296
Müntefering, Franz 5, 10,
 11, 12, 45, **334**, 336
Mussbach, Peter 27
Mutter, Anne-Sophie 33

Nagel, Ralf 84
Nahije, Reza 165
Nahles, Andrea......... 12, 295
Nauman, Bruce 253
Naumann, Michael .. 87, 334
Neid, Silvia 36
Neumann, Bernd **334**
 –, Jan 32
Neumayer, Michael 38
Neuner, Magdalena .. 38, 39,
 334
 –, Wolfgang.................... 38
Nishizawa Ryue 54
Nizon, Paul 259
Noack, Ruth 197
Noll, Dieter................... **343**
Nolte, Nick 178
Noris, Günter................ **343**
Novick, Mason 187

Obermann, René 194
Odone, Lorenz 178
Odonkor, David 215
Oehmichen, Walter 157
Oettinger, Günther *66,*
 68, 109, 324
Olbertz, Jan-Hendrik 120
Ooyen, Willi *17*
Orosz, Helma 116
Ortgies, Lisa 203
Ostermeier, Thomas....... 32

Pade, Christian 30
Padilha, José 165
Paronnaud, Vincent....... 187
Parzinger, Hermann 31
Pasemann, Gerd 328
Pauli, Gabriele 10, 188
Paul VI. 327
Peltzer, Ulrich 258
Peters, Jürgen 12, 330,
 236
Petras, Armin 28
Petrenko, Kirill............... 266
Petzold, Christian 193
Petzschner, Philipp 36
Pfister, Ernst 66
Pierer, Heinrich von 293
Pierwoß, Claus 266
Pinkwart, Andreas 104
Pittman, Jamie 40
Platzeck, Matthias........... *80*
Plenzdorf, Ulrich **344**
Pocher, Oliver 215
Podolski, Lukas 39, 41,
 42
Pöhlmann, Tobias 217
Pollesch, René 305
Poppe, Enno 33, 267

Preuss, Philipp 29
Preußler, Otfried............ 217
Prinz, Birgit *36*
Priol, Urban 192
Pucher, Stefan 305
Putin, Wladimir................ 11

Rammstedt,
 Tilmann 34, 150
Rau, Helmut 66
 –, Johannes 327
Rauball, Reinhard 35
Rauber, Karl 113
Rauch, Neo 30
Ravenhill, Mark 32
Rebroff, Ivan................. **344**
Rech, Heribert 66
Reichel, Verena 259
Reinert, Bernd 87
Reinhart, Wolfgang.. 66, 67
Reinholz, Jürgen 128
Reiter, Thomas 336
Reitman, Jason 187
Reitz, Edgar 29
Renger, Annemarie...... **344**
Reuter, Rolf **344**
Rhiel, Alois 91
Richter, Falk 29
 –, Gerhard............. *27,* 55
Ricke, Kai-Uwe 25, 195
Riesch, Maria 39
Rihm, Wolfgang 33
Ringstorff, Harald *96*
Rinke, Moritz 27
Riotte, Wolfgang 312
Rippel, Joachim 113
Roland, Jürgen.............. **344**
Rosberg, Nico............ 39,
 335
Rosenkötter, Ingelore...... 84
Rosmair, Judith 304, 305
Ross-Luttmann,
 Mechthild................... 100
Roth, Claudia................. 184
Rothko, Mark 31
Rücker, Günther **345**
Ruddigkeit, Frank 245
Rühmkorf, Peter ... 258, **345**
Runde, Ortwin 326
Rupprecht, Holger 80, 81
Rüttgers, Jürgen *104,* 105
Ruzicka, Peter 267
Ruzowitzky, Stefan 216

Sagurna, Michael 116
Sahin, Julia 40
Sanchez, Rafael............... 33
Sander, Hans-Heinrich .. 165
 –, Otto 165
Sarandon, Susan 178
Sarkozy, Nicolas.... 6, 187
Sarrazin, Thilo 76
Satrapi, Marjane 187
Saunders, Rebecca 33
Savchenko, Aljona... *38,* 39
Schadek, Sandra 230
Scharoun, Hans............... 34
Schäuble, Wolfgang...... *9,*
 23, 44, 46, 240, 241

Schavan, Annette.... 44, 169,
 220, 235, 256, 279, 323
Schell, Manfred..... 190, **335**
Schelsky, Wilhelm 97
Scherer, Manfred 128
Schily, Otto **335**
Schimmelpfennig,
 Roland 31, 33
Schira, Frank................... 87
Schlegel, Hans **336**
Schlembach, Anton 245
Schlingensief,
 Christoph..... 34, 266, 267
Schmerberg, Ralf 187
Schmid, Nils 68
Schmidt, Ulla 11, 44,
 45, 249
Schmiedel, Claus 68
Schnappauf, Werner....... 72
Schneider, Peter 258
Scholz, Olaf 12, 20,
 44, 45, 71, 155, 334, **336**
Schönbohm, Jörg............ 80
Schorn, Christine 192
Schramm, Georg 192
Schreier, Jürgen 114
Schröder, Gerhard 191,
 334, 336
Schubert, Günter........... **345**
Schünemann, Uwe 100
Schwabe, Klaus............. 245
Schwan, Gesine 24, *25,*
 46, **336**
Schwarzer, Alice........... 203
Schweiger, Til 165
Schweinsteiger,
 Bastian 42
Seeger, Matthias 177,
 336
Seehofer, Horst........... 6, 10,
 44, 188, 189, 226, 263,
 288, 308
Seidel, Jürgen 96
Seidler, Tor 157
Sejima Kazuyo............... 54
Sellering, Erwin 96
Sengera, Jürgen 319
Sharp, Elliott 267
Shen Xue.......................... 39
Shmoulefeld Finer,
 Hagar 37
Siekaczek, Reinhard...... 293
Simonis, Heide 311,
 337
Sinkewitz, Patrick 35
Sinner, Eberhard 71
Sklenar, Volker............. 128
Smith, Russel 187
Söder, Markus.......... 71, 188
Sommer, Barbara 104,
 105
Sonnenberg, Günter...... 280
Spacey, Kevin 305
Speer, Rainer 80
Spengler, Bruno 37
St. Clair, Carl................. 266
Stächele, Willi 66
Stadler, Normann........... 37
Staffel, Tim 306

Stange, Eva-Maria 116
Steffani, Agostino............ 267
Steffen, Till 87
Stegner, Ralf 124
Steinaecker,
 Thomas von 258
Steinbrück, Peer 12, 14,
 44, 45, 190, 248, 295
Steinmeier,
 Frank-Walter........... 12, 16,
 43, 44, 45, 48, 295, 333
Sterzinsky, Georg 245
Stewens, Christa 71
Stöckel, Maike 35
Stockhausen,
 Karlheinz **345**
Stoiber, Edmund 8, 11,
 71, 188, 326
Stolz, Monika 66
Stölzl, Philipp 216
Stör, Frank *21*
Stratmann, Lutz............. 100
Stratthaus, Gerhard 66
Strauß, Franz Josef 7
 –, Max 7
Struck, Peter........... 16, 295
Sturm, Felix 40
Süsskind, Lala 77
Szolkowy, Robin *38,* 39

Tabatabai, Jasmin 187
Taeuber-Arp, Sophie 155
Tebartz van Elst,
 Franz-Peter 245
Tergat, Paul 36
Tesch, Henry 96
Thalheimer, Michael ... 305
Thoben, Christa...... 104, 105
Tiefensee, Wolfgang ... 16,
 44, 185, 190, 291, 316
Tillich, Stanislaw 22,
 25, *116,* 293, 333, **337**
Tjarks, Anjes 88
Tolksdorf, Klaus **337**
Toni, Luca 40, 223
Trauernicht, Gitta 124
Trichet, Claude 208
Tusk, Donald 48

Uhlenberg, Eckhard 104
Ulmen, Christian 152
Ungers, Oswald
 Mathias **346**
Unland, Georg 116
Unruh, Trude 196

Vietinghoff,
 Eckhard von 210
Vigener, Gerhard 113
Vogt, Ute.......................... 67
Voigt, Jens 35
 –, Udo 271
Völckers, Armin 192
Volkert, Klaus 19, 318
Vonn, Lindsay 39

Wagner, Gudrun.... 266, **346**
 –, Katharina 27,
 34, 266

415

BILDQUELLEN

Wagner, Wolfgang 34, 266, 267
Wagner-Pasquier, Eva 34, 266
Walheim, Mark 336
Walser, Martin 259
–, Theresia 32
Walsmann, Marion 128
Wang Xiaoshuai 165
Wanka, Johanna 80
Weber, Hasko 305
Wedel, Dieter 27
Wegner, Christel 19, 197
Weimar, Karlheinz 91
Weis, Karl-Heinz 235
Welck, Karin von 87
Wepper, Elmar 192, 193
Wernicke, Petra 120, 122
Wersich, Dietrich 87
Werwigk-Hertneck, Corinna 68
Westerwelle, Guido 212
Wetter, Friedrich 332, 245
Wetzel, Detlef 12
Wickert, Erwin **346**
Wieczorek-Zeul, Heidemarie 24, 44
Wiegard, Rainer 124
Wiesemann, Karl-Heinz 245
Winkler, Hermann 116
–, Josef 26, 259
Winokurow, Alexander 35
Wisniewski, Stefan 280
Wittke, Oliver 104
Woidke, Dietmar 80
Wolf, Harald 76
–, Ingo 104
–, Jenny 39
Wolff, Karin 93, 94
Wöller, Roland 116
Wowereit, Klaus *76,* 77, 266
Wucherpfennig, Gerold.. 128
Wulff, Christian *100,* 186, 212, **337**
Ypsilanti, Andrea 16, *17,* 20, 92, 295, 327, 333, **338**
Zechlin, Ruth **346**
Zeh, Juli 306
–, Klaus 128
Zeller, Felicia 305
Zender, Hans 268
Zhao Hongbo 39
Ziegler, Dagmar 80
Zimmermann, Marie 306
Zollitsch, Robert 19, 245, 332, **338**
Zöllner, E. Jürgen 76
Zumthor, Peter 28
Zumwinkel, Klaus 19, 25, 195, 299, 325, **338**
Zypries, Brigitte 23, 44, 207, 226, 242

Bildquellenverzeichnis
Alle Abbildungen picture-alliance/dpa, Frankfurt am Main, außer:
akg-images/Reimer Wulf, Berlin 50
Bibliographisches Institut & F. A. Brockhaus, Mannheim 53, 56, 59
CDU, Berlin 91, 100, 104
Deutsche Post, Bonn 338
MEV Verlag, Augsburg 52, 63
K. Pasveer, Stockhausen Stiftung für Musik, Kürten 345
Photo Digital, München 60, 62, 64
picture-alliance/Globus Infografik, Frankfurt am Main 154, 161, 167, 172, 193, 194, 219, 237, 240, 251, 261, 267, 274, 278, 281, 286, 294, 298, 301, 306, 310, 312, 315, 323
picture-alliance/Iby, Frankfurt am Main 183
picture-alliance/KNA, Frankfurt am Main 49
picture alliance/Pressefoto Ulmer, Frankfurt am Main 41
SPD, Berlin 295
Staatskanzlei des Saarlandes, Saarbrücken 113
Staatskanzlei Mecklenburg-Vorpommern, Schwerin 96
R. Zechlin, Passau 346

Weitere grafische Darstellungen, Karten und Zeichnungen;
Bibliographisches Institut & F. A. Brockhaus, Mannheim